"十二五"普通高等教育本科国家级规划教材

面向21世纪课程教材

高等学校财政学类专业主要课程教材

财政学

（第四版）

主编　储敏伟　章　辉

高等教育出版社·北京

内容简介

本书是面向21世纪课程教材。本书前三版以结构体系新颖、较好反映现代公共财政的知识点和便于教学等特点受到欢迎。第四版继续保持了本书内容特色，即从公共经济学与公共政策的角度构建公共财政的理论体系，突出开放经济下的财政税收和贴近现实的财税制度、政策，加大税收理论与税制比重等。同时，又结合国内外公共经济学和公共财政新发展，联系我国现代财政制度建设，围绕财政体制、预算制度、税收制度和社会保障等改革和国际财税政策新发展，从结构框架到各章内容及体例文字，都进行了不同程度的修订，并且增补了部分专栏的介绍。

本书适用于高等学校经济类、管理类各专业本科教学，也可以作为高校人文社科类其他专业的选修教材与财税干部的培训教材。

图书在版编目(CIP)数据

财政学/储敏伟，章辉主编．--4版．--北京：高等教育出版社，2018.3

ISBN 978-7-04-048960-6

Ⅰ.①财… Ⅱ.①储… ②章… Ⅲ.①财政学-高等学校-教材 Ⅳ.①F810

中国版本图书馆CIP数据核字(2017)第282946号

财政学(第四版)
Caizhengxue(Disiban)

策划编辑 王 琼　责任编辑 王 琼　封面设计 杨立新　版式设计 于 婕
插图绘制 邓 超　责任校对 高 歌　责任印制 毛斯璐

出版发行 高等教育出版社
社 址 北京市西城区德外大街4号
邮政编码 100120
印 刷 北京玥实印刷有限公司
开 本 787mm×1092mm 1/16
印 张 25.25
字 数 610千字
购书热线 010-58581118
咨询电话 400-810-0598
网 址 http://www.hep.edu.cn
http://www.hep.com.cn
网上订购 http://www.hepmall.com.cn
http://www.hepmall.com
http://www.hepmall.cn
版 次 2000年8月第1版
2018年3月第4版
印 次 2018年3月第1次印刷
定 价 46.80元

本书如有缺页、倒页、脱页等质量问题，请到所购图书销售部门联系调换

物 料 号 48960-00

总前言

高等学校经济学类核心课程和工商管理类核心课程是在高等教育面向21世纪教学内容和课程体系改革计划“经济学类专业课程结构、共同核心课程及主要教学内容改革研究与实践”和“工商管理类专业课程结构及主要教学内容改革研究与实践”两个项目调研基础上提出、经经济学教学指导委员会和工商管理类教学指导委员会讨论通过、教育部批准的必修课程。其中，经济学类各专业的核心课程共8门：政治经济学、西方经济学、计量经济学、国际经济学、货币银行学、财政学、会计学、统计学；工商管理类各专业的核心课程共9门：微观经济学、宏观经济学、管理学、管理信息系统、会计学、统计学、财务管理、市场营销学、经济法。这些课程确定后，教育部高等教育司组织有关专家制定了各门课程的教学基本要求，并组编了相应的各门教材。各门课程的教学基本要求及相应教材由高等教育出版社于2000年秋季出齐，供各高等学校选用。

教育部高等教育司

2000年3月

第四版前言

本书作为教育部高等学校经济类核心课程重点规划教材，自第三版修订以来，得到广大读者的使用和好评。同时，国内外的财政经济形势也发生了很大的变化，世界上部分主权国家的财政运行甚至频频亮起“红灯”，我国则明确提出“财政是国家治理的基础和重要支柱”的论断，且全面完成“营改增”的税制改革。鉴于以上原因，我们再次对本书进行了全面的更新与修订。概括起来，本次着重修订了以下三个方面：

1. 增加了财政热点专栏。财政经济现象具有较强的时代性，故作为财政学的学习者，不能脱离对财政热点现象的分析与认识，因此，为兼顾教材的严谨性和共识性，对部分财政热点问题或教材内容的辅助解释采用专栏方式阐述，供读者学习借鉴。

2. 更新了内容。在保持本书第三版框架不变的基础上，着重对以下内容进行修订或增补：进一步明晰了财政学与经济学的关系，明确财政学源于经济学的学科属性判断；增补了关于财政概念内涵演变及财政学发展阶段的介绍；补充了关于“财政是国家治理的基础和重要支柱”论断的介绍和解读；丰富了关于公平与效率辩证统一关系的分析；增加了关于财政透明度的介绍；重新修订了商品税制中的增值税，删除第三版中营业税的内容；增补了所得税中其他所得类课税（社会保障税和资本利得税）的内容；补充了房产税改革试点的介绍，修订了房产税的内容；增加了物业税与遗产税的内容。增加了《预算法》修订后关于全口径预算的分类及说明；完善了财政政策工具的介绍。

3. 更新了数据。对全书的数据进行了更新，相应修订完善了文字说明。

本书第四版的修订工作由储敏伟、章辉主持。参加修订编写人员分工如下：储敏伟、章辉负责修订第一篇各章；章辉负责修订第五章、第六章、第十五章；王莹负责修订第五篇各章；李艳负责修订第十一章、第十二章；应小陆负责修订第十三章、第十四章；梁德明负责修订第四章、第七章；郭家华负责修订第八章；李佳坤负责修订第九章、第十章；武少芩负责修订第十六章、第十七章。全书最后由储敏伟、章辉总纂，李佳坤协助做了财政收入篇各章及第二十章的校订工作，本书其余各章的校订工作由章辉完成。

本书第四版修订仍不免有些疏漏，期盼得到同行专家的指点和广大读者的指正。

本着既坚持特色又博采众长，本次修订中参考借鉴了许多国内外同类教材、专著等文献，在此一并表示感谢！

最后，还要特别感谢高等教育出版社的王琼编辑为本书修订出版的辛苦付出。

储敏伟　章辉

2017 年 6 月于上海

第三版前言

本书是面向21世纪课程教材，是在第二版的基础上修订而成的。本书前两版面世以来，以其内容结构新颖、较好反映现代公共财政的知识点和便于教学的特点，受到国内许多高等院校师生的欢迎。但近年来，在世界经济剧变和我国继续改革开放的背景下，我国和世界各国公共财政的发展与税收制度、预算管理、社会保障等改革以及国际财税政策发展，都进一步要求相应改革更新财政学的教学内容，修订完善财政学教材。与此同时，根据教学实践的反馈意见，本书在结构体例和中国化的表达等方面，也还有改进的余地。鉴此，时隔三年之后，我们再次对本书进行了全面的更新与修订。概括起来，本次着重修订了以下几个方面：

1. 结构框架调整。主要经过分门别类重新梳理，把全书划分安排为五篇，即财政学基础篇、财政支出篇、财政收入篇、政府预算与财政政策篇、财政关系篇。同时，参照国际上财政学教材的惯例，调整了有关章节的顺序和分类（如财政支出篇提前，各章重新划分），增加了有关章节（如基础理论、财政支出和政府预算部分的相关内容），还简化合并了有关章节（如税收经济效应与税式支出）。经过这次调整，进一步理顺了教材内容的逻辑关系，全书在篇幅基本不变的情况下从第二版的十八章变为二十章。

2. 内容更新修订。在保持本书内容特色如从公共经济学角度认识财政、突出开放经济下的财政税收、贴近现实的财税制度和政策、加大税收理论与税制比重等基础上，本次修订围绕财政理论热点、财政支出与预算管理改革、税制改革、社会保障改革等内容，着重改写与增写了第二章“财政依据与财政职能”、第三章“财政目标与公共选择”、第五章“财政购买性支出（上）”、第六章“财政购买性支出（下）”、第七章“财政转移性支出”、第十一章“所得课税”中的“企业所得税”部分、第十四章“政府预算与执行（上）”、第十五章“政府预算与执行（下）”、第十六章“财政政策分析（上）”等，同时也对其余各章节内容进行了不同程度的更新与修订。

3. 体例文字等修订。为方便教学，各章进行了统一修订并增加了小结；修改了一些专业性和引用性的文字表达，使之更加通俗易懂；修改、补充了一些图表、数据；修订、增列了参考文献等。

本书第三版修订由储敏伟主持，章辉、王莹协助。参加修订编写人员分工如下：储敏伟负责修订第一篇各章；章辉负责修订第五章、第六章、第十五章；王莹负责修订第五篇各章；李艳负责修订第十一章、第十二章；应小陆负责修订第十三章、第十四章；梁德明负责修订第四章、第七章；郭家华负责修订第八章；刘洋负责修订第九章、第十章；武少芩负责修订第十六章、第十七章。全书最后由储敏伟总纂，章辉协助做了部分初审与校订工作。

本书第三版修订面广量大，结构内容均有变动，不免有些疏漏，期盼得到同行专家的指点和广大读者的指正。

本着既坚持特色又博采众长的精神，本次修订中参考借鉴了许多国内外同类教材、专著等文献,在此一并表示感谢!

最后,还要特别感谢高等教育出版社的相关编辑,他们的负责精神和大力推动是促使本书与时俱进、不断提升的重要动力。

储敏伟

2009 年 11 月于上海

第二版前言

本书是教育部“面向21世纪课程教材”，经过国内高等院校财政学课程教学实践的打磨，又经教育部评审批准列入“普通高等教育‘十五’国家级规划教材”。

《财政学》第一版自2000年8月出版以来，受到国内许多高等院校师生和社会读者的欢迎，与此同时，这几年正值我国公共财政迅速发展的时期，一方面我国公共财政理论和实践的发展呼唤着财政学教材的更新；另一方面第一版从框架、内容到深度、广度的大胆探索虽获得来自学术界同行的广泛肯定与支持，但也发现一些不足。因此，本着与日俱进与自我完善的精神，我们着手对第一版进行了全面而系统地再版修订。本次修订的侧重点主要有以下方面：

1. 顺应我国税制的变革和财政理论发展的趋势与要求，相应改写了原第八章至第十章有关税收制度的内容，充实了最新的税制修订内容；根据公共财政支出管理的改革发展需要，适当改写充实了政府采购与部门预算等制度；根据公共财政的发展，增写了社会保障和政府预算与国库制度等内容，分别列入本书第十二章和第十三章；根据国际财税关系的发展，重写了原第二十二章国际税收关系及其处理。

2. 从内容体例和书稿篇幅考虑，压缩了原第十九章政府管制的内容，并入第二章作为政府制度与财政职能的组成部分；压缩合并了原第十一章税式支出与税收筹划及原第十二章跨国经营与税收筹划，删除了税收筹划的内容，适当扩充了税式支出的内容。

3. 从本科教学难易适度考虑，在继续保持与突出税收理论的前提下，适当压缩归并了原第四章税收原理、原第五章课税原则以及原第六章税收转嫁与归宿，删改了局部均衡与一般均衡分析等节内容；缩减了原第十三章公债理论、原第十六章财政政策概述与原第十七章财政政策与社会总供求调节，删除了外债等内容。

4. 根据财税改革的形势发展的需要及本书第一版存在的问题，还对各章节的某些提法和许多统计数据进行了更新与充实，对文字上的差错做了订正。

5. 除内容框架的更新调整外，第二版也相应增加了部分复习思考题，并为任课教师制作了配套的多媒体教学课件。教学课件的基本内容为教学大纲、教学PPT、书后习题参考答案、案例解析等。

我们相信，财政学第二版将能更好地反映我国公共财政理论与实践的发展态势，更有利于财政学课程的教学与建设，更适应高等学校经济类与管理类学科专业人才培养的知识结构需求。

本书第二版由储敏伟教授与杨君昌教授主持。参加修订的编写人员分工如下：储敏伟教授负责第一、二、三、十七章；李艳副教授负责第九、十、十一、十二章；宋本强副教授负责第四、五、六、七章；应小陆副教授负责第八、十二（部分节）、十三章；郭家华讲师负责第十四、十五、十六章；孙敏博士负责第十八章。最后由储敏伟教授对全书进行总纂，李艳副教授协助做了部分初审与校订工作。

因《财政学》第一版的修订涉及面广,编写人员变化较大,第二版中仍不免有错漏和不足之处,期待得到同行专家与广大读者的批评指正。

本书在第一版和修订过程中先后得到了国内财税学界部分学者的大力支持,并收到许多宝贵意见,在此对以下学者顺致谢意:厦门大学邓子基教授、张馨教授;中国人民大学陈共教授、安体富教授、郭庆旺教授;东北财经大学马国强教授、寇铁军教授;武汉大学吴俊培教授;山东大学樊丽明教授;中南财经政法大学杨灿明教授;西南财经大学刘邦弛教授、王国清教授;中央财经大学李俊生教授等。

在此还要特别感谢高等教育出版社的权利霞编辑,她的执着推动与大力支持才使本书修订再版成为现实。

储敏伟　杨君昌

2006 年 2 月于上海

第一版前言

财政学是一门研究政府理财或公共理财的学问。从其奠基者亚当·斯密开始,财政学作为相对独立的研究学科已有数百年的历史。然而,纵观20世纪,财政学又是一门处于不断创新发展中的新兴学科。究其原因,20世纪全球科技、经济与社会的迅速发展,各国经济改革与财税改革浪潮的风起云涌,政府与市场关系的不断探索与不断调整,财政制度与政策的不断创新,这一切,都对财政学的更新与发展产生了深刻的影响。尤其是20世纪五六十年代以来,财政越来越融入市场经济体系与机制中,财政学的研究领域逐步延伸到社会公共部门的方方面面,从而使财政学在理论体系上延展成为公共经济学或公共部门经济学,在制度与政策层面上也呈现出向公共管理与公共政策延伸的趋势。

近年来,处于从计划经济向市场经济转轨背景下的中国财政,也已经和正在发生深刻的变化。财政包揽一切、政府取代市场的资源配置与公共产品提供模式及机制已经成为过去,公共财政模式与积极而有弹性的财政政策已经成为我国市场经济体制的助推器与宏观经济政策的主导性政策工具。在一定意义上,中国的财政实践已经走在了财政理论的前头;换言之,相对于迅速发展的、内容丰富的中国财政改革实践而言,中国的财政理论更新,尤其是高校的教学内容与教材的更新比较滞后,亟须迎头赶上。

正是基于上述两方面的认识,近年来,我们上海财经大学财政系开始了积极的探索,着手改革财政学的教学内容与体系结构,试编适应市场经济新形势的财政学新教材,其初步成果受到了广大高校师生的欢迎。在此基础上,我们积极承接了教育部面向21世纪新教材的建设任务,并适当吸收国内其他高校的教授、博士等一起参与编写,以期博采众长,提高编写质量。

本教材的编写意图与主要特点是:

1. 在框架体系上既兼顾国内一般财政学教材的“收、支、平、管”基本结构与基本顺序,又试图做些新的探索,即突出现代财政学作为经济学的重要组成部分与特殊分支,把从经济学的角度认识财政作为全书的逻辑起点,又把开放经济下的国际财政关系作为教材体系的终点。

2. 在编写内容上,本书力图贴近市场经济与中国现实,广泛吸收国内外财政理论发展与财政制度及政策创新的最新成果,力求全面反映当代财政学一般原理、制度与政策,在理论上有一定深度和前瞻性,在制度、政策上兼顾一般原理与中国的现实,兼顾宏观与微观,兼顾理论与应用。

3. 在适用对象与编写重点上,本书力图兼顾通用性与专业性,即不仅适用于经济管理类学科的专业核心课程或选修课程,也适用于非经济管理类的其他学科作为选修课教材或自学参考书。因此,除了考虑知识点的覆盖面与系统性以外,全书突出兼容了“财政学”与“税收学”两门相关专业课的核心内容,即本书比国内一般的财政学教材更加突出税收,使税收在全书篇幅中所占的比重达45%左右。并且,在税收这一重点内容上也力图进行多角度、多侧面的介绍与分析,即既有从财政制度的、经济的、宏观的、国内的角度论述税收,又有从政策的、企业纳税人的、微观的、国际的角度论述税收。

本书由储敏伟提出编写意图与编写大纲,在听取校内外学者意见后,编写团队又对编写框架做了调整。初稿编写工作主要由杨君昌组织安排。初稿完成后,由杨君昌、储敏伟负责总纂。参加本书编写的人员与分工是:毛程连(第一、二章),储敏伟(第三、二十一、二十二章),裴育(第四、八、九、十章),郭庆旺(第五、六、七章),刘初旺(第十一、十二章),杨君昌(第十三、二十章),鲍杰(第十四、十五章),孙国新(第十六、十七、十八章),刘小兵(第十九章)。陈业俊、范寅、朱攀等参与了个别章节的初稿编写和资料整理工作。

由于时间较紧,加之本书的体系与内容都是初步尝试,不够成熟,缺憾良多,期待同行专家与广大读者不吝赐教。

储敏伟　杨君昌

2000年5月

目录

第一篇　财政学基础

第二篇　财政支出

第三篇　财政收入

第五篇 财政关系

第一篇

财政学基础

第一章

导论：什么是财政学

财政学，又称公共经济学、公共部门经济学或政府经济学，如同政府的地位与作用一样，已成为当代经济学中一个极其重要而发展快速的分支学科。

学习财政学，最先遇到的一个问题就是“什么是财政学”。要很好地了解这一问题，则离不开对现代经济学的理解，因为，归根结底，经济决定财政，财政学是经济学的一部分，只有搞清楚“什么是经济学”，并在此基础上弄清财政学与经济学相互之间的关系，才能够真正把握好“财政学”这一概念。

第一节　财政学与经济学

一、经济学的产生

经济学（economics）一词发源于古希腊，它是由两个词根“家庭”和“支配”组成，意为家庭管理。但是我们现在的经济学与古代和中世纪的经济学相比，已有本质的不同。古老的经济学主要是总结一些人们在以往经济活动中的经验，并以此来指导今后的实践，但这种经验的总结和对实践的指导并未能够上升到把握规律性的高度。作为一门科学的经济学是随着资本主义的产生与发展，在17、18世纪产生的。恩格斯曾经指出：“虽然到17世纪末，狭义的政治经济学已在一些天才的头脑里产生了，可是由重农学派和亚当·斯密作了正面阐述的狭义的政治经济学，实质上是18世纪的产儿。”①此时政治经济学的特征是“研究了资产阶级生产关系的内部联系”②，开始揭示在经济表象掩盖下的经济活动的内在规律，并以此与以前的仅仅从事描述、归纳、概括经济表象的研究工作区别开来，从而使经济学发展成为了一门科学的学科。萨缪尔森和诺德豪斯也指出：“以学科的标准来看，经济学有两个世纪的历史。亚当·斯密的奠基之作《国民财富的性质和原因的研究》发表于1776年，也就是以美国《独立宣言》发表而著名的一年。

---

① 恩格斯．反杜林论//马克思恩格斯选集．3卷．北京：人民出版社，1972：190.

② 马克思．资本论．1卷//马克思恩格斯选集．23卷．北京：人民出版社，1980：98注（32）.

两个事件出现在同一年绝不是偶然的巧合。从欧洲君主暴政下争取政治自由的运动和从政府强力控制下解放价格和工资的尝试,这二者之间是紧密相关的。"①由此可见,不论是马克思主义经济学家还是西方经济学家在关于经济学产生这一问题上的观点是相似的,即现代经济学是与资本主义制度的确立相关联而于18世纪诞生的,亚当·斯密的划时代著作则是现代经济学诞生的标志。

科学的经济学之所以产生于这一时代的必然性在于,随着生产力的快速发展,如何很好地组织急剧膨胀的要素资源使其得以被有效率地利用,越来越成为一个在经济领域迫切需要解决的问题;而在现代,这一问题又远较前代复杂得多,这时作为一种经济制度的市场制度也正好与生产力的发展相适应。得以迅速地成为一种占主导地位的资源配置方式。这样,探究复杂而非直观的市场制度背后的规律性就成了一种时代的要求。

二、财政学源于经济学

到20世纪30年代后,由于全球经济大危机的现实与治理危机的实践经验,在市场缺陷不断暴露的背景下,以政府干预经济的思想为代表的凯恩斯主义应运而生。由此,经济学开始更多关注政府制度及其功能作用,财政学也因此在经济学领域得以孕育并逐步确立,并最终发展成为以经济学为依托的一门独立学科,但财政学属于经济学范畴的基本特性仍然没有改变。

财政学以经济学为依托,属于经济学范畴的学科渊源,已被经典经济学论著或教材所论述。②

亚当·斯密(1974)的《国民财富的性质和原因研究》被恩格斯誉为是创立了财政学的著作。该书专门论述财政问题的第五篇冠之以"论君主或国家的收入"的标题,他把"廉价政府"作为财政追求的最高目标,相应提出"公平、确定、简便和征收费用最小"的税收四原则与"厉行节约、量入为出"的财政支出原则。在亚当·斯密看来,"按照自然自由的制度,君主只有三个应尽的义务:第一,保护社会,使之不受其他独立社会的侵犯。第二,尽可能保护社会上各个人,使其不受社会上任何其他人的侵害或压迫,这就是说,要设立严正的司法机关。第三,建设并维持某些公共事业及某些公共设施。"可见,作为古典经济学的代表人物,亚当·斯密已从经济学的视角勾画出了财政学的基本框架。

凯恩斯在《就业、利息和货币通论》一书中,系统地论证了赤字的经济合理性,冲击了古典经济学的量入为出原则。在税收方面,着重分析了税收调节收入分配,从而调节经济运行的作用,并拟议一套以直接税为主和以累进税率为特色的租税体系。关于财政支出,论证了政府投资具有"倍数"扩张社会总需求的作用,力主政府负起直接投资之责。由于凯恩斯主义强调财政的作用,人们通常对他及其信奉者的理论冠以"财政学派"的名称。

斯蒂格利茨的《经济学》教科书中详细论证了财政问题,包括市场与政府的职能问题,政府的作用、政府与再分配、政府失灵、政府选择等,政府对待竞争的政策,税收、转移支付与再分配。财政政策与货币政策,等等。

---

① Samuelson Paul, Nordhaws Williamd. Economics. 13th editor. Mcgraw-hill Book Company, 1989:4.

② 安体富. 关于财政学的学科属性与定位问题. 财贸经济, 2016(12).

萨缪尔森和诺德豪斯的《经济学》一书中,也重点讨论了市场与政府之间界限的划分、政府的经济职能、政府在经济中的作用、政府税收和支出等诸多财政问题。

三、财政学的发展

(一) 财政概念的演变

"财政"一词最早于13—15世纪出现在拉丁文中,意为结算支付期限、支付款项、确定罚款支付等。随后,财政的概念随着认识的转变而不断演变。16世纪"财政"一词演变为公共收入的概念,17世纪发展成为国家理财,19世纪进一步拓展为国家及一切公共团体的理财。

我国早期用"度支""国计""国用"等词来概括财政现象。19世纪90年代,"财政"一词由日本传入我国。在戊戌变法(1898年)"明定国事"诏书中首次出现"改革财政,实行国家预算"的条文。自民国开始,以"财政"命名官方机构,称"财政部"。20世纪40年代中华书局出版的《辞海》对财政概念的解释是:"财政谓理财之政,即国家或公共团体以维持其生存发达为目的,而获得收入,支出经费之行为也。"

随着现代经济学的发展,尤其是关于政府与市场关系认识的深入,财政概念的内涵基本得到统一。

财政是以政府为主体,集中一部分国民收入来满足社会公共需要的收支分配,是政府从事资源配置和收入分配的一种公共经济活动。可见,财政概念包括以下四个方面的具体含义:

(1) 财政是一种分配活动,属于分配范畴。这里的分配是广义的分配,既包括关乎社会再生产的资源配置即生产要素的分配,也包括关乎人们之间利益关系的收入分配。

(2) 财政活动的主体是政府(或国家)。财政表现为政府的集中性分配活动,是一种政府行为。这意味着:①财政是为实现政府职能服务的;②政府是财政分配的组织者和主持者;③所有财政活动都体现着政府与其他经济主体之间的经济关系。这种经济关系在不同的社会制度下具有不同的性质。这是不同社会制度下财政的特殊性。由于财政属政府的经济行为,在经济部门划分中政府属公共部门,因此,财政活动是一种公共经济活动。

(3) 财政活动目的是提供公共物品和满足社会公共需要。财政作为一种以政府为主体的分配方式或资源配置方式,与市场性的资源配置一样,目的都是满足社会需要。因此,公共物品和社会公共需要理论也成了认识市场经济下财政概念的基础。

(4) 财政分配的对象是一部分国民收入,即主要是剩余产品价值。

(二) 财政学的发展

与财政概念的内涵演变相一致,财政学的发展也经历了一个认识深化和逐步明晰的发展过程,这一过程大体可以划分为两个阶段:传统财政学和现代财政学。

1. 传统财政学阶段(18世纪后期到20世纪30年代)

这一阶段财政学以古典学派和新古典学派为中心。早在17世纪,在重商主义的影响下,德国官房学派就以国库行政为中心,讨论租税征收和费用管理的方法,这可以说是财政学的原始形式。德国官房学派,又称计臣学派。"官房"一词出自拉丁语,就是房屋的意思,即指国王贮藏私产之所在,继则用以指国库或国王的会计室。德国各大学设有官房学,培养经济、行政和财政人才,专门研究官房学的人,就称为官房学派。

重农学派提倡简化税制,主张以"纯产品"理论为基础的单一税制:地租税,但还没有形成财政学体系。

亚当·斯密从经济学的角度提出自由状态下个人对自身利益的追求会增进社会公共利益的论断,强调"看不见的手"在资源配置方面的作用,主张"最好的政府是管理最少的政府",从而逐渐形成了西方财政学的"盎格鲁—撒克逊"传统,并持续到20世纪30年代资本主义经济大危机时期。

2. 现代财政学阶段(20世纪30年代以来)

20世纪30年代的大危机以及第二次世界大战期间的通货膨胀,标志着资本主义国家经济的重大变化。挽救资本主义危机、维护资本主义制度、强调国家干预经济必要性的凯恩斯主义应运而生。

在财政学方面,凯恩斯认为,传统的财政范畴——税收、支出、公债、预算等仅是财政学主题的一部分。除此之外,他还系统地论述国家干预经济,尤其是包括政府政策的实施对总体经济活动(如失业和通货膨胀等)水平的影响。

为适应垄断资产阶级的要求,一些资产阶级财政学者对财政定义做了新的阐述。日本大藏省官员岸田俊辅在1978年版的《图说日本财政》①中,把财政定义由"国家资金的征收、使用和管理"发展为"政府所进行的经济活动"。美国人马斯格雷夫在他1973年初版的《财政理论与实践》②(第五版)的序言中提出:"财政这一名词,传统地应用于包含税收和支出措施的那套政策问题。这不是一个好名词,因为根本问题不是资金方面的,而是涉及资源利用、收入分配和就业水平的,不过这个名词已为人们所熟知,而且称之为公共部门经济所引起的误解将不会更少些。"他在1980年第三版中又进一步指出:"本书论述公共部门经济,不仅包括在其资金,而且包括它对资源利用的水平和配置,以及它在消费者之间的收入分配的全部关系。虽然我们的主题是归属于财政学的,但它涉及问题的资金方面,也涉及实物方面。而且,它不单纯是个公共经济问题。因为公共部门是在和私有部门相互作用之中运行的,所以两个部门都进入分析,不仅支出和税收政策的效果有赖于私人部门的反应,而且对财政措施的需要也取决于财政措施不存在时私人部门如何行动。"

可见,现代西方财政学的主题已不限于财政收支管理,更不能限于货币资金管理,而要结合到资源的配置、收入的分配、经济的稳定,从公、私部门经济的相互作用,从宏观和微观的角度进行分析,强调财政是经济的一个范畴。甚至于有人用"公共部门经济学""政府经济学""财政经济学"的名称来代替"财政学"。

总之,随着现代经济学的发展、经济学研究方法的创新,财政学也相应得到了空前大发展,财政学的研究范围逐步得以拓宽,财政学的研究视角和学科边界逐步清晰,并形成了较广泛的共识:财政学是从政府角度研究经济学,研究人们如何借助于政府经济制度与政府功能,最大限度地利用稀缺的资源来最好地达到配置效率与分配公平两大经济目标。

---

① 岸田俊辅. 图说日本财政. 东京都东洋经济新报社,1978.

② 理查德·A. 马斯格雷夫. 财政理论与实践(第五版). 中国财政经济出版社,2003.

第二节 财政学的研究对象

从制度经济学的角度看,财政处于社会经济制度中的政府制度这一领域,而政府制度又与市场制度等共同连接与影响经济运行中的财政经济主体行为与财政经济目标。

在图 1-1 中,财政学所要研究的主要内容在图中所示的路径 2 上。但是,财政学的研究又不仅限于路径 2,因为为了证明在特定的情况下走路径 2 是必要的,就有必要将在相同情况下走其他路径可能发生的情况与之相比较,以证明采用政府制度的必然性。财政学是经济学的一个分支,它在经济人行为假定、经济决策的产生、经济目标的确定、经济结果的分析以及对经济过程的评价上所遵循的完全是与经济学研究相一致的原则。财政学家通过对政府制度运行的具体研究,力图使政府制度的发展更能符合全民利益最大化的经济目标。财政学家对政府制度的研究在相当程度上是通过对政府收支的考察来实现的。因为政府的收支活动在相当大的程度上反映了政府制度运行的客观过程,政府的支出体现了政府制度的作用方向,政府的收入反映了政府制度运行的成本,通过对它们的综合考察,就能够在相当程度上把握政府制度运作的性质和效应。更深入一步,通过对政府收支产生的原因的分析,就能够更为清晰地把握政府制度背后的人的决定性因素,并对当前政府制度的性质做出基本的判断。比如,在资本主义社会中,通过资本主义的政府制度,其财政收支总是反映对资产阶级有利的原则,而在社会主义国家中,尽管在人民内部也存在这样或那样的有关经济利益的矛盾,但从总体来看,财政收支反映的是最广大的人民群众的经济利益。这里要指出的是,政府的收支活动与政府中的财政部门的收支活动是有着一定区别和联系的。从原则上讲,财政部门的收支活动应构成政府收支活动的主体,但同时不排除政府中除财政部门以外的其他政府部门也会有一些自收自支的收支活动,所以,政府收支活动的范围自然要大于政府中财政部门收支活动的范围。因此,研究财政问题不能仅以财政部门的收支活动作为唯一的研究对象,这也就是我们经常讲的"大财政"与"小财政"之分。前者指的是以整个政府的收支作为考察问题的基础,而后者仅以政府中财政部门的收支作为考察的基础。

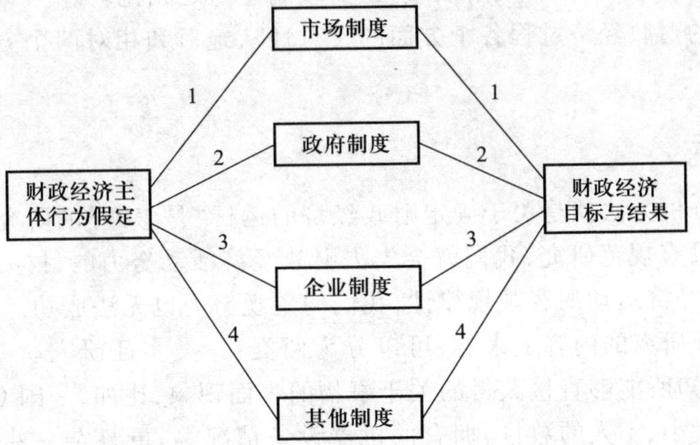

图 1-1 经济行为、制度与结果

第三节　财政学的研究方法

财政学的研究方法与经济学的分析方法相似,从总体上来看可以分为两类,即规范研究方法与实证研究方法。

一、规范研究方法

规范研究方法是关于财政经济目标、结果、决策与制度的合意性的研究,它解决财政经济活动过程中"应该怎样"的问题,旨在对各种财政经济现象的"好""坏"做出价值判断。规范分析的首要任务是针对经济运行的目标提出一个最优解,也就是我们在第三章将提出的如何兼顾效率与公平两大经济目标。

对财政经济制度做规范研究的模式一般是这样的:

首先,设定一个能够达到最优化经济目标的规范性(应该是怎样)的经济制度模型,如在针对市场制度的研究中,先要提出一个现实中并不存在的但是又具有极其重要理论意义的完全竞争市场模型来。通过完全竞争市场的运行,可以达到一个最优化的效率目标——帕累托最优。这样做的目的有两个:一是方向;二是标尺。方向的作用是指,这一最优化的制度模型为现实中最优化的市场制度的改进指明了方向。完全竞争市场制度这一理论化最优制度模型的提出同样让我们明了现实中的市场制度如果需要改进的话,它的改进方向所在。标尺的作用是指最优化制度模型的提出为现实中不同制度的对比确定了一个标准。现实中的不同市场制度,相对于完全竞争市场的标准而言,何者的差距大一些,何者的差距小一些。

其次,通过将现实中的财政经济制度与设定的理想化最优财政经济制度的对比,就能够对现实经济中的财政经济制度优劣与否的问题做出评判。对于财政经济目标、结果以及决策的优劣判断同样也是按照这样的原则来进行的。

总结一下,财政学规范研究需遵循的规则大致是:

(1)设定最优化理论规范与价值判断标准。

(2)将现实中的财政经济结果、财政政策、财政制度与之相比较。

(3)对现实中的财政经济过程各个方面的合意性从绝对和相对两个方面做出判断,明确改进方向。

二、实证分析方法

财政学的实证分析方法就是关于确定财政经济的运行"是怎样"的研究,它探讨的是财政经济活动的客观性。没有规范研究,我们就会失去财政经济活动努力的目标和方向;同样,没有实证研究,不把握财政经济运动的客观规律性,我们的主观努力也无法成功。

从财政经济实证研究的内容上来看,可以分为两类:一类实证研究所要确定的客观事实基本上是通过观察、感知所能够直接获得的关于事物的表面现象,比如,一国GNP的多少和增长的快慢及工厂厂房的大小、工人的数量、拥有的机器设备情况等,更复杂一些,可能还包括一些经过技术处理的统计数据,如总资产、净资产、净资产收益率、负债率等。要获得这样一些实证数据,可能需要比较高的专业技能,但这仍然只是停留在对事物表象的观察之上。在财政工作中,类似收入的规模、支出的规模、税收规模、国债规模等,以及对这些数据的回归统计等数据处理工作,也都属于对事物的表面现象进行实证的范畴。我们把这一类研究统称为经验实证研究。另一类实证研究则不是能通过对事物的表面现象的直接感知完成的,也就是说,要从根本上来回答这些现象产生、发展和消亡的根本原因,需要经过科学的抽象和科学的思辨才能够得到。比如,亚当·斯密提出的关于经济人动机会自动导致全民利益最大化结果的规律;又如,马克思关于资本主义企业产生、发展和灭亡的规律等。这一类实证研究我们称为理论实证研究。在经济学中,进行理论实证研究的一般方法是首先通过某些合理的"假定",将研究对象中所包含的一些次要矛盾过滤出去,从而产生一个类似于自然科学研究中的"实验室环境",以便更加清晰地对主要矛盾进行深入、细致的分析。比如,在完全竞争市场模型中,我们做了信息是完全的、要素的流动是可以瞬间完成的这样一些尽管在现实市场制度中是不完全存在的,然而对于搞清楚市场制度运行的主要规律又不可缺少的假设,通过一系列的假设,就可以得到一个纯净化了的、能够集中反映事物的主要矛盾的经济模型,通过对经济模型的仔细分析和研究,就可以发现经济表象后所隐藏着的经济活动规律性。注意各种理论实证分析结论所依存的假设条件,是学好经济学和财政学的重要途径,特别是当某些前提假定是隐含着的时候,就更需要注意这一点,切不可把理论实证分析的结果简单套用于对现实经济问题的分析上。

从实证分析的时间顺序来看,实证分析研究又可以分成事前的实证分析、事中的实证分析和事后的实证分析。事前的实证分析指的是当某些经济结果还没有现实出现时,可以凭借现有的客观事实基础去合理地预测将要发生的事实的客观内容,通常所说的经济预测就是这样的一项工作。这一工作通常有两条实证分析的途径可循:一条是进行比较简单的经验实证分析来进行预测,比如,用回归的方法在一定程度上就可以把握经济现象发展的趋势;另一条更为复杂但可能更为准确的途径就是通过对经济活动内部各要素运行规律性的分析,来得出预测的结果。事中的实证分析是指对目前正在发生的经济事实进行客观的分析以确定其状况。这一研究往往看起来好像是比较简单直观的,但其实不然,甚至在某些时候由于研究者观察的角度和深度不同,结论可能大相径庭。这就要求我们对于经济问题必须全面、深入地来观察。事后的实证分析有助于我们从过往的经济活动中吸取有益的经验和教训,经济史学家就专门从事这方面的研究。事后的实证研究与事中的实证研究一样,要得出一个准确的结论,必须在研究中贯彻既全面又深入的精神。

本章小结

本章作为导论,主要介绍财政学的基本定位、研究对象与研究方法。财政学来自于经济学,是经济学的一个分支,也称为公共经济学。经济学要研究的是在人类资源稀缺的条件下如何实现资源配置的合理与优化,实现效率与公平的目标;财政学作为经济学的分支,主要从政府制度与政府功能的角度研究资源配置优化及其目标。财政学的研究对象以政府的经济活动为主,围绕资源配置与收入分配等,不仅涉及政府制度与公共政策,也涉及政府制度以外的市场制度与企业制度等,具体着重从财政收支运动与财政关系上去考察。在研究中要注意区分财政收支与政府收支,树立"大财政"的政府理财观。财政学的研究方法类似经济学的分析方法,分为规范研究与实证分析。规范研究旨在研究解决财政经济运行"应该怎样"的问题,涉及财政制度与政策的价值判断,需要研究设定财政运行优化目标,并将现实运行状况与之相对照,相应提出改进思路与方法。实证分析旨在研究财政经济运行“是怎样”的问题,它不涉及财政经济运行是否优劣的价值判断,但要弄清楚财政经济运行的客观过程与运行规律。实证分析可分为经验实证分析与理论实证分析。前者是对财政经济运行从现象上进行观察、统计、归纳的感性研究方法,后者是对财政经济运行从本质上进行理论抽象与思辨的理性研究方法。实证研究还可分为事前、事中与事后三种不同的方法,分别类似预测分析、现状分析和历史分析。

复习思考题

一、名词解释

经济学　财政学　经济制度　政府制度　财政学研究对象　规范研究　实证分析　经验实证分析　理论实证分析

二、问答题

1. 什么是现代经济学?
2. 什么是现代财政学?
3. 财政学与经济学之间存在怎样的关系?
4. 规范研究的模式是怎样的?
5. 实证分析一般应遵循怎样的步骤?

即测即评

第二章

财政依据与财政职能

在第一章中我们指出，财政学是经济学的一个分支，研究与政府制度及经济功能相关的问题。那么，财政学为何要从经济学中分离出来进行特别的研究？现代财政是否存在客观必然性？财政在发挥政府的经济功能上有哪些基本职能？本章将对这些问题做详细的分析。

第一节　公共财政的依据

从社会资源配置的角度而言，经济学要解决的问题就是如何在资源稀缺的条件下，将全社会有限的资源合理地配置到不同的社会产品和服务上，以实现社会效用的最大化。而公共财政学或公共经济学作为经济学的一个重要分支，则更多关注与解决社会公共资源的合理配置问题，更多关注社会产品分配中的公共产品的生产与提供问题，更多关注政府部门或国家的经济功能与作用问题。换言之，现代社会之所以需要公共财政，是基于公共财政存在特殊地位与特殊需要。概括起来，在现代社会与市场经济体制下，公共财政有助于解决以下三方面的重大问题：一是资源配置中的公共产品生产与提供问题；二是市场机制中的市场失灵问题；三是政府经济功能的发挥问题。这也就是公共财政的存在依据与必然性。

一、公共产品理论

公共产品理论是现代经济学的一个重要内容，它在福利经济学当中开始萌芽，随着凯恩斯主义经济学的出现而发展起来。著名经济学家萨缪尔森、斯蒂格利茨等都对公共产品理论有深入的分析和精湛的论述。从一定程度上讲，公共产品理论是现代公共财政理论与制度框架的基础。

按照公共产品理论，根据产品和服务在消费中的竞争性与排他性划分，社会产品和服务可以分成两大类，即公共产品(public goods)与私人产品(private goods)。也就是说，如果某一类产品和服务同时具有非竞争性(non-rivalness)和非排他性(non-excludability)，这类产品和服务就被称为公共产品。所谓非竞争性，是指当一个人消费某些产品和服务时，并不对其他人同时消费这种产品和服务构成任何影响，或者换个说法，当无限多的人消费某一特定的产品或服务时，他们中的每一个人并不比仅有一人消费该产品或服务时的效用递减;所谓非排他性,是指个人无法独占对某一项产品或服务的消费,当一个人消费此项产品或服务时无法阻止他人对同一项产品或服务的消费,换言之,社会要阻止人们对于某一项产品或服务的消费所要耗费的成本将会无限大,因而是不可能的。

在日常生活中,公共产品的一个显著例子是空气。一般来说,增多一些人对空气的消费不至于影响其他人对空气的消费;同时,任何人也无法阻止他人对于空气的消费。海洋中的航标灯是公共产品的另一个例子。从非竞争性的方面来看,增多一些航船并不会影响和递减原有船舶从航标灯所得到的好处;当然,想要让某些船舶不看见航标灯也是一件困难的事情。

在公共产品中,存在非竞争性与非排他性程度的差别。那些非竞争性与非排他性比较强烈、明显的公共产品可以称为纯公共产品(pure public goods)。一般来说,政府提供的许多服务具有比较纯粹的公共产品色彩,如国防、外交、司法、社会治安、生态保护、气象预报、航标灯与其他公共交通指示规范等,它们往往有着很强的非竞争性和非排他性。

公共产品还有层次与范围的差别。按照公共产品的受益面与提供地域范围划分,公共产品还可划分为国际的或全球性公共产品(international or global public goods)、全国性公共产品(national public goods)、区域性或地方性公共产品(regional or local public goods)乃至社区性公共产品(community public goods)等。需要关注的是,随着经济全球化、政治多极化与资讯信息化等的迅猛发展,全球性公共产品的需求也日益发展,如延缓全球气候变暖的大气保护、跨国的跨地区的国际生态保护、国际反恐与国际安全、国际金融与经济危机的预防与治理等,都是日益迫切需要的全球性或国际性公共产品。一国的国防、外交和全国性的公共交通与社会保障等,就属于全国的公共产品。

与公共产品相对应的产品和服务被称为私人产品。私人产品具有竞争性和排他性,就是当某一个人消费某项产品或服务时,其他人就不可能再享受到该项产品或服务所提供的效用。同时,不需要耗费任何成本就可以阻止其他人消费该项产品或服务。

私人产品在日常生活中十分普遍。一般来说,人们生活中与吃、穿、住、行等相关的绝大部分产品和服务都是私人产品。比如,当某个人购买并享用某个食品时,其他人就不可能再享用同一个食品的美味了;同时,当一个消费者买下某个食品并享用以后,也就排除了其他人获得该食品,该消费者除了支付购买该食品的费用,无须为占有该食品额外付出成本。

在公共产品与私人产品的两极之间,还存在许多不具有纯粹的公共产品与私人产品性质、但又或多或少具有这两种物品性质的产品和服务,我们称之为混合产品(mixed goods)或准公共产品(quasi-public goods)。

实际生活中,根据非竞争性与非排他性的不同状况,混合产品大致又可分为三类。一类混合产品具有非竞争性但却具有排他性,比如公园,尽管在一定人数的条件下公园游客的增多并不会影响原有游客的效用,因而具有非竞争性,但是可以通过设置围墙、栏杆等设施阻止那些不购买门票者进入。另一类混合产品具有竞争性,同时具有非排他性,如像森林、河流这样一些环境保护的难点问题,就比较典型地具有这样的性质。还有一类产品和服务在一定程度上具有非竞争性或非排他性,但超过了一定的限度,非竞争性或非排他性就不再存在,比如电视机,在人数有限的情况下,增多一人观看并不致影响其他人享受的效用,但当人数超过了一定限度后,互相之间肯定会形成干扰而彼此的效用递减,甚至有很多人不再能够看到电视节目。又如,在上面所述的公园例子中，以及在诸如公路、大桥的使用上，同样存有着类似的问题，也就是当消费者超过了一定的数量界限而形成"拥挤"(congestion)时，原有的非竞争性就变成了竞争性，这种混合产品又称为拥挤性公共产品(congestible public goods)。

与纯公共产品相比，混合产品或准公共产品更为普遍，广泛存在和分布于带有一定公益性的各种产品与服务领域，诸如教育、科技、文化、卫生、体育、城乡基础设施、公用事业、社会保障等领域。

将社会产品区分为公共产品、私人产品和混合产品，充分认识各自的特点，这对于合理界定政府功能与财政职能、恰当处理政府与市场的关系、充分有效地发挥政府与市场各自的作用、合理优化配置社会资源、优化组合公共产品生产与提供方式等，都具有十分重要的意义。

生产和提供公共产品、私人产品及混合产品需要用不同的方式来处理。一般来说，纯公共产品比较适合公共生产与政府提供；与之相对应的补偿手段是带有强制性的税收。私人产品则适合私人生产与市场提供；与之相对应的补偿手段就是市场交易中的价格，而且是供需双方在市场竞争中的自愿性的自由定价。而混合产品的生产与提供方式比较复杂，因为其具有某些公共产品的特点，所以也适合公共生产与政府提供，但其又非纯公共产品，往往也兼有某些私人产品的特点，因而也可以由私人生产和市场提供。由此，不同的混合产品可以根据其竞争性与非竞争性、排他性与非排他性的不同状况与不同程度选择不同的生产与提供方式，包括公共生产与私人生产、政府提供与市场提供的不同组合方式；与混合产品的这些不同生产方式与提供方式相对应的补偿方式也比较复杂，除了采用税收与市场价格作为补偿方式以外，还常用公共收费的方式，而公共收费其实也是一种消费者购买混合产品或准公共产品的价格，不过它不同于市场自由定价，而是一种由政府规管的公共定价或政府定价。

对公共产品理论需要进一步把握的是：一方面，我们讲公共产品尤其是纯公共产品比较适合公共生产与政府提供，但这并不意味着公共产品只能由政府生产和提供，换言之，许多公共产品尤其是混合产品也可以由私人生产和市场提供(即消费者直接在市场上购买私人生产的公共产品)，或者采用私人生产、政府提供方式(即政府出钱向私人购买其生产的产品和服务作为公共产品提供给消费者)，或者采用公共生产、市场提供方式(即政府投资的公办企事业单位生产的公共产品采用市场价格提供给消费者)。另一方面，由于公共产品的非竞争性与非排他性特点，由市场提供确实存在很大的局限性，因此，在公共产品的提供方式中，尽管也可以由市场提供，但政府仍处于核心主体地位，而政府提供公共产品必然要通过公共支出和税收来实施，所以公共财政是公共产品提供的主体和主要来源。

二、市场失灵存在

现实中的市场经济制度与能够实现帕累托最优效率目标的完全竞争市场制度相比，有着这样或那样的差距，这种影响资源配置效率的差距就被称为市场失灵或市场缺陷(market failure)，也就是说，现实中的市场体制不像我们构想的理想中的市场模型那样有效。这也为市场经济下政府干预和公共财政存在的必要性提供了又一个重要依据。具体来说，市场失灵主要表现在以下几个方面。

(一) 公共产品提供失灵

由于公共产品存在非竞争性和非排他性，任何消费者即使不付出任何代价也可免费享受公共产品的好处,这就会导致“搭便车”(free-rider)现象。由于“搭便车”动机广泛存在,一般私人生产和市场体制就不可能大量提供公共产品。换言之,完全由市场体制进行公共产品与私人产品的资源配置,就会造成效率损失。

从图 2-1 中可以看到,如果只有市场体制来处理社会资源配置问题,那么现实中的公共产品与私人产品的组合点 B 所处的无差异曲线(i_1)将大大低于由代表着全民偏好的社会无差异曲线(i_2)与生产可能性边界相切所决定的最优组合点(E)所处的无差异曲线,中间的阴影部分即为效率损失。

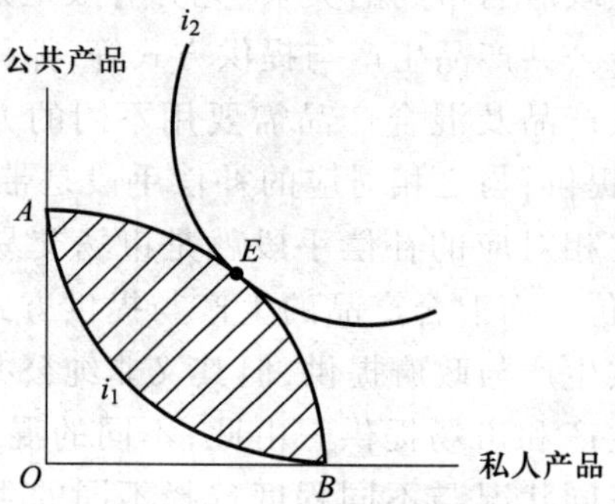

图 2-1　公共产品与私人产品

(二) 外部效应消除失灵

外部效应也称外部性,是指经济行为主体在从事经济活动时,除自身外,还给别人带来收益或损害。正的外部效应是指经济主体从事经济活动时,不能够得到由此活动产生的一切收益,而是将总收益的一部分外溢给了其他的人。这时,尽管该经济主体获得的收益仍然可能大于其成本,但其私人收益会小于它的全部收益,这显然背离了完全竞争市场制度所要求的成本与收益对等原则,因而经济效率必然受到损害。同理,当经济活动主体产生负的外部效应时,它的经济活动全部实际成本超过其私人成本,但它并不承担其经济活动所发生的全部成本,这就意味着将一部分成本转嫁给社会其他人,这也同样会产生成本与效益不对称的状况,背离市场制度的配置效率。

市场制度本身难于通过自动的机制消除这些外部效应。比如,企业在生产中产生污染而造成的超出私人成本的社会成本,包括对环境污染的成本、对损害他人健康的成本等,由于企业奉行利润最大化的经营目标,就不可能主动消除这种外部负效应。同时,受污染者往往由于对其个人而言,诉诸法律追究污染行为企业的责任与赔偿所要耗费的时间、精力、金钱等成本要大大高于其被损害的程度,而容易倾向于采取等待他人出面而自己坐享其成的“搭便车”态度。这就使得外部效应的解决与公共产品问题面临着同样的困境。

(三) 规模收益递增失灵

在生产需要大量固定的资金、技术或自然资源发展成本的情况下,所有的有需求的产出量的边际成本会随着规模的扩大(产出数量增加)而下降,相应出现规模收益递增。如果边际成本持续下降,边际成本或许会低于平均成本,这时,如果私人企业仍以边际成本定价就无法抵补其长期的平均成本,就会发生亏损,私人企业就会难以为继,从而市场制度就难以达到边际成本定价的帕累托最优。如果政府放任不管，现存的企业将按长期边际收益等于边际成本的利润最大化水平定价，这样，价格将高于边际成本，产量则小于帕累托最优状态下的数量。这就会形成自然垄断，破坏按边际成本定价的帕累托最优条件，市场就失灵了。

（四）信息不完全的失灵

完全信息是通过完全竞争市场达到帕累托最优的一个必要条件。但在实际生活中，卖者往往比买者对物品信息了解得更多，市场交易由此呈现出不对称信息的特征。在这种情况下，就会产生两种情形，即道德风险和逆向选择。前者是指买主不能分辨由卖主实施的可控制行为，后者是指买主不能分辨会对卖主产生影响的重要外部特征或偶发事件。当存在道德风险时，买主将参照较好的物品或服务的价格标准来支付实际上可能是较差的物品和服务；而当存在逆向选择时，由于买者难以分辨好坏，会发生对好的物品和服务的驱逐，从而使产品质量下降。这两种情况都是信息不完全引起的，都是不符合帕累托最优的。

（五）开放经济的失灵

按照完全竞争市场理论，通过市场机制自动调整劳动力与技术资本的结构比例就能够找到一个将全部劳动力与技术资本相结合的恰当方式。简言之，当社会缺乏劳动力时，应采取技术密集、资本密集的发展方式；当社会劳动力众多时，则应采取劳动力密集的发展方式。但在开放经济下，由于面临着国际竞争的压力，发展中国家为了赶超世界先进水平，不可能总是采用以大量劳动力与低级的技术相组合的发展方式，而同样需要采用大量的高新技术，这时就会产生技术资本无法完全吸纳劳动力的现象而出现过剩人口。又由于人口的增长虽然在一定程度上受到经济发展状况的自动制约，但在相当程度上人口增长的趋势要受文化、习俗、传统等因素的影响，具有相对的独立性。这样，在缺乏一个强制性机制干预的情况下，市场很难完成人口变化与技术资本变化之间的平衡。

另外，在开放经济条件下，同样由于外部竞争压力的变化，对一国的通货膨胀情况会产生影响，由于涉及国与国之间的经济利益问题，因此仅依靠市场制度也难以消除这种从外部所致的通货膨胀影响。

（六）消费偏好纠正失灵

完全竞争市场制度是建立在个人消费偏好完全合理的假定前提下的，这是一种消费者主权的观念。但现实中某些消费行为很难认为其具有合理性而应该受到社会的尊重，如像吸毒、拒绝基础教育等。要矫正这种不合理偏好的行为，就有必要对某些不良的消费偏好强制性地予以纠正，而这是市场制度办不到的。对于社会中那些被个人评价过高的物品，如毒品、香烟等，公共经济学称为劣值品（dismerit goods）；那些被个人评价过低的物品，如基础教育等，则被称为优值品（merit goods）。需要注意区分的是，这里的劣值品与优值品并非指产品质量的优劣属性，而是指某些消费者偏好的评价存在不合理的偏差。市场机制无法纠正这种偏差，因而存在市场失灵。

（七）收入分配调整失灵

在市场制度下，人们的收入分配是根据资本、劳动、土地、技术、无形资产等生产要素的贡献进行初次分配的，而人们的先天条件即所谓天赋如体质状况、智力情商与后天条件如接受教育的程度、拥有资本的数量、家庭赡养的人口等都存在很大的差异,按照市场制度和要素分配原则进行收入分配,就必然存在较大的收入差距,甚至会出现社会贫富两极化。如果我们对这种不合理的分配结果不满意,那么市场制度本身是难以修正的,换言之,市场制度对调整收入分配、实现公平分配目标是无能为力的,存在市场缺陷。

(八)经济波动与危机失灵

在市场体制下,经济运行会发生周期性波动乃至爆发经济危机,这是由市场竞争引起价格与供求关系变动的市场内在机制所决定的。经济的过热高涨会造成物价飞涨和通货膨胀,经济的过冷萎缩会造成大批失业和产能过剩,严重的还会发生经济危机,由此带来资源严重浪费和社会动荡不稳。过去和近期的各国经济运行实践都证明,单靠市场制度本身是无法解决经济波动与经济危机的。

由于市场制度在现实运行中存在上述多方面市场失灵的现象及其原因,就需要寻找非市场的制度力量来加以弥补与矫正,这也是公共财政的存在依据。

三、实现政府的经济功能

自20世纪以来,无论在社会主义国家还是在资本主义国家,政府的经济功能得以广泛地应用并在相当程度上发挥了良好的作用。比如,美国政府通过"罗斯福新政"使政府对经济干预的力度大大加强,从而帮助美国经济逐渐摆脱了20世纪20年代末经济大危机的阴影。在社会主义国家中,政府制度更体现出其强有力的经济功能,使落后的国民经济得以飞速发展。在近年来的世界性金融经济危机和各国经济波动中,各国政府的经济功能更是得到了前所未有的充分发挥。而无论各国政府对经济的干预方式有何不同,也不论各国政府的经济功能发挥程度有何差别,在其背后都离不开强有力的公共财政的支撑。

那么,政府的经济功能相对于市场功能而言,其优势究竟在什么地方呢?公共财政对实现政府经济功能的作用又在哪里呢?这就要搞清楚政府经济功能的规范性作用范围。

(一)实现政府在资源配置方面的功能

首先,即使市场制度以及其他经济制度能够有效地履行资源配置职能,政府对于维护这些制度的正常运行也起着必不可少的作用。如果没有政府制度这样一种外部强制力的保证,在资源的配置问题上,人们就有可能不是通过以货币为媒介的交易行为来解决,而可能倾向于以暴力抢劫、欺诈等手段来取得资源的支配权。因此,明确与保护产权是政府在资源配置中首先必须履行的职能。只有将人们相互之间的经济利益边界划分清楚并给予保护,禁止他人非法地侵占,市场的交易行为才会具有可靠的基础。这种仅以保护产权的作用来履行资源配置职能的政府被称作为"最小化国家"。

其次,当市场制度出现种种失灵现象后,政府在公共产品提供方面有可能直接地参与到资源的配置中,因为政府易于通过公共决策机制将有关公共利益的信息予以汇总,并进行相应的决策,然后以税、费等形式来解决公共产品提供的成本,使之"取之于民、用之于民"。因此,政府在公共产品提供领域资源配置中的作用是独特的、必不可少的。在这一过程中,尽管要发生一些成本,而且通过公共决策机制所确定的公共产品提供的结构、数量、质量,由于信息不完全的原因,可能达不到理论上最优化的效率标准,但整体上公共产品提供状况较之完全不依靠政府的经济制度下要好得多。

再次，对于介乎于纯粹私人产品与纯粹公共产品之间的大量混合产品，到底应该由政府制度还是市场制度来提供，则取决于该种混合产品到底偏向于私人产品的一极抑或是公共产品的一极。对于偏向于公共产品的混合产品，可以采取政府与市场混合提供的方式。比如，像公园和高等教育一类的混合产品，可以一方面通过对可识别的消费者收取一部分费用来抵补提供该物品的部分成本，另一方面则通过公共财政制度向纳税人收税的方式来提供成本补偿。这是因为，这类产品既在一定程度上具有非竞争性，而当超过了一定的限度后又具有竞争性，因此，采用政府参与提供而又不包下来的混合提供方式应是合乎逻辑的。

（二）实现政府在收入再分配方面的功能

由于市场制度及企业制度都难以对自然形成的初次收入分配状况进行再分配，因此，除了极端的功利主义主张无须对收入分配状况进行再次改变外，福利经济学和公共经济学流派都主张政府通过收入再分配改变社会收入分配状况，所以，政府承担收入再分配的任务是不容置疑的。在现代政府实现收入再分配的可资运用工具中，财税政策与政府管制是主要的工具，尤其对低收入者的财政补贴和对高收入者的累进所得税是收入再分配的最有效手段。换言之，实现政府在收入再分配方面的功能也离不开公共财政。

第二节　政府管制

在现代政府发挥的经济功能中，除了直接依仗财政收支与财政政策外，还往往需要运用与财政政策相关的政府管制手段。鉴于政府管制（government regulation）既是政府干预经济、实现其经济功能的重要途径与工具，但政府的管制行为如使用不当，也会存在破坏资源配置效率和社会福利公平的可能，因此，政府管制日益成为公共经济学和财政学研究的课题。

本节所述的政府管制，是指政府权力机构所做出的管制行为，在概念上等同于公共管制（public regulation）。限于篇幅，本节主要对政府管制的一些基本问题和有关理论进行考察，并对政府管制中的典型领域——对自然垄断（natural monopoly）的管制略做分析。

一、政府管制的理由

在市场经济条件下，政府管制缘于市场缺陷，这需要具体说明。市场缺陷具体包括两个方面：一是完全竞争市场运行结果本身的缺陷；二是现实市场并不能满足完全竞争市场假设条件所形成的缺陷。这两方面的市场缺陷是否均构成政府管制的理由，则有不同的看法。同时，这也取决于政府管制概念内涵的宽泛程度。如果从最宽泛的意义上来理解政府管制，那么，所有的市场缺陷均可构成政府管制的理由。在此，我们首先分析政府管制的原因，在此基础上来定义政府管制的具体内涵。

（一）完全竞争市场运行结果本身的缺陷

完全竞争市场运行结果本身的缺陷，是指即使由完全竞争性市场机制支配整个市场，使之能够达成资源配置的帕累托效率（pareto efficiency），但根据社会普遍承认的价值标准来评判整体经济的市场成就时仍然存在的问题。这些问题主要有以下两个方面。

1. 收入分配不公平

根据科斯定理，无论生产要素所有权在人们之间如何分配，在完全竞争市场条件下，如果交易费用为零，便能够实现帕累托效率的资源配置；而根据市场经济的分配规律，人们的收入分配是按照其拥有的生产要素多少以及对社会的贡献大小来进行的，鉴于各人所拥有的生产要素以及所做出的努力，无论是在数量上还是在质量上都存在很大的差异，这就必然会导致收入分配不公平。这种收入分配的不公平极易引发许多社会问题并影响到市场竞争规则本身。据此，在市场本身无法解决这一问题的情况下，只好由政府出面进行干预。或是对生产要素初始权的界定实行管制，或是对分配规则进行修改，或是对市场分配结果进行调整，以最终达成社会公认的收入分配状况。

2. 个人偏好不合理

在完全竞争的市场经济中，会出现一些不符合社会普遍承认的价值评判标准的行为与结果。如抽烟、吸毒、核武器竞争、逃避教育、轻视保险等。如果没有政府管制，它们也可以形成自由市场，并在完全竞争的市场中达到资源配置效率。而教育和保险的消费，从一个人的发展和保障角度而言是社会所希望的，但有许多人轻视了其实际价值。这就导致个人偏好不合理评价而出现劣值品和优值品问题。社会有必要按照普遍承认的价值评判标准，去纠正这些产品的消费与生产。而这也有赖于政府出面进行管制方能奏效。

（二）现实市场不能满足完全竞争市场假设条件所形成的缺陷

现实市场不能满足完全竞争市场假设条件所形成的缺陷，主要包括以下几个方面。

1. 经济增长不稳定

虽然在完全竞争市场条件下可以得到在既有技术基础上的最佳经济增长，但在现实的市场运行中，经济增长往往伴随着巨大的经济波动。这种波动表现在有时存在大量的失业与紧缩，有时出现剧烈的通货膨胀，或者有时出现两者并存的滞涨（stagflation）。尽管市场机制具有生产要素流动的均衡功能，可使经济实现新的均衡，但这需要较长的时间。从一个均衡到另一个新的均衡的过程，往往带来大量的资源浪费和可能出现的社会动荡。因此，保持经济的稳定增长成为社会普遍承认的价值评判标准，而实现这一目标有赖于政府的政策导向和必要的政府管制。

2. 存在不完全竞争市场

完全竞争的含义是指在每一个市场上都存在众多的买者和卖者，这些买者和卖者都是市场价格的接受者，而不是市场价格的决定者。每一个买者和卖者都不具有控制市场价格的能力。但在现实的某些市场领域中，却存在只有一个或少数几个买者或卖者的情况。只有一个买者或卖者的市场称为独家垄断（或直称垄断）；只有少数几个可以互相串通的大厂商的市场称为寡头垄断。由于现实的市场中存在独家垄断和寡头垄断，使得资源配置和社会福利无法通过充分的竞争达到社会理想目标。因此，需要政府对此进行管制，以纠正这一市场缺陷所导致的资源配置效率和社会福利损失。

不完全竞争的一个典型事例是所谓自然垄断。按照传统理论，如果某产品的平均成本随着产量的增加而持续下降，便成了自然垄断产生的经济原因。由于自然垄断的这一特性，将其交由一家厂商生产经营对全社会来说总成本最小，比较合适的做法是由政府出面，对自然垄断市场的进入进行管制，只允许某一家厂商从事生产经营，其他厂商不得进入。一般认为，这是对自然垄断进行政府管制的一个原因。对自然垄断进行政府管制的另一个原因是自然垄断产品定价问题。根据经济学的基本理论，只有当价格等于边际成本时，社会的总福利才最大。但由于自然垄断行业成本递减的特性，自然垄断行业如果按此定价，则必然因其收不抵支而出现亏损。如果不按此定价，则产量不能达到满足社会福利最大化的要求而使社会福利受损。这一矛盾使自然垄断行业处于一种两难境地。解决之道一般也认为需由政府出面对自然垄断企业实行价格管制，在社会福利和垄断者利益之间进行权衡取舍。

3. 消除外部效应与保障公共产品

外部效应包括外部效益和外部成本（或称外部不经济）两个方面。其反映的事实都是产品的效益和成本未能完全内在化，与完全竞争市场要求所有产品的效益和成本都内在化的假设不相符。由于市场中人们只以内在的成本和效益作为决策的依据，在存在外部效应的情况下，其结果自然是无法达到完全竞争所能达到的理想境界。外部效应中的一个极端例子是公共产品。前已述及，公共产品如国防、外交、公安、司法等都是国家和社会的公共需要，必不可少。但这种物品的效益内在化程度很低，其所产生的效益绝大部分表现为外部效益。这种物品的消费因易产生“搭便车”问题，一般较少有私人愿意购买提供，因而无法由市场来解决。有鉴于外部效应的存在，特别是公共产品的需求，在许多方面便存在政府管制的需要。

二、政府管制范围

（一）广义的政府管制范围

根据上述政府管制的理由，大致上可以构造出一个政府管制的范围。

（1）以解决外部效益提供公共产品为目的的政府管制政策。如社会公共服务、公共事业投资、社会福利政策。

（2）以处理不完全竞争为目的的政府管制政策。如反垄断法、商法，在公益事业等领域的进入、退出、价格、投资等政府管制政策。

（3）以处理偏好不合理为目的的政府管制政策。如为防止和缓解在经济活动中产生的社会问题所制定的诸如禁毒、禁赌、烟草专卖制度等一系列政策。

（4）以解决外部成本为目的的政府管制政策。如限制汽车废气排放量等环境保护政策。

（5）以处理信息失灵与偏差为目的的政府管制政策。如消费者权益保护法、证券市场信息公开披露制度、知识产权保护政策等。

（6）与多种市场缺陷相关的政府管制政策。如国家产业政策、科技振兴政策、基础教育政策、劳动政策、社会保障政策等。

以上界定的范围几乎涵盖了财政学研究的所有领域，属于广义的政府管制范围。

（二）狭义的政府管制范围

从狭义的政府管制所包含内容来看，政府管制具有以下一些区别于财政政策的特点：

（1）政府管制的目的主要是解决不完全竞争、信息失灵与偏差、外部成本、偏好不合理等市场缺陷所产生的社会经济问题。

（2）政府管制一般较少通过政府直接的财政支出方式进行，而大多是以制定法律、法规来规定人们的行为达到管制的目的。

(3)政府管制的领域大体上可以划分为经济事务和社会事务两个方面。前者可以归纳为经济性政府管制,后者则可归纳为社会性政府管制。

① 经济性政府管制,是指出于市场不完全竞争和信息失灵与偏差的存在,为防止发生资源配置低效和确保消费者的权益,政府利用法律权限,通过许可和认可等手段,对企业的进入和退出、价格、服务的数量与质量、投资、财务会计等有关行为进行的管制。以经济学的观点而言,经济性政府管制是所有的政府管制领域中最典型和最重要的一种。

不完全竞争引致管制的需要,主要在于垄断,其中最为典型的是自然垄断。如果对垄断所形成的支配市场的力量放任不管,势必难以实现资源的有效配置。

对信息失灵与偏差的政府管制,主要是指对具有如下特征的行业进行的管制:消费者未必拥有充分的信息以决定在多种多样的服务和价格中选择哪种为好,其结果一方面是难以实现有效资源配置,另一方面也导致消费者无法达成福利最大化。同时,一旦竞争的结果使企业发生破产倒闭时,消费者还难以保证其资产的安全。诸如银行、证券、保险、电信、运输等行业。

② 社会性政府管制,是指为了确保国民生命安全、防止灾(公)害和保护环境等进而最终以增进社会福利为目的的政府管制。它是与应对经济活动发生的外部不经济、提供(准)公共产品和纠正偏好不合理有关的一系列公共政策。

以应对外部不经济为目的的管制包括:对大气污染、水质污染、噪声、振动、矿山事故等公害的管制,对核燃料泄漏、液化石油气泄漏等产业灾害的管制,防止劳动灾害、疾病的管制,维护交通安全的管制等。以上管制对象,一般均具有外部不经济特征,在其他办法无法完全解决其不经济影响时,需要对其进行一定程度的政府管制。

与公共产品有关的管制包括:消防管制、环境保护管制、防止自然灾害的管制以及文物保护管制等。以上管制对象,由于均涉及消费的非排斥性或者消费的非竞争性或者消费的效益外溢性,都具有较强的公共产品性质,在市场不能提供这种服务时,需要政府实施管制。

以应对偏好不合理为目的的管制包括:迷幻物品管制、枪炮武器管制、淫秽服务与物品管制等。以上管制对象,一般都属于偏好不合理(按照政府认可的道德规范标准)领域,为纠正这种消费观念,需要由政府出面管制。

(4)根据政府管制所采用的手段与方法及其对被管制者产生的影响来看,政府管制大致上可区分为直接的政府管制和间接的政府管制。其中,直接的政府管制范围也就是狭义的政府管制范围。所谓直接的政府管制主要是以防止发生与不完全竞争、外部成本、信息失灵与偏差以及偏好不合理有关的,在社会经济中人们不期望出现的市场结果为目的,依据由政府认可和许可的法律手段,直接介入被管制者的决策过程的一系列政府管制政策。间接的政府管制则主要是指以形成和维持竞争秩序和竞争规则为目的所进行的管制,政府不直接介入被管制者的决策过程,而是通过制定一系列基本的法律、法规(如民法、刑法、商法)以防止和制约阻碍市场机制发挥其基本职能的行为的发生。

考虑在经济学上一般把政府为维持竞争秩序和竞争规则而制定的一系列基本的法律、法规也视为公共产品,从而将其列为财政学(公共经济学)的研究范畴,因此,本章所述政府管制不包含间接性的政府管制内容。

三、政府管制的手段

与政府管制基本理由同样重要的是管制所使用的手段。对经济或社会事务进行管制的方法出于各种不同的管制目的。从狭义的政府管制领域来看,它们主要包括以下方法。

(一) 价格管制

价格管制手段主要应用于对不完全竞争市场的政府管制。由于市场竞争不完全,在竞争中占主导地位的企业可能单独或串通别的企业制定价格以排挤其他竞争者或获取垄断利润,结果必然导致社会福利受到损害或者资源无法充分利用。政府为了避免这种不良结果的产生,其采用的主要手段之一便是价格管制,规定企业所制定价格的上限或者下限,以尽量促使企业按照边际成本定价。在价格管制手段中,常用的方法有制定收费标准和制定最高限价。

1. 制定收费标准

这种手段主要用于对自然垄断的管制,通常被用来制定电力业方面的价格,也被用来制定当地和长途电话服务业、航空公司、公路运输公司以及铁路系统等部门的价格。原则上,收费标准是根据被管制企业在某个期间的会计成本和合理报酬所得出的总成本来计算确定的。采用这种方法时,首先是由被管制企业向主管当局提出收费标准申请,主管当局对企业的费用条件和需求条件等进行分析,计算出合理的成本和报酬,然后批准其认为是公平合理的收费标准申请。在批准收费标准时,政府主要是根据提高资源配置效率、确保社会福利水平以及保证企业一定收益等标准来决定的。

虽然规定收费标准是政府常用的一种管制手段,但实际上由于政府对生产情况不可能贴近,因而难以制定出提高资源配置效率的收费标准,而只能制定以合理报酬率为主的平均成本收费形成方式。因此,采用这个方法既不可能产生等于边际成本的价格,也不可能决定单家企业的价格对于该特殊服务的边际成本的最佳偏离。如果存在通货膨胀和对于受管制服务的需求低速增长的情况,甚至可能违背平均成本定价所包含的次优目标。产生这种结果的现实原因在于,政府管制当局必须充分掌握有关企业成本以及其他外部环境的信息,而企业只有在信息不对称(信息更多地掌握在企业手中)的情况下才能获得更多的利益,所以未必对信息公开采取积极态度。因此,导致被管理企业既不能从管理当局得到有助于自己经营的稳定和发展的政策,也无法实现政府预期的目标。

2. 按历史价格水平制定最高限价

这种做法一般在供求关系特别紧张的战争时期实行配给制时使用,现往往被用来管制某些大类商品的价格。由于主要依据商品经营成本决定最高限价,因此如经营成本有变动,最高限价就需要相应调整。这种方法的缺点是:既然限价可以调整,就会涉及政府管制人员的主观判断,如何妥善处理新产品,如何对待变化中的需求和成本,会使问题复杂起来,各种弊病与服务质量的蜕变也随之产生。

(二) 市场进入管制

市场进入管制也叫市场准入管制,就是对欲进入某一市场的企业设定一定的标准即门槛,据此来筛选、限制某些企业进入该市场。市场进入管制广泛地应用于对不完全竞争、信息偏差和外部不经济的政府管制中。在不完全竞争市场中,为维持自然垄断的规模效益、避免过度竞争所带来的资源浪费,以及确保垄断企业一定程度上的合理利润,政府对该市场实行进入的管制;在某些存在信息偏差的行业,如证券业、保险业,政府为了保护消费者(股东)的权益,需要对进入该行业者进行资格评审认定,拒绝那些可能因信息偏差而招致消费者权益受损的进入者;在外部不经济现象未能得到很好控制前,为限制这种不经济现象的增加与扩展,政府也可采用市场进入管制手段,对这个行业确定一定的经营规模,当规模达到后,便管制新的企业再进入该市场。

对于市场进入管制手段的使用,管制当局往往是通过建立选择申请者制度或辅以营业执照的发放制度来进行的。申请者须陈述其资格证明以备管制当局审查。这个制度的运行要求管制当局首先对受管制行业给出一个精确的定义和相应的标准,以清除那些不合格的申请者;然后,管制当局在相互竞争的申请者之间做出选择,判断哪些企业将会为公众利益服务而准许其进入。

政府管制市场进入的目的是纠正市场缺陷、改善资源配置状况和增加社会福利。应当说,这种管制在某些时候的确能够收到一定的效果。由于无须根据企业的成本和费率等信息进行管制,这种管制手段容易得到青睐。不过,在实践中它并不能完全代替对价格或外在不经济的成本进行的管制。因为使用市场进入管制手段时,不仅会遇到制定市场准入标准(门槛)的困难,而且由于管制当局掌握了企业能否进入市场的生杀大权,极有可能成为企业寻租的对象,从而诱发管制当局产生官僚化并导致腐败,最终扭曲与偏离政府管制目标。

(三)营业执照管制

这一管制手段所适用的范围非常广泛。作为政府掌握的一项强有力的控制工具,其所欲达成的目标是为了纠正市场存在的各种缺陷。现实中的营业执照十分广泛,要理解作为管制手段的营业执照,需要区分三种不同水平的控制功能:注册、证明和营业执照。

1. 注册

注册是指想要从事于某些活动的人必须向政府有关部门登记。对任何愿意登记的个人,没有任何规定来否定他从事该种活动的权利。当然,他可能要缴纳登记费。尽管注册可以有助于政府达到一些目的,如方便政府征税或是有助于警察调查案件等,甚至可能保护消费者免于受骗,但是一般不将注册视为一种政府管制的手段。

2. 证明

证明是指政府机关或者社会中介机构证明某人具有某些技能的凭证。政府可以证明他是否具有这种能力,但绝不可以据此而阻止没有这种证明的人从事需要这些技能的活动。因此,证明一般也不看作政府管制的手段。

3. 营业执照

营业执照是指从业者为从事某项职业必须从一个被认可的政府或其他权威机关获得一个开业资格证书。执照是一种具有某种法定含义的资格,它要求表示某些才能或能满足才能要求的测试,而且不允许任何没有执照的人开业经营。如果有人无照开业经营就属于违法违规,可以追究其法律责任。由于营业执照所具有的这一特性而成为政府在许多管制领域都适用的一种有力的管制手段。

需要认识的是,营业执照作为政府的一种管制手段,也可能产生负面作用,即某些人通过营业执照而取得垄断地位，从而牺牲其他公众利益。已获得营业执照的成员往往会对新的申请加入者横加阻止，从而建立其垄断地位。

（四）制定标准管制

制定标准的手段被广泛地应用于对外部不经济所进行的管制当中。管制机构制定了越来越多的管制标准，如管制不安全的产品生产或污染扩散的标准。在一般情况下，这些标准的制定都需要管制机构从广大的与之有利害关系的各方中获取信息，如被管制者本身、消费者集团、供货者、顾客、雇员以及其他行政管理机构等。在制定这些管制标准时，管制机构需要决定以下关键问题：①管制标准是应该直接控制相关的有害物质（如污染内容），还是控制代表污染的物品排放量（如大烟囱或煤炭中的硫黄含量）？②该标准的严格程度应该如何掌握？③该标准应该使设备运行的要求或特殊的设备设计规格具体到何种程度？

实际上，在修订和最后采用企业所提出的各种标准前，管制机构会对它们加以审查。该机构会接受来自各个不同的利益集团的评论，然后在相互有抵触的建议之间，商定出一个尽量使各方都能接受的最终建议，其目的是减少受到管制的那些利益集团的反对：它们可能向法院诉讼，或者对管制进行抵制，以致使有关当局在实施管制时付出很大的代价。

（五）特定行为管制

禁止特定行为作为一种管制手段来使用，主要运用于社会性政府管制的情形当中。如禁止贩毒、吸毒，禁止卖淫，禁止出版非法出版物，禁止猎杀某些动物，禁止贩卖文物等。从公共经济学角度看，这类管制禁令大多出于政府根据当时的社会道德规范标准，对少数不合理消费偏好的纠正，也是对市场失灵的弥补。

四、对自然垄断的管制

经济学把政府对某行业的价格和进入实行管制，只允许一家企业垄断全部生产这种现象，称为自然垄断。

（一）对自然垄断管制的范围界定

传统理论认为，只有平均成本下降时才是自然垄断。基于这种理论，凡自然垄断行业，都需要政府管制，把全部生产委托给一家垄断企业。新的自然垄断理论拓展了自然垄断的范围，认为只要一家企业生产全部产品的总成本小于多企业生产的成本之和，不管平均成本是上升还是下降，都是自然垄断。基于这种理论，对自然垄断需要根据其垄断的强弱、进入市场有无障碍[①]和企业的承受力来决定是否需要进行管制以及采取什么样的管制策略。

对自然垄断的管制范围及其管制策略可以用表2-1归类。从该表可以看出，对自然垄断的管制范围主要限定在市场进入有障碍以及市场进入无障碍但垄断企业无承受能力两种情况，而对市场进入无障碍但垄断企业有承受能力的情况，则不需政府进行管制。政府对自然垄断的管制策略主要包括价格管制和对市场进入的管制两种。

① 进入障碍在这里指进入市场的非政策性障碍，如进入的规模限制、地区限制、技术限制等，而不是政府政策所造成的人为障碍。

表 2-1　自然垄断的管制范围及其管制策略

垄断的类型	进入有障碍	进入无障碍	
		有承受力	无承受力
强自然垄断	管制，使价格高于边际成本以消除企业亏损，同时避免垄断价格	不管制，借助潜在竞争者进入的威胁，迫使垄断者制定盈亏相抵价格	管制：①使价格高于边际成本以消灭亏损，同时避免垄断价格；②不允许潜在竞争者进入市场
弱自然垄断	管制，使价格等于边际成本，允许企业盈利	不管制，借助潜在竞争者进入市场的威胁，迫使垄断者制定边际成本价格	管制：①使价格等于边际成本，允许企业盈利；②不允许潜在竞争者进入市场

结合管制策略，对自然垄断的管制可以分为以下四种情况：

（1）当自然垄断企业为强自然垄断并且市场进入有障碍时，需要管制。采用的管制策略为价格管制而无须采用进入管制。因为在强自然垄断情况下，垄断企业生产成本下降，边际成本低于平均成本。如果没有价格管制，垄断企业将制定高于边际成本的垄断价格，产量无法达到最大化以满足社会所需，社会福利将受到损害。当然，管制也不是要强迫其价格等于边际成本，如此会使垄断企业产生亏损。因此，价格管制是要制定一种介于垄断价格和边际成本价格之间的价格，从而兼顾垄断企业与社会福利。在这种情况下，存在自然垄断定价的两难困境。

（2）当自然垄断企业为强自然垄断、市场进入无障碍并且企业无承受力时，需要管制。采用的管制策略包括价格管制和进入管制。价格管制的目标在于使价格介于边际成本和垄断价格之间，既消灭企业亏损又尽量保证社会福利不受到损害；进入管制的目标则在于保证现存垄断企业不被挤出市场以至于形成过度竞争局面而造成资源浪费。在这种情况中，自然垄断定价的两难困境也仍然存在。

（3）当自然垄断企业为弱自然垄断并且市场进入有障碍时，需要管制。采用的管制策略为价格管制而无须进入管制。价格管制的目标在于使企业价格等于边际成本，达成社会福利最大化目的，同时垄断企业也能够盈利。在这种情况中，自然垄断定价的两难困境不复存在。

（4）当自然垄断企业为弱自然垄断、市场进入无障碍并且企业无承受力时，需要管制。采用的管制策略包括价格管制和进入管制。价格管制的目标在于迫使企业制定边际成本价格，以达成社会福利最大化，同时垄断企业也能够盈利；进入管制的目标则在于保证现存垄断企业不被挤出市场以至于形成过度竞争局面而造成资源浪费。在这种情况中，自然垄断定价的两难困境也不存在。

（二）自然垄断定价

根据以上对自然垄断管制范围的界定可以发现，在两种强自然垄断情况下仍然存在定价的两难困境。强自然垄断定价问题的核心在于如何兼顾企业利润与社会福利，这是一个比市场进入管制更为复杂的问题。在强自然垄断下，如果政府不对企业进行补贴，为避免企业亏损，不可能采用边际成本价格。因此，自然垄断定价问题的解决途径是如何在企业不亏损的前提下，制定一组次优价格使社会福利尽可能大。即在最优价格（边际成本价格）难以实现的情况下找到一组次优价格，以尽可能提高资源配置效率。具体有三种定价法：

1. 莱姆西定价法(ramsey pricing)

莱姆西定价法的基本思想是,当企业不能接受一个使其亏损的边际成本价格时,企业只能接受一个偏离边际成本的价格,从而使盈亏至少相抵,以保证社会福利尽可能达到最大。在寻找这一价格时,莱姆西定价法假设企业生产多种产品,并在企业不亏损的限制条件下求解社会福利的最大化,从而得到了一组次优价格。莱姆西通过求解过程证明某一市场上次优价格偏离边际成本价格的比率与该市场产品需求弹性的绝对值成反比。这意味着需求弹性越小,价格偏离边际成本的程度应越大。这种次优价格被称为莱姆西价格。

莱姆西定价法是受供给者总利润约束的帕累托最优价格。特别是对于自然垄断企业而言,由于一家以规模经济为特征的企业,如确定其产品的价格等于产品的边际成本,企业将会赔钱,因此对这家企业来说,莱姆西定价变成了最优的(经济上有效)、满足企业盈利的财务可行性要求的价格。同样,莱姆西价格也能被证明是需要满足生产者和消费者剩余之后最大化的价格。

2. 完全分摊成本定价法(fully distributed cost pricing)

完全分摊成本定价法是实践中常用的一种自然垄断定价方法。这种方法的基本原理是根据一定标准把企业总成本完全分摊给各种产品,其目的是使多产品垄断企业的收入足以弥补其成本。采用这种方法最关键的问题是如何分配占企业很大比重的公共成本(common cost)。因为这部分成本不容易很明确地分配到每一单位产量上。在实际应用中,有很多种分摊企业公共成本的方法,如产量法(relative output)、成本法(attributable cost)、收入法(gross revenue)等。产量法是用某一产品产量占总产量的比重作为权数来分配公共成本;成本法和收入法则是分别用某一产品的成本(或毛收入)占全部成本(或全部毛收入)的比重来分配公共成本。在解决了公共成本分配问题后,根据完全分摊成本定价法所制定的价格,就是一个等于(或者大于)明确属于该产品的成本加上分配给该产品的公共成本的价格。

完全分摊成本定价法只是在实践中使用的方法,缺乏一定的理论基础。与莱姆西定价法相比,完全分摊成本定价法只考虑弥补成本,不考虑提高效率,因此易引起产量扭曲,不能达到社会福利最大化。

3. 非线性定价法(non-linear pricing)

莱姆西定价法和完全分摊成本定价法都属于一种线性定价的方法,即每一单位产品都卖同一价格,消费者对每一单位产品的平均支出是固定的。因此,企业的总收入是产品单价与售出产品数量的乘积。与线性定价法不同的另一类定价方法是非线性定价法。在此方法下,单位产品的价格随购买量的变化而变化,当购买量变化时顾客的平均支出不是固定不变的。

非线性定价法有许多不同的具体方法,如递减或递增法(declining or increasing rate)、分阶段递减从量法(declining step meter rate)、划区递减从量法(declining block meter rate)、递增从量法(lncreasing or lnverted meter rate)、二部定价法和三部定价法(two-part tariff and three-part tariff)、单一二部定价法(simple two-part tariff)、单一三部定价法(simple three-part tariff)、高峰负荷定价法(peak load rate)、负荷调整收费(load adjustment rate)、截断定价法(intermptible rate)等。

形象地说,线性定价法与非线性定价法就比如逛展销会,不管你买不买东西,也不管买多少,先得买张门票,这就是价格的固定部分。进门后,如果买东西,再根据买的数量付钱,这就是价格的可变部分。由于顾客每多买一单位产品支付的是边际成本价格,所以,如果没有顾客因价格高而退出市场的情况,两部分价格保持了社会福利的最大化。同时,价格的固定部分又使企业不致亏本。可谓一举两得。当然,顾客因价格提高(多付一张门票)而退出市场的可能是存在的。

第三节 财政职能

通过上面的讨论,我们已经了解了现代公共财政存在的依据,也清楚了政府在经济上从规范的意义上应该做什么、适合做什么,由此,可以进而归纳出现代财政的三大职能。

一、资源配置职能

财政的资源配置职能(resource allocation)是指财政在资源配置方面主要承担公共产品以及具有较强的公共产品性质的混合产品的提供以充分满足社会的公共需要,在提供公共产品的过程中,也会影响和引导私人产品的提供,从而更好地促进整个社会资源配置效率的提高。这里有几个值得注意的问题:

(1)单纯就某一种公共产品本身而言,应该提供到怎样的一个限度才合适?这个问题的答案是,当享受某一种公共产品的消费者的边际收益之和等于提供该公共产品所花费的社会边际成本,即$\sum MRS_i = MC$,$(i=1,2,3,\cdots,n)$时,就能够达到帕累托最优状态。如果$\sum MRS_i > MC$,表明如果进一步提供公共产品,那么因此而取得的收益将会增加,也就是尚有帕累托改进的可能;而如果$\sum MRS_i < MC$,表明公共产品的提供的规模过大,收益难于弥补成本,这显然也不是一种帕累托最优的状态;只有当$\sum MRS_i = MC$时,才是唯一的最好的选择。

(2)由于政府需要提供的不只是一种公共产品,因此如何在稀缺的资源约束条件下,合理地确定这些公共产品各自应被提供的比例,以及在提供这些公共产品中应使用何种资源组合的方式,这也是政府在解决公共产品配置问题上所必须考虑的。

只有当公共产品1、公共产品2、公共产品3……公共产品n所产生的私人边际收益之和相等时,即$(\sum MRS_i)_1 = (\sum MRS_i)_2 = (\sum MRS_i)_3 = \cdots = (\sum MRS_i)_n$,公共产品配置比例才能够得以实现。因为如果任何一种公共产品的私人边际收益之和大于另一种时,那么显而易见,只要将提供后一种公共产品所需耗费的资源中的一部分转用于前一种公共产品的提供上,社会总收益才能得到增加而总成本不变,帕累托改进才能会实现。

同样道理,在决定使用何种资源组合来提供公共产品的问题上,最优化的答案也是使得每一种资源对公共产品的提供所做的贡献达到一致的水平。

(3)由于在社会中不仅存在公共产品的提供问题,更大量的是私人产品的提供问题,而它们又同处于一个相同的稀缺资源的约束条件下,因此,如何确定一个私人产品与公共产品的提供比例就是必须考虑的。如果简单假设社会上只存在两种物品即公共产品和私人产品,那么它们各自被提供的数量界限应该处于恰好使得公共产品所带来的边际收益等于私人产品所带来的边际收益的那个点上。这就表明,当确定了政府制度在配置资源的职能上应该主要从事公共产品提供的性质界限后,还有必要确定一个政府制度提供公共产品的数量界限,那种认为“政府只要是在为社会需要提供公共产品,其作用就是恰当的”的观念,显然并不完全正确。因为如果过于强调公共产品的提供，而使之超过了应有的数量限度，并挤占了私人产品生产的应有空间时，总的社会经济效应将受到影响，此时这种为了社会公共需要而进行的经济活动未必就是正确的。

从人类社会发展的历史阶段来看，在经济相对不发达的时期，人们往往对公共产品的效用评价较低，而对私人产品的效用评价较高；而到了经济相对发达的时期，相对于私人产品而言，对公共产品的效用评价将会得到提高。这就使得在发展中国家，以规范的意义而言，政府在公共产品的提供上有必要保持一个较小的规模，奉行“小政府、大社会”的方针，并随着社会经济文化水平的提高，逐渐地扩大政府的收支规模，来满足社会日益增长的对公共产品的需求。

政府在控制外部效应、完善信息交流、修正垄断格局等方面，也可以发挥重要的作用，但必须结合实际问题，具体分析，审慎地考虑是否应该干预以及如何干预问题。

当出现重大宏观经济问题，如严重的通货膨胀或失业现象时，政府可以通过增加或减少政府投资、税收调节等方式来进行干预以恢复宏观的均衡，但是这样干预必然会改变社会产品中公私之间已形成的格局，因而有可能造成损害微观经济效率的副作用，所以有必要对此采取谨慎的态度。

二、收入分配职能

财政的收入分配职能（income distribution）就是指政府运用财税手段对社会收入进行分配与再分配的职能。这是政府应尽的职责。政府对社会收入进行再分配主要有以下一些方式。

（一）公共提供与税收调节方式

公共提供就是政府通过税收的方式筹集资金，并向公众提供公共产品，或者带有强烈公共产品色彩的混合产品。由于公共产品是大家都能够享受到好处的物品，而提供公共产品的税收来源于每一个社会成员的不同负担，因此，通过适当的税收的构造（如累进税制），可以使社会中比较富有的成员承担较高的税收，收入较低的成员则承担较低的税收，因此，公共产品的提供结合税收就形成这样一种特征：社会各成员享用公共产品获得的效用是一致的，但付出却是不同的，这就实际上形成了收入的再分配。

（二）公共生产以消除资本差异方式

公共生产就是指由政府来组织社会的生产活动，而不采取私人企业组织的方式。这样做的一个重要好处就是改善因资本占有的不均以及资本参加收入分配而导致的收入畸高畸低状态。显而易见，如果能够通过政府占有生产资本并代表全体人民行使对资本收入的占有权，社会的分配差别将主要来自于各社会成员劳动力禀赋的差异，而仅仅因为劳动力禀赋差异所导致的收入分配差异将大大小于因资本参加分配而形成的社会贫富差距。

由政府组织公共生产尽管能改变收入分配的状况，但广泛采取这种方式则易于引起社会生产效率低下，其原因不外乎两个方面：一是公共生产的有效激励和监督问题；二是政府制度难以保证信息传递的效率。因此，以公共生产作为收入再分配的手段须持谨慎态度。

（三）转移支付的直接再分配方式

转移支付是一种最直观、最直接的收入再分配制度，即通过将某一部分社会成员的收入转移到其他社会成员的手中来进行收入再分配,而无须由政府进行公共提供和公共生产。尽管设置有关负责转移支付的机构及进行转移支付的活动需耗费社会的成本,如同在公共提供与公共生产活动中同样需要耗费这方面的成本一样,但是我们可以直观地判断,此种方式由于其信息比较明确,所以较之其他两种方法耗费的代价较小一些,因此,一般被作为收入再分配的主要方式。

转移支付的方式有许多种。社会救济就是其中的一种,即从财政收入中向在贫困线以下的社会成员提供帮助,而这些资金无疑来自于社会的其他成员;地区间的转移支付也是一个方法,一般是通过中央财政由收入较高的地区将一部分收入向收入较低的地区转移,实质上还是在社会中较富有的人群与较贫困的人群之间进行收入再分配。

政府在行使财政的收入分配职能时,有必要妥善地考虑公平与效率之间的权衡,既不能因只注重经济效率而牺牲社会公平,也不能因过于强调公平而过多损害社会的经济效率,否则对于整个社会经济的发展与稳定将是不利的。

三、稳定经济的职能

财政稳定经济的职能(economic stability)是指在市场经济下,宏观经济运行发生周期性波动乃至经济危机的情况下,通过财政政策的扩张与收缩熨平波动、减缓危机的功能。它主要表现在两个方面:

一方面,通过有弹性的财政收入和变动财政支出发挥“自动稳定器”的作用。财政收入有收敛经济的作用,而财政支出有扩张经济的作用。财政收入和财政支出发挥的作用与经济变化的作用是相反的。经济情况好,财政收入增加,财政支出有可能减少(如失业补贴等),会使过热的经济有所收敛;反之,经济不景气,财政收入减少,财政支出有可能增加(同样如失业补贴等),会使萧条的经济有所复苏。财政收支的这种逆向调节的作用,被称作“自动稳定器”。自动稳定器的作用是自发发生的,不管掌管财政预算的人是否认识或承认它的存在。

另一方面,在认识到财政的收支对国民经济的重要调节作用后,政府就把它当作调节经济的工具,与金融工具并用,对国民经济的增长速率进行调整。调整涉及总量调节和结构调节。总量调节就是对社会的总需求和总供给进行调节。当社会上出现经济萧条时,说明生产能力利用不足,有周期性失业的现象发生,政府就采用刺激需求的办法,如减少税收(减少财政收入)、增加财政支出等,使总需求扩大,达到充分利用生产能力和充分就业的目的;反之,当社会上出现经济过热时,典型的特征是严重的通货膨胀,政府就采用遏制需求、扩大供应的办法,如增加税收(增加财政收入)、减少财政支出等,使过热的经济缓和下来。针对国民经济的现状和变化趋势,实施相应的财政政策体现政府的主动调节有为性。这种主动调节还表现在对国民经济的结构调整上。国民经济的发展不是各部门均衡发展的,有的发展快,有的发展慢,有时有的部门会成为整个国民经济发展的瓶颈而成为阻碍国民经济继续发展的主要因素。市场经济可以解决一部分瓶颈问题,因为私人投资会把资本转移到最有利润的行业,既然是瓶颈,必然是供不应求行业,存在潜在的获利的机会。但是,要完全依靠市场办法是不切实际的。因为瓶颈行业往往需要较大的投资额,投资的周期和风险都比较大,私人可能无能力或不愿意投资。有一部分瓶颈行业可能是无利润行业,比如基础设施,私人是不会去投资的。在此情况下,政府从事瓶颈行业的投资是再合适不过的了。瓶颈问题的解决,有利于国民经济的均衡发展。对此,发展中国家的政府的作用更为明显。

财政稳定经济的职能是凯恩斯主义发展和市场经济国家应对经济波动与经济危机的实践所形成的。凯恩斯认为经济危机是由于“有效需求”不足引起的，为解决这个问题，他主张政府干预经济，实行需求管理，在私人投资不足的情况下，政府宜采用扩大货币供应和财政开支的办法刺激经济复苏。资本主义国家后来基本上都是采用政府干预经济的办法摆脱了经济萧条的困境。

凯恩斯的理论为西方经济学的发展开辟了新的视野，市场经济再也不是一台自动调节的美妙机器，“看不见的手”不是万能的。在必要时，是需要政府介入的。于是宏观经济学应运而生。这门学科基本上是以凯恩斯学说为依据，为政府干预经济提供理论根据的。作为政府干预经济的两大工具，财政和金融都已成为宏观经济学的重要组成部分，并在近几十年内有很大的发展。财政学的内容不再单纯在政府收收支支中转圈子，而是融入现代经济学的内容而生机勃勃。财政的职能除配置资源和收入分配外，稳定经济也是责无旁贷的。

专栏 2-1　财政是国家治理的基础和重要支柱

党的十八届三中全会通过的《中共中央关于全面深化改革若干重大问题的决定》提出“财政是国家治理的基础和重要支柱”的新论断，它所带来的最突出变化就是将以往作为经济范畴、经济领域要素之一的财政提升到国家治理层面，放在国家治理的总棋局中定位，使其功能和作用得到全面提升和拓展。可以说，“基础和支柱说”准确把握了我国财政运行规律，使财政回归本义，从根本上摆正了财政的位置。深刻认识这一新论断的重要理论和实践意义，可以从回答以下几个问题着手。

从历史上看，传统计划经济体制最显著的特征，就是把几乎所有社会资源都集中到政府手里，并由政府直接支配。在计划经济体制下，“治理”二字不可能提到议事日程，也难以形成国家治理概念。在改革开放初期，改革主要针对经济体制，发展主要聚焦于经济领域，也难以提出全方位的国家治理现代化命题。只有在我国确立社会主义市场经济体制框架、跻身于世界第二大经济体之后，在现代化各项事业稳步推进的基础上，我们才有条件提出推进国家治理体系和治理能力现代化的目标。“基础和支柱说”是我国经济社会发展到一定阶段的产物，标志着我国财政迈入了一个新的历史发展阶段。

在所有国家治理活动所涉及的政府职能中，由于所有政府活动均要以财政资金的及时、足额到位为前提，所以，只有财政职能可以覆盖所有政府职能，并由此影响经济、政治、文化、社会、生态文明等所有领域。由此可见，财政是一项最具综合性的基本政府职能。在所有国家治理体系所涉及的制度安排中，由于国家治理体系格局的任何变化均要伴之以财税体制的同步变化，所以，只有财税体制的触角可以伸展至国家治理体系的方方面面。由此可见，财政是一项最具基础性的基本制度安排。在所有国家治理事务所涉及的利益关系中，由于所有公共事务均要最终落实到政府与市场、政府与社会、中央与地方等关系的调整上，通过财政收入的缴纳、财政支出的拨付以及财政资金的调动所形成的财政关系实际上构成了这些利益关系的基本方面，所以，只有财政关系可以承载并牵动公共事务线索上的各方面关系。可见，财政是现代国家治理中具有“牛鼻子”效应的一条基本关系链条。

现代国家治理体系和治理能力与财政的基础性和支撑性作用是相辅相成、密不可分的。伴随着人类社会向着现代国家治理阶段前行,财政必然要作为国家治理的基础和重要支柱而存在和运转。当前,我国改革发展已经进入以国家治理现代化为目标定位的阶段。站在现代国家治理的高度,无论从哪个方面看,财政都是国家治理体系一个不可或缺的重要组成部分。

资料来源:高培勇. 深刻认识财政"基础和支柱说". 人民日报,2016-01-07.

本章小结

本章主要论证现代公共财政存在的依据与政府的经济功能,进而围绕政府的经济功能归纳出财政的基本职能。有效生产和提供公共产品、纠正与弥补市场失灵、保证发挥政府的经济功能,是现代公共财政存在的依据。公共产品理论是现代公共财政理论与制度框架的基础。公共产品具有非竞争性、非排他性特点;又有公共性程度上的差别,从而有纯公共产品与准公共产品(混合产品)之分;还有受益范围与地域上的区别,从而有国际或全球性公共产品、全国性公共产品、地区性公共产品等区分。纯公共产品、混合产品与私人产品有不同的提供与补偿方式。混合产品可以有多样化的提供方式。市场失灵是指市场机制在资源配置效率与收入分配公平等方面存在的缺陷,包括公共产品提供失灵、外部效应消除失灵、规模收益递增失灵、信息不完全的失灵、开放经济的失灵、消费偏好纠正失灵、收入分配调整失灵、经济波动与危机失灵等。政府的经济功能着重在资源配置上弥补市场缺陷、提供公共产品、进行收入再分配、维护社会公平。为了有效发挥上述政府的经济功能,除了运用财政收支手段,政府还可适当运用政府管制手段。政府管制范围有广义与狭义之分,还可分为经济性管制与社会性管制。主要管制方法有价格管制、市场进入管制、营业执照管制、制定标准管制与特定行为管制等。政府管制对某一行业只允许一家企业经营生产,被称为自然垄断。自然垄断往往面临两难问题,其管制范围与策略有四种类型。自然垄断的定价是解决两难问题的重要途径,常用的有三种定价方法。财政的基本职能是资源配置、收入分配与经济稳定。财政发挥资源配置的职能要重点解决好优化、适度提供公共产品,并处理好社会资源在公共产品与私人产品之间的合理配置;财政进行收入再分配要从公共提供、公共生产、转移支付等多种渠道入手,但主要应发挥税收与转移支付的作用;财政在发挥经济稳定职能中,既要着眼于发挥财政税收制度的"自动稳定器"作用,更要重视将其与金融工具相结合,形成有弹性的宏观调控体系,并根据宏观经济运行中的波动状况,有效调节、稳定经济。

复习思考题

一、名词解释

公共产品　私人产品　混合产品　非竞争性　非排斥性　市场失灵　"搭便车"现象　外部效应　规模收益递增　信息不完全　优值品　劣值品　政府管制　自然垄断　价格管制　市场进入管制　自然垄断定价　财政职能　资源配置　收入分配　稳定经济　转移支付　自动稳定器

二、问答题

1. 如何把握公共产品的特点?

2. 公共产品的提供方式有哪些?

3. 市场失灵的基本内容是什么？
4. 如何看待政府在经济中的作用？
5. 如何判断政府是否应干预经济？
6. 为什么市场制度适宜配置私人产品而政府制度适宜配置公共产品？
7. 政府管制的利弊是什么？
8. 为什么会有“政府失灵”现象？
9. 政府制度在处理收入再分配问题上有哪些具体手段？
10. 如何确定公共产品配置的合理限度？

即测即评

第三章

财政目标与公共选择

财政制度与财政政策作为公共经济制度与公共政策，是为实现一定的财政目标服务的。而实现财政目标则有多种不同的途径和工具。从政府制度的途径和掌握的工具看，既有其资源配置与收入分配的优势，又有其自身的某些缺陷。为了扬长避短，克服政府在实现财政目标中的缺陷，需要探索公共财政的决策机制。

第一节　财政目标

研究经济学所要达到的目标是以全体人民的经济福利为着眼点的，这也是经济学研究的前提。那么，通过财政学或公共经济学研究想要达到怎样的目标呢？通常认为包含了两个方面的内容，即效率目标与公平目标。

一、效率目标

效率就是指人们在生产中投入与产出或成本与收益之间的比例关系。效率的高低取决于一定成本下收益的多少或一定收益下成本的大小。制造同样多的产品或者提供相同数量或质量的服务花费最少的人力和物力的方案是效率最高的方案；同样，花费了一定的人力和物力能够提供最多和最好的产品和服务是效率最高的表现。

效率所要表明的是经济中如何达到人与自然之间的和谐共存，也就是说人们如何能够更好、更节约地利用自然来更有效地满足自身的物质文化生活的需要。

最优的效率标准一般以帕累托最优来表达。帕累托最优指的是这样一种状况：当经济处于要改善社会中任何一人的状况时，必然会损害其他人的状况，或者说不存在当一个人的状况得到改善时，其他人的状况不会受到损害的情况。这就是帕累托最优状态，也就是达到了最优化的效率。在帕累托最优状态下，充分利用社会资源所能做出的“馅饼”已经达到了最大，已没有办法通过做大“馅饼”的方式使得某些社会成员的状况得到改善，要改善这些社会成员的状况的唯一办法只能是通过重新切割“馅饼”，从别的社会成员那里获取利益，当然，与此同时，别的社会成员的状况将变差。

财政的效率目标是指各项财政政策、各种财政分配活动、各类财政收支，归根结底都要以提高与改善资源配置效率为目标。

二、公平目标

公平指的是如何对一个社会所能够提供的产品和服务进行更为合理的分配,以使得更多社会成员感觉到这种分配是合理的。

公平与平等的概念是有区别的。平等指的是对于所有的社会产品和服务采取每人相等的分配方式,不论其贡献大小都一视同仁。但是这样的分配方式,很难让大部分人认为它是合理的。比如,在我国全面实行计划经济的时代,曾实行过在经济分配中"干多干少一个样,干好干坏一个样"的分配方式,导致了大部分勤奋劳动者不满,破坏了社会的公平。

公平目标是人类长期追求与探讨的重要命题。要不要以公平为目标?如何实现公平目标?这在理念上有一个发展过程,历史上也出现过多种不同观点。这里介绍几种代表性的观点。

(一) 功利主义观点

功利主义认为,社会福利等于社会各成员的效用之和。如果一个社会由甲、乙两人构成,那么社会福利 $W=U_{甲}+U_{乙}$,这就意味着不论甲、乙两人的贫富程度如何,对他们而言,每一单位效用是同样的。按照功利主义的认识,那么即便将富人的一部分收入转移支付给穷人,社会的状况也不会得到改善,因为在市场上富人和穷人面对着相同的价格,也就是说他们花费边际收入所得到的效用是等价的,因而不论穷人和富人,一定的收入即意味着一定的效用。因此,减少富人的收入而增加穷人的收入也只是相应地等量增加穷人的效用和减少富人的效用,因而调整由市场形成的收入分配结果是没有什么必要的,因为这种调整不能够使得社会福利得到增加,相反,由于调整过程中必然要发生的调整成本,结果将是得不偿失的。

(二) 罗尔斯主义观点

罗尔斯主义认为,社会福利只取决于社会上境况最差的人的水平,即 $W=\min(U_{甲},U_{乙})$。根据罗尔斯主义,社会中富有的人们的收入和效用提高得再多,对社会境况的好转也不会有丝毫的意义,社会福利不会得到丝毫的改善。相反,当社会上最贫困的人的生活条件得以改善时,社会的境况就大为好转。根据罗尔斯主义的精神,显然在一个社会总收入一定的社会中,要使得社会福利水平得到进一步提高,必然要采取收入再分配的政策,而使得穷人状况改善的收入增量只能来自于社会中的富人。

(三) 折中主义观点

折中主义是一种介于功利主义与罗尔斯主义之间的观点。折中主义既不像功利主义那样认为富人的一个效用和穷人的一个效用是完全相等的,两者之间具有完全的可替代性,又不像罗尔斯主义那样极端地认为只要穷人的效用没有增加,富人的效用增加得再多也是没有用的,两者之间完全没有替代性。折中主义的观点表明,一般来说,穷人增加一些效用与减少富人同样的一些效用对社会状况来讲,意味着一种好的改进。从另一角度来看,折中主义也赞同,当富人效用增加很多,而使得穷人的效用有所减少但数量有限的情况下,对于整个社会而言,可能也意味着一种改进。在功利主义和罗尔斯主义的两极之间,折中主义的观点会有许多具体的不同,可能极度倾向于功利主义的一极,也有可能极度倾向于罗尔斯主义的一极,或位于它们之间的某一个位置。对于调整收入分配的看法,也因此而有着相应的变化。

（四）平均主义观点

平均主义认为，不论社会成员的收入和效用水平是高还是低，只要大家是完全一致的，那么，社会状况就达到了最好的状态，社会福利就达到了最大化。要达到这样的一种状态，有两条路径可遁：一是提高社会中那些低收入成员的收入水平，使之追上社会中那些富有的社会成员，这一途径事实上和罗尔斯主义所主张的有着许多一致之处；二是降低社会中富有成员的收入水平，使他们向社会中最低收入成员的水平看齐，而这是不同于罗尔斯主义的主张的。平均主义的社会福利观显然也要求政府对于收入分配进行强有力的干预，而且我们可以想象，这种干预力度要大大超过上述其他的关于社会福利的主张。

最优化的公平标准比较复杂。我们可以用三种不同的公平状况，从不同的侧面来描绘这一状态。

（1）起点公平，指的是所有的社会成员在竞争的起始点上处于完全相同的资源占有状况。起点公平也被称为禀赋公平。禀赋是指一个人与生俱来的原始资源占有状况。

（2）规则公平，是指在竞争的过程中每个人应遵循的竞争规则是一致的，不允许对某些人给予特别的照顾，而对另一些人设置特别的障碍。

（3）结果公平，是指在竞争的终点上，每一个社会成员所获得的经济成果是一致的。

起点公平、规则公平与结果公平三者统一，即是我们所要探寻的最优化公平标准。在现实的经济社会中，所达到的经济结果与上述最优化效率目标及最优化公平目标之间总是存在一定的差距，这种结果还是令我们不满意。

三、公平与效率的关系

公平目标与效率目标往往是有矛盾和冲突的，但又不可偏废。财政学的任务是协调处理好两者的辩证统一关系。

（一）兼顾公平与效率，不可厚此薄彼

公平与效率既然具有统一性，则两者必须兼顾，只顾某一方面而忽视另一方面，必然失之偏颇。但在政策实施中，从指导思想上说，又不可避免地要根据一定时期的政治经济形势侧重于某一方面，同时兼顾另一方面。对于一个经济不发达的国家，从总体上说，侧重于效率同时兼顾公平，是应有的选择。同时，只有充分发展社会生产，提高经济效率，将社会经济建立在更为雄厚的物质基础上，社会公平才能够得到充分的保障。从人类社会发展至今的历史来看，已经清楚地证明了这一点，也就是生产效率越来越高，社会公平程度越来越大。

（二）正确处理收入差距与效率的关系

公平不等于平均，当前在收入分配制度改革上仍要继续克服平均主义，提倡一部分人先富裕起来，拉开收入差距。但也不能把收入差距和效率等同，似乎差距越大，越有利于效率的提高。这里应明确以下两点：①提倡一部分人先富裕起来，是指靠劳动致富，即在国家政策法令允许的范围内以正当的手段获取高额收入，舍此之外的非正当的高额收入，既不符合公平，也不符合效率。②收入差距要适度，防止与共同富裕这一社会主义原则相对立。适度的、合理的差距，有利于推动效率的提高；差距过大，则会走向反面，影响社会安定，不利于提高效率。因此，在提倡一部分人先富裕起来的同时，还必须通过财政的转移支付手段来调节收入差距，使之维持在合理的限度以内。

（三）社会公平状况的改善，对社会经济的发展、社会效率的提高起着不可低估的作用

在奴隶社会、封建社会和资本主义社会中，由于奴隶主阶级、地主阶级和资产阶级对奴隶、

农民和工人进行残酷的剥削和压迫，从而使得社会的阶级矛盾激化，甚至爆发战争，并大大地破坏社会生产力。而在社会主义社会中，由于分配机制日益公平合理，就能够更好地促进社会经济效率的提高。当然，公平和效率之间又往往产生矛盾。如何处理这些矛盾，更好地促进社会经济的发展？在我国经济发展的不同阶段，“效率优先、兼顾公平”抑或“公平优先、兼顾效率”都是可选择的协调处理原则。

达到一个效率与公平相统一的最优结果是我们孜孜不倦追求的目标，但由于各种主客观条件（如经济人动机、经济制度、技术资源条件）的限制，现实中所能够达到的经济结果往往与人们所设想的最优标准之间有一定的差距。

但从相对的角度来看，在既定的社会技术资源条件假定下，需要比较不同的经济结果相对于最优化的经济目标而言所存在的差距究竟是大一些还是小一些，差距小的自然是相对满意的方案，而差距大的自然是相对不满意的方案。

如果我们对现在的经济结果有不满意的地方，那么接下来就有必要去探寻在经济决策中究竟有一些什么缺陷？而正如我们在前面所阐述的那样，从经济学的角度来看，经济决策的缺陷一般归因于经济制度的缺陷，因此，当我们对经济结果有理由表示不满的时候，通常需要去探寻经济制度中的问题。

总结第一章的财政经济制度分析与本章的财政目标分析，可以用图 3-1 将它们之间的关系做一归纳。

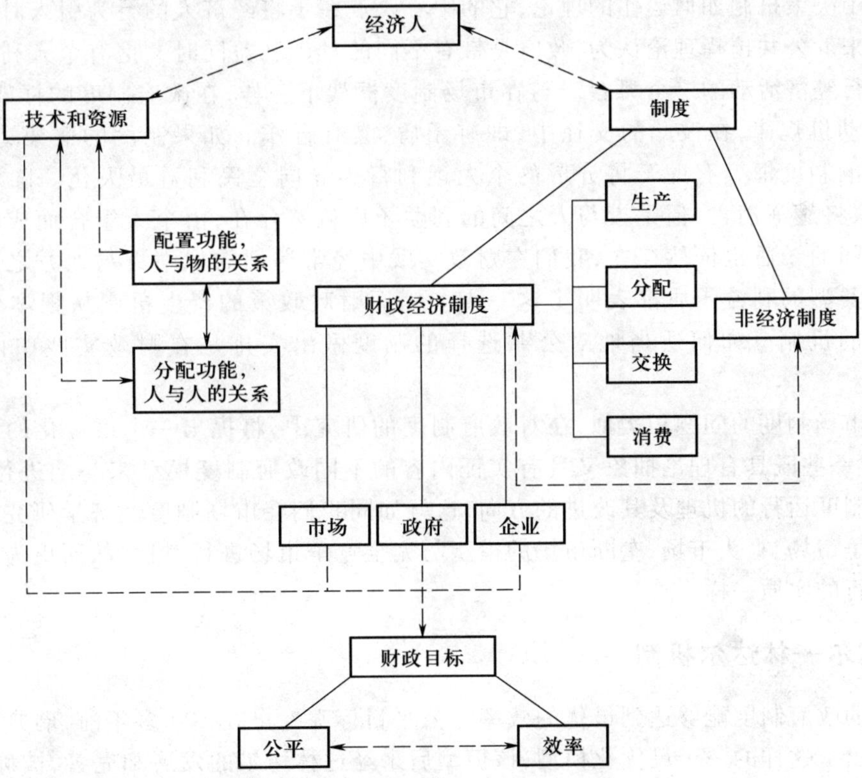

图 3-1 财政经济关系分析框架图

说明：实线表示从属关系，虚线表示影响关系。

第二节　公共选择理论

现代经济学在研究市场缺陷、强调政府干预的同时,也发现政府并非是万能的。从实现财政目标来看,无论对照效率目标还是公平目标,政府的干预都往往存在某些缺陷,甚至某些不恰当的政府干预会导致资源配置无效率、低效率和收入分配不公平,这就是“政府失灵”或“政府缺陷”(government failure)。

按照公共选择理论(public choice theory),所谓政府失灵主要缘于三个方面:

(1) 政府决策的失灵。由于政府掌握信息的不对称、决策方法的不民主、官僚主义的影响、自身利益的考虑等,就可能导致政府决策的低效率甚至无效率。

(2) 政府运转的失灵。由于政府机构人员比企业往往缺乏竞争和激励,缺乏改进工作、降低成本的压力和动力,容易导致政府运行的低效率与高成本。

(3) 政府干预的失灵。由于政府干预往往需要运用以行政权力为依据的审批、管制手段,这就为政府某些部门与成员寻租(rent-seeking)行为创造了条件。寻租行为不仅可能导致政府的腐败,而且还会造成资源的浪费与配置低效率,形成分配不公平,与财政目标背道而驰。

为了防止和消除政府决策与政府干预中可能出现的失灵现象,以詹姆斯·布坎南为代表的公共选择学派提出了公共选择理论。公共选择理论是财政学界发展的有关公共财政决策与财政经济运行中决策机制如何运作的理论,它的中心要点在于将经济人的行为引入对政府制度活动的分析中来。公共选择理论认为,政府是带有不同的具体利益同时又抱有个人利益最大化追求的个人进行经济活动的一个舞台。与在市场制度框架下一样,在政府制度的框架下,人们遵循着经济人动机规律,在彼此的交往中,即有矛盾,又有合作。如果制度的框架适宜,那么通过这一适宜的制度框架有助于将分散的个人逐利行为导向全民利益最大化。随着人类社会的发展,国家将逐渐消亡,但是人与人之间的利益矛盾依然存在,由个人组合而成的不同社会利益集团之间的矛盾也依然存在,我们在财政实践中经常遇到的如中央与地方之间的矛盾以及其他各种类型的利益矛盾都表明了这一点。因而财政政策的产生机制从根本上来讲是一个公共选择的机制。如何适当地对公共选择的制度做出安排是在财政实践中面临的重大课题。

与研究市场制度的问题相类似,在对政府制度的研究中,将提出一个最优化的政府机制模型,然后通过一些既具有理论抽象又具有实证内容的不同政府制度模型来与之进行比较,以充分说明政府制度运行的机理及其改进的方向,这就如同我们在市场制度经济学研究中所采用的将不完全竞争市场、寡头市场、垄断市场的模型与完全竞争市场进行对比,从而更为深入地把握市场制度运行的实质一样。

一、维克塞尔—林达尔机制

什么样的政府制度能够达到最优的效率与公平目标呢?早在100多年前,瑞典财政学家维克塞尔就提出了这样的一个最优化模型,该模型后来经过林达尔的发展和完善,被称为“维克塞尔—林达尔机制”。

在维克塞尔—林达尔机制中,有这样两点基本假定:

(1) 每一个社会成员都参加到政治表决程序中来，并且每位社会成员的政治权力都是平等的，也就是一人一票制。

(2) 在投票人做出选择、获得投票人的表决信息并以此为基础形成决策以及付诸实施的过程中，不需要为信息的传递耗费任何资源，并且在信息的传递过程中不存在任何失真，简而言之，就是信息成本为零。

在这样的假定下，维克塞尔和林达尔指出，如果有某一个社会成员对其他社会成员就解决此项问题所提出的方案有不同的看法并投出反对票的话，那么自然表明，就经济利益的角度而言，该社会成员将因为这项方案的通过而招致损失。当然，根据“一致同意”原则，该项方案将被否决，由此，维克塞尔—林达尔机制保证在“一致同意”原则下所做出的选择都是符合帕累托改进的，也就是没有一个人的利益会受损。同时，又由于前述的信息成本为零的假定，投票人总是能够确切地知道，对于他而言，最优的解决方案是什么，而不会停留在最优边界之内，这样，通过全体一致同意的表决后，帕累托最优将得到实现。

从公平的方面来看，人们拥有平等的政治权力，这就保证了起点的公平；面对的是同一的投票规则，这就保证了规则的公平；在信息完全的假定下，显然，结果就是公平的。这样，维克塞尔—林达尔机制就能够保证起点公平、规则公平和结果公平三者的统一，并达到最优的经济目标。

虽然在现实中，人们所拥有的实际政治权力并不完全一致，而信息成本为零的假定也无法实现，在有着一个相当数量人口的表决机制中，信息成本甚至是非常巨大的，但是这些都不妨碍维克塞尔—林达尔机制为现实中政府制度的改进提供方向和标尺。

首先，通过维克塞尔—林达尔机制，可以清楚地看到，保证公共决策既符合效率原则又符合公平原则的一个前提，是尽可能地使得政府制度中的每一个人所拥有的权力是平等的。其次，如何通过适当的制度安排来尽可能多地减少政府制度运行中所要发生的巨大信息成本，是提高政府制度运行效率和保证社会公平的重大课题。最后，尽管在现实中对于某一项公共决策达到每个人都同意的程度是不大可能的，但维克塞尔—林达尔机制仍然向我们传递了这样一个朴素而有价值的信息：尽可能地使政府机制的运行保证尽可能多的人的利益，是衡量政府制度有效性的重要依据。

二、直接民主决策机制

基于维克塞尔—林达尔的“一致同意”原则在现实中几乎不可能实施，因而通常所说的直接民主决策机制更多地是指多数票决策机制，只要社会成员中有多数人投票赞成某项经济问题的解决方案，那么该项方案就能获得通过。这里所说的多数，有可能指简单多数(1/2 以上)，也可能指 2/3 多数，或者其他有关多数的规定，这要视方案的重要性而定。

多数票决策机制能否达到最优的经济问题解决方案，还必须视它是否满足以下两个条件：其一是投票者应具有单峰形偏好；其二是付诸表决的方案是两两进行投票的，以获胜次数最多者为优。所谓单峰形偏好，是指人们对于表决方案的效用评价上只出现一个极值(或称极峰)。以 A、B、C 三种经济方案为例，投票者对其效用评价为以下几种的都属单峰形偏好：A>B>C、C>B>A、B>C>A、B>A>C。单峰形偏好的曲线可以用图 3-2 中的 a、b、c、d 来表示。在单峰形偏好条件下,又是对方案采取两两表决,那就必定能产生一个最优的决策结果,并且这一结果是唯一的,这一稳定的均衡解也总是反映了中位选民(即偏好居中的选民)的偏好。

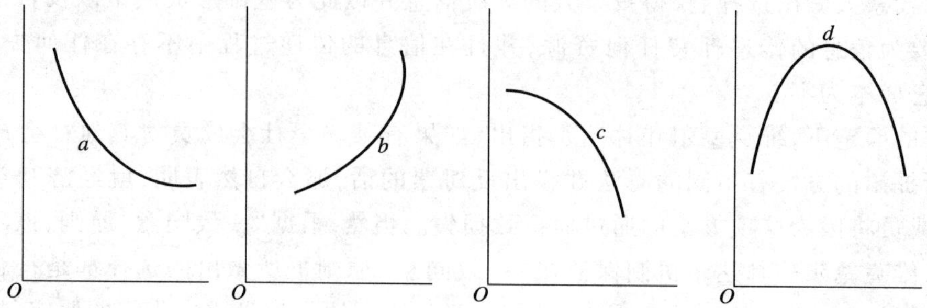

图 3-2　单峰偏好

但是,如果上述的单峰形偏好假设不成立,直接民主决策机制是否还能得出最优解呢?与单峰形偏好相对的是投票者的偏好是双峰形甚至是多峰形的,即人们对于经济问题的解决方案的效用评价出现了两个甚至多个极值。还是以 A、B、C 三种经济方案为例,以下的效用评价就是属双峰形的:A>C>B、C>A>B。双峰形或多峰形偏好曲线可用图 3-3 中的 e、f、g 来表示。在投票者偏好是双峰形甚至多峰形的情况下,如果仍然对经济方案进行两两投票表决,我们就会发现,没有一个方案能获得稳定的票数,社会公众的选择出现了一种奇怪的不合逻辑的现象,有可能是 A>B,B>C,而 C>A,这样就产生了令人头疼的循环投票,虽然每个社会成员的偏好是有逻辑的、前后一致的,但整个社会的偏好却是不一贯的、前后不一致的。

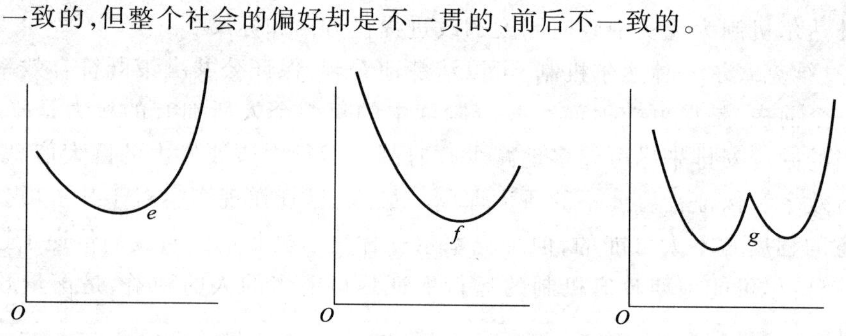

图 3-3　双峰偏好

由于两两表决,以获胜次数多者为优的直接民主决策机制在多峰形(包含双峰形)偏好显示下无法得出最优解,我们尝试着改变两两循环的表决方式,而代之以淘汰制。举例说来,就是对 A、B、C 三种方案,先对 A、B 两种方案进行投票表决,获胜者再与 C 进行表决,而失败者已被淘汰,不再参加表决,这样,获胜者与 C 间就一定能够产生一个唯一的结果。但是,我们会发现,如果改变投票顺序,比如,先对 B、C 两种方案进行表决,胜者再与 A 对决,或先对 A、C 两种方案进行表决,胜者再与 B 对决,尽管社会成员的偏好显示没有任何改变,结果也是唯一的,但表决结果却发生了变化。由此可见,在淘汰制的直接民主决策机制下,民主决策的结果虽然是唯一的,但取决于投票顺序,投票顺序的改变直接影响到民主决策的结果。可是,谁又来保证投票顺序的确定是民主的,而不是主观的、人为操纵的?这就是我们所面临的投票决策困境。它可以用阿罗不可能定理来表述,即在一个民主社会中,无法找到一种投票程序,它产生的结果既不受投票程序的影响，又能保证尊重每一个社会成员的偏好，并将所有个人偏好转换为一种社会偏好，做出前后一致的决策。

综上所述，我们可以看到，在直接民主决策机制下，并不总是能够达到前后一贯的、有逻辑的经济决策最优方案或均衡解，这与维克塞尔—林达尔的“一致同意”机制是有明显差距的。

此外，直接民主决策机制所耗费的成本是十分巨大的，原因有以下两方面：

(1) 直接民主决策机制要求每个社会成员都参加投票表决，因而人数众多，加之投票表决程序也十分复杂，可以想见，它比市场制度下交易双方两两之间达成契约的难度要大得多。

(2) 如果把提供公共产品所需花费的成本和每个社会成员的受益状况相联系，即受益大者多付钱，受益小者少付钱，那么，显然的结果是很多人将倾向于隐瞒自己的偏好，以尽可能地少付钱而多享受公共产品提供的好处，这种状况就会使我们无法达到有效率的资源配置要求。而要每个人真实地显示偏好所需付出的代价是十分高昂的，甚至是不可能的。

三、代议制民主决策机制

由于上面所述的直接民主决策机制运行程序十分复杂，且又需要耗费大量的成本，还会因各种原因无法产生唯一的最优决策，因此现实中往往以代议制民主决策机制来替代。代议制民主决策机制是一种间接的民主决策机制。其方法是，由全体社会成员投票产生一定数量的代表，再由这些代表来表达选民的意见，做出公共决策。由此可见这一决策机制是民主与集中辩证统一的机制。

在代议制民主决策机制下，选民、选民推举出的代表或称政治家以及执行公共决策的管理者都会对决策过程造成影响，表现在：

(一) 选民的“搭便车”倾向往往会带来选民不参加投票的行为

公共决策是一种公共产品，无论选民是否参加投票，都不能阻止其享受公共决策的好处。考虑参加投票要耗费时间等成本，而且在选民人数众多的情况下，个人的投票对最终结果的影响是微乎其微的，因此选民没有动机去参加投票。这样的选民一多，势必会影响决策结果的可靠性。选民在代议制民主决策机制下表现出的另一个特点是自相矛盾。比如，在公共收入政策方面希望少纳税使更多的钱留给自己使用，而在公共支出政策方面又总是希望政府能提供更多的公共产品。又如，有时候，选民会希望控制公共支出的规模，以便少纳税，却又希望扩大与自身利益紧密联系的那些公共项目的规模。与这些公共项目的既得利益相联系的是一些特殊利益集团，它们或许会因为其成员的特殊社会地位，对政治家进行游说或贿赂，降低本集团成员了解信息的成本，从而对公共决策过程产生重要影响。

(二) 公共政策的执行者即管理者，并不是单纯地接受指令，也会对公共决策产生重要的影响

因为政治家对公共项目需求方面的信息虽来自选民，但对公共项目供给方面的信息则主要来自于管理者，管理者直接参与各项具体业务，因而其所提供的具体信息必将影响政治家的决策。从经济人动机出发，管理者总是倾向于追求本部门规模的最大化，因为这会给他带来诸多的好处，如获得更多晋升的机会，标榜自己的政绩，增加工资、资金、福利等各项收入，扩大自己的权力范围和社会影响力以获得精神上的满足等。虽然政治家会对管理者追求本部门规模最大化的动机加以约束，但由于两者之间信息的严重不对称性，约束往往是有限的，管理者总是能够对政治家的决策施加重要的影响。

(三)政治家的行为对公共决策结果产生影响也是十分明显的

我们已从选民的行为中了解到,选民对公共项目的态度有时是自相矛盾的,政治家为迎合这种模棱两可的选民意愿以使自己连任,常采取一种圆滑的策略。比如,在公共收入政策方面,政治家更多地倾向于发行公债而不是靠税收来增加政府的财政收入,因为税收的收取是即时的,而公债的偿还则有延期性,易为大多数选民所接受。在公共支出政策方面,政治家总是倾向于扩大公共支出的规模和范围,因为这有利于讨好既得利益集团,而且本着钱多好办事的规则,政府的政绩自然也更突出。政治家的这种经济人动机在现实的经济中将使公债规模和政府支出比例不断扩大,引发诸多经济问题。

专栏3-1 财政透明度

初始的财政透明度的定义是由George Kopits和Jon D. Craig(1998)提出:向公众最大限度地公开关于政府的结构和职能,财政政策的意向,公共部门账户和财政预测的信息,并且这些信息是可靠的、详细的、及时的、容易理解并且可以进行比较的,便于选民和金融市场准确地估计政府的财政地位和政府活动的真实成本和收益。

财政透明度包括制度透明度、会计透明度、指标与预测透明度三个方面内容。

(1)制度透明度。对政府财政行为进行全面制度界定,包括公开政府的结构及功能,对公共部门和私人部门要有清晰的界定;公开预算过程,解释预算方案的财政目的和优先顺序、披露绩效评价和财务审计结果;税收方面,强调公民纳税要有明确的法律基础;公开政府管制的成本估计等。

(2)会计透明度。向公众详细披露有关财务信息,包括各个政府部门的明细报表、部门之间的资金往来等。Kopits和Craig认为,政府预算报告的财务账目范围应包括中央政府和地方政府在内的一般政府基金和社会保障基金等预算外基金以及公共企业的准财政活动。他们列举了一些提高会计透明度方面的必要措施,主要是按照权责发生制记账(以弥补收付实现制只着眼于现金流的不足)、准确评价政府资产和债务(金融资产)、公开年度支出的各个经济主体和用途的细目,公开年度收入细目等。

(3)指标与预测的透明度。政府不仅要公布与财政平衡相关的若干指标以及政府总负债和净负债等与财政相关的指标,而且还应公布对一些财政分析性指标的测算,包括结构性和循环性的财政平衡、财政的可持续性(稳定债务的基本水平)、未设偿债准备金的政府债务净值等。他们指出,要实现短、中、长期财政预测的透明,就应尊重事实,明确区分基本情形(政策未发生变化的情况下)和政策发生变化时的情形。

财政透明度是良好财政管理的一个方面,但财政透明本身不是目的,它是促进效率、保障政府和官员负起责任的一种方法。财政透明度由此受到国际货币基金组织(IMF)、世界银行、经济合作与发展组织(OECD)和许多国家的高度关注,学术机构和研究人员也把它视为宏观经济稳定、政府良治和财政公平的一个重要的前提条件。在经济全球化的背景下,国际社会担心任何国家宏观经济的不稳定都会迅速对世界经济产生不良影响。为此,IMF和OECD都制定了财政透明度的最佳做法准则,作为指导各国财政透明度实践的指南。

本章小结

本章主要论述现代财政的两大目标，以及为了实现财政目标在财政决策中如何进行公共选择。财政目标包括效率目标与公平目标。效率目标是要实现社会资源的有效配置，具体以帕累托最优效率为标准。帕累托最优效率是指当经济处于要改善社会中任何一人的状况时，必然会损害其他人的状况，或者说不存在当一个人的状况得到改善时，其他人的状况不会受到损害的情况。公平目标是要实现社会收入的合理分配。其最优的状态应该是起点公平、规则公平与结果公平三者的统一。要兼顾效率与公平两大目标。政府干预有可能出现多种政府失灵的现象。公共选择理论是在政府失灵情况下，如何合理、正确、民主地进行财政决策的理论，是将经济学中的经济人假设引入财政决策的方法。具体在维克塞尔—林达尔机制、直接民主决策机制、代议制民主决策机制进行比较后，可以看出代议制民主决策机制比较合理。

复习思考题

一、名词解释

效率　公平　帕累托最优　起点公平　规则公平　结果公平　政府失灵　功利主义　罗尔斯主义　折中主义　平均主义　公共提供　公共生产　转移支付　公共选择理论　维克塞尔—林达尔机制　直接民主决策机制　循环投票　代议制民主决策机制

二、问答题

1. 如何认识财政的两大目标？
2. 财政为实现效率目标的运作重点是什么？
3. 财政为实现公平目标的运作重点是什么？
4. 资源配置中政府可能失灵的原因是什么？
5. 公共选择理论是怎样的一个理论？有何实践意义？
6. 什么是维克塞尔—林达尔机制？有何理论意义？
7. 直接民主决策机制面临的问题有哪些？
8. 代议制民主决策机制面临的问题有哪些？

即测即评

第二篇

财 政 支 出

第四章 财政支出概述

第一节　财政支出的概念及分类

市场经济社会中，政府的活动极为广泛，要求财政支出的数额非常庞大，涉及多方利益，对经济和社会产生巨大影响。如何安排使用财政资源，达到最大限度地满足现实社会经济运行与发展的要求，一直是财政理论界高度关注的一项重要内容，也是一个极富争议的理论与现实问题。本章将围绕这一问题展开论述，从中阐明财政支出的有关概念，并提供给大家一些理论观点和分析方法，以助进一步思考。

一、什么是财政支出

什么是财政支出？概括来说，财政支出是指政府及其所属公共机构的开支。它与政府的诸多特性和制度密不可分。政府是维护和增进社会公共利益的公共机构，拥有管理社会经济的多项职能，在社会经济运行中起着不可或缺的作用。财政支出的概念可从以下几个角度来理解。

（一）财政支出，与政府职能相关

政府职能通常包括政治、经济、军事、社会和文化等。政府在行使任何一项职能时，都需要支配一定的人力、物力、财力。安排、使用和耗费这些资源，就形成了财政支出。政府职能的范围有大有小，通常在古代经济时期政府职能范围较小，而在现代经济时期政府职能范围较大，这是由社会经济发展决定的。但是，不管是古代范围较小的政府职能，还是现代范围较大的政府职能，大量事实表明，政府行使职能离不开财政支出的支持，并且随着政府职能范围的扩大，财政支出规模不断增长，这已成为一种历史发展趋势。所以，财政支出有理由被看成是政府实现其职能所发生的开支。政府将筹集到的财政收入有计划地分配和使用到政府职能的各个方面，转化为政府实现其职能所需的商品和劳务。或者说，凡是用于政府职能上的人力、物力、财力的分配、使用和耗费，都可定义为财政支出。

（二）财政支出，与公共利益有关

社会公共利益需要维护和增进，但谁能担当这个责任？只有代表社会公共利益的政府，才

能在社会公众的要求与监督下为公共利益着想,维护和增进社会公共利益。亚当·斯密的"看不见的手"的原理可以解决许多经济问题,有着无法替代的作用,但它也有无能为力的地方。寄希望于人们在追逐个人利益的同时能解决好所有公共利益问题,这是不切实际的,起码在现代市场经济中做不到。政府维护和增进社会公共利益需要支付成本,财政支出可以理解为为维护和增进社会公共利益而付出的成本。

(三) 财政支出,与社会经济活动有关

社会在不断地变化,从低级形态向高级形态发展,政府的作用也就越来越重要。在现代市场经济中,需要政府对国民经济发展起着宏观调节和指导作用;需要政府从国民经济全局出发,制定正确的产业政策,指导各行各业;需要政府制定法律和法规,保护正当竞争,制止不正当竞争,保护劳动者合法权益,保护产权,保护环境;需要政府提供公共产品,解决市场经济所不能解决的问题;需要政府对丧失劳动能力的人和特别穷苦的人实行救济,缩小贫富差距;还需要政府直接筹集资金,从事少量的但对国计民生有重大影响的商品生产;如此等等。社会要求政府起着不可替代的、不可或缺的作用。财政支出实际上就是社会需要政府作用而付出的代价。

(四) 财政支出,与支出的制度有关

17 世纪人类社会出现了财政预算制度,使财政支出从此走上了规范管理的轨道,这是人类社会在财政管理上的进步。财政预算支出制度要求政府将所有支出编入预算表内,实施严格的计划管理和法制管理,以防止支出的随意性,防止顾此失彼现象发生,也有助于防止政府官员的贪污腐败。于是许多国家学而用之,并不断地加以改造,使它更为科学、合理。预算支出从此在许多国家代表着一个国家的财政支出。我国在财政支出管理制度上有许多工作要做,因为目前我国的预算支出还较难说明我国财政支出的总体情况,也就是说,除了预算支出外,还有预算外支出,甚至还有制度外支出,而且占有相当大的份额。后两者因为可以不纳入预算内管理,实行自收自支自行管理,灵活性较大,但规范性较差。尽管如此,要说明现实财政支出的总体情况,不把后两者考虑进来显然与实际情况不符。

二、财政支出的分类

对财政支出进行分类,是十分有意义的,能使我们全面而准确地把握财政支出的规模、结构和特点,有助于管理和分析财政支出活动。所谓财政支出分类,就是将财政支出有关内容做科学归纳,进行分门别类。以下将介绍几种主要的分类情况。

(一) 按复式预算管理要求分类

现行市场经济国家基本上都实行复式预算管理制度,我国自 1992 年起实行这种预算制度。根据复式预算管理要求,可将财政支出分为经常性支出和建设性支出两大类。所谓经常性支出,是指用于政府日常管理活动的经费开支,也称经费支出。我国经常性支出主要有:非生产性基本建设支出、事业发展和社会保障支出、国家政权建设支出、价格补贴支出和其他经常性支出等。而建设性支出,则是用于政府投资方面的支出,也称投资支出或资本性支出。我国建设性支出包含如下内容:生产性基本建设支出、挖潜改造和新产品试制费、支援农业生产支出、城市维护建设支出和其他建设性支出等。

(二) 按支出费用的功能性质分类

政府的职能,主要由经济、政治、社会和军事等组成。按政府为实现职能所需费用的性质来进行分类，我国主要分为：经济建设费、社会文教费、国防费、行政管理费和其他费用。其中，经济建设费支出包括：基本建设支出、流动资金支出、挖潜改造资金支出、科技三项费用支出、简易建筑费支出、地质勘探费支出、支农支出、国家物资储备支出、城市维护费支出、城镇青年就业补助费支出等；社会文教费支出包括：科学事业费和文教卫生事业费（文化、教育、卫生、体育、出版、通信、文物等事业费）等；国防费支出主要包括：用于陆、海、空三军建设和其他国防力量建设，具体分为军队建设、国防建设、国防科研事业的各项费用；行政管理支出包括：行政管理费、公检法支出、武警部队支出等。从全国财政预算实施政府收支分类改革的前一年（2006 年）看，按费用性质分类的实际支出中，社会文教费用占有较大的份额，达 26.8%；其次是行政管理费用，占 18.7%；再次是其他支出，占 20.5%；基本建设支出，占 10.9%（根据中华人民共和国国家统计局《中国统计年鉴 2007》有关数据计算）。但 2007 年全国财政预算实施政府收支分类改革，将 2006 年之前按基本建设、事业费、行政管理费等经费功能性质进行的分类，改为完全按政府职能活动确定。全国财政按改革后 23 类支出重新分类（见表 4-1），原简明清晰的分类思路复杂化。例如，原“行政管理费”支出在新预算表中被删除，取而代之的是一般公共服务，排到支出预算表中的第一位；然而，除一般公共服务外，现有 23 类支出大类中教育、科技、医疗卫生、社保、环保等支出中，仍隐藏有事务性支出，即行政费用。也就是说，国家预算支出的读者如果要了解我国政府行政管理支出的真实数据，需要花费许多精力去汇总计算。

表 4-1　中央和地方财政主要支出项目（2011 年）　　单位：亿元

项　目	国家财政支出	中央	地方
合计	109 247.8	16 514.11	92 733.68
一般公共服务	10 987.78	903.01	10 084.77
外交—对外援助	309.58	306.83	2.75
	159.09	158.98	0.11
国防	6 027.91	5 829.62	198.29
公共安全—武装警察	6 304.27	1 037.01	5 267.26
	1 082.02	789.57	292.45
教育	16 497.33	999.05	15 498.28
科学技术	3 828.02	1 942.14	1 885.88
文化体育与传媒	1 893.36	188.72	1 704.64
社会保障和就业	11 109.4	502.48	10 606.92
医疗卫生	6 429.51	71.32	6 358.19
环境保护	2 640.98	74.19	2 566.79
城乡社区事务	7 620.55	11.62	7 608.93
农林水事务	9 937.55	416.56	9 520.99
交通运输—车辆购置税支出	7 497.8	331.11	7 166.69
	2 314.6	73.48	2 241.12
资源勘探、电力信息等事务	4 011.38	464.12	3 547.26
商业、服务业等事务	1 421.72	26.93	1 394.79
金融监管支出	649.28	413.94	235.34
地震灾后恢复重建支出	174.45		174.45
国土气象等事务	1 521.35	231.61	1 289.74
住房保障支出	3 820.69	328.82	3 491.87
粮油物资储备管理等事务	1 269.57	540.08	729.48

续表

项　　目	国家财政支出	中央	地方
国债付息支出	2 384.08	1 819.96	564.12
其他支出	2 911.24	74.99	2 836.25

资料来源:中华人民共和国国家统计局《中国统计年鉴 2012》。

(三) 按支出用途分类

按财政支出用途分类,是财政部门管理财政支出最重要的一种分类方法。我国现行国家预算支出类级科目的建立,就是采用这种方法。按这种分类法,我国财政支出可分为:国内基本建设支出、增拨企业流动资金支出、挖潜改造资金和科技三项费用支出、地质勘探费支出、公交商部门事业费支出、支援农业生产支出及各项农业事业费支出、文教科学卫生事业费支出、抚恤和社会救济费支出、国防费支出、行政管理费支出、价格补贴支出及其他支出。

(四) 按政府层次分类

按政府层次来划分财政支出,有助于把握财政资源在政府层次之间的分配状况,分析分配结构,处理好政府层次之间的责、权、利关系。按政府层次分类,主要将财政支出分为中央支出和地方支出。中央财政支出包括国防支出、武装警察部队支出、中央级行政管理费和各项事业费支出、重点建设支出以及中央政府调整国民经济结构、协调地方发展、实施宏观调控的支出。地方财政支出主要包括地方行政管理和各项事业费支出、地方统筹的基本建设支出、技术改造支出、支援农业生产支出、城市维护和建设经费支出、价格补贴支出等。从中央与地方财政支出的比例图(见图 4-1)中可以发现,中央支出比例与地方支出比例呈相反走势,表明现行财政资源已经主要掌握在地方政府手中,达 84.9%,这对地方政府因地制宜地从事经济社会发展极为有利,但也暴露出中央政府调控力度不断减弱的问题。

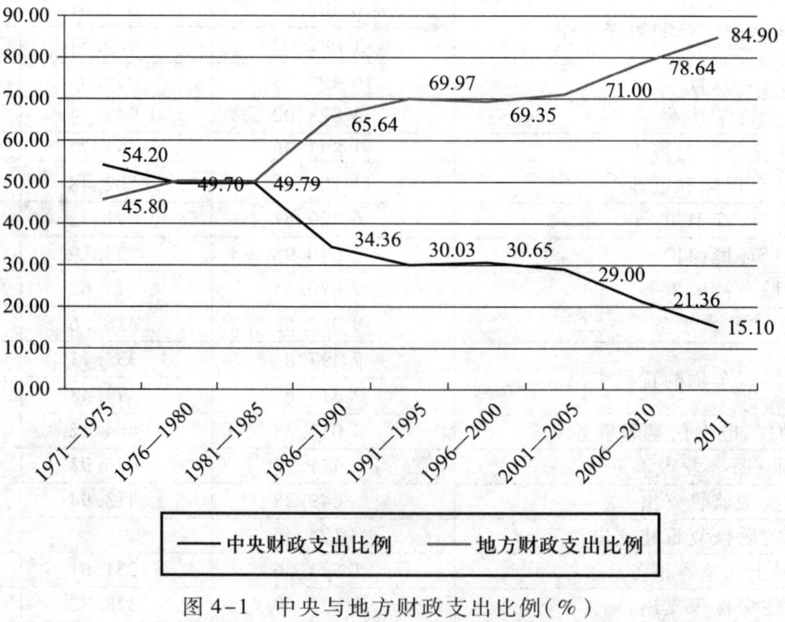

图 4-1　中央与地方财政支出比例(%)

资料来源:根据中华人民共和国国家统计局《中国统计年鉴 2012》有关数据计算。

（五）按财政支出的经济性质分类

政府支出虽然名目很多，但是总包含着有偿和无偿两种不同经济性质的支出。按此分类，可将财政支出分为购买性支出和转移性支出两类。

所谓购买性支出，就是政府向企业和个人购买产品与劳务的支出。这种支出与市场经济中企业和个人的购买支出没有性质上的差别。购物要付钱，交换须有偿，政府既然作为购买者，那么在市场上也就一样如此。政府购买性支出，通常用于满足政府日常管理活动、提供公共产品和政府投资所需产品与劳务的费用支出。也有人把这类支出称为耗尽性支出（exhaustive expenditures），旨在突出这类支出反映了政府占用和耗费社会经济资源的特性。在市场经济中，政府购买性支出会影响私人部门的资源配置，是政府用来调节资源配置的主要手段。一方面，政府购买性支出，会产生挤出效应（crowding-out effect），也就是说，在经济已处于充分就业状况时，经济资源在政府和私人部门之间形成此长彼消的分配关系，政府占用就会排斥或挤占私人部门占用，出现挤出效应的经济现象；另一方面，政府购买性支出也会产生引入效应（introducing-into effect）或乘数效应（multiplier effect），因为在有效需求不足时或开放型市场经济中，政府占用经济资源未必一定会挤出私人部门对经济资源的占用，如若政府通过购买性支出（如扩大了需求总值、完善了公共设施等）能进一步改善投资环境，反而会吸引更多的私人部门增加投资或境外投资者扩大外资投入，出现引入效应和乘数效应的经济现象。政府购买性支出产生的经济效应是复杂的，究竟哪一种经济效应占主导，则与经济环境和支出方向有关，需具体分析，很难一概而论。

所谓转移性支出，则是政府将财政资金无偿地支付给某些企业和个人的一种支出。转移性支出是政府调节收入分配的重要手段，具体支出形式有：养老金支出、失业救济金支出、补贴支出和公债利息支出等。转移性支出不会导致政府占用社会经济资源的增加，政府只作为中间人，将取得的税收收入转移支付给某些企业和个人，具有较明显的取之于民、用之于民的特点。政府正是通过取之于此民而用之于彼民的方式来实施其收入再分配政策，改变企业之间以及个人之间的收入分配状况。

一个国家究竟如何确定购买性支出和转移性支出之间的比例，要根据该国的经济制度、经济发展状况、政府支出的经济效果等具体因素而定。从统计数据上看，在发达国家转移性支出的比例通常要高于购买性支出的比例，如表 4-2 所示。而在发展中国家情况多数相反，购买性支出比例要高于转移性支出比例。

表 4-2 发达国家政府购买性支出与转移性支出的比例（1988 年）

国 别	购买性支出比例（%）	转移性支出比例（%）
美 国	38.42	61.58
加拿大	22.91	77.09
丹 麦	24.85	75.15
法 国	29.24	70.76
挪 威	19.69	80.31
瑞 典	16.90	83.10
英 国	49.19	50.81

资料来源：世界银行《政府财政统计年报》1990 年。

第二节 财政支出的决定因素

在现代市场经济社会,如何解释财政支出的决定因素及其变化原因,需要从财政支出与市场经济之间关系的角度来分析和把握。对我国现阶段财政支出决定因素的讨论,可以从公共需要、财政职能和经济发展水平三个方面着手。

一、财政支出与公共需要

必须满足的公共需要,是社会经济运行与发展不可或缺的重要因素,也是财政支出的一个基本决定因素。所谓公共需要,就是指全体社会成员的共同消费的需要,它既包括了如国防、教育、社会保险、医疗保健、社会福利等方面有形的公共消费需要,也包括诸如维护社会经济秩序的法律规章制度等方面无形的公共消费需要。而所谓必须满足的公共需要则是这两种公共需要中必须满足的最低消费水平。我们提出“必须满足的公共需要”概念,乃是基于如下理由:

(一)必须满足的公共需要,是社会经济正常运行的一个重要条件

社会经济正常运行的前提,概括来说,建立在两个方面的基础上:一是必须满足的个人需要;二是必须满足的公共需要。两者缺一不可。如果必须满足的个人需要无法得到满足,那么人们的生存就会发生危机,社会经济不可能正常运行,更谈不上较好发展;如果必须满足的公共需要得不到满足,如社会的安全、环境污染、交通等公共需要问题没能很好解决,那么可以想象得到,不仅社会经济的正常秩序难以保证,而且人们的生活、工作和学习等方面的质量也会降低。必须满足的公共需要是社会经济正常运行的一个重要条件,是众多公共需要中必须满足的最低消费要求。如何看待这个最低消费要求?以什么来衡量?举个简单的例子,在一个交通繁忙的十字路口,要使交通秩序井然、运行正常,没有必备的交通管理设施和法规是不行的。在这里,红绿灯是一种交通正常运行的公共需要,相应的交通法规也是一种公共需要,前者为有形的,后者为无形的。两者都表现为必须满足的公共需要,即保证交通运行正常必须满足的最低公共消费要求。但是在一个交通并不繁忙的十字路口,情况就未必如此。虽然有设立红绿灯的公共需要,但不设立也未必不可,只要大家遵循“交叉方同时进入路口的右方车先行”的交通规则,一般就可以保证交通运行正常,因而红绿灯就不属于必须满足的公共需要,而对应的交通法规则属于必须满足的公共需要。衡量的标准就在于能否保证交通运行正常。就一个国家而言,公共需要多种多样,涉及各个方面,但未必都是十分迫切的、必须现在给予满足的。我国人民代表大会每年都要讨论许多代表提案(反映的公共需要),但是不是所有的提案都必须在本年度解决呢?实际情况从未如此。人代会最后讨论的结果往往是,有些必须在现在解决,而有些可以放置以后去解决。说明了在众多的公共需要中存在着迫切性、必要性与否的明显差异。迫切的、必要的公共需要必须给予满足,这并不完全来自于决策者的偏好,而是取决于社会经济能否正常运行的抉择。美国经济学教授阿斯乔在对美国近40年(1950—1988年)公共需要投资与经济运行的关联考察后指出,像公路、街道、机场、排水和供水等基础设施的公共需要投资,是与私人投资相互补充的,不注意公共基础设施等必须满足的公共需要以及满足的数量和质量,将严

重阻碍整个社会经济的运行。①

(二) 必须满足的公共需要,在不同阶段表现出不断扩大和提高的特征

在社会经济发展进程的不同阶段,社会经济运行的特征和要求明显不同,表现出必须满足的公共需要也就不同。从规模要求上看,有不断扩大的趋势。例如,在农村城市化、城市现代化进程中,交通警察越来越重要而且越来越多,这在早些时候并非如此;又如,随着工业现代化和知识经济的来临,各行各业都需要高素质人才,培养高级人才的高等教育越来越重要而且规模也越来越大;等等。在交通道路上,人们对马路要求越来越高,过去有柏油马路都觉得很好,而现在高标准水泥马路随处可见。普通公路还不能满足需要,还需要高速公路、高架公路。在公共事务管理上,对办公效率要求也越来越高,办公自动化正在取代传统的办公手段。如此等等都说明了一个事实:必须满足的公共需要的质量要求在不断地提高。

(三) 必须满足的公共需要最好由政府出面解决,进而决定了财政支出的刚性特征

公共需要的对象是公共产品和公共资源,消费效用为社会公众共同享有,任何个人无法独占,那就存在谁付费的问题。早在 1740 年,英国经济学家休谟就提出过“公共悲剧”的问题。“公共悲剧”是指在一个共同体内,人们对公共商品都不愿意付费,都想免费搭车。从个人的角度看,成为免费搭车者是符合理性的,因为人是自利的。但是,社会上所有的人都成了免费搭车者,则最后的结果是没有一个人能得到好处。这说明,就公共产品而言,“看不见的手”是不起作用的,相反会使公共资源质量下降。要满足社会对公共产品的需要,靠什么? 靠市场经济不行,只能靠政府。靠政府,就是靠其财政支出加以解决,这是其一。

其二,用于必须满足公共需要的财政支出具有刚性特征。这种刚性特征表现在两个方面:一方面表现出社会经济正常运行对这一公共需要的财政支出需求无价格弹性,不因资源价格上涨而减少需求。比如,战争时期,赢得战争的最后胜利,自然就成了这一时期最为突出的必须满足的公共需要。虽然战争使得物资匮乏、价格上涨,但并不会因此减少战争开支的物资需求。“一切为了战争”,成了当时的口号,也是那时财政支出最为显著的特点。如今,我国正处于经济转轨转型和国有企业改革的关键时期,稳定是一切事业发展的必要条件和必须满足的公共需要,保持稳定同样也是决定财政支出的一个重要因素。另一方面表现出用于这一公共需要的财政支出不断扩大的棘轮效应(ratchet effect)。所谓棘轮效应,是指用于满足公共需要的财政支出不仅要受目前财政收入的影响,而且要受过去的收入和公共消费的影响,特别是过去“高峰”时的财政收入和公共消费水平的影响。也就是说,用于必须满足的公共需要的支出具有不可逆性。比如,社会公众已经形成了某种公共消费水平,保持这种消费水平会对政府目前的财政支出产生影响,以致在财政收入水平降低时仍然保持过去那种较高公共消费水平,甚至以增加债务负担来达到这一目的。但从长期来看,用于必须满足的公共需要的财政支出不断扩大的主要原因,在于社会经济的进步和发展,使必须满足的公共需要的规模要求和质量要求越来越高,决定了财政支出的规模呈现出不断扩大的趋势。

① 阿斯乔. 基础设施:美国的第三种赤字. 世界经济译丛,1991(10);斯蒂格利茨. 政府为什么干预经济. 北京:中国物资出版社,1998:13-15.

二、财政支出与财政职能

社会经济活动包含众多内容,但其核心问题仅在于:如何高效率地配置有限的经济资源;如何使国民收入公平地分配;如何保持国民经济的稳定和健康增长。这些正是财政的基本职能。实现财政职能的需要,直接决定了财政支出的规模、质量及其变化。

(一)财政支出与资源配置职能

在任何时期,经济资源总是稀缺的,资源配置就显得尤为重要。不同的配置方法和配置结构,往往导致不同的经济效率。市场经济的作用,在于它能迫使人们自觉地关注和处理这个问题:追求自身利益,就必须合理利用经济资源,就必须根据市场信息自觉地调整资源利用的规模、结构和方法;价值规律、竞争机制,使经济利益的追求者面临着“物竞天择”的考验,而只有不断提高资源利用效率的市场参与者,才能做到“适者生存”。这就是市场经济的魅力,它能鞭策人们积极参与竞争,奋发向上,使社会的稀缺资源得到比较合理的配置。不过,市场机制也不是尽善尽美的,在某些领域存在资源配置失效问题。妥善解决这些问题,需要政府合理的干预。

从实际情况来看,财政支出总的表现为,政府将其支配的经济资源投入到社会经济领域,从而不可避免地影响和改变社会经济领域原有的资源配置状况。财政支出影响资源配置的积极意义,在于矫正市场机制失灵而导致资源的错误配置。

(1)市场竞争是不完全的,垄断势力、行业流动性障碍和信息不对称等问题的存在,导致了资源难以合理流动,无法实现高效率配置。因此,从各国经验来看,对容易引起垄断的行业和企业,如市场规模较小的行业和企业及如邮政等公用事业行业和企业,可以直接转变为公共性企业,或者受到国家在价格和服务标准等方面较为严格的控制,使这类行业和企业成为价格承受者,使其以提高产出、降低成本为追求自身利益的主要途径,从而有助于资源配置效率的相对改进。

(2)市场机制无法提供公共产品,不仅影响了社会公共利益的增进,而且还阻碍了私人部门利益的获得。因此,使公共产品和私人产品之间达到均衡,就需要政府按照效率准则提供必要的公共产品,或者直接从事公共产品的生产和供应。

(3)市场机制无法解决某些商品和生产与消费某些商品的外部性问题。因此,对于商品的外部性,政府可以采取措施,一方面严格禁止那些“有害品”的生产和消费,如毒品;另一方面积极鼓励那些“有益品”的生产和消费,如义务教育、防治疾病的疫苗。对于生产和消费某些商品产生的外部性问题,政府同样可以采取相应措施,使有害外部性问题得到控制和解决,同时鼓励有益外部性商品的生产和消费。如某些企业在生产过程中排放出大量废气、废水,污染了环境,就属于生产过程中产生有害外部性问题的典型例子,对此政府不仅可以责令该企业停产或限产,达到国家规定的排放标准,而且还应该对已存在的环境污染进行清理和净化。

可见,财政支出对资源配置有着极为重要的影响。不过,在此我们只是列举了一些积极的影响,还应该看到,除此之外,它也有不足的地方,事实证明,公共生产的效率一般低于私人生产。因此,在弥补市场失灵的同时,仍须谨慎处置,防止政府干预扩大化,防止政府失灵现象出现而导致资源的另一种错误配置。所以尽管政府作用不可或缺,但只能在资源配置中起到补充和配角的作用。

（二）财政支出与收入分配职能

在市场经济中，人们凭借提供的生产要素对国民经济的贡献来分享国民收入，谁对国民经济贡献大，谁就获得国民收入多。这种分配方式激励了人们不断优化生产要素，争取多做贡献多得收入。但是这种分配方式也有它不足的地方，就是它产生了收入不均和贫富差距问题。市场经济自身无法克服这种不足，而且还会出现"马奈效应"。所谓"马奈效应"反映的是市场经济会出现一种收入分配现象，即收入多的人收入会越来越多，而收入少的人收入则会越来越少。如果这种效应持续存在，会使人们收入不均现象越来越严重。富者越富穷者越穷，是一种严重的社会经济病态。解决收入不均问题离不开政府，财政支出则是政府常用手段之一。

财政支出一般通过以下几种形式影响收入分配：

①财政支出以补贴或价格管制的形式对居民明补或暗补，改善低收入者的经济状况。②社会保障支出，通过规定最低工资收入和确定贫困线的办法，关注社会中的低收入阶层，从而改善穷人的绝对贫困和相对贫困状况。③增加支出创造就业机会。对劳动力保持较高需求，可以较好地解决由失业带来的贫困。④加强教育事业，培养劳动技能。大部分绝对贫困的人，往往是那些受教育程度低或没有受过教育的人，他们随着社会经济的发展已越来越难以从事有较好收入的工作，就业机会越来越少。加强教育，不仅要从未成年人抓起，使富人和穷人的孩子都有均等的受教育机会，而且对失业者或其他人也应该提供更多的继续教育机会，提高他们的劳动技能。这本身就是一种收入的再分配，而且也影响着劳动者未来的收入分配。

财政支出的本意是救济穷人，使收入分配状况趋于公平合理，但使用不当也会出现适得其反的情况。一方面，据《世界发展报告 1994》分析，许多国家的财政支出存在结构不合理问题，致使富人收益更多。例如，非洲地区用于高等教育的人均支出大约是初级教育的 44 倍；在越南占人口 5% 的最富裕者估计享用了医院支出益处的大约 30%，而占人口 5% 的最贫穷者估计享用了医院支出益处的 11%。[①] 但在另一方面，政府如果过分重视公平，往往会阻碍效率的提高。在我国计划经济时期，政府过多地干预收入分配，致使收入分配平均化，基尼系数几乎为零，结果是人们干多干少、干好干坏都一个样，严重阻碍了劳动者积极性的提高和生产效率的提高。

（三）财政支出与国民经济稳定职能

财政支出对经济稳定的作用，主要体现在财政支出与财政收入之间的对比关系变化对经济总量产生的影响。根据宏观经济学原理，在国民经济出现通货紧缩缺口时（需求总值的注入量小于漏出量），如果财政支出大于财政收入，两者差额正好等于注入与漏出之差额，则能使社会实际需求与国民经济所需的国民收入相等，达到社会需求总值与社会供给总值之间的均衡。反之，弥补国民经济的通货膨胀缺口（需求总值的注入量大于漏出量），则需要相反的财政支出与财政收入的对比关系。另外，在转移支出制度健全并且支出额占 GDP 比重较大的一些国家，财政转移性支出具有较明显的内在稳定器作用：在经济高涨时，失业人数减少，转移性支出下降，对经济起抑制作用；在经济萧条时，失业人数增加，转移性支出上升，对经济复苏和发展起刺激作用。

---

① 上海财经大学公共政策研究中心．1999 中国财政发展报告．上海：上海财经大学出版社，1999.

实际上，财政支出对经济的稳定作用，不仅要求在总量上，而且要求在结构上，尽管在结构上的作用没有像在总量上那样容易被观察到，但它的影响可能更长远、更深刻。国民经济的结构失衡，往往是导致经济不稳定的深层原因。“通货紧缩回归”说明了治表不治里后果的严重性。在弥补通货紧缩缺口时，增加的支出最容易按原有路径投入到资金发生短缺的部门，但这些部门之所以资金短缺，主要在于产品积压、资金被套，而出现这些问题实质上反映了这些部门与其他部门之间的结构失衡。解决这些部门的资金问题，虽然可以克服通货紧缩缺口，但没有解决根本问题，随着这些部门资金短缺问题再次出现，也就是新一轮通货紧缩缺口的开始，这就是所谓的“通货紧缩回归”。从我国当前弥补通货紧缩缺口情况来看，增加支出，无疑有着举足轻重的作用，但加强支出对国民经济结构调整的影响力度，显然更为关键。

三、财政支出与经济发展水平

一般说，社会经济发展的不同阶段，会对财政支出的规模、质量提出不同的要求，并在时间序列上表现出不断扩大和提高的基本特征。而经济转型期的中国，又见证着社会经济发展进程中一段十分特殊的历史时期，它内含了两方面的转变：一方面，是从传统的计划经济体制向社会主义市场经济体制不断过渡，出现了相应的经济体制改革过程；另一方面，正在从一个落后农业国转向先进的工业国，出现了从传统的经济增长方式向现代经济增长方式转变的过程。这两方面的转变都十分重要，其中任何一项转变的顺利实现，都需要付出极大努力。这一特殊时期的财政支出，必然会打上特殊的历史烙印。

（一）培育市场机制，决定了我国财政支出的功能转换

从传统计划经济体制转向市场经济体制，其核心内容是培育和完善市场机制，决定了我国财政支出的功能必须相应转换。应该看到，我国实行了相当长时期的计划经济体制，经济生活已习惯了计划经济的一套做法，整个国民经济的运行极大地依赖政府作用，政府安排制度基本上取代了市场安排制度，市场机制受到长期压抑，得不到良好的培育和发展。在这种状况下，推进经济体制改革，并能取得经济发展的巨大成就，是相当不容易的，是完全可归功于政府在培育市场机制上的努力和产生的作用的。为了培育市场机制，政府的财政支出正进行着相应的功能转换，已经反映出较为显著的特点。这具体体现为：第一，扩大市场安排、缩小政府安排，表现出财政支出水平趋于降低。虽然对此众说纷纭，看法极不统一，甚至有不少人持否定观点。但我们认为，在中国确立市场经济初期，为克服体制上遗留下来的不足，即缺乏市场利益主体和市场机制运作空间，降低财政支出水平是必然的，是培育市场机制所要求的。要使市场机制在资源配置上起到基础性作用，首先就需要培育独立的或相对独立的市场利益主体，并扩大经济运行中的市场安排空间，相对缩小政府安排空间，这是起码的要求。而与传统计划经济体制相适应的高度集中的财政支出显然无法做到这一点，因为传统计划经济体制下的财政支出几乎覆盖了国民经济的各个领域，非市场化的经济运作，使市场经济既无生存的条件，更无发展的空间，市场机制无法在资源配置上起到基础性作用，也不可能真正建立起市场经济体制。所以，在我国这一特定环境下，降低财政支出水平有其内在合理性，当然我们也极力反对从一个极端走向另一个极端的做法。第二，政府的作用正从取代市场、排斥市场，走向弥补市场、调控市场方面，决定了财政支出从用于整个国民经济的生产安排转向用

于公共领域和宏观调控安排,表现出财政预算支出用于生产经营性和竞争性的投资比例大幅缩小。在这一变化过程中,与计划经济时期相比,国家预算降低生产经营性和竞争性资产投资比例,是完全正常的,也是符合国有经济战略调整总体要求的。财政资金要逐步退出由市场配置资源的经营性和竞争性领域,逐步提高财政对政权建设、教育文化和科学事业发展以及环境保护等公共需要方面的保障能力。按照这一要求,财政部取消了中央财政周转金制度,国务院要求地方财政周转金也一并取消。① 这都无疑使财政支出用于生产经营性和竞争性的投资比例进一步降低。有人担心,这会减弱政府在经济中的作用和调控能力。理由是,市场经济难以避免企业投资的分散性、盲目性,会造成巨大浪费。而政府投资则具有集中性、战略性,对经济结构的调整可起到重要推动作用。从这点上看,担心是有道理的,提高财政支出比例尤其是中央财政支出用于战略性、公共性等领域的比例,也是合理的、必要的。但是从目前出现的盲目建设、重复建设的情况来看,更令人担忧的并不是出自于市场机制,而恰恰是源自于政府自身问题,尤其地方政府和其财政支出的功能问题。

(二) 促进增长方式转变,决定了我国财政支出的结构调整

进入 20 世纪 90 年代中期以后,传统的粗放型增长方式导致供大于求和供无需求的状况日趋严重,阻碍了中国经济的持续健康发展,当务之急是转变增长方式,即从传统的粗放型增长方式转变为现代的集约型增长方式。促进增长方式转变,不仅是一个微观层面的企业问题,也是一个宏观层面的公共问题,有赖于政府产业政策的引导,也有赖于政府财政政策的支持。加大科技投入,扶植高新技术企业的发展,都需要对传统的支出结构做出相应调整。加强技术创新,是促进增长方式转变的关键,但需要投入大量资金。我国政府投入于研究和开发(R&D)的经费总额,2003—2006 年占 GDP 比例均为 0.23% 左右,此后这一比例开始有所上升,2007 年与 2008 年该比例在 0.35% 上下,2009—2011 年上升到 0.41% 上下(见表 4-3)。

表 4-3 中国政府 1994—2011 年 R&D 经费总额及其占国内生产总值比例

年份	政府研发支出(亿元)	政府研发支出占 GDP 的比例(%)
2003	320.33	0.24
2004	344.30	0.22
2005	424.70	0.23
2006	481.20	0.22
2007	913.50	0.34
2008	1 088.90	0.35
2009	1 358.30	0.40
2010	1 696.30	0.42
2011	1 882.97	0.40

资料来源:根据中华人民共和国国家统计局《中国统计年鉴 2011》有关数据计算。

而美国政府投入 R&D 项目的经费总额,从 1960 年的 335.7 亿美元增加到 1968—1977 年的约 387.4 亿美元,后又增加到 1985—1990 年的 550 亿美元左右, 1995 年下降至 468.9 亿美元,占美国 GNP 的比例为 0.9% ~1.7%(见表 4-4)。

① 参见《国务院办公厅转发财政部整顿财政周转金方案的通知》(国办发[1999]1 号)。

表 4-4　美国政府 1960—1995 年 R&D 经费总额及其占国民生产总值比例

年份	1960	1977	1985	1990	1995
R&D 经费(亿美元)	335.7	387.4	552.3	553.7	468.9
R&D/GNP(%)	1.7	1.1	1.3	1.1	0.9

资料来源:根据范保群的《美国研究发展经费结构的演变及其启示》的有关数据计算,载于《自然辩证法通讯》1998 年第 2 期,其中 1990 年、1995 年的为 R&D/GDP 值。

相比之下,我国 2003—2011 年政府科技投入比例略显寒碜,难以满足形势发展要求。此后,虽然这一比例有所上升,但其绝对值仍然过低。加强科技支出,扶植高新技术企业发展,不仅依托于不断扩大的财政支出投入,还依赖于不断优化的科技支出结构和总支出结构,尤其在当前财政支出捉襟见肘之际,更有赖于通过财政总支出的结构优化腾出力量。只有在有所不为的前提下才能有所为,才能为加强科技投入创造条件,推动增长方式的转变。

(三)加强公共基础设施建设和完善社会保障体系,成为我国近期财政支出的重头戏

改革开放以来,虽然我国公共基础设施建设取得了长足的发展,对促进我国的经济和社会发展起到了积极的作用。但从我国工业化、城市化、城市现代化发展要求来看,以及根据当前经济增长、产业结构升级和可持续发展的目标来衡量,我国基础设施的规模仍然存在着较明显的不足,并在一定程度上限制了整个经济和社会进一步发展。这突出表现在:缺乏促进区域性经济“合理分工、优势互补、东西联动、协调发展”的基础设施;缺乏支持产业结构升级的基础设施;缺乏推动消费需求增长的基础设施;缺乏城市化和城市现代化发展需要的基础设施。解决这些问题,除了有赖于制度创新,充分调动社会力量和市场力量外,还有赖于政府作用。加强基础设施建设,将成为我国近期财政支出的一个重要因素。

社会保障体系,是保障经济社会稳定的一项重要架构。在转型经济的大变革时期,更加需要这样的安全网,以便帮助弱势的人们缓解困难,保持社会稳定。但就当前社会保障体系中影响最大的职工养老保障制度来看,实行“新人新办法、老人老办法”(即对新职工实施供款基准制,对老职工则继续通过现收现付的办法,让目前的企业和年轻职工缴费解决)措施,仍然存在较大问题。如果通过企业缴费完成对“新人”和“老人”的双重任务,即使考虑新制度中的个人缴费因素,所需的企业缴费率也要达 30% 左右。如此沉重的缴费压力是任何企业都无法承受的。解决的出路在于对老职工的养老金来源必须专门处理,即由政府统一偿还旧体制形成的对中老年职工的养老金负债。① 政府向职工个人账户拨付一种专门的有息债券,即“认可债券”(recognition bond)②,作为对老职工养老金权益的补偿,不失为一种较好的办法。此外,在社会保障体系中,失业保障问题曾经一度非常突出,建立相当规模的失业保障基金成为必须;在遵循国家、集体和个人共同承担的基础上,政府财政支出当仁不让成为一个重要的资金供给渠道。

---

① 老职工虽然没有直接为个人进行养老金积累,但在旧体制下,养老保险费用已通过“预先扣除”交给了国家,并且转化为国有资产,因此,政府事实上是对他们负债。

② 吴敬琏. 国有经济的战略性改组. 北京:中国发展出版社,1998:244-248.

第三节　财政支出规模增长趋势及其原因

一、财政支出规模的衡量

衡量财政支出规模的指标有两种:一是绝对量指标;二是相对量指标。所谓绝对量指标,是指一国在一定时期内(通常为一个财政年度)财政支出的货币价值总额,如2011年我国财政支出的规模为109247.79亿元。可见,这一指标能直观地、具体地反映一定时期内政府财政支出的规模,是国家政府部门编制财政预算和控制财政支出规模的重要指标之一。

所谓相对量指标,是指一国在一定时期内财政支出占国民生产总值或国内生产总值的比率。其中,国民生产总值是一个国家所有常驻单位在一定时期内收入初次分配的最终成果;国内生产总值是一国所有常驻单位在一定时期内生产活动的最终成果。两者关系为,在国内生产总值基础上加上来自国外的劳动报酬和财产收入减去付给国外的劳动者报酬和财产收入,为国民生产总值。比如,根据国家统计局公布的数字,2011年我国国民生产总值为472 115亿元人民币,国内生产总值为472 881.6亿元人民币,而财政支出的相对量指标分别为23.14%和23.1%。采用相对量指标来衡量财政支出的规模,最大的益处是可以进行比较分析。如可以进行不同时期的比较,也可以进行不同国家之间的比较,能较好地反映一国财政支出对经济影响的程度。

但两指标有时也会出现矛盾,即一方面绝对量指标反映出财政支出规模不断扩大,如我国财政支出从1978年的1 122.09亿元,逐步扩大到2011年的109 247.79亿元。这说明了我国财政支出规模正不断扩大。另一方面相对量指标却在不断降低,反映出财政支出规模不断缩小,如我国财政支出占国内生产总值的比例由1978年的30.78%,逐步降低到2011年的23.1%,表明我国财政支出的相对规模正在缩小,财政支出对经济的影响程度有所降低。在这种情况下,绝对量指标较相对量指标通常更能说明财政支出规模的变化。不过,绝对量指标有时也会误导。比如,假设上一年度财政支出为7 000亿元,本年度为7 350亿元,增长了5%,此期间通货膨胀率也为5%,那么,你能说财政支出的规模扩大了吗?显然不行。所以在统计上有必要对绝对量指标进行修正,即剔除通货膨胀因素。至于用相对量指标来反映财政支出规模,一般其有效范围在于经济不断增长或不变条件下相对量指标上升,表明支出规模扩大;或者,在经济衰退(即国内生产总值减小)或不变时相对量指标降低,表明支出规模缩小。而在经济增长时相对量指标降低或经济衰退时指标上升,均较难说明财政支出规模的实际变化。①

二、财政支出规模扩张的趋势

财政支出规模不断扩大是一种历史现象和发展趋势,几乎世界各国都是如此。从绝对量指标来看,在1950年至1980年的31年间,美国财政支出由426亿美元增至6 018亿美元,增加了13倍。英国财政支出由32.79亿英镑增至863.95亿英镑,增加了25倍。法国财政支出由247亿法国法郎增至11 129亿法国法郎,增加了44倍。瑞典财政支出由53.4亿克朗增至2 087.9

① 所有数据来自《中国统计年鉴2004—2011年》。

亿克朗,增加了 38 倍。苏联财政支出由 413 亿卢布增至 2 946 亿卢布,增加了 6 倍。日本财政支出由 1950 年的 6 000 亿日元增至 1979 年的 306 920 亿日元,30 年间增加了 50 倍。联邦德国财政支出由 1955 年的 242 亿马克增至 1980 年的 4 475 亿马克,26 年间增加了 17 倍。① 不仅绝对量指标反映出财政支出规模呈不断扩大趋势,而且相对量指标也在不断上升,反映出财政支出规模和对经济影响的程度都在不断扩大。从相对量指标来看,总的趋势呈现不断增长的态势。以 1954 年的指数为 100 计算,在 1954 年到 1980 年,主要的工业化国家财政支出占 GDP 比率上升幅度均超过了 20%,其中意大利和德国分别上升了 59.6% 和 52.4%,日本也上升了 42.2%。在发展中国家,以 1979 年为基数计,至 1988 年财政支出占 GDP 的比率平均增长了 27.5%,其中巴西增长了 69.1%,菲律宾为 33.6%,印度为 28.8%。②

我国自改革开放以来,为了适应市场经济的要求和发挥市场机制的配置作用,在 1995 年至 2006 年财政支出占 GDP 的比率由 11.22% 上升到 23.1%,但从绝对量指标上看,财政支出由 1995 年的 6 823.72 亿元,增长到 2011 年的 109247.79 亿元,增加了 16.01 倍,财政支出规模不断扩大。如图 4-2 所示。

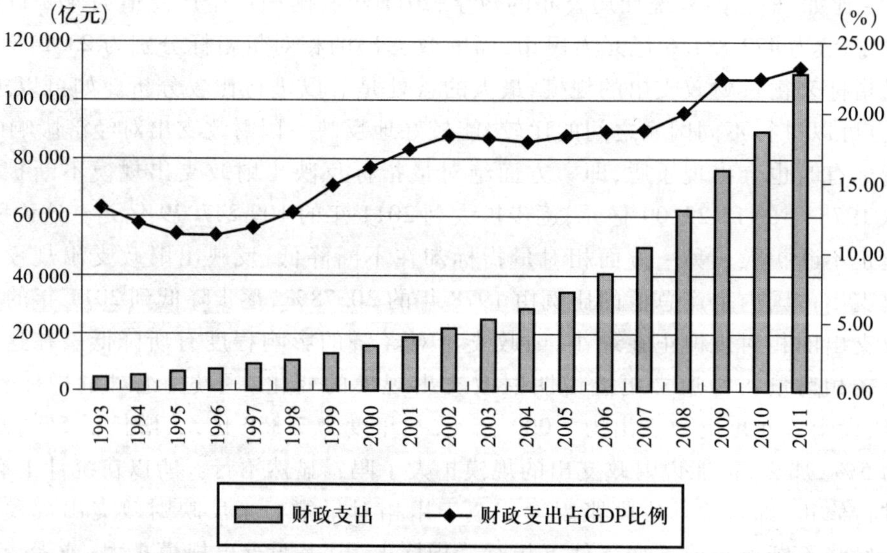

图 4-2 我国财政支出与国内生产总值(1993—2011 年)

资料来源:根据中华人民共和国财政部网站有关数据计算。

三、财政支出规模扩张的原因

影响一国财政支出规模扩大的原因是多方面的。

(一)一般原因

归纳起来,影响一国财政支出规模的一般原因主要有社会经济发展、政府规模和人口等

① 马国贤. 财政学原理. 北京:中国财政经济出版社,1998:140.

② 雷良海. 财政支出增长与控制研究. 上海:上海财经大学出版社,1997:2,3,10.

因素。

1. 社会经济发展

一般地说,财政支出与社会经济发展之间保持着一种正相关关系,随着社会经济的发展,财政支出的规模会不断地扩大。一方面,发展社会经济要求有相应规模的财政支出与之配合,以满足社会经济发展所需要的公共条件,如与之高度相关的公共基础设施等硬环境建设,以及培育高素质劳动力的教育、相应的法律法规等软环境建设等。另一方面,社会经济发展的结果导致人均 GNP 增加,使人们在满足个人需要后,转而加大对教育、卫生、文化和福利等公共产品的需要,甚至出现社会对财政支出需求的价格弹性大于 1 的增长态势。与此同时,社会经济的发展,其自身也为财政支出规模的扩大创造了条件,经济增长使政府的税收收入增加,从均衡社会总量关系上讲,也决定了财政支出的增长。

2. 政府规模

政府的规模影响着财政支出的规模。政府规模反映在两个方面:一是政府机构的规模;二是政府活动规模。从政府机构规模上看,政府机构数目的多少和机关工作人员数量的多少对财政支出产生最直接的影响。政府活动规模的大小也影响着财政支出的规模变化。如政府直接介入经济领域的投资规模、公共生产规模、公共产品提供规模等的不断扩大,必然导致财政支出的规模水平不断上升。

3. 人口规模

人口规模也是影响财政支出增长的一个不可忽视的原因。在人均财政支出比例不变的情况下,财政支出的绝对规模随着人口增加而增加,如果人口的增长速度超过 GDP 增长速度,财政支出的相对规模即占 GDP 的比例也会随之上升。从实际情况来看,人口的增加,导致社会对教育、医疗卫生、社会保障、公共基础设施,以及国家行政管理、司法、治安等方面的公共需要的增加。我国政企改革以来,针对解决在计划经济时期形成的企业办社会问题,将长期以来由企业承担的人口增长而导致的诸多费用开支转变为由政府承担,如解决失业、养老金、医疗、教育等职责将逐步从企业中分离出来。对此在这方面的财政开支将随人口的变化而变化。

(二) 理论原因

关于财政支出规模不断扩大的理论原因,主要存在瓦格纳定律、梯度渐进增长理论、经济发展阶段的财政支出增长理论三种解释。

1. 瓦格纳定律

最早关注财政支出不断扩大并做出理论解释的,是 19 世纪德国经济学家阿道夫·瓦格纳(Adolph Wagner,1835—1917)。瓦格纳生活于自由放任经济思想占统治地位的时代,但他对这一经济思想持批评态度,强调政府干预来保障社会的公正。瓦格纳考察和研究了英国工业化革命以来西方诸国经济与财政发生的新变化,他认为,在社会经济日益工业化的过程中,经济和社会不断地变化和产生的新矛盾和问题,必然导致政府活动及其财政支出“呈现有规律的扩大的趋势”,财政支出甚至比产出以更快的比率增加。他的结论是,由于工业化经济社会不断发展,财政支出不断增加是不可避免的长期历史趋势。他预言,“在以后 50 年到 100 年间,社会工业化的水平将继续上升,人民将对政府施加更大的政治压力,迫使政府在工业发展过程中对社会公益以更多考虑,财政支出规模将继续扩大"①。因此他赞成现代国家的财政支出增长的观点。瓦格纳的结论得到了历史的证明。后人把"财政支出规模不断扩大的趋势"称为"瓦格纳定律"。

2. 梯度渐进增长理论

梯度渐进增长理论,是英国经济学家皮科克(Pea-cock)和怀斯曼(Wiseman)于 1961 年提出的一种财政支出规模不断扩大的理论。皮科克和怀斯曼根据他们对 1890—1955 年英国政府财政支出增长的分析研究,指出财政支出不断扩大是以一种梯度渐进的方式增长的。他们认为,在正常情况下,财政支出呈现一种渐进的上升趋势,但在战争、重大灾害情况时,财政支出会急剧上升,而后支出水平虽会下降,但一般不会回到原来的水平,呈现出一种"进二退一"的"梯度渐进增长"的规律②,如图 4-3 所示。

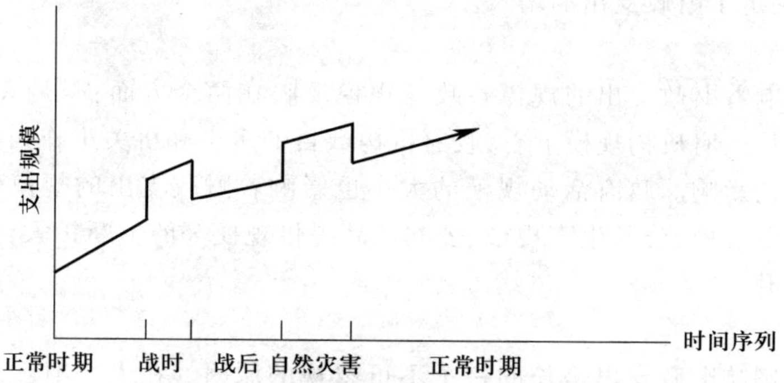

图 4-3　财政支出"梯度渐进增长"

皮科克和怀斯曼认为,财政支出梯度渐进增长是由两方面原因导致的。一方面经济不断增长使税收收入逐渐增加,导致财政支出水涨船高,渐进增长;另一方面存在着"替代效应"和"检视效应",导致财政支出增长速率超过国民生产总值增长速率。他们发现,政府总喜欢多支出,但往往要受到纳税人"租税容忍水平"的制约。不过,纳税人"租税容忍水平"并非固定不变。在外在因素影响下,如发生战争、自然灾害、经济危机等,会迫使纳税人接受较高的财政支出水平。因为纳税人十分清楚,不支持政府平息战争、解决灾害问题和缓解经济危机,将面临更大的损失。于是出现所谓"替代效应",即政府迅速扩大财政支出代替了原来由私人安排的支出。但是战争、自然灾害、经济危机过后,出现了一系列新问题,如战后重建家园、恢复生产、解决伤残退伍军人的生活等问题又都需要政府出面解决,又会迫使纳税人支持政府扩大财政支出,于是财政支出水平虽然在战后会有所降低,但仍保持在较高的位置,出现了所谓"检视效应"现象。皮科克和怀斯曼认为,从长期来看,正是由于上述两方面原因相互交替的作用,导致财政支出梯度渐进增长,呈现出一种长期变化特征。

3. 经济发展阶段的财政支出增长理论

美国著名财政学家马斯格雷夫(Musgrave)和经济史学家罗斯托(Rostow),从经济发展的各个阶段来寻找和解释财政支出增长原因。他们的研究成果,被概括成"经济发展阶段的财政支

① 席克正,曹立瀛. 资本主义国家财政. 北京:中国财政经济出版社,1984:61.

② 皮科克,怀斯曼. 1890—1955 年英国公共支出的增长. 普林斯顿大学出版社,牛津大学出版社,1961.

出增长理论”。他们认为,在经济发展的不同阶段导致财政支出增长的原因不同:在经济发展的早期阶段,公共部门应为经济发展提供社会基础设施,如道路、运输系统、环境卫生系统、法律与秩序、健康与教育以及其他用于人力资本的投资等,因而政府投资在社会总投资额中所占比例较高。在经济发展中期阶段,政府投资只是作为对私人投资的补充,并开始将注意力转移到收入分配问题上。在经济发展后期阶段,政府支出构成的重心从基础设施投资支出转移到不断增长的教育、保健和福利等项支出,政府转移性支出明显上升并超过购买性支出。

不过,在我国理论界的探讨中,对财政支出扩张原则的度的把握容易出现偏差,特别体现在对我国财政收支关系中量出为入原则和量入为出原则的把握方面。首先来考量量出为入原则:为了保障经济社会发展的需要和政府职能实现的需要,必须征收足够的财政收入,这很容易导致政府获取财政收入的冲动难以得到有效控制,因为政府无论作为整体还是个体都是存在局部利益的,约束财政收支不当扩张的力量主要应当来源于法治而不是政府道德水准和专业素养。再来考量量入为出原则:这个原则要比前一个原则有很大的进步,使得财政支出扩张受到财政收入的一定制约,某些年份的财政收入降低确实会导致财政支出降低。但财政支出具有较强的刚性,以前年度增大了的财政支出基数,会“垫高”以后年份的财政支出的最低数值,从长期看,还是难以逃脱政府财政支出水平不断增长的规律。所以,我们需要综合考虑政府自我约束财政支出的意志,需要在政府行为与社会行为之间划一道动态变化的但又是相对清晰的边界,并主要由市场力量和法治力量来管束政府过多侵占社会资源及其分配的内在冲动。

本章小结

本章围绕着合理安排和使用财政资源、最大限度满足市场经济运行与发展要求这一问题展开,这是财政理论和实践所普遍关注的一项重要内容。本章主要涉及财政支出的有关概念及其分类、财政支出的决定因素、财政支出规模不断扩大的原因。财政支出,是政府及其所属公共机构的开支。财政支出的分类,可以有不同的划分标准。根据复式预算管理要求,可将财政支出分为经常性支出和建设性支出。其中,经常性支出是用于政府日常管理活动的经费开支,建设性支出是用于政府投资方面的支出。按政府实现其职能所需费用之性质分类,可将我国财政支出分为经济建设费、社会文教费、国防费、行政管理费和其他费用。按财政支出用途,可将我国财政支出分为国内基本建设支出、增拨企业流动资金支出、挖潜改造资金和科技三项费用支出、地质勘探费支出、公交商部门事业费支出、支援农业生产支出和各项农业事业费支出、文教科学卫生事业费支出、抚恤和社会救济费支出、国防费支出、行政管理费支出、价格补贴支出及其他支出。按政府层次,可以将财政支出分为中央支出和地方支出。其中,中央财政支出包括国防支出、武装警察部队支出、中央级行政管理费和各项事业费支出、重点建设支出以及中央政府调整国民经济结构、协调地方发展、实施宏观调控的支出;而地方财政支出主要包括地方行政管理和各项事业费支出、地方统筹的基本建设支出、技术改造支出、支援农业生产支出、城市维护和建设经费支出、价格补贴支出等。按财政支出的经济性质,可以将财政支出分为购买性支出和转移性支出。其中,购买性支出是政府向企业和个人购买产品与劳务的支出,而转移性支出则是政府将财政资金无偿地支付给某些企业和个人的支出。财政支出的决定因素有公共需要、财政职能和经济发展水平。其中,必须满足的公共需要,是社会经济正常运行的一个重要条件,并在不同阶段表现出不断扩大和提高的特征,其最好由政府出面解决的内在性质决定了财政支出的刚性。财政的主要职能包括如何高效率地配置有限的经济资源、使国民收入公平分配、保持国民经济稳定和健康增长，这些直接决定了财政的支出规模。各国政府财政支出规模都有一种不断增长的趋势，导致这一现象的一般原因包括社会经济发展、政府规模和人口等因素；阐释这一现象理论原因的，主要有瓦格纳定律、梯度渐进增长理论以及经济发展阶段的财政支出增长理论。不过，在我国理论界的探讨中，对财政支出扩张原则的度的把握容易出现偏差，特别是对我国财政收支关系中量出为入原则和量入为出原则的把握方面，亟须在政府与社会行为之间划一道动态变化的但又相对清晰的边界，并主要由市场和法治的力量来管束政府过多侵占社会资源及其分配的内在冲动。

复习思考题

一、名词解释

财政支出　棘轮效应　经常性支出　资本性支出　耗尽性支出　转移性支出　瓦格纳定律　梯度渐进增长理论　经济发展阶段的财政支出增长理论

二、问答题

1. 解释决定财政支出的主要因素。
2. 简述财政支出对资源配置的影响。
3. 简述财政支出对收入分配的影响。
4. 简述财政支出对经济稳定的影响。
5. 为什么说财政支出具有刚性？
6. 从市场失灵的角度说明财政支出的必要性。
7. 说明政府失灵与财政支出的关系。
8. 从我国处于经济转型时期的角度说明财政支出的特殊性。
9. 我国从计划经济到市场经济的转变过程中会使财政支出从结构上发生什么变化？
10. 你认为在加强财政支出管理方面有哪些工作可做？

即测即评

第五章

财政购买性支出(上)

政府维持其日常的行政活动以及履行公共职能均需要占有必需的商品和劳务,我们将政府为了交换其所需的商品和劳务而发生的支出称为财政购买性支出。根据政府在日常行政活动以及履行公共职能中的投入责任,可以将财政购买性支出区分为纯财政性支出和补偿性财政支出。

本章在介绍财政购买性支出的一般属性的基础上,重点阐述纯财政性支出,即行政管理支出和国防支出。下一章将阐述财政购买性支出中的补偿性财政支出。

第一节　财政购买性支出概述

一、财政购买性支出的内容

财政购买性支出直接表现为政府购买商品和服务的活动,包括购买进行日常政务活动所需的或用于国家投资所需的商品和服务的支出,前者如政府各部门的事业费,后者如政府各部门的投资拨款。这些支出的目的和用途虽然有所不同,但却具有一个共同点:财政一手付出了资金,另一手相应地购得了商品和服务,并运用这些商品和服务,实现国家的职能。就是说,在这样一些支出安排中,政府如同其他经济主体一样,在从事等价交换的活动。我们称此类支出为购买性支出,它所体现的是政府的市场性再分配活动。

二、财政购买性支出的特点

(一) 属于基本性支出

财政购买性支出属于财政的基本性支出。这是因为,财政购买性支出直接关系国家政权机关、各类行政管理机关的运转和国家安全,对维护社会经济的正常秩序起着至关重要的作用。行政和国防事务是政府的主要职责,是政府向社会提供公共服务的基本途径和方式,也是政府从事其他非行政性活动的前提和基础。这一特点主要表现为,满足购买性支出是政府对财政资源最基本的要求,在财政支出计划中往往给予优先考虑和安排。从阶级分析的角度来讲,国家是统治阶级行使统治权力的重要工具,而这种统治是以执行国家的政治职能和社会职能为基础的,并通过政府的行政管理活动和国防军事活动,得以维持下去。所以满足行政性支出,往往被代表统治阶级利益的政府视为关系统治阶级存亡的大事,而作为政府的基本支出置于优先安排地位。从现代经济运行的角度上看,政府作为提供公共服务的管理机构,与市场经济有着互补性关系。政府能否有效地提供公共服务,在很大程度上取决于政府行政管理机构和国防机构的运转状况。如国家立法机构和行政司法机构的运转状况,将关系到法律法规体系和司法检察制度建立和完善与否,又直接关系投资者的合法权益问题,对形成公平而有效市场经济的运行机制有着重要作用。所以,在市场经济社会,满足政府行政性支出对保障政府提供公共服务的效率和质量以及维护市场经济的正常秩序,有着不容置疑的积极意义。不过,需要指出,财政购买性支出中的行政管理支出与国防支出应当建立在有效的行政管理和国防建设基础上。在缺乏对行政管理和国防建设的效率评价机制和约束机制下,往往容易导致财政购买性支出的膨胀。

（二）属于公共性支出

政府管理公共事务的目的在于增进社会效益,即为全体社会成员创造良好的社会经济秩序以及生产、生活环境。与私人管理相对应,政府管理属于公共管理,政府管理的支出则属于公共性支出。政府管理与经济活动中的私人管理有很大的不同,私人管理通常根据管理者自身利益的要求来进行,以管理所获得的收益作为支出的前提和经费来源的保证,具有明确的内在性或私人性的特点。而政府管理则不同,它属于公共产品和公共服务范畴,全体社会成员是政府管理的受益者,具有显著的外部性或公共性的特点。按私人管理的原则来进行公共管理,社会效益不仅较难得到增进而且还可能遭到破坏。亚当·斯密指出:"如果国家的司法行政成为一种敛财的组织,结果,自不免生出许多弊害。"[①]公共管理支出的资金应来源于国家财政,国家财政资金通过税收形式取得。支出的公共性,体现在使用方向上是面向全体社会成员,并尽可能为他们创造良好的社会秩序以及生产、生活环境。

（三）属于管理性支出

财政购买性支出属于管理性支出。该类支出主要用于解决各级国家管理机构从事管理工作所必需的公务性开支以及由此产生的工作人员的个人经费支出。从构成上看,该类支出应以公用经费为主、个人经费为辅。就管理本身而言,政府组织和私人部门组织之间并没有多大的差异:管理通常被看作是对一个机构进行计划、组织、领导和控制的实践活动,以便在实现其目标的过程中,以给定的货币、物质和人力资源,尽可能取得最好的结果。管理性支出要求该类支出有助于公共管理的质量和效率的提高。如果纯公共产品支出在结构上向公用经费倾斜,应该有助于公共管理效率提高,本是一件好事。但从实际情况来看,公用经费的范畴往往缺乏明确界定,支出单位过多、过杂,开支内容中很多含有个人消费性项目,甚至还含有摊派性支出,不利于公共管理效率提高。

三、财政购买性支出应遵循的原则

（一）社会利益原则

财政购买性支出的目的是维护正常社会经济秩序和国家安全,因此,追求社会利益应当成

---

① 亚当·斯密.国民财富的性质和原因研究.下卷.郭大力,王亚南,译.北京:商务印书馆,2004:278.

为安排财政购买性支出的重要原则。财政购买性支出的社会利益原则就是要求支出所获得的社会效益应当超过社会成本。所谓社会效益是指财政购买性支出为全体社会成员创造一个良好的社会经济环境,使社会经济得以正常运行和发展;社会成本是指政府补偿公共管理费用开支而征收税收以及由此产生的其他负担。社会效益和社会成本除了包含内在效益和成本外,还包含项目的外在效益和成本。由于外在效益和成本往往难于用数量来测定,如国防、司法、行政管理等支出,难以测算其效益,通常是根据政治、经济和社会等方面的具体情况,有关的方针政策,以及公众的个人偏好,通过公共选择的方法和程序来确定支出的方向和规模。

社会利益原则包括两层含义:一是要求财政购买性支出追求的是社会利益,而非是经济利益。财政购买性支出的投向,在于利民,而非谋利。这就要求政府的公共管理机构有别于市场中的经济组织,更不能把它当作一种敛财组织,以提供公共管理服务的名义大行圈钱之实。原则上凡属于公共管理支出范畴的政府机构,在提供公共管理服务过程中即使有充分的收取费用的理由,也没有决定收费的权力,更没有收费自用的权力。只有这样才能杜绝“乱收费”的恶劣现象,才能使公共管理的政府机构更好地按社会效益原则执行公共管理之职。二是要求财政购买性支出应当在社会成本效益分析的基础上做出合理的选择。即合理分析与预测每一公共管理方案所发生的社会成本和产生的社会效益,以此作为决定是否安排这项支出以及安排多少支出的依据,以取得最佳社会效益。

(二) 量入为出原则

量入为出原则是指导政府财政购买性支出的一个重要原则,尽管这一原则古已有之,历史悠长,但在当今来看它对指导政府公共管理支出仍具有重要意义。所谓量入为出原则,是指根据收入的多少来安排支出规模的原则。它要求把财政购买性支出的总盘子限定在国家立法机构批准的资金来源(即收入)总量允许的范围内,以资金来源规模来控制购买性支出,杜绝公共管理机构超支现象。

量入为出原则是资源稀缺性规律的客观要求。资源稀缺性规律是市场经济条件下的基本经济规律。它是指资源与社会对于资源的需求相比,其供给总是稀缺的。与之相联系,社会对于政府的公共需求是无限的,而政府每办一件事情都需要有一定的支出,在一定的时期内,资源的有限性决定了政府所能取得的财政收入是有限的。相应地,社会对于财政支出的需求大于收入是一种正常现象。在这种情况下,克服收支矛盾的唯一办法是实行量入为出的原则,把财政支出限定在财政收入总量允许的范围内。

量入为出原则是正确处理当代人与下一代人之间关系的基础。从可持续发展的要求来看,可持续发展理论的核心是正确处理好当代人与下一代人的关系,也就是,不能把我们的享受建立在子孙“还债”之上。如果放弃量入为出的原则,就意味着我们这代人通过财政赤字所形成的巨额债务,将要由子孙后代来偿还,这就背离了这一原则。

(三) 最小费用原则

财政购买性支出需要坚持最小费用原则。在资金来源总量一定的前提下,体现公共管理效率就在于以相同的支出代价,提供更多、更好的公共管理服务。或者,在公共管理服务质量不变的前提下,支出代价最小。“少花钱,多办事,办好事”就是来自实践要求对最小费用原则的最好解释。

在政府公共管理活动中,政府机构最容易产生的问题,是"只重效果不讲代价"。由于缺乏自我约束,政府机构较难像市场经济组织那样,严格自律控制支出。这种不良现象在政府支出中带有较大的普遍性。坚持最小费用原则以及由此原则建立起的政府支出制度,是解决这一问题的较好途径。如政府采购制度,则是当今发达国家广泛采用的一种支出制度,较好地体现了最小费用原则的精神。最小费用原则,实际上是一种费用比较和选择的原则,它要求政府在执行公共管理和费用支出安排时实行多方案的比较和选择,从中挑选费用最低、效果最佳的方案,作为公共管理支出的方案。

(四) 花钱买效果原则①

财政购买性支出目的是购买公共服务,花钱买效果。社会公共部门和私人部门之间的经济关系本质上是货币关系,公共部门向私人部门提供服务(产品),私人部门向政府部门支付产品的价格即税收。政府向行政事业单位拨款也是因为购买公共产品的需要,公共预算是购买各种具体公共产品的价格。花钱买效果原则强调的是公共预算的产出,而不是投入;强调的是提高财政效率,而不仅是行政效率。具体来说,其主要包括两个方面:

第一,公共支出不是养机构和养人,而是购买公共服务,增加社会福利。政府对行政事业单位的拨款取决于其向社会提供公共服务的数量和质量。如果某部门提供公共服务的效果差或者与财政拨款不相匹配甚至根本就没有效果,则应当对其进行改组甚至撤销,以使公共资金投到更有效率的部门,使公共支出"钱有所值",从而增进社会福利。

第二,强调财政效率。花钱买效果原则不是就事论事地解决政府部门的官僚主义、浪费、低效率和无效率问题,而是将着眼点放在提高财政效率上。财政效率是指公共支出与公共事务管理的效果——公共利益的比较,它直接指向政府服务的有效性和成本。

第二节　行政管理支出

一、行政管理支出的内涵与特点

行政管理支出是国家财政用于国家各级权力机关、行政管理机关、司法检察机关和外事机构行使其职能所需的费用支出。它是维持国家政权存在、保证各级国家管理机构正常运转所必需的费用,也是纳税人必须支付的成本。因此,行政管理支出的安排是否合理,是建立高效率政权机关和其他各类管理机关的重要前提,是社会经济事务能否得到及时有效协调的重要保证,也是社会资源是否得到有效配置的重要表现。

从行政管理支出的基本构成来看,主要包括:行政管理费支出、公检法司支出、武装警察部队支出、外交外事支出。其中,行政管理费支出包括党政机关经费、行政业务费、干部训练费及其他行政费等;公检法司支出包括国家财政用于公安机关、国家安全机关、法院、检察院以及司法行政机关的经费支出;武装警察部队支出包括对警卫部队的经费支出、边防部队和消防部队的经费支出;外交外事支出包括国家财政用于国家外事机构进行外交活动的经费支出,主要包

① 马国贤. 政府绩效管理. 上海:复旦大学出版社,2005:113-115.

括国家驻外使馆、领事馆等机构的经费,政府团体出国访问费,外宾招待费,国际组织会费等。

图 5-1 反映了中国 2006 年度行政管理支出的基本构成。在 2006 年,中国行政管理支出中规模最大的是行政管理费,达到 3 355.81 亿元,占全部行政管理支出的 56%。

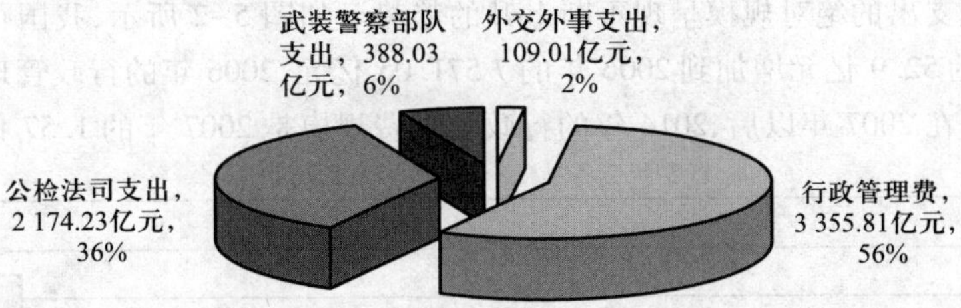

图 5-1　中国 2006 年度行政管理支出的构成

资料来源:《中国统计年鉴 2007》。

从行政管理支出的用途来看,可以分为人员经费、公用经费两个部分。前者包括政府权力机构、行政机关和外事机构的工作人员的工资、津贴、福利等;后者包括公务费、修缮费和业务费等。

行政管理支出与其他购买性支出相比具有自身的特点,主要体现在以下几个方面:

首先,行政管理支出属于公共支出。公共行政部门所提供的行政管理,是面向全社会的管理,其数量与价值都不能通过市场竞争机制来确定,其管理对象和接受管理的主体不具有排他性,因而,行政管理属于纯公共产品范畴,其支出也必须由政府财政予以提供。

其次,行政管理支出属于非生产性的社会消费性支出。在经济资源一定的条件下,政府用于行政管理的费用过多,会直接增加纳税人的负担,从而降低微观经济主体的投资能力或消费能力,使公共产品与私人产品的资源配置发生扭曲。在政府财政收入一定的条件下,如果政府用于行政管理的费用过多,就必然压缩用于公共投资、教育、卫生等方面的支出,从而影响整个公共产品配置的效率。

再次,行政管理支出具有稳定性。政府职能在一定时期内相对稳定,行政机构的设置是根据政府履行其职能的实际需要确定的,并经过一定的法律或制度程序确立,它体现了国家在既定时期管理社会经济工作的需要。因此,行政管理支出在保持合理增长的条件下,应具有稳定性,不应大起大落。

最后,行政管理支出的效率难以考核。一方面,政府规模与行政作为的范围直接关系行政管理支出的成本,而如何衡量政府的适度规模,政府行政作为应该限定在什么范围内,都没有客观的指标来反映。另一方面,行政管理支出的效益通常难以衡量与量化,并且有些行政管理的效益在短期难以显现,需要在今后很长时间才能得到体现,这就更增加了考核行政管理支出效率的难度。

二、行政管理支出的影响因素

影响行政管理支出总量的主要因素有经济增长水平、财政收支水平、物价水平、政府职能范围及相应的机构设置、行政经费的使用效率等。从长期来看,经济增长水平、财政收支水平与行政管理支出规模应呈正相关;而政府职能范围的大小、机构设置的多少以及由此而决定的机关工作人员的多少,直接决定了行政管理支出的使用效率,因此,政府职能范围及其相应的机构设置是决定行政管理支出规模的关键因素。

三、我国的行政管理支出

(一)我国行政管理支出的绝对规模

我国行政管理支出的绝对规模呈现不断上升的趋势。如图5-2所示,我国行政管理支出的绝对规模从1978年的52.9亿元增加到2006年的7 571.05亿元,2006年的行政管理支出总量是1978年的143.12倍。[①] 在2007年以后,2014年的行政管理费规模是2007年的1.57倍(见表5-1)。

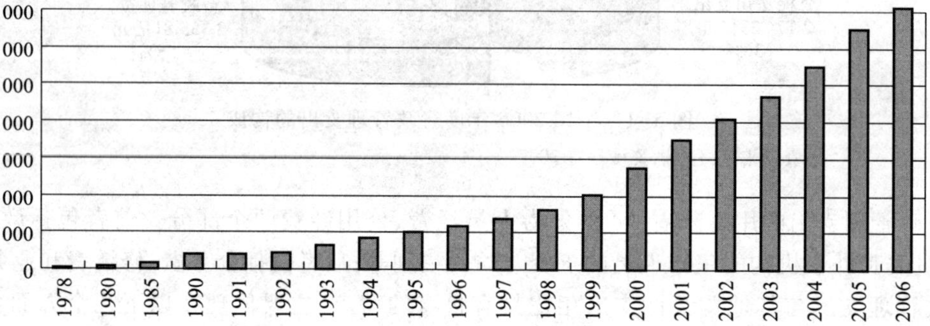

图5-2 我国行政管理支出的绝对规模(1978—2006年,亿元)

资料来源:根据各年份《中国统计年鉴》整理。

表5-1 我国行政管理费支出及与财政支出的比较

年份	行政管理费(亿元)	行政管理费占财政支出比重(%)	行政管理费增速(%)	财政支出增速(%)
1978	49.09	4.37	13.3	33.0
1980	66.79	5.44	16.7	-4.1
1985	130.58	6.52	4.3	17.8
1990	303.10	9.83	15.8	9.2
1995	872.68	12.79	19.6	17.8
2000	1 787.58	11.25	17.2	22.5
2005	4 853.43	14.25	19.1	19.1
2006	5 639.05	13.95	16.6	19.1
2007	8 514.24	17.10	—	23.2
2008	9 795.92	15.65	15.1	25.7
2009	9 164.21	12.01	-6.4	21.9
2010	9 337.16	10.39	1.9	17.8
2011	10 987.78	10.06	17.7	21.6
2012	12 700.46	10.08	15.6	15.3
2013	13 755.13	9.81	8.3	11.3
2014	13 876.21	9.15	0.9	8.2

说明:因政府收支分类改革,2007年前后的行政管理费支出统计口径发生变化,该年前后不具有可比性。

资料来源:根据各年份《中国统计年鉴》整理。

① 2007年,我国全面实施政府收支分类改革,不再按功能性质将财政支出分为经济建设费、社会文教费、国防费和行政管理费,因此,图5-2中2006年以后的行政管理支出没有反映。

（二）我国行政管理支出占财政支出的比重

反映行政管理支出的一个重要的相对指标是行政管理支出占财政支出的比重。如图 5-3 所示,1978—2006 年,我国行政管理支出占财政支出的比重由 1978 年的 4.71% 上升到 2006 年的 18.73%,提高了 14.02 个百分点。在 2007 年以后,行政管理费占财政支出的比重出现下降的趋势,由 2007 年的 17.1% 下降到 2014 年的 9.15%(见表 5-1)。①

改革开放以来,我国行政管理支出的相对扩张速度大致经历五个阶段:

第一阶段是 1978—1990 年,行政管理支出占财政支出的比重表现为迅速提高的趋势。在这一阶段,我国行政管理支出占财政支出的比重由 4.71% 提高到 13.44%,提高了 8.73 个百分点。

第二阶段是 1991—1998 年,行政管理支出占财政支出的比重保持相对稳定。在这一阶段,我国行政管理支出占财政支出的比重最高的年份是 1996 年,为 14.93%;最低的年份是 1991 年,为 12.22%,两者相差 2.71 个百分点,总体保持稳定的态势。

第三阶段是 1999—2004 年,行政管理支出占财政支出的比重表现为稳中有升的趋势。在这一阶段,我国行政管理支出占财政支出的比重由 1999 年的 15.32% 稳步上升到 2004 年 19.38%。

第四阶段是 2005—2006 年,行政管理支出占财政支出的比重表现为稳中有降的趋势。在这一阶段,我国行政管理支出占财政支出的比重由 2005 年 19.19% 下降到 2006 年的 18.73%,表现稳中回落的态势。

第五阶段是 2007 年以后,行政管理费支出占财政支出的比重呈现逐步下降的趋势。

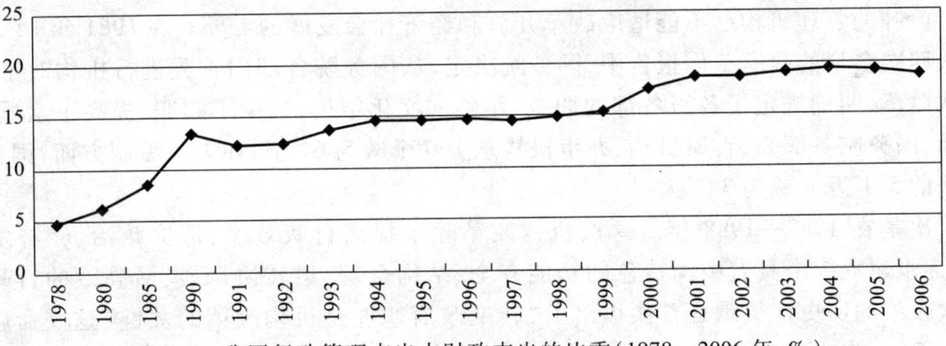

图 5-3　我国行政管理支出占财政支出的比重(1978—2006 年,%)

（三）我国行政管理支出增速与财政支出增速的比较

从我国行政管理支出增速与财政支出增速的比较来看,如图 5-4 所示,在 1991—2006 年的 16 年,我国行政管理支出增速快于财政支出增速的年份有 11 年,其中,2000 年我国行政管理支出的增速快于财政支出增速 16.5 个百分点。在 2007 以后,行政管理费支出增速仅有 2012 年略高于财政支出增速(见表 5-1),其他年份均大大低于财政支出增速。

① 2007 年以后,由于政府收支分类改革,行政管理费支出的统计口径发生变化。因此,表 5-1 和图 5-3 中 2007 年以前数据不为同一统计口径。文中前四个阶段的划分是基于图 5-3 的统计口径。

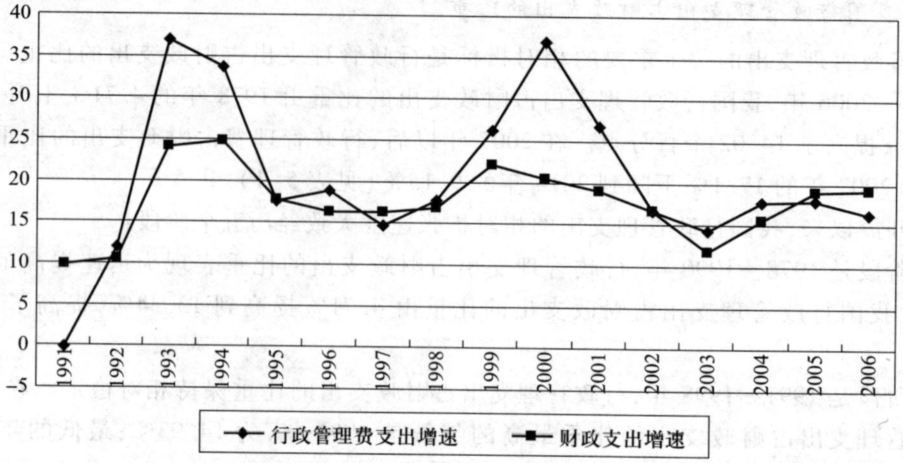

图 5-4　我国行政管理费支出与财政支出增速比较(1991—2006 年,%)

四、我国的行政管理机构改革

从我国行政管理支出的规模分析来看,无论是绝对规模,还是相对规模,我国行政管理支出均表现为不断扩张的趋势。行政管理支出的扩张,一个重要因素是行政管理机构的膨胀。改革开放以来,为压缩不合理的行政管理支出,我国进行了多次行政管理机构改革,其中,大规模的行政管理机构改革主要有六次。

第一次是 1982—1983 年。1981 年,国务院工作部门有 100 个,达到中华人民共和国成立后最高峰。臃肿的管理机构已不能适应改革开放和经济社会发展的需要。在 1981 年 12 月第五届全国人大四次会议的政府工作报告中,国务院决定,从国务院各部门首先进行机构改革,限期完成。这次改革,明确规定了各级各部的职数、年龄和文化结构,减少了副职,提高了素质;在精简机构方面,国务院各部委、直属机构、办事机构从 100 个减为 61 个;在人员编制方面,国务院各部门从原来的 5.1 万人减为 3 万人。

第二次是在 1987—1988 年。这次机构改革除了提高行政效率,适应政治、经济发展需要外,还要逐步建立一个具有中国特色的功能齐全、结构合理、运转协调、灵活高效的行政管理体制。此次改革的历史性贡献是首次提出了"转变政府职能是机构改革的关键"这一命题。改革采取自上而下、先中央政府后地方政府、分步实施的方式进行。改革的结果体现在三个方面:一是对国务院的机构进行了总体格局的调整,强化了综合部门、经济调节部门、监督部门和社会保障部门,适当弱化了专业经济管理部门。国务院常设机构由 72 个减少到 66 个,非常设机构由 75 个减少到 49 个。人员精简达 15.2%。二是按照党政分开的原则,对党中央直属机构进行了改革。将应由政府部门承担的职能移交给政府有关部门,不再设置与国务院职能部门工作重叠的办事机构。改革后,党中央原有直属机构和事业单位由 26 个减少到 22 个。三是地方政府机构改革也取得了一定的进展,试点县、市的机构改革成效显著。

第三次机构改革是 1993—1996 年。1993 年 3 月 22 日,第八届全国人大一次会议审议通过了《关于国务院机构改革方案的决定》。据此,国务院决定,将国务院的直属机构由 19 个调整为 13 个,办事机构由 9 个调整为 5 个。国务院不再设置部委归口管理的国家局,国务院直属事业单位调整为8个。这次改革主要是为了适应经济体制改革的要求而进行的,改革的重点是政企分开、转变职能;改革的范围是从中央到地方的各级政府机构;改革的程序是先中央后地方;改革的目标除了提高效率等外,还规定了具体的精简幅度是20%。

第四次机构改革是1998—2001年。1998年3月10日,第九届全国人大一次会议批准国务院机构改革。此次改革主要是贯彻党的十五大提出的机构改革任务,即按照社会主义市场经济的要求,转变政府职能,进行国有企业所有制改革,把企业生产经营管理的权力确实交给企业,从而在真正意义上完成政企分开的历史任务;根据精简、统一、效能的原则进行机构改革;深化行政体制改革,实现国家机构组织、职能、编制和工作程序的法定化,严格控制机构膨胀,坚决裁减冗员;深化人事制度改革,完善公务员制度;坚持一切政府机关必须依法行政的原则,切实保障公民权利,实行执法责任制和评议考核制。本次改革的目标是,建立办事高效、运转协调、行为规范的政府行政管理体系,完善国家公务员制度,建设高素质的专业化行政管理队伍,逐步建立适应社会主义市场经济体制的有中国特色的政府行政管理体制。通过此次改革,国务院组成部门由原有的40个减少到29个。

第五次机构改革始于2003年。2003年3月10日,第十届全国人大一次会议审议通过了《关于国务院机构改革方案的决定》。据此,国家经贸委、外经贸部不再保留。这次改革进一步推动了政府职能转变,明确提出政府职能应集中于经济调节、市场监管、社会管理和公共服务,建设“行为规范、运转协调、公正透明、廉洁高效”的行政管理体制。通过本次改革,国务院的组成部门除国务院办公厅外有28个;直属特设机构1个,直属机构19个,办事机构4个,直属事业单位14个,由国务院部委管理的国家局10个。

第六次机构改革始于2008年。2008年3月11日,第十一届全国人大一次会议听取了关于国务院机构改革方案的说明。这次国务院改革涉及调整变动的机构共15个,正部级机构减少4个。改革后,除国务院办公厅外,国务院组成部门设置27个。

根据政府机构改革与相对应的行政支出进行对比可以发现:每一次改革的当年或前一年(这取决于改革是在年初还是年底进行)必然是行政支出增长率上升最快的几年之一;而每一次改革的当年或后一年则必然是行政支出增长率下降最快的几年之一。显然,这证明了行政支出总量与政府职能范围之间的内在联系。

综观改革开放以来的历次行政机构改革,可以发现我国的行政机构改革始终未能走出“精简—膨胀—再精简—再膨胀”的循环。每一次精简都是在行政机构过度膨胀,以致引发财政困难、效率低下、与经济发展不适应甚至公众广泛不满的情况下进行的,但由于政治体制改革和法制建设仍然滞后,这种由政府推动的自上而下的改革方式,在实际操作中面临着较多阻力,以致改革不久又回到原有的膨胀轨道上来。

第三节 国防支出

一、国防支出的内涵与特点

国防支出是国家用于国防建设、国防科技事业、军队正规化建设和民兵建设方面的军事支出。为了实现国防现代化,防御外来侵略,保卫民族独立、安全和领土主权完整,国防支出是必不可少的。国防支出与行政管理支出一样,也属于政府购买性支出。从国防支出所提供的产品属性来考察,具有典型的非排他性和非竞争性,属于纯公共产品,必须由政府来提供。当然,国防支出的规模会受到国际环境的影响,一般说来,战争状态下国防支出自然会多些。和平时期,就应当控制国防支出,致力于发展经济和社会文化事业。

各国国防支出的分类虽然不尽相同,但是都可以划分为维持费和投资费两大部分。前者主要用于维持军队的稳定和日常活动,提高军队的战备能力,是国防建设的重要物质基础,内容主要包括军事人员经费、军事活动维持费、武器装备维修保养费及教育训练费等。后者主要用于提高军队的武器装备水平,是增强军队战斗力的重要保证,主要有武器装备的研制费、采购费、军事工程建设费和国土防空费等几个项目。在我国,国防支出主要用于国防建设、国防科研事业、军队正规化建设和民兵建设等方面。我国国防支出的主要内容有国防费(如部队生活费、装备购置和维护管理费、军事行动作战费、部队训练和教育费等)、国防科研事业费、民兵建设费(含民兵事业费、民兵装备购置费)以及专项工程经费等。

如果按兵种划分,国防支出又可以分为国防部支出、战略部队支出、陆军支出、海军支出、空军支出、武警部队支出和预备役支出、后备役支出。

二、国防支出的影响因素

一国的国防支出规模与同一个时期的国际形势和该国的国防政策直接相关。国防支出根据国际和国内形势的变化而变化。一般而言,和平时期国防支出趋减,战争时期国防支出骤增。

从理论上说,一国可以首先确定所需的军事打击力量规模;其次为此制订军事措施计划;再次为执行各个计划项目拟定各种可以替代的实施方案,对各个方案的成本效益进行分析比较,选定成本最小而效益最大的方案;最后根据被选定的方案所需资金,编制国防支出的预算。这样一种制度一般称为"计划—方案—预算",最早由美、英等国在第二次世界大战期间使用。

"计划—方案—顶算"制度可以广泛运用于军费预算上:①可用于重大军事行动的资源配置。例如,面对核战争或常规战争、面对全面战争或局部战争,如何安排支出最有效率。②战役安排上,可用于进行军事配置。如选择作战武器、军事基地、作战人员、供应通道、通信联络系统等。③用于安排各种武器和军事工程的研究和发展。比较这三种用途,前两种受不确定因素影响较大,因而只能预算出约数,最后一种则可较精确地实行。尽管这一制度尚有缺陷,但它毕竟为制定国防预算提供了若干可以遵循的规则。

从世界各国国防支出的实际情况看,影响国防支出的主要因素有以下几个方面:

(一)国家制度与对内对外政策

国防支出是与国家制度密切相关的,不同的国家制度将产生不同的对外政策,特别是因此而形成的全球战略是影响一国国防力量配置的重要因素。如美国是十分重视本国在全球利益的资本主义国家,因而也是国防支出最高的国家。而我国奉行和平共处、互不干涉内政的对外政策,我国的国防支出必然是以保卫国家安全、实现有效防御作为确定国防预算的基本依据。

(二)国家经济实力

在正常情况下,一国经济发展水平的高低,是确定国防支出的物质基础,只有经济快速发展,才能支撑国防现代化,建立起巩固的国防。缺乏经济的支撑,任何国家都难以维持国防的长期稳固。因此,每一个国家在安排国防支出时都不能以牺牲本国经济应有的发展要求为前提。在资源有限的条件下,兼顾经济发展与国防建设是安排国防支出的一个重要原则。

(三)国际环境

国际环境的变化对国家安全将产生潜在的影响,适应复杂的国际环境,确定必要的国防军事对策,对每一个主权国家都有极为重要的战略意义。在国际环境恶化并存在战争威胁时,一国国防支出可能大幅度增长;反之,国际环境较为平静时,国防支出可能因此而压缩。但是,一个国家对国际环境的估计,往往并不是对短期局势的理解,而是建立在长期国际环境可能变化的基础上,是通过分析其他国家或地区在国际社会中的经济力量、军事力量及在国际事务中所起的影响和地位的变化来估计当前和未来的国际环境,从而决定本国的国防战略对策,并以此作为确定一定时期内的国防支出的依据之一。如美国在第二次世界大战后曾经确立的国防战略中就包括防止苏联势力在欧洲与中东扩张,防止中国的影响在亚洲扩大,拦阻苏联或中国在这些地区使用武力,排除德国和日本建立强大军事力量的可能性,增进美国在外国的经济利益等。正是对国际环境的这些认识,形成了美国从20世纪50年代以来高居不下的国防支出。

(四)国防军事现代化的压力

现代科学技术的飞速发展,正从根本上改变着各国国防力量的对比关系,实现国防现代化是当代各国建立巩固国防的客观要求。实现这一目标,不仅需要增加对国防科学研究的投入,还必须通过大量的投入来改善和提高国防常规力量和战略力量的现代化装备水平;同时,由于现代科技的研究与发展是一个长期的过程,只要国际社会存在不安全因素,国防现代化对一国财政支出的压力就难以减轻。只有通过国际社会的共同努力,实现国际社会的和平与安定,限制、进而逐步销毁核武器,才可能减轻国家的国防压力,将更多的资源用于促进人类社会的进步和发展。

三、国防支出的发展趋势

第二次世界大战以后,世界各国的国防支出发展变化呈现出以下三个特点。

(一)国防支出的绝对数额不断增长,而相对额有所下降

第二次世界大战以后,国防支出不断增长是世界各国的共同特征。1960—1980年,美国、日本、苏联、英国、法国、联邦德国等国家的国防支出均呈线性增长趋势。我国国防支出除1966年、1971年和1979年三个高峰外,总的发展趋势也大体呈线性增长变化。进入20世纪80年代,世界国防支出有增无减,1981年世界国防支出总额为6 500亿美元,1990年增加到11 000亿美元,1991年大约为16 000亿美元,年平均增长率为6%(约450亿美元),大大高于同期世界国民生产总值的增长速度。

造成世界国防支出不断增长的主要原因:一是第二次世界大战后以美、苏为首的北约、华约两大军事集团的军备竞赛。20世纪80年代美、苏进行了多轮军备控制谈判,华约和苏联又相继解体,国际形势趋于缓和,但紧张局势的根源并未完全消除,局部战争仍然连绵不断,此起彼伏。战后40多年来,人们十分关注的世界大战由于种种因素的制约一直没有发生,而局部战争却发生了150多次。二是由于新技术革命的影响,技术更新换代的周期越来越短,各国为了在未来战场上取得优势,纷纷投入巨额资金,竞相开发先进技术。三是新技术革命的发展,使武器装备

价格水平不断提高。如美国在第二次世界大战期间建造一艘航空母舰的成本为9 500万—11 500万美元,而20世纪50年代建造的“企业”号航空母舰的成本已达4.44亿美元。20世纪50年代美国一架轰炸机造价为74万美元,而20世纪90年代一架轰炸机成本已超过6 800万美元。第二次世界大战期间,美国一辆坦克价格为7万美元,现在一辆主战坦克价格高达250万美元。美国一个陆军师在第二次世界大战时期的装备费用为1 900万美元,到20世纪60年代则上升到1.11亿美元。

(二)国防支出中投资费的比重不断提高

当今世界,新技术革命的发展在军事上产生了深刻的影响,导致军队技术构成日益提高。单从机械化程度来看,第一次世界大战时平均每个士兵使用的机械能力为0.3~0.4匹马力,第二次世界大战时为15~20匹马力,现在为60~100匹马力。军队技术构成的提高,使国防支出不断增加,同时也改变了国防支出的结构。

如前所述,国防支出可以分为维持费和投资费两大部分,其中主要是军事人员费及武器装备的研制和采购费。不断提高武器装备的研制和采购费,适当降低军事人员费用,已成为各国国防支出发展的共同趋势。例如,从1972年到1985年的13年中,美国国防支出中军事人员费平均每年递增0.18%,而武器装备的研制费则平均每年递增4.92%,采购费平均每年递增6.65%。美国从1975年到1986年,军事人员费占国防支出的比重由36.4%下降到25.5%,武器装备研制费的比重则从10.4%上升到12%,武器装备采购费的比重由18.7%上升到29.1%。

(三)军民结合是国防支出的发展方向

科学技术的军民两用性,决定了经济建设和国防建设有必然的联系。国防支出的经济效益,即军事技术的开发对社会经济的推动作用,日益受到人们的重视。许多国家为了提高国防支出的经济效益,在国防投资上都走上了军民结合的道路。

美国从第一颗原子弹爆炸成功,到原子能发电,经过了几十年时间。“人造卫星计划”实现以后,从军用到民用的时间就大大缩短了。而“阿波罗登月计划”和“航天飞机计划”从试制阶段就是军民结合型的。20世纪80年代开始的“星球大战计划”看起来是一个军事计划,实质上是包括经济、技术在内的一个寓民于军的美国国家长远发展计划。现在美国90%的军工企业都是军品、民品双重产品结构。苏联也十分重视发展军民结合型的国防,其国防工业的民品从20世纪70年代初占国防工业总产品的40%,上升到20世纪80年代的70%左右。法国20世纪80年代提出的“尤里卡”计划则是一个军民结合、寓军于民的欧洲共同体的长远发展计划,旨在联合各国政府和私人企业的全部力量,促进欧洲尖端科技的发展。

中华人民共和国成立60多年来,由于国防科技工业的发展一直是从临战要求出发,所以形成了两个突出的特点:一是建立了一个单一军品生产、只军不民的国防工业系统;二是建立了一个自我封闭发展,与国民经济发展脱节的国防科技系统。这就是我国长期以来国防支出经济效益不好的根本原因。我国军工技术已达到能够研制和生产成系列的常规武器和包括导弹、核武器在内的许多尖端武器的水平,而民用品的生产却是另外一番景象,许多20世纪50年代的设备仍在使用,生产工艺十分落后。军用技术没有及时转为民用。我国1954年试制出第一架国产战斗机,但直到20世纪80年代中期才生产出民用飞机;我国1964年爆炸了第一颗原子弹,但直到20世纪80年代末才建立起第一座核电站;我国是世界上第三个能独立发射人造地球卫星的国家,但在民用卫星发展上才刚刚进入实用阶段。如此长的转向周期,极大地降低了国防支出的经济效益。

改革开放以来,按照"军民结合、平战结合、军品优先、以民养军"的十六字方针,军工企业开始发展民用品生产,同时,开展了军工技术向民用转移的工作,迈出了我国国防建设可喜的一步。

四、我国的国防支出

我国始终奉行防御性的国防政策,立足于打赢现代技术特别是高技术条件下的局部战争,注重遏制战争的爆发,坚持和发展人民战争思想。中国国防的基本目标和任务是:制止分裂,促进统一,防备和抵抗侵略,捍卫国家主权、领土完整和海洋权益;维护国家发展利益,促进经济社会全面、协调、可持续发展,不断增强综合国力;坚持国防建设与经济建设协调发展的方针。建立符合中国国防和适应世界军事发展趋势的现代化国防,提高信息化条件下的防卫作战能力;保障人民群众的政治、经济、文化权益,严厉打击各种犯罪活动,保持正常社会秩序和社会稳定;奉行独立自主的和平外交政策,坚持互信、互利、平等、协作的新安全观,争取较长时期的良好国际环境和周边环境。

我国一贯注重合理的国防费规模,依据国家财力可能,在综合平衡的前提下适当安排国防费用,保障重点,合理使用,厉行节约,提高效益,用有限的经费维持国防建设的最低需要。改革开放以来,我国坚持国防建设服从和服务于国家经济建设的大局,对国防支出做了较大幅度的调整和压缩,严格控制国防支出。如表5-2所示,我国国防支出的相对规模基本呈现不断下降的趋势,由1978的14.96%下降到2014年5.46%。我国国防费增长的比例远远低于财政收入的增长。

表5-2　中国国防支出的规模(1978—2014年)

年份	财政支出(亿元)	国防支出(亿元)	国防支出占财政支出的比重(%)	年份	财政支出(亿元)	国防支出(亿元)	国防支出占财政支出的比重(%)
1978	1 122.09	167.84	14.96	2005	33 930.28	2 474.96	7.29
1980	1 228.83	193.84	15.77	2006	40 422.73	2 979.38	7.37
1985	2 004.25	191.53	9.56	2007	49 781.35	3 554.91	7.14
1990	3 083.59	290.31	9.41	2008	62 592.66	4 178.76	6.68
1995	6 823.72	636.72	9.33	2009	76 299.93	4 951.10	6.49
2000	15 886.50	1 207.54	7.60	2010	89 874.16	5 333.37	5.93
2001	18 902.58	1 442.04	7.63	2011	109 247.79	6 027.91	5.52
2002	22 053.15	1 707.78	7.74	2012	125 952.97	6 691.92	5.31
2003	24 649.95	1 907.87	7.74	2013	140 212.10	7 410.62	5.29
2004	28 486.89	2 200.01	7.72	2014	151 785.56	8 289.51	5.46

资料来源:根据相应年份的《中国统计年鉴》整理。

五、国防支出的国际比较

国防支出的水平表明一个国家对其所受到威胁的性质及程度的认识。但由于国防支出对经济有巨大的影响,所以有时候即使不存在实质的威胁,某些利益集团也会鼓吹加大国防支出,借此来获取额外的经济利益。

20世纪80年代世界各国国防支出占国民生产总值的比重平均为6%,其中发达国家这个比重为4%左右。如美国、日本、联邦德国、法国、英国的国防支出占其国民生产总值的比重分别为4.9%、1.0%、2.7%、2.8%、4.6%。国防支出在国家财政支出中占有较高比重的国家一般也是发展中国家。例如,1982年,伊朗、以色列和索马里三国的国防支出在国家财政支出中所占比重分别高达46.9%、44.6%、40%。而同期美国、日本、联邦德国、法国、英国的这个比重分别为23.3%、4.7%、22.2%、18%和10.7%。

中国国防费占国内生产总值的比重和占财政预算支出的比重与其他国家相比,特别是与一些大国相比,均处于较低的水平。以2007年为例,美国国防费占GDP比重为4.6%,占财政预算支出的比重为16.6%,英国分别为3%和6.9%,法国分别为2%和13.5%,俄罗斯分别为2.63%和15.1%,印度分别为2.5%和14.1%。而中国国防费占GDP的比重仅为1.4%,占财政预算支出的比重仅为7.14%。①

本章小结

财政购买性支出是政府为了交换其所需商品和劳务而发生的支出。从支出的特征来看,财政购买性支出是基本性支出、公共性支出和管理性支出。财政购买性支出应遵循社会利益、量入为出、最小费用和花钱买效果的原则。

从政府在日常行政活动以及履行公共职能中的投入责任来看,行政管理支出和国防支出属于纯财政性支出。

行政管理支出是国家财政用于国家各级权力机关、行政管理机关、司法检察机关和外事机构行使其职能所需的费用支出。影响行政管理支出总量的主要因素有经济增长水平、财政收支出水平、物价水平、政府职能范围及相应的机构设置、行政经费的使用效率等。从我国行政管理支出的规模分析来看,无论是绝对规模,还是相对规模,我国行政管理支出均表现为不断扩张的趋势。行政管理支出的扩张,一个重要因素是行政管理机构的膨胀。改革开放以来,为压缩不合理的行政管理支出,我国进行了多次行政管理机构改革,其中,大规模的行政管理机构改革主要有六次,但从改革的效果来看,我国的行政机构改革始终未能走出"精简—膨胀—再精简—再膨胀"的循环。

国防支出是国家用于国防建设、国防科技事业、军队正规化建设和民兵建设等方面的军事支出。各国国防支出的分类虽然不尽相同,但是都可以划分为维持费和投资费两大部分。一国的国防支出规模与同一个时期的国际形势和该国的国防政策直接相关。第二次世界大战以后,世界各国的国防支出发展变化呈现出三个特点:国防支出的绝对数额不断增长,而相对额有所下降;国防支出中投资费的比重不断提高;军民结合是国防支出的发展方向。中国国防支出的总体水平在世界上相对较低。改革开放以来,中国国防支出的绝对量虽然保持了增长的趋势,但从国防支出占财政支出的比重来看,中国国防支出的相对规模基本呈现不断下降的趋势。

---

① 中国国防费所占比重与其他大国相比处较低水平. 中央政府门户网站,2008-03-04.

复习思考题

一、名词解释

财政购买性支出　行政管理支出　国防支出

二、问答题

1. 简述财政购买性支出的特点。
2. 简述财政购买性支出应遵循的原则。
3. 简述行政管理支出的特点。
4. 行政管理支出的影响因素有哪些?
5. 分析改革开放以来我国的行政管理支出规模的变化及原因。
6. 影响国防支出的主要因素有哪些?
7. 简述第二次世界大战以后世界各国的国防支出发展变化的特点。

即测即评

第六章

财政购买性支出(下)

教科文卫支出、农业支出、基础设施与基础产业支出一方面可以给私人部门带来内在收益，另一方面又会产生外部收益。因此，对于该类产品与服务的供给成本，如果全部由私人部门来承担，必将出现供给不足，而对该类产品与服务所产生外部效益的部分，通过财政投入来补偿其成本，则有助于该类产品与服务的供给达到社会福利最大化。

本章在上一章的基础上，继续分析财政购买性支出中的教科文卫支出、农业支出、基础设施与基础产业支出。这三类支出一方面具有财政购买性支出的一般特点，另一方面因财政在其中所承担的责任不同于行政管理支出和国防支出，因此，将这三类支出称为财政购买性支出中的补偿性支出。

第一节　教科文卫支出

一、教科文卫支出的内涵与性质

教科文卫支出是财政用于教育、科技、文化、卫生、体育及广播电台、电影、电视等各种社会事业支出的总称。通常指用于社会事业部门的事业费，一般由事业单位的职工工资、各种性质的公务费、科学研究经费及必要的修缮费和设备购置费等组成。这类支出是国家为提高国民素质，满足社会共同需要，实现社会经济的长期发展所进行的财政再分配。

由于教科文卫支出在短期内并不体现出对社会经济发展的直接作用，因而长期以来将其视为社会消费支出，并主要由财政支出来保证。但是，随着教科文卫支出对社会经济发展作用的日益增强，使教科文卫支出也体现出非社会消费性的一面。其中，科学研究支出和教育支出对社会生产力的发展起着重要的基础保证作用。在现代社会中，许多国家、经济组织甚至个人都将对社会教育的支出视为一种投资，这种投资与其他的生产性投资有其共同之处，即都以取得未来的发展和收益为投资的目的之一，从这个意义上看，科学教育支出即具有了生产性的特征。文化卫生支出对经济的影响虽然是以提高国民的精神文明程度和身体素质为基本目的，但也能对劳动者综合素质的提高起到有效的促进作用，从而对社会经济的发展产生积极影响。因此，从社会进步和国家经济的长期发展来考虑，教科文卫支出并非纯粹的社会消费性支出，更不能将其与国防支出、行政支出视为完全等同的社会消费。如果从所提供的产品角度来看，国防、行政主要提供的是典型的公共产品，而教科文卫支出提供的主要是介于公共产品与私人产品之间的混合产品。因而，财政在国防、行政支出与教科文卫支出中应体现相应的差别。

二、教科文卫支出的资金来源

（一）教育文化支出的资金来源

从实际生活中教育文化的特征看，它不是纯粹的公共物品，而是混合物品。教育文化消费利益具有明显的内在化特征。人享受教育的程度越高，对社会、人类做出的贡献就可能越大，其社会地位、经济收入及其相关待遇等也会逐步提高。

教育分为基础教育和高等教育。根据基础教育和高等教育的具体特征，基础教育关系一个国家和民族的素质与发展，应属纯粹公共物品，应由政府投资；高等教育则属混合产品，其经费应在受益主体之间进行合理分摊，即应由家庭和社会（政府）来共同负担，社会负担的比例则取决于高等教育外部效益的大小。

随着我国的社会经济发展，我国教育支出来源日益多元化，形成以国家财政投入为主（见表6-1），社会团体和个人办学支出、各类捐赠和集资、家庭支出为辅的教育投入格局。

表 6-1　我国教育支出及财政性教育支出情况

年份	教育支出（亿元）	教育支出占GDP比例（%）	财政性教育支出（亿元）	财政性教育支出占教育支出之比（%）
1995	1 877.95	3.21	1 411.52	75.16
2000	3 849.08	4.31	2 562.61	66.58
2001	4 637.66	4.77	3 057.01	65.92
2002	5 480.03	5.21	3 491.40	63.71
2003	6 208.27	5.29	3 850.62	62.02
2004	7 242.60	4.53	4 465.86	61.66
2005	8 418.84	4.60	5 161.08	61.30
2006	9 815.31	4.65	6 348.36	64.88
2007	12 148.07	4.72	8 280.21	68.16
2008	14 500.74	4.82	10 449.63	72.06
2009	16 502.74	4.84	12 231.09	74.12
2010	19 561.85	4.87	14 670.17	74.99
2011	23 869.29	5.04	18 586.70	77.87
2012	27 695.97	5.33	22 236.23	80.29
2013	30 364.72	5.34	24 488.22	80.65
2014	32 806.46	5.16	26 420.58	80.53
2015	34 535.36	5.27	27 517.03	79.68

资料来源：根据相应年份《中国统计年鉴》整理。

专栏 6-1 教育投入的经费保障

教育投入是支撑国家长远发展的基础性、战略性投资,是教育事业的物质基础,是公共财政的重要职能。要健全以政府投入为主、多渠道筹集教育经费的体制,大幅度增加教育投入。

各级政府要优化财政支出结构,统筹各项收入,把教育作为财政支出重点领域予以优先保障。严格按照教育法律法规规定,年初预算和预算执行中的超收收入分配都要体现法定增长要求,保证教育财政拨款增长明显高于财政经常性收入增长,并使按在校学生人数平均的教育费用逐步增长,保证教师工资和学生人均公用经费逐步增长。提高国家财政性教育经费支出占国内生产总值比例,2012 年达到 4%。

社会投入是教育投入的重要组成部分。充分调动全社会办教育积极性,扩大社会资源进入教育途径,多渠道增加教育投入。完善非义务教育培养成本分担机制,根据经济发展状况、培养成本和群众承受能力,调整学费标准。完善捐赠教育激励机制,落实个人教育公益性捐赠支出在所得税税前扣除规定。

完善投入机制。进一步明确各级政府提供公共教育服务职责,完善各级教育经费投入机制,保障学校办学经费的稳定来源和增长。各地根据国家办学条件基本标准和教育教学基本需要,制定并逐步提高区域内各级学校学生人均经费基本标准和学生人均财政拨款基本标准。

义务教育全面纳入财政保障范围,实行国务院和地方各级人民政府根据职责共同负担,省、自治区、直辖市人民政府负责统筹落实的投入体制。非义务教育实行以政府投入为主、受教育者合理分担、其他多种渠道筹措经费的投入机制。

资料来源:《国家中长期教育改革和发展规划纲要(2010—2020 年)》。

(二)科学研究支出的资金来源

科学研究一般分为基础科学研究和应用科研。基础科研对科学进步和发展起基础制约性作用,但研究期限长、风险大、投资大,且不易通过市场交换来衡量和弥补,其经费应由政府出资;而应用科学研究,相比而言,容易出成果,也易通过市场交换过程弥补其科研经费从而实现利润。近年来,我国进行科研体制改革,能市场化的、该市场化的应用科学研究尽快实行市场化,一方面调动科研人员的积极性;另一方面节约财政支出,推进实现产研一体化。同时,确保提供基础科学研究经费和国家重点科研攻关项目和技术的资金供应。

世界各国都非常重视科学技术的发展,不断调整科技政策和发展战略,促进科技事业的发展。在我国科技支出的结构安排中,科技三项费用(新产品试制费、中间试验费、重要科学研究补助费)一直是我国财政科技支出安排的重点。从我国科技支出的规模看(见表 6-2),科技支出占财政支出的比重和占 GDP 的比重一直维持在较低的水平。2000—2015 年,科技支出占财政支出的比重由 3.62% 降低到 3.56%,科技支出占 GDP 的比重由 0.64% 略微上升到 0.93%。可见,加大科技支出的财政支持力度,发挥财政在促进科技兴国的功能方面,仍然存在较大的空间。

表 6-2 我国财政用于科学研究支出情况统计　　单位:亿元

年份	科研支出(亿元)	科研支出占财政支出之比(%)	科研支出占 GDP 之比(%)
2000	575.62	3.62	0.64
2001	703.26	3.72	0.73

续表

年份	科研支出(亿元)	科研支出占财政支出之比(%)	科研支出占 GDP 之比(%)
2002	816.22	3.70	0.75
2003	975.54	3.96	0.83
2004	1 095.34	3.85	0.69
2005	1 334.91	3.93	0.73
2006	1 688.50	4.18	0.80
2007	1 783.04	3.58	0.69
2008	2 129.21	3.40	0.71
2009	2 744.52	3.60	0.81
2010	3 250.18	3.62	0.81
2011	3 828.02	3.50	0.81
2012	4 452.63	3.54	0.86
2013	5 084.30	3.63	0.89
2014	5 254.00	3.46	0.83
2015	7 123.55	3.56	0.93

资料来源:根据相应年份《中国统计年鉴》整理。

(三) 卫生支出的经费来源

实现人人享有卫生保健,提高全民族健康素质是社会主义建设的重要目标,是人民生活质量改善的标志,是社会主义精神文明的重要内容,是社会和经济发展的保障。

卫生包括医疗和卫生,两者在经济性质上有区别。医疗服务,可由政府提供,也可由私人提供。医疗消费具有利益内在化的特征,与高等教育一样属于混合产品。世界上实行公费医疗的国家都普遍存在医疗资源严重浪费的问题。卫生服务由于其具有很强的外溢性、非排他性和不可分割性特征,只能由政府提供。

随着我国居民生活水平的提高及居民对生活质量的追求,我国卫生总费用呈现出不断增加的趋势,卫生总费用的来源构成也发生了变化,形成政府支出、社会支出和个人支出三方共担格局,但仍然以政府预算卫生支出为主体。尽管如此,从我国卫生支出的财政投入的国际比较看,仍然处于较低水平。

三、教科文卫支出的管理

在增加财政支出、确保各项事业发展的同时,必须加强教科文卫支出的管理,才能提高财政资金的使用效果。

(1) 根据公共需要的层次,划分各类支出的性质,明确财政支出的范围,解决财政职能的越位和缺位问题。集中力量把该做的事情做好,不该包揽的事情要让出去,由非政府部门承担,各负其责。

(2) 推行定额管理,改进资金分配方式。过去对教科文卫支出一直使用"基数加增长法"。该方法的缺点是不够科学,造成经费分配不公和效率不高。

(3) 多方式发展事业,多渠道筹集资金。改变财政只注重对教科文卫部门拨款的监督,而忽现对其他资金的管理,造成预算内外资金两张皮,滋生浪费和腐败。应将所有收入统一纳入预算,统一管理、统一核算,实行收支统管,建立全面反映事业单位收支的财务管理体系。

第二节　财政支农支出

一、财政支农支出的内涵与农业支出的特点

为了改善农业生产条件,提高农业综合生产能力,政府要加强对农业的支持力度,这不仅是由农业自身的特点决定的,也是促进整个国民经济健康持续发展的需要。

财政支农支出应主要在农业生产中的市场失灵领域,重点投向有利于改善农业生产条件的农业基础设施建设、农业生态环境建设,以及有利于改造传统农业的农业科研与科技推广领域。为此,财政支农资金应主要向农村水利建设、农村道路、农村绿化、水土保持和防护林建设倾斜;扶持农业科研单位开展农业科学研究,推动新品种和新技术的开发;增加农业技术推广和新型农民培训的投入。

从发达国家的发展经验来看,尽管农业产值占这些国家的国民生产总值的比重不大,但都从未放松对农业的支持。究其原因,主要由农业支出的特点所决定的。

第一,农业支出风险大,尤其是面临着不可预测的自然风险。农业是国民经济的基础,但其生产的特殊性决定了它又是承受风险较大的产业。一方面,农业要为人们提供食品及生活用品等。另一方面,在工业化初期阶段,农业还要为工业提供包括资金、劳动力在内的要素积累,对经济的发展起支撑和促进作用。但农业生产是自然再生产和经济再生产交织的过程,受自然条件和动植物生产发育规律影响大,一旦发生自然灾害或大面积病虫害对动植物的侵袭,农业生产就会受到损害,严重者造成饥荒、疾病、战乱等诸多社会问题。

第二,农业支出比较效益低、回收期长。农业生产周期长,农产品需求弹性小,资金周转慢,比较效益低。农产品的国内需求量一般稳定在一定水平并随着人口的增加和人们生活水平的提高而保持一定幅度的增加,但增幅缓慢。如果生产量过大,就会出现农产品价格下跌,农民增产不增收。同时,由于农业生产周期长,投资规模大,资金周转慢,比较效益低,容易造成农业中的资金、耕地、劳动力等要素向效益好、见效快的非农产业转移,导致农业发展滞后、经济发展失衡、社会分配不公、人们生活水平下降、贫富差距拉大等问题。

第三,农业支出应在不同的受益主体之间进行合理的分摊。农业支出不仅可以为农户家庭带来私人效益,也可以带来生态效益和产业效益等诸多社会效益,因此,从产品属性考察,农业支出应归为“准公共产品”的支出。显然,农业支出完全由政府承担或完全由农户家庭承担都是不合理的,而必须根据成本与受益相匹配的原则在不同受益主体之间进行合理的分摊。唯有如此,才能使农业支出达到适宜的规模。

图 6-1 描绘了农业支出完全由农户家庭承担所导致的效率损失。图 6-1 中,MPB、MEB、MSB 分别为农业支出所产生的农户家庭边际私人效益、边际外部效益和边际社会效益,且假定 MEB 保持不变,其中,$MSB=MPB+MEB$。MC 为边际成本。

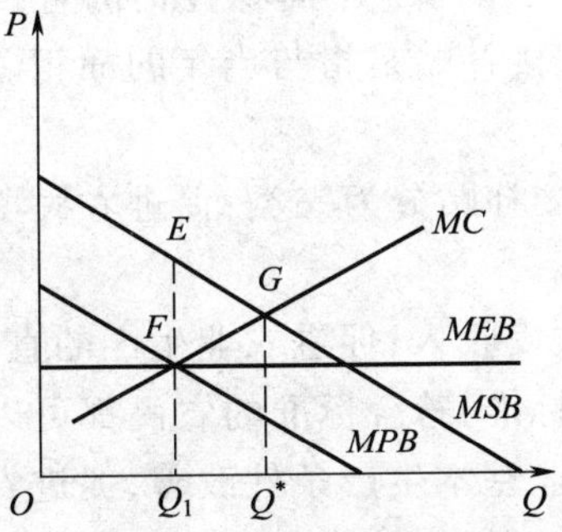

图 6-1　完全由农户家庭承担的效率损失

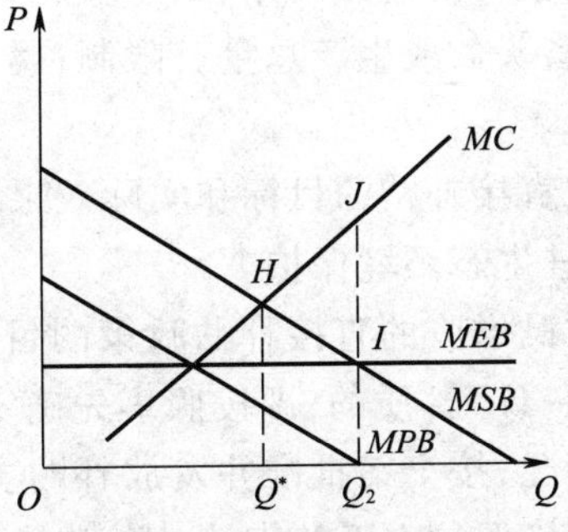

图 6-2　完全由政府承担的效率损失

在农业支出完全由农户家庭承担的情况下,支出量为 Q_1。而根据 $MSB=MC$ 的效率原则,适宜供给量为 Q^*。显然,由农户家庭独自承担全部成本,必然导致农业投入不足,产生效率损失。效率损失的大小为图 6-1 中三角形 EFG 的面积。

图 6-2 描绘了农业支出完全由政府承担所导致的效率损失。由于成本完全由政府承担,对农户家庭而言,投入成本为零。因此,根据农户家庭边际私人效益 MPB 等于边际私人成本(此处为 0)的原则,农业支出的供给量为 Q_2。而根据社会边际效益 MSB 等于社会边际成本 MC 的效率原则,适宜供给量为 Q^*。可见,由政府完全承担农业支出的全部成本,必然导致资源配置过度,产生效率损失。效率损失的大小为图 6-2 中三角形 HIJ 的面积。

由此可见,农业支出既不能完全由农户家庭承担,也不能完全由政府承担,而应在不同的受益主体之间进行合理分摊。

二、财政支农的方式选择

世界上许多国家都对农业的发展给予大量的支持。按实施方式和操作方法,财政支农的方式可以分为市场政策、直接补贴、政府公益服务、基础设施建设等。①

(一) 市场政策

市场政策主要是指政府通过保护性收购价格政策,来抬高农产品收购价格,使得农产品价格保持在市场均衡价格的水平上。这种政策有双重效果:一是保护了农民的收入,防止了由于市场价格下降而造成农民收入下降;二是促进了生产,因为较高的价格刺激了农民的生产积极性。

国家财政用于这类政策的支出主要表现在:收购资金及利息、储藏费用、储藏损失与品质下降损失、购销价格倒挂损失等。按照世界贸易组织的规则,这类政策属于黄箱政策,因为实行这类政策使得农产品价格偏离市场均衡价格,对市场具有直接的扭曲作用。因此,属于世界贸易组织谈判中要限制和削减的对象。

(二) 直接补贴政策

直接补贴有各种不同的类型。从不同的角度,可以有不同的分类。按世界贸易组织的规则,分为黄箱政策、蓝箱政策和绿箱政策三类。属于黄箱政策的直接补贴是指与当年面积、产量

① 财政部农业司、农业部农研中心. 形式各异的财政支农方法. 中国财经报,2006-12-07.

或者价格相挂钩的直接补贴;属于蓝箱政策的直接补贴是指与当年面积挂钩的直接补贴,但是对面积、牲畜头数或生产总量有限制;属于绿箱政策的直接补贴是指与当年的面积、产量或者价格无关。

如果按直接补贴的目标和实际效果看,也可以将直接补贴分为三类:促进农民增收、促进农业生产、促进生态环境保护。

促进农民增收的直接补贴政策的目的是直接增加农民收入;促进农业生产的直接补贴政策属于"一事一议"性质的,即按照事先确定的补贴规则和标准,符合标准的农民都可以申请,然后根据具体情况,按个案批准并发放补贴。目的是促进农业基本生产条件改善,促进农业现代化;促进生态环境保护方面的直接补贴政策是按照保护生态环境的需要,对农民提出一些农业生产或者工程建筑方面的要求,然后给予直接补贴。这类补贴,也同促进生产方面的直接补贴一样,需要个案申报、审查批准。如果农民不参加有关的生态环境保护计划,也就没有资格获得补贴。我国现在实行的对种粮农民的直接补贴和综合补贴,均属于第一种形式的直接补贴;而我国的农机具购买补贴,则属于第二种形式的直接补贴;退耕还林补贴,属于第三种直接补贴。

(三) 政府公益服务

政府在农业方面的公益服务包括农业科研、农业推广咨询服务、培训服务、动植物疫病防治、农产品检验与质量控制、市场促销与认证服务等。政府用于这些领域中的财政支出,主要有两个方面:一是支付从事这些活动的人员工资;二是进行这些活动的业务费用。通过提供这些政府公益服务,主要是提高农业的生产效率,降低农民的生产成本,确保农产品的质量安全等。按照世界贸易组织的规则,政府在这些方面的财政支出,对市场没有直接的扭曲影响,因此属于绿箱政策,不受约束,不需要进行削减。

(四) 基础设施建设

基础设施建设主要是指利用国家财政资金直接投资进行项目建设,服务于农村区域生产和农村居民生活。农村电力、农村道路、农村饮水系统、农村燃气系统、农村电信电视系统、水库、大中型灌渠等,都属于这类措施。但一些农田和农场建设措施,如农田平整治理、田间道路、农场建筑等,则不属于这类措施,因为政府并不会对这些建设进行直接投资,而只是给予一定的扶持,包括投资补助或者优惠贷款,属于广义的直接补贴措施。按照世界贸易组织的规则,这些方面的财政支出属于绿箱政策,也没有限制要求和削减要求。

三、中华人民共和国成立后财政支农政策的历史演变

中华人民共和国成立后,我国财政支农政策随着整个社会经济发展,经历了一个不断演变的过程,大体上可以划分为五个阶段。

第一阶段(1949—1957年)。这一时期是社会主义改造时期,农业是国民经济的主导产业,当时国家财力还比较薄弱,为了稳固新生的政权,国家逐步对农产品实行统购统销以保证推进工业化。财政对农业的支持主要是安排少量的资金支持恢复农业生产,从农业上取得的财政收入要远远大于财政对农业的投入。

第二阶段(1958—1978年)。社会主义改造完成,人民公社"一大二公"制度的确立,国家开始实行高度集中的计划经济体制。尽管这一时期,国家财政安排了一部分资金支持人民公社改

善农业生产条件,发展农业生产,但统购派购制度的实行使工农业成品的贸易环境向着工业严重倾斜。工农产品价格“剪刀差”使国家从农业中积累了相当数量的资金用于工业化。据测算,到1978年,国家从农业中汲取的积累大约在6 000亿元。农业为中国的工业化做出了巨大的贡献。相对而言,财政对农业的投入非常小。但由于组织制度所具有的政治动员力量,这一时期,采取的大规模兴修水利和农田基本建设,在一定程度上对提高农业生产力积累了一定的基础。

第三阶段(1979—1993年)。1978年,中国的改革首先从农村拉开序幕。家庭承包经营极大地调动了农民的积极性,解放了被长久桎梏的生产力。同时,为了改变工农业交换不平等的状况,增加农民收入,国家大幅度地提高了农产品收购价格。国家财政用于农业的投入也大幅度增加,财政高度集中的统收统支管理体制被财政包干体制所替代,中央财政和地方财政在支农方面的侧重点各有不同。其中,最典型的就是按照当时的财政体制,将用于农业基础设施建设的小型农田水利资金包干给地方。这一时期是现行财政支农政策的形成时期,资金渠道多,政策覆盖范围广,涉及农业农村发展的许多领域。

第四阶段(1994—2002年)。这一阶段是我国确立社会主义市场经济体制改革目标并付诸实施的重要历史阶段。从财政改革来说,一是1994年以分税制为核心的财政管理体制改革。二是从1998年起实施积极的财政政策。三是从2000年起财政支出改革、税费改革和公共财政框架的构建。这些改革推动了与社会主义市场经济相适应的现代财税制度逐步形成。这一时期,财政支农投入逐步增加,在继续支持农业基础设施建设、农业科技进步、农业抗灾救灾、农村扶贫开发的同时,加大了对生态建设的支持,加大了对农村改革特别是农村税费改革的支持。

第五阶段(2003年至今)。2003年是具有里程碑意义的一年。党中央在提出“统筹城乡发展”解决三农问题的基础上,进一步提出全面、协调、可持续的科学发展观,并要求全党把解决“三农”问题作为一切工作的重中之重。财政支农方面,除了已有的政策继续执行并加大力度外,一是提出并开始实施公共财政覆盖农村政策,新增教育、卫生、文化支出主要用于农村,同时在基本建设投资包括国债资金方面加大了对农村公共基础设施建设的投入。二是改变财政支农方式,对农民实行直接补贴。三是改革农业税制,取消农业特产税,进行农业税减免试点,以至逐步取消农业税。

经过多年的演变、调整,一个适应社会主义市场经济体制和农业农村发展形势的,以支持粮食生产、促进农民增收、加强生态建设、推进农村改革、加快农村教育卫生文化发展等政策为主要内容的财政支持“三农”政策框架体系已经显现。

特别是2003年以后,我国财政支持“三农”政策开始实现战略性转变。第一,确立了“公共财政阳光要逐步照耀农村”的指导思想。这既是打破传统公共财政资源配置格局的前奏,也是公共财政理论建设和实践方面的重大创新。第二,财政支持“三农”支出结构的调整、支出方式的转变及财政支持范围的拓宽体现了“五个统筹发展”的要求。把促进农民增收与支持农业基础设施建设、生态建设和公益事业发展结合起来,既抓住了解决“三农”问题的主要矛盾,又体现了“统筹农村经济社会发展、人与自然和谐发展”的精神;把财政支持和农民直接受益结合起来,既初步理顺了国家与农民的经济利益分配关系,又体现了财政支持“三农”“以人为本”的精神;把支持农业农村经济发展与加大支持农村劳动力转移和农村社会事业发展力度结合起来,既减少农民,加快工业化、城市化进程,又体现了“统筹城乡发展、区域协调发展”的精神。所有这些都不仅有利于促进“三农”问题的有效解决,而且将有力地推动农村全面小康社会建设。

四、我国财政支农支出的现状分析

根据我国的统计口径，我国财政支农支出主要包括农业基本建设、农业科技三项费用、农业科研、支援农村生产、农业综合开发、农林水气等部门事业费、农产品流通补贴、农业生产资料补贴、财政扶贫和农业税收减免等各项支出。改革开放以来，我国的财政支农支出如表 6-3、表 6-4 所示。

表 6-3　我国财政用于农业支出的范围统计（1978—2006 年）

年份	合　计	农村生产和各项农业事业费（亿元）	农业基本建设支出（亿元）	农业科技三项费用（亿元）	农村救济费（亿元）	其他（亿元）	财政农业支出占财政支出的比重（%）
1978	150.66	76.95	51.14	1.06	6.88	14.63	13.43
1980	149.95	82.12	48.59	1.31	7.26	10.67	12.20
1985	153.62	101.04	37.73	1.95	12.90		7.66
1990	307.84	221.76	66.71	3.11	16.26		9.98
1991	347.57	243.55	75.49	2.93	25.60		10.26
1992	376.02	269.04	85.00	3.00	18.98		10.05
1993	440.45	323.42	95.00	3.00	19.03		9.49
1994	532.98	399.70	107.00	3.00	23.28		9.20
1995	574.93	430.22	110.00	3.00	31.71		8.43
1996	700.43	510.07	141.51	4.94	43.91		8.82
1997	766.39	560.77	159.78	5.48	40.36		8.30
1998	1 154.76	626.02	460.70	9.14	58.90		10.69
1999	1 085.76	677.46	357.00	9.13	42.17		8.23
2000	1 231.54	766.89	414.46	9.78	40,41		7.75
2001	1 456.73	917.96	480.81	10.28	47.68		7.71
2002	1 580.76	1 102.70	423.80	9.88	44.38		7.17
2003	1 754.45	1 134.86	527.36	12.43	79.80		7.12
2004	2 337.63	1 693.79	542.36	15.61	85.87		9.67
2005	2 450.31	1 792.40	512.63	19.90	125.38		7.22
2006	3 172.97	2 161.35	504.28	21.42	182.04	303.88	7.85

注：①从 1998 年起，农业基本建设支出项包括增发国债安排的支出。②其他项包括新型农村合作医疗和补助村民委员会支出等。③因 2007 年以后财政支农统计口径发生变化，不具有前后的可比性，故 2007 年后数据没有列示。

资料来源：根据《中国统计年鉴 2007》相关数据整理。

表 6-4　我国国家财政用于农业的支出情况表

年份	财政农业支出（亿元）	财政农业支出占财政支出的比重（%）	年份	财政农业支出（亿元）	财政农业支出占财政支出的比重（%）
2000	1 231.54	7.75	2008	4 544.01	7.26
2001	1 456.73	7.71	2009	6 720.41	8.81
2002	1 580.76	7.17	2010	8 129.58	9.05
2003	1 754.45	7.12	2011	9 937.55	9.10
2004	2 337.63	8.21	2012	11 973.88	9.51
2005	2 450.31	7.22	2013	13 349.55	9.52
2006	3 172.97	7.85	2014	14 002.00	9.23
2007	3 404.70	6.84	2015	17 242.00	9.80

资料来源：根据相应年份《中国统计年鉴》整理。

从我国财政支农支出的现状来看,主要存在以下问题:

(1)政府财政支农资金投入总量不足。虽然从绝对量来看(见表6-3和表6-4,下同),我国财政支农支出在1978年至2006年的29年间由150.66亿元增加到3 172.97亿元,增长了20倍,到2015年,财政支农规模进一步达到17 242亿元;但从相对量来看,财政支农支出占我国财政支出总量的比例却由1978年的13.43%下降到2015年的9.8%,降低了3.63个百分点。从我国改革开放以来的财政支出结构安排来看,在我国财政支出的安排中,过多的经济建设支出、膨胀的行政管理支出已严重挤占了财政支农支出应有的份额与地位,危及作为一国国民经济基础产业——农业的功能。

(2)政府支农资金投入结构不合理。[①] 根据1978年至2003年的资料,在过去的财政支农结构安排中,能促进农业可持续发展的支农支出项目比重偏低,而短期内缓解农业生产困境和维持性的投入所占比重较大,这种安排固然与财政支农支出资金短缺有关,但其直接后果却是财政支农的长效机制难以确立,确保农业的可持续发展、粮食稳定增长和农民收入持续增加的农业综合生产能力低下。

在我国财政支农中,首先,用于支援农村生产支出和各项农业事业费占财政支农的大部分(见图6-3),其中最高的年份是1994年,该项支出占财政支农总量的74.99%,最低的年份1978年也达到了51.08%。近年来,这部分则基本维持在财政支农总量的2/3左右。而该项支出中的农业事业费又主要是人员经费,真正的用于事业发展的经费少,甚至人员经费挤占建设和发展性支出。以1999年为例,农业事业费356.6亿元中的工资性支出占60%以上。在1998年至2001年,由于人员工资上涨等原因,在全国财政支农的支出结构中,农林水气等部门事业费支出的比重逐年增长,由28%提高到36.7%。其次,从国家财政用于农业基本建设的投入看,对农业的可持续发展具有重要影响的农业基本建设支出占财政支农的比重平均不到1/3(见图6-4),最低的年份1988年仅为18.53%。虽然图6-4中显示在1998年该项支出占财政支农总量的比重有大幅度的增加,比上一年度1997年的20.85%增加了近10个百分点,但这主要是因为国债投入的增加。以1998—2001年为例,国家累计安排农口国债资金1 897亿元,占同期国债投资总规模的28.7%。而从长期来看,国债规模的增长是不可持续的。总体来说,由于农业基本建设资金不足,农村基础设施供给短缺,降低了我国农业抵御自然风险的能力,最终使得农业综合生产能力难以提高。再次,从我国过去财政支农用于农业科技的投入来看(见图6-4),不但比重过低(最高的年份1984年也只有1.54%),而且在20世纪80年代中期以后,还有减少的趋势。增加农产品的科技含量,提高农产品的附加值,加强现代科学技术向农业领域的渗透,是提高农业生产力、加快传统农业向现代农业转变的关键所在,然而这些都离不开加大对农业的科技投入。显而易见,我国财政用于农业科技投入的不足制约了农业综合生产能力的提高,使得农民收入的持续增加难以维继。

(3)政府财政支农资金管理体制不完善,资金使用效果不理想。一是财政支农投入高度依赖中央政府,中央政府和地方政府之间农业投入职责划分不清,地方政府对农业的投入严重不足,地方财政农业支出比重呈逐年下降趋势。以1991年至2000年为例。1991年地方财政支农

① 章辉. 我国财政支农对农业综合生产能力影响的实证分析. 技术经济,2006(5):104-108.

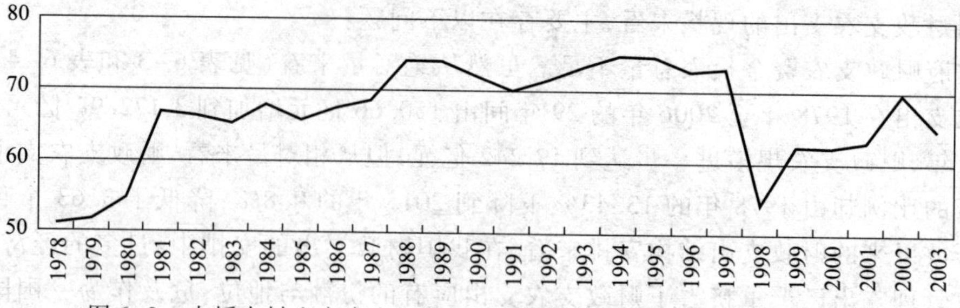

图 6-3　支援农村生产支出和各项农业事业费占财政支农的比重(%)

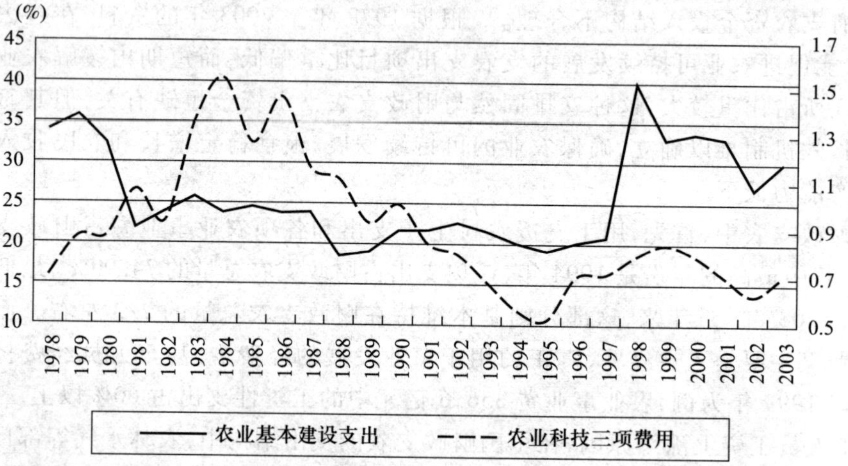

图 6-4　农业基本建设支出和农业科技三项费用占财政支农的比重

支出比例为 9.6%,1995 年为 7.9%,到 2000 年下降为 6.6%。农业和农村经济发展既是中央政府的事权,也是地方政府的事权。什么项目应由中央政府投资,什么项目应由地方政府投资,对此没有明确的界定。这种体制增加了资金安排使用过程中的随意性,地方政府想方设法把支农职责压在中央一级。二是财政农业支出实行分块管理,部门分割严重,有限的资金不能形成合力。目前政府对农业的投入渠道较多,农业财政支出分部门管理。这种管理模式存在的问题是,不同渠道的投资在使用方向、实施范围、建设内容、项目安排等方面有相当程度的重复和交叉,但由于分属不同部门管理,因而不同程度地存在条块分割、相互之间协调不够、重复投入等问题。这种体制造成了政府各部门之间职责不清,政出多门,多头管理,力量分散,不利于统一监督、管理和协调,不能形成合力。三是政府财政支农资金使用监督机制落后,资金使用效果差。目前,政府投资的农业项目实行按投资额度确定权限,审批手续繁杂、程序较多。项目审批制度化、公开化、科学化不够,存在一定的盲目性和随意性。财政支农工作的主要内容往往是分资金、下指标,重资金分配、轻资金管理。农业项目的管理存在诸多漏洞,使得很多项目的实施效果较差。①

① 韩俊,谢扬．建立政府财政支农资金投入稳定增长机制．中国经济时报,2003-06-05.

第三节 基础设施与基础产业支出

基础设施与基础产业支出作为财政购买性支出,所购买的对象主要是工程,目的是提高未来的生产能力与社会福利水平。又由于该类产品具有外部性,如道路、桥梁码头、水利设施、污染治理、环保工程等,私人部门缺乏投资的积极性,因此,应由政府投资或由政府给予适当补贴的方式筹集资金。

一、基础设施与基础产业支出的内涵与特点

基础设施与基础产业是支撑一国经济运行的基础部门,它决定着工业、农业、商业等生产活动的发展水平。一国的基础设施与基础产业越发达,该国的国民经济运行就越顺畅,人民生活也越便利。

从内涵上理解,基础设施属于狭义的基础产业,包括交通运输、机场、港口、桥梁、通信、水利和城市供水、供电、供气、供热等公共设施。广义的基础产业,除了上述基础设施外,还包括基础工业,如能源工业、基本原材料工业,以及一些提供无形产品和服务的部门,如科技、文化教育、医疗卫生部门等。因此,基础设施与基础产业支出就是用于上述投资项目的支出。

基础设施与基础产业支出具有不同于其他产业支出的特点,主要表现为以下几个方面:

(一)服务性

基础设施与基础产业项目一般不生产物质产品,而是为人民的物质和文化生活提供社会性服务。政府或其他机构兴办社会事业项目的目的,是满足社会物质文化生活需要和提高人民的素质与生活质量,不以盈利为主要目的。这是基础设施与基础产业项目区别于其他生产性项目的主要特征之一。

(二)公共性

基础设施与基础产业项目一经建成,即为全体人民共同享用,如公园、医院、体育设施、博物馆、文化馆和影剧院建成后向所有公民开放,使全体人民在享有休闲、就医和活动使用的同时,起到增长知识、陶冶情操和提高文化艺术修养的目的。

(三)适应性

基础设施与基础产业项目的建设必须与社会生产力的发展水平相适应,其建设规模和标准应根据不同地区、城镇生产力发展水平和人民生活水平的实际状况进行统筹安排,同时在可能的条件下,应尽量满足社会不同层次和不同服务对象的需要,以适合不同社会阶层的要求,为全体人民提供方便、周全的服务。

(四)配套件

基础设施与基础产业项目是一种公益性项目,是为生产性建设提供社会服务的,并能适应生产性建设的需要和发展,因此,应从属于整个社会生产力的发展水平,并与生产建设项目配套建设、同步发展。

(五)规划性

基础设施与基础产业项目一般是在一定的时间和空间范围内,依据国民经济和社会发展总

体规划,按部门和地区进行统一规划,根据轻重缓急的原则进行统一建设。

(六)非界限性

基础设施与基础产业项目建设具有部门界限的非限定性,它们涉及财政、农、林、水、交通、能源、环保等许多部门的协作和配合,尤其是一些重大基础性的投资项目。因此项目管理机构不能按某个部门的隶属关系一成不变地设置,而应根据项目建设的需要进行调整设置。同时也要求项目管理人员具有多方面的知识和才能。

二、基础设施与基础产业支出的筹资①

基础设施与基础产业支出的资金来源,根据渠道不同可以分为政府财政投资、国内资本市场筹资、引进外资、项目融资等方式。

(一)政府财政投资

政府财政投资是指以政府为投资主体,将一部分财政收入(主要是税收收入)投入到基础产业与基础设施的建设和运营过程。

政府财政投资的优点是:能够借助国家强制手段为基础设施与基础产业筹集资金,在一定程度上保证事关国民经济全局和长远意义的重点项目。

政府财政投资的局限性则体现在:一是受国家财力的制约。特别是发展中国家,经济发展落后,税收基础薄弱,而经济发展对基础设施的需求巨大,单纯以这种方式筹集建设资金很难保证需要。二是以财政资金,主要是税收收入投资基础产业与基础设施难以保证公平原则。因为某些基础设施的受益范围有限、受益程度不等,以税收形式筹集资金,使那些没有享受此项目或受益较小的人要支付同样的成本,不符合公平原则。三是以财政资金投资基础设施与基础产业易导致资金使用低效率,特别是当政府监管不力时。

在确定基础设施与基础产业支出的财政资金筹集时,首先要明确中央政府与地方政府应在该项支出中承担的责任。一般而言,划分中央政府与地方政府在公共投资中的责任可以依照两个原则:①受益原则。该原则要求按基础设施与基础产业支出的受益范围来划分中央与地方政府的投入责任。对于受益范围遍及全国或跨区域的基础设施与基础产业支出,宜由中央政府承担投入责任;对于受益范围局限于某个地区的基础设施与基础产业支出,则宜由地方政府承担投入责任。②比较效率原则。一项基础设施与基础产业支出,如果由中央政府负责,效率要高于地方政府,则宜由中央政府负责;反之,则宜由地方政府负责。

根据受益原则和比较效率原则,对于不同类型的基础设施与基础产业支出,中央财政应该承担的责任包括:①能源、交通运输、邮电通信等全国性公益设施;②关系国计民生的重大建设项目投资,如基础工业、高新技术产业等重点产业投资;③具有外部效益的跨区域受益的基础设施与基础产业支出;④为稳定国民经济平稳协调发展而进行的投资。

相应地,地方财政应该承担的责任包括:①投资兴建辖区内的基础设施与基础产业;②地方性文化教育、社会治安、卫生保健、就业培训等投资;③与其他地区合作举办的跨区域的基础设施与基础产业支出。

---

① 蒋洪. 财政学. 2版. 高等教育出版社,2004:211-212.

(二) 国内资本市场筹资

资本市场筹资,即通过发行有价证券吸引民间资本进入基础设施与基础产业建设。在国家财力不足、居民储蓄充裕的情况下,这一筹资方式尤为适用。

(三) 引进外资

引进外资不仅能够弥补国内资金的不足,而且可以引进先进的技术和管理方法,提高基础设施与基础产业的建设与运用效率。引进外资首先要创造有利于外资进入与经营的环境,不仅包括政权的稳定、宏观经济的平稳,而且包括货币兑换的难易程度、法律规章制度的可预见性和一致性。其次,也要注意防范外资带来的风险,加强对外资的监管。

(四) 项目融资

项目融资是为某个特定项目安排的融资。项目融资在一定程度上实现了所有权的多元化和经营运作的市场化,常见的运作方式包括 BOT 方式、TOT 方式、ABS 方式和 PPP 方式。

1. BOT 方式

BOT(build-operate-transfer)方式,即建设—经营—移交,是指某私人投资者或国际财团以政府给予的特许权为基础,融资建设某基础设施项目,并在规定的时期内经营该设施,回收投资并获得利润,期满后将设施移交给政府部门或其他公营机构。BOT 融资方式的实质是将国家的基础设施建设和经营管理民营化,其对我国基础设施建设有明显的促进作用。首先,政府可以利用 BOT 方式吸引大量的社会闲散资金和国外资金,减轻财政负担;其次,通过 BOT 融资方式,政府可将公营机构建设项目的风险转移到民营机构方面,避免基础设施建设中普遍存在的投资失控现象;最后,BOT 融资方式可在基础设施项目管理中引进先进的方法和手段,提高项目建设质量并加快建设进度,从而以更低的服务价格使社会公众受益。

2. TOT 方式

TOT(transfer-operate-transfer)方式,即移交—经营—移交,是指需要融入资金的公营机构,把已经投产运行的基础设施项目(公路、桥梁、电站等)的特许权移交给私营机构经营,私营机构凭借项目在未来若干年内的现金流量,一次性地付给公营机构一笔资金,用于建设新的项目。项目经营期满,私营机构再把设施移交回原公营机构。TOT 模式的投资者在获得特许权后可直接经营项目,而 BOT 模式的投资者要经过建设阶段才能进入运营阶段。TOT 融资模式使得公营机构在项目建成后可迅速回收投资,有利于扩大基础设施融资规模,提高基础设施开发效率。此外,由于项目已进行过一段时间的运营,TOT 方式对于投资者来说,既消除了前期费用负担,避免了项目开发建设阶段复杂的审批程序,如征地拆迁、城市规划等,又减少了运营期风险,因而对民间资本具有较大的吸引力。

3. ABS 方式

ABS(asset-backed securitization)方式,即资产证券化。从广义上讲,资产证券化可分为一级证券化和二级证券化。所谓一级证券化,就是在证券化的初始阶段,在资本市场和货币市场通过发行证券融资的过程,即借款者通过资本市场和货币市场的直接融资过程,其所使用的金融工具包括商业票据、企业债券和发行股票。所谓“二级证券化”,是在资本市场上将已经存在的贷款和应收账款等转化为可流动的转让工具的过程,也就是我们通常所说的资产证券化。具体来讲,资产证券化是一种利用项目所属的资产为支撑的证券化,即以项目所拥有的资产为基础,以项目资产可以带来的预期收益为保证,通过在资本市场发行债券来募集资金的一种项目融资方式。具体做法是:将贷款形式的资产转让给具有巨大经济实力的投资方,该投资方承担债务的还贷责任,然后再依托这些资产发行债券,筹集资金进行新的项目建设。

4. PPP 方式

PPP(public-private partnership)方式,即公共部门和私人企业合作模式,是指政府、营利性企业和非营利性企业基于某个项目而形成的相互合作模式。通过这种合作形式,合作双方可以达到与单独行动相比更为有利的结果。合作方参与某个项目时,政府并不是把项目的责任全部转移给私人企业,而是由参与合作的各方共同承担责任和融资风险。

三、基础设施与基础产业支出的管理

(一)基础设施与基础产业支出的前期管理

基础设施与基础产业支出的前期管理主要包括投资项目的可行性研究和项目设计两个方面。基础设施与基础产业支出的前期管理对项目能否达到既定目标、项目建设的成功与否具有决定性的作用。

1. 项目可行性研究

项目可行性研究是在项目建设前期对投资项目的一种考察和鉴定,对拟投资的项目进行全面的、综合的技术经济调查研究,其目的是判断它是可行还是不可行;是确定要建设这个项目还是要放弃它。基础设施与基础产业支出项目的可行性研究一般要回答以下问题:①本项目在技术上是否可行;②经济上是否有生命力;③财务上是否有利可图;④需要多少投资;⑤投资建设该项目需要多少时间。

基础设施与基础产业支出项目可行性研究的步骤包括:

第一步:开始阶段。要讨论研究的范围,限定研究的界限及明确投资的目标。

第二步:包括实地调查及技术经济研究。市场需求、价格、工业结构和市场竞争将决定市场机会。同时,原材料和燃料、工艺、运输、人力和外围工程又影响适当的工艺技术的选择。所有这些方面都是互相影响和关联的,但是每个方面都要分别评价。

第三步:选优阶段。将项目的不同方面设计成可供选择的方案,从中选择最优的方案。

第四步:对选出的方案估算投资费用、经营费用和收益,并做出项目的经济分析和评价。为了达到既定目标,可行性研究必须论证合理的不可预见费用(如包括实施中的通货膨胀费、外汇汇率所引起的费用变化等)。经济和财务分析必须说明项目在经济上是可接受的,资金是可以筹措到的。敏感性分析则用来论证成本、价格或工程进度等发生变化时可能给项目的经济效益带来的影响。

第五步:编制可行性研究报告。对于不同的项目,其内容和结构常常存在特定的要求,编制可行性研究报告的承担者对于这些必须有明确的了解。

第六步:编制资金筹措计划。项目的资金筹措计划在比较方案时已做过详细考察,但是其中的一些关于项目资金的问题常常会在评审可行性研究报告时提出来,实施中的期限和条件的改变也会导致资金的改变,这些都应根据可行性研究报告中的财务分析做相应的调整。在此阶段的末尾,要做出最终决策,以便项目可根据协议的实施进度及预算进行。

2. 项目设计

基础设施与基础产业支出项目设计是把投资项目的设想具体化。只有进行项目设计之后,才能进行项目的经济分析工作。在整个项目管理工作中,项目设计处于承上启下的地位,起着十分重要的作用。基础设施与基础产业支出项目设计主要包括投资估算分析、资金筹措规划、建设项目选优等环节。

(1) 投资估算分析。项目投资总额包括基建投资和流动资金两部分。基建投资包括:建筑工程费用(包括永久性和临时性建筑物和构筑物)、场地平整和绿化费用、设备购置和安装工程费用以及其他费用。流动资金包括生产领域的流动资金(储备资金和生产资金)和流通领域的流动资金(结算资金和货币资金)。流动资金按其管理方式可分为定额流动资金(储备资金、生产资金)和非定额流动资金(结算资金和货币资金)。

(2) 资金筹措规划。资金是实施项目的基本条件。资金不足、资金到位不及时或资金到位率不高是许多建设项目不能按计划实施的重要原因。改革开放以来,基础设施与基础产业支出项目所需资金来源也由过去单一的财政拨款发展到资金来源渠道多元化。资金筹措规划就是对项目资金的需要量、来源渠道进行调查分析,结合项目实施进度及工作量计算出分年度的资金需要量。

(3) 建设项目选优。项目选择是一个很复杂的工作,涉及的问题也很多,必须用系统分析方法全面、动态、综合考虑,定性分析与定量分析相结合,集中各方面的专家、学者、实际工作者的经验和智慧才能得出正确的结论。

项目选择的方法很多,如社会成本效益分析法、系统分析法、层次决策法、交叉影响矩阵法、模糊数学法、灰色系统法等。这里主要讲述社会成本效益分析法。

社会成本效益分析法是先为单个支出工程或项目选定若干方案,然后对每个方案可能发生的成本费用和收益报酬进行对比分析,从中挑出最佳方案并做出相应的投资决策。

由于项目的投资活动往往要持续若干年才能完成,其投入和收益也将延续若干年,因而需要将今后发生的支出和收入折算为现值,即将收入和支出乘以折现系数。折现系数是个小于1的数值。对于一年之后的支付或收入来说,其折现系数等于 $\frac{1}{1+r}$(r 代表利息率);两年后的折现系数为 $\frac{1}{(1+r)(1+r)}=\frac{1}{(1+r)^2}$;…;以此类推,则 n 年后支付或收入的折现系数为 $\frac{1}{(1+r)^n}$。在分别将该支出项目的各种方案在各年内折现的支付额或收入额加总之后,就得出各方案的总成本或总收益,从而可以判断各方案的优劣,然后对该项目做出支出决策。

如果某一投资方案在第 t 年的净收益(收入减成本)为 R_t,r 为利息率,则该方案在第 t 年的净收益现值为 $\frac{R_t}{(1+r)^t}$;如果该方案预定项目的持续时间为 n 年,则净收益总现值为:

$$\frac{R_0}{(1+r)^0}+\frac{R_1}{(1+r)^1}+\frac{R_2}{(1+r)^2}+\cdots+\frac{R_n}{(1+R)^n}=\sum_{t=0}^{n}\frac{R_t}{(1+R)^t}\ (t=0,1,2,\cdots,n)$$

由于公共支出的成本效益分析不仅要考虑项目本身的成本和收益,还应考虑项目的社会成本和社会效益。为此,公共项目的确定,就不能只考虑项目的直接净收益,还要考虑社会净收益,并且后者应是政府做出投资决策的基本依据。

社会成本效益分析的公式是:

$$B_i = \sum_{t=0}^{n} \frac{b_i(t) - c_i(t)}{(1+r)^t} - k_i \quad (t=0,1,2,\cdots,n)$$

式中:i 为若干备选项目的第 i 项;

B_i 为某一预算约束下项目 i 可能产生的净收益总值;

$b_i(t)$ 为项目 i 在第 t 年产生的收益;

t 为项目建造和投入使用的第 t 年;

$c_i(t)$ 为项目 i 在第 t 年支付的成本;

k_i 为项目 i 最初的资本投入。

除了上述净收益指标外,社会成本效益分析也可以采用其他指标,诸如成本效益比率指标。所谓成本效益比率,是将不同的项目或方案的成本与收益折算成现值,计算出成本现值与收益现值的比率,然后按比率的大小做出投资决策,通常该比率必须大于 1 才是可行的。成本效益比率的计算公式是:

$$\frac{B_i}{C_i} = \frac{\sum_{t=0}^{n} \frac{b_i(t)}{(1+r)^t}}{\left[\sum_{t=0}^{n} \frac{c_i(t)}{(1+r)^t}\right] - k_i} \quad (t=0,1,2,\cdots,n)$$

然而,在进行公共投资项目的成本效益分析时,困难不在于项目的直接成本和收益,而在于其间接成本和收益。因为前者往往可以依据市场价格计算出成本和收益,而后者常常缺乏相关市场价格,也难以用货币计量,如大型水库的建造引起的生态和环境变化所产生的成本和收益。为此,可以采取若干办法去解决这些困难,譬如高速公路的建造,其间接收益中就可以将节省的交通时间和减少伤亡等,依据小时工资率与医疗费、保险赔偿费,换算成货币量加以计算。

(二)基础设施与基础产业支出的实施管理

基础设施与基础产业支出项目的实施(项目执行)是指从投入建设开始到项目建成为止的项目建设全过程。这一阶段的管理不同于项目准备(可行性研究)和评估,具有强烈的实践性。

1. 项目计划管理

项目计划是在原有项目文件(项目可行性研究报告、评估报告等)的基础上,根据项目执行时的实际情况确定的具体行动方案。计划管理就是制订计划并付诸实施,即根据项目计划来组织、指导、协调和控制项目建设过程中各方面的行动,使之遵循计划预定的方向达到项目目标。因此,计划是项目管理各部门的基础,是项目管理的中心环节。

2. 项目监测管理

项目监测就是及时收集项目执行过程中的有关投入、产出、进度等方面的信息,并且与计划目标相比较,其作用在于发现项目执行过程中可能或已经出现的问题,以便及时采取措施,解决问题,保证项目按计划顺利实施,最终达到预定的项目目标。

对于较小的项目,项目管理人员就在项目中,问题容易发现。而对于跨地区、跨部门的大型或特大型项目,或者涉及若干部门和行业的复杂项目,或者涉及十几年乃至几十年的项目,或者包括复杂的制度建立的项目就需要有一个专门的监测系统以保持对项目的执行和运行进行监测,发现问题及时报告有关部门或上级领导部门,以便采取措施进行处理和解决,保证项目顺利、及时地建设实施。

3. 项目考核管理

项目考核是根据项目监测的资料数据对项目建设实际执行情况的分析和考察。其又称为执行中评价,即对项目实施过程中的评价。项目考核的重点、内容和指标都应与项目监测相对应,以便项目管理工作的连续性、一致性和系统性。项目考核的内容主要有以下几个方面:

(1) 建设进度考核。建设进度考核就是按照统计报表等资料所反映的实际投资完成额及各单项工程开、竣工日期和投资构成等内容,检查项目计划执行情况。只要项目建设能够按月、季和年度全面完成计划,整个建设工程按期或提前完成就有了保证。

(2) 建设资金使用效果考核。资金使用效果考核的目的是检查分析项目资金来源是否正当,资金运用是否符合国家财政信贷制度规定,是否符合贷款协定规定,使用是否合理,是否注意了提高资金周转效率。通过考核,可以减少资金的不合理占用,保证项目顺利建设。

一般而言,建设资金使用效果考核可以通过以下几个指标来衡量。

第一,建设资金使用效率。为了解本年或累计投入的资金有多少完成了基建投资额,可以通过计算基建投资完成额占基建投资总额的比重来衡量。

$$资金使用率=\frac{本期(或本年累计)基建投资完成额}{本期(或本年累计)资金支用数}\times 100\%$$

一般来说,建设资金使用率越高,资金使用效果越好。但是,对于一个建设项目来说,在建设初期,资金使用效率低一些是正常的,到建设后期,资金使用效率一般较高。

第二,固定资产交付使用率。为了了解在完成的基建投资额中有多少形成了交付使用的财产,可通过计算交付使用固定资产占同期基建投资完成额的比重来衡量。

$$固定资产交付使用率=\frac{本期(或累计)交付使用固定资产}{本期(或累计)基建投资完成额}\times 100\%$$

固定资产交付使用率一般也是建设初期比例较低,建设后期比例较高。

第三,期末在建工程率。此指标用以考核在完成的基建投资额中,有多少停留于在建工程阶段。

$$在建工程率=\frac{在建工程量}{基建投资完成额}\times 100\%$$

一般来说,在建工程少,说明在建工程占用的资金少,投资效果好。就一个项目来说,本期在建工程率与资产交付使用率此消彼长。考核在建工程是否合理,除了按在建工程率考核外,还可以用在建工程的期初和期末数作比较,看在建工程量是上升还是下降。如果上升,要分析原因,提出改进措施。

第四,项目建设成本率。为了了解投入的资金有多少构成了建设成本,可以通过计算建设成本占总投资支用数的比重来衡量。

$$建设成本率=\frac{建设成本累计}{基建投资累计支用数}\times 100\%$$

一般来说,建设成本率高,资金使用效果较好。

(三) 基础设施与基础产业支出的评价管理

按照项目执行评价的各个阶段,基础设施与基础产业支出项目评价可以分为三种形式:中期评价、总结评价和效果评价。

1. 中期评价

项目中期评价一般是在项目执行到中期时进行评价。因为在这个时期,项目的主要建设内容都已进行到一定程度,项目已开始产生效益,并且也已有了初始的反应。这时便可对项目进行中期评价。项目中期评价的内容包括:

(1) 项目的组织管理能力、项目工作人员的工作能力、和其他组织之间的关系。

(2) 物资的采购情况。

(3) 项目产生效益的数量和质量。

(4) 项目开始执行后,项目环境发生的变化。

(5) 统计项目的投入和产出,用财务和经济分析方法计算项目的净现值和内部收益率等经济指标。

评价的主要依据是可行性研究报告、项目评估报告、贷款协定和项目设计等项目文件。将以上内容和项目文件的有关规定相比较,如果发现问题应及时采取措施纠正,保证项目顺利完成。

2. 总结评价

总结评价即项目完成报告。它是对项目的成果进行一次比较全面的总结。其主要目的是检查项目周期中的执行效益和项目的投资效益,从中吸取经验教训,为以后改进项目准备、评估、监督和管理创造条件,使今后的公共投资项目管理能在更高的层次上进行,能取得更好的投资效果。

项目总结评价要编写项目完成报告。其基本要求是对项目周期中的各种实际资料进行分析,确定在项目评估阶段做出的预测和判断是否准确,项目完成后应从中吸取哪些经验教训以及对项目前景的展望。

3. 效果评价

效果评价是在项目结束后数年内对项目的效果进行深入的研究。这是因为许多项目的效果要在项目结束若干年后才能真正完全表现出来,在项目结束时效果并不明显,可是随着时间的推移会越来越显示项目的效果。

四、改革开放以来我国的基础设施与基础产业建设[①]

改革开放以来,我国基础产业和基础设施建设得到明显加强,对经济、社会发展的支撑能力大大提高。农业、能源、原材料供给能力迈上新台阶,交通运输、邮电通信形成了纵横交错覆盖全国的网络体系,水利环境、教育文化卫生体育设施显著加强,西气东输、南水北调、退耕还林等一大批重大项目建设顺利完成或向前推进。

(一) 1978—1989 年:起步阶段

改革开放初期,我国经济、社会百废待兴,全社会投资规模较小,虽大部分投资都用于基础产业和基础设施建设,但基础产业和基础设施仍十分薄弱。为改变这一状况,1979—1989 年的 11 年,国家利用有限资金加大了对重点行业的投入,基础产业和基础设施基本建设累计完成投资 5 479 亿元,年均增长 10.7%。

① 中央政府门户网,2008-10-30.

为填补基础产业和基础设施缺口,重点缓解能源、原材料、交通运输等瓶颈制约,国家集中力量建设了一批能源、交通等国家重点项目。1982—1989 年,国家共安排重点建设项目 319 个,累计完成投资 2 486 亿元,占同期全国基本建设投资的 29%。其中能源、基础原材料工业和交通运输等基础设施项目 261 个,计划总投资 2 927 亿元,占全部重点建设项目的 94.2%。

(二) 1990—2002 年:迅猛发展阶段

20 世纪 90 年代以后,为了实现现代化建设的第二步战略目标,《中华人民共和国国民经济和社会发展十年规划和第八个五年计划纲要》对农业、水利、能源、交通、邮电通信、原材料等行业的发展做出了明确的部署,基础产业和基础设施投资迅速增长。1990—2002 年,基础产业和基础设施基本建设累计完成投资 80 249 亿元,年均增长 26%,比 1979—1989 年年均增幅高 15.3 个百分点,比同期全社会投资年均增幅高 4.5 个百分点。

这一时期,国债资金对基础产业和基础设施投资的拉动作用非常突出。1998 年起,在不利的国际国内环境下,国家为启动内需,实施积极的财政政策,1998—2002 年的 5 年内共发行 6 600 亿元特别国债,用于基础产业和基础设施投资。这些资金主要用于农业、水利、交通、通信、城市基础设施、城乡电网改造、中央储备粮库等基础设施项目,另外有部分技改贴息资金用于一些基础产业的技术改造项目。这些资金的投入,带动了大量社会资本的进入,使基础产业和基础设施投资快速增长,从而进一步带动全社会投资和整个经济稳定增长。1998—2002 年 5 年基础产业和基础设施投资 73 380 亿元,年均增长 13.1%,比同期全社会投资年均增幅高 2.2 个百分点,有力地带动了全社会投资的增长,也使国民经济平稳度过困难时期。

(三) 2003 年以后:稳固发展阶段

党的十六大以来,国家一方面采取积极措施加大政府对基础产业和基础设施建设的投入,另一方面鼓励外资和民营资本对基础产业和基础设施项目投资,使我国基础产业和基础设施水平又有了大幅提高,人民生活环境和城乡面貌得到明显改善。2003—2007 年的 5 年,基础产业和基础设施建设投资总额 182 703 亿元,是 1978—2002 年基础产业和基础设施基本建设投资的 1.6 倍,5 年年均增长 24.9%,比同期国民经济年均增长速度高 9.2 个百分点。2007 年,基础产业和基础设施施工投资项目 143 971 个,比 2002 年增加 45 973 个;施工项目计划总投资 171 450 亿元,比 2002 年增长 1.6 倍。这一时期的投资呈现以下特点:

一是能源和基础原材料投资快速增长。2003—2007 年 5 年间能源工业投资年均增长 28.7%,其中煤炭采选业和石油加工及炼焦业年均增长分别高达 47.2% 和 45%;基础原材料工业年均增速达 44.9%。

二是国家在政策、资金上注重加强对中西部的扶持,中西部地区基础产业和基础设施投资快速增长。2003—2007 年,中西部地区基础产业和基础设施施工项目 401 960 个,占全国的 65.7%,比 2002 年年均提高约 5.4 个百分点;基础产业和基础设施投资 94 916 亿元,年均增长达 28.5%,比全国基础产业和基础设施投资年均增长水平快 3.6 个百分点。

三是基础产业和基础设施的投资主体和资金来源渠道开始多样化。1978 年基础产业和基础设施投资的资金来源基本上都是国家财政资金,而在 2007 年基础产业和基础设施投资的资金来源中,国家预算内资金占 8.4%,国内贷款占 23%,利用外资占 1.8%,自筹资金占 59.9%。投资主体分经济类型看,国有投资占 62.3%,外资占 4.8%,私营个体占 5.8%。虽然国有投资对基础设施和基础产业仍占绝对控股地位,但投资主体和资金来源已逐步多样化。

专栏 6-2　政府向社会力量购买服务的改革探索

改革开放以来，我国公共服务体系和制度建设不断推进，公共服务提供主体和提供方式逐步多样化，初步形成了政府主导、社会参与、公办民办并举的公共服务供给模式。同时，与人民群众日益增长的公共服务需求相比，不少领域的公共服务存在质量和效率不高、规模不足和发展不平衡等突出问题，迫切需要政府进一步强化公共服务职能，创新公共服务供给模式，有效动员社会力量，构建多层次、多方式的公共服务供给体系，提供更加方便、快捷、优质、高效的公共服务。政府向社会力量购买服务，就是通过发挥市场机制作用，把政府直接向社会公众提供的一部分公共服务事项，按照一定的方式和程序，交由具备条件的社会力量承担，并由政府根据服务数量和质量向其支付费用。

推行政府向社会力量购买服务是创新公共服务提供方式、加快服务业发展、引导有效需求的重要途径，对于深化社会领域改革，推动政府职能转变，整合利用社会资源，增强公众参与意识，激发经济社会活力，增加公共服务供给，提高公共服务水平和效率，都具有重要意义。

政府向社会力量购买服务的主体是各级行政机关和参照公务员法管理、具有行政管理职能的事业单位。纳入行政编制管理且经费由财政负担的群团组织，也可根据实际需要，通过购买服务方式提供公共服务。

承接政府购买服务的主体包括依法在民政部门登记成立或经国务院批准免予登记的社会组织，以及依法在工商管理或行业主管部门登记成立的企业、机构等社会力量。

政府向社会力量购买服务的内容为适合采取市场化方式提供、社会力量能够承担的公共服务，突出公共性和公益性。教育、就业、社保、医疗卫生、住房保障、文化体育及残疾人服务等基本公共服务领域，要逐步加大政府向社会力量购买服务的力度。非基本公共服务领域，要更多、更好地发挥社会力量的作用，凡适合社会力量承担的，都可以通过委托、承包、采购等方式交给社会力量承担。对应当由政府直接提供、不适合社会力量承担的公共服务，以及不属于政府职责范围的服务项目，政府不得向社会力量购买。

购买工作应按照政府采购法的有关规定，采用公开招标、邀请招标、竞争性谈判、单一来源、询价等方式确定承接主体，严禁转包行为。购买主体要按照合同管理要求，与承接主体签订合同，明确所购买服务的范围、标的、数量、质量要求，以及服务期限、资金支付方式、权利义务和违约责任等，按照合同要求支付资金，并加强对服务提供全过程的跟踪监管和对服务成果的检查验收。承接主体要严格履行合同义务，按时完成服务项目任务，保证服务数量、质量和效果。

政府向社会力量购买服务所需资金在既有财政预算安排中统筹考虑。随着政府提供公共服务的发展所需增加的资金，应按照预算管理要求列入财政预算。要严格资金管理，确保公开、透明、规范、有效。

加强政府向社会力量购买服务的绩效管理，严格绩效评价机制。建立健全由购买主体、服务对象及第三方组成的综合性评审机制，对购买服务项目数量、质量和资金使用绩效等进进行考核评价。评价结果向社会公布，并作为以后年度编制政府向社会力量购买服务预算和选择政府购买服务承接主体的重要参考依据。

资料来源：摘自《国务院办公厅关于政府向社会力量购买服务的指导意见》（国办发〔2013〕96 号）。

本章小结

财政购买性支出中的教科文卫支出、农业支出、基础设施与基础产业支出,一方面具有财政购买性支出的一般特点,另一方面因财政在其中所承担的责任不同于行政管理支出和国防支出,因此,这三类支出属于财政购买性支出中的补偿性支出。

教科文卫支出是财政用于教育、科技、文化、卫生、体育及广播电台、电影、电视等各种社会事业支出的总称。用于社会事业部门的事业费一般由事业单位的职工工资、各种性质的公务费、科学研究经费及必要的修缮费和设备购置费等组成。这类支出是国家为提高国民素质,满足社会共同需要,实现社会经济的长期发展所进行的财政再分配。

财政支农支出应主要在农业生产中的市场失灵领域,重点应投向有利于改善农业生产条件的农业基础设施建设、农业生态环境建设,以及有利于改造传统农业的农业科研与科技推广领域。财政支农的方式可以分为市场政策、直接补贴、政府公益服务、基础设施建设等。从我国财政支农支出的现状来看,主要存在的问题有:政府财政支农资金投入总量不足;政府支农资金投入结构不合理;政府财政支农资金管理体制不完善,资金使用效果不理想。

基础设施与基础产业支出所购买的对象主要是工程,目的是提高未来的生产能力与社会福利水平。又由于该类产品具有外部性,应由政府投资或由政府给予适当补贴的方式筹集资金。根据资金渠道不同,该类支出可以通过政府财政投资、国内资本市场筹资、引进外资、项目融资等方式筹集资金。基础设施与基础产业支出的管理包括前期管理、实施管理和评价管理。改革开放以来,我国基础产业和基础设施建设得到明显加强,对经济、社会发展的支撑能力大大提高。

复习思考题

一、名词解释

教科文卫支出　财政支农的直接补贴政策　基础设施与基础产业支出　BOT 方式　TOT 方式　ABS 方式　PPP 方式　成本效益比率

二、问答题

1. 简述教科文卫支出的性质。
2. 应如何加强教科文卫支出的管理?
3. 简述财政支农支出的内涵与农业支出的特点。
4. 为什么说农业支出应在不同的受益主体之间进行合理的分摊?
5. 财政支农的方式有哪些?
6. 简述我国新中国成立后财政支农政策的历史演变。
7. 简述基础设施与基础产业支出的内涵与特点。

即测即评

第七章
财政转移性支出

第一节　财政转移性支出概述

一、财政转移性支出的内容

在财政体制中,转移性支出是一项不可或缺的内容,它直接表现为财政资金的单方面、无偿性支付。从狭义上说,转移性支付是指上下级政府之间的资金往来。我国目前的财政转移性支付制度是在 1994 年分税制改革后形成的,主要分为两大类:一般性转移支付和专项转移支付。一般性转移支付主要是中央对地方的财力补助,包括税收返还、过渡期转移支付、原体制补助三种形式;专项转移支付主要是专项拨款和各项结算补助与其他补助等,主要服务于中央政府的特定政策目标。具体来说,转移性支付主要涉及如下内容:

(1) 税收返还,属于一般补助性质的转移支付,是为保持原地方既得利益格局,在实施分税制财政体制过程中,将原属于地方税源的上划中央的增值税和消费税,按一定计算方法计算确定后按来源地原则返还给地方财政,从而减轻改革阻力的权宜之计。

(2) 过渡期转移支付,即公式化的转移支付制度,在 2002 年所得税分享改革后改称为一般性转移支付。自 1995 年开始,财政部在与地方财政结算时,正式推出《过渡期转移支付办法》,它是在不调整各地既得利益的前提下,从中央财政收入增量中拿出部分资金,以重点缓解地方财政运行中的突出矛盾,其拨款金额及影响范围都很有限。其技术特征是,把各地财力低于标准支出的差距作为转移支付数额的基础,同时适当考虑各地的收入努力程度及支出结构,并对民族地区增加政策性转移支付,又称增量转移支付。

(3) 原体制补助。这是中央财政对部分省、自治区的定额补助。

(4) 专项补助,即中央财政对地方财政的专项拨款。它是中央根据特定用途及地方的特殊情况由中央财政拨付给地方财政的专项资金,由中央对地方经济发展和事业发展的项目补助、特殊情况的补助和保留性专项拨款组成。

(5) 结算补助。这是每个财政年度终了后,中央财政与地方财政对上一年在财政体制外发生的某些事项进行的结算。

(6) 税式支出。这是政府对本应征税的对象在征税前就直接给予有关主体部分或全部税收免除,以更好地实现政府对某些行业、方向或行为的一种鼓励、刺激或照顾的政策目标。作为宏观财政政策的一项政策手段,税式支出在调节经济主体的收入水平、影响经济资源的配置,从而调节社会总供给与总需求、熨平经济波动、调整产业结构等方面发挥了独特的作用。税式支出侧重服务于国民经济的微观层次。

从广义上说,财政转移性支出,除了政府上下级之间转移性支出外,还包括政府对生产、流通部门或消费者等环节的财政补贴、政府对个人的转移性支出(如基本养老保险等社保支出)及捐赠支出等内容。本书阐述的转移性支出是广义的。关于政府上下级之间转移性支出的具体内容,将在第十七章中详述。

二、财政转移性支出的效应与问题

财政转移性支出的效应,主要表现在对这类支付的接受者在国民收入分配结构变动上的影响。以企业为转移性支出对象者,国民收入从纳税人手中向转移性支出的享受者转移,有利于引导国民收入的合理再分配。以个人为转移性支出对象者,转移性支出使得高收入群体初次分配收入向低收入者转移。这种对国民收入的再分配调节,有利于缩小不同社会阶层的收入差距,进而提高全社会消费、投资和社会福利的总体水平。当然,上述效果部分是通过生产、流通等环节间接传导开去的。当前,我国财政转移性支出存在的政府间财政的纵向、横向不平衡,直接导致这些效应在传导过程中出现一定程度的扭曲变形。

(一) 我国政府间财政的纵向不平衡

财政部《2002 年地方财政统计资料》显示,中央财政收入在扣除转移给地方财政的部分后,实际可支配财力只占非债务的全部财政收入的 16%,而省以下政府的则占到了 84%。同样,在省以下地方政府中,省和地级市占据了地方政府全部财政收入的 58.46%,成为县乡财政困难的关键因素。其直接原因主要是省以下政府行政层次、预算级次过多和地方政府集权,中央财政集中的收入主要用于对省以下地方政府的税收返还和转移支付,但地级市政府却集中了省以下财力的近 1/3。

(二) 我国政府间财政的横向不平衡

分税制改革以来,东西部财政支出差距不仅没有停止,而且有继续扩大趋势。如 1999 年,西部地区人均卫生经费支出比全国平均水平低 4.53 元,2003 年则扩大到 6.45 元。其直接原因主要在于,中央集中的和向地方政府转移支付的收入中,一般性转移支付比例过小、专项转移支付规模过大且运行不规范。2005 年,我国一般性转移支付只占全部转移支付的 10%,与西方发达国家 50% 以上的比例相比,难以充分发挥其平衡地方财力的作用。而同年的专项转移支付额高达 3 517 亿元,占中央对地方转移支付数额的 31%,其间表现出种种不尽理想之处:项目设置交叉重复,分配制度不够合理,资金投向重点不突出,调控结果不理想,专项转移支付数额确定缺乏科学性,受人为因素影响较大。①

① 王学江,周慧敏. 万亿转移支付资金如何用好. 瞭望,2007(7).

（三）政府间财政不平衡的深层原因

我国政府间财政不平衡的深层原因，主要包括①：

(1) 公共财政理念和制度建设在我国刚刚兴起，大量的预算外资金、政府基金没有得到科学的反映和管理，政府经济事务缠身导致其公共服务财力不足。

(2) 中央和地方政府之间、省以下政府内部之间的职能和公共事务划分模糊，中西部地区和以农为主的县乡公共服务财力不足。

(3) 地方政府分税制度改革滞后，公债发行存在立法和信用困境。

(4) 政府之间财政转移支付制度目标定位不明朗。

(5) 转移支付制度改革缺乏数据真实性和立法等方面的社会支持。

三、我国财政转移性支出的调整

针对我国财政转移性支出中存在的上述问题，可以侧重从如下几方面入手加以调整。

（一）合理划分中央、地方政府之间的事权和财权

在市场经济下，公共财政要求必须按公共物品的层次性来规范各级政府间的事权范围，即全国性的公共物品由中央政府来提供，反之，则由地方政府来提供，这是划分政府间事权的最基本原则。对于财权划分，要兼顾效率和公平原则，即凡是对流动性生产要素课征的税，适用累进税率的、有再分配功能和经济稳定功能的税收归入中央税，属于地方税的则是一些对不流动的生产要素征收的税收和在经济循环中比较稳定的税收，受益税和使用费则可根据受益范围分属于各级政府，在此基础上建立和完善我国的政府间转移支付制度。

（二）改革现行税收返还制度，打破现有利益分配格局，增强中央转移支付实力

(1) 在目前的分税制格局下，中央财政很难从收入增量中安排较多财力用于对地方转移支付。例如，增值税是个流动性极强的税种，实行税收共享容易产生税源转移等问题，从合理划分政府间税收角度考虑，应当将共享的两税全部划归中央。

(2) 将其他补助和决算补助中具有一般财力补助性质的转移支付资金，合并到过渡期转移支付资金中分配，以确保资金的公平合理分配，最终发展到以一般性转移支付、专项转移支付为主体的成熟制度。

（三）完善省级以下转移支付制度，缓解县乡财政困难

(1) 要优化结构。我国现行专项拨款支出的基本结构，不适应建立社会主义市场经济体制的需要。中央与地方之间事权和财权不清的问题长期没能得到解决，中央承担的应由地方负责的支出大于地方承担的应由中央负责的支出，因此，应对现行专项拨款进行清理整顿、逐步理顺。

(2) 要确保重点。在优化结构的基础上，对优化专项补助支出结构节余下来的资金，要投入到国家重点支持和必保项目。

(3) 可以实行以奖代补的激励机制。中央财政在继续增加对地方转移支付力度、对一般性

① 倪红日. 中国政府间财政转移支付制度的现状、问题与完善//卢中原. 财政转移支付和政府间事权财权关系研究. 北京：中国财政经济出版社，2007：3-12.

转移支付的分配因素做合理化调整的同时,安排一部分资金作为奖励和补助,同省政府对下级转移支付工作绩效挂钩,引导省政府尽量多地将中央转移支付资金及自身财力分配落实到基层财政。

(四) 加快法制化建设,依法完善转移支付制度

针对我国目前转移支付制度存在的问题,迫切需要加强转移支付制度立法工作,为转移支付提供有力的法律保障。

(1) 应将转移支付的目标、原则、范围、形式、标准等以法律形式加以明确规定,使转移支付有法可依。

(2) 进一步规范转移支付的审批监督程序 ,编制转移支付专项预算,并按预算审批监督程序报同级人大审批。

(3) 以法律形式明确转移支付的监督制约机制,并辅以必要的司法和审计手段,加大制裁威慑。此外,对转移支付的执行效果,要建立专门的考评体系和一系列的量化指标,以保障这类资金使用的科学性和有效性。

第二节　社会保障支出

社会保障支出,是国家向符合条件的所有社会成员依法提供基本生活保障和社会服务,以使其达到最低生活水平的一种保障制度。所谓条件,是指公民因暂时或永久失去劳动能力以及由于各种原因导致生活困难。社会保障制度的内容,主要包括四个方面:一是社会保险,它是社会保障的核心内容,包括养老、失业、医疗、疾病、生育、工伤、伤残保险;二是社会救助,是由财政完全提供的一种最低生活保障;三是社会福利,是对盲聋哑和鳏寡孤独者提供的物质福利以及住房福利;四是社会优抚,是专门对革命军人及其家属提供的基本保障。社会保障支出的资金,来源于社会保障基金、社会保险费(税),这些资金主要是通过财政拨款、企事业单位和个人来筹集的。其中,社会保障基金的投资运用,需要遵循安全性、多样性、可流动性和长期收益等基本原则。下面主要就社会保障制度中的基本养老保险、医疗社会保险、失业保险与最低生活保障等内容展开阐释。

一、基本养老保险

(一) 养老保险的基本内涵

养老保险,是公民在就业期间,由个人及其供职单位参保缴费,待其退休后依法领取养老金的社会保障制度。养老保险基本原则是:享受养老保险的权利和资格条件对应原则、保障基本生活水平原则、分享社会经济发展成果原则。根据投保资金来源不同,养老保险的模式可以分为四种类型:一是投保资助型。这是由企业、个人投保主要部分,国家承担补贴或资助。大多数国家普遍采取这种模式。二是福利国家型。这是西方国家政府在普遍实行与职业相关的养老保险基础上,追加普遍养老金计划,以提高养老保障水平,其资金主要来源于国家税收。与此类似的是过去社会主义国家实行的国家统筹模式,其资金全部来源于财政拨款,但与福利国家型不同的是,它不涉及基础性的职业养老保险收支。三是雇主雇员投保型,由雇主雇员缴纳,国家

不进行直接投入,只给予财政金融方面的政策性扶持。以新加坡中央公积金制度为典型。四是个人投保的私人公司运营型,其养老金完全来源于雇员的投保及由私人公司运作这类资金带来的增值。以智利等拉美国家为典型。

(二)德国的养老保险制度

德国是最早建立完备的社会保障体系的国家。德国2007年人均GDP为4.63万美元、社会福利支出占GDP总额1/3,而养老金支出竟占其整个社会福利支出的50%。德国政府还适时推出一项深受欢迎的"储存个人服务时间"制度:年满18岁的公民,均可利用公休或节假日义务到老年公寓、老人院和老年病康复中心提供各种无偿护理服务,其服务时间可随时存入其个人档案,以备将来本人接受该服务时,将这些服务时间提取出来免费享用。针对社会人口老龄化压力,德国政府又着手调整现行养老保障制度,主要措施包括:提高法定养老保险个人缴纳比例;降低退休雇员领取法定养老保险金占其工资的比例;提高补充养老保险在养老金支付中的比例;延长雇员工作年限以增加法定养老金有效供给、减少养老金实际支出;提高享受法定养老保险的投保年限;由联邦政府每年拿出700亿欧元补贴养老保险基金,同时提高生态税补充养老基金。①

(三)中国养老保险实践中的问题

中国当前的养老保险,被分割在全国的2 000多个统筹单位,多为县市级统筹运行,各统筹单位之间政策不统一,难以互相联通,城乡之间、地区之间不能有效衔接,不利于社保关系便捷转移。近几年,随着基本养老保险逐步覆盖到私营经济、个体经济从业人员和一些灵活就业人员,片面追求覆盖面以应付当前窘迫的基金支付问题,又容易造成诸如"优惠征收"等短期化行为。而在基金管理上,又因与财政关系密切、外部监管不力以及公有企业改制中养老金成本承担主体不明确,造成养老保险基金被挪用、投资收益被隐瞒截留或是非正常发放福利奖金等对投保人大量侵权的现象。这些问题的改变,一方面依赖于中央和地方政府在国有资产、土地使用权及其他无形资产转让或投资收益能否及时填充各地养老保险账户,另一方面要看政府相关基金管理部门、投资部门能否得到内外部的有力监控,同时还要看政府在养老保险制度创新方面的出发点是否明确。例如,在公有财产转让实践中或是个人所得税制度实践中,是积极倡导相对公平分配和改革成果共享导向还是执行反向操作,是在崇尚公共服务均等化基础上追求市场效率还是效率目标绝对化。倘若这些关键问题都没有厘清,纵使再好的养老保险政策设计,也容易因部门既得利益集团的修正执行而偏离政策的初衷。

二、医疗社会保险

(一)医疗社会保险的基本内涵

医疗社会保险,是通过国家立法,由医疗保险机构依强制性原则、方法来筹集和运用医疗专项资金,保证被保险人公平获得适当的医疗服务的一种社会保障制度。医疗社会保险资金,来源于被保险个人缴纳的保险费、被保险人的雇主缴纳的保险费、政府资助和其他方面的收入。

① 沈建,张汉威.德国社会养老保障制度及其启示.宏观经济管理,2008(6):69-70.

医保资金的筹集有多种方式可供选择:固定保险费金额、按工资水平百分比缴纳、按个人总收入百分比缴纳等。医疗社会保险支付也存在多种方式,如按服务项目逐笔付费、按人头预算包干制、总额预算包干制、定额付费、按病种分类付费、支付固定工资、以投入资源相对价值标准支付。为了节制被保险人滥用医保资源,各国医疗社会保险机构普遍选择让被保险人分摊部分医疗费用的形式。其具体方式有:设定起保线的扣除保险,线下金额由被保险人自付;设定最高支付限额的限额保险,线上医疗费用由被保险人自付;按比例分摊各自部分的共同保险。[①]

(二) 中国城镇医疗社会保险实践中的问题

中国城镇职工医疗保险制度,在近年来的运作中逐步得到了改善。尽管如此,还是存在一些亟须解决的问题:

(1) 药品定价不规范、药品定价虚高不下现象依旧。如有些已过专利保护期的进口药、合资药和一些国产仿制品也单独定价,在价格上远高于普通药。其根源在于退休职工或企业改制后出现的大量下岗职工等医保方面的国家投入严重不足、监管缺位以及医院过度追求"市场化"所致的以药养医、自我创收。

(2) 不少医院依靠信息和行业技术垄断而牟取暴利,加重了医疗资源浪费和医疗费用畸高趋势。

(3) 农民工医疗保险制度尚存很多空白,如企业投保责任意识薄弱、农民工参保意识淡薄、政府财政投入少、各地医保政策不便于衔接等。这些问题不仅有待于国家发改委、劳动和社会保障部门联合测算、及时制定《国家基本医疗保险药品目录》及药品价格指导价,组织招标相关药品的生产、采购和配送,整顿生产流通秩序;同时还要尽快建立统一的基本医疗保险药品信息库,逐步走向精细化管理;还需各级政府加快相关优惠便利政策方面的研究和及时出台。

(三) 中国农村医疗社会保险实践中的问题

在农村医疗保险制度方面,我国原有合作医疗制度随农村改革而日渐式微。2003 年,国务院转发卫生部、财政部等部门《关于建立新型农村合作医疗制度意见的通知》,使我国农村合作医疗事业进入了全新发展时期。但是,在全国各地新型农村合作医疗实践中,还是存在一些瓶颈问题:

(1) 筹资额少,集体与政府补助不足,专业医疗人才缺乏。

(2) 道德风险广泛存在,农民相关权利被肆意侵害。其一是药品品目或价格,以及基金使用或报销情况多属保密范围,实际治疗过程中农民无法选择,导致其实际花费高、真正报销极少。其二是机构设置混乱、监管制度名存实亡。合作医疗办公室是合作医疗管理委员会下设的具体经办机构,其往往设在县医院内,有些经办人员同时又为县医院内部人员,很难监管。

(3) 大病、慢性病就医报销制度障碍重重。①大病转诊手续复杂,导致部分农民转诊时被迫放弃报销权利;②起付线设置偏高,一般县级医院起付线设在 500 元上下,而起付线低的乡镇卫生系统医疗水平较低,致使农民小病不愿治、扛成大病无力就医,导致农村贫穷、返贫现象产生。而农民慢性病治疗费用大多又不能给予报销。

---

① 孙光德,董克用. 社会保障概论. 北京:中国人民大学出版社,2004:210-220.

三、失业保险与最低生活保障

(一)中国失业保险实践中存在的问题

失业保险是国家以立法形式强制建立失业保险基金,为非本人自愿而失去工作与收入者,提供一定期限的物质帮助或再就业服务的一种社会保险制度。该制度主要包括国家强制失业保险制度、非强制的失业保险制度和失业救济制度。1999年《失业保险条例》颁布后,中国失业保险开始由救助模式向国际上通行的保险模式转变:在失业保障中更强调个人责任,以缴费作为享受失业保险待遇的前提。该制度的执行,基本保障了失业人员的生活,促进了再就业,并维护了社会稳定。然而,1999年以来,用于促进就业的各项支出比重日渐萎缩,大部分基金被用于失业保险金发放。主要原因在于,失业保险基金筹资费率偏低、覆盖范围过窄、基础性数据统计不实。为此,有关部门要适时扩展统计指标并尽快完善失业统计指标体系,适时提高统筹层次,建立失业保险中央调剂金,不断提高决策的科学性。①

(二)中国城镇最低生活保障实践中存在的问题

最低生活保障制度,又称社会救助制度,是指国家通过法律赋予每位公民在收入减少或中断而无法维持最低生活水平时,由国家和社会按法定标准向其提供满足最低生活需要的资金或实物援助的一种社会保障制度。最低生活保障标准的确定环节最为关键,其基本原则是,结合当地实际生活水平、经济发展水平、政府财力和需要救助的对象等因素来综合确定。低保标准确定的具体方法,包括市场菜篮法、国际贫困标准法、生活形态法和恩格尔系数法。

中国城市居民的最低生活保障制度。1993年6月,上海市率先建立城市居民最低生活保障线制度,取得了较好效果。1997年8月,国务院通知要求全国所有城市和县政府所在地都要建立这项制度。两年后,国务院正式颁布《城市居民最低生活保障条例》,城市居民最低生活保障工作从此有法可依。城市低保制度的建立和实施,构筑了城市居民的最后一张安全网,为我国社会的稳定与和谐提供了重要保障。不过,作为脱胎于传统社会救济制度的一项新举措,自然会产生许多方面的不适应:

(1)低保制度的覆盖范围有限。符合条件的贫困人口未能按条例规定全部纳入保障范围,如城市家庭中的农业人口、农民工中的贫困者。另外,对城市低保边缘人群,其人均收入虽然略高于低保对象人均低保金,但却无法享受低保对象受益的公益事业费减免或教育医疗住房等救助,其实际生活水平普遍逊于低保户。

(2)保障标准偏低,特别是伴随着经济增长、商品服务价格普遍上涨后,未能及时调整相应的补助标准。

(3)资金缺口较大。各地虽然按条例规定将最低生活保障资金纳入了财政预算,但实际上最低生活保障资金数量依然十分有限。

(4)相关配套制度实施不力,低保制度孤立无援。按规定人们只有在领取失业保险金、离退休金、工资和下岗职工基本生活费后,家庭人均收入仍低于最低生活保障线的,才给予差额补贴。但部分地区的人们并不能或无法足额、及时领到上述各项费用,而地方财力又十分有限,无

---

① 曲宁,陈莉霞.我国失业保险的现状分析及发展建议.科技创业月刊,2008(1).

法将其纳入低保范围,导致其成为生活没有保障的最困难群体。[1]

(5) 低保制度与下岗、失业人员再就业工程之间配合不力,无法通过能力建设为救助对象提供造血功能,加重了政府资金压力。

(6) 未能采取分类救助措施,加大对重度贫困家庭的扶助,使得有限资金的救助效果不佳。

(三) 中国农村最低生活保障实践中存在的问题

中国农村居民的最低生活保障制度,在近年来各地实践中产生了良好的社会效应,但也存在一些不容忽视的问题:

(1) 低保资金筹集模式单一,低保资金来源存在风险。低保金来源主要是财政转移支付,缺乏相关社会团体或企业的有力支持。当政府财政状况很紧张、贫困人口比例较高时,很容易影响到农村低保工作的顺利开展。

(2) 国家财政用于农村社会救助方面的,主要是自然灾害救助和军人优抚支出,挤压了生活极度贫困、因贫致病、因病致贫、老无所养等情况的低保救助资金。

(3) 农村基层政府通常采取按比例下发低保救助指标的做法,导致应保没保、不该保的却享受低保现象时有发生。

(4) 低保标准偏低,与农村基本生活水平存在一定差距,与城市低保水平差距过大,而且缺乏合理的增长机制,常常导致绝对贫困农户无法或不能充分享受低保。农村基层政府往往采取按低保对象的毛收入水平来判定其是否能享受低保,虽然不少农民收入超过了低保标准,但却因家有长期患病老人或劳动力过少等原因,而经常处于收不抵支状态。

四、其他社会保障制度

(一) 住房社会保障

根据政府对住房保障的干预程度和市场作用大小,住房社会保障的形式大体有商品化为主、福利政策为主、福利政策与商品化并重这三种。无论哪一种类型,都至少是部分体现了本国政府对居民基本住宅方面的扶持和保障意图。以商品化为主的,有美国、日本。美国的住宅商品化程度极高,私人拥有住宅的约占 98.5%。在过去的几十年中联邦政府为维护社会稳定和刺激经济,综合运用了经济、行政手段,扶持了住房产业的发展,包括住房信贷、购房贷款给予利率和个人所得税前还本付息优惠,给低收入家庭提供福利贷款和住房津贴,同时政府还直接提供了部分廉租房。以福利政策为主的,如德国,曾提出到 1990 年解决本国的住房问题,标准是每户有一套大小及内部设备符合现代化要求的住宅。福利政策与商品化并重的,有 20 世纪 80 年代改革以后的捷克、罗马尼亚、波兰、匈牙利、中国内地和香港以及英国、加拿大、新加坡。

(二) 工伤保险

工伤保险是指劳动者在生产经营活动中或在规定的某些特定情况下所遭受的意外伤害、职业病,以及因此而造成的死亡、劳动者暂时或永久丧失劳动能力时,劳动者及其遗属能够从国家、社会得到必要的物质补偿(包括医疗、康复、生活保障所需)。当今世界上大多数国家工伤保险制度普遍遵循如下基本原则:

---

① 高原. 我国社会救济制度存在的问题与改革. 南方论刊,2008(3).

(1) 无责任补偿原则。在劳动者负伤后,不管过错者是谁,均可获得收入补偿。

(2) 个人不缴费原则。由雇主负责缴纳。

(3) 风险分担、互助救济原则。通过向雇主强制收费、建立工伤保险基金方式,互助救济,减少社会矛盾。

(4) 保障和补偿相结合原则。当劳动者暂时或永久丧失劳动能力时,给予物质上的充分保证,使其能够维持基本的生活水平,同时,劳动力因公受损、价值降低,也理应得到补偿。

(5) 工伤预防、补偿和康复相结合原则。工伤预防最为基本,各国政府都致力于采取措施减少事故发生率。工伤事故后应立即给予治疗和补偿,保障其本人或家庭生活得到基本保障。

(6) 区别因工和非因工原则。因工而伤与工作环境、条件、流程直接关联,相应的治疗、补偿待遇较高。

(7) 一次性补偿和长期补偿相结合原则。对因工而伤的部分或完全永久性丧失劳动能力,或是死亡的职工或遗属的补偿,保险机构一般会一次性支付补偿金,作为对工伤职工或遗属的精神安慰。同时,对工伤职工所供养的遗属,根据人数,支付长期抚恤金,直到失去供养条件止。

(8) 确定伤残和职业病等级原则。由专门鉴定机构和人员对工伤职工进行伤害程度鉴定,作为确定补偿水平的依据。

(三) 生育保险

这是国家和社会为保障妇女生育期间的健康和基本生活需要,向生育妇女提供物质帮助的社会保险制度,主要提供生育医疗保健服务、生育假期、生育津贴、育儿假期和育儿津贴等待遇。生育医疗保健服务是提供孕期、分娩和产后所需的各种检查、咨询、助产、住院、护理、医药等系列保健服务,以保障母婴平安健康。产假是职业妇女在分娩或流产期间依法享有的带薪假期,分为产前假和产后假,产假一般至少为 12 周。生育津贴是对职业妇女生育期间工资收入损失依法给予现金补偿,以为生育妇女提供基本生活保障。育儿假期是允许母亲或父亲任何一方在产假期满后,继续休假带薪照顾婴儿,仅在少数国家实行。生育保险的享受条件,在各国不尽相同,有投保时间和受雇时间都达到标准;或已缴纳社保费并达到规定的最低期限;或有居住权且在国内居住时间达到最低限度;或只要符合国家公民及财产条件即可。

(四) 工伤保险儿童健康成长保障

为保障儿童健康成长,各国普遍推出系列健康和教育措施,如儿童计划免疫、儿童保健、家庭补贴、儿童免费教育、孤残儿童或婴幼儿照顾等措施。

(五) 工伤保险军人社会保障

工伤保险军人社会保障主要包括军人保险、军人救济、军人福利、军人社会优抚,其目的在于,保障军人的基本生活需要、补偿因公造成的军人人体伤亡损失、维护国家政权稳定和社会经济秩序、振奋士气和全民精神。

(六) 工伤保险残疾人社会保障

工伤保险残疾人社会保障主要有康复保障、教育保障、就业保障、文化生活保障、福利保障、环境保障。保障的基本原则是:

(1) 机会均等原则。其包括立法上的平等、就业机会平等、平等享有环境、教育和培训机会平等、履行义务平等。

（2）特别扶助原则。保障的意义在于，有利于残疾人生活和福利水平不断提高，帮助其实现自身价值，有利于社会的安定团结，有利于提升国家总体文明程度。

五、中国的社会保障体系与改革

（一）中国社会保障制度的发展阶段

中华人民共和国社会保障制度已有 57 年历史，其间大体经历了三个阶段：

（1）企业职工劳动保险阶段，从 1951 年《中华人民共和国劳动保险条例》颁布到 1983 年。这一时期大体特点是，以单位为主要承担者的"低工资、多就业、高补贴、高福利"保障。这是当代体制转轨中挥之不去的沉重历史负担的根源。

（2）社会统筹阶段，从 1984 年到 1996 年。其基本特点是，保险待遇继续按国家的统一规定基本不变，实行社会共济和代际转移，以支定收、现收现付、略有积累。但因企业或地方既得利益难以打破以及企业用工制度的自主性，社会统筹基金收缴难度大、地区间基金调剂困难、统筹层次过低，结果是大部分地区职工养老金欠发严重、医疗费不能报销、下岗职工基本生活无保障，出现了越来越多的贫困人口。

（3）两个确保、三条保障线阶段，从 1997 年至今。政府将社保作为一项基本社会制度来建设，一个由政府主导、责任分担、社会化、多层次化的新型社保制度正在形成，新制度覆盖人口持续增长。

（二）中国社会保障体系存在的问题

（1）历史责任划分不清，政府投入偏低，存在养老金风险向后代转嫁的隐患。在实行统账结合的基本养老保险制度后，由于对新旧养老制度转型中形成的对中老年职工的历史欠账问题，有关部门一直没有通过制度性方式加以明确并及时解决，使得基本养老保险基金出现巨额缺口，造成"中人"个人账户资金被挪用支付和空账数额日增，未来养老金的支付风险凸显，势必对我国社会保障制度产生不小冲击。各地社保资金被挪用从事投资等其他活动现象也时有发生。

（2）统筹层次低，各地各单位苦乐不均，异地社保关系转移困难，退保普遍。中国当前的养老保险，是被分割在全国 2000 多个统筹单位，多为县市级统筹运行，各统筹单位之间政策不统一，难以互相联通，城乡之间、地区之间不能有效衔接，参保人员一旦发生流动（如农民工失业、职工跳槽），其个人养老保险账户关系就无法实现顺利转移。这时，他们往往会采取退保的中止社保方式，以求得现时的利益，地方社保中心也乐得多拥有了一份无主资金。这有悖于个人账户建立的本意。

（3）覆盖面过窄。目前，我国还有几大人群尚未完全纳入社会保障覆盖范围内，如灵活就业人员、广大农村人口、城镇非就业人口以及机关事业单位人员等。这有悖于基本社会保障的社会公平性。而近期各地片面追求覆盖面以应付当前窘迫的基金支付问题，又容易造成"优惠征收"等短期化行为。

（4）统一立法滞后。我国社会保障体系建设中出现的许多问题，都与立法有关。我国现有社会保障法律法规立法层次低，缺乏较高的法律效率和必要的法律责任制度。社会保障法是我国法律体系中一个独立的法律部门，但是自改革以来，始终未能制定和颁布实施专门调整社会保障关系的基本法律，有关制度分散于各种规范文件之中。这种状况与社会保障法应有的地位极不相称，从而导致社会保障法律实施机制较为薄弱,筹资、保障、管理、运行和监督等机制普遍不够健全。

(三) 中国社会保障制度改革方向

我国社会保障体系改革,要努力做到立法先行,逐步推进社会保障法律制度的完善,尽早实施全国统一征收的社会保障税。①

(1) 养老保障制度可以设计成资金保障与服务保障两块。前者的框架包括三部分:第一部分是基础养老金制度,水平划一,用于保障起码的老年生活。可以运用精算技术根据每个参保者的缴费情况确定养老金待遇,待遇可以向低收入者倾斜,但对高收入者可以规定一个缴费上限,为了不与最低生活保障重叠,还可以适当确定一个起征点,如参考最低工资标准等。农村地区收入较低,可以不设起征点。按这种统一的精算调整公式,可适合于企事业职工、农民等各职业人群。对于因失业、单位停产等各原因造成的欠缴,应允许在适当的时候补足。对于退保人员,如果不是因为经济原因,征收一点惩罚性税收即可,不要100%征收。对于"中人"个人账户欠账所造成的"空账"问题,可以通过国有资产处置、利润分红、财政补贴等方式加以解决。第二、三部分,则是政府鼓励、自由参加的职业年金及个人养老计划。国家可以通过税收优惠鼓励企业、个人增加补充养老保险,建立多途径、多层次的养老保障体系。

(2) 倡导以全民健康服务为主的医疗社会保障新模式,真正体现社会保障制度的出发点和基本目的。全民健康服务制度的资源提供和管理者主要是政府,政府需要为包括基本医疗和大部分的住院服务提供保障。通过政府规划和统一管理的医疗服务体系,可能从机制上扭转由于供需双方信息不对称造成的社会福利损失。国家还可以通过税收优惠引导和鼓励企业、个人增加补充医疗保险,建立多途径、多层次的医疗保障体系。

(3) 废除失业保险制度,代之以就业服务为主,以现金保障为辅的一系列新制度,并更名为就业保障制度。它可以分为三个在执行程序上首尾衔接的制度,即雇主赔偿制度、就业服务制度、最低生活保障线制度。就业,而不是失业,是整个制度的重点。制度的整个设置,是以积极的创造就业政策配合以就业培训、培训津贴制度,消除失业,提高人力素质,改善人们的社会生活水平。

(4) 最低生活保障制度,是社会保障制度的最后一道安全网,处于特别重要的位置,因为社会保障制度体系以它作为"基础"的参照系,又在其他社会保障制度的整合中强调其影响。完善最低生活保障制度的设计,首先需要理清设计思路。以往中国在这个领域里的研究往往注重确定最低生活保障线的方法探讨,而忽视围绕实际发放中的问题进行科学设计。可以根据同类人群在不同方面的需要,设立一个不同类型救助金的结构,以满足不同方面的需要。

第三节 财政补贴

一、财政补贴的内涵、特征和分类

财政补贴,是财政部门根据国家政策需要,在一定时期内,对特定产业、部门或地区、企事业

---

① 何春.中国新型社会保障模式选择及其构建.山东省农业管理干部学院学报,2007(6);徐小友.转型时期完善我国社会保障体系的几点思考.产业与科技论坛,2007(12).

单位、居民个人或事项给予补助或津贴,旨在改变现有产品或生产要素相对价格,进而改变资源配置结构和供求结构。[1] 财政补贴有三大特征:政策性,财政补贴的对象、数额、期限等都必须按照一定时期的实际需要来制定;灵活性,财政补贴不是固定不变的,而是会根据经济和社会发展情况、政策需要及时修正、调整财政补贴的方向和力度;时效性,财政补贴作为一项政策手段,服务于国家特定时期的政策目标,必须依据不同时期国家的政策需要来制定。当国家的某些政策发生变化时,财政补贴也必须做相应调整。

我国财政补贴的范围十分广泛,可以按不同标准对其加以归类:

(1) 按补贴环节可以将其划分为生产者补贴、商业企业补贴和消费者补贴。其中,生产者补贴包括对农业生产者的补贴,如农用的化肥、农药、机械、塑料薄膜、小型农具、柴油、电力等供应者补贴;对工业生产者的补贴,如棉花、猪牛羊皮、工业用煤等供应企业的补贴和计划亏损企业的补贴。商业企业补贴,如农副产品购销倒挂补贴、粮食出口价差补贴、外贸亏损补贴。消费者补贴,包括对城市人民在粮油、副食、煤炭、棉絮等方面生活必需品消费的补贴等,以及对农村人民生活的补贴。

(2) 按补贴的形式,可以将其划分为价格补贴、政策性亏损补贴、财政贴息和税式支出。①价格补贴,是财政补贴的主要部分,是国家为弥补因价格体制或政策原因给生产经营者带来的损失而给予的补贴,包括生产资料价格补贴、消费品价格补贴、进口商品价格补贴。其中,生产资料价格补贴是国家为扶持农业生产,以优惠价格供应农用生产资料;消费品价格补贴,是国家通过控制那些直接影响人民基本生活的消费品价格,实现对消费者的收入补偿,间接提高其货币购买力;进口商品价格补贴,是国家为缓解国内市场某些商品的供需紧张状况,对进口这些商品的外贸企业产生的亏损加以补贴。②政策性亏损补贴,是国家对生产经营为社会所必需的产品但因价格低、利润薄而会引起亏损的企业,给予政策性照顾。③财政贴息是国家为鼓励名特优产品开发、先进技术或设备进口、老企业技改、企业专业化协作而给予的贷款方面的利息补助。④税式支出,是一组税收优惠的总称,是政府为实现对某种行为给予鼓励或照顾的政策目标,以主动放弃部分税收收入的形式向特定纳税人提供的财政援助。

二、财政补贴的效应

作为国民经济调节的重要经济杠杆,财政补贴对社会经济生活有着直接或间接的效应,主要体现在如下方面:

(一) 有利于社会资源的优化配置

国家通过调整财政补贴的对象和数量,能够促进生产要素的合理配置。对农民购买农具和有机化肥等生产资料进行补贴,有利于提高农业生产率。通过对政策性亏损企业的适当补贴,可以帮助其获得合理的收益和提高生产积极性,同时有助于特定社会效益目标的实现。在创新型企业新产品推广方面,如2007年财政部和国家发改委关于高效照明灯具推广方面的补贴政策,也产生了良好的产业刺激效应。

---

① 安秀梅. 财政学. 北京:中国人民大学出版社,2008:138.

(二) 调节社会总供求,促进宏观经济稳定增长

财政补贴通过改变产品的相对价格来调节和维护总供求的均衡。例如,我国政府20世纪90年代要求全国的国有纺织企业压锭限产,以更多的资源集中生产档次和质量较高、需求较旺的纺织产品,淘汰低档次过剩产品生产,有效调节了不同结构的纺织产品的市场供求均衡和价格稳定。政府对农产品价格的补贴,可以有效维护市场供求关系的均衡。如2008年秋季,在国际大豆现货和期货价格经过大幅炒作后出现暴跌情势下,黑龙江省等地政府及时出台了"适当提高大豆的收购价格"政策,对农民出售大豆进行财政补贴,保护了农民利益,维护了国内大豆市场供求均衡,也为收购任务的如期完成奠定了基础。

(三) 配合自然垄断行业的价格管制,提供社会福利

如对城市地铁公交线路运营的亏损补贴;对水力发电企业的亏损补贴等。这些企事业单位,作为自然垄断行业,投资额大、投资期长、投资直接收益率较低,需要政府予以一定补贴。否则,市场上就不会有很多单位愿意带巨资进入这些行业,相关产品或服务的社会供给就会明显不足。此外,这些产品或服务通过政府的价格管制而对社会进行廉价供应,又是一种实实在在的社会福利,可以保证个人或组织的生活生产在较低成本上运行。

三、我国的财政补贴制度发展与改革

我国财政补贴制度肇始于20世纪50年代初,自70年代末期以来,财政补贴日益膨胀,给国家带来了较重的包袱。

(一) 我国财政补贴存在的问题

(1) 财政补贴有"三多":种类多、数量多、环节多。截至目前,国家补贴达160多种,涉及生产、流通和消费的几乎所有环节,包括直补或间接补贴、明补或暗补、实物或货币补贴,花样繁多。只要物价上涨或企业出现亏损,就要给予财政补贴。而且补贴具有较强刚性,一旦实施,往往由于既得利益者的影响和政府有关部门的顾虑而不易取消,并且其数额还会水涨船高。

(2) 政策性亏损和经营性亏损之间界定模糊,不利于对竞争性行业的优胜劣汰。过多的、"遍撒胡椒面"式的亏损补贴,无助于企业主动去承担市场风险责任、搏击利润、不断增强自身经营管理经验和素质,不利于企业之间在相对公平的基础上展开良性竞争,致使大量经济或社会资源处于闲置或半闲置的浪费状态。例如,我国政府一方面严格控制石化垄断企业石油产品的市场零售价,国际油价暴涨期间限制其随采购成本的提高而适时涨价,油价暴跌期间又不责成其适时降价,扭曲了价格自主机制和企业的正常经营行为,同时又给予企业过百亿元的亏损补贴。而且,石油采购、批发完全被这样的垄断企业控制,数百家民营石化企业被迫忍受其较高的石油批发价格之盘剥,不仅限制了市场经济中的正当竞争,也降低了垄断企业的自身效率,阻碍着企业和社会的技术进步。

(3) 财政补贴综合效应下降。不可否认,我国许多财政补贴项目在设立之初,总体上是合理的,也产生了良好的经济社会效应。但随着时间的推移和条件的变化,这种积极效应日趋减弱甚至形成了纯粹的财政负担。市场经济中不恰当的补贴方式,将部分商品、资源或劳务价格控制在偏低的水平上。例如,国内土地资源价格,在许多地方政府招商引资和土地批租中,被压在很低水平上,造成地方土地大量闲置浪费或低效使用,这种对资本拥有者的暗中补贴,代价是

对被征地者或被拆迁户补偿水平的严重不足,以及不同群体收入差距的进一步扩大。又如,对农用生产资料生产企业给予补贴,同时又不控制其产品的市场价格,导致大量补贴流入中间渠道商囊中,农民被迫购买高价生资。然后政府又得给农民以补贴,这又诱发了农用生产资料价格攀升,财政补贴反而促成了一种恶性涨价循环。

(二) 我国财政补贴制度改革

为有效解决以上诸多问题,必须对我国财政补贴制度进行大刀阔斧的改革:

(1) 要本着"不可不补、不可多补"的基本保障原则,及时清理现有财政补贴。我国财力有限,对于随条件变化而不再具有政府补贴必要的项目,必须坚决予以取消。对于那些必须补贴的项目,要进行严格审查和控制。目前,可以逐步减少价格补贴的种类和数量,将更多补贴用于符合国家产业发展导向的生产流通服务(如高精尖技术培育和推广企业、农业保险)、有利于促进群众大规模就业、破产企业善后工作和职工生活救济,以及基本消费得到满足等环节,并及时将许多"暗补"改为"明补"。例如,农业补贴改革[①]:①要增加补贴额度,改进补贴方式和环节。扭转国家对农业补贴绝对额逐年减少、相对数明显下降趋势,逐步增加对农业的补贴额度,改暗补为明补,减少对流通环节的补贴,把由过去补农药、化肥等物资为主转向对农业科技、社会化服务体系等方面的补贴,加强对农业基础设施建设、种植结构调整和农产品出口补贴,解决农户生产经营的后顾之忧,促进农业经济发展。②要扩大财政贴息资金的范围和途径。我国的财政贴息主要来源于政策性银行的贷款贴息,但其资金十分有限,远不能满足需要,所以有必要对一部分商业银行的农业贷款进行贴息,对农业保险双方进行贴息,如选择关系国计民生的种植业和养殖业实行保费补贴,引导社会资金更多地投资到农业上。③要建立健全农业补贴的政策法规,补充和细化《农业法》,为农业发展提供强有力的法制保障。

(2) 尽量减少对企业的经营性亏损补贴,加大对国家重点支持、扶持项目的补贴力度。要尽早中止对经营性亏损的补贴,因为这种竞争性市场经营风险及其所带来的可能损失,理应由市场主体更多地承担。对政策性亏损补贴,要严格控制数量,并做好对被补贴企业不当谋利行为的监督和约束,顺应市场形势的变化而适时调整,尽量通过灵活的市场化手段来消化亏损。例如,对城市轨道交通运营企业的补贴,关键是要合理划分政府、企业各自责任,明确财政补贴的界限。对城市轨道交通因价格限制因素造成的政策性亏损、对运营企业承担社会福利和政府指令性任务而增加的支出,政府应予补贴;而对其他风险及其造成的经营性亏损,则由运营企业承担。再如,政府对公立医院的财政补贴,可以改变目前按职工人数补贴的方法,按门诊量、出院病人数、病床使用率等工作量进行补贴,从而充分发挥政府和市场各自积极性,实行既能减轻群众负担又可以提高医疗服务质量和资源利用效率的综合效果。

(3) 厘清中央和地方政府财政补贴领域的各自职责,更多运用法律手段,调动社会力量,规制各级政府的行为。同时还要注意协调财政补贴和其他综合性配套政策之间的衔接关系,保证有限的财政资金产生更好的社会资源引导效应。例如,财政部和国家发改委为支持高效照明产品推广,于2007年底协同建立的补贴高效照明节能产品推广新机制:由中标企业负责具体推广,在推广数量和获得补贴间建立起正相关;以间接补贴方式,由企业以协议供货价扣除补贴后

---

① 欧见秋. 新型财政支农体系的构建. 现代商业,2007(20).

的价格销售,最终受益人为消费者;将该产品纳入政府采购范围,保证推广企业是行业排头兵、推广产品是优质高端产品;加大补贴力度,对大宗用户,按中标供货价 30%,城乡居民按 50% 给予补贴,使推广产品价格降到一般用户和家庭的心理价位。这是我国首次运用财政补贴手段支持涉及广大消费者的终端节能产品推广,也是发改委价格改革和新产品推广配套措施有机衔接的成果。

(4) 加强财政补贴资金使用方面的监督管理。要充分调动资金使用者内部、社会媒体、司法检察机关等各类主体的监督和牵制作用,充分保障有限的财政补贴资金能够更加透明、合理、高效地分配使用,发挥出最佳的社会效益。

第四节 税式支出

税式支出作为宏观财政政策的一项政策手段,在调节经济主体的收入水平、影响经济资源的配置,从而调节社会总供给与总需求、熨平经济波动、调整产业结构等方面发挥了独特的作用。但由于我国目前尚无统一的税式支出管理制度,没有对税式支出的范围、统计等方面做出明确的规定,这不利于从整体上、宏观上对税式支出进行管理,也难以对一定时期内税式支出实际效益做出评价。这也成为本书将该项支出纳入转移性支出一章详细阐释的动因。

一、税式支出的基本内容

税式支出(tax expenditure),是政府为实现对某种行为给予鼓励或照顾的政策目标,以主动放弃部分税收收入的形式向特定纳税人提供的财政援助。它是目前备受世界各国政府和理论界关注的一个问题。

税收历来都被认为是政府取得财政收入的一种手段,把"税收"和"支出"两词联系在一起似乎令人费解,但是若考虑一下该词的由来,结合现实经济状况分析一下,却又不无道理。当我们考虑税法时,税法实际上是由相互对立的、有时甚至是相互矛盾的两部分组成,其中一部分内容用来详细规定应该课税的项目以及对这些项目怎样课税,这是税法的主要内容,称为一般的、规范的规定;另一方面,税法为了体现国家的政策意图,为了对某种行为给予鼓励或照顾,又附加规定一些减税、免税、扣除、抵免等各种形式的税收优惠项目,政府主动放弃一部分税收收入。这种政府把该收的税收收入主动放弃而直接留给纳税人支配使用的政策,同政府先以税收收入形式收上来以后再以财政支出的形式支付给该纳税人的政策,在效果上没有什么本质不同,因此政府对特定的纳税人主动放弃一部分税收收入,实际上等于增加财政的援助支出。我们这里讨论的税式支出正是从这个意义上来看的。

首先发现这一问题并加以阐述的当属英国皇家利润和所得委员会。1955 年该委员会在一份报告中指出,税收制度中所安排的许多税收减免"实际上相当于用公共的货币提供津贴"。[①] 1976 年,国际财政学会(IFA)在耶路撒冷召开年会,接受了"税式支出"这一概念,并要求提出报

① OECD. Tax Expenditrue: A Review of The Issues and Country Practices, parts. 1984//伯纳德·萨拉尼. 税收经济学. 陈新平,王瑞泽,陈宝明,周宗华,译. 北京:中国人民大学出版社,1995:247.

告的国家编制税式支出预算。从那以后,税式支出概念很快在世界各国传播,很多国家也开始编制本国的税式支出预算。中国对税式支出引进的时间不长,但发展较快,国家统计局也着手统计以税收减免优惠项目为主要内容的税式支出资料,但要完成我国的税式支出预算,恐怕尚需时日。

税式支出和税收优惠实际上是同一问题的两面。税法中有关放弃税收收入的条款对纳税人而言是税收优惠,对政府而言则是一项税式支出。税式支出本质上是政府部门为分析税收优惠而采取的一种经济统计方法。但它同时也为纳税人进行税收筹划提供了良好的政策指南。税式支出分析最早产生于所得税,后来才逐步扩大到财产税,目前其分析范围已经扩大到所有税种。

税式支出的主要形式,按其对税收收入的影响方式可分为四大类:税基式、税率式、税额式和递延式。①税基式税式支出,是指以减少纳税人税基方式存在的税式支出,主要项目有:起征点(课税对象数额在起征点以下不征税,达到或超过起征点全额纳税),免征额(从课税对象总额中免予征税的数额),税收扣除(允许纳税人从课税对象中扣除某些符合要求的特定项目,以减轻其负担)和税收庇护(纳税人把应纳税所得额重新投资于另一活动,从而避免为此所得交纳所得税)。②税率式税式支出,是指以优惠税率(对特定纳税人、课税对象或特定行为采用较低税率征税)为主要方式的税式支出。③税额式税式支出,是指以直接减少纳税人应纳税额方式而存在的税式支出,主要项目有:减免税优惠(减税是从应纳税额中减征部分税款,免税是免征全部应纳税额,它们是税式支出中最常见也是最重要的形式),税收抵免(允许纳税人从其应纳税额中减去的数额,纳税人实际缴税减少了,常见的有投资抵免和国外税收抵免),优惠退税(为鼓励纳税人某种经济行为而将其已纳税款的部分或全部,按既定程序退还)。④递延式税式支出,是指允许纳税人推迟交纳应纳税额方式而存在的税式支出,纳税人递延纳税实际上是取得税款的货币时间价值,相当于获得一笔无息贷款。其主要形式有:递延纳税(允许纳税人把应纳税款延期缴纳或分期缴纳而不加收滞纳金),加速折旧(允许纳税人以较快速度计提折旧,将固定资产价值提前摊销进费用,导致折旧前期纳税少)和准备金制度(允许企业在某种损失未发生前预提一笔资金,准备弥补将来的可能损失)等。

税式支出和财政直接支出之间既有联系又有区别。其相同点在于:两者都是实现政府社会经济发展目标的手段;实施效果相同;都是对政府财政资金的无偿安排;都对财政收支的平衡产生影响;都是对政府财政资金的使用。两者之间的区别主要有:对国民经济调节重点及力度不同,税式支出侧重于国民经济的微观层次;地位及作用不同,税式支出在整个政府支出中处于次要和补充地位;另外还有法律规定上不同、执行主体及客体不同、时效性不同、隐蔽性不同。

二、税式支出的效应

税式支出是一把“双刃剑”,具有正、负两方面效应。

(一)税式支出的正效应

税式支出作为国家宏观调控的工具,其积极作用具体体现在以下几个方面:

(1) 有利于鼓励微利有益产品和具有外部正效应产品的生产。在市场经济条件下,产品生产者自主经营、自负盈亏。除少数产品的提供由国家控制外,厂商自主决定产品的生产和销售。

因此,在利润最大化目标的驱动下,厂商一般不愿意生产那些微利有益产品和具有外部正效应的产品。如果政府实行适当的税式支出政策,使产品的外部正效应内在化为生产企业的经济利益,增加微利产品的税后盈利,就能有效地促进厂商增加微利有益的产品和具有外部正效应的产品供给。

(2) 有利于鼓励高新技术产业的发展和风险项目的投资,增加科技投入,推动科技进步。税式支出是促进科技进步的主要手段之一,其作用主要体现在以下两个方面:一是在所得税方面,主要是通过允许加速折旧,放宽科技开发费用的列支范围及标准,或者将投资额在税前一次或分次扣除,或采用再投资退税等优惠办法,减轻甚至免除最初或一定时期内的所得税负担。二是在流转税方面,对新产品的试制、技术咨询、技术转让收入,以及对高新技术企业实行减免税政策或退税政策,增加了技术进步的收益。

(3) 有利于从宏观上引导社会资源流向国家鼓励的产业和地区,以实现产业和地区结构协调发展的目标。税式支出是促进和加快瓶颈产业发展的有效手段之一。一方面可以通过制定税式支出政策,促进企业对资产存量的调整,实现资产由长线产品向短线产品转移;另一方面由于产业结构的形成主要在于投资,税式支出可以影响新增投资的方向和规模,从而实现对资产增量的调节。

(4) 有利于增加低收入者收入,提高整个社会福利水平。税式支出是增加低收入者收入的有力措施。税式支出能够在一定程度上增加低收入者收入的主要原因在于,政府可以通过对许多项目给予不予课税、税额抵免、所得扣除等特殊规定,增加低收入阶层的实际收入。

(5) 有利于扩大吸引外资,引进先进技术,增加就业机会。在政治局势、基础设施、市场状况以及外汇管制等其他因素相同的情况下,税式支出可增加投资者的税后收益,成为吸引外资的一个因素。尽管税式支出减少了当前的税收收入,但这种牺牲可以换来国外资金、先进技术和先进的管理经验,既能利用国外资源,开拓国际市场,增加出口换汇,又可以带动我国其他行业的发展,增加了大量的就业机会,对促进产业结构优化、培育税源起到了积极作用。

(二) 税式支出的负效应

税式支出政策在促进国家经济发展、实现特定经济目标方面发挥积极性作用的同时,不可避免地会产生一些负面的影响。

(1) 不利于纳税人之间平等竞争,容易造成经济扭曲,影响资源的有效配置。从公平的角度来看,税式支出作为一种向特定纳税人转移利益的高效而简单的工具,对于其他纳税人来说,则意味着税负分配不公平,是一种税收歧视。因为税式支出获得的额外"收益"并不是纳税人主观努力所能决定的,也不表明其劳动成果,是一种不平等竞争的结果。在这种差别政策诱导下,人们往往因追逐这种税收利益而改变投资结构,投资不是按市场机制作用,流向能够获得正常的最大利益的地方,而是流向政策最优惠之处,一部分要素就可能长期滞留在低效益但能获得税式支出效益的行业中,这时差别税收政策就扭曲了生产要素的组合,不利于资源的有效配置。这说明税式支出政策只能在市场失调和调节乏力的领域内加以运用。

(2) 背离了市场经济所要求的税收公平原则。在市场经济体制下,微观主体主要通过价格、税收等信号做出资源配置的判断,而税式支出的过度运用会改变税收信号,诱导资源过分寻求税收优惠而向低效率的部门流动,结果扰乱了市场秩序,成为保护落后的一种手段。如果企业发现依赖税收优惠比改善经营管理更简便且获益更大，那么，对政府这方面的依赖性就会加强，这样企业转换机制的内在动力就被弱化。比如，有的企业为了能够享受到福利企业的税收优惠，到处招募残疾人员；有的企业为了能享受新办企业的减免照顾，年年换新招牌、年年成为新企业等。同时，内外两套企业所得税制导致涉外企业享有超国民待遇。这种“国宾待遇”在数字上反映为：1998—2001 年，我国给予涉外企业的税收减免总额超过 500 亿元。而且，由于具体的税收优惠政出多门、多头管理，人为地造成企业不公平的竞争环境，使得税收不能有效地体现国家产业政策，加剧了企业的不合理行为，从而影响了宏观经济的稳定。

(3) 导致税法复杂化，增加了征管难度。税式支出作为一种特别措施，虽然只限于少部分纳税人，但由于税式支出的种类繁多、形式各异、效应不同，而且各种税式支出措施都有其特定的政策目标、实施范围和执行标准，因而就大大增加了税法的复杂性。这不仅体现在税法本身，也存在与税法相联系的规定中，从而增加了税收征管工作的难度。大量税式支出的存在，不仅迫使税收机关人员将许多精力放在防止纳税人利用税式支出逃避纳税上，而且影响了税法的统一性和严肃性，从而进一步加剧了征纳矛盾。另外，税式支出政策的适用在一定程度上是靠主观判断来决定的，所以容易滋生腐败现象，这就更增加了征管难度。

(4) 税式支出的累加激励效果和对非纳税人的排除增加了新的分配不公。由于高收入者适用较高税率，因此，同等数量的收入就相对地获得了较多的税式支出。同时，税式支出降低了高收入者的适用税率，进一步减轻了其税收负担，这就使得高收入者获得了双重收益。此外，不论是纳税扣除、延期纳税，还是税收抵免、优惠税率等，一般都要求受益人拥有足够的所得和税负，这必然将非纳税人排除在外，这都影响了收入再分配公平性的实现。

(5) 减少了国家财政收入，造成税款流失。税式支出是以政府放弃一部分本应收取的税收收入为代价的。大量的税式支出使法定税率与实际税率严重背离，侵蚀了国家的财政收入。税式支出的存在还造成了征管的复杂化，由此引致的对偷逃税行为的查处不力，也进一步加剧了税收收入的流失失控状态。

(6) 淡化了税收权威，加剧了分配领域的混乱局面。税式支出本应是设置一种分配信号以引导纳税人的行为，属事前调节，而纳税人有了困难就给予一定的税收优惠，则变为事后调节。这样税式支出的导向作用便退居其次，而照顾作用则居首位。这种直接针对个别纳税人的调节方式表面上看微观效应明显，实际上由于没有明显的宏观政策目标，国家在损失税收收入的同时并未获得相应的宏观效益。

三、税式支出的影响

(一) 税式支出对市场机制的影响

税式支出的目的就是促进和鼓励纳税人从事政府支持的产业、行业，它是通过给予特定的纳税人或经济活动以优惠待遇而对整个经济结构产生一定影响的，其作用机制是通过影响社会总供求，进而影响市场机制。

从商品课税来看，税式支出的直接作用主要是降低产品成本。在产品出售价格不变的情况下，增加了企业利润；同时也会刺激生产经营者扩大生产、增加供给量，即使以低于同类产品的价格出售，利润也不一定降低。

从所得税方面来看,税式支出的作用主要表现在增加利润。利润是产量的函数,等于总收益减去总成本。企业若能获得所得税减免,其决策方式发生改变:或是降低产品售价,保持原来的利润水平,增加企业竞争能力;或是增加再投资,更新设备,扩大生产规模,提高生产能力。如果对所得税减免,不管是个人还是单位,都会直接或间接地将政府放弃的税收收入转移到个人身上,税式支出最终结果降低最高边际税率,其膨胀效应并不表现在需求方面;如果降低最低边际税率,将提高低收入阶层的可支配收入在总收入中的比重,从而扩张需求。

(二)税式支出对资本和产业结构的影响

假定一个消费者的收入水平不变,他消费的商品有甲、乙两种,在甲与乙两种商品价格不变的情况下,消费者对两种商品的不同组合有同等偏好,根据无差异曲线的特点,无差异曲线的斜率表明商品甲替代乙的比率(边际替代率),如图 7-1 所示。

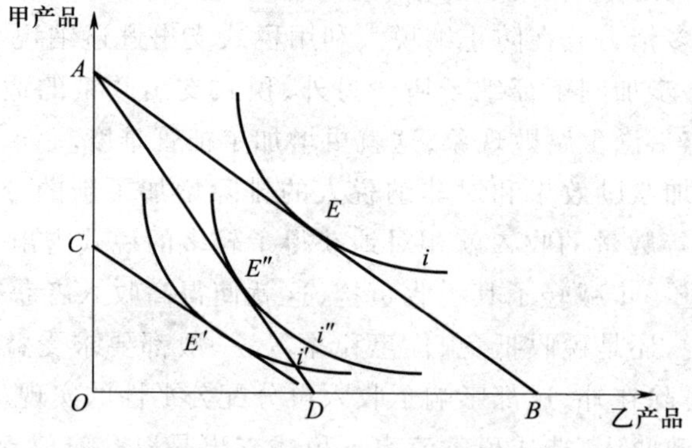

图 7-1　税式支出的替代效应

图中 AB 线表示的是消费者个人的税前预算线。消费者如果用税前收入全部购买甲产品可购得的数量为 OA,如果全部购买乙产品可购得的数量为 OB。假定要对其课征一种中性的总额税,也就是说,课征的这种税对消费者个人购买这两种商品的消费组合行为不会产生影响。由于总额税在对待甲、乙两种产品上没有偏向,即总额税没有对消费者的商品选择进行干扰,这样就使其预算线由 AB 平行向下移至 CD,其可支配所得显然比纳税前降低了许多,从而使消费者个人对两种商品的需求减少,消费组合也从 E 点移到 E′点。

在上述课税条件下,如果政府实施税式支出,以鼓励消费者更多地消费甲产品,引导其消费倾向,就会出现以下效果:若消费者个人将其所得全部用去购买乙产品,由于没有税式支出,消费者个人就要负担全部的税款,而且他所能购得的数量也只能是 OD。但是,如果该消费者个人把全部所得都用于购买甲产品,由于是免税,税式支出发生了作用,不负担任何税收,仍可以购买到与税前最大购买量 OA 一样多的甲产品。既然税式支出使购买甲产品具有一个增量,而乙产品又没有受到影响,那么,可得到新的预算线 AD,边际替代率发生了变化,甲、乙两种产品之间也必然发生替代效应,两种商品的消费组合就会从 E′点移到 E″点,从而提高了购买的效用,增加了消费者个人福利。不过,税式支出会扭曲税收的公平性。对那些具有相同纳税能力的人而言,由于税式支出和个人消费倾向差异的作用,个人得到的税收利益会有所不同,因而导致其税收负担也不同。甚至可能出现这样的情况:高所得者不纳税或少纳税,而低所得者要纳税或相对多纳税。

生产决定消费,消费又反作用于生产,税式支出引导消费方向变化,会引起生产领域相关的资本和产业结构的变化。在整个国民经济中,对一定产业实施税式支出,随着征税产业的税负再分配,会引起资本向免税产业流动,直至达到新的均衡,从而实现资源的再配置,落实了产业政策。如果这种产业政策符合市场需求,那么,该资本流动将具有效率;否则,就为不效率。至于免税所引起的资本流动并降低了资本收益率这一现象,并不能说明是税式支出的结果。从全社会看,税收也是一种收益,只不过是通过政府课税,将企业部门的收益转移到了政府部门,社会总资本的收益率不会因为课税而发生变化。

四、税式支出的管理

(一) 国外税式支出管理模式的类型

目前世界各国对税式支出的管理模式主要有三种:

(1) 全面的预算管理模式,为美国、加拿大等国采用。其特点是:采用这种模式的国家税式支出实践历史比较长;预算报告中的税式支出数据比较详尽、规范;关于对税式支出的界定、统计方法比较完善、成熟;政府对这一问题高度重视,进行了比较深入的研究;议会对税式支出进行严格审议,并经过法律程序才能生效,是预算报告的重要组成部分。

(2) 准预算管理模式,意大利、葡萄牙、德国、荷兰等欧洲国家采用这种方法。其特点是:实行的历史较短;政府重视程度不高;对税式支出的统计分析和评估方法没有成型模式;税式支出是否作为预算组成部分有分歧;税式支出报告不需议会审批。

(3) 非制度化的临时监督与控制模式,经济合作与发展组织的部分国家以及一些发展中国家多采用这种方法。其特点是:属临时专项分析,无固定的统计、评估方法,政府的管理控制较弱;没有严格的法律程序,不需要向议会提供或由其审批。

(二) 我国税式支出管理模式的选择

国际经验表明,采取以全面预算管理为手段的管理模式,是税式支出管理的最有效途径。对于我国来说,税式支出管理制度的建立,既要立足现时基础和可操作性,适当从简,又要着眼于完备和规范,尽可能借鉴国际先进经验,提高起点。所以我们认为,在我国现实条件下,建立和完善税式支出管理制度,起点不应低,至少要从准预算管理为手段的报告式管理模式入手,以纳入全面的预算管理为最终目标。总体设想是,在准预算管理为手段的报告式管理模式基础上,分三个阶段逐步推进。

(1) 先从少数主体税种开始着手税式支出分析工作,并对其中比较重要或涉及面较大的支出项目进行数额估算,然后试编简单的税式支出计划表,形成一个以总额控制为主,并且区别不同形式的税式支出项目,具有一定弹性的税式支出预算计划。这种小范围和简略的税式支出预算计划可先不作为政府预算的法定组成部分由立法机关批准,但也要模拟正规预算程序提交人代会讨论。其目的是使税式支出管理制度一起步就在程序上靠近规范。

(2) 在取得一定经验基础上,将税式支出管理范围扩展到主要的税种和主要税式支出项目,按照预算工作程序,编制较系统的税式支出预算表,做出较确切的定量分析,形成总额控制和结构控制并重、具有较具体的实施要求的税式支出预算计划,并作为财政预算的附属部分,接受人代会的审查监督。

(3) 在此基础上进一步发展、完善和规范税式支出项目及其分析,编制统一规整的税式支出预算,并通过正规预算立法程序,落实年度税式支出计划和检查、监督税式支出预算的执行情况,形成类似于西方国家全面预算管理的税式支出预算管理模式。

(三) 我国税式支出管理范围的确定

确定税式支出范围,是该制度能否实现国家社会经济目标、提高税式支出效益的重要前提和基础。由于各国经济和社会发展所处历史阶段不同,财税政策的取向不一,税式支出的广泛性表现出一定的相对性。欧美等经济发达国家出于公共财政职能方面的考虑及税收的公平与中立性原则,税式支出的范围和重点主要集中在非生产性领域。而广大发展中国家由于加快本国经济发展,为实现包括增加出口、扩大就业、培训工人、提高产品附加值、技术转让与创新,特别是刺激现实出口增长政策目标的需要,税式支出的政策取向在兼顾实现公共财政职能需要的同时,往往侧重于效率的提高。税式支出的范围也被延伸到生产性领域。

我国税式支出及管理中存在的一系列问题,从表面上看,是税式支出管理本身的问题,但归根结底反映了政府、财政与市场之间的关系尚未根本理顺。为此,当务之急是尽快通过深化财政改革,按照现代公共财政理论,以市场经济为基础,重新界定税式支出的活动领域与作用范围,将财政直接和间接支出的范围限制在社会公共需要领域。1994 年税制改革,过多过滥的税收优惠实践得到一定程度的规范和完善,但税式支出范围和重点尚不够明确。我们认为,在税式支出制度建立初期,其范围不宜过于宽泛,而应遵循合理且可行原则,将重点放在预算直接支出可以替代的、有特定目的并仅为少数人享受的税收优惠政策上。具体来说,其应集中在鼓励特定产业和部门、落后地区、出口产业、外商投资以及调节社会生活等几个方面。所涉税种,可借鉴西方发达国家以所得税税式支出分析为中心的模式,同时将我国的流转税置于仅次于或等同所得税的位置。

(四) 我国税式支出统计方法的选择

税式支出统计主要包括两方面:在可以直接获得税式支出数据情况下加总或分类核算;在不能直接获得有关数据情况下,根据间接数据进行估算。目前世界上实施税式支出管理制度的国家主要采用三种统计方法:

(1) 收入放弃法。政府因提供税收优惠而导致的年税收收入的减少额,在计算上以包含特殊优惠条款的现行立法与没有包含优惠条款的原立法之间比较为依据。

(2) 收入收益法。计算如果取消某项税收优惠条款可能给政府增加多少税收收入。

(3) 等额支出法。这种方法考虑的是以一项相应的直接支出计划取代一项税式支出,需要多少税前支出才能达到相同的税后受益或效果。

在税式支出管理制度建立初期,可以先选择简便的方法(如收入放弃法)对重点数据进行深入分析。积累一定经验后,再使用复杂的方法,如收入收益法、等额支出法等。

(五) 我国税式支出的效益评价

对税式支出的管理,不仅要定性评价,而且要定量评价。

1. 定性评价

定性评价主要涉及三个方面内容:

(1) 目标科学性分析,即主要分析某一税式支出项目的政策目标是否与一定时期社会经济发展的总目标相符,是否与其他相关政策的目标协调互补或是否存在冲突。

(2) 条件适应性分析,即分析某项税式支出的实施是否与当时的社会经济条件相契合,是否具备发生作用的微观基础和宏观环境,并根据既定条件分析该项税式支出与直接财政支出相比是否为最简单有效的方式。

(3) 激励机制分析,即根据受益主体的行为方式,分析判断某项税式支出产生生产性激励的可能性及其程度。

2. 定量评价

定量评价即对税式支出进行数量化的成本效益比较分析。国际经济学界广泛采用的方法主要有净效益现值法、效益成本比法、内部收益法。

在我国现阶段情况下,适合采用较简便的方法。在税式支出总量固定的情况下,在各方案之间进行最佳分配,宜采用效益成本比法来进行评估;而当税式支出方案是一个整体,与其他方案没有关联时,则宜采取净效益现值法来进行评估。因为效益成本比法更适用于税式支出的宏观评估,而净效益现值法则适用于税式支出的微观评估。对税式支出项目进行评估是一项艰巨的工作,其关键在于选择正确的评估方法。

另外,由于税式支出效应的双重性质,在实施过程中始终存在发挥正效应和限制负效应的矛盾,且正、负效应在客观情况变化的情况下会自行转化,一项有效的税式支出制度在客观条件变化后,不仅激励作用有可能消失,而且可能成为阻碍经济发展的因素。考核经济效益优劣的标准,是支出偿还能力大小,也就是税式支出的使用给国家带来的资金回流量。若资金回流量大于支出的数额即为有效或高效,反之为低效。而考核社会效益则没有数量标准,只能间接查看其能否搞活企业、促进生产的发展,是否增加了就业机会、促进了稳定社会。若能达到此目标则为有效,否则为低效。因此在管理上需要建立一套科学的监测评价体系,以效益为核心进行监督。我们认为,应当尽早建立反映税式支出效益的指标体系。如税式支出总额占国民收入的比例,每一单位税式支出实现的利税、产值等。通过建立相应的指标体系,对税式支出的总量、结构、效益进行具体的量化监测和评估,为国家宏观决策提供依据。

本章小结

本章主要介绍了财政转移性支出的框架内容,财政转移性支出效应、问题、原因及调整,社会保障支出与改革,财政补贴和税式支出。财政转移性支出直接表现为财政资金的单方面、无偿性支付。狭义上的转移性支付,是指上下级政府之间的资金往来。我国目前的转移性支出由一般性转移支付、专项转移支付和税式支出组成。一般性转移支付,主要是中央对地方的财力补助,包括税收返还、过渡期转移支付、原体制补助;专项转移支付,主要是专项拨款、各项结算补助、税收支出与其他补助等,服务于中央政府特定政策目标。财政转移性支出的效应,主要表现为对这类支付的接受者在国民收入分配结构变动上的影响。我国当前的财政转移性支出存在纵向和横向的不平衡问题,其调整方向是:合理划分中央和地方政府之间的事权和财权;改革现行税收返还制度,打破现有利益分配格局,增强中央转移支付实力;完善省级以下转移支付制度,缓解县乡财政困难;加快法制化建设。社会保障支出,是国家向符合条件的所有社会成员依法提供基本生活保障和社会服务,以使其达到最低生活水平的一种保障制度。这些条件,是指公民因暂时或永久失去劳动能力以及由于各种原因导致生活困难。社会保障制度包括四个方面内容:一是社会保险,它是社会保障的核心内容,包括养老、失业、医疗、疾病生育、工伤、伤残保险;二是社会救助,是由财政完全提供的一种最低生活保障;三是社会福利,是对盲聋哑和鳏寡孤独者提供的物质福利以及住房福利;四是社会优抚,是专门对革命军人及其家属提供的基本保障。财政补贴,是财政部门根据国家政策需要,在一定时期内,对特定产业、部门或地区、企事业单位、居民个人或事项给予补助或津贴,旨在改变现有产品或生产要素相对价格,进而改变资源配置结构和供求结构,其基本特征是政策性、时效性和灵活性。按财政补贴环节可将其分为生产者补贴、商业企业补贴和消费者补贴;按补贴形式可将其分为价格补贴、政策性亏损补贴、财政贴息和税式支出。财政补贴有利于社会资源优化配置、提高社会福利、调节社会总供求。财政补贴改革的重点在于:清理现有财政补贴,减少对企业的经营性亏损补贴,加大对国家支持项目补贴力度;厘清中央和地方政府财政补贴领域的各自职责,更多运用法律手段规制各级政府的行为。税式支出,是政府为实现对某种行为给予鼓励或照顾的政策目标,以主动放弃部分税收收入的形式向特定纳税人提供的财政援助,它具有正、负两方面效应,并对市场机制、资本和产业结构产生一系列影响。我国目前的税式支出管理模式,存在不少亟待改进之处。

复习思考题

一、名词解释

一般性转移支付　专项转移支付　社会保障支出　养老保险　医疗保险　财政补贴　税式支出　税收扣除　税收抵免　税收庇护

二、问答题

1. 简述我国财政转移性支出存在的问题。
2. 我国财政转移性支出的改革方向是什么?
3. 简述我国社会保障制度。
4. 我国医疗保险制度存在哪些问题?
5. 试述我国廉租房制度存在的问题与改革方向。
6. 简述中国财政补贴的现状与问题。
7. 简述税式支出与财政直接支出的异同点。
8. 税式支出与税收优惠有何区别?
9. 税收抵免与减免税有何区别?
10. 简述国外税式支出管理模式的类型。

即测即评

第三篇

财 政 收 入

第八章

财政收入概述

在前面的章节中，我们已经讨论了政府财政的职能和作用，知道了这些职能的履行和作用的发挥是通过财政支出活动来实现的。那么，政府财政支出活动中的资金是从哪里来的，又是怎么样获得呢？本章将要讨论的正是有关财政收入活动的问题。本章将重点介绍财政收入的定义、分类和构成情况，并对影响财政收入规模的各种因素进行分析。

第一节　财政收入的定义及其分类

一、财政收入的定义

财政收入，即政府部门的公共收入，是国民收入分配中用于保证政府行使公共职能、实施公共政策以及提供公共服务的资金需求。从动态角度看，财政收入表现为政府筹集资金，取得收入的过程；从静态角度看，财政收入又代表一定量的货币资金，一般表现为政府部门在一定时期（一般为一个财政年度）内所取得的货币收入。财政收入是一个经济范畴，它不仅可以充当财政收支的源泉，同时也是贯彻政府各项经济政策的手段和工具。此外，财政收入也是一个历史范畴，财政收入的形式、规模和结构都随着历史的发展而变化。

二、财政收入的分类

对财政收入的分析和研究是财政学理论的重要组成部分。从什么角度对财政收入进行研究，取决于财政收入的分类方式，而对财政收入的分类方式又取决于各国财政收入形成的不同特点。

一般来说，按照收入持续与否，财政收入可划分为经常性收入和临时性收入。经常性收入是指在连续财政年度内可稳定获得的收入，包括税收、国有资产收益、公共收费等；临时性收入则是指非定期、不规则的收入，如公共公债收入、临时性的税收收入等。按照收入的来源渠道，财政收入可划分为直接收入和派生收入。直接收入是指政府凭借资产所有权取得的收入；而派生收入是政府凭借政治权力取得的收入。按照强制性特征，财政收入可划分为强制性收入和非强制性收入。

市场经济初期政府的财政收入,主要来自于国有资产收益。从这个角度分析,财政经济学家亚当·斯密曾把财政收入划分为国家资源收入和税收收入两大类;而英国经济学家道尔顿则根据收入的征收方式,把财政收入划分为强制收入、代价收入和其他收入三类,其中:强制收入指税收、战争赔款、罚金、强迫公债收入等;代价收入指公产收入、公业收入、自由公债收入等;其他收入指专卖收入、特许权使用费、发行货币收入、捐赠收入等。我国的一些学者及实务部门则按不同的管理方式,把财政收入分为预算内收入(纳入国家统一预算管理的收入)、预算外收入(未纳入国家统一预算、由各部门自收自支的收入)和制度外收入(或非预算收入)。目前,国际上常用的方法是按政府获取收入的形式不同对财政收入进行分类。按照这种方法,可以将财政收入划分为税收收入、国有资产收益、公债收入和公共收费四种类型,这也是财政学研究财政收入最常用的一种分类方法。以下就按此分类方法的内容和顺序,对各项财政收入做进一步的介绍。

(一)税收收入

税收,是指政府凭借其政治权力,依据相关法律和预定的标准,向处于本国税收管理范围内的居民和企业组织强制无偿征收的财政收入。税收具有强制性、无偿性和固定性的特点。

税收是现代财政的主体收入、经常性收入、最稳定性收入,是渗透社会再生产各环节的广泛性收入与主要财源,是贯穿社会收入初次分配与再分配全过程的收入形式。在世界各国税收都是政府取得财政收入的主要工具。在我国,2005 年之前税收收入占全国财政收入的比重一直在 90% 以上,近几年随着非税收入增长,税收收入比重有所下降,但也一直保持在 80% 以上(见表 8-1)。税收之所以成为最主要的财政收入形式是由公共产品的属性和税收自身的特点决定的。首先,在各种不同的社会经济条件下,由于公共产品的受益和成本补偿均具有不确定性,无法将受益者与补偿对象一一对应,从而无法确定每个社会成员究竟应该承担多大份额公共产品的费用。这就决定了全体社会成员所需公共产品或服务只能由以政府为主的公共部门来提供,而政府等公共部门属于非生产部门,一般不会直接创造财富,政府凭借政治权力,选择具有强制性和无偿性的税收筹资方式就成为首选。其次,税收的固定性又可以保证政府获得连续稳定和充足的财政收入,可及时弥补政府对公共产品补偿的要求。另外,在市场经济体制下,税收还可以作为政府最有效的财政政策工具,对经济进行宏观调控,实现社会经济资源的优化配置,以达到社会经济稳步发展等目标。税收的这种经济调控职能加强了它在财政收入主要方式中的地位。

表 8-1　我国 1997—2015 年税收占财政收入的比重

年份	财政收入(亿元)	税收收入(亿元)	税收占财政收入的比重(%)
1997	8 651.14	8 234.04	95.18
1998	9 875.95	9 262.80	93.79
1999	11 444.08	10 682.28	93.34
2000	13 395.23	12 581.51	93.93
2001	16 386.04	15 301.38	93.38
2002	18 903.64	17 636.45	93.29
2003	21 715.25	20 017.31	93.30
2004	26 396.47	24 165.68	91.55

续表

年份	财政收入(亿元)	税收收入(亿元)	税收占财政收入的比重(%)
2005	31 649.29	28 778.54	90.93
2006	38 760.20	34 804.35	89.79
2007	51 321.78	45 621.97	88.89
2008	61 330.35	54 223.79	88.41
2009	68 518.30	59 521.59	86.87
2010	83 101.51	73 210.79	88.10
2011	103 874.43	89 738.39	86.39
2012	117 253.52	100 614.28	85.81
2013	129 209.64	110 530.7	85.54
2014	140 370.03	119 175.31	84.9
2015	152 269.23	124 922.2	82.04

注:财政收入不包括国内外债务收入、政府基金性收入。

资料来源:《中国统计年鉴》(1998—2016),政府一般预算收入有关数据经计算求得。

(二) 国有资产收益

所谓国有资产,即国家投资形成和拥有的财产,是国家代表全体人民的意志,行使公共财产权所形成的资产。国有资产按其是否参与经营可分为经营性国有资产、非经营性国有资产和资源性国有资产三种。其中,经营性国有资产是指参与生产和流通,从事经营活动,以保值增值为目标的国有资产,如邮电、通信、铁路、公路、航空等部门占有的国有资产;非经营性国有资产是指不参与生产和流通,不从事经营性活动的国有资产,如行政机关、事业单位、人民团体和科研机构等占有的国有资产;资源性的国有资产是指矿山、森林、土地和草场等。经营性国有资产向财政上缴利润,可以形成财政收入。非经营性国有资产和财政收入的关系虽不甚密切,但少量非经营性国有资产可以通过收费的方式形成部分财政收入。资源性国有资产的使用须向国家财政缴纳国有资产使用费,也可以形成财政收入。

国有资产收益,就是指国家凭借其对国有资产的所有权所获得的经营利润、股息(红利)租金和资产使用费等收入。在现代企业制度下,国家与国有企业(包括拥有国有股份的企业)之间的分配关系,除了依法征税外,还有资产收益分配关系,即国家以资产所有者的身份通过企业缴纳利润和国家股分红等形式取得一定的收益。

我国的国有资产收益方式经历了一个历史的演变过程。自 1949 年至 1983 年,利润上缴成为国有资产收益的唯一实现方式,这是和当时的计划经济管理体制相适应的,但这种方式压抑了企业及其员工的积极性和创造性,严重制约了企业的发展。1983 年至 1984 年,我国进行了城市体制的改革,对国有企业实行了两步“利改税”,即对国有企业的分配由原来的上缴利润改为税收形式,并将税收作为国有资产所有权益的唯一实现方式,这种做法旨在克服以前企业留利不均,国家、企业之间分配关系不规范等弊端。但是,由于国有资产本身的特性和国家作为国有资产的管理者和所有者的双重身份,因而完全采用税收形式取代与排挤其他国有资产收益形式,并没有真正理顺国家和企业的分配关系。1987 年,我国又试行联产承包责任制,试图通过核定基数、确保上缴、超收多留和不足自补的承包方式来激励国有企业增产增收。但由于承包制在一定范围内又回到了“利改税”以前的单一利润上缴方式,执行中也出现了“包盈不包亏”等偏差现象,因而严重影响了财政收入的稳步增长,同样扭曲了国家同企业之间的分配关系。1989年,我国又进一步实行了"税利分流"改革,即国家首先以全社会的行政管理者身份向企业征收所得税,然后又以资产所有者身份以不同形式获取一部分企业利润,体现出国家作为行政管理者和资产所有者的双重身份,构成了目前"有税有利、税利互补"的国有资产收益来源的结构体系。1994年以来,随着我国社会主义市场经济体制的逐步建立和完善,所有制多元化、经营形式多元化、产权结构多元化已成为必然趋势。国有股"一股独大"的现象将会逐渐减少,更多的国有资本将与各种不同所有制性质的资本相结合,组建各种不同经济成分的新企业。相应地,国有资产收益也不仅局限于传统的国有企业中,而会更多地存在于非国有企业中。因此,在市场经济体制下,不仅要研究国有企业利润分配模式,更要探索国家参资、参股的所有企业的利润分配模式。

(三)公债收入

公债收入,是指政府以债务人的身份,按照信用的原则从国内外取得的各种借款收入,也称为公债或国债。凡是政府部门承担最后偿还责任的债务都可称为公债,即政府部门或政府所属的公共企业部门从私人部门或国外得到的借款都是公债的组成部分。政府作为债务承担者,往往通过发行公共债券取得收入。公共债券按债券发行主体不同可分为中央政府债券、地方政府债券和公共企业债券,按发行债券对象不同可分为内债和外债,按债券偿还期限不同可分为长期公债和短期公债。一般来说,发行公债是在政府财政收不抵支时,用于弥补财政赤字所运用的主要手段。其产生和发展需要两个条件:一是正常财政收入不能满足支出的需要;二是社会上可供借贷资金的存在。

公债具有自愿性和有偿性的特征。公债的自愿性体现在政府是无法强迫人们购买公债的,只能通过相关手段,如高于市场的利率和适当的宣传活动等,对人们进行引导。而人们是否购买公债,最终还取决于自己对公债收益和风险的判断与比较。在和企业债券、银行储蓄以及其他有价证券进行比较之后,当人们意识到公债在收益方面高于其他投资产品而风险低于其他投资产品时,就会自愿选择购买公债。公债的有偿性则体现在政府取得各种借款收入后,到期必须还本付息。

在市场经济条件下,公债的作用已经不仅局限在筹集财政收入、弥补财政赤字,它还是政府进行宏观调控的重要手段,具有连接财政政策和货币政策的功能,成为政府进行公开市场业务操作的主要品种。公债债券是一种有价证券。证券市场是有价证券交易的场所,政府通过证券市场发行和偿还国债,意味着公债进入了交易过程。而在证券市场中进行的公债交易即为公债市场。公债市场按照公债交易的层次或阶段可分为两个部分:一是公债发行市场;二是公债流通市场。公债发行市场指公债的发行场所,又称公债一级市场或初级市场,是公债交易的初始环节,一般是政府与证券承销机构如银行、金融机构和证券经纪人之间的交易,通常由证券承销机构一次全部买下发行的公债。公债流通市场又称公债二级市场,是公债交易的第二阶段,一般是公债承销机构与认购者之间的交易,也包括公债持有者与政府或公债认购者之间的交易。它又分证券交易所交易和场外交易两类。证券交易所交易指在指定的交易所营业厅从事的交易,不在交易所营业厅从事的交易即为场外交易。中央银行通过在二级市场上买卖公债(直接买卖,公债回购、反回购交易)来进行公开市场操作,借此存吐基础货币,调节货币供应量和利率,实现财政政策和货币政策的有机结合。

（四）公共收费

公共收费,是指公共部门中的企事业单位通过提供服务或劳务,以有偿交换来取得的收入形式。其基本特征是交费者通过履行交费义务,来获取政府赋予的权利,并享受相应的服务或利益。公共收费主要有规费和使用费两种。规费是指政府公共部门为个人或者企业提供某种特定服务或实施行政管理所收取的特定报酬。规费通常包括行政规费,如护照费、商标登记费等和司法规费,如诉讼费、出生登记费等。使用费是政府提供的特定公共设施或公共服务对使用者按照一定的标准收取的费用。典型的例子是政府介入的一些具有自然垄断性质的行业提供的产品或服务所收取的费用,如自来水费、电力费、公路使用费、公立学校的学费等均属于使用费。

与公共收费相关联的概念是公共定价,即政府部门对公共收费水平与标准的管制与限定。因此公共定价也可称为政府定价,它所产生的价格并非由市场形成,而是由政府制定。公共定价是政府影响和控制经济的手段。因为,从公共定价对经济的影响来看,它相当于税收和补贴。当公共定价低于市场价格时,相当于对消费者的补贴和对生产者的税收;当公共定价高于市场价格时,相当于对消费者的税收和对生产者的补贴。公共定价还是政府取得财政收入的手段。当公共定价作为收入手段被政府部门使用时,政府必然是介入了公共产品生产领域,成为其中的生产者或消费者。当政府作为买方时,规定一个低于市场价格的低价,可以减少购买成本,增加收入;当政府作为卖方时,规定一个高于市场价格的高价,政府又可以获得更多的销售收入,同样增加了收入。一般来说,除了具有垄断性质的公共产品的价格由政府制定外,公共定价应该以纠正市场缺陷、弥补公共产品生产成本为主要目的,而不是筹集财政收入。因为,当公共定价涉及的领域过于宽泛,超过了政府提供的公共产品和服务时,就会对经济产生不利的影响,损害市场机制,并将导致垄断。

三、财政收入体系中的税费关系

税收和收费都是国家筹集财政收入的重要手段,都是为了弥补政府提供公共产品的成本。两者之间在一定条件下还存在替代关系。那么,政府究竟该如何去选择呢?

在市场经济条件下,政府以何种方式筹集收入,应该建立在对筹集收入的成本和收益进行比较的基础上。在对税、费两者的选择上也不例外。税收的成本收益可以表示为:税收的纯收益=税收收入-税收的征管成本-税收的效率损失;收费的成本收益可表示为:收费的纯收益=收费收入-收费的征收成本-收费的效率损失。如果税收的纯收益>收费的纯收益,那么税收方式优于收费方式;如果税收的纯收益<收费的纯收益,那么收费就优于税收。需要说明的是,上述理论分析很难运用于实践。因为税收和收费的征收成本以及它们的效率损失很难用货币形式进行量化分析。因此,在财政实践中,税费的选择更多地依赖于各种现实原因。一般来说,纯公共产品的资金需求,适合于用税收方式筹集;而混合公共产品的资金需求,适合于用收费或收费与税收相结合的方式筹集,因为混合公共产品具有一定的可排斥性,运用收费方式筹集资金可以提高产品的使用效率。

从世界范围看,第二次世界大战后,欧美发达国家的收费规模也呈扩张趋势,特别是有些国家在州以下的地方政府中,收费成为地方公共产品的重要资金来源,其增长率甚至超过了税收的增长率。比如美国,在20世纪50—70年代,其地方政府的收费增长明显快于税收增长。之所以出现这样的趋势,主要是公共产品提供机制和社会经济发展的原因。首先,随着这些国家经济的发展和社会需求的增加,地方政府会相应增加提供混合公共产品的数量,当提供混合公共产品的数量增加时,地方政府当然会扩大公共收费的范围和规模,以增加政府收入、满足资金需求。其次,政府职能扩张后,政府的开支也会日益增加,当地方政府无法用税收的方式来筹集开支的资金需求时,一般会选择更为灵活的公共收费形式。最后,在西方发达国家,无论是提高税率还是开征新税种,都会引起社会激烈的争论并需要经过长期的论证,于是,形式灵活的公共收费也就成为政府解决资金供求矛盾的重要选择。

从我国的情况看,税费改革走过了二十几年的历程。在数量方面,我国仅预算内的收费金额就十分庞大,特别是在改革的早期比较明显,近年来随着“费改税”不断推进,公共收费所占相对比例才逐年下降,项目也逐渐减少。比如,我国的公共收费与税收的比例1979年为1∶4.737,1993年为1∶9.343,1997年为1∶10.48,2000年为1∶11.516,2009年1∶12,2015年1∶9.09,近两年一直保持在1∶10左右,但是绝对值一直在增长,2015年已经超过13 000亿。[①] 在资金管理方面,我国将收费划分为预算内收费、预算外收费与非预算收费三种。其中,预算内收费目前主要是教育费附加和其他收费(原“两金”即能源交通基金和预算调节基金于1997年取消),收费总额接近预算内总收入的9%。但是,应该看到,我国还有不少的公共收费未反映在预算之内。这些数字和情况一方面说明了我国税费关系的变化趋势,费的比例在逐年减少,显示出我国税费改革的成果;另一方面也说明了我国的税费关系仍未完全理顺,管理还未到位,还需要进一步改革。

造成我国税费关系现状的原因是:①历史状况的延续。我国是从计划经济体制走来,过去长期处在“税弱费强”状态,“利改税”和“费改税”虽然已进行了二十多年,但这种改革是伴随着经济体制转轨的大工程,不是短时间能够完成的,需要一个循序渐进的过程。②政府职能的扩大。随着经济的发展和社会的进步,各地各级政府承担的公共职能也在不断扩大,整个社会处在快速发展的动态中,在税收立法还来不及跟进的时候,各地政府为了发展本地经济(比如基础设施建设和其他公共工程建设等)千方百计通过各种渠道筹集资金,公共收费(比如过路费、过桥费等)就是选择的方法之一,这在客观上增加了全社会的公共收费。③公共收费的管理。在税费改革不能一步到位、不合理的收费又不能完全取消的情况下,政府对公共收费的管理成了至关重要的问题。从近几年的情况来看,我们在公共收费管理方面还存在一些问题,如有些部门和机构出于本部门的利益考虑,取代政府,擅自发布收费指令,增加收费项目和标准,把收费作为创收手段;还有些部门为了提高本部门人员的福利待遇,增加不合理的收费项目,以达到筹集资金的目的等。④经济发展不平衡。经济发展不平衡也会反映到公共收费问题上。我国内地有些地区经济落后,资金严重短缺,虽然每年有上级政府的转移支付,但也不能从根本上解决问题,在地方税收难以满足又不允许发行地方公债的情况下,只好自开收费项目,以维持开支。

① 公共收费与税收的比例,2000年及以前根据《中国统计年鉴》国家财政分项目收入的数据计算而得,公共收费数据不包括企业收入和企业亏损补贴;2007年及以后根据《中国统计年鉴》中央和地方财政主要收入项目的数据计算而得,公共收费数据包括行政事业收费、专项收入和罚没收入。

即使这样,还有些地区经常存在拖欠教师工资等财政困难现象。

在西方市场经济国家中,各级政府虽然有一定比重的财政收入来自公共收费,但总体上呈现出收税为主、收费为辅的格局。同时,公共收费完整地反映在政府预算之内,并且有严格的审议和批准程序,限制程度高,管理也比较严格。地方政府的收费比重一般高于中央政府。政府收费的规模、结构及其变动,主要取决于对公共服务补偿的需要,一般对应于政府的公共服务,而不是单纯为了筹措收入。收费的权力主体是政府而非政府所属各部门。政府所属各部门无权制订收费计划,也无权核定收费标准和范围,它们只能作为办事部门执行政府的收费法规。相比之下,我国的公共收费虽已经历了二十几年的改革,但目前总体上如上述所说,仍处在"项目繁杂、层次过多、关系复杂、管理不严"的状态中,另外,税费关系也未完全理顺。

要理顺我国的税费关系,除了对财税和公共收费体制进行整体改革以外,必须按公共财政的理念,针对存在的问题,采取一些具体有效的措施。比如,提高我国财政收入的规范化和透明度,强化政府预算管理,加强非税收入的管理,减少预算外的收入来源;对现有的收费项目进行必要的清理,同时加强相关税制建设,并逐步以税收取代相关收费;取缔地方政府和各部门越权出台的各种收费项目,统一收费审批权限;对必须保留的公共收费,要按成本补偿的原则严格界定其受益范围和对象,建立成本补偿的对应机制等,使我国公共收费的规模结构与社会发展相协调,真正起到它在社会公共管理方面的积极作用。

第二节　财政收入的规模分析

一、财政收入规模及其衡量指标

(一) 财政收入规模的含义

财政收入规模,是指一定时间内(通常为一年)一个国家财政收入的总水平。财政收入规模是衡量一国政府财力的重要指标,很大程度上反映了政府为社会提供公共产品和服务的能力。

财政收入的持续增长是任何一个政府都追求的目标,也是现代社会不断发展、政府职能不断扩大、财政开支不断增加的需要。对一个国家或者一个社会而言,财政收入的规模一定要适当,既不能过大,也不能过小。如果财政收入规模过大,政府集中的财力过多,就会压缩企业与个人的生产和消费,企业不能扩大再生产,个人不能按意愿消费,市场就会走向萧条,经济就会出现萎缩,全社会的经济效率就受到影响;如果财政收入规模过小,政府的职能受到限制,不能满足公众对公共产品的需求,同样会降低社会的经济效率。合理的财政收入规模,无论是对经济的发展、人民生活水平的提高,还是对政府职能的实现都具有非常重要的作用。因此,各国政府都致力于对财政收入规模的研究,以确定合理的财政收入规模。

(二) 财政收入规模的衡量指标

财政收入规模的衡量指标有绝对量指标和相对量指标。绝对量指标就是指一定时期一个国家财政收入的实际数量,即财政总收入,通常可用一定量的货币收入总额来表示,如亿美元、亿元等;相对量指标就是一定时期内财政收入与有关经济和社会指标的比例,主要包括:财政收入占 GDP 的比重、中央财政收入占财政总收入的比重、财政收入增长速度与经济增长速度之比等。一般情况下,主要运用财政收入占 GDP 的比重来考察和反映政府的财政收入规模或财政实力。该比重越高,表明一国政府的收入规模越大。

二、影响财政收入规模的因素

要确定财政收入的合理规模,就必须分析影响财政收入规模的因素。财政收入的规模和增长速度要受各种政治、经济因素的影响和制约。总的来说,这些因素有经济发展水平、生产技术水平、收入分配政策和价格因素等。下面就对这些因素的影响做具体介绍。

(一)经济发展水平

经济发展水平即一国社会产品的丰富程度和经济效益的高低。经济发展水平对财政收入规模的影响表现为基础性的制约,两者存在源与流、根与叶的关系,经济发展水平是源和根,财政收入是流和叶,源远才能流长,根深才能叶茂。衡量一个国家经济发展水平的是其经济总量,经济总量可用社会总产值、国民生产总值或国民收入等几个指标来表示。为了比较不同体制国家之间的经济总量,联合国针对市场经济国家和中央计划经济国家,分别制定了两套核算体系。适用于市场经济国家的是国民经济核算体系,简称 SNA;适用于中央计划经济国家的是物质产品平衡体系,简称 MPS。无论是 SNA 还是 MPS,都告诉我们这样的事实:经济发展水平越高,经济总量越大,物产越丰富,财政收入规模越大;反之,财政收入规模越小。即一个国家的经济发展水平是财政收入的基础,财政收入规模必须依赖于经济发展水平。根据世界各国的情况,无论是从横向比较还是从纵向比较,都说明了经济发展水平对财政收入的影响。从横向看,经济发展水平高的国家,其财政收入规模一般高于经济发展水平较低的发展中国家;从纵向看,随着经济发展水平提高,其财政收入规模一般会呈现上升的趋势。

经济发展水平对财政收入规模的制约关系可以运用回归分析法做定量分析。回归分析是考察两组或多组经济数据之间存在的相关关系的数学方法,其核心是找出数据之间相关关系的具体形式,得出历史数据,据以总结经验,预测未来。假设 Y 代表财政收入,X 代表国民收入,最简单的回归关系是线性回归,即假定 X、Y 之间存在线性关系:$Y=\alpha+\beta X$,由此可确定这种相关关系是否存在。如果存在,可计算出 α、β 值。β 值越大,财政收入和国民收入的相关度就越高。

(二)生产技术水平

衡量经济发展水平的另一个重要指标是生产技术水平。生产技术水平是指生产中采用先进技术的程度,又可称为技术进步。技术进步对财政收入规模的影响有两个方面:一是技术进步可直接加快生产速度,提高产品质量,引起社会产品增加和国民收入增长,从而导致财政收入增长。二是技术进步必然带来物耗比例降低、经济效益提高,剩余产品价格的比例扩大,从而增加财政收入。因此,促进技术进步,降低原材料消耗,提高经济效益,是增加财政收入的有效途径。

(三)收入分配政策

影响财政收入规模的另一个重要因素是政府的收入分配政策。收入分配政策是一国政府采取的对收入进行再分配的政策措施。收入分配政策对财政收入规模的作用有两个:一是收入分配政策能够影响剩余产品在国民生产总值或国民收入总量中所占份额,进而影响财政分配对象的大小。二是收入分配政策决定财政集中资金的比例,从而决定财政收入规模的大小。如果

用 F 代表财政收入，N 代表国民收入，M 代表剩余价值，则分配政策对财政收入规模的影响可用公式表示如下：

$$\frac{F}{N}=\frac{M}{N}\times\frac{F}{M}$$

式中：F/N 这个指标，表示财政收入占国民收入的比重；M/N 表示国民收入扣除个人支配的部分后，归社会支配的那部分剩余产品价值所占比重，可简称为剩余产品率；F/M 表示归社会支配的剩余产品价值由财政集中支配的价值，可简称为财政集中率。收入分配政策正是通过上述两个比例关系来影响财政收入规模的。

一国政府在收入分配中越是追求公平，政府进行收入再分配的力度就会越大，政府要求掌握的财力就会越多。在国民收入或者社会产品水平同等的情况下，政府再分配的力度越大，财政收入规模就会越大。一般来说，计划经济体制国家比市场经济体制国家更强调收入分配公平，因而在剔除其他因素影响下，前者的财政规模会相对大一些。

（四）价格因素

财政收入是一定量的货币收入，是用一定时间的价格水平计算出来的。财政收入的实际购买力或者说实际价值必然会受到价格因素的影响。

在市场经济条件下，价格的涨跌是常见的现象，但是，价格总水平（CPI）应保持相对稳定或轻微上涨，这样有利于经济持续增长。而在现实生活中，价格总水平的涨跌也不一定如人们期望的那样，有时会出现过度上涨和下跌，这样就出现了通货膨胀和通货紧缩。在通货膨胀或通货紧缩的情况下，财政收入的增减就不能简单地看其总数的变化，而要在剔除价格总水平的变化之后才能看得出来，否则就是虚增或虚减。如果财政收入的增长率等于物价上涨率，财政收入等于不增不减；如果财政收入的增长率高于物价上涨率，其高出的部分为财政收入的实际增长；如果财政收入增长率低于物价上涨率，其低于物价上涨率的部分就成了财政收入的负增长，在这种情况下，财政收入实际是下降的。

价格总水平对财政收入规模的影响还反映在政府的价格再分配机制上。即当价格总水平上升而使 GDP 和财政收入只是名义上的增长时，财政收入可通过价格再分配机制实现增长。这里所说的价格再分配机制，就是指政府征收“通货膨胀税”。“通货膨胀税”的计算为：$IT=[(P_t-P_{t-1})/(P_{t-1})]\cdot(M/P_t)$。式中：$IT$ 是通货膨胀税；P_t 是本期价格水平；P_{t-1} 是上期价格水平；M 是人们手中持有的货币余额。这个公式的实际含义就是按征收税率 $(P_t-P_{t-1})/(P_{t-1})$ 对人们的实际货币余额 (M/P_t) 进行征税，这样就可以使财政收入增加。价格总水平和财政的关系实际上要更复杂一些，它不仅表现为价格对财政收入的影响，而且财政的有关政策对价格也会有影响，比如，财政上的赤字政策就会影响价格水平，而反过来又会影响财政。因此，它们总体上是相互交错和互相影响的关系。

另外，价格总水平的上涨对财政收入的影响会通过不同的税种和不同的税制反映出来。比如，对实行累进税率的税制来说，通货膨胀会导致纳税人实际收入降低而纳税的比重相对增加，财政收入相对增加；对实行比例税率的税制来说，由于税收收入的实际增长可能低于其名义增长，在这种情况下，财政收入的规模实际是下降的；对实行定额税率的税制（从量税）来说，无论通货膨胀多大幅度，税额是固定不变的，财政收入的下降是显而易见的。

除了价格总水平外，价格结构性的变化也会引起财政收入的变化。因为不同商品的价格变化会引起不同部门或行业收入的变化,致使财政收入部门结构发生变化,会对财政收入规模产生影响。

(五)税收管理水平和税收政策因素

由于税收收入是财政收入的主要来源,因此影响税收收入的因素也就成为影响财政收入规模的重要因素。在经济增长水平、政府分配政策和价格水平等既定的前提下,税收管理水平和税收政策也对财政收入规模有较大影响。税收管理水平包括税务管理的质量、国家对税务管理组织力量的安排、纳税人的守法程度、税务官员的廉洁程度、对征纳双方违法行为处罚的轻重、公共服务部门的服务质量和税收效率等。税收政策则包括税种的选择、税种的数目与结构、税率的高低与税收优惠的实施情况等。

除上述因素外,一个国家的政治经济制度和经济管理体制,一定时期的经济结构如所有制结构、产业结构、宏观经济政策,以及经济的景气周期等都是影响一国财政收入规模大小的因素。

三、我国财政收入的规模分析

(一)我国的财政收入规模水平

我国的财政收入是随着经济的发展而不断增长的。从绝对量看,我国财政收入的增长过程大致可分为四个阶段:第一是水平徘徊阶段,财政收入由 1978 年的 1 132.26 亿元上升至 1982 年的 1 212.33 亿元,年平均增长率仅为 1.72%。第二是缓慢增长阶段,财政收入由 1982 年的 1 212.33 亿元增长到 1992 年的 3 483.37 亿元,年平均增长率为 11.13%。第三是大幅增长阶段,财政收入由 1992 年的 3 484.37 亿元增长到了 1997 年的 8 651.14 亿元,年平均增长率为 19.95%。第四是高速增长阶段,财政收入由 1997 年的 8 651.14 亿元猛增至 2007 年的 51 321.78 亿元,年平均增长率在 25% 以上。近年来,我国财政收入保持了强劲增势:2008 年跃上 6 万亿元,2010 年突破 8 万亿元。不断增加的财政收入,为保障和改善民生提供了坚实的财力支撑。

从相对量看,自 1978 年以来,我国的财政收入在绝对量上升的同时,其占 GDP 的相对比重经历了一个先降后升的变化过程。下降的过程是 1979—1995 年,财政收入的比重从 28.4% 下降至 10.3%。其间有过两次跳跃式下降,一次是 1979—1982 年,财政收入比重从 28.4% 下降至 22.9%,降幅达 5.5 个百分点;另一次是 1985—1988 年,从 22.4% 跌至 15.8%,降幅为 6.6 个百分点。升的过程是从 1995 年开始,至今一直呈单边上升态势,比重从 1995 年的 10.3% 升至 2015 年的 22.21%,整个过程比较平稳。我国历年财政收入占 GDP 比重见表 8-2。

表 8-2 我国财政收入占 GDP 比重

年份	财政收入(亿元)	国内生产总值(亿元)	财政收入占国内生产总值的比重(%)
1978	1 132.26	3 624.10	31.2
1979	1 146.38	4 038.20	28.4
1980	1 159.93	4 517.80	25.7
1981	1 175.79	4 862.40	24.2
1982	1 212.33	5 294.70	22.9

续表

年　份	财政收入(亿元)	国内生产总值(亿元)	财政收入占国内生产总值的比重(%)
1983	1 366.95	5 934.50	23.0
1984	1 642.86	7 171.00	22.9
1985	2 004.82	8 964.40	22.4
1986	2 122.01	10 202.20	20.8
1987	2 199.35	11 962.50	18.4
1988	2 357.24	14 928.30	15.8
1989	2 664.90	16 909.20	15.8
1990	2 937.10	18 667.8	15.7
1991	3 149.48	21 781.5	14.5
1992	3 483.37	26 923.5	12.9
1993	4 348.95	35 333.9	12.3
1994	5 218.10	48 197.9	10.8
1995	6 242.20	60 793.7	10.3
1996	7 407.99	71 176.6	10.4
1997	8 651.14	78 973.0	11.0
1998	9 875.95	84 402.3	11.7
1999	11 444.08	89 677.1	12.8
2000	13 395.23	99 214.6	13.5
2001	16 386.04	109 655.2	14.9
2002	18 903.64	120 332.7	15.7
2003	21 715.25	135 822.8	16.0
2004	26 396.47	159 878.3	16.5
2005	31 649.29	183 867.9	17.2
2006	38 760.20	210 871.0	18.4
2007	51 321.78	266 422.00	19.26
2008	61 330.35	316 030.34	19.41
2009	68 518.30	340 319.95	20.13
2010	83 101.51	399 759.54	20.79
2011	103 874.43	468 562.38	22.17
2012	117 253.52	540 367.4	21.70
2013	129 209.64	595 244.4	21.71
2014	140 370.03	643 974.0	21.80
2015	152 269.23	685 505.8	22.21

资料来源:《中国统计年鉴》(2016),有关数据经计算求得。

(二)经济转型时期我国财政收入占 GDP 比重下降的原因分析

从上面的分析可知,自改革开放以来,我国财政收入总量不断攀升的同时,1978 年以来财政收入占 GDP 的比重却呈持续大幅下降的态势,其主要原因不外乎以下几个方面:

(1) 财税改革的总体策略。我国 20 世纪 70 年代末开始的改革是一项史无先例的宏大工程,其复杂和艰难的程度难以形容。改革的每一个步骤都会牵动社会的各个阶层和各个方面,特别是财税体制改革,因为直接关系社会经济利益的分配,更加受到人们的关注。政府既要推行财税体制的改革,又要保证社会的稳定,所以,总体策略只能是渐进式的,而且以尽可能不降低既得利益者的利益为前提,尽量在社会创造的增量中做文章。比如,很多地方在分配中实行“基数法”就说明了这一个问题。这种策略在改革的早期(1995 年以前)很大程度上保护了纳税主体或上缴主体的既得利益,而改革的成本只能由政府“买单”,这就造成了政府收入比重在 1978—1995 年逐年下降。

(2) 两次重大改革。上面已经谈到,我国财政收入比重经历了两次跳跃式的下跌。从时间上看,这两次跳跃式下跌正好对应我国历史上两次重大改革,即 1978 年的农村体制改革和 1984 年的城市体制改革。这两次重大改革,是对我国生产力发展的大松绑,因而在改革的次年 GDP 都得到大幅提升,分别达到 11% 和 13%,效果十分明显。而当时财税的体制改革还不能马上适应整个经济体制改革的需要,因此显得相对滞后,在 GDP 大幅增长而财政收入却维持原状的情况下,相对比重就大幅度下降了,两次降幅合计超过 12%。

(3) 两次让利放权。1984—1988 年,国家财政先后对国有企业实行了两次让利放权的改革,这项改革使国有企业的留利水平提高了,却使财政收入减少了。我国的“利改税”是 1994 年完成的,20 世纪 80 年代还处在“利改税”的中前期,那时的国企利润是财政收入的重要来源,国企留利多了,上缴自然也就少了。此外,享受了让利放权政策的国有企业,由于众多的原因,并没有如改革所期望的那样显示出应有的活力,效益仍在不断下滑,也不能为财政带来增量,所以,也造成财政收入比重下降。

(4) 所有制结构的调整。我国财政收入比重在 1995 年以前下降的另一个原因是国家对所有制结构的调整。改革开放以前,我国的所有制结构比较单一,基本上是国有和集体两种所有制结构。改革开放以后,我国长期致力于所有制结构的调整,具体表现为:①大量引进外资,成立外商投资企业;②鼓励非国有经济的发展,如私营企业和混合所有制企业;③推行“国退民进”战略。经过 20 多年的调整,国有经济有所下降,其他经济成分大幅增加,全社会的所有制结构已发生了重大改变。这种调整在当时对财政收入的影响是很大的,因为退出的经济成分直接减少财政收入而新增的经济成分往往又有一个成长过程,不能马上增加(或者明显增加)财政收入,加之对新设立的企业,特别是外商投资企业,国家往往还有诸多税收优惠政策等,就更加重了 1978—1995 年财政收入比重的下降。

(5) 产业结构的调整。我国经历的产业结构调整是众所周知的,它对财政收入的影响和所有制结构的调整差不多,也是由于“进退”原理造成的,这里不再赘述。

(6) 管理方面的原因。改革转轨期间,我国财政体制包括税制和公共收费体制一直在变,这些改革出台以后,就要求社会管理方面尽快适应和相应改变。但由于种种原因,我国财政税务和相关部门管理相对滞后,包括税收征管水平较低,手段比较落后,全社会纳税意识薄弱,偷税逃税严重,税收制度滞后,优惠政策不规范,征管队伍素质偏低等。

(三) 我国财政收入与 GDP 增长趋势分析

进入 20 世纪 90 年代,随着我国国民经济持续快速发展和财政体制、制度改革的深化,国内生产总值(GDP)和财政收入在绝对量、相对量上均有一定程度的增长,但同时也出现了财政收入增长速度高于 GDP 增长速度的现象(见表 8-3),此现象形成的原因,可从以下方面进行分析。

1. 统计口径方面的原因

财政收入增长高于GDP增长速度,其主要原因之一就是统计口径上存在差异。主要体现在统计价格和内容两个方面:

(1) 统计价格上的差异性。按照我国目前的统计方法,GDP的增长率剔除了物价上涨等因素,是按照可比价格计算的;而财政收入是按照当年价格计算的,在进行统计收入额和增长率时,更多地考虑了体制等因素。在通货膨胀的情况下,财政收入的高增长率实际上有一定的水分或不具有可比性。

(2) 统计内容上的差异性。在我国统计工作中,即使财政收入与GDP及其增长口径吻合,但两者在经济内容的统计上又是有差异的,有些经济内容可计入财政收入中,却无法计入GDP的范围内,或是因数据值在统计口径上微不足道而被忽略不计。例如,货物销售额仅一次计入GDP,但在税收上却按销售额计征增值税(包括消费税)、所得税和其他有关税种,造成同笔销售额重复计征而计入财政收入中;增值税制中规定的8种视同销售行为进行的课税,财政收入的"其他收入"一项中如规费收入、罚没收入、赃款赃物变价收入等,在GDP的统计上都无法计入,但却计入财政收入中。此外,随着GDP统计真实性的提高,其水分近些年不断缩小。诸如上述情况,也成为财政收入增长高于GDP增长的因素之一。

2. 财税政策方面的原因

(1) 积极财政政策的实施取得了良好的成效。针对国民经济运行通货紧缩、消费需求增长缓慢、出口贸易不畅等问题,为了保持适当的经济增长速度,我国政府从1998年开始实施了积极的财政政策,即在银行出现较大幅度的存贷资金增长、市场物价持续回落的情况下,利用适当规模的财政赤字和增发国债,作为启动国民经济增长的宏观调控手段,以便在更高的经济发展水平上实现新的财政收支平衡,国民经济得以健康、稳定地发展,经济效益得到了良好的改观,为扩大税源、保证财政收入增长,奠定了坚实的基础。

(2) 国家税收政策的调整开辟了新的财源。我国从1991年以来,税收政策做了较大的改革和调整,尤其是1994年为适应建立社会主义市场经济体制需求的税制改革,其规模之大、内容之多、范围之广、力度之强是前所未有的,使税负更趋于科学、合理。新开征的消费税、土地增值税和证券交易印花税,加上增值税、个人所得税等税收收入的增长,使税收收入逐年大幅度地提高。这种税收政策的调整,使得财政收入的稳定、快速增长有了保障。此外,从1996年开始,部分行政性规费纳入预算管理,加之税费改革逐步加快,进而增加了财政税收收入的总量,这也是财政收入增长高于GDP增长不可忽视的政策原因之一。

3. 制度缺陷方面的原因

税收制度上的缺陷或不完善之处,在一定程度上形成了财政收入的不合理性,主要体现在以下几个方面:

(1) 生产型增值税制度形成了收入上的"水分性"。世界各国实行的增值税可以分为生产型、收入型和消费型三种。我国实行的是生产型增值税,即对生产经营者的销售(或经营)收入,减去已购进的各类材料和其他费用支出后的法定的增值额进行课征,对固定资产折旧费不予减除。因此,我国的固定资产折旧费被计为增值额予以征税。这种折旧费计征的增值税收入,在各年度财政收入的增长中占有一定的比重,所形成的财政收入显然是不合理的,是水分性的。这种税制在未来改革中势必对我国财政收入的形成产生直接的影响,这是我们必须认真解决的问题。

(2)“先征后退”税收制度形成了收入上的“虚假性”。现行税制中规定了先征后退、即征即退等优惠办法。如增值税中规定:福利机构和学校办企业,在规定纳税期限内应如实申报应纳的增值税,填开税票结交税款入库,同时由税务机关填开收入退还书将已征税款返还给纳税企业。其他如企业所得税、外商投资企业所得税和外国企业所得税税种,也有类似先征后退的优惠规定。然而,在财政统计上,税款缴入国库后无论退还与否,均计为财政收入,显然已退还的税款所形成的财政收入存在虚假性。

(3)地方税收征管制度所形成收入上的预收性。全国各地的税收征管办法大部分是科学的、合理合法的,但也有实行“包税”等不合法的一些规定,加之有些地方政府以权代法搞“政绩工程”,在税收征管上不是依法办事、依率计征,而是下任务、定指标,造成了借税、贷款缴税等税收的预收性。“包税”的办法,实质上是违背了依法治税的根本宗旨,不管该收与否、有能力与否,均按任务或包税额度照收不误。这种税收的预收性所形成的财政收入也是不真实、不合法的。

4. 经济效益方面的原因

随着我国经济体制的全面改革和深化,产业经济得到了较大的发展,企业的经济效益有了显著提高,为财政收入的增长奠定了坚实的基础。

(1)产业经济的发展保障了流转税收入的增长。发展市场经济,提高生产力水平,进一步调整优化产业结构,促进了产业经济的快速发展,尤其是第三产业规模的壮大和发展,使国民经济得以稳定、健康、快速发展。由于流转税的征收具有刚性,只要生产经营者实现了销售(或经营)收入就要依法申报纳税,因此,产业经济的发展促进了 GDP 的增长,同时也保障了流转税收入的稳定增长。

(2)企业效益的提高保障了所得税收的增长。随着国企改革步伐的加快和现代企业制度的建立和发展、自负盈亏理念的转变,以及经济核算的强化,企业亏损面和额度在减少,经济效益得到了较大的提高。表现在:一是国有企业改组、改制后,其经营业绩明显好转,乃至大幅度提高;二是企业加快了技术改造与创新的步伐,增添了发展的后劲;三是企业办社会、办福利功能减少,减轻了企业的负担;四是债转股政策的实行,降低了企业的债务成本负担;五是破产法律制度的实施,一些企业甩掉了债务包袱;六是贴息无息贷款和贷款利率的下降,降低了企业的利息成本等。诸如此类,使企业的生产成本费用或经营成本费用大幅度降低,利润增加,而利润的增长又保证了所得税收入的稳定、快速增长。

5. 征收管理方面的原因

我国目前税收征管体系尚不完善,税收漏洞还有很多,因此堵塞漏洞、加强征管的潜力相当大。这是财政收入快速增长的又一个重要的因素。

(1)强化依法治税的理念。依法治税的核心是税收执法的严肃性和守法的自觉性。随着我国税制改革的深化,各项税收法律制度的建立与完善,无论是执法的税务人员,还是依法纳税的单位和个人,其税收法制和征纳税意识得到了强化,税收逐步走上了法制化轨道,防止或减少了税款的流失,从而较好地保证了税收收入的增长。

(2)堵塞了税收流失的漏洞。各级财政税务部门认真贯彻“加强征管,堵塞漏洞,清缴欠税,惩治腐败”的方针,不断改进和完善收入征管手段,增加税收收入。如增值税专用发票逐步实施微机化管理技术,使偷骗税问题得到了有效监控,增值税收入有了大幅度增长;加大了打击走私活动的工作力度,实行存款实名制和工资薪金银行发放制等措施,使关税及其海关代征税收以及个人所得税有了大幅度的增长。诸如此类的措施,堵塞流失漏洞,减少了偷逃税和抗骗税等违法行为的发生。

综上所述,参考表8-3可发现,财政收入高于GDP增长的趋势总体上看是正常的、合理的,是由于统计口径、经济增长和强化征管等因素形成,不存在收"过头税"的问题,更不存在加重企业、居民和社会负担等问题。相反,我们认为还应采取积极措施,逐步完善财税政策制度,促进经济良性运行与发展,保障财政收入稳定与快速增长,逐步使财政收入占GDP的比重合理化、科学化。

表8-3 我国财政收入与GDP增长情况统计表

年份	财政收入		GDP		财政收入占GDP比例(%)
	金额(亿元)	增长(%)	金额(亿元)	增长(%)	
1991	3 149.48	7.2	21 781.5	16.7	14.5
1992	3 483.37	10.6	26 923.5	23.6	12.9
1993	4 348.95	24.8	35 333.9	31.2	12.3
1994	5 218.10	20.0	48 197.9	36.4	10.8
1995	6 242.20	19.6	60 793.7	26.1	10.3
1996	7 407.99	18.7	71 176.6	17.1	10.4
1997	8 651.14	16.8	78 973.0	11.0	11.0
1998	9 875.95	14.2	84 402.3	6.9	11.7
1999	11 444.08	15.9	89 677.1	6.2	12.8
2000	13 395.23	17.0	99 214.6	10.6	13.5
2001	16 386.04	22.3	109 655.2	10.5	14.9
2002	18 903.64	15.4	120 332.7	9.7	15.7
2003	21 715.25	14.9	135 822.8	12.9	16.0
2004	26 396.47	21.6	159 878.3	17.7	16.5
2005	31 649.29	19.9	183 867.9	15.0	17.2
2006	38 760.20	22.5	210 871.0	14.7	18.4
2007	51 321.78	32.4	266 422.0	14.2	19.3
2008	61 330.35	19.5	316 030.3	9.6	19.4
2009	68 518.30	11.7	340 320.0	9.2	20.1
2010	83 101.51	21.3	399 759.5	10.5	20.8
2011	103 874.43	25.0	468 562.4	9.3	22.2
2012	117 253.52	12.9	540 367.4	10.4	21.7
2013	129 209.64	10.2	595 244.4	10.2	21.7
2014	140 370.03	8.6	643 974.0	8.2	21.8
2015	152 269.23	8.5	685 505.8	6.4	22.2

资料来源:《中国统计年鉴》(2016),有关数据经计算求得。

第三节 财政收入的结构分析

一、财政收入的形式结构

我国财政收入按收入形式分类,可以分为税收收入、企业收入、企业亏损补贴、能源交通重点建设基金、预算调节基金、教育费附加及其他收入形式等。改革开放以后,我国财政收入的形式结构发生了很大的变化,企业收入在1978年的财政收入中占到一半以上,到1994年则从财政收入项目中消失,而税收收入所占比重却从1978年的45.9%,上升到2006年的89%,成为财政收入的绝对主力。

税收收入占财政收入的比重能达到目前的水平,是经历了一个历史演变过程的。改革开放前,政府收入的最主要来源是以国有企业上缴利润为主体的企业收入。改革开放后,随着经济体制改革的深入,对国有企业进行了"利改税"改革,税收逐步取代上缴利润。1994年税制改革后,企业收入已经忽略不计,而且取消了产品税,对增值税、营业税和消费税进行了改革,并于1997年停止征收能源交通重点建设基金和预算调节基金,逐步奠定了税收在我国财政收入中的主导地位。目前,我国财政收入以税收收入、教育费附加和其他收入三类为主,结构较过去已经简单很多。财政收入形式结构的发展变化,是我国财政收入制度变化的反映,表8-4正是这种典型变化的反映。

表8-4 我国财政收入形式结构

年份	各项税收	企业收入	企业亏损补贴	能源交通基金	预算调节基金	教育费附加	其他收入
1978	519.28	571.99					40.99
1980	571.70	435.24					152.99
1985	2 040.79	43.75	-507.02	146.79			280.51
1990	2 821.86	78.30	-578.88	185.08	131.21		299.53
1991	2 990.17	74.69	-510.24	188.22	138.53	28.01	240.10
1992	3 296.91	59.97	-444.96	157.11	117.47	31.72	265.15
1993	4 255.30	49.49	-411.29	117.72	102.46	44.23	191.04
1994	5 126.88		-366.22	53.96	59.10	64.20	280.18
1995	6 038.04		-327.77	17.42	34.92	83.40	396.19
1996	6 909.82		-337.40	3.78	11.09	96.04	724.66
1997	8 234.04		-368.49			103.29	682.30
1998	9 262.80		-333.49			113.34	833.30
1999	10 682.58		-290.03			126.10	925.43
2000	12 581.51		-278.78			147.52	944.98
2001	15 301.38		-300.04			166.60	1 218.10
2002	17 636.45		-259.60			198.05	1 328.74
2003	20 017.31		-226.38			232.39	1 691.93
2004	24 165.68		-217.93			300.40	2 148.32
2005	28 778.54		-193.26			356.18	2 707.83
2006	34 809.72		-180.22			446.85	3 683.85

续表

年份	各项税收	企业收入	企业亏损补贴	能源交通基金	预算调节基金	教育费附加	其他收入
2007	45 621.97						1 720.35
2008	54 223.79						2 519.20
2009	59 521.59						4 068.82
2010	73 210.79						3 778.95
2011	89 738.39						5 738.86
2012	100 614.28						16 639.24
2013	110 530.7						18 678.94
2014	119 175.31						21 194.72
2015	124 922.20						27 347.03

注:国家财政收入中不包括国内外债务收入。

资料来源:《中国统计年鉴(2016)》。

二、财政收入的产业结构

财政收入按产业分类,可分为来自第一、第二和第三产业的收入。对于财政收入产业结构的分析,可以反映产业结构对财政收入的影响,便于根据各产业发展趋势的特点,合理地组织财政收入,开辟新的财源。

第一产业指农、林、牧、渔业,是国民经济的基础,也是财政收入的基础。没有农业的发展,就没有其他产业的发展,也就没有国家财政收入的增长。由于长期以来我国农工业产品交换中存在着剪刀差,使农业部门创造的一部分价值转移到工业部门,也就是农业部门替工业部门承担了一部分税负,而这种间接的财政收入贡献却没有在财政收入系统当中体现出来。为了使财政收入拥有强大、持久的动力,就必须加大农业投入,大力发展农村商品生产,增强农业后劲,提高劳动生产率。

第二产业指采矿业、制造业、建筑业及电力、燃气、水的生产和供应业等,是国民经济的主导,也是财政收入最直接的主要来源。我国财政收入绝大部分来自于第二产业。第二产业生产技术设备先进,劳动生产率高,创造的剩余产品价值多,对财政收入的发展起着决定性作用。但是,财政收入能否随第二产业的发展而相应增长以及其增长程度取决于以下条件:一是企业的经济效益;二是产业内部各行业的比例结构,比如轻重工业之间、基础工业与加工业之间的比例关系。只有企业的经济效益提高了,各行业之间比例结构协调合理了,财政收入才能相应地增长。所以,加快推进企业改革,提高经济效益,促进经济协调发展,将是财政收入增长的关键。

第三产业包括的部门多、范围广,具体包括:交通运输、仓储和邮政业,计算机服务和软件业,批发和零售业,住宿和餐饮业,金融业,房地产业,科学研究、技术服务和地质勘查业,水利、环境和公共设施管理业,居民服务和其他服务业,教育、卫生、社会保障和社会福利业,文化、体育和娱乐业,公共管理和社会组织,国际组织等。第三产业是国民经济的重要组成部分,也是构成财政收入的重要来源。第三产业产值在国民生产总值的比重随经济发达程度而发生变化。随着社会生产力发展和科学技术进步,第三产业产值占国民生产总值的比重越来越高,这是各国经济发展的一般趋势。与此同时,财政收入来源于第三产业的比重也会越来越高。在发达国家,第三产业创造的价值占 GDP 的比重已达到60%以上,提供的财政收入占国家财政收入的

50%以上。而我国长期以来第三产业严重滞后,第一产业和第二产业创造的国民收入占整个国民收入的80%左右,第三产业所占比重不高,相应地提供的财政收入比重也偏低。但近几年,随着经济的发展,第三产业所创造的产值增长迅速,其所提供的财政收入在整个财政收入中的比重也呈现逐年上升的势头,从发展前途看,第三产业在开辟财源、筹集建设资金方面将发挥相当重要的作用。

三、财政收入的地区结构

财政收入按来源地不同可以分为不同地域或行政区划提供的财政收入。从这一角度分析财政收入结构,有助于了解财政收入的地域分布状态。如一定量的中央财政收入来自各地区的比例,不同行政区划财政收入规模或水平的对比状态等。这种分析是认识区域经济差异和财政差异的重要途径,也是制定区域经济发展战略和财政分配政策的重要依据。

由于受历史机遇、地理条件、人口素质、经济政策及其他因素的影响,必然产生地区经济发展的不平衡,因此一国各地区的财政收入规模和结构必定存在差距。在我国,按照经济发展水平、交通运输条件、经济地理位置等因素来区分,全国可以分为东部、中部、西部三大经济地带。地区之间经济发达程度不一,导致积累水平相差悬殊,东部是我国财政收入的主要来源地带。

地区间的经济发展和财政收入水平差距过大,既不利于资源的有效利用和收入的公平分配,也不利于社会政治局面的稳定。因此,各国大都采用税收、政府投资、转移支付等手段来促进经济落后地区的开发,协调区域经济发展。在我国,如果将东部地区的资金、技术、人才优势与西部地区的资源优势有机结合起来,实现优势互补,积极发掘西部的经济潜力和财源,实现东西部地区财政收入同方向的较快增长,那么我国的财政收入规模将会出现新一轮大幅度的快速增长。

四、财政收入的层级结构

按照财政收入的收入层次,可以分为中央财政收入和地方财政收入。中央财政收入是指按照预算法和财政管理体制的规定,由中央政府集中筹集和支配使用的公共财政资金。中央财政收入主要来源于国家税收中属于中央的税收,中央政府所属企业的国有资产收益,中央和地方共享收入中中央分成部分,地方政府向中央上解的收入以及公债(中央债)收入等。中央政府财政在一国纵向财政结构中居于主导地位,担负着国家安全、外交和中央国家机关运转所需的费用、实施宏观调控所必需的支出以及跨省际基础设施建设和重要事业发展支出等任务。因此,按照财权与事权相结合的原则,单一制国家的中央政府一直把财源稳定、充沛和涉及宏观调控的税收和非税财政收入直接控制在自己的手中。联邦制国家中,联邦宪法一般规定联邦政府拥有课税优先权和举债优先权,以确保中央(联邦)政府财政收入的主导地位。而地方财政收入是指按照预算法和财政管理体制规定,划归地方政府集中统筹和支配使用的财政资金。这类收入可以分为三种情况:第一种是由国家统一制定法律、法规,地方政府负责征收,其收入归地方政府;第二种是由地方政府自行按照宪法和其他法律的规定立法(或立项),自行组织征收的财政收入;第三种是中央财政取得的收入中,按照财政体制由地方参与分享的收入,即体制分成而得的地方收入。在多级政府财政体系中,地方政府往往由两级或两级以上构成,各级地方政府分别担负着区域政权机关运转所需的经费,分级提供公共产品以满足企业和公民公共需要的职责。因此,地方政府在纵向财政结构中居于基础地位。在构建纵向财政收入结构时,必须保证各级地方政府有自己稳定可靠的收入来源。

由于我国的政权体制是中央和地方两级政府,地方又分为省(自治区、直辖市)、市(地级市)、县和乡镇四级政府。按一级政府设置一级财政的原则,我国财政收入分为中央和地方两级,地方又具体分为上述省、市、县、乡四级。对于财政收入的这种层级结构的分析,有利于把握我国在中央和地方之间的财力纵向配置结构及其发展变化趋势,以及我国集权和分权关系的调整变化。

我国的财政管理体制秉承"一级政府,一级财政,一级预算"的原则,即财权、事权和责权统一,各级政府被要求处理多少事务,就要被赋予其多大的财权以及承担多大的责任,只有协调平衡了财权、事权和责权三者之间的关系和比例,才会有利于政府间工作的开展,彰显公平。

另外,中央财政收入和地方财政收入的比例可以体现出一国政府财政集权和财政分权的程度。财政集权的方式是将大部分的税收和支出的权利上交中央,然后由中央政府统一规划安排。这种由中央统一安排规划虽然可以有效地解决地方发展不平衡的问题,但是由于中央政府掌握的地方信息并不是完全充分的,因此对于服务地区经济发展方面的职能并不是最高效的,至少相对于地方政府而言是这样。财政分权的措施是将税收和支出的权力下放,中央政府只是提供全国性的公共产品,地方经济的发展主要是依靠地方政府的协调与服务,由于地方政府拥有更为充分的信息,所以假定地方政府的服务行为是高效的。这种财政制度的直接后果是造成地区间发展不平衡。如果这种不平衡积累到一定程度也会带来效率的损失,这种效率损失对于中央政府而言成本同样是高昂的。所以中央过分集权和地方过度分权都不利于社会经济的发展。表 8-5 为我国中央及地方财政收入的绝对额以及两者占财政收入相对比重的历史数据,在一定程度上可以横向和纵向反映出我国中央集权和地方分权的现实状况和变化历程。

表 8-5 中国中央和地方财政收入及比重

年份	全国财政总收入(亿元)	财政收入(亿元)		比重(%)	
		中央	地方	中央	地方
1978	1 132.26	175.77	956.49	15.5	84.5
1980	1 159.93	284.45	875.48	24.5	75.5
1985	2 004.82	769.63	1 235.19	38.4	61.6
1990	2 937.10	992.42	1 944.68	33.8	66.2
1991	3 149.48	938.25	2 211.23	29.8	70.2
1992	3 483.37	979.51	2 503.86	28.1	71.9
1993	4 348.95	957.51	3 391.44	22.0	78.0
1994	5 218.10	2 906.50	2 311.60	55.7	44.3
1995	6 242.20	3 256.62	2 985.58	52.2	47.8
1996	7 407.99	3 661.07	3 746.92	49.4	50.6
1997	8 651.14	4 226.92	4 424.22	48.9	51.1
1998	9 875.95	4 892.00	4 983.95	49.5	50.5
1999	11 444.08	5 849.21	5 594.87	51.1	48.9
2000	13 395.23	6 989.17	6 406.06	52.2	47.8
2001	16 386.04	8 582.74	7 803.30	52.4	47.6

续表

年份	全国财政总收入(亿元)	财政收入(亿元)		比重(%)	
		中央	地方	中央	地方
2002	18 903.64	10 388.64	8 515.00	55.0	45.0
2003	21 715.25	11 865.27	9 849.98	54.6	45.4
2004	26 396.47	14 503.10	11 893.37	54.9	45.1
2005	31 649.29	16 548.53	15 100.76	52.3	47.7
2006	38 760.20	20 456.62	18 303.58	52.8	47.2
2007	51 321.78	27 749.16	23 572.62	54.1	45.9
2008	61 330.35	32 680.56	28 649.79	53.3	46.7
2009	68 518.30	35 915.71	32 602.59	52.4	47.6
2010	83 101.51	42 488.47	40 613.04	51.1	48.9
2011	103 874.43	51 327.32	52 547.11	49.4	50.6
2012	117 253.52	56 175.23	61 078.29	47.9	52.1
2013	129 209.64	60 198.48	69 011.16	46.6	53.4
2014	140 370.03	64 493.45	75 876.58	45.9	54.1
2015	152 269.23	69 267.19	83 002.04	45.5	54.5

注:中央、地方财政收入均为本级收入;本表数字不包括国内外债务收入。

资料来源:中国统计年鉴(2016)。

专栏 8-1　税收"超速增长"之谜

从1994年分税制改革至今,我国的税收收入一直呈现快速增长的趋势,不但税收收入总额连创新高,而且其增长速度连续多年超过经济增长速度。1994年至2002年9年间,财政收入平均增长率为17.4%,高于同期GDP平均增长率13.3%的水平。进入21世纪之后,税收收入的增长率趋于稳定,但始终保持高于GDP近10个百分点的速度增长,这一现象引起了人们的高度关注,很多学者都在探究税收超速增长背后的原因。

从世界其他一些国家的税收发展历程来看,有一些国家也出现了税收过速增长的现象,究其原因,不外乎两种可能:一种可能是这些国度在相应的时间内有重大的历史事件发生。比如战争的爆发导致军费开支激增,或是严峻的自然灾害导致抗灾、社会救济开支激增,从而推动了政府支出规模急剧扩张。另一种可能是,有重大的税制变革在这些国家发生,比如增设新的税种,或是提升原有税种的税率,或是拓宽原有税种的税基,从而引起了税收收入规模急剧上升。所以,由支出扩张带动税制变革,再由税制变革带动税收收入增长,可以说是整个世界税收发展史上的一个具有规律性的现象。然而,中国的情况却显然没有这么简单。我们看到,在分税制改革之后,既没有因重大的历史事件所引致的政府支出规模激增,又没有因政府支出规模急剧扩张而带来以增税为主要意图的重大的税制变革。可以说,中国税收收入的持续高速增长,是一个难以采用一般规律加以解释的罕见而特殊的经济现象(高培勇,2006)。

对于税收收入增长持续高于同期GDP增长,人们曾经用经济增长、政策调整和加强征管即所谓"三因素"论来解释(安体富,2002)。甚至,在此基础上,将三因素所带来的支撑效应做了相应分解，即经济增长因素占50%，政策调整和加强征管因素各占25%（金人庆，2002）。随着2004年的税收收入增幅蹿升至5 000亿元，“三因素”论的解释显得相对粗糙了。作为“三因素”论的替代，“多因素”论应运而生。在多因素论下，税收收入的持续高速增长被归结为经济增长、物价上涨、GDP与税收的结构差异、累进税率制度、加强税收征管和外贸进出口对GDP与税收增长的影响差异六种因素交互作用的结果（谢旭人，2006；李方旺，2006）。相对于三因素论来说，多因素论的分析显然向前跨进了一步，更全面、更细致、更贴近现实。但是高培勇（2006）发现以上因素仍然不能完全解释税收超速增长之谜，他提出了“税收征管空间”的概念，即理论应征税额和实征税额之间存在着巨大的差距，并指出中国的现行税制在其孕育和诞生之时，预留了很大的“征管空间”，从而也为法定税负和实征税负水平之间的巨大反差埋下了伏笔。现行税制所具有的巨大的“征管空间”，可能是支撑中国税收持续高速增长的最重要的源泉。

税收收入的持续高速增长，尽管相关著述不少，但由于观察角度、思维路径以及研究方法等方面的差异，人们所得到的结论却往往大相径庭。总体说来，无论在官方还是学界，迄今都尚未发现能够在较大范围内达成共识并具有足够说服力的研究成果。即便深谙税收运行机理、熟悉现行税制格局的专业人士，也常会在有关税收收入增长预期、税收收入增长因素解析等问题上显得力不从心。税收收入的持续高速增长，似乎确实是一个不易破解的“世纪之谜”。

参考文献：安体富．如何看待近几年我国税收的超常增长和减税问题．税务研究．2002（8）：10－17；李方旺．2000—2005年我国税收收入增长的数量特征与新一轮税制改革．税务研究，2006（8）；高培勇．中国税收持续高速增长之谜．经济研究，2006（12）：13－23；金人庆．中国当代税务要论．北京：人民出版社，2002.

本章小结

财政收入，即政府部门的公共收入，是国民收入分配中用于保证政府行使公共职能、实施公共政策以及提供公共服务的资金需求。从动态角度看，财政收入表现为政府筹集资金，取得收入的过程；从静态角度看，财政收入又代表一定量的货币资金，一般表现为政府部门在一定时期内（一般为一个财政年度内）所取得的货币收入。财政收入是一个经济范畴，它不仅可以充当财政收支的源泉，同时也是贯彻政府各项经济政策的手段和工具。此外，财政收入也是一个历史范畴，财政收入的形式、规模和结构都随着历史的发展而变化。

财政收入从不同角度划分有不同分类：按收入形式可以分为税收收入、国有资产收益、债务收入和收费收入等；按收入层次可以分为中央财政收入和地方财政收入；按管理层次可以分为预算内收入和预算外收入；按财政收入的稳定性可分为经常性收入和临时性收入；此外，财政收入还可以从来源等不同的角度划分。

对财政收入的分析可以从多个角度进行，包括财政收入的功能、财政收入的形式、财政收入的类型、财政收入的规模和结构等。本章对于财政收入的规模和财政收入的结构进行了重点分析。财政收入的规模是指财政收入的总体水平。财政收入规模是衡量一国政府财力的重要指标。财政收入的衡量有绝对和相对两种指标。绝对指标指一定时期内的财政收入量；相对指标指在一定时期内财政收入与有关经济和社会指标的比例，如财政收入占GDP或GNP的比重和中央财政收入占总财政收入的比重等。影响一国财政收入规模的主要因素是经济发展水平,此外,生产技术水平、收入分配体制和价格等也对财政收入规模产生一定的影响。改革开放以来,我国财政收入的总量呈现出不断上涨的趋势,财政收入占 GDP 的比重呈现出迅速下降又逐步上升的趋势,这与我国财税体制有着密不可分的联系。

财政收入的结构是指财政收入的构成因素以及各因素之间的相互关系。在财政收入的形式结构中,税收收入是绝对主力。在财政收入的产业结构中,第一产业是国民经济的基础,也是财政收入的基础;第二产业是国民经济的主导,也是财政收入最直接的主要来源;第三产业是国民经济的重要组成部分,也是构成财政收入的重要来源,从发展前途看,第三产业在开辟财源、筹集建设资金方面将发挥越来越重要的作用。在财政收入的地区结构中,各地区由于经济发达程度不一,导致积累水平相差悬殊,东部地区是我国财政收入的主要来源地带;而在财政收入的层级结构中,按一级政府设置一级财政的原则,我国财政收入分为中央和地方两级,地方又具体分为省、市、县、乡四级。财政收入的结构反映了财政收入的基本构成内容及其各类收入在财政收入总体中的地位;反映了一定时期内财政收入的来源和财政收入政策调节的目标、重点和力度。分析财政收入结构的目的在于揭示财政收入的结构和经济结构之间的内在联系及其规律性,理顺分配关系,寻找增加财政收入的途径,加强对现有收入的监督和管理。

复习思考题

一、名词解释

财政收入　财政收入规模　国有资产和国有资产收益　公共收费　公共定价　财政收入结构　通货膨胀税

二、简答题

1. 财政收入的主要形式主要有哪些？它们有哪些特点？
2. 为什么税收会成为国家最主要的财政收入形式？
3. 公共收费和公共定价的关系如何？
4. 衡量财政收入规模的指标有哪些？影响财政收入规模的主要因素有哪些？
5. 分析我国财政收入规模的变动趋势。
6. 通货膨胀对我国的财政收入的规模会有什么影响？作用机制是什么？通货紧缩呢？
7. 试述我国财政收入来源结构的特征。
8. 从财政收入结构分析来思考我国增加财政收入的途径。

即测即评

第九章
税收原理

税收是财政收入的主要来源,一国政府能否为其实现公共职能筹集到足够的财政收入,关键看税收,税收在政府收入中具有举足轻重的作用。本章属税收基本理论,研究的是有关税收最基本的问题——关于税收分类的标准和构成、税负设计的公平和效率原则、税负分配过程的转嫁和归宿、税收效应及最优税制方面的基本知识。

第一节　税收制度及分类

一、税收制度

(一) 税收制度的含义

所谓税收制度一般是指国家通过立法程序规定的各种税收法令和征收管理办法的总称。税收制度有广义和狭义之分。狭义的税收制度是指各种税的基本法律制度,体现税收的征纳关系;广义的税收制度是指税收基本法规、税收管理体制、税收征收管理制度以及国家机关之间因税收管理而发生的各种关系。这里主要是指狭义的税收制度。税收基本法规是税收制度的核心部分,它可分为三个层次:第一层次是税收的各种法律、条例。此乃各种税收的基本法律规范。第二层次是各种税收法律、条例的实施细则或实施办法。此乃对各种税收法律、条例所做的扩展性或限定性、解释性规范。第三层次是各种税收的具体规定,此乃对税收法律、条例或实施细则或实施办法所做的补充性规定。

税收制度一般是由具体税种组成的,关于税收制度的基本构成有两种:一种是单一税制,认为税收制度是由一类税种构成,如单一的消费税、单一的土地税、单一的所得税、单一的财产税等;另一种是复合税制,认为税收制度是由多类税、多种税构成,是多类税、多种税相互配合的一种比较完善的税收体系,即以某一至两个税种作为筹集财政收入和调节经济的主体。由于单一税制只适用于国民经济产品单一的国家,并且缺乏应有的弹性,因此,世界上绝大多数国家实行的是复合税制。

（二）税收制度要素

税收制度会随着国家、地区和时代变迁而有所不同。尽管各国税收制度的结构和体系存在差异,但其基本构成要素是大致相同的,这些基本要素包括:税收主体、税收客体、税率、纳税环节、纳税期限、减免税和违章处理等。

1. 税收主体

税收主体是指税收法律关系的主体。由于税收法律关系体现的是国家与纳税人之间的税收分配关系,所以税收主体分为征税主体和纳税主体两个方面。前者指的是具有征税权力的国家或地区,后者指的是税法上规定具有直接纳税义务的纳税人(包括法人和自然人)。

需要强调的是,税法上规定具有纳税义务的人并不一定是负税人。如果最终负担税收的人与税法规定的纳税人一致时,可以说,纳税人就是负税人;反之,纳税人则不是负税人。与纳税人相关的还有扣缴义务人、纳税担保人和税务代理人。扣缴义务人是指税法规定负有代扣代缴税款义务的单位和个人;纳税担保人是指在中国境内具有纳税担保能力的公民、法人或者其他经济组织;税务代理人是指依法接受纳税人、扣缴义务人委托代为办理各项纳税事宜的人员。

2. 税收客体

税收客体又称课税客体、征税对象,是指对什么东西征税。它是区别不同税种的重要标志。例如,消费税的征税对象是消费者生产或购买的消费品,增值税是以增值额为征税对象的,而财产税是以纳税人拥有或使用的财产为征税对象的。

与税收客体相关的几个概念必须把握,即税源、税目、税基。所谓税源是指税收的经济来源或最终出处。由于每种税的分配对象都是国民收入,所以每种税都有各自的经济来源。有的税种,其税收客体与税源是相同的,如所得税的课税客体与税源都是纳税人的所得;有的税种则不一致,如财产税的征税对象是应税财产,税源则是财产的收益或财产所有人的收入。所谓税目是税收客体在质上的具体化,代表征税范围的广度。所谓税基又称计税依据,是指税收客体在数量上的具体化,是具体计算税额的依据。税收客体与税基并不总是一致的,如我国增值税的征税对象是增值额,其计税依据却是不含税销售额。

3. 税率

税率是指税额与税收客体的数量关系比例,它是计算应纳税额的尺度,体现征税的深度,是税收制度的中心环节,能直接体现一个国家的税收政策。

通常税率分为以下三种形式:

(1) 比例税率。比例税率是对征税对象只规定一个征税比率,不论其数额的大小,都按同一比率征税。它是目前应用最为广泛的税率,如对商品税大多采用比例税率。在具体运用上,比例税率又可以采取不同的表现形式,如行业比例税率、产品比例税率、地区差别比例税率、幅度比例税率、有起征点的比例税率等。

(2) 固定税额(定额税)。固定税额是按征税对象的一定计量单位规定固定的税额,它是用绝对数表示的税率形式。它主要适用于从量计征的商品税,有利于鼓励纳税人提高产品质量和改进包装等。在具体运用上又可以采用地区差别税额、幅度税额、分类分级税额等。

(3) 累进税率。累进税率是指按征税对象金额的大小,规定不同等级的税率。课税客体金额越大,适用的税率就越高。累进税率按照其累进依据和计算方法不同又可分为全额累进税率和超额累进税率。

全额累进税率是指征税对象的全部数额都按照与之相适应的等级税率征税。征税对象达到哪个等级就按哪个等级的税率计算应纳税额。超额累进税率是指将征税对象按数额大小划分为若干等级，对每个等级分别规定相应的税率，分别计算税额，然后加总得出应纳税额。

由此可见，两者虽然同属于累进税率，但计算方法和税收负担均不一样。全额累进税率的计算与比例税率相似，计算简单，但税收负担比超额累进税率重，尤其在两个级距的临界点会出现跳跃式的变化，税负不太合理；超额累进税率计算比较复杂，需要对每个级数的应纳税额分别计算，然后相加得出应纳税额，但税收负担比较合理。因此，世界上大多数国家都采用超额累进税率。

此外，相对累进税率而言，累退税率也是存在的。它是指按征税对象的大小，规定不同等级的递减税率，应税金额越大，税率就越低。累退税率也可以分为全额累退和超额累退。全额累退税率在世界各国的税收实践中用得比较少，仅限于理论研究。超额累退税率的计算方法与超额累进税率相同，这里不再重复。

与税率相关的概念还有：名义税率和实际税率、平均税率和边际税率。名义税率是指税法中规定的税率；实际税率是指承担的税额与其应税对象的比例；平均税率是指纳税人纳税总额与其应税对象总额的比例；边际税率是指纳税人增加的应税对象适用的税率。

4. 纳税环节

纳税环节是指商品从生产到消费整个流转过程中应当缴纳税款的环节（如生产、批发、零售等环节），在哪一个环节或哪几个环节征税，是商品税课税制度中必须明确的一项重要内容。由于纳税环节的确定关系税制结构和税种的布局，关系税收的及时入库，关系地区间的税收分配关系，关系纳税人纳税的便利等问题，因此，正确确定纳税环节是税法尤其是商品税税法中必须明确的内容。

5. 纳税期限

纳税期限是指纳税人应当缴纳税款的期限。它是税收的强制性、固定性在时间上的体现。我国现行各税税制规定的纳税期限有按天（如：1 天、3 天、5 天、10 天、15 天等）缴纳，也有按月、按季、按年、按次缴纳的纳税期限。一般是由各地税务机关根据纳税人的具体情况确定，但纳税期限一经确定，不得随意改变。

6. 附加、加成和减免税

纳税人负担的轻重，主要是通过税率的高低来调节。同时，还可以通过附加、加成和减免税等措施来调整纳税人的税收负担。

附加和加成属于加重纳税人负担的措施。所谓附加是指在正税之外，附加征收的一部分税款。所谓加成是指对特定纳税人的一种加成征税措施，加一成等于加正税税额的 10%，加二成等于加正税税额的 20%，以此类推。

减免税以及与此相关的起征点和免征额属于减轻纳税人负担的措施。减免税是指按照税法的规定，对某些纳税人或征税对象给予鼓励和照顾的一种优惠规定。减税是指减征部分税款，免税是指免缴全部税款。所谓起征点是指税法规定的课税对象开始征税时应达到的一定数额；所谓免征额是指征税对象中免于征税的数额。起征点与免征额的区别是：征税对象未达到起征点时，不征税，但达到起征点时，全部征税对象都要征税；而对有免征额的征税对象，只就其超过免征额的部分征税。

7. 违章处理

违章处理是指对纳税人发生违反税收法规的行为采取的处罚措施,它对维护国家税法的强制性和严肃性具有重要意义。

税收违章行为主要有偷税、漏税、欠税、抗税等。偷税是指纳税人有意违反税收法规,以欺骗、隐瞒等非法手段逃避缴纳税款的行为;漏税是指纳税人因不熟悉税法或财务制度,或计算错误而发生的漏缴、少缴税款的行为;欠税是指纳税人不按规定期限缴纳税款的拖欠行为;抗税是指纳税人抗拒依法履行纳税义务,拒不依法纳税的行为。偷税和抗税属于违法犯罪行为;而漏税和欠税则属于一般违章行为,不构成犯罪。对于纳税人的违章行为,可以根据情节轻重不同,分别采取下列方式进行处理:批评教育、强行扣款、加收滞纳金、罚款、追究刑事责任等。在具体处理过程中,如果发生纳税人与税务机关争议时,在纳税人缴清应纳税款、滞纳金或罚款后,可向上级税务机关申请复议或向法院提起诉讼。

二、税收分类

税收的分类是指按照某种标准,将性质相同或类似的税种归为一类加以区分。它是我们研究和评价税收制度必不可少的一种方法。

(一)按税收客体分类

按税收客体(或征税对象)分类可分为商品税、所得税和财产税三大类,这是目前世界上通行的分类方法。

1. 商品税

商品税(也称为流转税),是以商品交换或提供劳务的流转额为征税对象的税收。课征商品税的前提是商品生产和交换,其计税依据是商品销售额、增值额、营业收入额等,因此,商品税是目前大多数发展中国家普遍采用的一类税,并且在税收总额中占较大比例。在我国,商品税是主体税种,占税收收入的60%以上,其税种主要有增值税、消费税、关税等。

2. 所得税

所得税是指以纳税人的所得额为征税对象的税收。所得税又包括对所得额征税和对收益额征税两类。前者是指对纳税人的纯收入(总收入扣除成本、费用、损失及流转税额后的余额)征税;后者是指对纳税人的收入总额不扣除成本和费用,对其毛收益征税。目前,世界上大多数国家采用前者,如企业(或公司)所得税和个人所得税都属于这一类;采用后者的国家较少。我国目前开征的所得税主要是企业所得税(针对内资企业)、外商投资企业和外国企业所得税、个人所得税。

3. 财产税

财产税是以各种财产(包括动产和不动产)为征税对象的税收。世界上财产税包括两大类,一般(抽象)财产税、个别(具体)财产税;根据静态和动态的不同情况,还可分为财产交易、保有、转让等不同种类的财产税。我国目前开征的财产税有土地增值税、房产税、城市房地产税、契税等。

4. 其他税

在我国,除了上述三大类税外,还可从中细分出资源税和行为税两大类。

(1) 资源税,是指对开发和利用国家自然资源而取得级差收入的单位和个人征收的税收。其目的在于对从事自然资源开发的单位和个人所取得的级差收入进行适当调节,以促进资源合理开发和使用。由于级差收入也是一种所得,因此,在其他国家将资源税并入所得税。目前,我国的资源税包括资源税、土地使用税等。

(2) 行为税或特定目的税,是指对某些特定的经济行为开征的税收,其目的是贯彻国家某项政策的需要。目前,我国的行为税包括屠宰税、印花税、城市维护建设税等。

(二) 按税收的计量标准分类

按税收的计量(或计征)标准可分为从价税和从量税两大类。

从价税是以征税对象的价格为计税依据的税收,如我国目前征收的增值税等;从量税是以征税对象的数量、重量、容积或体积为计税依据的税收,如我国目前征收的资源税等。

从价税的应纳税额是随商品价格或劳务收费的变化而变化的,能够体现合理负担的税收政策,同时也能保证财政收入同比例变化。因此,大部分税种都采用这一计税方法。从量税的税额随着征税对象数量的变化而变化,虽然计算简单,但税收负担和财政收入不能随价格高低而增减,因而,税收负担不尽合理,目前只有少数税种采用这一计税方法,如我国的车船使用税、资源税、屠宰税和适用于部分消费品的消费税等。

(三) 按税收与价格的关系分类

按税收与价格的关系分类可分价内税和价外税两大类。

凡是税款构成商品或劳务价格组成部分的,属于价内税;凡是税款作为商品或劳务价格以外附加的,则属于价外税。因此,价内税的计税价格为含税价格,价外税的计税价格为不含税价格。许多国家的消费税采用价外税的形式。我国的流转税也曾以价内税为主,1994 年税制改革后,以增值税为主体的流转税税制体系的建立,标志着我国流转税开始变为以价外税为主。

(四) 按税负能否转嫁分类

按税负能否转嫁分类可分为直接税和间接税两大类。

所谓直接税是指由纳税人直接负担的各种税收,因此,纳税人就是负税人。通常人们将所得税和财产税划分为直接税。

所谓间接税是指纳税人能将税负转嫁给他人负担的各种税收,因此,纳税人不一定是负税人,最终负担税收的人可能是消费者、生产者或纳税人本身。通常人们将商品税(流转税)视为可以转嫁的间接税。

(五) 按税收管理权限和使用权限分类

按税收管理权限和使用权限分类可分为中央税、地方税和中央地方共享税三大类。

中央税是指中央管辖课征并支配的税种,如我国目前开征的消费税;地方税是指由地方管辖课征并支配的税种,如我国个人所得税等;中央与地方共享税是指属于中央政府与地方政府共同享有并按照一定比例分成的税种,如我国目前开征的增值税、资源税等。

具体来看,由于各国的国情不同,税种的划分也不一样,有些国家(如美国)的地方政府拥有税收立法权,可以自行设立税种,这种税显然属于地方税,而中央政府开征的税种属于中央税;有些国家的税种由中央政府统一设立,但根据财政管理体制的规定,为了调动地方理财的积极性,将其中一部分税种的管辖权和使用权划给地方,称为地方税,而归中央管辖和使用的税种属于中央税,再将不易划分的税种归为共享税。我国目前税种的划分就属于后者。

(六)按税收主体与税收客体的关系分类

按税收主体与税收客体的关系分类可分为对人税和对物税两大类。对人税侧重于税收主体,按人口或课税主体的所得与一般财产价值课税,一般按口或按户征收,如早期的人头税、人丁税、户捐税和现代的所得税及一般财产税等;对物税是对除人之外的个别具体财产、商品等实物进行课征,如房产税等个别财产税、商品税等。目前世界上普遍采用此种分类方法处理国际税收中的双重征税问题。

(七)按税收能否作为单独的征税对象分类

按税收能否作为单独的征税对象分类可分为正税和附加税两大类。

所谓正税是指具有特定的征税对象,并按照规定的税率独立征收的税收,如我国目前开征的增值税、消费税等;所谓附加税是指按某种正税的一定比例加征的税收,有两种表现形式:一是以应纳税额加征一定比例的税,如现行的城市维护建设税规定可按增值税、消费税税额的3% ~7% 征收城市维护建设税;二是以应纳税所得额加征一定比例的税。

三、税收制度的发展

税收作为一个历史范畴,任何国家或地区,其现行的税收制度都是有其发展过程的。因此,有必要了解和把握构成税制的各个税种的演变和主体税种交替的历史过程。概括起来,税收制度大致经过了由简单的直接税制到以间接税为主的税制,再发展到现代以直接税为主的税制或以间接税和直接税为主体的双主体税制。

(一)简单的直接税税制

税收制度最早实行的是简单的直接税税制,并且是十分粗陋的。自从国家产生之后,许多国家的税收主要来源于对人和对财产的课征,可以说是典型的直接税,如我国早期实行的人头税、户税、土地税、房屋税、车马税等。虽然不同国家或地区在不同时期,在名称或形式上有些变化,但其实质内容一直沿袭了较长时间。

由于早期的直接税是以课税对象的某些外部标准(如人口多少、土地面积大小、房屋数量等)规定税额,而不考虑纳税人实际支付能力,也不存在任何扣除,所以,早期的直接税是极不公平的。同时,由于直接税的税率一般固定不变,因而,不具有灵活性和弹性,不具备调节经济和满足政府财政收入的需要等作用。

(二)以间接税为主体的税收制度

早期的间接税也是非常简单的,早在封建社会就已被许多国家采用。由于当时商品经济极不发达,间接税的课征范围窄,一般只在有市场活动的地点或对参与交换的产品开征,并且在政府财政和经济中的地位并不重要,如商品进出口税、盐税、茶税、渔税、人市税、市场税等。随着商品经济的发展,到封建社会晚期,特别是到资本主义社会,社会生产力得到了惊人的发展,客观上为间接税的推行提供了条件,关税、消费税、产品税、销售税等税种得以发展,这样,传统的直接税税收体系逐渐被以关税、消费税等为主的间接税税收体系所取代。

以间接税为主体的税收体系之所以能够取代直接税税收体系,原因如下:

(1)商品税是一种对物税,它的税源充裕,课征范围广泛,并且富有弹性,有利于组织政府财政收入;同时,商品税课征方便,可以及时组织财政收入。

(2)间接税较直接税更为隐蔽,到了资本主义社会,废除古老的直接税而采用间接税,可以顺应人民的要求,达到资产阶级在推翻封建统治时所高喊的"减轻税负"的目的。

(3)推行间接税有利于资本主义工商业发展。由于商品税是对商品征税,只要被征税的商品能够按售价顺利销售,纳税人缴纳的税款就可以转嫁到消费者头上,从而保证了资本家个人利益不受或少受侵犯,因而,间接税十分有利于资本主义经济的发展。

(4)推行间接税有利于限制和削弱封建势力。由于间接税的征税对象不仅包括日用消费品,也包括高档消费品,而这些高档消费品主要由封建贵族消费,对此类消费品征税,无形中将封建贵族和大地主的财富从他们手中转移到资本主义政府手中,进而从经济上削弱封建势力。

(三)现代直接税税收制度

随着生产力的发展和生产方式的进一步变革,在资本主义国家,商品税与社会生产和消费又产生了矛盾。这主要表现为:干扰市场顺利运行,引发再分配后不公,进而引起人民强烈不满,阶级矛盾不断激化;对商品征税,如果不能按高价出售,资本家无法将全部税款转嫁出去,减少了资本家的利润,从而影响资本家的生产;由于各国实行保护关税,阻碍了资金、劳动力和商品的自由流动。然而,资本主义国家为了国家机器正常运转和对外扩张,财政开支在不断地膨胀,如何弥补巨额的开支?大幅度提高间接税税率,进而增加间接税收收入几乎不可能。因此,必须寻找和建立一种新的税收制度来适应这种状况,于是体现现代直接税税收制度的现代所得税制度便应运而生。

按照许多西方经济学家的观点,所得税是一种比较理想的直接税税种,与古老的直接税相比,现代所得税具有税源充裕、有弹性、符合各项税收原则、税收负担合理、对经济没有直接的阻碍等优点,能保证国家的财政收入,能有效地进行收入再分配,具有调节经济和收入差距、促进公平的作用。因此,一些主要资本主义国家,于19世纪末、20世纪初相继推行了所得税,第二次世界大战后,在资本主义国家得到了普遍推广。

最早实行所得税的国家是英国。1799年,英国对拿破仑战争中,为应付军费需要,英国政府首次开征所得税;后来随着战争的变化时停时征,直到1842年,根据《1806年所得税法案》,经过立法程序,才将所得税确定为永久性税种。1922年,所得税占英国税收总额的45%以上,第二次世界大战后高达47.6%。美国真正推行所得税源于1913年10月的《个人所得税法》,到1918年在税收总额中所得税收入已占60%以上,1922年高达65.3%。日本20世纪初引进所得税制度后,1922年所得税占税收总额的比重上升到20.7%。

第二次世界大战以后,为了缓和阶级矛盾,稳定社会秩序,在资本主义国家普遍推行了社会保险制度,并开征了社会保险税。虽然社会保险税来自于雇主和职工个人,但它也是所得税的一种。目前,在发达资本主义国家,这一税种占中央级总税收收入的比重大都在30%以上。

与发达国家相比,目前,发展中国家的税收制度仍然是以间接税为主,间接税占税收收入总额的比重一般都在60%以上。究其原因,主要有:一是发展中国家经济发展水平比较低,相应人均收入水平也比较低,推行以所得税为主体的税制,不能保证政府开支需要;二是发展中国家征管水平相对发达国家而言一般较低,所得税相对于商品税而言比较复杂,因此,以商品税为主体税收比较切实可行,同时商品税不受纳税人盈亏状况的影响,容易满足政府开支需要;三是商品税比所得税隐蔽,大多是从价计征,而不是作用于纳税人的所得,比较容易为纳税人所接受,并且对私人投资和储蓄影响较小。

(四)我国税收制度现状与发展展望

1. 我国税收制度现状

我国现行税收制度是1994年分税制改革形成的,在20多年间,根据经济发展和社会改革的需要,经历了多次补充、完善和发展。目前,中国共有增值税、消费税、企业所得税、个人所得税、资源税、城镇土地使用税、房产税、城市维护建设税、耕地占用税、土地增值税、车辆购置税、车船税、印花税、契税、烟叶税、关税、船舶吨税、环境保护税18个税种,其中,16个税种由税务部门负责征收,关税和船舶吨税由海关部门征收,另外,进口货物的增值税、消费税由海关部门代征。

(1) 增值税是对在我国境内销售货物或者提供加工、修理修配劳务以及进口货物的单位和个人征收的一种流转税。

(2) 消费税是对在我国境内生产、委托加工和进口应税消费品的单位和个人征收的一种流转税。征税范围包括烟、酒和酒精、化妆品、贵重首饰和珠宝玉石等15个税目。

(3) 企业所得税是对中国境内的一切企业和其他取得收入的组织(不包括个人独资企业、合伙企业),就其来源于中国境内外的生产经营所得和其他所得征收。

(4) 个人所得税是以个人取得的各项应税所得(包括个人取得的工资、薪金所得,个体工商户的生产、经营所得等11个应税项目)为对象征收的所得税。

(5) 资源税是对各种应税自然资源征收,包括原油、天然气、煤炭、其他非金属矿原矿、黑色金属矿原矿、有色金属矿原矿、盐7大类。

(6) 城镇土地使用税是以在城市、县城、建制镇和工矿区范围内的土地为征税对象,以实际占用的土地面积为计税依据,按规定税额对使用土地的单位和个人征收。

(7) 房产税是以城市、县城、建制镇和工矿区范围内的房屋为征税对象,按房产余值或租金收入为计税依据,向产权所有人征收的一种税。

(8) 城市维护建设税是对缴纳增值税、消费税的单位和个人征收,以纳税人实际缴纳的增值税、消费税为计税依据。

(9) 耕地占用税是对占用耕地建房或者从事其他非农业建设的单位和个人,依其占用耕地的面积征收。

(10) 土地增值税是以纳税人转让国有土地使用权、地上建筑物及其附着物所取得的增值额为征税对象,依照规定的税率征收。

(11) 车辆购置税是对购置汽车、摩托车、电车、挂车、农用运输车等应税车辆的单位和个人征收。

(12) 车船税是以在我国境内依法应当到车船管理部门登记的车辆、船舶为征税对象,向车辆、船舶的所有人或管理人征收。

(13) 印花税是对经济活动和经济交往中书立、领受税法规定的应税凭证征收。

(14) 契税是以出让、转让、买卖、赠与、交换发生权属转移的土地、房屋为征税对象征收,承受的单位和个人为纳税人。

(15) 烟叶税是对收购烟叶(包括晾晒烟叶和烤烟叶)的单位,按照收购烟叶的收购金额征收。

(16) 环境保护税对直接向环境排放应税污染物的企业事业单位和其他生产经营者,按照污染物的排放量进行征收。

(17) 关税是海关依法对进出境货物、物品征收的一种税。

(18) 船舶吨税是对从我国境外港口进入境内港口的船舶,按照船舶净吨位征收的一种税。

需要说明的是,尽管目前中国税法规定有18种税,但并不是每个纳税人都要缴纳所有的税种。纳税人只有发生了税法规定的应税行为,才需要缴纳相应的税收,如果没有发生这些应税行为,就不需要缴纳相应的税收。从实际情况来看,规模比较大、经营范围比较广的企业涉及的税种一般在10个左右,而大多数企业缴纳的税种在6~8个。

专栏9-1 我国税收制度发展

从中华人民共和国成立以来,我国税收制度的建立与发展可分为如下阶段:

(1) 1949—1979年。这一阶段我国税制曲折发展。1949年11月颁布了《全国税政实施要则》,统一了中华人民共和国成立初期的全国税政;1953年整合、简化了当时的工商税制,并取消了特种消费税和交易税(牲畜交易除外)等;1958年实行了工商统一税,列出了工商所得税,统一了农业税制;1973年进一步合并了税制,简化了税目和税率,全国只征工商税(针对全民所有制企业、集体所有制企业)和工商所得税(针对集体所有制企业),税目由108个减少为44个,税率由144个减少为82个。

1979年以前的30年间,我国税制的发展总体比较缓慢,主要维持、简化工商税制(主要是流转税制),整个税制不断简化、削弱,税种的归类也不规范。

(2) 1980—1993年。这一阶段我国的工作重心转向经济建设,税收开始加强,税收制度也进行了相应的改革与加强。其主要内容有:关于流转税制,先后开征了产品税、增值税、营业税、消费税和一些地方工商税收,从而取代了原来的工商税;关于所得税制,先后开征了国营企业所得税、集体企业所得税、城乡个体工商户所得税、私营企业所得税、个人收入调节税等;关于财产税、资源税和行为税制,先后开征或恢复了城市房产税、车船使用税、土地使用税、资源税、盐税、建筑税、国营企业工资调节税、奖金税、筵席税、城市维护建设税等;在涉外税收方面,先后开征了中外合资经营企业所得税、工商统一税、外国企业所得税(含预提所得税)和个人所得税。

经过这一阶段的建设,我国才建成了以流转税和所得税为主体的,包括30多个税种在内的比较完整的税收体系。

(3) 1994年以来的发展。1992年,我国正式确立了建立社会主义市场经济体制的目标。随着经济体制的重大转变,经济生活中的各种矛盾也日益突显出来,其中也包括税制与经济体制及经济发展之间的矛盾。为了解决这些突出矛盾,我国于1994年对税制进行了中华人民共和国成立以来规模最大的一次改革,其主要内容是:

在流转税方面,重点推广增值税,推行以增值税为中心,相应设置消费税、营业税等新的商品税(流转税)体系,对"三资"企业停止征收工商统一税,统一实行新的流转税制。

在所得税方面,一是合并各类内资企业所得税,统一实行企业所得税,取消原来分别设置的国营企业所得税、国营企业调节税、集体企业所得税和私营企业所得税。二是合并原涉外企业两部所得税法,建立颁布新的《外商投资企业及外国企业所得税法》。三是统一合并个人所得税,取消原个人收入调节税和城乡个体工商户所得税,对个人收入和个体工商户的生产经营所得按修改后的个人所得税法统一征税。

在其他税种方面,分别调整、撤并和开征了一些税种。例如,调整和完善了资源税(征收范围扩至所有矿产品和盐,并重新确定税目和计征办法);调整和完善了城市维护建设税和城镇土地使用税;取消了集市交易税、牲畜交易税、盐税(并入了资源税)、烧油特别税、奖金税和工资调节税;开征了土地增值税;将特别消费税并入消费税等。

经过1994年的税制改革,税种设置由原来的32个简化为23个,初步实现了税制的简化和统一。其改革指导思想是:统一税法,公平税负,简化税制,合理分权,理顺分配关系,建立符合社会主义市场经济要求的税收体系。

资料来源:储敏伟,杨君昌. 财政学. 3版. 北京:高等教育出版社,2010.

2. 我国税制发展的展望

近年来,中国财政收入增幅远高于GDP增幅,对财政体制不合理及转移支付中存在诸多问题的批评声不绝于耳,而中国现行税制结构不尽合理,地方税体系建设相对滞后,以及在总体税负中间接税占比较高、直接税占比较低等问题也屡被诟病。我国未来将在保持分税制财政体制框架基本稳定的前提下,进一步健全中央和地方财力与事权相匹配的财政体制,完善促进基本公共服务均等化和主体功能区建设的公共财政体系。未来完善税收制度的主要目标是:健全以流转税和所得税为主体税种,财产税、环境资源税及其他特定目的税相协调,多税种、多环节、多层次调节的税收体系,形成有利于结构优化、社会公平的税收制度。其主要内容包括:

在实施和完善消费型增值税的基础上,结合增值税立法,稳步扩大增值税征收范围,相应调减营业税等税收,进一步消除重复征税,最终实现货物与劳务税制的统一,促进服务业特别是现代服务业发展。

合理调整消费税范围和税率结构,将部分容易污染环境、大量消耗资源的产品等纳入消费税征收范围,增加消费税应税品目,完善消费税制度,适应消费品升级换代不断加速、一些高端消费品向普通消费品转变以及节约能源资源的要求日益迫切等趋势,适当调整部分消费品的税目和税率。

进一步推进资源税改革,将煤炭资源税计征办法由从量征收改为从价征收并适当提高税负水平,其他矿产资源等提高从量计征税额,并适时将水资源纳入资源税征收范围,促进资源节约和环境保护。选择防治任务繁重、技术标准成熟的税目开征环境保护税,逐步扩大征收范围。

深化房地产税制改革,构建合理、完善的房地产税收制度,统筹推进房地产税费改革,逐步改变目前房地产开发、流转、保有环节各类收费和税收并存的状况。结合其他方面的税制改革,对房地产交易环节征收的有关税种进行简并,合理安排税收负担。认真总结个人住房房产税改革试点经验,研究逐步在全国推开,同时积极推进单位房产的房产税改革。

在构建地方税体系上,结合上述税收制度的改革完善,将财产行为类有关税收作为地方税体系的重要内容,不断增加地方税收收入。在统一税政的前提下,赋予省级政府适当税政管理权限，培育地方支柱税源。

中央集中管理中央税全部权力、共享税的立法权、税种开征停征权、税目税率调整权、减免税权等，以维护国家的整体利益。对于一般地方税税种，在中央统一立法的基础上，赋予省级人民政府税目税率调整权、减免税权，并允许省级人民政府制定实施细则或具体实施办法。

第二节 课税原则

一、课税原则的经典观点

（一）斯密的课税原则

财税学界认为，把课税原则首先明确化、系统化的第一人是古典政治经济学派的创始人亚当·斯密（Adam Smith，1723—1790 年）。斯密处于英国当时已摆脱重商主义的束缚，面临自由发展生产力的产业革命的前夜。他在所著《国民财富的性质和原因的研究》一书中，综合了自由主义经济学说和财政学说，把经济的自由主义视为处于产业革命前夜的英国经济发展的动力，极力主张自由放任和自由竞争，政府应减少干预或不干预经济。斯密的这种思想通过所谓“廉价政府”“夜警国家”表现出来。斯密从这种经济自由主义立场出发，提出了平等、确实、便利、最少征收费用四大课税原则。

1. 平等原则

斯密的平等原则（principle of equality）是指国民应依其在国家的保护下所得收入的多少为比例，向国家缴纳租税。

2. 确实原则

确实原则（principle of certainty）是指国民所纳税目与条例应该是确实的，而且纳税的时间、地点、手续、数额等，都要明确规定，使纳税人明了。

3. 便利原则

便利原则（principle of convenience）是指政府对国民征税的时间、地点、方法等，应尽量使国民感到方便。根据他的阐述，便利原则可以理解为：

（1）就时间而言，应当在纳税人收入丰裕的时候征收，国家既可以及时取得税收，纳税人又不感到纳税困难；

（2）就方法而言，应求简便易行，不使纳税人感到手续繁杂；

（3）就地点而言，税务机关应设在交通便利的场所，使纳税人纳税方便；

（4）就形式而言，应尽量采用货币形式，以避免纳税人因运输实物而增加额外负担。[①]

4. 最少征收费用原则

最少征收费用原则（principle of minimum cost）亦称征收经济原则（principle of economy in collection），是指在征收任何一种税的过程中，其国家的收入额与纳税人所缴纳的数额之间的差额越小越好，也即税务部门征税时所耗费用应减少到最低程度。

---

① 李九龙，於鼎丞．外国税制．大连：东北财经大学出版社，1987：28.

从斯密的上述四大原则来看,他提出了按比例纳税思想、税制效率思想,并初步认识到税收与收入再分配的关系、税收与经济活动的关系。总之,斯密的课税原则是从生产力的扩大以资本为基础的立场出发,阐明如何使赋税的负担和征收合理化的问题。

(二) 瓦格纳的课税原则

继斯密之后,英、法、德等国家的经济学家如西斯蒙第(Sismondi)、穆勒(Mill)、萨伊(Say)、赫尔德(Held)、诺曼(Neumann)等又提出了许多课税原则,试图从不同角度对斯密的课税原则予以补充。但相比之下,发展得最为完备的当属瓦格纳的课税原则。

阿道夫·瓦格纳(Adolf Wagner,1835—1917 年)是德国社会政策学派的代表人物。他的代表著作《财政学》提出了社会政策的财政理论,主要反对自由主义经济政策,承认国家对经济活动具有积极的干预作用,同时还谋求改正收入分配的不公平现象以解决社会问题。在这种思想指导下,他建立了课税原则。

1. 财政政策原则

所谓财政政策原则即课税能充足而灵活地保证国家经费开支需要的原则,故有人也称之为财政收入原则。该项原则包含收入充分原则和收入弹性原则。

收入充分原则是指赋税必须能够满足国家的财政需要。瓦格纳认为,收入充分原则包含两个内容:①赋税是为满足国家经费的开支;②赋税以外的财源不能支付国家经费时,必须增加赋税。前者旨在说明筹集国家财政收入是税收的基本目标,后者重在说明赋税要随着财政需要的增加而能以适当的方法增加。

收入弹性原则是指税收收入能随着经济增长而自动增加。依据这项原则,瓦格纳认为,可以把间接税作为主要税种,因为它能够随着人口的增加、课税商品的增多而使税收收入增加。

2. 国民经济原则

所谓国民经济原则即国家征税不能阻碍国民经济的发展,以免危及税源,在可能的范围内,应尽量有助于资本形成,促进国民经济的发展。该项原则包含税源选择原则和税种选择原则。

税源选择原则是指要正确选择税源。他指出,正确的税源选择应以国民所得为税源,不能以资本所得和财产所得作为税源,否则就会侵蚀国民经济的基础。

税种选择原则是指要考虑税负转嫁的作用。瓦格纳提出,课税除了对国民经济有影响与作用外,还有一个赋税负担适合的问题。因此,在选择税种时,必须考虑税收负担的转嫁问题,将税负归之于应该负担税收的人;应尽量选择难以转嫁或转嫁方向明确的税种。

3. 社会公正原则

所谓社会公正原则即税收负担应普遍和平等地分配给各个阶级、阶层和纳税人。该项原则包含普遍原则和平等原则。

普遍原则是指课税应毫无遗漏地遍及社会上的每个人,不能因身份、地位等而有所区别。平等原则是指社会上的所有人都应当按其能力的大小纳税,能力大的多纳,能力小的少纳,无能力的(贫困者)不纳,实行累进税率。

普遍原则要求人人纳税,而平等原则又要求对有些人免税,这表面上似乎有些抵触。但从瓦格纳的分析来看,这两项原则并没有矛盾。平等原则要求税制中要有最低课税限度标准、低所得者免税等规定,主要是从纳税人的经济状况或负担能力来说的;而普遍原则要求不能从纳税人的非经济因素来袒护某类人。

4. 税务行政原则

所谓税务行政原则即税法的制定与实施都应当便于纳税人履行纳税义务。该项原则包含确实原则、便利原则、最少征收费用原则。

这三项原则与斯密的相应原则含义相同，只不过瓦格纳的最少征收费用原则，不仅要求税务部门的稽征费用要小，而且纳税人因服从税法、履行纳税义务所发生的费用也应尽可能地小。

可以看出，瓦格纳的课税原则要比斯密的课税原则完善得多。首先，与斯密的消极财政原则不同，瓦格纳的财政原则要求税收收入既要充分，而且要根据收入体系、经济发展的变化而富有弹性。其次，瓦格纳首先明确提出以国民经济作为课税原则，要求政府在课税的过程中要注意保护税本，培植税源。

此外，瓦格纳在其课税原则中阐明的一些思想为以后的税收理论发展奠定了基础。如收入弹性原则为建立弹性税制奠定了理论基础；平等原则为建立累进税率制度奠定了理论基础；最少征税费用原则为后人发展成为纳税成本(compliance cost)理论。

二、课税原则的现代观点

在现代财政理论中，对税制评价的三个最重要的原则是效率原则(efficiency criterion)、公平原则(equity criterion)和经济稳定与增长原则。效率标准可分为两类，即经济效率标准和制度效率标准；公平标准也可分为两类，即横向公平标准和纵向公平标准；经济稳定与增长原则是针对税收的宏观调控而言的，是指税收对经济发展所发挥的宏观调控作用应当促进经济的稳定增长。

(一) 税收的效率原则

1. 经济效率标准

税收的经济效率与税收中性(neutrality)有关。所谓税收中性，是指政府课税不扭曲市场机制的运行，或者说不影响私人部门原有的资源配置的效果。反之，政府课税改变社会私人部门资源配置的效果就是税收的非中性(nonneutrality)。

税收学界在讨论税收的非中性时，使用了许多概念，诸如消费者剩余损失和生产者剩余损失、福利损失或福利成本、超额负担或沉重负担(excess burden or dead-weight burden)等。实际上，这些概念均指同一事实：税收在改变(扭曲)资源配置后，对消费者和生产者造成的损失如何。

根据税收中性概念，可把税收的经济效率概括为：政府通过税收制度在把数量既定的资源转移给公共部门的过程中，尽量使不同税种对市场经济运行的扭曲所造成的福利损失或沉重损失最小化。这样，我们就可以把研究税收经济效率的问题转化为研究福利损失或沉重损失最小化的问题。下面介绍几种主要的理论模型。

(1) 马歇尔—哈伯格超额负担理论。马歇尔—哈伯格超额负担理论是哈伯格首先利用马歇尔的基数效用理论(cardinal utility approach)作为超额负担的基本理论依据，后发展为马歇尔—哈伯格超额负担理论。这种理论在计算税收的超额负担时，用到了消费者剩余概念和生产者剩余概念，并以消费者剩余的大小作为衡量消费者在消费某种商品时获得净福利多少的标准，并以此评价税收制度的经济效率。

图 9-1 假定的是某一种商品市场,D 是这种商品的需求曲线,S 是供给曲线。征税前的均衡是 E,产量为 OG,价格为 OB。如果政府对该商品课征 FD 的从量税,供给曲线 S 将向左上方移动至 $S+T$,税后市场均衡为 F,产量减少至 OH,价格上升至 OA。这种税的税收收入是 CD(销售量)乘以 DF(税率),即 $ACDF$ 的面积。消费者因课税而损失的消费者剩余是 $ABEF$ 的面积,生产者因课税而损失的生产者剩余是 $BCDE$ 的面积。这两种损失合计为 $ACDEF$ 的面积,显然大于政府的税收收入($ACDF$ 的面积)。二者间的差额 FDE 就是课税的超额负担。这说明,纳税人不仅向政府纳税 $ACDF$,而且还因商品价格上升,产量(消费量)减少,消费者可能要转向消费其他商品,使消费者在商品间的选择遭到扭曲。

现在,我们仅以消费者剩余概念并加入价格弹性概念进一步说明税收的超额负担,同时指出这种理论的局限性。图 9-2 是图 9-1 的简化形式。在图 9-2 中,DD'是消费者对商品 X 的一般需求曲线,X_0是在没有税收情况下的初始价格 P_0 上的需求数量。于是消费者剩余就是在该需求曲线之下、价格线之上的面积,即三角形 DP_0B 的面积。现在我们考虑对商品 X 按税率 t 从价征收了一种税,所以它的消费者价格上升到 $P_1=(1+t)P_0$,导致对 X 的需求数量从 X_0下降到 X_1。与税前状态相比,消费者剩余现在下降为不规则四边形 P_1ABP_0的面积。然而,长方形 P_1ACP_0的面积代表支付的税收总额。因此,这种税的超额负担就是三角形 ABC 的面积,即消费者剩余的减少超过应纳税额的部分。可见,马歇尔—哈伯格超额负担理论以消费者剩余概念为基础,说明课税扭曲了课税商品与其他商品的消费选择。为此,可通过如下三种方法避免或减少超额负担:第一,对需求弹性为 0 的商品征税;第二,对所有商品等量(从价)征税;第三,对所得征税。

理论界对于马歇尔—哈伯格超额负担的计算方法展开了争论。争议最大的点是用消费者剩余这个概念来计算消费者净福利是否合适。一般来说,一种商品价格的变动会产生间接的收入效应和替代效应。因此,沿着一条一般需求曲线的运动(比如在图 9-2 中从点 B 到点 A),不仅代表着消费者对商品价格变动的反应,而且表明这种价格变动如何间接影响他对其收入状况以及福利的估价。这就意味着与税前状况相比,ABC 的面积并不代表消费者为使其税后境况与税前境况一样好而需要的实际货币补偿数量。

上述推论在需求曲线垂直、从而需求数量不受价格变动影响的例子中最容易得到证明。在这种情况下,即图 9-2 中的 DD'曲线呈垂直状态,超额负担将不复存在。可是,消费者的福利必然要变化,因为与税前状态相比,税收扭曲了相对价格。因此,依据这种理论计算真实超额负担不准确。

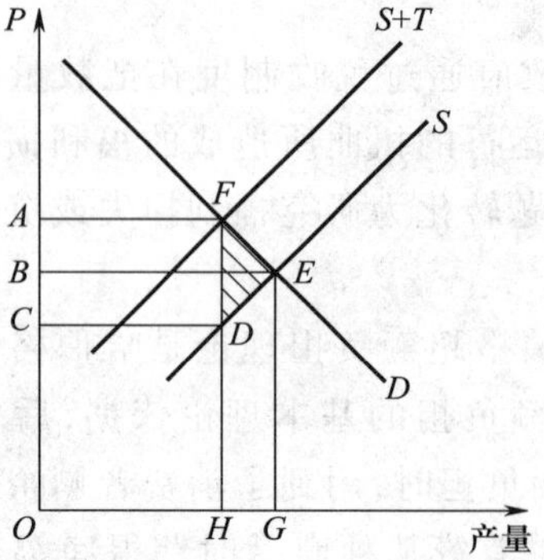

图 9-1　超额负担:基数效用理论

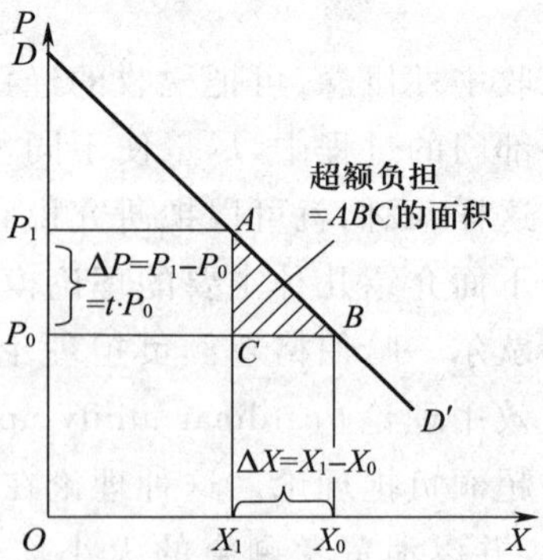

图 9-2　超额负担的计算

(2) 希克斯超额负担理论。为了避免马歇尔—哈伯格超额负担的计算问题,希克斯提出用补偿需求曲线(compensated demand curve)代替一般需求曲线(ordinary demand curve)。补偿需求曲线是从任何价格变动的间接收入效应中抽象出来的,它完全以替代效应为基础,描述一种商品的价格与需求量之间的关系。在特定的初始状态既定的情况下,图 9-3 说明了一般需求曲线与补偿需求曲线之间的关系。

以图 9-3(a)说明。由于税收导致价格从 P_0 上升到 P_1,这使得 X 的需求数量从 X_0 下降到 X_1,这与以前的情况一样。现在假设消费者在价格上升的同时得到一定的货币补偿,而这一货币补偿正好足以抵消其对福利的不利影响。于是就很容易推断出,X 需求数量的减少在有补偿的情况下(如从 X_0 到 X_M)要比在没有补偿的情况下(如从 X_0 到 X_1)低得多。因此,从初始状态如点 B 开始,价格的每一变动,在消费者得到完全补偿后都可以确定一个点,如 M 点。连接所有这样的点的曲线就是与既定初始状态相对应的补偿需求曲线。在图 9-3(a)中,这条曲线就是 $H_BMH'_B$。由于替代效应,这条补偿需求曲线斜率总是负的,而且只要有关的商品是一种正常品,即需求的收入弹性为正的商品,那么它总是要比一般需求曲线的倾斜度更陡。

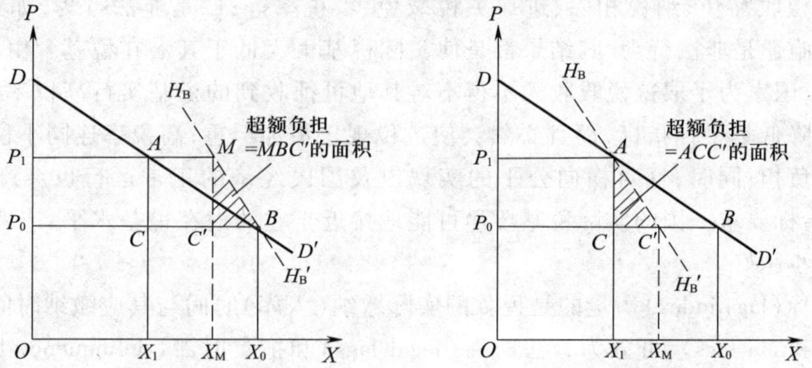

(a) 依据补偿变差计算　　(b) 依据等价变差计算

图 9-3　希克斯超额负担的计算

由于补偿需求曲线的推导需要就价格变动的间接收入效应完全补偿消费者,所以,按照定义,沿着这条曲线移动将保持消费者的福利水平不变。为了确保任何价格变动下福利水平不变,需要补偿的数量即通称的补偿变差(compensating variation)可以用补偿需求曲线下新旧价格线之间的不规则四边形的面积来计算,即在图 9-3(a)中,价格从 P_0 上升到 P_1 时 P_1MBP_0 的面积。然而,在有补偿的情况下,消费者对商品 X 的需求将是 X_M,他的应纳税额将是长方形 $P_1MC'P_0$ 的面积。因此,根据希克斯的补偿变差,税收的超额负担就是三角形 MBC' 的面积。显然,这一面积小于马歇尔—哈伯格超额负担的相应面积 ABC。

2. 制度效率标准

税收制度的设计与实施,不仅要考虑筹措收入的能力、对经济活动的影响,而且要考虑征纳双方在征税与纳税过程中所发生的费用即税务费用的多少。税收的制度效率就是指政府设计的税收制度能在筹集充分的收入基础上使税务费用最小化。

税收制度效率的衡量一般可以用两个指标:一是质量指标①,二是成本指标。

(1) 质量指标。衡量税收制度效率状况的质量指标一般是从税种结构、税基大小、时滞长短以及执行程度等方面考察,分别归类为集中性指标、侵蚀性指标、时滞性指标以及执行性指标。倘若集中性指标高,侵蚀性指标、时滞性指标低,处罚程度适中,那么,这种税收制度就是高效率的制度。

集中性指标(concentration index)说明,在某种既定的税制体系下,如果相对少量的税种和税率就能筹措到大部分税收收入,那么,这种税制就是优良的税制。因为一般而言,集中程度越高,税制的透明度就越高,管理就越容易。倘若大部分税收是通过许多分散的小税种或某一特定税种的许多分散的税率征收的,那么,要实行连贯的税收政策虽然不是不可能但极其困难。例如,要想通过税收的变化来实现稳定政策就相当困难,因为这需要对许多税种进行立法和估价。

侵蚀性指标(erosion index)是估算实际税基与潜在税基相接近的程度。无论是发展中国家还是发达国家,税基侵蚀是税收制度的主要问题之一。税基侵蚀一般有两种原因:一是合法措施,如免税期、税收豁免、纳税扣除、进口关税减免、零税率等;二是非法行为,如逃税、走私等。不管是合法措施还是非法行为,其结果都是使实际税基大大低于其潜在税基。由于税基侵蚀的因素大量存在,国家为了取得税收收入不得不对其他可征收到的税基实行高税率或另辟其他税种。这不仅会降低集中性指标,而且必然会使逃税现象更加严重;高税率连同小税种增多,必然加重税务管理负担;同时,这对横向公平的实现以及国民经济的正常运行也会产生不利影响。因此,侵蚀性指标要求一国的实际税基要尽可能地接近于它的潜在税基水平,或者说,某种税的侵蚀性指标越小越好。

时滞性指标(lags index)衡量的是税款的实际缴纳(入库)时间与其应缴纳时间的差距,称为征收时滞(collection lags),可分为合法时滞(legal lags)和拖欠时滞(delinquency lags)。征收时滞之所以有合法时滞之说,是因为税法本身或更多的是管理规定允许纳税人在产生纳税义务的特定事件(如取得收益、产品销售、进口业务等)发生之后的长时间内才纳税。特别是资本来源所得的合法时滞比较长,在某些工业化国家,这种时滞长达两年之久是常事。拖欠时滞是指纳税人因种种原因或故意拖延纳税时间。当然,纳税人拖延缴纳税款也与对滞纳行为惩罚很轻有关。特别是在高通货膨胀的情况下,征收时滞越长,对纳税人越有利,而对政府越不利。因此,高效率税制的一种表现就是征收时滞越小越好。

执行性指标(enforcement index)。如果一种税制由于来自纳税人的阻力而得不到有效执行,法定税制与有效税制之间的偏差就可能大到足以使合法税制失去其存在的意义。这种情况常常与不重视对不遵章纳税行为的处罚制度有关。由于政府一般不花任何货币成本就可以加重处罚,而改善管理通常需要追加支出,所以,有人建议,与逃税行为做斗争的最好方法是实行重罚而不是改进管理。但这种方法至少存在两个问题:第一,当处罚定得太重时,往往难以执行;第二,虽然对政府来说处罚成本很低甚至为零,但随之而来的其他成本(政治的、社会的)不

---

① 国际货币基金组织经济学家坦兹在讨论有效税制的质量特征时,提出税收制度在整体上作为经济政策的工具是好是坏以及估价现行税收制度效率的简单评价指标体系,我们将其简称为质量指标。

能忽视。因此,最佳的政策是健全税务管理(如改进税款查定、征收手续、纳税人登记、计算机使用、税务审计等),并辅之以合理的处罚。尽管执行性指标是一种模糊概念,或者说一般不能确定处罚和执行程度的确切数量指标,但在这方面收集一些基本情况是有益的。例如,有多少纳税人被审计、被起诉、被监禁?有多少纳税申报表被审查?通过比较分析这些情况,就可以在一定程度上看出现行税制的健全程度。

(2)成本指标。依据税收学的最新研究成果,税务费用(taxation cost)一般包括管理费用或征收费用(administrative cost or collection cost)、纳税费用或服从费用(compliance cost)以及政治费用(political cost)。毋庸置疑,在其他条件相同的情况下,税务成本越低,这种税制就越好。从目前来看,征收成本占税收收入的比重,有些国家为2% ~3%,而有些国家为7% ~8%。一般来说,一般销售税和外贸税的征收成本大大低于所得税。因此,一国的总体税务费用与税制结构有关,此外还与国家的幅员大小、人口数量、识字率、会计核算水平等有关。可以肯定,税务费用指标越低越好。

管理费用是指税务当局为保证税法顺利实施和及时、正确、足额地计征税款所需要花费的费用,由政府承担。这项费用主要包括税务当局在征收管理过程中发生的公务员工资、津贴、办公用设备、用品及工具等费用。

纳税费用是指纳税人在对自己负有纳税义务的课税对象依法计算、交纳税款过程中发生的费用,由纳税人承担。纳税人的纳税费用在下列四种情况下可能发生:①在自行申报纳税制度下,纳税人首先要对其在本纳税期限内的应税事项向税务机关提出书面申报,并按期缴纳税款。在这一过程中,纳税人要投入一定的人力、物力和财力,花费一定的时间。②纳税人按税法要求,必须进行业务登记,保持完整的账簿。③纳税人为了正确地执行比较复杂的税法,要聘请税务顾问;在发生税务纠纷时,还要聘请律师,准备翔实的材料。④纳税人为了在不违反税法规定的同时,尽量减少纳税义务,需要组织人力进行税收规划——节税。

财税学家认为,尽管纳税费用既有货币成本,又有时间成本和精神成本,而且纳税人对其在履行纳税义务过程中会发生各种明确费用一般不登记造册,难以量化,但政府在修订税法、改革税制、改进征收方法时,绝不能忽略这项费用,因为纳税费用有超过管理费用趋势时,加强了纳税人的逃税意识。据估计,美国个人所得税的纳税费用占税收收入的5% ~7%,1982年的纳税费用大约在17亿~27亿美元。再从英国1986—1987年的情况来看,个人所得税、资本利得税和社会保险税的纳税费用占税收收入的比率是3.24%,而其管理费用的比率仅为1.46%;增值税的纳税成本占税收收入的比率为3.69%,而其征税成本的比率仅为1.03%;公司税的纳税成本占税收收入的比率为2.22%,而其征税成本的比率仅为0.52%。

政治费用是指纳税人试图影响税法所发生的费用,由政府和纳税人共同承担。税法总是处于变动中,这种变动的压力来自于两个方面,即税务当局和纳税人。纳税人为了自身的利益,时常通过院外压力集团要求政府改变税法。例如,美国在1986年税制改革之前,房地产经纪人花了大量费用雇用院外压力集团的说客,向政府游说,保留联邦所得税的大宗扣除项目——房产抵押利息扣除。这种例子还有很多,如争取保留加速折旧规定、研究与开发费用扣除等。

(二)税收的公平原则

税收学界一直认为,税收负担在纳税人间的公平分配是极其重要的,税收的公平原则是设计税收制度的基本原则。税收学界一般把公平原则进一步区分为两个概念:横向公平和纵向公平(horizontal equity and vertical equity)。如果某种税同等地对待同样的人,那么,这种税就是横向公平的。也就是说,如果在征税前,两个人具有相同的福利水平,在征税之后,他们的福利水平也应是相同的。纵向公平标准说的是税收制度如何对待福利水平不同的人。

在实践中,横向公平或不公平表现在许多方面。例如,所得税制考虑了这样的事实:具有相同预算线的人可能具有不同的消费能力。因此,对于医疗支出以及特定的教育费用等,允许从应税所得中扣除。而且,这类扣除也考虑到某些明显的不利条件如盲人和老年人。在税收上,所有这些允许从应税所得中的扣除,都可能被认为是旨在使所得税制更符合横向公平的措施。

纵向公平问题比横向公平问题更为复杂。不仅要判断两个人的富裕程度(能力)何时是相同的(横向公平),而且必须有某种尺度,用来衡量不同人的福利。纵向公平要求回答如下三个问题:①从原则上判断谁应支付较高的税收;②从原则上选择课税方法和课税基础;③如果某些纳税人应当支付较高的税,究竟要高出多少。

在税收学界,通常建议用如下三个标准来判断一个人是否应比另一个人缴纳更多的税:①具有较高的纳税能力;②具有较高的经济福利水平;③从政府那里获得的收益较多。[①]

那么,如何衡量课税或纳税是否公平?在税收学界存在两种主张:一种主张税收应遵循受益原则,即谁受益谁纳税;另一种主张税收应遵循能力原则,即按能力纳税。

1. 受益原则

受益原则要求,纳税人应根据其从公共服务中获得的利益纳税。税收学者认为,纳税人从不同的公共服务中获得的利益不同,导致纳税人间的福利水平不同,结果,享受相同利益的纳税人具有相同的福利水平,应缴纳相同的税(横向公平);而享受较多利益的纳税人具有较高的福利水平,就应缴纳较高的税(纵向公平)。

有些经济学家认为,符合受益原则的"公平"包含如下两个事实:①获得经济物品的购买力的交换是"自愿的",如同在市场部门中一样。也就是说,个人以税收的形式自愿地交换获得政府经济物品的购买力。②根据所获得的利益进行支付。也就是说,人们对政府的捐款应该和他们从公共服务中所获得的利益成比例。而对公共服务的要价原则应该和对其用品使用的要价原则相类似。或者说,利益既可以依据政府提供服务的成本来定价,也可以依据这种服务对购买者的价值定价。无论在哪种情况下,利益应当被看成是边际意义上的而非总量意义上的,以避免不考虑边际分析时所出现的各种配置效率困境。

可以看出,受益原则的突出特点是直接把预算的收入与支出彼此联系起来,在受益原则下,衡量福利水平的标准随特定的税收支出结构而定。当政府提供某种特定服务(特定的支出类型)时,就要依据受益情况,收取一定的费用或税收。因此,从某种意义上说,受益原则不仅用于评估税收制度,也用于评估整个税收支出结构。

尽管受益原则在理论上是很有吸引力的,但在很多情况下,受益原则存在如下三大缺陷:

第一,受益原则的应用因公共物品的集体消费性质而受到极大的限制。公共物品的一个特征就是排他性原则不能有效地适用于经济物品的所有利益。人们可能成为"免费搭车者",不支

① 斯蒂格利茨. 政府经济学. 北京:春秋出版社,1988.

付任何东西而获得利益。他们不会“自愿”支付,因此,很多公共物品不受市场定价的约束,不能依据受益原则提供。可见,在税收负担的分配中,受益原则很难作为公平的基本标准得到应用。

第二,受益原则的应用因公共物品的内在性质难以确定受益的多少。在有些情况下,受益原则可以直接采用,如对桥梁和高速公路的使用收取费用(征税),对享受社会保障制度利益的人征收社会保险税等。可是,政府的各种支出都具有公共利益性,如国防、法律、公安、社会公益事业等,人们都从中获得收益。那么,如何衡量个人间的相对利益呢?就大多数消费来说,估计每个人获得的公共物品的利益实际上是不可能的。

第三,受益原则的应用很可能使某些税种具有很大的扭曲性。由于按受益原则征税,有些人本来想多使用一些公共物品(如桥梁等公共设施),但因征税而抑制对它的使用,将导致资源的低效率配置。

2. 能力原则

能力原则要求纳税人应当按照他们的支付能力纳税,或者说,他们缴纳的税收数量要与他们的支付能力成正比。对于衡量支付能力(ability-to-pay)的尺度,在税收文献中早已有阐述,通常分为客观说和主观说。

(1) 客观说。持客观说的税收学者认为,纳税能力的大小应依据纳税人拥有的财富来测定。由于财富是由所得、支出和财产表示的,故此,能力测定标准可分为所得、支出和财富。

① 所得标准。就所得尺度而言,最常引用的是黑格—西蒙斯的综合所得概念。综合所得包括个人的全部所得,不管其来源如何,也不管其用途如何。其定义是:当期消费加上净财富(包括物质财富和人力财富)之和。其主要组成部分是劳动所得、来自资本所有权的所得、资本利得(拥有资本的价值增值)、获得的赠与和遗产等。

一般认为,综合所得基础(允许一定的扣除如赚取所得的成本、医疗费用、受抚养者扣除等)是衡量纳税能力的最好尺度,因而所得是特别合适的税基。然而,如果个人间不具有相同的偏好,特别是对于工作或闲暇的偏好不同,那么,按综合所得基础课征的所得税一般来说不太符合横向公平标准的要求。此外,综合所得基础把具有相同所得的人看作相同的人,而不论其所得来源有多大差别。有些人的所得绝大部分可能来自劳动所得,而有些人的所得可能是来自各种来源的非劳动所得。由于后者以闲暇时间的方式获得更多的实际所得,故这可能被认为是横向不公平的。

② 支出标准。利用支出(比如说年度支出)作为个人课税基础的正规基础是那种反映个人“从社会饭锅中拿走”多少而非“放入”多少的基础。根据下列内含于综合所得定义中的恒等式,当期支出与当期所得不同:

$$所得 \equiv 消费支出 + 净财富增加$$

净财富增加包括当期储蓄减去来自积累财富的净支出。可见,以支出作为税基就是要对那些依靠遗赠的财富过日子而几乎不缴纳所得税的人征税,即所谓支出税。

不仅如此,以支出作为税基还有许多理论上的优点。第一,无须计算净财富的增加,特别是应计资本利得,这是在以所得作为税基时所遇到的问题。第二,由于所得税包括对利息和股息收入的征税,扭曲了个人的储蓄决策,可能降低将来的储蓄规模。由于对利息所得征税,所得税很可能会破坏跨时最适条件(即现在消费与将来消费间的边际替代率等于边际转换率)。支出税不会引起这种扭曲。在实践中,所得税的这种扭曲可以通过把利息所得排除在税基之外而得到消除。然而,这就可能削弱税制的公平性。

以支出作为税基也存在着一些缺点。其中最主要的缺陷是,在既定的年度,计算个人的总支出极其困难。直接计算出累积性支出的代价可能相当大,而且实施起来也很困难,因为个人每年的购买数额相当庞大。即使间接计算累积性支出也很困难,因为首先要记录所得,然后还要减去个人所有净财富的增加。

③ 财富标准。取代综合所得基础的另一方法是利用个人的总财富作为公平课税的基础。个人的总财富表明的是个人已积累起来的购买力存量。原则上,个人的财富是其将来所得流量的现值。因此,对财富征税(定期的或不定期的)相当于对个人的将来所得征税。从这个角度上说,财富税与所得税相同。

反对财富税的理由主要是财富税的管理比较困难。财富税是对存量而非流量课征,而存量又必须在每次征税时(如每年)予以估价。这不仅造成大量征收和记录个人持有的各种各样资产价值的管理成本,而且会出现难以解决的估价问题,因为很多资产没有市场价格。尤其重要的是很难估价人力财富即将来劳动力所得的现值。这些问题大大超出了以财富作为课税基础的微弱优势。毫无疑问,所得普遍用来作为课税基础。

(2) 主观说。衡量个人福利的标准主观说强调的是纳税人在纳税之后的边际效用相同。纵向公平要求我们对于税收负担应如何落在不同的人(依据不同的标准状况如所得大小划分)身上要做出价值判断。最终,这涉及如何选择社会福利函数问题。

到目前为止,最著名的且得到广泛接受的社会福利函数是功利主义原则的社会福利函数。该原则表明,社会应当竭力使所有人的效用总量最大化。也就是说,社会福利函数可以写成:

$$W=\sum_{i=1}^{n}U^{i}$$

式中:U^i 是第 i 个人的效用水平,一共有 n 个人。需要指出的是,在应用功利主义原则时,我们必须准备计算个人的效用(即基数效用)并在个人间进行隐含的比较。

功利主义对很多人有吸引力大概是因这样的事实:在特定的条件下,它意味着所得均等分配。假定效用水平取决于个人的所得,所有个人的效用函数都相同,这些效用函数具有边际所得效用递减性质。这样,如果在全体社会成员间分配的所得数量是固定的,分配给每个人的数量应是相同的。之所以是这样,是因为这将使所有人的边际效用相同,而且总效用将得到最大化。可是,功利主义只提倡最大化效用总额,而不管这些效用是如何分配的,可能不符合纵向公平要求。

避免功利主义的这种不公平倾向的一种可供选择的方法是假定这样的社会福利函数,它特别地增加低效用水平的人的权数。这就是罗尔斯的最大最小标准,即社会应当使最低福利的人的效用水平最大化。

功利主义原则和罗尔斯最大最小原则只不过是纵向公平所依据的很多可能的标准当中的两种原则。然而,在讨论税收时,通常在这样的假设条件下进行研究:出于公平原因,税收制度的运行应当使所得分配同没有税收的情况相比更加公平。

(三) 税收的经济稳定与增长原则

经济稳定包含充分就业、物价稳定和国际收支平衡等多重含义,是一国政府宏观经济政策的重要目标。充分就业是劳动力资源的充分利用,通常以失业率指标来反映就业情况。物价稳定是价格总水平的稳定,一般以价格指数来反映价格稳定的状况。价格指数是计算同期价格与基期价格的比率,当价格指数大于1时,说明价格总水平上升;反之,则说明价格总水平下降。在现代经济中,价格不稳定主要反映为通货膨胀。经济增长是指一个通过物质生产的不断增长来满足不断增长的人们的基本需要的概念,是一国经济实力水平的提高或增强,一般以国民生产总值或人均GDP的增长率来衡量。对发展中国家来说,经济增长包括消除贫困、失业、文盲、疾病和收入分配不公平等现象。经济增长是一个国家维系生存的基本条件,一个国家不发展就没有希望,但是经济高速增长也有可能引起资源浪费、结构失衡等问题,或受瓶颈部门的制约而使经济大起大落,因而各国政府都把经济稳定增长作为其经济政策的一个目标,自然也是税收所追求的目标之一。在市场经济条件下,市场机制虽然具有自动调节经济平衡、保持经济稳定的职能,但是市场经济也有较大的局限性,在现代金融与货币制度下,市场不能有效自动调节经济平衡,经常由于总需求大于总供给而导致需求拉动型通货膨胀,以及由于经济过快增长或发展停滞,使得经济不能保持稳定发展。市场缺陷导致的经济失衡不可能由市场本身解决,需要政府运用货币政策、财政政策、就业政策等多种政策手段来调节总供给和总需求,促进经济稳定增长。上述政策主要是通过影响总供求水平来发挥作用,其中税收政策是总供给的重要组成部分,同时又直接或间接影响总需求中的消费、投资等因素。因此在宏观经济方面,税收政策可以充分与其他政策手段配合,实现经济的稳定与增长。

(1)税收政策会直接影响总需求,进而影响经济波动的程度。一般来说,当社会总需求大于总供给时,国家应利用总量税收政策来刺激总供给增加和抑制总需求扩大。对生产的轻税或减税可刺激总需求增加,对消费课以重税或严格稽查,可抑制社会总需求扩大。总量调节税收政策是指国家通过税收收入总量变动来调整社会总供给和总需求的平衡。其主要功能表现为对社会总需求的调节。国家对税收收入总量的调节,即国家增加或减少税种、提高或降低税率、扩大或紧缩税收支出的行为,是通过改变纳税人用于消费支出的收入和投资成本,间接地对社会总需求发生调节作用。税收收入总量的调节效应在很大程度上取决于纳税人对消费成本和投资成本变动的反应程度。如果纳税人反应强烈,那么税收收入总量变动对社会总需求的调节效应就比较强;反之则弱。税收收入总量的变动对总供给也存在一定的影响,不过这种影响较之对总需求影响为小。例如,国家通过减税无疑会扩大社会总需求,但不一定会刺激总供给的增加,因为纳税人有可能将国家少收的那部分收入用于消费,而不用于投资。当然,这只是就一般情况而言,至于这些政策措施能否达到应有的效果,则取决于它的实际运用状况。

① 扩张性税收政策是政府通过减税来增加或刺激社会总需求。对企业或公司的收入减税将使企业扩大投资规模;对个人收入减税,会刺激消费需求。减税的种类和方法不同,所引起的扩张效应也不同。对流转税减免的扩张效应主要表现在供给方面,它对生产产生刺激作用;对所得税减免的扩张效应主要表现在需求方面,它具有增加消费的作用。

② 紧缩性税收政策是指政府通过增税来减少或抑制社会总需求。增税的方式有增设税种、扩大征税范围、紧缩税收政策、提高税率等。具体如何选用则应根据总需求膨胀的动态对增税对象做相机抉择。若总需求膨胀起因于投资需求过高,则可提高企业所得税税率或开征投资税;若起因于消费需求过旺,则可提高个人所得税税率或降低个人所得税起征点。

(2)税收政策会直接影响总供给,进而影响经济波动的程度。结构性税收政策也会通过产业结构改变有效供给,从供给角度维持总供求平衡从而促进经济稳定发展。结构调节税收政策是国家为了调节社会供给结构与需求结构的平衡,而规定的调整税收收入结构和税收优惠结构的基本原则和方针。结构调节政策的功能主要有两个:一是调节消费与投资的比例;二是调节社会生产的比例。国家根据税收收入结构和税收优惠结构同社会供给结构与需求结构的内在联系,通过调整税收收入结构和税收优惠结构,可以协调社会供给结构与需求结构的平衡。

(3) 税收具有"内在稳定器"的作用,具有对经济的自动反应和调节能力。这种自动反应和调节能力的大小,取决于税收弹性系数的大小,即税收收入变化百分比同 GNP 变化百分比之比:

$$E_i = (\Delta T/T) \div (\Delta Y/Y)$$

税收的自动稳定机制是在税收制度设计时,采取累进所得税的方式,累进程度越高,则税收自动稳定机制的功能也就越大。在社会经济生活中,通常具有自动稳定器作用的因素主要包括:个人和公司所得税支付、失业补助和其他福利转移支付、农产品价格维持机制及公司储蓄和家庭储蓄等。在经济扩张和繁荣阶段,随着生产扩大、就业增加,国民收入和居民收入增加,政府税收会相应增加,特别是实行累进税制的情况下,税收的增长率超过国民收入增长率。税收增加意味着居民可支配收入减少,因而具有遏制总需求扩张和经济过热的作用。当经济处于衰退和萧条阶段时,国民收入下降,税收相应减少。可见,在税率既定(给定)不变的条件下,税收随经济周期自动地同方向变化,起着抑制经济过热或缓解经济紧缩的作用。

第三节　税收负担

一、税收负担的含义及其衡量

(一) 税收负担

税收负担简称"税负",是指国家征税,纳税人所承受的经济负担程度或负担水平。广义地讲,税收负担是指社会上各阶级、各阶层和各部门对于国家课税的负担;狭义地讲,是指纳税人依法向国家缴纳的各种税收的总额。

(二) 税收负担的衡量指标

一国在一定时期的税收负担究竟为多少才比较适合,是重要的税收理论问题。税收负担要适度合理,是税收的本质要求,也是制定和执行税收制度与政策的基本原则。税收负担按照考察的角度不同可分为宏观税负和微观税负。

1. 宏观税负

宏观税负,即全社会总税收负担,有三个衡量指标:国民生产总值税收率、国内生产总值税收率、国民收入税收率。

国民生产总值税收率是指一定时期一个国家或地区的税收总量与占同期国民生产总值的比率(T/GNP)。其中国民生产总值是以一国国家的居民为依据计算的生产总值,包括居民在境内外的全部最后产值和劳务总量,但不包括国境内非居民的部分。

国内生产总值税收率是指一定时期内一个国家或地区的税收收入总额与国内生产总值(GDP)的比率(T/GDP)。其中国内生产总值是以国土范围为依据计算的生产总值,包括国家领土范围内居民和非居民的全部最后产值和劳务总量,但不包括居民在境外的部分。

国民收入税收率是一定时期内税收收入总额与国民收入的比率(T/NP)。其中国民收入是全社会物质资料生产者新创造价值的总和。国民收入只包括新创造的或最终进入消费的产品和服务的价值,不包括中间产品的价值。选用国民收入税收率可以准确衡量国民经济总体的税收水平,这一指标能够清晰地说明国家通过税收到底集中了多少国民收入。

2. 微观税负

微观税负是指一个纳税人个体、一种产品或一个生产经营单位的税收与其税基的比例,如单个企业和居民个人的个人税收负担率。

衡量企业微观税负的指标可以使用:

企业税收负担率=(纳税总额/同期销售收入)×100%

企业净产值税收负担率=(纳税总额/净产值)×100%

企业流转税负担率=(流转税总额/同期销售收入)×100%

(注:因为流转税存在税负转嫁问题,所以纳税人不一定是负税人,该指标只反映名义的流转税负担率)

企业所得税负担率=(所得税额/同期利润所得和其他所得总额)×100%

个人税收负担有多个来源,比如个人在取得收入时要支付个人所得税等;个人在购买消费品时可能会负担被转嫁的流转税,由于税负转嫁的测量受到多个因素影响,个人消费行为具有个性化特点,因此综合税负水平较难计算。在实践中常用的衡量个人税负指标为个人所得税负担率(个人所得税/同期个人所得总额),可以反映个人所得税对收入的调节力度,判断税收的收入分配效应。

税负痛苦指数(tax misery index)也叫税收痛苦指数,是根据各地的公司税率、个人所得税率、富人税率、销售税率/增值税率,以及雇主和雇员的社会保障贡献等计算而得,指数越高意味痛苦程度越高。税负痛苦指数是将企业所得税、个人所得税、财产税、雇主社会保险、雇员社会保险和增值税(或销售税)最高法定税率直接加总得到。

二、税负水平分析

当今世界各国的税负总水平大体可分为三类:第一类为重税负国家,大多数是发达国家,国内生产总值税收率一般在35%以上;第二类为中等税负国家,发展中国家多属于这一类,国内总产值税收率一般为20%~30%;第三类是轻税负国家,国内生产总值税收率在15%以下。

宏观税负水平衡量指标采用国内生产总值负担率。在我国由于政府收入形式不规范,单纯用税收收入占国内生产总值的比重并不能说明我国的宏观税负问题。根据统计政府所取得的收入的口径不同,我国通常就有了三个不同口径的宏观税负衡量指标:①税收收入占GDP的比重,我们称为小口径的宏观税负。②财政收入占GDP的比重,我们称为中口径的宏观税负。这里的“财政收入”指纳入财政预算内管理的收入,包括税收收入和少量其他收入(如国有资产收入、变卖公产收入等)。③政府收入占GDP的比重,我们称为大口径的宏观税负。这里的“政府收入”,不仅包括“财政收入”,而且包括各级政府及其部门向企业和个人收取的大量不纳入财政预算管理的预算外收入,以及没有纳入预算外管理的制度外收入等,即包括各级政府及其部门以各种形式取得的收入的总和。在这三个指标中,大口径的指标最为真实、全面地反映政府集中财力的程度和整个国民经济的负担水平。而中、小口径指标则更能说明在政府取得的收入中,财政真正能够有效管理和控制的水平。在分析我国宏观税负水平时,往往需要将这三种不口径的指标综合起来进行考察。表 9-1 为 1994—2015 年我国税负水平相关指标分析。

表 9-1　我国 1994—2015 年税负水平相关指标分析表

年份	GDP（亿元）	财政收入（亿元）	财政收入占GDP比重（%）	税收收入（亿元）	税收收入占GDP比重（%）	税收占财政收入比重（%）	预算外收入（亿元）	预算外收入占GDP比重（%）
1994	48 197.9	5 218.1	10.83	5 126.88	10.64	98.25	1 862.53	3.86
1995	60 793.7	6 242.2	10.27	6 038.04	9.93	96.73	2 406.5	3.96
1996	71 176.6	7 407.99	10.41	6 909.82	9.71	93.28	3 893.34	5.47
1997	78 973	8 651.64	10.96	8 234.04	10.43	95.17	2 826	3.58
1998	84 402.3	9 875.95	11.70	9 262.8	10.97	93.79	3 082.29	3.65
1999	89 677.1	11 444.08	12.76	10 682.58	11.91	93.35	3 385.17	3.77
2000	99 214.6	13 395.23	13.50	12 581.51	12.68	93.93	3 826.43	3.86
2001	109 655.2	163 86.04	14.94	15 301.38	13.95	93.38	4 300	3.92
2002	120 332.7	18 903.64	15.71	17 636.45	14.66	93.30	4 479	3.72
2003	135 822.8	21 715.25	15.99	20 017.31	14.74	92.18	4 566.8	3.36
2004	159 878.3	26 396.47	16.51	24 165.68	15.12	91.55	4 699.18	2.94
2005	183 867.9	31 649.29	17.21	28 778.54	15.65	90.93	5 544.16	3.02
2006	210 871	38 760.2	18.38	34 809.72	16.51	89.81	6 407.88	3.04
2007	265 810.3	51 321.78	19.31	45 621.97	17.16	88.89	6 820.32	2.57
2008	314 045.4	61 332.35	19.53	54 223.79	17.27	88.41	6 617.25	2.11
2009	340 902.8	68 518.30	20.10	59 521.59	17.46	86.87	6 414.65	1.88
2010	401 512.8	83 101.51	20.70	73 210.79	18.23	88.10	5 794.42	1.44
2011	472 881.6	103 874.43	21.97	89 738.39	18.98	86.39	—	—
2012	519 322	117 210	22.57	110 740	21.32	94.48	—	—
2013	595 244.4	117 253.52	21.71	110 530.7	18.57	85.54	—	—
2014	643 974.0	129 209.64	21.80	119 175.31	18.51	84.9	—	—
2015	685 505.8	140 370.03	22.21	124 922.2	18.22	82.04	—	—

资料来源:国家统计局网站的《中国统计年鉴(2007—2016 年)》的数据。

发达国家进入 2000 年以后,宏观税负基本保持在 30% 左右(当然,各发达国家之间宏观税负水平差别较大,美国的宏观税负基本上保持在 20% 上下);发展中国家的宏观税负则由小幅度上升转为稳定状态,进入 2000 年以后保持在 20.6～20.8%,变动幅度很小。与世界上其他国家相比,我国税收负担总水平偏低,不但低于发达国家,也低于发展中国家,与我国经济发展水平不相适应。从表面上看,我国目前的宏观税负的确不是很高, 2015 年为 18.22%。从总体上看,我国目前宏观税负水平即宏观正税负水平是偏低的。当然,这并不意味着纳税主体的负担越来越轻,事实上,政府预算外税外收费在 1987—1996 年的 10 年间,以年平均 0.5 个百分点增加,1993 年以后出现了费大于税的现象。

(1) 我国预算内宏观税负率即宏观正税负率较低,预算外税外收费比重较高,结果造成分配秩序混乱,"费挤税"现象严重。过多过滥的收费加重了企业负担,抑制了企业的发展,实际上枯竭了税源,致使企业潜在负税能力下降。为此,必须调整税费关系,规范政府收入形式,形成良好的公共分配秩序。

(2) 目前世界上多数发展中国家开征了社会保险税,尽管比重不大,但却成为税制的有机组成部分。我国社会保障税制的建立和发展经历了一个曲折的过程,至今仍未建立起统一的社会保险税收制度。因此,迈入21世纪的中国税制改革应适应社会主义市场经济的要求,适时开征社会保险(费)税,使其成为整个社会保障大厦的支柱。

(3) 我国与多数发展中国家虽然都是以商品劳务税为主体税,但我国商品劳务税所占比重过大,所得税比重过小,宏观税负结构不合理。因此,在下一步税制改革时,在进一步完善以增值税为主要税种的商品劳务税的同时,要努力加强所得税和财产税的制度建设和管理,比如适时统一内外资企业所得税制,扩大增值税、消费税、资源税、个人所得税和耕地占用税的征税范围,开征一些新税种,诸如财产税、环境保护税、遗产与赠与税等,进一步优化税制结构和税负结构。

三、拉弗曲线

美国供给学派经济学家亚瑟·拉弗(Arthur Laffer),在20世纪70年代中期运用数学方法研究了第二次世界大战后美国税率变化对经济的影响后,建立了一个反映税率和税收之间函数关系的模型,在一个直角坐标系上画出了一条上凸的曲线,这就是著名的"拉弗曲线"(Laffer-curve)。这一理论对于帮助美国经济摆脱"滞胀"状态、获得高速增长、刺激投资等方面起到了积极的作用,从而使得拉弗曲线在里根政府执政期间成为"政策型曲线",也使得供给学派经济学成为当时美国的"官方经济学"。供给学派认为,从政府税收来看,决定税收收入总额的因素,不只是税率的高低,还要看税基(国民收入)的大小。提高税率不一定都会使税收收入增加,有时反而会减少税收收入。因为,税率过高,税收负担加重,经济主体的活动受到限制,削弱工作和投资的积极性,会造成生产下降趋势。

供给学派这一有关税率与税收收入和经济增长之间的函数关系的观点可以用拉弗曲线说明。在图9-4中横轴代表税率,纵轴代表税收收入。税率从原点开始为0,然后逐级增加至B点时为100%;税收收入从原点向上计算,随着税率的变化而变化。税收收入与税率的函数关系呈曲线OAB状态(抛物线形),当税率逐级提高时,税收收入也随之增加。税率提高至OC时,税收收入达到最大,即OA';税率一旦超过OC,税收收入反而减少;当税率上升到OB(100%)时,税收收入将因无人愿意从事工作和投资而降为零。供给学派把CAB部分,即图中的阴影部分称为"禁区"。税率进入禁区后,税率提高,税收收入减少;税率降低,税收收入反而会增加。供给学派认为,美国20世纪80年代初期的税率处于禁区,要恢复经济增长势头,就必须降低边际税率。此后,在美国的带动下,全世界掀起了以减税为核心的税制改革浪潮。

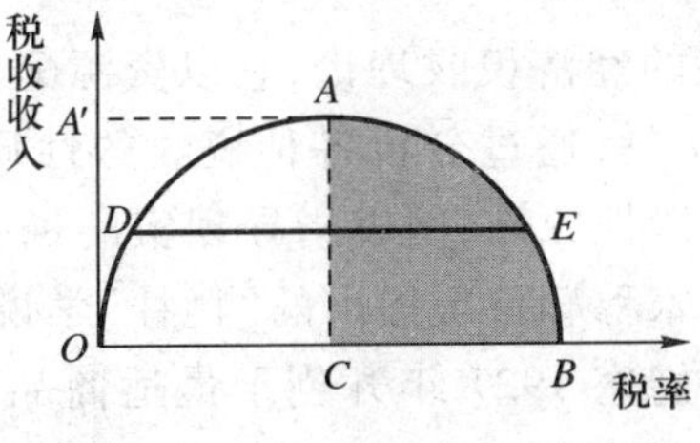

图9-4　税率与税收收入的关系

拉弗曲线的经济含义至少有以下三个方面。第一,高税率不一定能取得高收入,而高收入也不一定要实行高税率。因为高税率会挫伤生产者和经营者的积极性,削弱经济行为主体的活力,导致生产停滞或下降。第二,取得同样多的税收收入,可以采取两种不同的税率,如图 9-4 中的 D 点和 E 点,税收收入是相等的,但 D 点的税收负担很轻。低税负刺激了工作意愿、储蓄意愿和投资意愿,从而促进经济增长;随着经济的增长,税基扩大,税收收入自然增加。第三,税率、税收收入和经济增长之间存在着相互依存、相互制约的关系,从理论上说应当存在一种兼顾税收收入与经济增长的最优税率。拉弗曲线的原理并不复杂,提出的命题是:"总是存在产生同样收益的两种税率。"它主张政府必须保持适当的税率,才能保证较好的财政收入。因此,保持适度的宏观税负水平是促进经济增长的一个条件。

与拉弗同时代也同为供给学派经济学代表人物的裘德·万尼斯基(Jude Wanniski)对此做出了扼要解释:"当税率为 100% 时,货币经济(与主要是为了逃税而存在的物物交换不同)中的全部生产都停止了,如果人们的所有劳动成果都被政府所征收,他们就不愿意在货币经济中工作,因此由于生产中断,没有什么可供征收 100% 税额,政府的收益就等于零。"税率从 0 ~ 100%,税收总额从零回归到零。拉弗曲线必然有一个转折点,在此点之下,即在一定的税率之下,政府的税收随税率的升高而增加,一旦税率的增加越过了这一转折点,政府税收将随税率的进一步提高而减少。拉弗曲线认为:税率高并不等于实际税收就高。税率太高,人们就被吓跑了,结果是什么经济活动都不发生,政府反而收不上税来。只有在税率达到一个最优值时,实际税收才是最高的。

拉弗曲线所论问题非常古老,而且前人多有类似阐述。我国古典名著《管子》就说"取民有度",把制定适当的税收标准作为治国安邦的根本政策。历史巨著《史记》也是重要的经济著作,司马迁提出了"善因论"的经济思想。他说:对于普通百姓的经济活动,政府的政策"善者因之,其次利道(导)之,其次教诲之,其次整齐之,最下者与之争"。就是说,国家最好的经济政策是顺应和听任人们进行生产、贸易等经济活动,不要横加干预,而在某些方面进行诱导和教化,鼓励或告诫人们应该或不应该参与某些经济活动,必要时进行一定的调节和限制,"与民争利"是最不好的经济政策。他认为,农工商等经济活动是"衣食之源",个人为了自己的利益而从事经济活动,就扩大了衣食之源,"上则富国,下则富家";如果个人的经济活动受到了限制或阻碍,衣食之源就会萎缩,既不会利家也不会富国。这里所说的政策主要就是制定优惠的税收政策,改善投资环境,吸引社会力量和外资前来投资兴办实业,以扩大税基,增加税源,增强政府的财力,加快经济发展。

四、最适税收理论

最适税收理论是一种规范性的经济税收理论,它以资源配置的效率性和收入分配的公平性为准则,利用福利经济学和数学工具,通过分析各种税收的性质、效应和权衡关系,找出进行最适税收决策的决定因素与一些一般性原则,用以指导现实的税收决策与税收改革。最适税收理论的根源可以追溯到古典经济学家穆勒首次提出的"牺牲"学说,后又经过埃奇沃斯和庇古的研究得到进一步发展。弗兰克·拉姆塞 1927 年开创了最适商品税领域研究的先河,得出了著名的"拉姆塞法则"。1953 年科利特和黑格补充了拉姆塞对最适商品课税的分析,提出了"科利特-黑格法则"。威廉·维克里 1968 年将公平与效率问题同时纳入最适所得税研究中,不仅提出了适化累进所得税理论,而且率先将不对称信息理论应用到税制研究中。20 世纪 70 年代发生了一场关于最适税收的大讨论,米尔利斯、戴蒙德等人使最适税收理论获得了突破性的进展,并使该理论真正形成了体系。20 世纪 80 年代后半期以来,最适税收理论发展的一个显著特点是最适税收实证理论在税收征管及其相关内容上的拓展,提高了最适税收理论的实用性。

最适税收理论的文献主要对以下三个问题进行了分析:一是直接税与间接税的合理搭配问题;二是寻找一组特定效率和公平基础上的最适商品税;三是假定收入体系是以所得课税而非商品课税为基础的,问题是确定最适的累进(或累退)程度,以便既实现公平又兼顾效率。可见,从现实来看,最适税收理论研究的核心是如何实现税制的公平与效率兼顾。

最适税收理论的主要贡献可以归结为以下几点:①在信息不对称的情况下,论证了政府运用扭曲性税收工具是不可避免的;②在税制结构适化状态下,提出了税制经济效率的衡量标准,并讨论了如何据此标准对经济行为主体提供刺激信号问题;③在最适税制下,公平与效率两大原则统一起来的可能性。

最适税收理论的观点主要体现在以下几个方面:

一是直接税与间接税的搭配理论。①直接税与间接税应当是相互补充的而非相互替代的。一般而言,所得税是一种良税,而商品税在资源配置效率方面也是所得税所不能取代的。②税制模式的选择取决于政府的政策目标。一般认为,所得税适用于公平分配目标,商品税适用于实现经济效率目标。

二是最适商品课税理论。①拉姆塞法则,也叫逆弹性命题,指在最适当商品课税体系中,当各种商品的需求相互独立时,对各种商品课征的各自的税率必须与该商品自身的价格弹性呈反比例。该法则要求,对弹性相对小的商品课以相对高的税率,对弹性相对大的商品课以相对低的税率。②拉姆塞法则不能保证生产的高效率,同时要使商品税具有再分配职能,最适商品课税理论要求开征扭曲性税收。③拉姆塞法则的局限性:政府必须掌握完全的信息,也就是必须了解每一种商品的需求弹性如何;政府不征收其他扭曲性税收,如累进所得税;没有考虑公平问题。这些局限性每一条都很致命,特别是公平问题。需求弹性大的商品往往是奢侈品,购买奢侈品的人的负税能力往往较强,更应该缴纳更多的税收。所以,后人加进了公平因素对拉姆塞法则进行改进:①对高收入阶层偏好的商品,无论其弹性如何都征高税;对低收入阶层偏好的产品,无论其弹性如何都征低税。②由于每个人的偏好各不相同,所以设计税率应考虑每个人的特殊情况。比如,两个收入相同的人,一个比较节俭,保龄球对于他来说是比较奢侈的,他对于保龄球的需求弹性较大;另一个人比较注重享受,保龄球对于他来说就是必需品,需求弹性很小。那么,对于这两个人的保龄球消费,就应该根据逆弹性法则按不同的税率征税。这种看法有一个很大的缺陷,就是政府必须完全掌握每个人的情况,这一要求比最初的拉姆塞法则还高,根本就不可能达到。

三是最适所得课税理论。该理论主要是从公平角度出发,假设前提是基数效用论和收入的边际效用递减规律。其思路:收入越高,边际效用越低,对高收入的部分征收较高的税率,对高收入阶层来说效用损失并不大,但由于低收入阶层的收入效用很高,将从高收入阶层征走的税转移给低收入阶层,可以大幅度增加他们的总效用,从而使整个社会的总效用得到提升。该理论主张累进程度非常高的税制结构,实现税后收入更均等。但是这一观点也存在缺陷:过高的税率会削弱工作积极性,扭曲工作与闲暇的关系,带来额外负担,也就是说,没有考虑效率问题。

对该理论的改进则是通过加入效率因素,兼顾公平与效率。改进者认为,所得税的边际税率不能过高。过高的边际税率不仅会导致效率损失,而且对公平分配目标的实现也无益。最适所得税率应当呈倒"U"形。即对中等收入者的边际税率可适当高些,而对低收入者和高收入者应适用相对较低的税率,拥有最高所得的个人适用的边际税率甚至应当为零。例如,对收入低于1 500元的低收入者课以较低的税率,体现量能负担原则。对收入超过1 500元不到4 000元的中等收入阶层,以及收入超过4 000元的高收入阶层的1 500—4 000元的部分征收高税率,一方面体现量能负担原则,另一方面也能保证足够多的财政收入。对高收入阶层的高收入部分征收低税率,有两个原因:一是高收入阶层在整个社会中的比例不大,征收高税率不会带来多少收入,却严重影响效率;二是可以对社会主体起到激励作用,不仅激励高收入者继续努力工作,更加激励现有的中等收入阶层努力工作,以求加入到高收入阶层的队伍,从而促进社会经济的发展。最适所得税率见图9-5和表9-2。

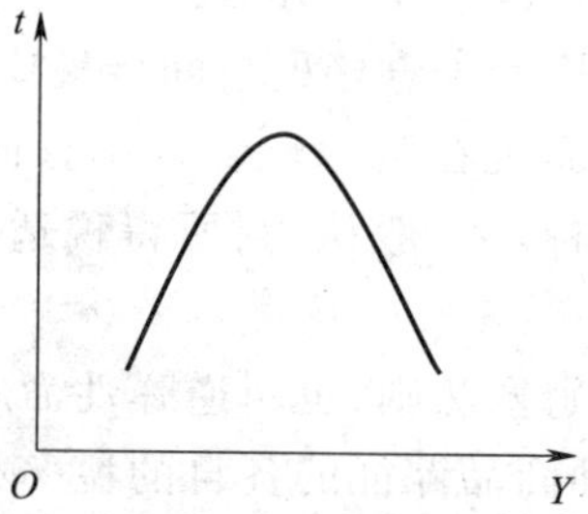

图9-5 最适所得税率

表9-2 最适所得税率

所得额(Y)	税率(t)
0<Y≤1 500	5%
1 500<Y≤4 000	15%
4000<Y	10%

四是最适税收实证理论。西方最适税收实证理论对未被以往的最适税收理论涉及的税收征管因素及其相关内容进行了细致的研究,并将其纳入最适税收分析中。这些因素主要包括个人和公司的税收执行成本、税收管理费用以及逃税等。

20多年来,最适税收实证理论得出的主要结论有:税率越高,税收执行越差;税收越复杂,对有实际经验的税收人员的需求就越多,而且纳税人不遵从行为也会得到比已付费用更大的收益;稽查率越高,税收执行情况越好等。从世界性税制改革所遵循的基本原则——"降低税率、扩大税基、简化税制、加强征管"来看,以降低税率来提高生产效率、促进公平分配的思路,其理论基础显然是供给学派的减税理论以及最优所得课税理论和最优商品课税理论。而对税收征管的强调,则无疑是受到了以税收征管及其相关内容为核心的最优税收实证理论的深刻影响。

我国新一轮税制改革主要是通过对流转税和所得税的改革来努力促成效率与公平目标的统一,改革的原则明显浓缩了西方税改经验的精华,而这也正是最优税收理论所要研究和解决的核心问题。当然,我们在借鉴世界性税改经验时并不是盲目照搬,而是根据国情灵活运用。

比如，在商品税与所得税的结构问题上，西方国家近些年来的税制改革经验是，提高了商品税特别是增值税的地位和作用，所得税的地位则有所下降。这与西方国家长期以来所得税比重过高，影响经济效率的状况有关。而对于发展中国家特别是中国来说，情况则有所不同：我国的流转税比重过大，仅增值税一项就占整个税收收入的40%左右，影响了双主体税制结构的形成，使得税收很难发挥稳定经济和调节收入分配的作用。因此，根据优化税制的要求，逐步降低流转税比重和提高所得税比重，是今后我国税制改革的一项重要目标和任务。[①]

第四节　税负转嫁与归宿

一、税负转嫁与归宿的定义

在市场经济运行中，由于各种税的征收都要影响到经济中的相对价格，从而产生引起资源配置和价格变化的各种力量。显然，在法律上必须付税的家庭或企业，不一定是承担税收负担的人。税收通过价格变化，可能转嫁到经济中的其他家庭或企业。例如，一家公司必须在法律上支付公司所得税，因此，可以说它承担了“法定归宿”(legal incidence)。然而，如果公司能够以提高其产品价格的形式弥补部分税收，则转移资源的负担不会全都落在公司身上。可以说，该公司已把部分税负转嫁给消费者，因而最终归宿是由消费者和公司共同承担的。与此同时，公司可以通过压价支付，把一部分税收向后转嫁给劳动力或其他投入物。

(一) 税负转嫁与归宿的定义

税负转嫁(tax shifting)是指纳税人在名义上缴纳税款之后，主要以改变价格的方式将税收负担转移给他人的过程。这就是说，最初纳税的人不一定是最终的实际承担者。从最初纳税的人到最终的负担者，中间这项税收可能经过很多次的转移。因此，德国经济学家把税负的这种转移叫“税收辗转”(tax translation)。税负转嫁是美国经济学家的用语。

税收归宿(tax incidence)是指税收负担的最终归着点或税负转嫁的最终结果。每种税以及不同税种在不同的经济条件下，其转嫁的方式、转嫁的过程是不一样的。不管怎样，每项税最终总是要由一定的人来负担的。一旦最终的负税人确定了，税负转嫁过程也就完结了，税收归宿问题也就解决了。为了实现有效的税收调节，政府在制定税收政策时，首先要搞清每种税的税收归宿。因此，税收归宿分析虽然属于实证性分析，但它具有显著的规范性的动机，其目的在于帮助设计良好的税收政策。

(二) 税负转嫁与归宿的分类

依据不同的标准，可把税负转嫁与归宿进行归类，大致有如下三种类型：

1. 全部转嫁与部分转嫁

依据税负转嫁的程度，可分为全部转嫁和部分转嫁。前者是指纳税人通过税负转移程序，把全部税收负担转移给负税人。后者是指纳税人通过税负转移程序，只把部分税收负担转移给负税人。

---

① 安体富，王海勇．新一轮税制改革：性质、理论与政策．税务研究，2006(4)．

2. 法定归宿与经济归宿

依据税收的实际负担情况,可分为法定归宿和经济归宿。前者是指法律上明确规定哪些人负有纳税义务。后者是指税收导致的纳税人实际资源配置或收入分配的变化。税收法定归宿与经济归宿之间的差异,说明的就是税负转嫁的程度。

3. 平衡预算归宿、差别归宿与绝对归宿

依据是否与税收收入的用途相结合,可分为平衡预算归宿、差别归宿与绝对归宿。西方经济学家指出,在分析税收归宿的过程中,重要的是要了解总体政府预算在如何变化。当课征某种税时,它所筹措上来的税收收入必须用于某件事。这种税收收入可能用于政府的行政消费上,也可能用于购买公共部门的产品上,还可能用于转移支付。由于税收收入用于不同的用途上,对于资源配置和收入分配的影响是很不同的。这就应当把这些公共支出(或转移支付)在归宿研究中予以直接考虑。税收增加与以税收收入实现的政府支出的综合效应研究称为"平衡预算归宿"(balanced-budget incidence)。

可是,在大多数情况下,税收收入并没有被指定用途。在政府预算不变的情况下,分析以一种税收取代另一种税收(这两种税收的收入相同)的归宿效应的研究称为差别归宿(differential incidence)研究。可见,差别税收归宿考察的是税种之间的变化。

绝对税收归宿考察的是在其他税种和政府支出不变的情况下,某一种税的效应。西方经济学家在利用宏观经济模型分析税收政策时,常常使用绝对归宿,为的是确定税收水平的调整程度,以实现某种稳定目标。

二、税负转嫁的形式

依据税负转嫁的不同途径,税负转嫁的形式大致可分为五种:

(一)前转

前转(forward shifting)亦称"顺转",即纳税人将其所纳税款,通过提高商品或生产要素价格的方法,向前转移给商品或生产要素的购买者的一种形式。一般来说,前转是税负转嫁的最典型和最普通的形式,一般发生在商品和劳务的课税上。

(二)后转

后转(backward shifting)亦称"逆转",即纳税人将其所纳税款,通过压低生产要素进价或降低工资等方法,向后转移给生产要素的供给者的一种形式。后转一般发生在生产要素的课税上。税负转嫁有时之所以表现为后转,主要是因为市场供求条件不允许纳税人以提高商品价格的方法,向前转移税收负担所致。

(三)消转

消转(diffused shifting)亦称"税收转化",即纳税人对其所纳税款,既不向前转嫁,也不向后转嫁,而是通过改善经营管理或改进生产技术等方法,自行消化税收负担。严格地说,消转是一种特殊的税负转嫁形式,因为它并没有把税收负担转嫁给他人。

(四)转换

在大多数行业中,区分长期与短期是很有用的。许多事情在短期是固定的,而在长期可能变化。在某些行业现在正在使用的资本虽然很难转而用于生产其他产品，但在长期，新的投资可以转向其他地方，而现在所使用的资本只能折旧不能被取代。因此，供给弹性在长期要比在短期高得多。于是，在这个行业里，对资本收益的课税将由资本的所有者承担，直至这种资本消耗殆尽。但在长期，新投资不发生，产量就要下降，产品的价格将提高，以至于这个行业的资本收益率等于其他行业的资本收益率。在这个转换时期，这种税收由资本来承担。这就是这种税的转换归宿(transition incidence)。然而，在长期，当资本的供给有弹性时，这种税或由其他要素承担，或由消费者承担。

如果在长期，资本可以自由进入一个行业，那么这个行业的超正常利润就不会存在。于是，由于补贴可以被当作一种负的税收，所以在转换时期，对某一行业的优惠税收待遇就会有益于该行业的资本所有者，因为他们将得到超正常利润。在长期，这种优势将在竞争之下消失，因为这种超正常利润吸引了新的投资进入该行业。在许多经济环境下，有些具有长期性质的投资包括人力资本投资，也会出现这种类似的转换归宿效应。

(五) 税收资本化

税收资本化(capitalization of taxation)亦称“资本还原”，即生产要素购买者将所购买的生产要素未来应纳税款，通过从购入价中预先扣除的方法，向后转移给生产要素的出售者的一种形式。简单来说，税收资本化就是现在承担未来的税收。税收资本化主要发生在某些资本品的交易中。最突出的例子，就是对土地的交易的课税。

一般来说，土地具有两个特征：一是供给不变；二是可以长久使用。当政府对土地征税时，由于土地供给不变，土地所有者要承担全部税额。也就是说，土地所有者能收到的年租金要减少，减少额等于全部税额。这样，征收土地税时，地价就要下跌，地价下跌的金额为所有未来税款的现值。未来一系列的税，变为某项资产的价格一部分的过程称为税收资本化。可见，税收资本化的结果是，土地所有者永远承担着土地税的全部税负。的确，虽然未来的土地所有者向税务当局缴纳了税款，但这种税款不是真正的负担，因为它正好抵消了购买时所支付的低价。

作为税收资本化的一种必然结果，一种税的某些影响甚至在这种税征收之前就感觉到了。这种效应通常称为“告示效应”(announcement effects)。当宣布某种资产的未来税收待遇时，通过对持有这种资产的收益现值的影响，马上就会对这种资产的价值产生影响。在这种情况下，在宣布之时这种资产的持有者将承担部分税收负担。

三、税负转嫁与归宿的局部均衡

税负转嫁与归宿的局部均衡分析是研究在其他条件不变的情况下，税收对某种商品的均衡价格所产生的影响。在下面分析中我们会假定商品的生产者、供给者与销售者是同一的，由于从量税的情况比较便于分析，在此以其为例，而相关原理对从价税也是适用的。

(一) 影响税负转嫁与归宿的因素

研究税负转嫁与归宿的前提是商品价格能够自由浮动。在市场机制下，影响税负转嫁与归宿的因素包括：商品的供给与需求弹性；征税商品的市场结构，是完全竞争的还是不完全竞争的市场；税收的具体形式。

(二) 商品供求弹性——税负转嫁与归宿的局部均衡分析

商品需求弹性是决定税收转嫁程度的最根本因素。

1. 需求弹性

需求弹性是指商品或生产要素的需求量对市场价格变动的反应的敏感程度。一般用需求弹性系数表示,其公式为:

需求弹性系数=需求变动百分比/价格变动百分比

一般来说,需求弹性系数越大,需求量对市场价格变动的反应越敏感。依据需求弹性的差异,税负转嫁可以分为三种情形进行考察。

(1) 需求完全无弹性,即需求弹性系数等于0。需求完全无弹性,说明当某种商品或生产要素因政府课税而导致企业加价出售时,购买者对价格的变动毫无反应,其购买量不会因为价格提高而受到影响。在这种情况下,企业完全可以通过提高商品或生产要素的价格的方式将税负向前顺次转嫁给其他需求者直至终极消费者。

(2) 需求缺乏弹性,即需求弹性系数大于0小于等于1。如果购买者或消费者对于提供商品或生产要素的企业进行税款加价的行为反应较弱,即其购买量下降的幅度低于价格提高的幅度,便表明相关商品或生产要素的需求缺乏弹性,此时,因价格提高的阻力较小,企业便可以比较容易地将所纳税款通过前转的方式实现转嫁。

(3) 需求富有弹性,即需求弹性系数大于1。当企业把所纳税款附加于商品或生产要素价格之上而诱发购买者强烈反应时,就意味着这些商品或生产要素的需求有较大的弹性。此时,购买者的欲望将会大大地抑制,从而导致有关部门商品或生产要素购买量的下降幅度超过价格上涨的幅度,甚至完全停止购买行为,当然购买者也可能选择某替代品。当出现这种情形时,表明企业的定价已超过极限,其结果是,企业提价得到的边际效益抵补不了销量减少的边际损失,致使企业不得不调低价格或阻止价格提高。一旦出现这种情形,企业所纳税款便无法进行顺向转嫁,而只能谋求逆转给前面的供应者负担。倘若后转不得实现,企业在作为直接的纳税者的同时,又不得不成为终极的负税者。

2. 供给弹性

供给弹性是指商品或生产要素的供给量对市场价格变动反应的敏感程度。一般用供给弹性系数来表示,其公式为:

供给弹性系数=供给量变动百分比/价格变动百分比

供给弹性的大小对企业组织税负转嫁的影响,也可区分三种情况进行考察。

(1) 供给完全无弹性,即供给弹性系数等于0。供给完全无弹性,说明当某种商品或生产要素因政府征税而价格不能提高时,生产供应企业对价格的相对下降没有任何反应,其生产量不会因价格下降而减少。在这种情况下,企业只能将所纳税款谋求向后转嫁,甚至无法进行转嫁。

(2) 供给缺乏弹性,即供给弹性系数大于0小于等于1。供给弹性系数小,表明当某种商品或生产要素因政府征税而价格得不到相应提高时,生产供应企业往往会因生产条件、转产困难等因素的限制而未能或无法对价格的相对下降做出较为强烈的反应,其实际生产供应量调减的幅度不会很大,通常低于价格相对下降的幅度。由于此时生产供应量基本还是维持原有水平,故而价格难有较大幅度升降,也就导致企业无法将所纳税款以前转的方式转移出去,因此主要考虑的便是能否实现逆转并通过怎样的途径进行。

（3）供给富有弹性，即供给弹性系数大于1。供给富有弹性，意味着当某种商品或生产要素因政府课税而价格不能相应提高时，生产供应者将会对价格的相对下降做出强烈的反应，使得其生产供应量的下降幅度大于价格相对下降幅度。这种情形，一方面表明价格有些偏低，影响市场供应量，使供应量减少，从而隐藏着价格上涨的趋势；另一方面，由于有效生产供应量不断减少，渐已出现供不应求，进而直接推动价格趋涨。基于这种考虑，企业便可以将所纳税款的大部分甚至全部以商品加价的方式实现前转，使税负落于购买者身上。

3. 供求弹性与税负转嫁

供给弹性与需求弹性的比值即为供求弹性。由于供求间的制衡统一关系，决定了企业税负转嫁及其实现方式不能片面地依从其中某一方面，而必须根据供给弹性和需求弹性的力量对比及转换趋势予以相机决策。一般而言，当供给弹性大于需求弹性，即供求弹性系数大于1时，企业应优先考虑税负前转的可能性；反之，如果供求弹性系数小于等于1，则进行税负后转或无法转嫁的可能性比较大。如果供给弹性系数等于需求弹性系数，则税款趋于买卖双方均分负担。综合分析，可以得出这样的结论：税负转嫁是商品经济发展的客观存在。以此为基点，直接纳税的企业通常会把能够转嫁出去的税收仅仅作为虚拟的成本（或称为额外的成本），而把不可转嫁的税收视为真正的成本。因此，西方人把纳税人和负税人一致的税种称为直接税种，把纳税人和负税人不一致的税种称为间接税种。

（三）市场结构——税负转嫁与归宿的局部均衡分析

市场结构成为制约税负转嫁的重要因素。在不同的市场结构中，生产者或消费者对市场价格的控制能力是有差别的，由此决定了在不同的市场结构条件下，税负转嫁情况也不同。在市场经济条件下，市场结构一般分为完全竞争、垄断竞争、寡头竞争和完全垄断。下面分别分析在这些市场结构下的税负转嫁。

1. 完全竞争市场结构下的税负转嫁

完全竞争指的是一种竞争完全不受任何阻碍和干扰的市场结构。在完全竞争市场结构下，任何单个厂商都无力控制价格，市场价格是由整个行业的供求关系所决定，价格一旦决定之后，对于每一个生产者而言，这一价格便是既定的。因而在政府征税以后，任何个别厂商都不能把商品价格提高若干而把税负向前转嫁给消费者，只有通过该工业体系在短期内部分地利用提价的办法转嫁给消费者。但在长期里，在供应成本不变的条件下，各个厂商在整个工业体系下会形成一股提价力量，则税负可以完全转嫁给消费者。

2. 垄断竞争市场结构下的税负转嫁

垄断竞争指的是一种既有垄断又有竞争，既不是完全竞争又不是完全垄断的市场结构。商品的差异性是这一市场结构的重要内容。在这种市场结构下，同一种商品可由为数众多的生产厂商共同生产，各生产厂商对市场的控制力都不大；同种产品在不同厂商间，其质量、包装、牌号、销售条件等存在较大差异，不同产品在一定程度上又有替代性，各种有差别的产品之间便形成了竞争。在垄断竞争条件下，单个厂商可以利用自己产品的差异性对价格做出适当调整，借以把税负部分地向前转嫁给消费者。但由于没有形成垄断市场，不能完全转嫁出去保留垄断利润，因此只能实现部分税负转嫁。

3. 寡头竞争市场结构下的税负转嫁

寡头垄断指的是少数几个生产者供给某种商品的大部分,这几个生产者的产量在该行业的总产量中各占有较大的份额,从而可对市场的价格和产量发挥重要影响的一种市场结构。在这种市场结构下,每个生产厂商在其商品价格和产量的变化都会影响整个市场和其他竞争对手的行动,因此每个生产厂商在做出价格和产量的决策时,不仅要考虑其自身的成本、利润情况,而且需考虑对市场的影响及竞争对手可能采取的决策。寡头竞争的价格波动不像一般竞争工业那样大,它们总是互相勾结,达成某种协议或默契,对价格升降采取一致行动。因此,如果对某产品征收一种新税或提高某种税的税率,各寡头厂商就会按早已达成的协议或默契在各家成本同时增加的情况下,自动按某一公式各自提高价格,而把税负向前转嫁给消费者负担(除非该产品需求弹性大,或差异性大)。

4. 完全垄断市场结构下的税负转嫁

完全垄断指的是整个行业的市场完全被一家厂商所控制的市场结构。在这种市场结构下,生产厂商实际上是自行定价,以达到最大利润或超额利润的目的。如果某垄断产品为绝对必要品,且需求无弹性,又无其他竞争性的代用品,则垄断者可随意提价,不会影响销售量,税负就会全部向前转嫁给消费者。如果需求有弹性,垄断厂商不能把税额全部向前转嫁给消费者,而只能是部分前转,部分后转。因为如全部前转,可能引起价格太高,消费减少,得不到最大利润。但不管怎样,在完全垄断市场结构下,垄断厂商可以随时改变价格,把税负向前转嫁给消费者。

(四)课税制度——税负转嫁与归宿的局部均衡分析

课税制度中税种设置及其各要素的设计差异,诸如课税范围的宽窄、税率的形式和高低、课税方法等都对税负转嫁有一定的影响。

1. 间接税与直接税

商品交易行为是税负转嫁的必要条件。一般来说,只有对市场交易行为或活动课征的间接税才能转嫁,而与市场交易行为无关的对人课征的直接税则不能或很难转嫁。如营业税、销售税、货物税、消费税、增值税和关税等一般被认为是间接税,税负可由最初纳税人转嫁给消费者,这类税的税负还可以向后转嫁给生产要素者承担。而个人所得税、公司税、薪工税、财产税等一般被认为是直接税,税负不能或很难转嫁。

间接税可以转嫁并不是意味着税负转嫁与市场供求存在一种绝对的因果性必然联系和近似机械性转变过程。这里生产者决策和生产经营偏好,对转嫁与否及转嫁程度也有很大影响。税负转嫁常常是生产经营者决策、偏好及市场作用的共同结果。在许多种情况下,生产者经营决策是一回事,市场作用是另一回事。市场需求弹性大的商品,经营者未必不愿意经营,生产者未必不愿意生产;反之市场需求弹性小的商品,经营者未必愿意经营,生产者未必愿意生产。例如,当课征一种新的商品税时,往往造成征税商品的价格上涨。如果物价不上涨,生产和经营这种商品的单位和个人就无利可图。反之,若该商品课税后价格上涨超过一定水平,如超过所纳税额,它还会在不久的将来回归到与所征税额导致价格上涨的相同水平。但是倘若生产经营者不做出生产经营这种商品的决策,或生产经营偏好转移到别的商品上去了,那么上述这些变化也就不可能实现。因此间接税的转嫁也还是有条件的。

2. 课税范围

课税商品范围广的,税负容易转嫁;课税商品范围窄的,税负转嫁较困难。就不同课税商品而言，对生产资料课税，税负转嫁次数多，转嫁速度快；对生活资料课税，税负转嫁次数少，转嫁速度慢。就同类商品而言，对其全部课税，税负易于转嫁；只就其中部分或其一种商品课税，税负不易转嫁。就消费品而言，对生活必需品课税，由于消费是必不可少的，故消费基础广，税负易于转嫁；对奢侈品课税，由于消费可有可无，故消费基础窄，税负不易转嫁。

3. 课税方法

从量课税，负税者容易感觉，课税加价，消费者可能少买或不买高价商品，或采用代用品，因而税负转嫁趋势较弱；从价课税，一般昂贵商品税重，廉价商品税轻，课税加价，负税者不易觉察，因而税负转嫁趋势较强。

4. 税率

实行比例税率，价格与税负相辅相成，同种商品，价高税负多，价低税负少，税负易于转嫁；实行定额税率，价格与税负相背，同种商品，价高税负轻，价低税负重，因而高价商品税负容易转嫁，低价商品税负较难转嫁。

5. 税负轻重

税负轻重是税收转嫁能否实现的一个重要条件。在其他条件相同的情况下，如果一种商品税负很重，出卖者试图转嫁全部税负就必须大幅度提高价格，势必导致销售减少，但为了保持销路，又不得不降低价格，其结果税负只能部分转嫁或不能转嫁。然而对于税负很轻的商品来说，课税后加价幅度较小，一般不致影响销路，全部税负能顺利地转嫁给购买者负担。

第五节 税收效应

税收作为国家对部分社会产品的强制性分配，在实现其资源配置、收入分配、经济稳定和推动经济发展的职能过程中，对所有经济行为主体和国民经济运行具有很大影响。因此，只有透彻理解税收的经济与社会效应，才能制定科学的税收政策，优化税制结构，选择合理有效的税收优惠措施。

一、税收的经济效应

税收的经济效应是指纳税人因国家课税而在其经济选择或经济行为方面做出的反应。或者说，它是指国家课税对消费者的选择以至于对生产者决策的影响。在此，从宏观经济效应与微观经济效应两方面进行分析。

（一）税收宏观经济效应

税收的宏观经济效应是指政府通过税收政策及其手段对经济增长和经济稳定的影响，即税收的乘数效应。其主要包括税收资源配置效应和税收收入分配效应。

1. 税收资源配置效应

税收资源配置效应是指税收所具有的，通过一定的税收政策，影响个人、企业及经济组织的活动，从而使社会资源得以重新组合、安排的功能。

（1）平衡产销供求。在市场价格情况下，商品价格由市场供求来决定。商品价格的变化，反映了市场供求的矛盾，并调节市场供求的平衡。在一般情况下，商品价格的上升反映为商品的供不应求，但商品价格的上升又会促使减少需求，增加供给，使商品由供不应求转为供求平衡。相反，商品价格下降反映为商品供过于求，但商品价格下降又会促使增加需求，减少供给，使商品由供过于求转为供求平衡。在这种市场价格反映商品供求，并自动调节商品供求的情况下，价格具有自动调节商品供求的平衡功能。由于价格具有自动调节商品供求的平衡功能，在一般情况下，税收征收自然会影响价格的平衡调节功能。但是，对于一部分需要保护的产品或行业，或对于一部分需要限制的产品或行业，如果通过区别于其他产品或行业的税收政策，也能起到保护或限制的作用。

（2）促进经济结构合理。税收对产业结构的影响主要是根据国家产业政策，通过对不同产品、不同行业、不同产业部门的税收政策，影响各产业的发展规模和结构比例。如果我们对不同的产品、行业和产业部门采取不同的销售税，或者相同的销售税但在税率结构上区别对待，都会影响不同产品、行业和产业部门的发展。在一个多种所有制并存的经济社会，不同所有制经济之间也存在合理的比例关系。税收对所有制结构的影响，主要是通过区别对待的所得税政策，影响不同所有制经济发展和结构调整。不同的销售税对企业组织形式的发展会产生不同的影响。

（3）促进资源有效利用。在市场经济条件下，通过市场价格调节，能使经济资源得到有效、合理配置。但如果存在外部经济，或资源使用非市场化，会使资源不能得到有效利用。在这种情况下，运用税收政策来纠正外部经济，或以税代费使资源有偿使用，都能提高资源使用效率。

2. 税收收入分配效应

税收收入分配效应是指税收所具有的影响财富分配、实现社会公平的职能。社会公平分为前提公平和结果公平。很多国家运用税收手段进行调节，主要采用个人所得税、社会保障税、负所得税计划等方式。

（1）所得税对个人收入分配的影响。对个人收入征收所得税，减少个人可支配收入，既降低了个人收入水平，也调整了个人收入结构，影响了个人间收入分配差异。所得税主要通过累进税率对个人收入分配产生影响。累进税率随个人收入增加而递增，对低收入者按比较低的税率征税或不征税，而对高收入者按比较高的税率征税。这有利于改变个人收入分配结构，缩小高收入者和低收入者之间的收入差异。累进税率幅度越大，个人所得税的再分配功能也越强。除了累进税率以外，征税方式对个人收入分配也有一定的影响。例如，工资所得税率低于资本所得税率。由于低收入者收入主要来自于工资所得，个人之间收入差异主要在于资本所得，区别对待的税收也能够改变个人收入分配结构，缩小高收入者和低收入者之间的收入差异。又如，对低收入者和高收入者按同样费用标准定额扣除。由于扣除费用占收入比例在低收入者中高于高收入者，也有利于缩小高收入者和低收入者的收入差异。

（2）商品税对个人收入分配的影响。商品税是对企业销售商品所取得的收入，或对个人购买商品所支付的金额征收的一种税。在商品税由消费者负担的情况下，商品税征收既减少个人购买能力，也调整个人消费结构。例如，实行选择性商品税时，选择对非生活必需品和奢侈品征税，那么，可以使选择性商品税对个人收入分配产生累进效果。这是因为随个人收入增加，个人收入中用于购买生活必需品的比重减少，而用于购买非生活必需品和奢侈品的比重增加。因此，选择非生活必需品和奢侈品征税，使选择性商品税占个人收入比重随个人收入增加而递增，使按比例征收的选择性商品税产生累进效果，从而缩小高收入者和低收入者之间的收入差异。

如果实行普遍征收的商品税，只要对必需品及奢侈品实行差别税率，也可以起到缩小个人之间收入差异的调节功能。

(3) 社会保险税对收入分配的影响。社会保险税是对个人或企业所得征收，专款用于医疗保险、失业救济、退休养老等社会保障事业的税收。对个人收入征收社会保险税，直接减少个人收入水平。但对个人收入结构，即对个人之间收入差异的影响，则取决于征税项目的选择。如果是以个人综合所得为课税对象，按比例征收，社会保险税对个人产生收入分配的比例效果；按累进征收，社会保险税对个人产生收入分配的累进效果；如果以个人工薪所得为课税对象，按比例征收，并设定征税上限，社会保险税对个人产生收入分配的累退效果。因为低收入者的收入主要来自于工薪所得，而高收入者的收入主要来自于资本所得，以工薪所得为课税对象，扩大了高收入者和低收入者之间的收入差异。因此，社会保险税一般不具有调节收入分配的效果。但如果考虑社会保险税收入在支出时更多地用于低收入者，那么，也可以把社会保险税看作一个具有调节个人收入分配效果的税种。

(二) 税收宏观经济效应作用机制

1. 税收乘数效应作用机制

根据宏观经济学原理，在封闭经济条件下，国民收入决定方程式可以写成下列形式：

$$Y = C + I + G \tag{9-1}$$

式中：Y 表示国民收入；C、I 和 G 分别表示民间消费支出、净民间投资支出以及政府在产品和劳务方面的购买性支出。其中的民间消费支出(C)，主要取决于个人可支配收入(Y_d)，即扣除所得税后的个人收入以及边际消费倾向(c)的大小：

$$C = a + cY_d \tag{9-2}$$

而个人的可支配收入在假定税收是定额税(T)的情况下，就等于 $Y-T$，即

$$Y_d = Y - T \tag{9-3}$$

将式 9-3 代入式 9-2 得到：

$$C = a + c(Y - T) \tag{9-4}$$

再将式 9-4 代入式 9-1 得到：

$$\begin{aligned} Y &= a + c(Y - T) + I + G \\ &= a + cY - cT + I + G \\ &= (a - cT + I + G)/(1 - c) \end{aligned} \tag{9-5}$$

根据式 9-5，我们就可以求得税收变化对国民收入的影响。为此，我们求式 9-5 对税收(T)的偏导数，就得到税收乘数：

$$\partial Y/\partial T = -c(1 - c) \tag{9-6}$$

同时，根据式 9-5，我们还可以得到公共支出乘数：

$$\partial Y/\partial G = 1/(1 - c) \tag{9-7}$$

因此，税收乘数表明的是税收的变动(包括税率、税收收入的变动)对 GNP 的影响程度。从式 9-6 可以看出税收乘数的一些性质：第一，税收乘数是负值，说明国民收入与税收的变动相反；第二，政府在采取增税政策时，国民收入减少，减少的程度为税收增量的 $c/(1-c)$ 倍；第三，倘若政府采取减税政策，将有利于经济增长；第四，同公共支出乘数相比，由于 $c<1$，所以，税收乘数

<公共支出乘数,这说明税收政策对经济增长和经济稳定的作用小于公共支出政策。

2. 税收自动稳定效应机制和相机抉择

税收作为调节手段,一是调节社会总供给与总需求的关系,二是调节收入分配关系。调节总供求关系是通过两个过程实现的:一是自动稳定机制过程,二是相机抉择机制过程。前者是在既定税收制度和政策下,受经济的内在发展规律支配;后者是政府根据经济形势的发展变化,有目的地调整税收制度和政策。这两种机制的作用过程如图 9-6 所示。

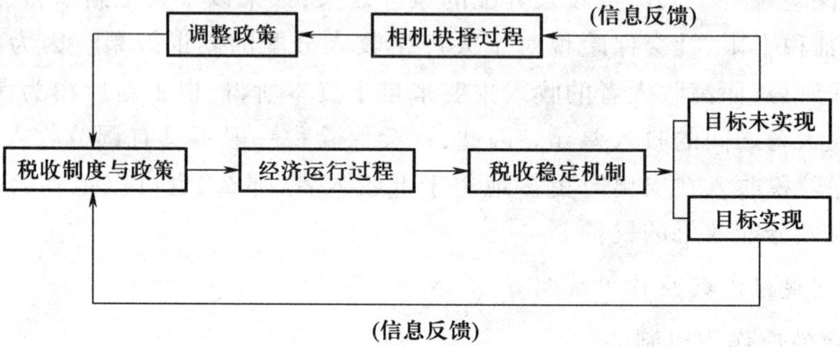

图 9-6　税收的自动稳定机制与相机抉择机制

在经济繁荣时期,国民收入增加,以国民收入为源泉的税收收入会随之自动增加,相对地减少了个人的可支配收入,在一定程度上减轻了需求过旺的压力;此时,如果总需求与总供给的缺口仍然很大,政府则要采取相机抉择的税收政策,或扩大税基,或增加税种,或提高税率,或减少税收优惠等。在经济萧条时期,税收收入会自动减少,相对地增加了个人的可支配收入,在一定程度上缓解了有效需求不足的矛盾,有利于经济复苏;此时,如果经济依然不景气,政府可进一步采取税收措施,或缩小税基,或削减税种,或降低税率,或增加税收优惠措施等。

(三) 税收微观经济效应

税收的微观经济效应主要体现在两个方面:第一,税收将支出能力从纳税人手中转移到政府手中,发生了资源的转移;第二,税收会扭曲消费者对物品的选择或生产者对要素的选择,从而给纳税群体造成额外负担。进一步而言,税收微观经济效应的作用机制可以分为收入效应和替代效应两个方面:一是收入效应对纳税人在商品购买方面的影响,表现为使纳税人的收入水平下降,从而降低商品购买量和消费水平;二是替代效应可以用来分析税收对生产、消费、储蓄、投资、劳动供给等的影响,比如纳税人在商品购买方面的影响,表现为当政府对不同的商品实行征税或不征税、重税或轻税的区别对待时,会影响商品的相对价格,使纳税人减少征税或重税商品的购买量,而增加无税或轻税商品的购买量,即以无税或轻税商品替代征税或重税商品。

1. 收入效应

税收的收入效应是指征税或增税使纳税人的支出能力下降。收入效应本身不会导致经济无效率,只是表明资源从纳税人手中转移到政府手中。

假定图 9-7 的横轴和纵轴分别代表 A 和 B 两种商品的数量;纳税人的收入是固定的,而且全部收入用于购买这两种商品,因而该纳税人的税前预算线是 CD。也就是说,如果纳税人将其全部税前收入用于购买 A(B)商品,可以购买的最大数量为 $OC(OD)$。但是,在该纳税人的收入既定的前提下,这两种商品购买量的最佳组合是由 G 点决定的。因为 G 点是该纳税人的预算线与最高的无差异曲线 U 的切点,表明购买这些数量的两种商品所得到的效用或满足程度最大。倘若政府决定对纳税人课征一次总付税或人头税,这种税对这两种商品的相对价格没有影响,故使得该纳税人的预算线向下平行移动至 EF。税后预算约束线 EF 与无差异曲线 U'的切点 G' 决定了纳税人购买这两种商品的最佳数量组合,但没有改变纳税人的选择。

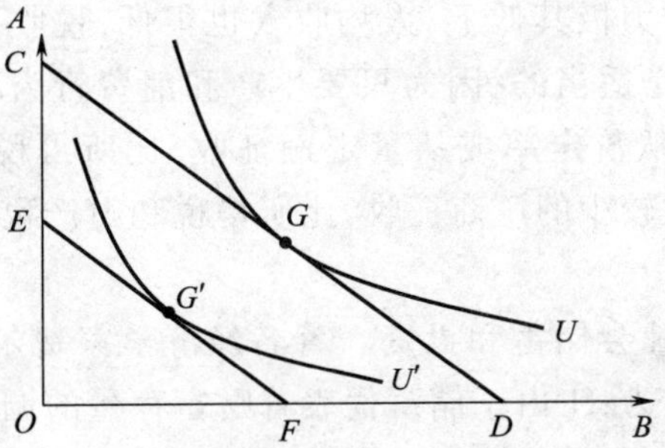

图 9-7 税收的收入效应

2. 替代效应

替代效应是指征税或增税影响相对价格,从而促使人们以某种消费或活动方式取代另一种消费或活动方式。正因为替代效应干预了消费者的选择,所以它会导致经济无效率。

假定图 9-8 中的 CD 是纳税人的税前预算线,购买 A、B 两种商品的最佳数量组合为 G。倘若政府决定对 B 商品征税,而对 A 商品免税,这就改变了这两种商品的相对价格。由于对纳税人来说,B 商品相对于 A 商品变得昂贵了,该纳税人则会减少 B 商品的购买量,从而使其预算线以 C 为原点向内转动,从原来的预算线 CD 变为 CF。新的预算线 CF 与无差异曲线 U'相切于 G' 点,表明纳税人以税后收入购买现在的商品数量组合所获得的效用水平或满足程度最大。由此可见,由于政府对 B 商品征税而对 A 商品不征税,改变了纳税人购买商品的选择。

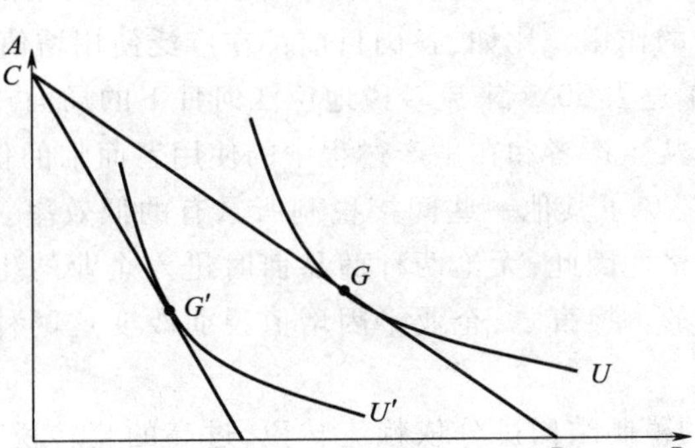

图 9-8 税收的替代效应

二、税收的社会效应

为了清楚地分析税收制度的社会效应,我们在此按照课税对象的性质先将税收分为流转税、所得税、财产行为税及其他税种等类别,各自研究其社会效应。

（一）流转税的社会效应

(1) 流转税能够筹集较为充裕的税收收入,征收管理较容易,节约税收行政成本。流转税的课税范围和税基较广,既可以对全部商品和劳务征税,也可以对某些特定消费品征税,最能体现普遍课税的原则,有利于国家社会经济政策的实现,也使国家税收能与经济的发展同步增长。尤其在发展中国家,由于生产力极其低下,人均收入也很低,税收要满足政府的财政需要,以销售额和消费额作为课税对象是适当的,因为只要生产和消费行为增加,销售税和消费税收入就会增加。流转税一方面采用从价定率或从量定额征收,比所得税采用累进税率征收要简单得多;另一方面流转税是对为数较少的厂商征收,比所得税和财产税的纳税人要少得多,便于管理且征收费用较少。

(2) 流转税有利于鼓励社会储蓄和投资。著名经济学家费尔德斯坦从税收变化的动态角度分析税收与储蓄的关系,认为:①由于储蓄代表着财富存量的调整,预期财富水平相对很小的变化,就可能引致储蓄比率相对较大的提高;②由于预期财富水平取决于预期的未来净收益率,未来对投资课征的税率预期降低,可能引致当期储蓄增加。私人储蓄和投资的增减取决于收益率的高低,由于所得税降低了上述行为的收益率,从而抑制了储蓄和投资行为,而流转税对储蓄和投资的收益不征税,因而不影响私人的储蓄行为和投资行为。正如费尔德斯坦所言:"所得税使储蓄的收益率降低,因此使每个人在目前消费与为了未来有更高水平的消费而储蓄之间的选择上发生了扭曲……消费税会消除这种浪费的扭曲"。此外,流转税对应税商品和劳务征税之后,因税负在一定程度上会发生转嫁,课税商品和劳务的价格相对上涨,使消费者抑制消费,减少了消费支出,在某种程度上间接地鼓励了储蓄。

(3) 流转税具有"税收中性",是各国促进社会经济增长的有力手段。世界各国的税制改革趋势证明了,不仅发展中国家重视流转税的建设和利用,就是发达国家,自20世纪70年代初的石油危机造成了经济滞胀后,特别是在供给学派的"供给管理"政策的影响下,也开始重新考虑流转税在促进经济增长中的作用。比如,各国目前都在广泛使用增值税,尤其在工业化国家,增值税重要性的提高,改变了过去30年来流转税地位江河日下的局面。增值税只是对增值额(销售额减去购进价值)征税,从生产者和在生产过程中的使用者面临的价格都相同这个意义上说,它符合所谓"税收中性",避免了其他一些间接税制所具有的低效率。在竞争的市场中,增值税不会改变商品间的相对价格。因此,无论两种商品何时进入企业的生产活动,这两种商品间的边际产品转换率都是相同的。换言之,企业不因增值税而改变这两种产品的生产比例,即不影响企业的产量决策。

但是,由于我国目前的税制结构过分依赖流转税,过高的流转税比重在一定程度上扭曲了经济活动,不利于税收收入增长。这具体表现在以下四个方面:一是商品劳务税的税收收入弹性较低,不能保证税收收入和国民收入同步增长;二是过高的商品劳务税比重增强了税收对市场—价格机制的干预能量,推动物价上涨;三是政府对商品劳务税的严重依赖,扭曲了出口退税政策;四是政府对商品劳务税的严重依赖,还在一定程度上对产业政策产生扭曲效应。因此,我国在今后一段时期内,应当逐步降低商品劳务税的比重,相应地提高所得税特别是个人所得税比重,使我国税制由商品劳务税主导型逐步转换为商品劳务税和所得税并重的税制结构。

(4) 在像我国一样以流转税为主体税种的国家里,流转税具有一定的反通货膨胀作用。人们有理由认为，在流转税可能发生转嫁的情况下，尽管它会提高课税商品的价格，但降低经济中商品和劳务的总需求，从而对一般价格水平产生通货紧缩性影响。而且，这种税还能减少低收入家庭的增量消费或边际消费，在低收入阶层的边际消费倾向很高的情况下，通过提高课税商品的价格而减少实际消费，故在产生等量的税收收入情况下，累退的流转税在一定程度上可能比累进的所得税具有更大的反通货膨胀效应。

（二）所得税的社会效应

所得税是对企业、经济组织和个人的生产经营、投资或劳动所得的征税，属于直接税，税负不易转嫁，多数采取累进方式征税，能充分体现量能负担原则，税收收入可以随着经济增长而增长，具有良好的税收弹性。

（1）所得税调节社会收入，有利于公平分配。所得税是一种有效的再分配手段，它不仅能体现量能负担、合理负担，又能贯彻普遍征税的原则。所得税制通过确定应纳税所得额和累进课征，可以缩小社会贫富和企业间实际收入水平的差距，而同时所得课税规定有起征点和免征额，对特殊困难的纳税人给予照顾，对缓解社会收入水平差距过大，实现国家的社会政策和缩小收入差距具有十分积极的意义。

（2）所得税政策工具的运用可以促进社会技术进步。一般来说，研究与开发活动、引进先进技术以及人力资本投资是提高技术进步率的直接因素。税收作为政府掌握的一个经济杠杆，通过利益机制，影响上述三种活动，实现对技术进步的促进作用。

税收对研究与开发活动的推动作用，主要体现在所得税政策中的税收支出上，即采取降低税率、延期纳税、加速折旧和投资税收抵免等措施。各国对企业和科研机构从事研究与开发活动发生的支出，一般采取税收抵免和纳税扣除的方式予以鼓励。但笔者认为，鼓励研究与开发活动支出的税收抵免措施，其效果可能比较微弱，主要原因可能在于：第一，适用税收抵免的研究与开发活动支出，一般都是超过前几年研究与开发活动支出平均值（基数）部分，如果企业当年的研究与开发活动支出没有超过基数，它就不能适用税收抵免规定。第二，税收抵免是按研究与开发活动支出的一定比率，从企业当年的或以后年度的应纳（公司税）税额中冲减。然而，有些企业可能在当年或在今后一定时期内，都没有所得税的纳税义务，因而也就不能适用税收抵免。第三，在企业当年应纳税额不够抵免的情况下，即使可以向以后年度结转，但由于在以后能够抵免的部分对企业来说要损失一定的资金时间价值，其刺激作用也会大打折扣。

为此，根据我国的现实情况，我国应当建立与健全一套更加有效地促进企业技术进步的税收优惠机制：[①]①从发展与改革的角度认识税收优惠问题，也就是说，税收优惠应集中于鼓励先进技术的开发与应用上，保证科技税收优惠的合理导向；②税收优惠的方式应以税基式减免为主，与税额式减免有机结合，以促进企业技术进步动力机制的形成和发挥；③对企业用于研究与开发的费用实行抵扣，以鼓励企业加大科技投入的力度；④建立技术开发基金和加速折旧制度；⑤完善高新技术开发区的税收优惠政策。

（3）所得税有利于维护国家的经济利益。在日益扩大的国际交往中，国家间的税收分配关

---

① 刘溶沧，李万甫．政府财税政策与企业技术进步．财贸经济，1997(1)；杜萌昆．运用税收政策，进一步促进科技发展．税务研究，1997(3)．

系成为关系各国权益的重要问题,而所得税居于主要地位。通过所得税制度的合理设计,可以准确处理我国与其他国家及跨国纳税人之间的税收分配关系,吸引国际资本、人才、技术为我国的改革开放事业服务,从而维护国家的主权与经济权益。①

(三)财产行为税及其他税的社会效应

1. 财产税的社会效应

财产税的课税对象是财产,即对纳税人拥有或支配的财产课征的一类税的总称。财产税是对财产本身而不是财产带来的收益征税,并且财产税并不是一个单一的税种,而是针对财产的一系列税种的总称,其有不同的收税方式、具体课税对象以及税收名称。总的说来,财产税包括一般财产税和个别财产税。一般财产税是将土地、房屋等不动产和其他各种财产合并在一起,就纳税人某一时点的所有财产课征,可分为财产保有税、财产转让税和不动产收益税;个别财产税是相对于一般财产税而言的,它不是将所有的财产捆绑在一起综合课征,而是按不同财产分别课征,包括土地、房屋、净值税、机动车辆税等。据统计,全世界有130多个国家课征各种形式的财产税,因此可以说,财产税是一个相当普遍的税收体系。

财产税的社会效应与其自身的特点紧密相关:第一,财产税是对社会财富的存量课税,具有直接税性质。财产税在立法之初就被认为不具有税负转嫁的可能。作为财产税课税对象的财产,多指不直接参与流转的财产。这些财产,就私人方面而言,可看作私人拥有或受其支配的财富;就社会方面而言,是社会财富处于存量的部分,相对流动性不强,因此以财产资本本身作为课税对象的财产税具有稳定的税基和税源。第二,财产税具有良好的筹资功能,比较工资、销售收入等其他税源,财产税的税基更加稳定。正常情况下,据以课税的财产价值一经核定,就会在数年内趋于稳定,一般不会做大幅度调整。市场波动反映在长期资产价值变动上,也会比反映在销售收入和工薪收入上的变化慢得多,因此,来自财产价值的税收是相对稳定的,财产税的收入弹性取决于财产税的税基弹性、税率弹性以及征收率弹性。第三,财产税在很大程度上属于受益性税收,把从本地区公共基础设施中筹集到的收入,直接用在维护本地区公共基础设施上,专税专用,收支透明,便于纳税人对自身承担的财产税税负与所享受的地方公共服务做出衡量,进而提高地方政府的财政绩效。第四,财产课税具有公平的课税效应。涉及公平有两个概念:一是人际间的公平;二是区域间的公平。作为一种体现量能纳税原则,对财产存量及收益课税的制度,财产税的均贫富作用显而易见;尽管就区域间公平而言,在那些财产税基相对狭小、地方政府不得不提高税率以满足筹资需要的情况下,财产税在不同区域间会有不公平的分布和征收效应。

2. 资源税的社会效应

资源税是对占有和开发国有自然资源获取的收入为课税对象建立的税收,实质上是通过重新配置来平衡与制约稀缺性资源利用和与之相关的环境问题的一种制度性安排。其社会效应主要体现在:

(1)政府可以通过征收资源税来矫正经济活动当事人的私人成本,寻求私人成本与社会成本之间的平衡。随着资源日益稀缺和环境恶化,资源税目逐渐转为保护自然资源生态环境,实

---

① 王国清,马骁,等.财政学.北京:高等教育出版社,2006:233.

现代际公平的可持续发展。根据不可再生自然资源的稀缺程度及环境影响征收的资源税,可以促进合理利用自然资源,实现可持续发展。

(2) 资源税对经济的稳定和可持续发展的重要作用。这种作用可以从两方面讨论:一是制度性的调节机制,比如累进税制的资源税。二是相机抉择,如在经济高涨时期,资源需求加快时,政府可以实行增税的紧缩性税收政策,通过提高资源税率,或设置新税、扩大征收范围、降低起征点和提高免征额等,以缩小总需求。此外,资源税还可以通过再分配来维护社会公平和稳定。资源税可以调节资源级差收入,使自然资源条件优越的级差收入归国家所有,排除因资源优劣造成企业利润分配上的不合理。

(3) 资源税对收入分配会有影响。政府一方面可以通过资源税,增加资源性生产企业的成本,减少垄断性的资源行业的利润;另一方面又可以利用税收收入来补贴需要扶持的行业和用于资源环境的保护,如资源税中的资源耗竭费。资源税会推高价格,从而影响消费水平,影响大小取决于课税范围和税负能否转嫁。如果税基范围宽,税负转嫁就比较容易,最终商品价格因课税而上升的幅度大,对终端消费影响也就较大。为了构建和谐社会,政府应该努力以可承受的价格为每位公民提供一些资源性产品的普遍服务,并以实际购买力来考虑人们用于能源消费占可支配收入的比例,以体现社会公平。

3. 行为税的社会效应

行为税是以纳税人的某些特定行为为课税对象开征的税收,通过这一税种可以实现国家对某些特定行为进行监督、限制与管理,或者是对某些行为进行引导与认可,以有助于实现国家的社会经济政策目标,并可以筹集财政收入,特别是为地方政府筹措财政资金。

本章小结

本章对财政收入重要形式——税收原理进行介绍,主要内容包括:一是税收制度的内涵、税制要素、税收的分类和税收制度的发展;二是介绍了税收的原则,在经典的税收效率与公平原则基础上,介绍了更加符合现代经济社会发展要求的经济稳定与增长原则;三是介绍了税收负担的含义及其衡量指标,并对税收负担水平进行了分析,通过拉弗曲线了解税率与税收收入间的关系,并介绍了最适课税理论的主要观点与我国税制改革中最适课税理论的体现;四是介绍了税负转嫁与归宿理论,通过了解税负转嫁与归宿的定义与形式,学习在其他条件不变的情况下,税收对某种商品的均衡价格所产生的影响;五是通过介绍税收对宏观经济、微观经济的作用机制,了解税收的经济效应,并从流转税、所得税和财产行为税等方面介绍了税收的社会效应。

复习思考题

一、名词解释

税收制度 单一税制 复合税制 税收主体 税收客体 税源 税基 税率 比例税率 固定税额 累进税率 全额累进 超额累进 纳税环节 纳税期限 附加和加成 商品税 所得税 财产税 从价税 从量税 直接税 间接税 平等原则 确实原则 便利原则 最少征收费原则 财政政策原则 国民经济原则 社会公正原则 税负转嫁 税收归宿 前转 后转 消转 税收宏观经济效应 税收乘数 宏观税负 拉弗曲线 税制结构 税收的通货紧缩效应 税收微观经济效应 税收收入效应 税收替代效应

所得税指数化

二、问答题

1. 解释单一税制与复合税制的区别。
2. 纳税人是否一定就是负税人？为什么？
3. 税收客体是否就是指税源？解释之。
4. 比例税率与固定税额有什么区别？
5. 全额累进税制与超额累进税制相比,哪一种税负较重？解释之。
6. 在超额累进税制下,平均税率是否会大于边际税率？为什么？
7. 商品税的主要特征是什么？与所得税的主要区别在哪里？
8. 所得税的主要特征是什么？与财产税的主要区别在哪里？
9. 直接税与间接税是从什么角度做区分的？
10. 简述现代直接税制度的主要特点。
11. 简述当代税制改革的主要内容。
12. 简述我国1994年税制改革的起因和主要内容。
13. 我国税制“十一五”改革的方针是什么？
14. 试比较斯密与瓦格纳的课税原则。
15. 受益原则的优点与缺陷是什么？
16. 能力原则的衡量标准有哪些？
17. 税负转嫁有哪几种形式？
18. 税收的宏观经济效应表现在哪些方面？
19. 税收的微观经济效应表现在哪些方面？
20. 宏观税负水平的衡量标准与最适水平是什么？
21. 所得税指数化的方法与意义是什么？
22. 试述税收的储蓄效应与政策选择。
23. 怎样根据税收的收入效应调节社会收入分配？

即测即评

第十章 商品课税制度

商品课税，顾名思义，是指对商品或劳务征收的一类税。古今中外，商品税在各国的税收中占有十分重要的地位，并且曾经是或正是许多国家的主要税收来源。本章就商品课税的特点、税制类型和税制结构进行叙述，并简要介绍我国现行商品税制及相关税种。

第一节 商品课税概述

一、商品课税的特点

如上所述，商品课税是以商品和劳务为征税对象的一类税。这里的"商品"是指市场流通中的各种产品以及劳务市场中各种非商品的服务性活动，即通常我们所讲的商品流转额和非商品流转额（劳务营业额），因此，在我国习惯上称商品课税为流转税。

与其他类型课税相比，商品课税具有以下几个特点：

（一）课税对象的普遍性

同所得税和财产税相比，商品课税是以商品交换并形成销售收入为前提的，它不仅包括了所有的商品，还包括各种非商品性的服务；有的国家，将不属于所得税和财产税的一切税种都归入商品课税中，如各种交易税、执照税等。正因为商品课税对象的普遍性，使得商品课税税源充足，保证了国家的财政收入。

（二）计税依据的灵活性

商品课税的计税依据是商品和非商品的流转额，因此，在具体税制设计时，可以选择所有商品和服务进行征税，也可以选择部分商品和服务进行征税；可以选择商品流通的所有环节进行征税，也可以选择其中某一个或几个环节进行征税；可以选择商品或劳务流转总额进行征税，也可以选择课税对象的增值额进行征税等。这种灵活性，有利于国家或政府通过商品课税对经济进行有效调节。

（三）税率主要采用比例税率

除了少数税种或税目实行定额税率外，商品课税主要采用比例税率。由于比例税率又可分为各类差别比例税率,因此,政府可以通过不同的比例税率对经济进行必要的干预。

(四) 征收管理简便

由于商品课税是以流转额为计税依据,而与商品成本和盈利水平无关,其税率又采用比例税率和定额税率形式,所以,与所得税和财产税相比,计算较为简单。同时,商品课税的纳税人和征税对象相对比较集中,有利于征收管理和节约征纳成本。

(五) 税收负担转嫁比较容易

商品课税属于间接税,其纳税人与负税人往往并不一致,纳税人可以通过商品或劳务加价的办法将商品税转移给消费者,或者通过压价的办法将税负转移给供应方。至于如何转嫁、转嫁条件与方式等问题,已经在前面章节详细阐述,此处不再重复。相比之下,所得税和财产税则不易转嫁。

(六) 税收负担具有累退性和隐蔽性

由于商品课税主要采用比例税率,而不论负税人的收入状况如何,均负担同比例的税收,因此,往往是收入越多,税收实际负担越低,从而具有累退性。正是因为商品课税的税负比所得税、财产税容易转嫁,因此,其税负也较隐蔽。其具体表现为:纳税人将商品课税加入价格,对于消费者来说直接感觉是商品或劳务价格提高,而不像所得税和财产税那样是对其收入的直接扣除。同时,由于商品课税税负并不算太高,对消费者来说,也能够承受。所以,推行商品课税制度比推行所得税和财产税制度容易得多,尤其是在税制不健全的国家更是如此。

二、商品课税的类型

合理进行商品课税分类是正确设计商品课税制度的基础。根据商品课税的特点,可以从以下几个方面进行分类:

(一) 按征税范围分类

按征税范围分类,可将商品课税分为综合性商品税和选择性商品税。如果将一切商品和劳务(包括生产性和消费性)都列为征税对象,可以说是综合性的商品税;如果只将部分商品和劳务(既可以是全部消费性的商品和劳务,也可以是一部分消费性的商品和劳务)列为征税对象,可以说是选择性的商品税。

(二) 按征税环节分类

按征税环节分类,可将商品课税分为单环节征税和多环节征税。前者是在商品流转过程中选择其中一个环节征税,如有些国家开征的制造销售税、批发营业税、零售营业税等;后者是在商品流转过程中选择多个环节征税,如我国现行的增值税。

(三) 按计税方式分类

按计税方式分类,可将商品课税分为从价税和从量税。前者是指以商品和劳务的价格为计税依据,如我国现行的增值税、关税等;后者是指以商品和劳务的数量为计税依据,如我国现行的对部分消费品开征的消费税。

(四) 按征税地点分类

按征税地点分类,可将商品课税分为国内商品税和国境商品税。前者是指对在本国生产、销售和消费的商品和劳务征收的商品税;后者是指在国境对进出口商品征收的商品税,如现行的关税。

三、商品税制结构

尽管各国的商品课税类型差别很大,但如果从其结构上来考察,不外乎三种模式。

(一)周转税税制

这种税制结构税种单一、征管简单、征收范围广,一般是多环节和全额征收。虽然它能保证财政收入充足和稳定,但由于多环节和全额征收,容易导致重复征税,不利于经济发展。目前,除了一些发展中国家继续采用外,其他国家一般均不采用(被销售税或营业税取代)或进行较大改进。

(二)销售税和消费税结合制

鉴于周转税的缺陷,许多国家取消了周转税,取而代之以销售税(如货物税、烟税、酒税、营业税等)。销售税的特点是:全额征收,征税范围比周转税小一些,选择在产制、批发或零售环节对商品普遍征税,并选择单一或差别比例税率征收,主要发挥商品税的收入功能。与此同时,为了加大对商品和消费的调节力度,不少国家在征收销售税的基础上再征收一道消费税,从而形成销售税与消费税相结合的商品课税制度。当然,具体细分,这种结合又可分为两种情况:一是并行征收,即大多数商品征收销售税,少数商品征收消费税;二是交叉征收,即所有商品征收销售税,在征收销售税的基础上再选择少数商品征收消费税。目前大多数国家采用第二种做法。

(三)增值税和消费税结合制

由于周转税和销售税全额征收容易导致重复征税,不利于社会化大生产和专业化分工。因此,目前世界各国正在推广增值税这一优良税种。增值税作为一般商品税,在产制、批发、零售各个环节,按增值额对商品普遍征税,选择单一或差别比例税率征收,发挥商品的收入功能。然而,由于增值税征管比较复杂,加之征收增值税后会导致政府财政收入总额较征收之前有所减少。所以,为了调节消费和增加财政收入的需要,消费税同样有存在的必要,在产制、零售环节,选择少数商品,按差别税率从价或从量课征,发挥消费税的调节功能。不少国家将增值税与消费税进行结合,如我国现行增值税和消费税的结合税制。

四、我国商品税的税种

随着我国"营改增"试点于2016年5月1日起在全国范围内推开,我国现行税收制度中关于商品课税的税种设置为:增值税、消费税、关税。下面将分节讲述。

第二节 增 值 税

一、增值税概述

所谓增值税是指以商品在生产和流通过程中实现的增值额为课税对象的一种税。增值税是世界各国普遍征收的一种税收,也是中国财政收入的主要来源,其税收收入占中国税收总额的40%左右。增值税最早发源于丹麦,于1954年创建于法国,以后在西欧和北欧各国迅速推广,现在已经成为许多国家广泛采用的一个国际性税种。上面所说的增值额是指纳税人在商品生产流通过程中创造的或转移过来的那一部分价值,相当于商品价值($C+V+M$)中扣除生产过程中已经消耗掉的那部分生产资料的价值(C)之后的余额,即 $V+M$ 部分。如果将它与工商业联系起来,增值额相当于工业企业的净产值、商业企业的毛利。进一步而言,增值额还可以这样理解:从一个单位来说,增值额是这个单位的商品销售额或经营收入额扣除规定的外购项目后的余额,相当于该单位职工所创造的价值,即 $V+M$;从商品生产全过程来说,一种商品在生产和流通各个环节的增值之和,相当于该商品消费时的最后销售总额,即一种商品价值是由该商品各个环节的增值额所构成。

由于增值税是就生产和流通各环节的增值额进行课税的一种税,可以避免重复征税,有利于解决税负不均问题,有利于促进工业向专业化生产方向发展,同时又可以保证财政收入。因此,从它产生之后,被许多国家采用。为了适应经济体制改革的需要,我国于 1994 年 1 月 1 日起全面实施增值税,使增值税取代了产品税和部分营业税,成为我国历史上第一个对商品生产和流通的增值额进行普遍课征的税种。

二、增值税的特点

(一)增值税只就商品价值或劳务中增值部分征税

与我国传统意义上的流转税相比,现行增值税只对商品销售额或劳务服务中由本环节创造的增值部分征税,因此,避免了重复征税和因此而形成的税负不均问题。这是增值税的突出特点。

(二)增值税课征方式采取普遍课征方式

如上所述,增值税是对商品价值或劳务中增值部分征税,因此,凡是有经营行为并取得销售或劳务收入的单位,都应该纳税;一种商品从生产、批发到零售,只要存在增值额,均应该纳税。这样做,有利于上下游纳税人相互监督,减少增值税的流失。

(三)增值税税负比较稳定、合理

同一种商品或劳务,无论其生产或经营环节有多少,也不论该商品是由一个单位生产提供还是由多个单位生产提供,只要零售价格合理,增值税的税负总是相同的。换句话说,增值税的税收负担始终保持一致。因此,我们可以说,增值税不受企业结构、生产结构和流通环节变化的影响。

(四)在税率设置上考虑到国际竞争力问题,特地设置零税率

对于需要出口退税的商品来说,在出口时一次性全部退还国内缴纳的增值税,有利于出口商品以成本价的面貌出现在国际市场上,进而提高其竞争能力。这符合我国整个对外开放的原则,同时,也符合国际惯例。

(五)计征方法采取价外计算办法

传统税制的产品税、增值税和营业税均是价内税,即以含税价格为计税基础;现行增值税则是在原来产、增、营三税基础上转换而来的,实行价外税,即税与价格分开,以不含税价格为计税依据,在零售以前各环节销售商品时,在专用发票上分别填写税款和不含税的价格;考虑到我国居民的购买习惯和承受心理,在商品零售环节仍然采取价税合一的办法,但在纳税人缴纳增值税时,需要先核定应税销售额,再以应税销售额按适用税率计算应纳税额。

三、增值税的类型

由于增值税是对商品或劳务中的增值部分征税，而增值额的计算是依据对非增值额的扣除，但各国的增值税制度对此有不同的规定。根据对纳税人所购入的固定资产价值的处理不同，可以将增值税分为三种类型。

（一）生产型增值税

对生产经营单位的销售额，购入的固定资产价值或已纳税款不允许扣除，允许扣除的只是购入的原材料及其费用，其余额作为增值税的计税依据。就国民经济整体而言，这一计税依据相当于国民生产总值，因此，称之为生产型增值税。

（二）收入型增值税

对生产经营单位的销售额，允许扣除所购入的固定资产本期已计入产品成本折旧的价值或相应部分已纳税款，其余额作为增值税的计税依据。就国民经济整体而言，这一计税依据相当于国民收入，因此，称之为收入型增值税。

（三）消费型增值税

对生产经营单位的销售额，允许一次全部扣除本期购进的用于生产应税产品或劳务的固定资产价值或已纳税款，其余额作为增值税的计税依据。就国民经济整体而言，这一计税依据相当于消费资料，因此，称之为消费型增值税。

上述三种类型的增值税的主要区别在于对固定资产价值的处理不同，因此，对财政收入和纳税人的影响也不一样。从财政收入角度看，生产型增值税的收入效应最大，消费型增值税的收入效应最小；从纳税人角度看，生产型增值税的激励程度最小，消费型增值税的激励程度最大。因此，各国根据本国的实际情况采用适合本国国情的增值税。一般而言，西方发达国家由于经济实力较强，一般采用消费型增值税；而少数国家由于经济基础较差，财政收入有限，为了保证财政收入稳定，只好选择宽税基，所以，一般采用生产型或收入型增值税。我国在2009年以前因为购入的固定资产价值所含增值税不允许扣除，属于生产型增值税；2009年以后购入固定资产所含增值税可以扣除，就属于消费型增值税了。

四、我国现行增值税制度

（一）纳税人

增值税纳税人是指税法规定负有缴纳增值税义务的单位和个人。在我国境内销售货物、应税劳务、应税服务、无形资产、不动产，以及进口货物的单位和个人，为增值税纳税人。[①]

从组织形式上看，增值税纳税义务人包括单位和个人。这里所说的单位是指国有企业、集体企业、私有企业、股份制企业、其他企业和行政单位、事业单位、军事单位、社会团体及其他单位。这里所说的个人是指个体经营者及其他个人，其他个人一般指自然人。

---

① 此处增值税纳税义务人的表述综合了《增值税暂行条例》原增值税纳税义务人以及《营业税改征增值税试点实施办法》（财税〔2016〕36号）增值税试点纳税人，随着增值税制度的统一，未来增值税立法会对这两种增值税纳税人做统一表述。

按照经营规模的大小和会计核算健全与否等标准,增值税纳税人可分为一般纳税人和小规模纳税人。一般纳税人通常适用税款抵扣下的一般计税方法(特殊情况适用简易征收方法),小规模纳税人只适用无抵扣的简易征收方法。这里的一般纳税人是指年应税销售额达到一定标准的纳税人(从事货物生产或销售劳务的纳税人年应税销售额为 50 万元以上;从事货物批发或零售的纳税人年应税销售额为 80 万元以上;营改增纳税人年应税销售额为 500 万元以上)。这里所讲的小规模纳税人是指年销售额未达到上述标准的纳税人。

(二)征税范围

我国原有的增值税的征税范围包括工业生产、商品批发、商品零售和商品进口、加工、修理修配。自全面实施“营改增”后,原来征收营业税的行业或行为都属于增值税的征收范围。依据属地管辖权,我国现行增值税范围已经相当普遍,包括境内销售货物、不动产、无形资产、劳务和服务以及进口货物。

1. 境内销售货物

货物是指有形动产,境内指货物起运地或所在地在境内。

2. 境内销售劳务

这里的劳务指原增值税的征税范围,即加工、修理修配劳务,而境内销售劳务的判定为劳务发生地在境内。

3. 境内销售服务

这里的服务指营改增的服务范围,即交通运输服务、邮政服务、电信服务、建筑服务、金融服务、现代服务、生活服务等,而境内销售服务的判定为原营业税的判定标准,即服务销售方或者购买方有一方在境内即为境内服务。

4. 境内销售无形资产

境内销售无形资产是指转让无形资产所有权或者使用权的业务活动。无形资产是指技术、商标、著作权、商誉、自然资源使用权和其他权益性无形资产,也是营改增范围,其境内销售的判定标准为无形资产销售方或者购买方在境内,但是涉及自然资源使用权的判定特指自然资源在境内。

5. 销售不动产

销售不动产是指转让不动产所有权的业务活动。不动产是指不能移动或者移动后会引起性质、形状改变的财产,包括建筑物、构筑物等。境内销售不动产指不动产所在地在境内。

6. 进口货物

进口货物是指将货物从我国关境外移送到关境内的行为,进口者在向海关申报进口时,必须向海关缴纳增值税。

(三)税率

从国际增值税发展实践来看,为了实现增值税税收中性的目标,各国逐渐追求更为简明的增值税税制,简并税率、减少优惠、拓宽税基已经成为增值税发展的趋势和主流。2016 年 5 月 1 日,随着营改增试点全面推开,我国增值税税率由原来的二档(17%、13%)扩充为四档(17%、13%、11%、6%)。这种四档税率并存的情况是一种必要的过渡性安排,而优化简并增值税税率,是营改增后我国下一步增值税制度改革的重点和方向。自 2017 年 7 月 1 日起的“四并三”

（将 13% 的税率降至 11%），就是兼并税率的第一步。[1] 我国现行增值税三档税率如下：

（1）基本税率 17%，适用于销售和进口除了低档税率货物以外的一般货物、提供加工、修理修配劳务及营改增范围的提供动产租赁服务。

（2）低档税率 11%，适用于民生领域相关的 23 类产品（原适用 13% 税率），包括五类货物：粮食、食用植物油；自来水、暖气、热水、石油液化气、天然气、沼气、居民用煤炭制品；图书、报纸、杂志；饲料、化肥、农药、农膜；国务院规定的其他货物，以及适用于营改增范围的交通运输业、邮政、基础电信、建筑业、不动产租赁服务，销售不动产，转让土地使用权。

（3）低档税率 6%，适用于其他营改增范围的应税行为，包括金融服务、非基础电信服务、其他服务，以及销售技术、商标、著作权、商誉、自然资源使用权（除土地使用权）和其他权益性无形资产。

以上增值税税率适用于进口货物以及一般纳税人境内销售的一般计税方法。小规模纳税人境内销售和一般纳税人特定销售适用简易征收方法，按照 3% 征收率计算增值税。增值税纳税人出口货物以及发生跨境应税行为适用增值税零税率和免税政策。

（四）计税方法

1. 境内销售的一般计税方法

从理论上讲，增值税计税方法有三种：第一种方法是"加法"，即将纳税人纳税期内新创造的价值（如工资、利润、利息等）逐项相加作为增值额，然后按适用税率计算出应纳增值税；第二种方法是"减法"，即将纳税人纳税期内的销售收入额减去法定扣除额（如原材料、燃料、动力等）后的余额，作为增值额，再按适用税率计算出应纳增值税；第三种方法是"扣税法"，即征税时不直接计算增值额，而是先根据销售额按适用税率计算出税额，再扣除法定外购商品或劳务的已纳税款，将其余额作为增值税的应纳税额。目前，我国采用的是第三种方法。具体计算公式如下：

应纳税额＝当期销项税额－当期进项税额

当期销项税额小于当期进项税额不足抵扣时，其不足部分可以结转下期继续进行抵扣。

这里所讲的销项税额是指纳税人销售货物或应税劳务按照销售额和适用税率计算并向买方收取的增值税额，其计算公式为：

销项税额＝不含税销售额×税率

由于我国习惯于采用销售额与销项税额合并定价方法，因此，此公式可以转换为：

销项税额＝含税销售额÷（1＋税率）×税率

例如，100 元含税商品的增值税额为：100÷（1＋17%）×17%＝14.5 元。对于纳税人销售货物或者应税劳务的价格明显偏低且无正当理由和视同销售货物行为而无销售额的，由主管税务机关核定其销售额，销售额按下列顺序确定：按纳税人当月同类货物的平均销售价格确定、按纳税人最近时期同类货物的平均销售价格确定、按组成计税价格确定。组成计税价格又分两种情况：一是不含消费税的情况，其公式为：组成计税价格＝成本×（1＋成本利润率）；二是含消费税的情况，其公式为：组成计税价格＝成本×（1＋成本利润率）＋消费税。其中成本是销售自产货物的实际生产成本，销售外购货物的为实际采购成本，成本利润率由国家税务总局确定。

---

① 财税〔2017〕37 号《关于简并增值税税率有关政策的通知》。

这里所讲的进项税额是指纳税人购进货物或者接受劳务所支付或者负担的增值税额。现行制度规定:准予从销项税额中抵扣的增值税额限于增值税扣税凭证上的增值税额。其具体分为三类:一是从销售方取得的增值税专用发票上注明的增值税额;二是从海关取得的完税凭证上注明的增值税额;三是外购免税农产品按收购金额的11%扣除率计算。

2. 境内销售的简易征收方法

小规模纳税人境内销售以及一般纳税人特殊销售情形适用简易征收方法。一般纳税人适用简易征收方法的情形包括:销售使用过的固定资产或旧货、销售自产的自来水等六类货物、售典当或寄售商品以及特定营改增过渡期情形。

简易征收方法按照不含税销售额和规定的征收率计算应纳税额,不扣进项税,其计算公式为:

当期应纳增值税 = 当期不含税销售额×3%

3. 进口增值税的计算

对于进口应税商品,按照组成计税价格和确定的税率计算应纳税额,不得抵扣任何税额。其计算公式为:

应纳税额=组成计税价格×适用税率

其中:组成计税价格=关税完税价格+关税+消费税。

(五)增值税的出口退税

出口退免税是出口国为了避免出口商品的国际重复征税而采取的一种政策措施。我国在1994年增值税改革时提出的征多少、退多少、彻底退税,体现了这种避免出口商品国际重复征税的精神。但是出口退税要视政府财政状况而定,如我国在1995年、1996年和2004年,多次下调了出口退税率,主要受当时国家财力的制约。同时,通过出口退税可以起到鼓励或限制出口,因此也可以体现政府的政策导向。如2005年起,我国为了促进外贸的结构性调整,多次对出口退税进行调整,主要是对鼓励类的出口商品实行全额退税,而对高污染、高能耗、资源型商品出口降低退税率或者取消退税。我国现行的出口货物退免税政策除了避免国际重复征税以外,其政策导向作用正变得越来越强烈,具体分为三种政策:

(1)出口免税并退税。出口货物免征出口增值部分的增值税,同时对于出口货物相关的进项税给予退税,退税率针对不同的商品适用17%、16%、15%、14%、13%、9%、5%和3%等,以实现鼓励和限制出口的政策导向。主要适用于一般纳税人的生产企业和外贸企业等。

(2)出口免税不退税。出口货物免征出口增值部分的增值税,但对于出口货物相关的进项税不予退税,也不予在内销抵扣。主要适用于小规模纳税人自营出口货委托外贸企业代理出口等。

(3)出口不免税也不退税。出口货物不予退免税,视同内销环节正常纳税。主要适用于援外出口物资、国际禁止出口货物以及国家限制出口农产品和资源类商品等。

(六)减免税

现行税制规定了免税项目和起征点,具体内容如下:

1. 增值税免税项目

农业生产者销售的自产农业产品;避孕药品和用具;古旧图书;直接用于科学研究、科学试验和教学的进口仪器、设备;外国政府、国际组织无偿援助的进口物资和设备;来料加工、来料装配和补偿贸易所需的进口设备;由残疾人组织直接进口供残疾人专用的物品;销售自己使用过的物品。

2. 增值税的起征点

增值税的起征点仅适用于个人,现行具体幅度为:销售货物的起征点为月销售额 5 000 ~ 20 000元;销售应税劳务的起征点为月销售额 5 000 ~ 20 000 元;按次纳税的起征点为每次(日)销售额 300 ~ 500 元。

应该注意的是:减免税政策性很强,除以上规定外,增值税的减免项目由国务院规定,任何地区、部门均不得擅自规定。

(七) 增值税的纳税期限

增值税的纳税期限分别为 1 日、3 日、5 日、10 日、15 日或 1 个月,不能按期纳税的,可以按次纳税。纳税人的纳税期限由主管税务机关根据纳税额的大小分别确定。进口货物应纳的增值税,在报关进口后 15 日内申报纳税。

(八) 增值税的纳税地点

一般固定纳税人在其核算地或所在地申报缴纳;对于总分支机构不在同一县(市)的应当分别向各自所在地主管税务机关申报纳税;经国家税务总局或其授权的税务机关批准,可以由总机构汇总向总机构所在地主管税务机关申报纳税;对于非固定纳税人应向销售地主管税务机关申报纳税;对于进口应税货物,由进口报关者向报关地海关申报缴纳。

专栏 10-1 增值税的前世今生

增值税是对生产、销售商品或提供服务实现的增值额征收的一个税种,1954 年在法国首先推行。据荷兰财政文献局统计,截至 2016 年年底,世界上有 160 多个国家和地区实行了增值税(value added tax)或商品服务税(goods and service tax)。我国于 1979 年引进增值税并进行试点。1984 年 9 月 18 日,国务院发布了《中华人民共和国增值税条例(草案)》,标志着增值税作为一个法定的独立税种在我国正式建立。随着社会主义市场经济体制目标在我国的确立,原增值税已不能适应新形势的要求。1993 年 12 月 13 日,国务院发布了《中华人民共和国增值税暂行条例》,12 月 25 日,财政部制发了《中华人民共和国增值税暂行条例实施细则》,自 1994 年 1 月 1 日起施行。

为建立健全有利于科学发展的税收制度,促进经济结构调整,国务院决定自 2012 年 1 月 1 日起,在上海率先实施交通运输业和部分现代服务业营业税改征增值税(以下称营改增)试点。此后,试点地区和行业范围逐步扩大,截至 2015 年年底,营改增试点已覆盖交通运输业、邮政业、电信业 3 个大类行业和研发技术、信息技术、文化创意、物流辅助、有形动产租赁、鉴证咨询、广播影视 7 个现代服务业。2016 年 5 月 1 日,营改增试点全面推开,试点范围扩大到建筑业、房地产业、金融业、生活服务业。自此,所有营业税行业都改为缴纳增值税。

营改增试点前,我国增值税有两档税率,分别是标准税率 17% 和低税率 13%。营改增试点后,为确保新旧税制平稳转换,新增了 11% 和 6% 两档低税率。根据 2017 年《政府工作报告》提出的“简化增值税税率结构,今年由四档税率简并至三档,营造简洁透明、更加公平的税收环境,进一步减轻企业税收负担”的要求,财政部将会同国家税务总局研究细化具体实施方案,按程序报批后公布实施。

资料来源:中华人民共和国财政部官方网站,原标题为《增值税简介》。

第三节 消 费 税

一、消费税概述

消费税是以消费物品或消费行为为课税对象的一种税。根据消费税的课税对象和范围,消费税有广义和狭义之分。广义的消费税是指一般消费税,其征税范围包括对一切消费商品和消费行为征收的消费税,税种主要有:消费税、关税、对消费品征收的增值税、对消费行为征收的营业税等;狭义的消费税是指特定商品消费税,主要是对选择消费品征收的消费税、烟税、酒税、汽油税、盐税、特定行为消费税等。通常人们所说的消费税是指狭义的消费税。

我国在1994年税制改革中新设立了消费税这一税种,凡是从事生产和进口应税消费品的单位和个人均为消费税的纳税人。现行的消费税也是狭义上的消费税,是在对商品普遍征收增值税的基础上,选择少数消费品再征收一道消费税,其目的主要是调节消费结构、引导消费方向和保证国家财政收入。这一做法也是向流转税模式的国际惯例靠拢的一个步骤。

二、消费税的特点

(一) 消费税是选择性的商品税

从消费税的征税范围来看,同增值税相比,消费税并不是对所有商品课税,也不是对所有消费品和消费行为征税。其征税对象是根据一国政策调节的需要,对部分消费品和部分消费行为征税。一般来说,在各国税制中,采用列举法对应税消费品或消费行为进行确定,凡是税法列举的征税;反之,凡是税法未列举的不征税。

(二) 消费税实行价内税

消费税与增值税相比,比较突出的特点是实行价内税,也就是将消费税税款包含在销售价格之中,因此,其征收也是根据消费品的价格定率或定额征收。

(三) 消费税课征环节比较单一

同其他商品税多环节课税的特点相比,消费税是一种单环节征税的商品税。一般来说,在各国税制中,将消费税的征税环节确定在消费品生产或销售的某一个环节,而不是每个环节都要征税。我国现行税制选择生产环节课征,商品进入流通领域后不再征收消费税。

(四) 消费税属于典型的间接税,税负具有转嫁性

由于消费税的课税对象是部分消费品和消费行为,而不是对购买消费品本人征税,纳税人主要是生产、销售消费品的人,我国现行制度规定只在生产环节征税,纳税人将所纳消费税通过

加价的办法转移给购买该消费品或消费行为的消费者。

（五）消费税具有较强的灵活性

虽然从法的角度来说，消费税有关法律制度是严肃的，但如果从政策调节的角度来看，消费税具有较强的灵活性，这是由消费税的征税范围和对象的选择性所决定，主要表现为应税对象、计税依据、税率选择等均有较强的灵活性。因此，其表现在各国的消费税税制中千差万别。

三、消费税的类型

根据消费税征税范围的大小，一般可以将消费税分为三种类型：

（一）有限型消费税

该类消费税的征税范围较小，课税对象主要包括资源性高利润消费品，税目不多，一般在20种以下。消费商品主要有烟酒类、石油类、车船类等消费品。消费行为主要为一些典型的奢侈品高消费娱乐活动。

（二）中间型消费税

该类消费税的征税范围较小，税目一般在20～30种。除了上述所列的一些消费品之外，还包括粮食制品、乳制品、纺织品、日用消费品、奢侈消费品以及一般服务如保险、金融、运输等。

（三）延伸型消费税

该类消费税的征税范围较广，税目也较多，一些国家甚至达到100种以上。该类消费税的征税范围除了上述两类所包括的范围外，还有一些生产性消费品如水泥、钢材、铝制品等都列为消费税的课税对象。

四、我国现行消费税制度

（一）纳税人

凡在我国境内从事生产、委托加工和进口应税消费品的单位和个人，都是消费税的纳税义务人。这里所说的单位是指国有企业、集体企业、私有企业、股份企业、外资企业、其他企业和行政单位、事业单位、军事单位、社会团体及其他单位；个人是指个体经营者及其他个人；对于企业租赁或承包给他人经营的，承租人或承包人为纳税人。

（二）征税范围

由于消费税属于补充性税种，因此，其征税范围大小主要取决于国家实行何种商品课税体系。根据我国的实际情况，增值税作为商品课税的主要税种，而消费税只能作为补充性税种存在，所以，目前我国选择的消费税属于中间型消费税，现行征税范围包括了四种类型的产品共15个税目。第一类：高能耗及高档消费品，如小轿车、摩托车、高尔夫球和球具、高档手表和游艇；第二类：不可再生和替代的石油类消费品，如成品油；第三类：一些过度消费会对人类健康、社会秩序、生态环境等方面造成危害的特殊消费品，如烟、酒、鞭炮焰火、木制一次性筷子、实木地板、铅蓄电池和涂料；第四类：奢侈品、非生活必需品，如贵重首饰、化妆品等。

（三）征税环节

我国现行消费税制主要选择三环节征税，即生产销售环节、委托加工收回环节以及进口环节,但也存在批发和零售的特殊环节征税。自1994年1月1日起,金银首饰的消费税由生产销售环节改在零售环节征收,税率为5%。自2009年5月1日起,在卷烟的批发环节加征一道从价计征的消费税,税率为5%;2015年5月10日起,卷烟批发环节从价税税率由5%提高到11%,并按照每支0.005元加征从量税。

(四)税率

现行税制规定,消费税的税率采用比例税率、定额税率与复合计税三种形式。啤酒、黄酒和成品油实行定额税率;卷烟和白酒实行从量定额与从价定率相结合的复合计税办法;其他产品实行不同的比例税率,最低税率为1%,最高税率为56%。

(五)计税依据

正如上述,消费税的计税依据有两种:一是销售额;二是销售数量。以销售额为计税依据的产品主要适用于供求矛盾突出、价格差异较大的产品;以销售数量为计税依据的产品,一般适用于供求矛盾较小、价格差异不大、计量单位规范的产品。在确定消费税计税依据时,应注意以下几点:

(1)以销售额为计税依据的,不包括应向购货方收取的增值税税款。如果销售额包括这部分增值税税款,则应换算为不含增值税税款的销售额。其公式如下:

应税消费品的销售额=含增值税的销售额÷(1+增值税税率)

(2)对于自产自用的消费品的计税依据,一般按纳税人生产同类消费品价格的销售价格计算;没有同类消费品价格的,以组成计税价格为计税依据。其组成计税价格公式为:

组成计税价格=(成本+利润)÷(1-消费税税率)

(3)对于委托加工消费品的计税依据,一般为受托方同类消费品的销售价格;没有同类消费品销售价格的,以组成计税价格为计税依据。其组成计税价格公式为:

组成计税价格=(材料成本+加工费)÷(1-消费税税率)

(4)对于进口消费品的计税依据,实行从价定率征收的,全部以组成计税价格为计税依据。其组成计税价格公式为:

组成计税价格=(关税完税价格+关税)÷(1-消费税税率)

(5)对于计税价格偏低又无正当理由的应税消费品,税务机关有权核定其计税价格。

(六)消费税的减免

纳税人出口应税消费品,除国家限制出口的消费品外,免征消费税。具体办法可以是先征后退或者在生产环节免税。其他情况一律不得减免税。

(七)消费税的纳税期限

消费税的纳税期限分别为1日、3日、5日、10日、15日或1个月,不能按期纳税的,可以按次纳税。纳税人的纳税期限由主管税务机关根据纳税额的大小分别确定。进口货物应纳的消费税,在报关进口后7日内申报纳税。

(八)消费税的纳税地点

一般在纳税人机构所在地或居住地缴纳;委托加工的应税消费品,由受托者向机构所在地或居住地主管税务机关缴纳;进口的应税消费品,由进口报关者向报关地海关缴纳。

专栏 10-2 推动大气污染治理 促进发展方式转变——国家调整成品油等部分产品消费税政策

经国务院批准，日前财政部、国家税务总局联合下发《关于提高成品油消费税的通知》(财税〔2014〕94号)，调整了成品油等部分产品消费税政策。通知规定，自2014年11月29日起，将汽油、石脑油、溶剂油和润滑油的消费税单位税额在现行单位税额基础上提高0.12元/升。将柴油、航空煤油和燃料油的消费税单位税额在现行单位税额基础上提高0.14元/升。航空煤油继续暂缓征收。同时，自2014年12月1日起，取消气缸容量在250毫升(不含)以下的小排量摩托车、汽车轮胎、酒精的消费税，取消车用含铅汽油消费税，汽油税目不再划分二级子目，统一按照无铅汽油税率征收消费税。停止征收成品油价格调节基金。

当前，我国已成为世界上第一大石油进口国，石油对外依存度已接近60%，且成品油消费量呈稳步上升的趋势。一些地区以臭氧、灰霾污染为特征的复合型污染日益突出，机动车尾气排放是造成空气污染的重要原因之一。适当提高成品油消费税，不仅可以促进大气污染治理，减少污染物排放，合理引导消费需求，促进石油资源节约利用，而且有利于促进新能源产业的发展，对于加快推进能源生产和消费方式变革，推动我国经济迈向健康可持续的增长模式将起到积极作用。

提高成品油消费税的新增收入，将其纳入一般公共预算统筹安排，主要用于治理环境污染，应对气候变化，促进节约能源，鼓励新能源汽车发展。此外，提高成品油消费税后，国家将继续落实和完善对困难群体和公益性行业补贴政策。

在提高成品油消费税的同时，还对现行消费税征收范围进行了适当的调整，将不宜继续征收消费税的小排量摩托车等部分品目取消征收消费税，这是改革和完善消费税制度的重要组成部分。通过实施“有增有减”的消费税政策调整措施，将进一步增强消费税引导生产和消费、促进节能减排、调节收入分配的作用。

资料来源：中华人民共和国财政部官方网站。

第四节 关 税

一、关税概述

关税是对进出国境的货物或物品征收的一种税，包括进口关税、出口关税和过境税三种，通常指前两种。关税性质属于消费税，是对特定的进出口货物或物品征收的选择性税种，与消费税相同，其课征范围限于有选择的特定货物或物品。关税的历史十分悠久，随着商品经济的发展，特别是当国与国之间出现商品交换后，作为对进出国境商品征税的关税才在各国普遍开征起来。据考证，最早的关税是为了保护过往客商交通安全而产生的。现代国家出现以后，关税作为国家取得财政收入的一种重要手段曾经在历史上占有重要地位。但是，在现代，尤其是对于经济发达国家而言，关税已不再是取得财政收入的重要手段，而是以关税为工具以实现其贸易保护主义政策。

中华人民共和国成立以后，1951年5月中央人民政府政务院颁布了《中华人民共和国暂行海关法》《中华人民共和国海关进出口税则》，统一了国家的关税政策，建立了完全独立自主的保护关税制度。以后进行了多次修改和补充，进一步完善了我国的关税制度。

二、关税的分类

（一）按货物或物品的流向分

按货物或物品的流向进行分类，可分为进口税、出口税和过境税及进口附加税。

进口税是指对从国外进入本国的货物或物品征收的一种关税；出口税是指对从本国出口的货物或物品征收的一种关税；过境税是指对运经本国国境或关境时所课征的一种关税；进口附加税是指国家根据某种特定目的，在征收一般进口税之外加征的一种附加税，其目的在于防止外国商品倾销、应付国际收支逆差和对抗别国的歧视。为了提高本国商品在国际市场上的竞争力，各国一般都不征收出口税，我国现在也只是针对少数货物或物品征收，以达到限制目的。由于过境货物或物品对本国市场和国内生产经营没有影响，所以，现在各国一般均取消了此税，只有伊朗、委内瑞拉等极少数国家征收过境税。

（二）按课征目的分

按课征目的进行分类，可分为财政关税和保护关税。

财政关税又称收入关税，是以增加国家财政收入为主要目的而课征的一种关税，通常选择本国不能生产或国内无代用品的消费品征收；保护关税是以保护本国的经济发展为主要目的而课征的一种关税，税率比财政关税高，通过征收较高的进口税，使进口商品价格提高，削弱其在本国市场上的竞争力，达到限制进口、保护本国经济发展的目的。

（三）按计税标准分

按计税标准进行分类，可分为从价关税、从量关税、复合关税、选择关税和滑动关税。

从价关税是以货物或物品的价格为计税标准来计算征收的一种关税，如我国的进口税、出口税分别以货物的到岸价格、离岸价格为计税价格；从量关税是以货物或物品的计量单位（重量、数量、长度、体积等）为计税标准来计算征收的一种关税；复合关税是对同一种进口货物或物品同时采用从价与从量两种标准课征的一种关税；选择关税是对同一种货物或物品，同时规定从价税和从量税两种税率，征税时选择其中一种进行课征的关税；滑动关税是对某种进口货物或物品价格的上、下限，按国内物价涨落情况，分别采用几种高低不同税率的一种关税，当进口货物价格高于上限时降低税率，低于下限时提高税率，在幅度以内按原定税率征收，其目的是保护国内生产不受国外物价波动的影响。

（四）按关税政策标准分

按关税政策标准进行分类，可分为普通关税、优惠关税和加重关税。

普通关税是指对与本国政府没有签订互惠协定的国家或地区运入本国国境的货物或物品征收的一种关税，一般税率较高；优惠关税是对与本国政府签订互惠协定的国家或地区运入本国国境的货物或物品征收的一种关税，一般税率较低。优惠关税是对特定的受惠国给予的关税优惠待遇，主要有互惠关税、优惠关税、最惠国待遇、普遍优惠制和关税减让等。加重关税是对个别国家或地区运入货物或物品或者个别的货物或物品征收的一种关税，其税率比普通税率高，其目的是加强关税的保护作用或用作争取与外国签订贸易协定的手段，主要有反倾销关税、反补贴关税、报复关税等。

三、关税的作用

中华人民共和国成立以来，关税在贯彻对外开放政策、促进对外经济贸易和国民经济的发展等方面，发挥了重要作用，主要表现如下：

（一）对经济的调节作用

因为关税税率的高低和关税的征收与减免，直接影响进出口货物的成本，进而影响商品的市场价格和销售数量，影响企业的生产和经济效益，所以国家往往通过关税来调节市场、调节经济，从而达到调控国民经济、保护民族工业、促进经济健康发展的目的。

（二）对改革开放和对外贸易的促进作用

通过关税政策的引导激励，制定鼓励国家经济建设必需物资和人民生活必需品进口、鼓励引进外资、鼓励引进先进技术等一系列关税优惠措施，促进了改革开放的深入发展。同时，关税通过对同一种进口商品分别规定两栏税率，即普通税率和优惠税率，既取得了国际互惠，又贯彻了平等互利和对等的原则，为合理促进对外贸易创造了条件。

（三）增加了国家的财政收入

关税作为国家财政的重要收入来源，为国家积累了大量的资金。关税收入由1950年的3.56亿元，上升为1984年的103.07亿元、1990年的159.01亿元、1997年的319.49亿元、1999年的562.23亿元、2006年的1 141.78亿元。它已成为我国财政收入的重要组成部分，约占整个税收的6.5%。

（四）有利于稳定国内市场，促进出口贸易

由于对出口货物一般不征税，所以有利于提高我国商品在国际市场上的竞争能力，相应扩大了出口能力。同时，也有利于保护国内一些资源不随便外流。

四、我国现行关税制度

（一）纳税人

进出口货物的，以货物的收发货人或其代理人为纳税人，具体包括：外贸进出口公司、工贸或农贸结合的进出口公司、其他经批准经营进出口商品的企业；进出口行李物品和邮递物品的，以物品的持有人、所有人、收件人或其代理人为纳税人。

（二）征税对象

关税的征税对象是进出国境的货物和物品。货物是指贸易性商品；物品包括入境旅客随身携带的行李和物品、个人邮递物品、各种运输工具上的服务人员携带进口的自用物品、馈赠物品以及其他方式进入国境的个人物品。

（三）税率

现行关税税率分为进口关税税率和出口关税税率。自2002年1月1日起，我国进口税则设

有最惠国税率、协定税率、特惠税率、普通税率四栏税率，适用国家或者地区名单，由国务院关税税则委员会决定。出口关税税率对同一货物只设置一个税率，不像进口税率那样对于同一货物分别设置不同的税率。

（四）计税依据

根据《中华人民共和国海关审定进出口货物完税价格办法》（1992 年），关税的计税依据是海关以进出口货物的实际成交价格为基础审定的完税价格，其中实际成交价格是一般贸易项下进出口货物的买方为购买该项货物向卖方实际支付或应当支付的价格。关税应纳税额的计算公式为：

应纳税额＝进（出）口应税货物数量×单位完税价格×适用税率

在具体确定计税依据时，可从以下几个方面着手：

（1）一般进口货物的计税依据。这可分为两种情况：一是以到岸价格为进口货物的完税价格；二是进口货物的完税价格由海关进行估价。当海关参照国内同样货物批发市价进行估价时，其公式为：完税价格＝国内批发价格÷（1+进口最低税率+20%）；如果属于代征进口环节增值税、消费税的货物，其计税公式为：完税价格＝国内批发价格÷［1+进口最低税率+（1+关税率）÷（1−代征税率）×代征税率+20%］。

（2）特殊进口货物的计税依据。特殊进口的货物主要有：运往境外加工的货物，运往境外修理的机器、工具等，租赁、租借方式进境的货物，准予暂时进口的施工机械等，留购的进口货样等，转让出售的减免税货物。上述货物的计税依据一般按海关确认允许的方式进行核算。

（3）出口货物的计税依据。出口货物的计税价格以离岸价格和海关审定价格为依据。

（五）关税的减免

关税减免主要有法定减免、特定减免和临时减免三种类型。

法定减免是依照关税基本法的规定，对列举的课税对象给予的减免。如关税税额在人民币 10 元以下的、无商业价值的广告和货样等可以免税；起卸后海关放行前，因不可抗力遭受损坏或者损失的，可以酌情减免等。

特定减免是指在关税基本法确定的法定减免以外，由国务院或国务院授权的机关颁布的法规、规章特别规定的减免，包括对特定地区、特定企业和特定用途的货物的减免等。

临时减免是指在以上两项减免之外，对某个纳税人由于特殊原因临时给予的减免。临时减免一般必须在货物进出口前，向所在地海关提出书面申请，并随附必要的证明资料，经所在地海关审核后，转报海关总署或海关总署会同国家税务总局、财政部审核批准。

专栏 10－3　关税、贸易自由化与 WTO 规则

贸易自由化是指一国对外国商品和服务的进口所采取的限制逐步减少，为进口商品和服务提供贸易优惠待遇的过程或结果。WTO 以贸易自由化为宗旨，要求进行关税减让，这也是国内经济体制改革深入进行的客观要求。我国关税水平进行了几次大幅度减让，关税的算术水平 2008 年就实现了入关承诺，2012 年关税算数水平为 9.8%。我国关税制度朝公平税负、结构合理和适度保护的目标迈进了一大步。但是，关税制度中存在的问题也不容忽视：

(1) 关税制度中存在一些涉嫌违反 WTO 规则的现象。加入 WTO,我国无论是在国内税制还是在关税这样的涉外税制方面都需要做一些调整,以适应其规则的需要。WTO 规则中除了前面所提及的关税减让原则外,还有一些重要原则,如最惠国待遇原则、国民待遇原则和反倾销、反补贴原则等。例如,我国现行税法规定,从 1998 年起,对国家鼓励发展的国内投资项目和外商投资项目,在投资总额内的进口自用设备以及随同进口的技术及配套件、备件,免征关税及进口环节增值税。实行免税的主要目的在于扩大利用外资,引进国外先进技术。但是这种免税照顾属于对特定项目和企业的免税,违背了 WTO 反补贴协议中限制采用税收进行专向性、特定性补贴的条款。另外,现行税法还规定,对于一些指定内资企事业单位进口某些产品,免征进口关税和进口环节流转税。这种优惠只限于指定的内资企业,其他内资企业和外商投资企业不能享受,涉嫌违背反补贴原则和国民待遇原则。又如,国产化轿车、轻型客车和摄录一体机国产化所需进口的成套散件或零部件减征关税,获得优惠的只限于少数几家生产企业,涉嫌属于反补贴原则禁止使用的专向性财政补贴。

(2) 一些部门的关税有效保护率下降幅度过大。根据有效保护理论,在最终制成品和中间投入品关税税率等幅度下降时,关税的有效保护率不变。即使在最终制成品关税税率下降,而中间投入品关税税率不变的情况下,关税有效保护率下降幅度也应该与最终制成品名义关税税率下降幅度相同。但是有关资料显示,从 1992 年到 1997 年,金属制品业、电气机械及器材制造业、仪器仪表及其他计量器具制造业的有效保护率的下降幅度都超过了名义保护率的下降幅度。其中的原因是当这些产业的最终制成品名义关税税率下降时,其中间投入品的名义关税税率却相应地提高了。

(3) 保护品种选择应该具有更强的针对性。我国关税结构逐渐形成原材料→中间投入品→最终产成品由低到高的梯形税率结构,可以说对国内产业初步形成了梯形保护。但是,这种梯形税率保护结构还只是一种粗略的框架,而缺乏实际的针对性保护作用。比如,我国纺织业在国际市场上拥有较大的份额,竞争能力较强,应该说无须对其实行太高的关税保护率。机械工业、电子及通信设备制造业和仪器仪表制造业的竞争力相对较弱,而同期它们的关税有效保护率分别为 15.6%、13.9% 和 14.4%,大大低于纺织业的保护水平。目前我国应加大对资金密集型产业、技术密集型产业和我国在国际市场上竞争能力较弱的产业的保护,而对劳动密集型产业和我国在国际市场上具有较强竞争能力的产业则应该适当降低关税,这有利于我国关税总体水平的下降和改善我国的国际形象。

(4) 我国名义关税率高而实际征收率很低。根据海关统计数据,我国 1991—1995 年的名义关税税率分别为 47.2%、39.3%、36.4%、35.9%、35.6%,而实际征收率仅分别为 5.6%、4.9%、4.3%、2.9%、2.7%,实际征收率不仅远低于发展中国家的关税水平,甚至低于一般发达国家水平。之所以存在如此巨大的反差,主要原因是我国实施的关税优惠政策太多,关税减免过多过滥。税收优惠政策虽然能发挥一定的作用,但是从根本上讲,过多的税收优惠很容易使政策失去权威性,不利于宏观经济正常运行,而且政策本身缺乏操作性和规范性,导致发生政府设租、企业寻租现象。名义关税率高而实际关税率低存在诸多弊端,我国国际形象受损的同时关税却没有实现适度保护的政策目标。另外,名义上的高关税率意味着走私的巨额利润,在一定程度上鼓励了走私。应该逐渐取消部分税收减免优惠,扩大关税税基、公平企业税负,这也是顺应 WTO 规则的需要。

总体来看,顺应世界范围的贸易自由化趋势和落实产业保护是我国关税政策面临的两难选择。

首先,逐步推进贸易自由化是顺应经济全球化趋势和国内经济发展的要求。20世纪90年代以来,经济全球化趋势日益明显,尤其是乌拉圭回合谈判结束后,WTO成员方纷纷削减关税和清理非关税壁垒。我国积极要求加入WTO,融入世界经济发展主流,这是国家适应经济科技全球化趋势,进一步推进改革开放,加快实现经济体制和增长方式两个根本性转变的客观要求和重大战略抉择。加入WTO以后,我国作为成员国将可以分享多边贸易体系长期推行贸易自由化的成果,利用WTO争端解决机制处理国际经济活动中产生的摩擦和争端。更为重要的是,我国可以参与世界贸易规则的制定,维护国家利益。但是,享受权利的同时必须承担相应的义务,我国政府必须遵循WTO的重要规则的关税减让原则,降低关税水平,实施约束税率和实现非关税壁垒关税化。

从国内经济体制改革的要求来看,实行一定程度的关税减让,有助于企业提高竞争意识,加快转换经营机制,增强参与国际竞争的能力。我国国内企业,尤其是外贸企业长期以来处于国家进口高关税和非关税壁垒的双重保护之下,在国际市场上缺乏竞争意识和竞争实力。降低关税对我国企业来说既是挑战也是机遇。一方面,关税的削减使进口商品价格下降,在我国市场上的竞争力加强,这必然会对我国民族工业产生巨大的冲击;另一方面,进口成本的降低,有利于国内企业引进国外先进技术和设备进行技术改造,提高企业的竞争能力。总的来说,适度的关税减让有利于国内企业提高其自身素质。

其次,我国有必要实行适度的产业保护。贸易自由化的理论基础是比较利益原则。该理论认为,一群人或一组国家在其具有比较优势的商品或服务上进行专业化生产,并可以与其他人或国家自由交换,那么整个世界的生产和消费将实现最优效率。建立在比较利益原则上的贸易自由化具有两种根本的效用:首先,它使资源的配置趋向于各国具有比较优势的活动。其次,因为更高效的生产增加了收入,人们可以从其他国家购买更多商品和劳务,提高了社会福利。自由贸易主义者是反对关税的,尤其是保护性关税。他们认为,保护关税政策有悖于比较利益原则,阻碍了这种效率配置的实现,损害了社会福利。美国等资本主义发达国家也以比较利益原则为借口,动用政治和经济手段推行经济全球化。但是,具体到单个国家而言,贸易自由化需要具备一定条件。美国独立后的第一任财政部长汉密尔顿在其著名的《关于制造业的报告》中提出"为保护'幼稚工业'而征收关税"的主张。汉密尔顿认为,一个国家确实会在某些产业上具备比较利益,前提条件是这些产业能够生存下来。但是如果面临外国产品的竞争,那么这些产业可能无法度过起始阶段的困难时期,要是通过贸易保护手段使其获得发展的空间,它们就可能取得大规模生产的经济效益和技术效率。汉密尔顿的观点得到了穆勒、马歇尔和其他一些主流经济学家的赞同。李斯特也提出了"保护幼稚工业论",主张在经济发展阶段实施关税保护政策。我国作为发展中国家,技术水平还很落后,尤其是一些资金密集型产业和技术密集型产业的国际竞争力很弱。而且由于长期以来实行高度产业保护政策,国内企业普遍缺乏忧患意识,经营机制和管理结构上存在不少问题,需要给它们一段过渡时期来解决这些问题。如果我们忽视经济发展中的差距和问题,而滥用自由贸易政策,大幅削减关税,势必会对国内产业造成巨大冲击,威胁到某些部门的生存能力,这对我国经济的持续稳定增长非常不利。因此,我国关税政策应该具备产业保护目标和功能。

综合以上两个方面的因素来看，我国关税政策既要顺应经济全球化趋势实行减让，又要着眼于国内幼稚工业的生存和发展，体现产业保护作用。在遵循WTO规则实行关税减让的同时，如何发挥关税的产业保护作用，无疑是值得深入探讨的问题。

资料来源：中经专网。

本章小结

商品税是指对商品或劳务征收的一类税。古今中外，商品税在各国的税收中占有十分重要的地位，并且曾经是或正是许多国家的主要税收来源，尤其对于发展中国家，其地位十分重要。商品课税对象具有普遍性、计税依据灵活、税率主要采用比例税率、征收管理简便、税收负担转嫁比较容易、税收负担具有累退性和隐蔽性；税制类型主要可分为综合性商品税和选择性商品税、从价税和从量税、单环节征税和多环节征税等；税制结构包括周转税税制、销售税和消费税结合制、增值税和消费税结合制等形式。最后，简要介绍了我国现行商品税制的主要税种、特点及相关税种的制度内容。

复习思考题

一、名词解释

周转税税制　销售税和消费税结合制　增值税和消费税结合制　增值税　消费税　关税　生产型增值税　收入型增值税　消费型增值税

二、问答题

1. 简述商品课税的主要特点。
2. 为什么说商品税具有累退性？
3. 简述增值税的主要特点。
4. 生产型增值税与消费型增值税的主要区别在哪里？
5. 增值税计税方法有几种？
6. 我国增值税的税率是如何设计的？
7. 简述消费税的主要类型。
8. 对自产自用的产品的计税价格如何确定？
9. 普通关税与优惠关税有什么区别？
10. 关税的作用有哪些？
11. 对民族工业实行必要的保护与实行保护主义关税，两者如何协调？你的观点是什么？

即测即评

第十一章 所得课税制度

现代所得税由于其具有聚集财政收入、适应市场经济和进行收入再分配等功能，已逐渐成为发达国家和许多发展中国家的主体税种。本章主要讲授所得课税的一般原理和税制结构，系统介绍我国现行的所得税制度，包括企业所得税和个人所得税。

第一节　所得税概述

一、所得税的内涵与特点

（一）所得税的含义

所得税是指以所得为课税对象的一类税的总称，如企业所得税、个人所得税、资本利得税等。这里所说的所得通常意义上是指单位和个人在一定时期内取得的可支配收入总和，即收入总和减去各项法定扣除后的余额。如果从税收理论角度来看所得，它可以分为五种类型：限制型所得、包括型所得、消费型所得、交易型所得和"H-S"型所得。

限制型所得是指来源于具有规律性和循环性的收入，该所得必须具有周期性、反复性、重发性，它仅限于运用资本从事营业和提供劳务所取得的收益、利润和报酬等；包括型所得是指一定时期内的财产增加减去同一时期的财产减少后的余额，它不仅包括反复连续发生的收益，也包括临时性、偶然性、受惠性的收益；消费型所得是指消费开支与本期消费掉的耐用品使用价值之和；交易型所得是指由于市场交换的结果而产生的收入减去为此而消耗掉的成本的余额；"H-S"型所得，又称海格—西蒙斯所得或净增加消费型所得，该类型所得是由美国的海格和西蒙斯提出而得名，包括本期的消费加上期末财富减期初财富的余额。

现实的情况是，各国并不拘泥于理论，往往是以一种或几种理论为基础，根据一定时期的税收政策进行调整，发展各自独立的实际应税所得概念。我国虽然在理论上没有形成一个统一的关于所得的概念，但在实际应用中，政府一般参照历史和国际惯例以及不同时期的国情确定一个比较切实可行的所得概念。

（二）所得税的特点

所得税作为整个税收体系的重要组成部分，有与其他税类不同的特点，主要体现在以下几个方面：

1. 税收负担的直接性

所得税属于直接税，一般情况下不易转嫁，因此，纳税人通常就是负税人。需要说明的是，不易转嫁不等同于不能转嫁。所得税能否转嫁因税种的不同而有所差异。个人所得税是对个人工资薪金、股息利息所得征税，税负的归宿直接，个人作为自然人既是纳税主体，又是负税主体，税负不易转嫁。而企业所得税是对企业或组织的利润、利得、股息所得征税，税负也不易转嫁。但是不排除纳税人通过提高商品价格将税负转嫁给消费者负担，或者通过降低职工工资的方式由生产者负担，或是减少利润的方式由企业所有者负担。由此看来，企业所得税有转嫁的可能。

2. 税基的广泛性

所得税以所得为课税对象，税基广泛。作为课税对象的所得可以是来自个人、家庭、企业、社会团体等各种纳税义务人在一定时间内获得的纯收益，如工资薪金、租金和股息、利润以及各种经营所得、其他所得等。由于所得来源渠道繁多，性质不一，所以有利于政府取得财政收入，亦有实现横向公平的可能。

3. 税收分配的累进性

所得税的税率一般有比例税率和累进税率两种形式。从目前世界各国来看，对企业单位征收的所得税，一般采用比例税率，即使实行累进税率，也主要是对小企业的税收照顾，而企业规模并不是负担能力的主要依据，因此，企业所得税并不具有累进特点。对个人征收的所得税，经常性项目通常采用的是累进税率，即税率随个人收入增加而递增，低收入者适用低边际税率，而高收入者则适用高边际税率，因此税收分配的累进性主要是针对个人所得税而言的。

4. 税收征管的复杂性

所得税不但对企业所得征税，而且对个人所得征税，特别是个人所得税，由于其纳税人数众多，且税额小、税源比较分散等问题导致征管的成本高、难度大。同时，要计算个人收入、扣除额、免税额进而得出应税所得，这大大增加了成本核算与管理上的难度。对企业所得税而言，所得额的确定也比较复杂，要核算企业的收入、成本、费用、利润，才能计算得出企业应税所得。总之，所得课税计税的复杂程度远高于商品课税，从而导致该税种征收管理难度较大。

5. 税收收入的弹性

微观经济主体的收入会随着经济的发展变化而变化，在累进的所得税制下，所得税的边际税率随应纳税所得额的变化而变化，从而使得所得税的收入随经济的繁荣而增长，随经济的衰退而减少。不仅是税收收入具有弹性，而且可发挥调控经济的“自动稳定器”的功能。

二、所得税的产生与发展

所得税最早产生于英国。1799 年，由于英法战争，英国军费开支剧增，为了满足战争期间的开支需要，英国政府开征了所得税。随着战争的时续时停，所得税也时征时停，直到 1842 年英国第三次复征所得税，该税才作为永久性税种确立下来。美国、法国、德国等国先后于 19 世纪后半期、20 世纪初期开征所得税，其开征所得税的初衷也不外乎是出于战争需要。但所得税产生的原因不只是战争,而且具有深刻的政治、经济与国际背景等。此外,不少学者很早就所得的有关经济思想为所得税制建立和发展提供了理论依据。例如,亚当·斯密早在1776年的《国民财富的性质和原因的研究》一书中,分析了工资、利息、地租的形成;瓦格纳提出的量能负担学说;社会政策学派提出的累进税制的原则等。综合西方各国所得税制度的产生与发展,我们可以得出几点结论:一是所得税经过了从临时税到固定税的发展历程。起初所得税是因战争临时需要开征的,因战争结束而停征,最后成为政府取得财政收入的一个固定税种。二是所得税税率形式从比例税率发展到累进税率。三是所得税类型从分类所得税发展到综合所得税。

我国从1937年开征所得税至今,已有70多年时间。1950年中央人民政府政务院发布的《全国税政实施要则》规定了工商税中的所得税、存款利息所得税与薪给报酬所得税属于所得税性质,标志着我国所得税体系初步建立,但其后所得税地位不断下降、弱化。直至1980年9月,我国颁布了《中华人民共和国中外合资经营企业所得税法》和《中华人民共和国个人所得税法》,标志着我国所得税的重建与加强。1981年又颁布了《中华人民共和国外国企业所得税法》,建立了我国的涉外所得税制。1983年以后先后开征了国有企业所得税、集体企业所得税、城乡个体工商户所得税、个人收入调节税、私营企业所得税等。1991年以后又先后合并了涉外企业所得税法、内资企业所得税法和个人所得税法,形成了三大所得税。这标志着我国的所得税制度已经发展到比较完整的水平。为了适应经济社会形势发展的需要,2007年颁布了《中华人民共和国企业所得税法》及《中华人民共和国企业所得税法实施条例》,自2008年1月1日起施行。

三、所得税的类型

由于所得税课税对象的多样性,因此,是选择不同的类别进行征税,还是选择综合所得进行征税,这就是所得税类型的选择问题。通常我们将所得税的类型分为三类:分类所得税、综合所得税和分类综合所得税。

(一) 分类所得税

分类所得税也称个别所得税,是将纳税人的各种应纳税所得,分为若干类别,不同类别或来源的所得适用不同的税率,分别课征所得税。例如,我国现行的个人所得税实行的就是分类征收。分类所得税一般采用比例税率,以税源为依据征收。此种类型的所得税具有征收简便、税源易控等优点,但不能充分体现量能负担原则。

(二) 综合所得税

综合所得税也称为一般所得税,是对纳税人的各种应税所得,如工薪收入、利息、股息、红利、财产所得等综合征收。企业所得税通常是综合所得税,许多发达国家的个人所得税也采用这种方法征收。这种税制多采用累进税率,并以申报法征收。综合所得税的优点主要有:一是对各类纳税人和各类所得同等对待,有利于公平税负,促进竞争,按照市场需求合理配置资源。二是按照综合所得计税,既有利于国家广泛地取得财政收入,也有利于实现纳税人的合理负担。三是可以简化税制,从而可以避免由于税制复杂而出现的一些税收漏洞。其缺点是征税时核算综合所得比较困难,进行综合扣除时也较烦琐,同时要求征管技术水平较高,因此,目前主要在发达国家采用。

(三) 分类综合所得税

分类综合所得税是取上述两种所得税之长的税制,即把分类所得税与综合所得税综合起来，采用并行征收制。可以对某些类别的所得实行分类征收，对另一些类别的所得实行综合征收；也可以先对各类所得分类征税，再按照综合所得征税。例如，个人所得税先按分类所得税课征，然后再对个人全年总所得超过规定数额以上的部分进行综合加总，另按累进税率计税。这种税制兼有分类所得税和综合所得税的特点，既能量能课税，又使征收便利，不失为一种较好的税制。当前也有一些国家采用这种税制。

四、我国现行所得税结构体系

我国自确立所得税课征体系以来，所得税在筹集财政收入、调节收入分配、促进国民经济发展等方面均发挥了其应有的作用，尤其是在 20 世纪 80 年代税制改革以后，所得税收入占全部税收的比重一直稳定在 30% 左右。这说明所得税已经成为我国税收体系中主体税种。

由于所得税是在国民收入形成后，对生产经营者的利润和个人的纯收入进行征收的一种税，因此我国的税收制度明确将企业所得税和个人所得税划为所得税类。在 2008 年 1 月 1 日以前，我国的所得税结构体系可以称为“三税鼎立”，即内资企业所得税、外商投资企业和外国企业所得税、个人所得税并存。我国现行所得税结构体系可以称为“双税合力”，即由企业所得税和个人所得税构成。

第二节 企业所得税

一、企业所得税概述

企业所得税是对我国境内企业的生产经营所得和其他所得征收的一种税。它是国家参与企业利润分配，处理国家与企业分配关系的一个重要税种。我国的企业所得税是从 1984 年以后逐步建立起来的，打破了对国有企业不能征收所得税的理论禁区，进而从法律角度明确了国家与国有企业和其他类型企业之间的分配关系。但随着市场经济的发展，以所有制性质作为确定所得税的方式明显不适应公平税负国民待遇的需要，1994 年的所得税制度改革适应这一需要，将几种内资企业所得税进行合并或取消，取消“两金”（国家预算调节基金和能源交通重点建设基金）、税前还贷、承包所得税等做法，建立统一的内资企业所得税，对增强企业活力，为国有企业转换经营机制、真正走向市场创造了条件。

为进一步完善我国社会主义市场经济体制，为各类企业的发展提供统一、公平、规范的税收政策环境，第十届全国人民代表大会第五次会议于 2007 年 3 月 16 日审议通过了《中华人民共和国企业所得税法》，国务院于 2007 年 11 月 28 日通过了《中华人民共和国企业所得税法实施条例》，税法和实施条例自 2008 年 1 月 1 日起正式施行。

二、企业所得税的特点

与其他税种相比，企业所得税具有以下特点：

（1）课征范围比较广。现行税制规定，凡在我国境内依法成立的企业都是企业所得税的纳税人，其一切所得都要依法纳税。因此，企业所得税在课征范围上具有广泛性。

（2）税收负担相对公平。现行税制对内外资企业实行统一税率，在普遍征收基础上，能使企业税收负担大致公平,因此,符合税收的横向公平原则。

(3) 企业所得税纳税人与负税人一致,因此,纳税人缴纳的所得税一般不易转嫁,而是由纳税人自己负担,真正能体现税收对社会收入分配的调节效应。

(4) 所得税会计核算相对独立于企业财务会计核算体系,因此,税法的强制性体现得比较充分,对所得税税基的约束较强。由于其核算角度与方法不同于财务会计核算体系,保持了相对独立性,能够充分体现税法的强制性。

(5) 具有收入弹性和自动稳定器特点。现行所得税制度规定了扣除项目和税收减免优惠。这不仅有利于及时筹集财政收入,也有利于政府根据不同时期的经济发展情况,灵活进行调整,以调节经济,保持收入弹性功能。除此之外,所得税还具有随经济发展变化而发挥自动稳定器的作用,主要表现为税率的适用范围、扣除标准适用范围、优惠范围等方面,会随着经济水平的变化,相应扩大或缩小,进而达到稳定经济的目的。

三、现行企业所得税制度

在中华人民共和国境内,企业和其他取得收入的组织(以下统称企业)为企业所得税的纳税人,不包括个人独资企业、合伙企业。企业分为居民企业和非居民企业。企业所得税的课税对象是指企业的生产经营所得、其他所得和清算所得。现行税制规定,企业所得税的税率为25%。有一种特殊情况,即非居民企业在中国境内未设立机构、场所,或者虽设立机构、场所但其取得的所得与其所设机构、场所没有实际联系,该所得适用的税率为20%。

企业应纳税所得额是指企业每一纳税年度的收入总额,减除不征税收入、免税收入、各项扣除以及允许弥补的以前年度亏损后的余额。其计算公式为:

应纳税所得额=收入总额-不征税收入-免税收入-各项扣除-允许弥补的以前年度亏损额

需要强调的是:应纳税所得额与会计利润是两个不同的概念。现行税制规定的应纳税所得包括企业来源于中国境内、境外的全部生产经营所得和其他所得,其中生产经营所得是指从事物质生产、交通运输、商品流通、劳务服务以及国务院财政部门确认的其他营利事业取得的所得;其他所得是指股息、利息、租金、转让各类资产、特许权使用费以及营业外收益等所得。而会计利润是由利润账户和损益表所反映出来的、企业一定时期内生产经营的财务成果。因此,通常认为会计利润是确定应纳税所得额的基础,但不能等同于应纳税所得额,会计利润一般要按照税法规定进行相应的调整后,才能作为企业的应纳税所得额。

企业应纳税所得额的计算,以权责发生制为原则,属于当期的收入和费用,不论款项是否收付,均作为当期的收入和费用;不属于当期的收入和费用,即使款项已经在当期收付,均不作为当期的收入和费用。非居民企业取得股息、红利等权益性投资收益和利息、租金、特许权使用费所得,以收入全额为应纳税所得额。转让财产所得,以收入全额减除财产净值后的余额为应纳税所得额。企业的应纳税所得额乘以适用税率,减除依照税法关于税收优惠的规定减免和抵免的税额后的余额,为应纳税额。

企业所得税实行按年计算,分月或者分季预缴。企业应当自月份或者季度终了之日起15日内,向税务机关报送预缴企业所得税纳税申报表,预缴税款。企业应当自年度终了之日起5个月内,向税务机关报送年度企业所得税纳税申报表,并汇算清缴,结清应缴应退税款。

企业所得税的纳税年度,是指自公历1月1日起至12月31日止。企业在一个纳税年度中间开业,或者终止经营活动,使该纳税年度的实际经营期不足 12 个月的,应当以其实际经营期为一个纳税年度。企业依法清算时,应当以清算期间作为一个纳税年度。

纳税人缴纳的所得税税款,应以人民币为计算单位。所得以人民币以外的货币计算的,应当折合成人民币计算并缴纳税款。

第三节　个人所得税

一、个人所得税概述

个人所得税是对个人(法律上称之为自然人)取得的各项应税所得征收的一种税。个人所得税于 1799 年在英国创立,目前世界上已有 140 多个国家开征了此税。据统计,发达国家个人所得税占税收总收入的比重,一般在 25% ~40% ,个别发达国家达到 40% 以上。相对来说,低收入国家的个人所得税所占比例较低,大多数国家在 10% 以下。我国个人所得税开征于 1980 年,为了适应我国经济的不断发展和人民生活水平不断提高的现状,我国个人所得税法先后进行了六次修正和完善。目前,我国个人所得税法的法律依据是 2011 年 6 月 30 日第十一届全国人民代表大会常务委员会第二十一次会议审议修订的《中华人民共和国个人所得税法》,该法自 2011 年 9 月 1 日起施行。

二、个人所得税的特点

我国现行个人所得税具有以下特点:

(一) 实行分类所得税制

世界各国的个人所得税制大体分为三种类型:分类所得税制、综合所得税制和混合所得税制。分类所得税是针对各种不同性质的所得分别规定不同税基和税率,分别计算应纳税额进行课征的一类所得税。我国现行个人所得税采用的是分类所得税制。

(二) 累进税率与比例税率并用

分类所得税制一般采用比例税率,综合所得税制通常采用累进税率。而我国现行个人所得税根据各类个人所得的不同性质和特点,将这两种形式的税率运用于个人所得税制。例如,对于工资、薪金所得及个体工商户的生产、经营所得和对企事业单位的承包经营、承租经营所得采用累进税率制,对于劳务报酬、稿酬等其他所得采用比例税率。

(三) 定额与定率结合的费用扣除额方法

各国的个人所得税均有费用扣除的规定,只是扣除的方法和额度各有不同。我国本着费用扣除从宽、从简的原则,对个人所得的不同项目予以不同的扣除标准。例如,工资、薪金所得,每月减除费用 3 500 元(2008 年 3 月 1 日前,减除费用为 1 600 元,2008 年 3 月至 2011 年 8 月 31 日减除费用为 2 000 元);劳务报酬等所得,每次收入不超过 4 000 元的减除 800 元,每次收入 4 000 元以上的减除 20% 的费用。

(四) 采取课源制和申报制两种征税方法

课源制,是指由支付单位来代扣代缴税款;申报制,是指个人的所得项目由自己自行申报纳税。我国目前实行的是以个人所得支付单位来代扣代缴税款为主,以纳税义务个人自行申报为辅的两种征税方法。

三、我国现行的个人所得税制度

个人所得税纳税人包括在中国境内有住所,或者虽无住所而在境内居住满一年,并从中国境内和境外取得所得的个人以及在中国境内无住所又不居住或者无住所而在境内居住不满一年,但从中国境内取得所得的个人。其具体包括:中国公民、个体工商业户以及在中国境内有所得的外籍个人及香港、澳门和台湾同胞。上述纳税人依据住所和时间两个标准,可分为居民纳税人和非居民纳税人,分别承担不同的纳税义务。

个人所得税以纳税人取得的各项所得为征税对象。我国个人所得税采取了列举具体项目进行征税的做法。凡是列举征税的项目才征税,没有列举的则不征税。具体项目包括以下11项:工资、薪金所得,个体工商业户的生产经营所得,对企事业单位的承包、承租经营所得,劳务报酬所得,稿酬所得,特许权使用费所得,财产租赁所得,财产转让所得利息,股息、红利所得,偶然所得,其他所得。

现行税法规定,个人所得税实行分项定率、分项扣除、分项征收的模式。工资、薪金所得,适用5% ~45%的七级超额累进税率(见表11-1);个体工商业户的生产经营所得和对企事业单位的承包、承租经营所得适用5% ~35%的五级超额累进税率(见表11-2);稿酬所得,劳务报酬所得,特许权使用费所得,利息、股息、红利所得,财产租赁所得,财产转让所得,偶然所得和其他所得,按次计算征收个人所得税,适用20%的比例税率。其中,对稿酬所得适用20%的比例税率,并按应纳税额减征30%;对劳务报酬所得一次性收入畸高的,除按20%征税外,还可以实行加成征收,以保护合理的收入和限制不合理的收入。

表11-1 工资、薪金所得适用税率表

级 数	全月应纳税所得额	税率(%)	速算扣除数
1	不超过1 500元的部分	3	0
2	超过1 500元~4 500元的部分	10	105
3	超过4 500元~9 000元的部分	20	555
4	超过9 000元~35 000元的部分	25	1 005
5	超过35 000元~55 000元的部分	30	2 755
6	超过55 000元~80 000元的部分	35	5 505
7	超过80 000元的部分	45	13 505

注:本表全月应纳税所得额是指以每月收入额扣除费用3 500元后的余额或者再扣除附加费用后的余额。

表11-2 个体工商业户的生产经营所得和对企事业单位的承包、承租经营所得个人所得税税率表

级 数	全年应纳税所得额	税率(%)	速算扣除数
1	不超过15 000元的部分	5	0
2	超过15 000元~30 000元的部分	10	750
3	超过30 000元~60 000元的部分	20	3 750
4	超过60 000元~100 000元的部分	30	9 750
5	超过100 000元的部分	35	14 750

注:本表全年应纳税所得额指以每一纳税年度的收入总额减去成本、费用以及损失后的余额。

现行税法规定,个人所得税的计税依据为纳税人的应税收入扣除应扣的费用后余额。由于我国现行个人所得税实行的是分类所得税,因此,其应纳税额因不同所得项目的费用扣除、适用税率以及计算方法不同而不同。具体为:

(1) 工资、薪金所得应纳税额的计算公式为:

应纳税额=应纳税所得额×适用税率-速算扣除数

=(每月收入额-3 500 或 4 800 元)×适用税率-速算扣除数

(2) 个体工商户的生产经营所得应纳税额的计算公式为:

应纳税额=应纳税所得额×适用税率-速算扣除数

(3) 对企事业单位承包经营、承租经营所得应纳税额的计算公式为:

应纳税额=应纳税所得额×适用税率-速算扣除数

(4) 劳务报酬所得应纳税所得额的计算公式为:

应纳税额=应纳税所得额×税率

① 每次收入不超过 4 000 元的:

应纳税所得额=每次收入额-800 元

② 每次收入在 4 000 元以上的:

应纳税所得额=每次收入额×(1-20%)

如果纳税人的每次应税劳务报酬所得的应纳税所得额超过 20 000 元,应实行加成征税,其应纳税总额应依据相应税率和速算扣除数计算。计算公式为:

应纳税额=应纳税所得额×适用税率-速算扣除数

(5) 稿酬所得应纳税额计算公式为:

应纳税额=应纳税所得额×20%×(1-30%)

(6) 特许权使用费,财产租赁所得,财产转让所得,利息、股息、红利所得,偶然所得和其他所得,适用 20% 的税率。应纳税额的计算公式为:

应纳税额=应纳税所得额×20%

现行个人所得税的征收方法采用自行申报纳税和源泉扣缴法两种形式。

自行申报纳税,是由纳税人在税法规定的纳税期限内,自行向税务机关申报取得的应税所得项目和数额,如实填写个人所得税纳税申报表,并按照税法规定计算应纳税额,据此缴纳个人所得税的一种征收方法。

税法规定,纳税义务人有下列情形之一的,应当按照规定到主管税务机关办理纳税申报:

(1) 年所得 12 万元以上的;

(2) 从中国境内两处或者两处以上取得工资、薪金所得的;

(3) 从中国境外取得所得的;

(4) 取得应纳税所得,没有扣缴义务人的;

(5) 国务院规定的其他情形。

年所得 12 万元以上的纳税义务人,在年度终了后 3 个月内到主管税务机关办理纳税申报。

代扣代缴是指按照税法规定负有扣缴义务的单位或个人,在向个人支付应纳税所得时,应计算应纳税额,从其所得中扣除并缴入国库,同时向税务机关报送扣缴个人所得税报告表。

纳税义务人办理纳税申报的地点以及其他有关事项的管理办法,由国务院税务主管部门制定。除特殊规定外,纳税人应在取得应纳税所得的次月 7 日内向主管税务机关申报所得并缴纳税款。扣缴义务人每月所扣的税款,应当在次月 7 日内缴入国库。

第四节　其他所得类课税

一、社会保障税概述

社会保障税也称社会保险税,是为筹集社会保障基金而征收的一种专门目的税。它以雇主向雇员支付的工资或薪金为课征对象,因此也称为工薪税或薪工税。目前,各国对社会保障筹资方式的称谓不尽相同。例如,美国称为"payroll tax",即工薪税,英国称为"national insurance contributions"(国民保险税或国民保险捐),爱尔兰称为"pay related social security"(社会保障付款),挪威等国家称为"social security contributions"(社会保障税、社会保障缴款)等。从上述各国对社会保障筹资方式及筹资收入的称谓可以看出,国际上对保障筹资方式没有统一的表述,不同的国家根据不同的国情,各自确定本国社会保障筹资的名称。

社会保障税起源于美国。1935 年,在罗斯福总统的领导和主持下,美国通过了历史上第一部社会保障法典——《社会保障法》。该法规定,美国自 1935 年开始征收工薪税。第二次世界大战后,伴随经济的高度发达和政治民主化趋势的加强,西方发达国家如英国、法国、加拿大都实行了"普通福利"政策,纷纷征收社会保障税。目前全世界已有 130 多个国家实行了社会保障税制度。

社会保障税目前已成为西方国家的主要税种之一。凡是在征税国就业的雇主和雇员,不论国籍和居住地何在,都要在该国承担社会保障纳税义务。美国是世界上最早采用税收形式筹集社会保障基金的国家。美国的社会保障税不是一个单一的税种,而是由工薪税、铁路员工保障税、失业保障税和个体业主税四个税种组成的社会保障体系,其中工薪税是主要税种。

二、社会保障税的特点

社会保障税作为一种特殊形式的所得税,其税收收入专门用于社会福利、保障等支出。与一般税相比,其具有三个主要特点:

(1) 累退性。社会保障税采用比例税率,一般没有扣除额和免征额,规定有课税上限,亦不考虑纳税家庭人口的多寡和其他特殊情况,因而具有较强的累退性。

(2) 有偿性。社会保障税一般由政府成立的专门基金会管理,指定用途,专款专用,因而带有有偿性质。

(3) 灵活性。社会保障税的支出同一定时期的经济形势紧密相关。当经济繁荣时,失业率下降,社会保障支出特别是失业救济支出减少,有利于抑制社会总需求;反之,当经济衰退时,失业率上升,社会保障支出特别是失业救济支出增加,有利于刺激社会总需求。因而社会保障税具有内在灵活性的特点,它与所得税相配合,可以起到对经济的自动稳定作用。

三、社会保障税的税制要素

社会保障税的纳税人,一般是雇员和雇主双方以及不存在雇佣关系的自营人员。社会保障税的课税范围通常是参加本国社会保险,并存在雇佣关系的雇主和雇员在本国支付和取得的工资、薪金及不存在雇佣关系的自营业主的所得。雇主和雇员的纳税义务一般以境内就业为标准,即凡在征税国境内就业的雇主和雇员,不论国籍和居住地何在,都必须在该国承担社会保障纳税义务。而对于本国居民为本国居民雇主雇佣但在国外工作取得的工资、薪金,则除个别国家外一般不列入课税范围。与社会保障税的课税范围相适应,其课税对象主要是雇主支付的工薪金额、雇员取得的工薪收入额及自营业主的事业纯收益额。在具体实施中,尽管各国社会保障税的模式不同,课税对象规定有所差异,但其基本内容是相同的。大多数开征社会保障税的国家,多实行分项比例税率,针对退休、失业、伤残、医疗等具体项目需要的社会保险支出量,规定高低不等的差别比例税率。但也有少数国家,如英国采用多种税率形式并举的制度。

由于社会保险税主要纳税人为雇主和雇员,因而雇员税款大多实行源泉扣缴法,即由雇员所在公司负责扣缴,雇主应纳的税款由公司直接缴纳;而对于自营业主及其社会成员应纳的社会保险税,则实行纳税人自行申报缴纳的方法。

四、资本利得税

资本利得是指资本商品,如股票、债券、房产、土地或土地使用权等,在出售或交易时发生收入大于支出而取得的收益,即资产增值。资本利得税(capital gains tax)是对资本利得所征的税。

资本利得作为一种所得,仍然属于所得税的征税范畴,是公司、个人所得税应税所得的组成部分。仅就目前而言,开征资本利得税的国家主要有美国、英国、澳大利亚、法国、加拿大、德国及瑞典等国。不同的国家对资本利得是否征税、如何征税等问题存在异议并形成了不同的处理方式,主要有以下三种:①视同普通所得征税。②征收资本利得税。③对资本利得免税。鉴于资本利得往往是经过若干年才积累起来的,或偶尔才发生一次,因而对资本利得课征所得税的国家一般都采用低税率。

本章小结

所得税是指以所得为课税对象的一类税的总称,其最早产生于英国。这里所称所得通常是指单位和个人在一定时期内取得的可支配收入总和,即收入总和减去各项法定扣除后的余额。所得税有三种类型,分别为分类所得税、综合所得税和混合所得税。所得税作为整个税收体系的重要组成部分,具有税收负担的直接性、税基的广泛性、税收分配的累进性、税收征管的复杂性以及税收收入的弹性等特点。

我国企业所得税是指国家对企业的生产经营所得和其他所得征收的一种税。它是国家参与企业利润分配,处理国家与企业分配关系的一个重要税种。它具有课征范围比较广、税收负担相对公平、纳税人与负税人一致、会计核算相对独立于企业财务会计核算体系以及具有收入弹性和自动稳定器等特点。我国现行的企业所得税纳税人包括居民企业和非居民企业,企业所得税的税率为25%,课税对象是企业从事生产经营所得和其他所得。企业所得税实行按年计算,分月或者分季预缴。

个人所得税最早在1799年产生于英国,它是对个人(法律上称为自然人)取得的各项应税所得征收的一种税,目前世界上已有140多个国家开征了此税。我国个人所得税的纳税人分为居民纳税人和非居民纳税人,分别负有无限纳税义务和有限纳税义务。我国的个人所得税目前采用的是分类所得税制,即把个人应税所得划分成 11 类,分别采用不同的费用减除规定、不同的税率和不同的计税方法。个人所得税采用的征纳方法有源泉扣缴和自行申报两种。

社会保障税作为一种特殊形式的所得税,具有累退性、有偿性和灵活性三个主要特点。社会保障税的纳税人,一般是雇员和雇主双方以及不存在雇佣关系的自营人员。社会保障税的课税范围通常是参加本国社会保险,并存在雇佣关系的雇主和雇员在本国支付和取得的工资、薪金及不存在雇佣关系的自营业主的所得。多数开征社会保障税的国家,都实行比例税率。

资本利得是指资本商品,如股票、债券、房产、土地或土地使用权等,在出售或交易时发生收入大于支出而取得的收益,即资产增值。资本利得税是对资本利得所征的税。资本利得作为一种所得,仍然属于所得税的征税范畴,是公司、个人所得税应税所得的组成部分。开征资本利得税的国家主要有美国、英国、澳大利亚、法国、加拿大、德国及瑞典等国。对资本利得课征所得税的国家一般都采用低税率。

复习思考题

一、名词解释

限制型所得　包括型所得　消费型所得　交易型所得　“H-S”型所得　分类所得税制　综合所得税制　混合所得税制　企业所得税　居民企业　非居民企业　个人所得税　自行申报纳税法　源泉扣缴法　社会保障税　资本利得税

二、问答题

1. 与商品税相比,所得税有哪些特点?
2. 为什么在有些发展中国家所得税不能成为主体税种?
3. 简述企业所得税的主要特点。
4. 简述所得税的类型。
5. 应纳税所得额与会计利润有什么异同?
6. 简述个人所得税的主要特点。
7. 个人所得税具有调节收入的功能,是否在任何情况下都是如此,是否会出现相反的情况(征收个人所得税后反而扩大了收入差距)?
8. 社会保障税作为一种特殊形式的所得税,具有哪些特点?

即测即评

第十二章 财产课税和其他税种

财产税作为一类税收在各国均占有一席之地，尤其在发达国家，财产税已经作为地方政府不可缺少的主体税种。在发展中国家，财产税占税收总额的比例随着经济的发展和人民生活水平的提高而逐年上升。就我国而言，财产税一直是一种比较稳定的财政收入来源，1994 年税制改革以来，财产税作为地方的主体税种正逐步显示出应有的效应。本章主要介绍房产税、车船税、土地增值税、物业税以及遗产税等税种基本制度和规定。

第一节 财产课税制度概述

一、财产税的概念和特点

（一）财产税的概念

财产税是指以纳税人拥有或可支配的财产为课税对象征收的一类税。它以财产为课税对象，向财产的所有者征收。与所得税相比，有以下几点区别：从课税对象来看，虽然都表现为收入，但财产税的对象是收入的存量，而所得税的对象却是收入的流量；从纳税人来看，财产税的纳税人可以是财产的所有者、使用者、继承者等，而所得税的纳税人一般是所得的所有者；从计税依据来看，虽然两者都可以对财产征税，但财产税是对财产本身或价值征税，而所得税则是对财产产生的效益征税。

财产税作为一个古老的税种，它与商品经济没有必然的联系，最初表现为对纳税人支配的土地进行课税。后来，其课征范围慢慢扩大，税种也渐渐增多。从我国来看，汉武帝元光六年首次开征车船税，一直沿袭至今；元狩四年开征缗钱税，对高利贷者和手工业者的交易额和财产课征；唐德宗建中四年，开征间架税，其课税对象是房屋，后因农民起义被迫废除；清朝初期，对房屋征税，时称铺面行税或间架房税；鸦片战争以后，帝国主义列强纷纷在租界内强行开征房捐，标志着近代房产税真正的产生。此外，我国历史上开征过的财产税还有契税、遗产赠与税等。目前，我国的财产税包括房产税、车船税和土地增值税等税种。遗产税在体现鼓励勤劳致富、反对不劳而富方面有着独特的作用，是世界各国通用的税种，我国虽然列入了立法计划，但至今尚未开征。

（二）财产税的特点

从性质上看，财产税属于直接税。与商品税和所得税相比，财产税具有以下特点：

（1）财产税的课税对象具有特殊性。财产税是对收入的存量征税，是一种特殊收入。同时，财产税的课税对象又表现为物品，是具有特定范围的财产，而不像商品课税和所得课税那样包括全部商品和全部所得。

（2）课税比较公平。财产税是根据纳税人拥有或可支配的实际财产作为课税对象的，因此，财产税比较符合量能负担原则，可以发挥其调节纳税人收入水平的作用，也符合受益纳税原则。

（3）财产税属于直接税，税负不易转嫁。财产税主要由对财产进行占有、使用或收益的主体直接承担，并且，由于财产税主要是对使用、消费过程中的财产征收，而不是对生产、流通领域的财产征收，因而其税负难以转嫁。

（4）财产税收入弹性小。由于财产税课税对象的特殊性，限制了财产税课征范围的普遍性。同时，财产的价格不像一般商品那样波动较大，为便于征收，各国一般对财产的价值采用一定几年不变的办法，使得财产税在收入弹性上比较小。

（5）财产税征管比较复杂。对于从量计征的财产税来说，征管比较简便；而对于大部分实行从价计征的财产税来说，由于财产价值确定的困难性，加之一些流动性财产如黄金、宝石等贵重财产很容易隐匿等，使得财产税从总体上看征管难度大，较复杂。

（6）财产税属于地方税收。历史上，财产税曾是最主要的税种，但到了现代社会，由于经济发展，所得增加，所得税系成为主体税收，财产税现在多是作为地方税收，是地方政府收入的主要来源。

二、财产税的分类

财产税依据不同的标准，可以分为不同的类型。

（一）依据征税范围不同，财产税可分为一般财产税与个别财产税

所谓一般财产税，也称综合财产税，是对纳税人的全部财产进行综合计征的财产税。但在现实中，一般财产税并非以全部财产额为计税依据，而是要考虑日常生活必需品的免税、一定货币数量以下的财产免税以及负债的扣除等，即要规定一定的宽免额或扣除额，在技术上较为困难。例如，美国的财产税名为一般财产税，而实为有选择的财产税，并非对全部财产征税；德国等国的一般财产税则规定了免税扣除项目以减少税基；印度等国的一般财产税则以应税财产总价值减去负债后的净值额为计税依据。

所谓个别财产税，也称特别财产税，是对纳税人的一种或几种财产单独或合并课征的财产税。个别财产税的形式主要有：对土地课征的土地税；对房屋课征的房屋税或房产税；将土地与房屋合并课征的房地产税；对土地、房屋同其他不动产合并课征的不动产税；对车、船、金融资产等动产课征的动产税等。个别财产税是财产税最早存在的形式，它在课征时一般不需要考虑免税和扣除。

（二）依据课征对象不同，财产税可分为静态财产税与动态财产税

所谓静态财产税，是指对纳税人在一定时点所拥有的静态财产，依其数量或价值征收的一种财产税。纳税人因在一定时期内保有财产的占有、收益等权利而必须依法纳税。如房产税、

地产税等个别财产税和一般财产税，均属于静态财产税，即对一定时期处于静止状态的财产征收的财产税。

所谓动态财产税，是对纳税人一定时期因无偿转移或变动而发生所有权变动的财产征收的一种财产税。动态财产税最为典型的形式是继承税或称遗产税和赠与税等。

（三）依据课征时序不同，财产税可分为经常财产税与临时财产税

经常财产税是指每年都要课征，具有经常性的税收收入的财产税，因而也称常年财产税。这种税收通常占财产税的大部分。

临时财产税是指在非常时期为筹措经费而临时开征的财产税。如政府在国家遭遇战争、严重自然灾害或偿还债务等非常时期，为筹措经费，大多要征收各种临时税。临时财产税所占比重一般不会太大，但税率可能比经常财产税的税率要高。现代财产税一般为经常财产税，极少有临时财产税。

（四）依据计税依据不同，财产税可以分为财产价值税与财产增值税

财产价值税是对纳税人所拥有的财产的价值征收的一种税，其计税标准有财产的总价值、财产的净价值、财产的实际价值等；财产增值税是指对财产的增值部分征收的一种财产税，如我国的土地增值税。

三、财产税的作用

财产税一般作为地方的主要税收，在组织财政收入和调节经济方面均发挥着不可忽视的作用。财产税的作用概括起来主要有：

（1）财产税收入弹性较小且稳定，是地方财政收入的稳定来源。无论是一般财产税，还是个别财产税，由于其课税对象的稳定性，决定了财产税收入会随着应税财产的增加而稳步增长，且不会受经济波动的较大影响。因此，凡是实行分税制的国家，一般都将财产税作为地方政府的财政收入来源，有的国家甚至将财产税作为地方财政收入的主要来源，如美国。

（2）财产税根据量能负担原则征税，能有效地促进纳税人合理地使用财产。对财产税的纳税人来说，在拥有或使用应税财产数量既定条件下，生产经营的收入水平越高，财产税负担相对越轻；反之，财产税负担则越重。对没有收益的消费性财产课税，会引起财产价值的减少或由财产所有人的其他收入来支付。这样，有利于促进纳税人尽可能充分发挥现有财产的作用，增加生产经营收入，减少财产的闲置浪费，合理安排或节约使用各种应税财产。同时，可以直接限制将财产用于财产拥有人自身的奢侈性消费。

（3）财产税的征收有利于缓解社会分配不公、节制财富集中和贫富悬殊问题。由于财产税属于直接税，税负一般不易转嫁。国家通过课征遗产税和赠与税等财产税，从财产拥有人的财产中抽取一定的份额，一方面可以调节财产所有人生前财产的集中程度，缓解社会分配不公现象；另一方面对于遗产继承人征收遗产税，有利于限制不劳而获阶层的浪费习惯，减少社会寄生阶层。

（4）财产税有利于增强税收的宏观调控作用。由于商品课税和所得课税一般对商品流量或所得收入量进行调节，而对由收入转化而来的财产存量的调节作用却很有限。因此，财产税的开征恰恰能弥补商品课税和所得课税的不足，进而达到国家利用税收对社会经济进行宏观调控的目的。

第二节　房　产　税

一、房产税概述

房产税是以房屋为课税对象,以房产的价值或租金收入为计税依据而征收的一种税。根据房产税计税依据,可以将房产税分为三种形式:财产税性质的房产税、所得税性质的房产税和消费税性质的房产税。财产税性质的房产税以纳税人应税房屋的数量或价值为计税依据,从量或从价征收;所得税性质的房产税以纳税人应税房屋的租金收益为计税依据,从价征收;消费税性质的房产税以纳税人应税房屋的消费行为为课税对象,以房屋居住人为纳税人,从价比例征收。目前世界各国一般几种形式并用,采用单一形式的国家并不多见,我国采用的是前两种形式。房产税税源稳定,税负不易转嫁,比较便于征管。由于房产不能移动、税基固定,比较适合作为地方税种。我国及大多数国家、地区都将房产税作为地方税。

房产税属于财产税,是一个古老而又普遍征收的税种,我国周朝征收的廛布、唐朝征收的间架税就具有房产税的性质。1950 年,中央人民政府政务院颁布的《全国税政实施要则》中规定开征房产税,后于 1951 年将房产税与地产税合并为城市房地产税。1973 年,将对国营企业、集体企业征收的城市房地产税并入工商税后,城市房地产税仅对房产管理部门和个人的房产以及外商投资企业、外国企业的房产征收。1984 年工商税制改革时,重新将国营企业、集体企业纳入该税的征收范围。同时,将对内资企业纳税人征收的城市房地产税分为房产税和城镇土地使用税两个税种,并于 1986 年 9 月 15 日颁布了《中华人民共和国房产税暂行条例》,同年 10 月 1 日起正式实施。城市房地产税仍保留,继续对外商投资企业、外国企业、外籍个人征收。2005 年国家税务总局先后发布了《关于进一步加强房地产税收管理的通知》《关于实施房地产税收一体化管理若干具体问题的通知》和《关于加强出租房屋税收征管的通知》,进一步明确了房地产税收的征收管理。2008 年 12 月 31 日,国务院公布 546 号令,自 2009 年 1 月 1 日起废止《城市房地产税暂行条例》,外商投资企业、外国企业和组织以及外籍个人依照《中华人民共和国房产税暂行条例》缴纳房产税。

房产税的开征,其意义在于:有利于加强房屋的管理,提高房屋的使用效益;有利于控制固定资产投资规模,促进房地产改革;有利于配合国家房产政策的调整,调节房产所有人和经营人的收入水平,有效地筹集财政收入,促进经济建设。

二、我国现行房产税的主要内容

房产税的纳税人为城市、县城、建制镇和工矿区的房屋产权所有人。关于纳税人的具体确认如下:产权属于国家所有的,由经营管理的单位缴纳;产权属于集体和个人所有的,由集体单位和个人缴纳;产权出典的,由承典人缴纳;产权所有人、承典人不在房产所在地的,或产权未确定及租典纠纷没有解决的,由房产代管人或者使用人缴纳。因此,房产税的纳税人包括:产权所有人、经营管理单位、承典人、房产代管人或者使用人。

(一) 房产税的征税对象

房产税以房屋为征税对象。房屋是指有屋面和围护结构(有墙或两边有柱),能够遮风挡雨，可供人们在其中生产、工作、学习、娱乐、居住或储藏物资的场所。独立于房屋之外的建筑物，如围墙、烟囱、水塔、变电塔、油池、油柜、酒窖、酒精池、糖蜜池、室外游泳池、玻璃暖房、砖瓦石灰窑以及各种油气罐等，不属于房产。根据《中华人民共和国房产税暂行条例》规定，“房产税在城市、县城、建制镇和工矿区征收”。因此房产税的征税范围为城市、县城、建制镇和工矿区。房产税的征税范围不包括农村。

（二）房产税的计税依据

房产税的计税依据是房产的计税价值和房产的租金收入。按照房产计税价值征税的，称为从价计征；按照房产租金收入征税的，称为从租计征。

现行房产税税制规定，其税率采用比例税率。由于房产税的计税依据分为从价计征和从租计征两种形式，所以，房产税的税率也分为两种：一种是按房产原值一次扣除10%~30%后的余值计征的，税率为1.2%；另一种是按房产出租的租金收入计征的，税率为12%。

1. 按房产计税价值确定

房产的计税价值是房产的余值，即以房产原值一次扣除10%~30%后的余值计算缴纳。其计算公式为：

$$年应纳税额=应税房产原值\times(1-扣除比例)\times1.2\%$$

2. 按房产租金收入确定

房产的租金收入是指房屋产权所有人出租房产使用权所取得的报酬，包括货币收入、实物收入和其他收入等。对以劳务或其他形式作为报酬抵付房租收入的，应根据当地同类房产的租金水平，确定一个标准租金额，依率计征。其计算公式为：

$$年应纳税额=年租金收入\times12\%$$

（三）房地产的税收优惠

房产税的税收优惠是根据国家政策需要和纳税人的负担能力制定的。由于房产税属于地方税，因此，地方拥有一定的减免税权限。房产税的税收优惠分为一般减免税、特殊减免税和困难减免税三种情况。

1. 一般减免税

现行税制规定，可予以一般免税的范围包括：

（1）国家机关、人民团体、军队自用的房产。但上述单位的出租房产以及非自身业务使用的生产、营业用房，不属于免税范围。自用房产是指这些单位自身的办公用房和公务用房。

（2）由国家财政部门拨付事业经费的单位自用的房产。学校、医疗卫生单位、托儿所、幼儿园、敬老院、文化单位、体育单位、艺术单位这些实行全额或差额预算管理的事业单位所有的，本身业务范围内使用的房产免征房产税。但上述单位所属的附属工厂、商店、招待所等不属于单位公务、业务用房，应照章纳税。

（3）宗教寺庙、公园、名胜古迹自用的房产。上述单位自用的房产免征房产税，但其附设的营业单位，如影剧院、饮食部、茶社、照相馆等所使用的房产及出租的房产不在免税范围内。

（4）个人所有非营业用的房产免征房产税。个人所有的非营业用房，主要是指居民住房，不分面积多少，一律免缴房产税。但个人拥有的营业用房或者出租的房产，应照章纳税。

（5）老年服务机构自用的房产。老年服务机构是指专门为老年人提供生活照料、文化、护理、健康等多方面服务的福利性、非营利性的机构,如老年社会福利院、敬老院(养老院)、老年服务中心、老年公寓等。

(6) 从2001年1月1日起,对按政府规定价格出租的公有住房和廉租住房,包括企业和自收自支事业单位向职工出租的单位自有住房,房管部门向居民出租的公有住房,落实私房政策中带户发还产权并以政府规定租金标准向居民出租的私有住房等,暂免征收房产税、营业税。

(7) 鉴于房地产开发企业开发的商品房在出售前,对房地产开发企业而言是一种产品,因此,对房地产开发企业建造的商品房,在售出前不征收房产税;但对售出前房地产开发企业已使用或出租、出借的商品房应按规定征收房产税。

2. 特殊减免税

现行税制规定,可予以特殊免税的范围包括:

(1) 企业办的各类学校、医院、托儿所、幼儿园自用的房产,可以比照由国家财政部门拨付事业经费的单位自用的房产,免征房产税。

(2) 对微利企业和亏损企业的房产,依照规定应征收房产税,以促进企业改善经营管理,提高经济效益。但为了照顾企业的实际负担能力,可由地方根据实际情况在一定期限内暂免征收房产税。

(3) 经有关部门鉴定,对毁损不堪居住的房屋和危险房屋,在停止使用后,可免征房产税。

(4) 凡是在基建工地为基建工地服务的各种工棚、材料棚、休息棚和办公室、食堂、茶炉房、汽车房等临时性房屋,不论是施工企业自行建造还是由基建单位出资建造交施工企业使用的,在施工期间,一律免征房产税。但是,如果在基建工程结束以后,施工企业将这种临时性房屋交还或者估价转让给基建单位的,应当从基建单位接收的次月起,依照规定征收房产税。

(5) 房屋大修停用在半年以上的,经纳税人申请,税务机关审核,在大修期间可免征房产税。

(6) 纳税单位与免税单位共同使用的房屋,按各自使用的部分划分,分别征收或免征房产税。

从1998年1月1日起,对房管部门经租的居民住房,在房租调整改革之前收取租金偏低的,可暂缓征收房产税;对房管部门经租的其他非营业用房,是否给予照顾,由各省、自治区、直辖市根据当地具体情况按规定办理。

3. 困难减免税

现行税制规定,对纳税人缴纳房产税确有困难的,由省、自治区、直辖市人民政府确定,定期减征或免征房产税。

房产税实行按年计算、分期缴纳的征收办法,具体纳税期限由省、自治区、直辖市人民政府确定。房产税在房产所在地缴纳。房产不在同一地的纳税人,应按房产的坐落地分别向房产所在地的税务机关纳税。

三、房产税改革试点

(一) 上海市房产税改革试点概况

为了进一步完善房产税制度,合理调节居民收入分配,正确引导住房消费,有效配置房地产资源，根据国务院第136次常务会议有关精神，上海市政府决定开展对部分个人住房征收房产税试点。试点范围为上海市行政区域，具体内容如下：

房产税的纳税人为应税住房产权所有人。产权所有人为未成年人的，由其法定监护人代为纳税。征收对象为2011年1月28日之后上海市居民家庭在本市新购且属于该居民家庭第二套及以上的住房（包括新购的二手存量住房和新建商品住房）和非上海市居民家庭在本市新购的住房。新购住房的购房时间，以购房合同网上备案的日期为准。居民家庭住房套数根据居民家庭（包括夫妻双方及其未成年子女）在本市拥有的住房情况确定。

计税依据为参照应税住房的房地产市场价格确定的评估值，评估值按规定周期进行重估。试点初期，暂以应税住房的市场交易价格作为计税依据。房产税暂按应税住房市场交易价格的70%计算缴纳。适用税率暂定为0.6%。应税住房每平方米市场交易价格低于上海市上年度新建商品住房平均销售价格2倍（含2倍）的，税率暂减为0.4%。税收减免优惠具体为：

（1）本市居民家庭在本市新购且属于该居民家庭第二套及以上住房的，合并计算的家庭全部住房面积（指住房建筑面积）人均不超过60平方米（即免税住房面积，含60平方米）的，其新购的住房暂免征收房产税；人均超过60平方米的，对属新购住房超出部分的面积，按暂行办法规定计算征收房产税。

（2）本市居民家庭在新购一套住房后的一年内出售该居民家庭原有唯一住房的，其新购住房已按本暂行办法规定计算征收的房产税，可予退还。

（3）本市居民家庭中的子女成年后，因婚姻等需要而首次新购住房且该住房属于成年子女家庭唯一住房的，暂免征收房产税。

（4）符合国家和本市有关规定引进的高层次人才、重点产业紧缺急需人才，持有本市居住证并在本市工作生活的，其在本市新购住房且该住房属于家庭唯一住房的，暂免征收房产税。

（5）持有本市居住证满3年并在本市工作生活的购房人，其在本市新购住房且该住房属于家庭唯一住房的，暂免征收房产税；持有本市居住证但不满3年的购房人，其上述住房先按本暂行办法规定计算征收房产税，待持有本市居住证满3年并在本市工作生活的，其上述住房已征收的房产税，可予退还。其他需要减税或免税的住房，由市政府决定。

房产税由应税住房所在地的地方税务机关负责征收。房产税税款自纳税人取得应税住房产权的次月起计算，按年计征，不足一年的按月计算应纳房产税税额。

（二）重庆市房产税改革试点概况

为了调节收入分配，引导个人合理住房消费，根据国务院第136次常务会议有关精神，重庆市人民政府决定在部分区域进行对部分个人住房征收房产税改革试点。试点区域为渝中区、江北区、沙坪坝区、九龙坡区、大渡口区、南岸区、北碚区、渝北区、巴南区。

重庆房产税试点采取分步实施的方式。首批纳入征收对象的住房为：个人拥有的独栋商品住宅；个人新购的高档住房。高档住房是指建筑面积交易单价达到上两年主城九区新建商品住房成交建筑面积均价2倍（含2倍）以上的住房；在重庆市同时无户籍、无企业、无工作的个人新购的第二套（含第二套）以上的普通住房。新购住房是指《重庆市关于开展对部分个人住房征收房产税改革试点的暂行办法》施行之日（2011年1月28日）起购买的住房（包括新建商品住房和存量住房）。新建商品住房购买时间以签订购房合同并提交给房屋所在地房地产交易与权属登记中心的时间为准,存量住房购买时间以办理房屋权属转移、变更登记手续时间为准。此外,本次试点未列入征税范围的个人高档住房、多套普通住房,将适时纳入征税范围。

房产税的纳税人为应税住房产权所有人。产权人为未成年人的,由其法定监护人纳税。产权出典的,由承典人纳税。产权所有人、监护人、承典人不在房产所在地的,或者产权未确定及租典纠纷未解决的,由代管人或使用人纳税。应税住房产权共有的,共有人应主动约定纳税人,未约定的,由税务机关指定纳税人。

此次房产税试点改革的计税依据为应税住房的计税价值即房产交易价。待条件成熟时,以房产评估值作为计税依据。独栋商品住宅和高档住房建筑面积交易单价在上两年主城九区新建商品住房成交建筑面积均价3倍以下的住房,税率为0.5%;3倍(含3倍)至4倍的,税率为1%;4倍(含4倍)以上的税率为1.2%;在重庆市同时无户籍、无企业、无工作的个人新购第二套(含第二套)以上的普通住房,税率为0.5%。

个人住房房产税应纳税额的计算。

应纳税额=应税建筑面积×建筑面积交易单价×税率

应税建筑面积是指纳税人应税住房的建筑面积扣除免税面积后的面积。扣除免税面积以家庭为单位,一个家庭只能对一套应税住房扣除免税面积。纳税人在本办法施行前拥有的独栋商品住宅,免税面积为180平方米;新购的独栋商品住宅、高档住房,免税面积为100平方米。纳税人家庭拥有多套新购应税住房的,按时间顺序对先购的应税住房计算扣除免税面积。在重庆市同时无户籍、无企业、无工作的个人的应税住房均不扣除免税面积。

税收减免与缓缴税款的规定为:

(1) 对农民在宅基地上建造的自有住房,暂免征收房产税。

(2) 在重庆市同时无户籍、无企业、无工作的个人拥有的普通应税住房,如纳税人开始满足有户籍、有企业或有工作任一条件了,从当年起免征税,如已缴纳,退还当年已缴税款。

(3) 因自然灾害等不可抗力因素,纳税人纳税确有困难的,可向地方税务机关申请减免税和缓缴税款。

个人住房房产税的纳税义务发生时间为取得住房的次月。税款按年计征,不足一年的按月计算应纳税额。个人住房房产税由应税住房所在地的地方税务机关负责征收。

第三节 车 船 税

一、车船税概述

车船税是对行驶于中国境内公共道路的车辆和航行于境内河流、湖泊或者领海的船舶征收的一种税。它是一种兼有财产税和行为税性质的税种。

我国对车船课税由来已久。1951年中央人民政府政务院发布了《中华人民共和国车船使用牌照税暂行条例》,在全国范围内征收车船使用牌照税;1973年税制简并时,把国内企业缴纳的车船使用牌照税并入工商税,仅对个人、外侨及外商投资企业的车船征收车船使用牌照税;1984年10月,国务院决定恢复对国内企业的车船征税,更名为车船使用税;1986年国务院发布了《中华人民共和国车船使用税暂行条例》，于当年 10 月 1 日起施行，规定除对外资企业和外籍个人拥有使用的车船仍旧依照《车船使用牌照税暂行条例》的规定征收车船使用牌照税外，其他单位和个人均缴纳车船使用税。为了适应经济发展形式的需要，2006 年 12 月，国务院发布《中华人民共和国车船税暂行条例》，决定自 2007 年 1 月 1 日起开征车船税，取代原车船使用牌照税和车船税。现行车船税的法律规范是 2011 年 2 月 25 日中华人民共和国第十一届全国人民代表大会常务委员会第十九次会议通过的《中华人民共和国车船税法》和同年 11 月 23 日国务院第 182 次常务会议通过的《中华人民共和国车船税法实施条例》，均自 2012 年 1 月 1 日起施行。

二、车船税的特点

（1）兼有财产税和行为税的性质。由于现行车船税的纳税人是拥有车船并使用的单位和个人，对于拥有车船但不使用的单位和个人的车船不征税。因此，这个税种兼有财产税和行为税的特点。

（2）具有单项财产税的特点。从财产税的角度看，车船税属于单项财产税。不仅征税对象仅限于车船类运输工具，而且，对不同的车、不同的船还规定了不同的征税标准。

（3）实行分类、分级（项）定额税率。车船税首先划分车辆与船舶，规定它们各自的定额税率。车辆税采用分类、分项幅度税额，即对不同类别和不同项目的车辆规定了最高税额和最低税额，以适应我国各地经济发展不平衡，车辆种类繁多、大小不同的实际情况。船舶税施行分类、分级固定税额，即不同类别、不同吨位的船舶，规定全国统一的固定税额，以适用船舶航程长、流动大的特点，保持全国税负的大体均衡。

三、我国现行车船税的主要内容

车船税的纳税人为在中华人民共和国境内，车辆、船舶（以下简称车船）的所有人或者管理人。其中，所有人是指在我国境内拥有车船的单位和个人；管理人是指对车船具有管理使用权，不具有所有权的单位。车船的所有人或者管理人未缴纳车船税的，使用人应当代为缴纳车船税。

车船税的征收范围为《车船税税目税额表》中规定的车辆和船舶。其中车辆包括机动车辆和非机动车辆，船舶包括机动船舶和非机动船舶。

车船税实行幅度定额税率，即对征税的车船规定单位幅度税额。具体适用额度由省、自治区、直辖市人民政府在规定的税额幅度内确定。车船税实行从量定额计税方法，其应纳税额根据不同类型的车船及适用的计税标准分别计算。《车船税税目税额表》见表 12-1。

表 12-1　车船税税目税额表

税目		计税单位	年基准税额	备注
乘用车［按发动机汽缸容量（排气量）分档］	1.0 升（含）以下	每辆	60～360 元（含）	核定载客人数 9 人（含）以下
	1.0 升以上至 1.6 升（含）		300～540 元（含）	
	1.6 升以上至 2.0 升（含）		360～660 元（含）	
	2.0 升以上至 2.5 升（含）		660～1 200 元（含）	
	2.5 升以上至 3.0 升（含）		1 200～2 400 元（含）	
	3.0 升以上至 4.0 升（含）		2 400～3 600 元（含）	
	4.0 升以上的		3 600～5 400 元（含）	

续表

税目		计税单位	年基准税额	备注
商用车	客车	每辆	480 ~ 1 440 元	核定载客人数 9 人以上,包括电车
	货车	整备质量每吨	3 600 ~ 5 400 元	
挂车		整备质量每吨	按照货车税额的 50%计算	
其他车辆	专用作业车	整备质量每吨	16 ~ 120 元	不包括拖拉机
	轮式专用机械车		16 ~ 120 元	
摩托车		每辆	36 ~ 180 元	
船舶	机动船舶	净吨位每吨	3 ~ 6 元	拖船、非机动驳船分别按照机动船舶税额的 50%计算
	游艇	船身长度每米	600 ~ 2 000 元	

下列车船免征车船税：

(1) 捕捞、养殖渔船。

(2) 军队、武装警察部队专用的车船。

(3) 警用车船。

(4) 依照法律规定应当予以免税的外国驻华使领馆、国际组织驻华代表机构及其有关人员的车船。

(5) 对节约能源、使用新能源的车船可以减征或者免征车船税；对受严重自然灾害影响纳税困难以及有其他特殊原因确需减税、免税的,可以减征或者免征车船税。具体办法由国务院规定,并报全国人民代表大会常务委员会备案。

(6) 省、自治区、直辖市人民政府根据当地实际情况,可以对公共交通车船,农村居民拥有并主要在农村地区使用的摩托车、三轮汽车和低速载货汽车定期减征或者免征车船税。

现行税制规定,车船税按年申报,分月计算,一次性缴纳。具体申报纳税期限由省、自治区、直辖市人民政府确定。车船税的纳税地点为车船的登记地或者车船税扣缴义务人所在地。依法不需要办理登记的车船,车船税的纳税地点为车船的所有人或者管理人所在地。车船税由地方税务机关负责征收。

第四节　土地增值税

一、土地增值税概述

土地增值税是对有偿转让国有土地使用权、地上建筑物及其他附着物,并取得增值收益的单位和个人征收的一种税。

我国虽然开征过一些土地税,诸如房产税、城市房地产税、土地使用税、契税等,但这些税种对房地产市场的调控力度有限。为了配合国家宏观经济政策,控制房地产的过度炒买炒卖,根据《中共中央国务院关于当前经济情况和加强宏观调控的意见》的精神,1993 年 12 月 13 日,国务院颁布了《中华人民共和国土地增值税暂行条例》,自 1994 年 1 月 1 日起施行。这是我国开征的第一个对土地增值额或土地收益额征收的税种。与其他税种相比,土地增值税具有以下四个特点:

(1) 以转让房地产的增值额为计税依据。土地增值税的增值额是以征税对象的全部销售收入额扣除与其相关的成本、费用、税金及其他项目金额后的余额,与增值税的增值额有所不同。

(2) 征税面比较广。凡在我国境内转让房地产并取得收入的单位和个人,除税法规定免税的外,均应依照土地增值税条例有关规定缴纳土地增值税。换言之,凡发生应税行为的单位和个人,不论其经济性质,也不分内、外资企业或中、外籍人员,无论专营或兼营房地产业务,均有缴纳增值税的义务。

(3) 实行超率累进税率。土地增值税的税率是以转让房地产增值率的高低为依据来确认,按照累进原则设计,实行分级计税,增值率高的,税率高,多纳税;增值率低的,税率低,少纳税。

(4) 实行按次征收。土地增值税在房地产发生转让的环节,实行按次征收,每发生一次转让行为,就应根据每次取得的增值额征一次税。

二、我国现行土地增值税的主要内容

(一) 土地增值税的纳税人

土地增值税的纳税人是有偿转让国有土地使用权、地上建筑物及其附着物的单位和个人,包括各类企业单位、事业单位、机关、社会团体、个体工商业户以及国内其他单位和个人,也包括外国投资企业、外国企业、外国驻华机构、外国公民、华侨以及港澳台同胞等。

(二) 土地增值税的计税依据

土地增值税的计税依据是纳税人转让房地产所取得的增值额。即纳税人转让房地产所取得的收入减除税法规定的扣除项目金额后的余额。其计算公式为:

土地增值额=转让房地产收入-扣除项目金额

土地增值税采用四级超率累进税率,具体适用税率按增值额与扣除项目金额的比率确定。其税率如表 12-2 所示。

表 12-2 土地增值税税率

级 数	增值额占扣除项目金额比例	税率(%)	速算扣除系数(%)
1	未超过 50% 的部分(含 50%)	30	0
2	超过 50% ~100% 的部分(含 100%)	40	5
3	超过 100% ~200% 的部分(含 200%)	50	15
4	超过 200% 的部分	60	35

土地增值税应纳税额的计算可分为四步来进行,即:

(1) 计算增值额。

增值额=收入总额-扣除项目金额

(2) 计算增值率。

增值率=增值额÷扣除项目金额×100%

(3) 确定适用税率。

根据计算得出的增值率,来确定适用税率。

(4) 依据适用税率计算应纳税额。

应纳税额=增值额×适用税率-扣除项目金额×速算扣除系数

(三) 土地增值税的税收优惠

土地增值税的税收优惠有以下几种情形:

1. 普通标准住宅

(1) 纳税人建造普通标准住宅出售,增值额未超过扣除项目金额20%的,免征土地增值税。

(2) 个人转让普通住宅免税。从1999年8月1日起,对居民个人拥有的普通住宅,在其转让时暂免征收土地增值税。

(3) 个人销售住房。自2008年11月1日起,对个人销售住房暂免征收土地增值税。

2. 廉租房、经济适用房

企事业单位、社会团体以及其他组织转让旧房作为廉租住房、经济适用住房房源且增值额未超过扣除项目金额20%的,免征土地增值税。

(四) 国家建设需要征用或转让

(1) 因国家建设需要依法征用、收回的房地产,免征土地增值税。

(2) 因城市规划、国家建设的需要而搬迁,由纳税人自行转让原房地产的,经税务机关审核,免征土地增值税。

(五) 自行转让

(1) 转让自用住房免税。个人因工作调动或改善居住条件而转让原自用住房,经向税务机关申报核准,凡居住满5年或5年以上的,免予征收土地增值税;居住满3年未满5年的,减半征收土地增值税。居住未满3年的,按规定计征土地增值税。

(2) 互换房地产免税。对个人之间互换自有居住用房地产的,经当地税务机关核实,可以免征土地增值税。

(3) 对1994年1月1日以前已签订的房地产转让合同,不论何时转让其房地产,免征土地增值税。

土地增值税的纳税人应向房地产所在地主管税务机关办理纳税申报,并在税务机关核定的期限内缴纳土地增值税。纳税人应当自转让房地产合同签订之日起7日内向房地产所在地主管税务机关办理纳税申报。以一次交割、付清价款方式转让房地产的,应在办理过户、登记手续前一次性缴纳全部税款。以分期收款方式转让房地产的,可以根据收款日期确定具体的纳税期限。项目全部竣工结算前转让房地产的,可以预征土地增值税。

第五节　物业税与遗产税

一、物业税

(一) 物业税概述

物业税又称财产税或地产税,主要针对土地、房屋等不动产,其所有者或承租人每年都需缴付一定税款，税额随房产的升值而提高。从理论上说，物业税是一种财产税，是针对国民的保有财产所征收的一种税收。世界上大多数成熟的市场经济国家都对房地产征收物业税，并以财产的持有作为课税前提、以财产的价值为计税依据。同时，财产税也是国家财政稳定而重要的来源。从世界各国开征的物业税来看，物业税的设计有以下几个特点：

(1) 从税基来看，分为对全部财产征税（净财产税）和对特定财产征税（土地税、房屋税）两种情况。如丹麦对土地评估值课征土地税，对建筑评估值课征劳务税，对超过免征额以上的财富课征净财富税；俄罗斯则只对财产总价值课征财产税。

(2) 从计税依据来看，大多数国家和地区以财产估定价值或核定租金为计税依据，如美国、丹麦、埃及等国；也有国家以资本净值或重置费用为计税依据，如斯里兰卡、韩国等国；少数国家还以房地产面积为计税依据，如波兰、捷克、以色列等国。

(3) 从税率设计来看，比例税率运用比较广泛，也有采纳定额税率和累进税率的。如捷克规定，不动产税按不动产面积每年计征 0.1 克朗/平方米～10 克朗/平方米，土地税按土地面积每年计征 0.1 克朗/平方米～1 克朗/平方米；法国的净财富税按每年 1 月 1 日净财富值实行 0.5%～1.5% 超额累进税率；韩国对土地和建筑物所征的税是以财产价值为基础按累进税率 0.3%～10% 征收的，另附加 20% 的国防附加税。

(4) 从起征点和减免税来看，有些国家或地区对物业税规定了起征点，低于起征点的财产不征税。如澳大利亚的维多利亚州有五个价值种类，每升高一档，税率就相应增加，对低于 14 万澳元的价值不征税；在荷兰，地方政府有权确定低于某一价值或面积的财产享受的免税项目。

对减免税，不同的国家有不同的规定，但有一些共同的免税项目，如公共用地（包括道路、公园等）、公共福利用建筑物（如图书馆、博物馆以及非营利性的医院、养老院、孤儿院等）、外交使馆等享受免税。各国对农业用地也给予不同程度的减免税。

从征管方面看，大多数国家建立了严密的评估制度。随着经济的发展，运用计算机进行估价管理工作，已成为各国的一种发展趋势。由于对房地产征税一般都以其评估值作为计税依据，评估业务在国外发展非常迅速，目前已形成了一套较完善的财产评估体系，如美国房地产评估师协会（SREA）的财产评估体系等。

（二）我国物业税的情况

在 2003 年 10 月召开的中共十六届三中全会上，“物业税”一词首次出现在《中共中央关于完善社会主义市场经济体制若干问题的决议》中。此后，财政部、国家税务总局决定在北京、辽宁、江苏、深圳、宁夏、重庆六省市进行模拟评税试点。2005 年，财政部进一步明确，“十一五”期间将逐步出台消费税和物业税。2007 年，国家税务总局下发的《2007 年全国税收工作要点》指出，深化税收制度改革，其中就包括“研究物业税方案，继续进行房地产模拟评税试点”，并批准安徽、河南、福建、天津四省市为房地产模拟评税试点地区。至此，已有十省市开始物业税“空转”运行。2009 年 5 月 25 日，国务院公布《关于 2009 年深化经济体制改革工作的意见》提出，要深化房地产税制改革，研究开征物业税。截至目前，物业税只是在我国少数经济发达的地区模拟试行，并没有实际征收。空转的物业税征收有两种计算模式，以房屋用途来区分。如果房屋是自住，以房产评估价的 70% 为基准，征收税基的 1.2% 为物业税；如果房产是出租投资用，就以投资回报为基准,征收12%的物业税,但空转中并没有设定起征点。

未来我国物业税改革的基本框架是:将现行的房产税、城市房地产税、土地增值税以及土地出让金等税费合并,转化为房产保有阶段统一收取的物业税,并使物业税的总体规模与前述各税总之和保持基本相当。

二、遗产税

(一)遗产税概述

遗产税是以被继承人去世后所遗留的财产为征税对象,向遗产的继承人和受遗赠人征收的税,国外有时也称为"死亡税",是当今世界许多国家征收的一种税收。中国现阶段未征收遗产税。一般认为,遗产税有助于加强对遗产和赠与财产的调节,防止贫富过分悬殊以及鼓励公民向社会、慈善事业捐赠。遗产税按纳税人和课税对象不同,有三种不同的税制模式。

1. 总遗产税

总遗产税是对财产所有人死亡后遗留的财产总额综合进行课征。总遗产税规定有起征点,一般采用累进税率,不考虑继承人与被继承人的亲疏关系和继承的个人情况。美国、英国、新加坡等国实行的是总遗产税模式。

2. 分遗产税

分遗产税是对各个继承人分得的遗产分别进行课征。考虑继承人与被继承人的亲疏关系和继承人的实际负担能力,采用累进税率。日本、法国、德国、韩国、荷兰等国家采用的是分遗产税模式。

3. 总分遗产税

总分遗产税,也称混合遗产税,是对被继承人的遗产先征收总遗产税,再对继承人所得的继承份额征收分遗产税。税率多采用累进税率。加拿大、意大利、瑞士等国采用该种遗产税模式。

(二)我国遗产税的情况

中国早在1940年7月1日正式开征过遗产税。中华人民共和国成立后,1950年通过的《全国税政实施要则》将遗产税作为拟开征的税种之一,但限于当时的条件未予开征。1994年的新税制改革将遗产税列为国家可能开征的税种之一。1996年全国人大批准了《国民经济和社会发展"九五"计划和2010年远景目标纲要》,纲要中提出"逐步开征遗产税和赠与税"。2004年9月21日,《中华人民共和国遗产税暂行条例(草案)》发布,规定如下:

遗产税的纳税人是在中华人民共和国境内居住的中华人民共和国公民,死亡(含宣告死亡)时遗有财产者,应就其在中华人民共和国境内、境外的全部遗产征收遗产税。遗产税的纳税义务人依照下列顺序确定:有遗嘱执行人的,为遗嘱执行人;无遗嘱执行人,为继承人及受赠人;无遗嘱执行人、继承人及受赠人的,为依法选定的遗产管理人。遗产税的纳税义务为无行为能力人或者限制行为能力人时,其纳税义务由其法定代理人或监护人履行。

遗产税的征税范围包括被继承人死亡时遗留的全部财产和死亡前五年内发生的赠与财产。不计入应征税遗产总额的项目包括遗赠人、受赠人或继承人捐赠给各级政府、教育、民政和福利、公益事业的遗产;经继承人向税务机关登记、继承保存的遗产中各类文物及有关文化、历史、美术方面的图书资料、物品，但继承人将此类文件、图书资料、物品转让时，仍须自动申请补税；被继承人自己创作、发明或参与创作、发明并归本人所有的著作权、专利权、专有技术；被继承人投保人寿保险所取得的保险金；中华人民共和国政府参加的国际公约或与外国政府签订的协议中规定免征遗产税的遗产以及国务院规定不计入应征税遗产总额和其他遗产。

遗产税的计税依据为应征税遗产净额。应征税遗产净额是被继承人死亡时的遗产总额，扣除不计入应征税遗产总额的项目并减除允许在应征税遗产总额扣除的金额和免征额后的余额。下列各项允许在应征税总额中扣除：

(1) 被继承人死亡之前，依法应补缴的各项税款、罚款、滞纳金；

(2) 被继承人死亡之前，未偿还的具有确凿证据的各项债务；

(3) 被继承人丧葬费用；

(4) 执行遗嘱及管理遗产的直接必要费用按应征税遗产总额的 0.5% 计算，但最高不能超过 5 000 元。

(5) 被继承人死亡前 5 年内发生的累计不超过 2 万元的赠与财产。

(6) 被继承人拥有所有权，并与其配偶、子女或父母共同居住、不可分割、价值不超过 50 万元的住房。价值超过 50 万元的，只允许扣除 50 万元。

(7) 国务院规定的其他扣除项目。

遗产税的免征额为 20 万元。遗产税的免征额及允许扣除项目的金额标准，由国务院根据社会经济发展变化情况适时进行调整。无人继承又无人受遗赠、依法归国家所有的遗产，免纳遗产税。

遗产税适用五级超额累计税率。遗产税的计算公式为：

应征遗产税税额=应征税遗产净额×适用税率-速算扣除数

税率详见表 12-3。

表 12-3　遗产税五级超额累计税率表

应纳税遗产净额	税率(%)	速算扣除数(元)
不超过 80 万元的部分(含 80 万元)	0	0
超过 80 万元～200 万元的部分(含 200 万元)	20	50 000
超过 200 万元～500 万元的部分(含 500 万元)	30	250 000
超过 500 万元～1 000 万元的部分(含 1 000 万元)	40	750 000
超过 1 000 万元的部分	50	1 750 000

遗产税按照被继承人死亡时遗留的财产现值计算征收。在遗产税税款缴清前，其遗产不得分割、交付遗赠，不得办理转移登记。遗产在被继承人死亡时有价可依的，按所列价格计算；无价可依或申报明显低于正常价的，按被继承人死亡时的评估价值计算。赠与财产在赠与时有价可依的，按所列价格计算；无价可依或申报价格明显低于正常价的，按赠与时的评估价值计算。财产价值由政府批准设立的评估机构进行评估，评估结果须经主管税务机关确认。遗产税由被继承人户籍所在地的主管税务机关征收。没有户籍的，由被继承人居住地或财产所在地主管部门征收。

第六节 其他课税制度

根据课税对象不同,除了商品税、所得税和财产税外,还有资源税和行为税。由于这两类税一般占税收总额的比重较小,故一并放在本节进行阐述。

一、资源税

资源税是为了体现国家的权益,促进合理开发利用资源,调节资源的级差收入,对开采资源产品征收的一种税。在我国,资源税是指对在我国境内从事开采矿产品及生产盐的单位和个人征收的一种税。

我国从春秋时期就开始对资源进行征税,当时称为"官山海",以专卖为名,实为征税。可以说,这是有史料可查的最早关于资源税的萌芽。以后历代王朝沿袭采用,对盐、铁等资源征税。我国自然资源归国家所有,由于各地自然资源禀赋差异很大,开采资源的企业因资源禀赋差异而利润悬殊,造成了分配上的不合理,并出现了滥采滥挖、掠夺性开采等严重破坏和浪费国有资源的问题。为了保护国有资源,促进国有资源合理开发和有效利用,调节级差收入,1984 年 9 月 18 日国务院颁布了《中华人民共和国资源税条例(草案)》,从当年 10 月 1 日起对原油、天然气和煤炭三种矿产品征收资源税,同时国务院发布了《中华人民共和国盐税条例(草案)》,将盐税从原工商税中分离出来,重新成为一个独立的税种。

随着我国市场经济的不断发展,资源税在征收范围等诸多方面已不能满足新形势的需要,为此,本着"普遍征收、级差调节"等原则,国务院于 1993 年 12 月 25 日重新修订颁布了《中华人民共和国资源税暂行条例》(以下简称《资源税暂行条例》),财政部于 1993 年 12 月 30 日发布了《中华人民共和国资源税暂行条例实施细则》,同时取消了盐税,将盐纳入资源税的征收范围。修订后的《资源税暂行条例》于 1994 年 1 月 1 日起施行。

世界上其他国家也存在不同形式的资源税,但大都将其归入财产税。

与其他课税相比,资源税具有以下几个特点:

(1) 从性质上看,资源税具有地租性质。对于资源税纳税义务人,无论是单位还是个人,无论是从事开采矿产品还是生产盐,无论是贫矿还是富矿,均应缴纳资源税,这说明资源税具有绝对地租的性质。而对于有级差收入的单位和个人还要按照不同的级别征收不同的税收,这说明资源税同时又具有相对地租的性质。

(2) 课税比较公平。如上所述,资源税具有地租性质,说明了资源税课税的公平性。一方面,资源税具有绝对地租性质体现了课税的横向公平;另一方面,资源税具有相对地租性质体现了课税的纵向公平。

(3) 税负较合理,能促进资源合理开发利用。在确定税率时充分考虑了不同地区、不同矿产的差别,因此,税负的确定具有针对性,也较合理。同时,通过资源税能真正起到促进自然资源合理开发和利用,防止资源无效损失的作用。

(4) 收入比较稳定,弹性较小。一旦资源税的课税对象和税率确定之后,一般几年内不会有大的变化,因此,能确保财政收入稳定。但同时,也存在弹性小的缺点。

我国资源税的纳税人是指在中华人民共和国领域及管辖海域开采应税资源的矿产品或者

生产食盐的单位和个人。

现行税制规定,资源税的课税对象为应税矿产品和盐,具体包括:原油、天然气、煤炭、其他非金属矿原矿、黑色金属矿原矿、有色金属矿原矿和盐。

我国自1984年开始征收资源税以来,长期采用从量定额征收。随着经济的发展,相对固化的税额标准与体现供求关系、稀缺程度的资源价格不挂钩,不能随价格变化而自动调整。在资源价格上涨时不能相应增加税收,价格低迷时又难以为企业及时减负,资源税组织收入和调节经济的功能下降,与矿业市场发展不适应。

2010年6月1日,原油、天然气资源税在新疆实行从价计征,迈出了我国资源税由从量计征到从价计征改革的第一步,随后煤炭资源税(2014年12月1日起)以及稀土、钨、钼资源税(2015年5月1日起)相继改为从价计征。2016年7月1日资源税从量征收改为从价征收的范围进一步扩大,对《资源税税目税率幅度表》中列举名称的21种资源税目和未列举名称的其他金属矿实行从价计征,对未列举名称的其他非金属矿产品,按照从价计征为主、从量计征为辅的原则,由省级政府确定计征方式。对经营分散、多为现金交易且难以控管的黏土、砂石,按照便利征管原则,仍实行从量定额征收。

资源税的税目税率,如表12-4所示。

表12-4　资源税税目税率表

税　　目	税　　率
一、原油	6% ~10%
二、天然气	6% ~10%
三、煤炭	2% ~10%
四、其他非金属原矿	黏土、砂石(原矿):0.1 ~5元/吨或立方米 列举名称的矿资源①:最低1%,最高15% 未列举名称的其他:从量不超30元,从价不超20%
五、黑色金属矿原矿	铁矿(精矿):1% ~6% 其他:不超过20%
六、有色金属矿原矿	稀土矿石(轻稀土):内蒙古11.5%,四川9.5%,山东7.5% 稀土矿石(中重稀土):27% 钨矿石:6.5% 钼矿石:11% 列举名称的矿资源②:最低1%,最高9% 未列举名称的其他:不超过20%
七、盐	固体盐:10 ~60元/吨,海盐1% ~5% 液体盐:2 ~10元/吨

说明:①列举名称的其他非金属矿包括:石墨、硅藻土、高岭土、萤石、石灰石、硫铁石、磷矿、氯化钾、硫酸钾、井矿盐、湖盐、提取地下卤水晒制的盐以及煤层(成)气。

②列举名称的有色金属矿包括:金矿、铜矿、铝土矿、铅锌矿、镍矿和锡矿。

资料来源:本税率表根据2010—2016年资源税从价计征改革相关法规整理而得。

资源税贯彻普遍征收、级差调节的原则,因此规定的减免税项目相对而言比较少。其具体有:

(1) 采原油过程中用于加热、修井的原油免税。

(2) 纳税人开采或者生产应税产品过程中,因意外事故或者自然灾害等原因遭受重大损失的,由省、自治区、直辖市人民政府酌情决定减税或免税。

(3) 国务院规定的其他减税、免税项目。

① 自2002年4月1日起,对冶金联合企业矿山(含1993年12月31日后从联合企业矿山中独立出来的铁矿山企业)铁矿石资源税,减按规定税额标准的40%征收。对于由此造成地方财政收入减少的收入,中央财政将予以适当补助。

② 对有色金属的资源税在规定税额的基础上减征30%,按规定税额标准的70%征收。

(4) 纳税人的减税、免税项目,应当单独核算课税数量,未单独核算或者不能准确提供课税数量的,不予减税、免税。

(5) 资源税规定仅对在中国境内开采或生产应税产品的单位和个人征收,进口的矿产品和盐不征收资源税。同时,对出口应税产品也不免征或退还已纳资源税。

二、行为税

行为税是指以纳税人的某种特定行为作为课税对象所征收的一类税。与其他类税相比,行为税具有如下特点:

(1) 特定目的性。行为税是根据政府宏观调控或其他目的的需要,规定在相对长的一定时期内,对某些特定的行为进行课征的一类税。其开征与停征在很大程度上与政府的政策紧密相关,如固定资产投资方向调节税。因此,行为税具有鲜明的目的性。

(2) 调节力度较强。各级政府在不同时期对不同行为进行调节,通过行为税起到其他手段不可替代的作用,同时,行为税对特定行为的调节符合人们的习惯,比较容易为人们所接受,因此,其调节力度较强,往往具有"寓禁于征"的明显特点,如筵席税、即将开征的燃油税等。

(3) 分散性和灵活性。行为税的税源一般比较分散、零星,因此,适合地方政府根据本地情况灵活掌握,决定其开征或停征。

(4) 收入的不稳定性。由于行为税是针对特定目的开征的税,同时,地方政府又可以根据本地情况因地制宜地决定开征或停征,它可能会因政府调节经济的需要课征,也可能会因政府的调控目的达到或不必要而停征,因此,其收入占税收收入总额的比重较小,且具有不稳定特点。

我国最早开征行为税始于战国时期,当时楚国就对牲畜交易的行为征税。以后各代王朝均对特定行为进行不同程度的征税,例如,三国两晋南北朝时对交易行为征收的"估税",唐朝的"除陌钱",宋朝的"住税""印契税",清朝的"落地税"等。北洋军阀时期,于1913年开征印花税;国民党统治时期统一工商税制,当时开征的行为税有印花税、屠宰税、筵席税、娱乐税等。

中华人民共和国成立后,1950年1月中央人民政府政务院发布的《全国税政实施要则》中所规定的征收税种中,属于行为税的有印花税、交易税、屠宰税、特种消费行为税等税种。1953年的税制修正至1973年的简并税制期间,一系列的税制变化使行为税结构与内容也发生了变化。在1984年全面改革工商税制的基础上,国务院于1985年、1988年相继发布了《国营企业奖金税暂行规定》《集体企业奖金税暂行规定》《事业单位奖金税暂行规定》《国营企业工资调节税暂行规定》《中华人民共和国印花税暂行条例》《中华人民共和国筵席税暂行条例》,至此,纳入行为税系列的税种有牲畜交易税、屠宰税、集市交易税、烧油特别税、奖金税、国营企业工资调节税、建筑税、印花税、筵席税9个税种。1990年8月10日,在总结征收建筑税经验的基础上,国务院通过了《中华人民共和国固定资产投资方向调节税暂行条例》,于1991年1月1日起实施。

1994 年税制改革，根据市场经济体制的要求，停征、开征了一些行为税种：停征了奖金税、国营企业工资调节税、烧油特别税，保留了固定资产投资方向调节税和印花税，将筵席税、屠宰税立法权下放地方。

1994 年税制改革后，新的行为税包括：固定资产投资方向调节税、印花税、屠宰税、筵席税、城镇土地使用税和耕地占用税等。考虑筵席税和固定资产投资方向调节税已停征，而城镇土地使用税和耕地占用税又与前面有关税种有某种程度的相似性，故下面重点介绍印花税。

印花税是对经济活动和经济交往中书立、领受的凭证征收的一种税。印花税的征税对象是《中华人民共和国印花税暂行条例》所列举的各种凭证，由凭证的书立、领受人缴纳，是一种兼有行为税性质的凭证税。因在应税凭证上粘贴印花税票作为完税标志而得名。印花税是一个古老的税种，于 1624 年始创于荷兰，后为许多国家采用。据统计，目前，世界上有 90 多个国家和地区开征了印花税。我国是在清朝末年的 1907 年，由清政府颁布《印花税则》，但由于遭到商界的反对，而没有在全国实施。北洋军阀时期，于 1912 年发布了《印花税法》，1913 年正式开征印花税。国民党统治时期，于 1927 年颁布了《印花税暂行条例》，后来几经修改，于 1934 年正式颁布了《印花税法》，并将印花税列为中央税收。中华人民共和国成立后，中央人民政府政务院于 1950 年发布了《印花税暂行条例》，在全国范围内开征了统一的印花税，1958 年税制改革将印花税并入工商统一税，原《印花税暂行条例》停止执行。1988 年 8 月 6 日国务院颁布了《中华人民共和国印花税暂行条例》，于 10 月 1 日施行，恢复征收印花税。同年 9 月 29 日财政部发布了《中华人民共和国印花税暂行条例实行细则》，与条例同时施行。征收印花税，对配合其他经济部门加强凭证管理，支持有关经济法规的执行，促进经济行为规范化，增加财政收入有积极作用。

印花税不论是在性质上，还是在征税方法上，都有不同于其他税种的特点。这些特点主要是：

（1）印花税兼具凭证税和行为税性质。一方面，印花税是对单位和个人书立、领受的应税凭证征收的一种税，具有凭证税性质。另一方面，任何一种应税经济凭证反映的都是某种特定的经济行为，因此，对凭证征税，实质上是对经济行为课税。

（2）印花税征税范围广泛。印花税的征税对象包括了经济活动和经济交往中的各种应税凭证，凡书立和领受这些凭证的单位和个人都要缴纳印花税，其征税范围是极其广泛的。而且，随着市场经济的发展和经济法制的逐步健全，依法书立经济凭证的现象将越来越普遍。因此，印花税的征收面将更加广阔。

（3）印花税税收负担比较轻。印花税与其他税种比较，税率要低得多，税负也较轻，具有广集资金、积少成多的财政效应。

（4）印花税纳税人自行完成纳税义务。纳税人通过自行计算、购买、粘贴、注销印花税票的“四自”方法完成纳税义务。

我国现行印花税制度规定，凡在中华人民共和国境内书立、领受本条例所列举凭证的单位和个人，都是印花税的纳税义务人，应当按照规定缴纳印花税。其具体包括五大类：合同或具有合同性质的凭证、产权转移书据、营业账簿、权利许可证照和经财政部确定的其他应税凭证。进一步细分共有 13 个税目：购销合同、加工承揽合同、建设工程勘察设计合同、建筑安装工程承包合同、财产租赁合同、货物运输合同、仓储保管合同、借款合同、财产保险合同、技术合同、产权转移书据、营业账簿和权利许可证照。

现行印花税采用比例和定额两种税率，如表 12-5 所示。

表 12-5　印花税税率表

<table>
<tr><td rowspan="5">经济合同</td><td>购销合同</td><td>0.3‰</td><td>货物运输合同</td><td>0.5‰</td></tr>
<tr><td>加工承揽合同</td><td>0.5‰</td><td>仓储保管合同</td><td>1‰</td></tr>
<tr><td>建设工程勘察设计合同</td><td>0.5‰</td><td>借款合同</td><td>0.05‰</td></tr>
<tr><td>建筑安装工程承包合同</td><td>0.3‰</td><td>财产保险合同</td><td>1‰</td></tr>
<tr><td>财产租赁合同</td><td>1‰</td><td>技术合同</td><td>0.3‰</td></tr>
<tr><td>产权转移书据</td><td colspan="4">0.5‰</td></tr>
<tr><td rowspan="2">营业账簿</td><td colspan="2">记载资金的账簿</td><td colspan="2">0.5‰</td></tr>
<tr><td colspan="2">其他账簿</td><td colspan="2">5 元每件</td></tr>
<tr><td>权利许可证照</td><td colspan="4">5 元每件</td></tr>
<tr><td>财政部确定征税的其他凭证</td><td colspan="4">视具体情况而定</td></tr>
</table>

印花税的计税依据是应税凭证所记载的金额或收入、费用额及件数。纳税人应根据应税凭证的性质,分别按比例税率或者定额税率计算其应纳税额。其计算公式是:

应纳税额=应税凭证计税金额(应税凭证件数)×适用税率

现行税制规定,下列情况可予免税:

(1) 对已缴纳印花税的凭证的副本或者抄本免税。以副本或者抄本视同正本使用的,则应另贴印花。

(2) 财产所有人将财产赠给政府、社会福利单位、学校所立的书据免税。对此书据免税,旨在鼓励财产所有人这种有利于发展文化教育事业,造福社会的捐赠行为。

(3) 对国家指定的收购部门与村民委员会、农民个人书立的农副产品收购合同免税。印花税法授权省、自治区、直辖市主管税务机关根据当地实际情况,具体划定本地区"收购部门"和"农副产品"的范围。

(4) 对无息、贴息贷款合同免税。无息、贴息贷款合同,是指我国各专业银行按照国家金融政策发放的无息贷款,以及由各专业银行发放并按有关规定由财政部门或中国人民银行给予贴息的贷款项目所签订的贷款合同。

(5) 对外国政府或者国际金融组织向我国政府及国家金融机构提供优惠贷款所书立的合同免税。该类合同是就具有援助性质的优惠贷款而成立的政府间协议,对其免税有利于引进外资、利用外资,推动我国经济与社会快速发展。

(6) 对房地产管理部门与个人签订的用于生活居住的租赁合同免税。

(7) 对农牧业保险合同免税。

(8) 对特殊货运凭证免税。这些凭证包括军事物资运输凭证、抢险救灾物资运输凭证、新建铁路的工程临管线运输凭证。

印花税实行由纳税人根据规定自行计算应纳税额,购买并一次贴足印花税票的缴纳办法。印花税票为有价证券,其票面金额以人民币为单位,分为 1 角、2 角、5 角、1 元、2 元、5 元、10 元、50 元、100 元共 9 种。

本章小结

财产税是指以纳税人拥有或可支配的财产为课税对象征收的一类税。财产税属于直接税,具有课税对象特殊性、课税比较公平、税负不易转嫁、收入弹性小、征管比较复杂、属于地方税收等特点。

房产税是以房屋为课税对象，以房产的价值或租金收入为计税依据而征收的一种税。房产税属于财产税，其征税范围为城市、县城、建制镇和工矿区，不包括农村。因此，在我国房产税被纳入地方税系。

车船税是对行驶于中国境内公共道路的车辆和航行于境内河流、湖泊或者领海的船舶征收的一种税。它是一种兼有财产税和行为税性质的税种。

土地增值税是对有偿转让国有土地使用权、地上建筑物及其他附着物，并取得增值收益的单位和个人征收的一种税。它具有以转让房地产的增值额为计税依据、征税面比较广、实行超率累进税率以及按次征收等特点。

物业税，又称财产税或地产税，主要针对土地、房屋等不动产，其所有者或承租人每年都需缴付一定税款，税额随房产的升值而提高。从世界各国开征的物业税来看，它作为财产税的一种，是国家财政稳定而重要的来源。

遗产税是以被继承人去世后所遗留的财产为征税对象，向遗产的继承人和受遗赠人征收的税，国外有时也称为“死亡税”，是当今世界许多国家征收的一种税收。遗产税有助于加强对遗产和赠与财产的调节，防止贫富过分悬殊以及鼓励公民向社会、慈善事业捐赠。遗产税按纳税人和课税对象不同，有总遗产税、分遗产税和总分遗产税三种不同的税制模式。

复习思考题

一、名词解释

一般财产税　个别财产税　静态财产税　动态财产税　房产税　车船税　土地增值税　物业税　遗产税

二、问答题

1. 与商品税和所得税相比，财产税有哪些特点？
2. 为什么财产税适宜于作为地方政府的收入来源？
3. 房产税的从价计征与从租计征有什么区别？
4. 我国房产税的税率是怎样规定的？
5. 简述我国房产税改革试点的情况。
6. 车船税有何特点？
7. 简述土地增值税的主要特点。
8. 简述物业税的主要特点。
9. 遗产税的作用是什么？
10. 遗产税的类型有哪几种？

即测即评

第十三章

公债理论

公债理论是财政学的重要组成部分。公债从古到今都是一个有争议的问题,对待它应像任何一种经济手段或经济政策那样,不能在肯定其正面作用的时候不顾其负面影响。本章将对公债种类、公债性质、公债的发行与偿还、公债负担及其对社会经济效果进行全面的分析。

第一节　公债概述

一、公债的种类

首先,我们需要对公债下一个定义。那么,什么是公债呢?公债是指国家为了实现其职能,平衡财政收支,增强政府的经济建设能力,按照有借有还的信用原则,从国内或国外筹集资金的一种方式,是以国家为信用,与国内个人和法人以及外国发生的债务债权关系。我国的公债最早出现在清朝,国外的公债在中世纪开始出现。

公债的种类可从几个角度来划分。

(1) 从公债时间长短来看,公债有短期、中期和长期之分。所谓短期,一般指 3 ~ 5 年;所谓长期,一般指 10 年以上;介于两者之间可谓中期。时期的长短是相对而言的,并无绝对的、严格的界限。国外有一年之内到期的公债。这类公债主要用于弥补当年预算资金调剂的短缺(如上半年用款数大于入库数,那就要用短期公债弥补,下半年入库数大于用款数,再用多余款项归还公债)。有一种长期公债叫永久性公债,债权人无权要求清偿,但永久取息,政府可利用此种公债来调剂财政资金的余缺。当财政发生赤字时,政府发行永久性公债以弥补赤字,而在财政资金充裕时,政府在证券市场上购回之。它的好处是政府没有到期必须还本付息的压力。

(2) 从公债发行的方法来看,公债有自由公债和强制性公债之分。一般说来,公债不同于税收的重要方面就是,税收是强制性的、无偿的,而公债是自由的、有偿的。但当国家财政发生困难,而且又估计到发行公债有困难时,就会有强制摊派公债的做法,或者名义上不是强制摊派而实际上却是强制摊派,这就叫强制性公债。与此相对立的叫作自由公债,人们对公债可买可不买,如同市场上的商品一样,自由选择。既然公债与税收有区别,因此发行公债尽可能不要采取强制性方式。

(3) 从公债用途来看,公债有行政公债和财政公债之分。行政公债也称非生产性公债,筹集的资金用于行政和国防经费等购买性支出,不形成偿债的能力,是消耗性的支出;财政公债也称生产性公债,用于有货币收益的资本项目或虽无货币收益但有明显的社会效益的项目,是一种转移性支出,形成偿债能力。①

(4) 从公债的来源看,公债有内债和外债之分。内债是国家向国内的单位、个人等发行的公债。本国政府向外国政府、银行、企业和个人发行的公债称为外债。外债既包括向国外发行的债券,也包括不用债券形式而向国外借得的各项资金。

(5) 从公债转让的性质来看,公债有可出售公债和不可出售公债之分。所谓可出售公债就是公债可以在证券市场上公开出售,价格可高可低,由市场供求情况来决定。不可出售公债就是只能按期计息,到期还本,不到期不准证券市场上流通。不可出售公债一般是以记名方式发行的,如我国发行的凭证式公债就属此类。从认购者的角度来看,它好像是一种定期存款。

(6) 从公债发行的主体来看,公债可分为中央政府公债和地方政府公债。中央政府公债列入中央政府的预算,主要用于弥补财政预算的赤字,既可以用于购买性支出,又可以用于转移性支出。地方政府公债原则上不可以用来弥补财政预算的赤字,一般用于特殊目的的地方性受益的转移性支出。

国有企业是受政府管辖的,它也发行债券,因从事收益性的商品生产,从主体来看是公债,但从用途来看,更似公司债券。所以,我们把公共企业(国有企业)的债券不列作公债来分析。

(7) 从公债的利率形式来分,公债可分为固定利率公债和浮动利率公债。固定利率公债是公债采用的一般形式,指的是票面利率固定,到期按票面利率计息,不受经济形势影响。浮动利率公债指的是公债发行时对票面利率不予固定,随着经济形势的变化,政府决定票面利率的多少,这在通货膨胀时期有利于政府推销公债。我国在通货膨胀时期,曾对公债实行保值补贴,实际上就是一种浮动利率公债,目的是不使购买公债者因通货膨胀而遭受损失。

公债的形式可谓多种多样。有些国家不仅发行有息公债,而且发行有奖公债。有奖公债更能迎合人们的侥幸心理,以吸引人们更多地购买公债。有奖公债可分有息、无息两种,但即使有息也是低息。

二、公债的性质

我们说的公债一般是指内债。内债就是国家向国内的单位和个人借钱,也就是以国家为信用,用有偿形式向单位和个人筹集资金所形成的一种债权债务关系。国家是债务人,企业、银行、团体和个人是债权人。公债不同于私债,对于私债来说,债务人必须以自己的财富来归还自己所负的债务;对于公债而言,国家本身是没有钱的,要清偿债务(还本付息)必须先向单位和个人征税筹集资金以后才能还给有债权的单位和个人。一个单位和个人可能是纳税人,但不是债权人;也可能是债权人,但不是纳税人;也可能既是纳税人,又是债权人。所以,有人称公债是"自己向自己借钱"、"左手向右手借钱"就是这个意思,因而公债具有独特的性质。

① 偿债能力应当从广义的角度来理解,有货币收益的项目当然具有偿债能力,没有货币收益但具有明显社会效益的项目会使纳税人受益,纳税人愿意而且应当为公债的偿还筹资(纳税)。

1. 公债是一种虚拟的借贷资本

表面上,公债与其他商业借贷活动没有区别。公债体现了认购者与政府之间的债权债务关系。公债在发行期间是由认购者提供闲置资金,在偿付阶段由政府主要以税收收入进行还本付息,因而具有有偿、自愿的特征,表现为一种借贷资本。但事实上,公债与其他借贷资本有着本质的区别,即公债资本并不是现实资本,而只是一种虚拟资本①。公债影响整个社会资本融通,但不会引起社会资本量的变化。对持有者来说,资金的使用权已经转移到政府手中,自己换得的仅仅是一张债权证明。公债如果作为政府弥补财政赤字的主要手段或者用于非生产性支出,那么这些资本本身已经由政府所消耗,不代表任何现实资本。

2. 公债体现了一定的分配关系,是一种延期性税收

公债的发行,是政府用信用方式将一部分已作分配并已有归宿的国民收入集中起来;公债的运用,是政府将集中起来的资金,通过财政支出的形式进行再分配。由于政府本身不创造价值,所以公债的还本付息主要依靠政府税收收入来承担。从一定意义上说,公债是对国民收入的再分配,是一种延期性税收。

三、公债的功能

(一) 弥补财政赤字

通过发行公债弥补财政赤字,是公债产生的主要动因,也是世界各国的普遍做法。尤其是在西方国家,公债更被看作在赤字财政的情况下,稳定经济、提高就业水平和缓解经济危机的有效措施。

用公债弥补财政赤字,实质是将不属于国家支配的资金在一定时期内让渡给国家使用。弥补财政赤字的方式并非只有发行公债。增加税收,使政府财政收入增加到与财政支出相当的水平也是弥补财政赤字的一种方式。但税收的增加在客观上受经济发展速度和效益的制约,如果强行提高税率实现税收快速增长,就会影响经济发展,使财源枯竭,结果是得不偿失。同时,改变税制又要受立法程序的制约,也不易为广大纳税人所接受。政府通过中央银行增发货币,搞财政性发行,或由财政部门向中央银行透支或借款,也是弥补财政赤字的一种方式。但这种弥补方式可能扩大流通中的货币量,使社会购买力的需求超过社会供给,导致通货膨胀的后果。比较而言,以公债弥补财政赤字,一般不会影响经济发展,可能产生的副作用也较小。因为:①发行公债只是部分社会资金的使用权的暂时转移,使分散的购买力在一定期限内集中到政府手中,流通中的货币总量一般不会改变,一般不会导致通货膨胀。②公债的认购通常遵循自愿的准则,通过发行公债获取的资金基本上是社会资金运动中游离出来的部分,也就是企业和个人闲置不用的资金,将这部分资金暂时集中使用,当然不会对经济发展产生不利的影响。

当然,对公债弥补财政赤字的功能不能绝对化,不能把公债视为医治财政赤字的灵丹妙药。因为:①财政赤字过大,债台高筑,还本付息的压力会引致赤字进一步扩大,互为因果,最终会导致财政收支的恶性循环。②社会的闲置资金是有限的,国家集中过多往往会侵蚀经济主体的必要资金,从而降低社会的投资和消费水平。

---

① 虚拟资本是指独立于现实的资本运动之外,以有价证券的形式存在的,能给持有者按期带来一定收入的资本。

（二）调节经济的功能

公债调节经济的功能主要表现在以下几个方面：

1. 调节积累和消费比例关系

公债是对 GDP 再分配的重要手段，通过公债筹资的合理运用，将有效地调整积累和消费比例关系。在消费膨胀，商品供不应求时，发行公债将一部分消费基金转化为积累基金，有利于缓解供求关系，减轻物价上涨压力；在需求不足，商品供过于求时，发行公债并把这部分财力用于消费，将能有力地扩大社会消费规模，使积累和消费的比例向消费一方偏移。

2. 调节投资结构，促进国民经济结构调整

国家发行公债，不仅可以将一部分分散性资金集中起来，从而使这部分资金的使用得到合理引导，减少社会投资的盲目性，而且通过优化财政支出结构，可以使国家的重点建设、基础产业等资金短缺行业得到资金保证，可有力地推动经济结构调整。如自 1998 年我国推行积极财政政策以来，五年中我国累计发行建设公债 6 600 亿元，资金主要投向交通、能源、通信、农业等社会公共领域，并且有效带动了社会各方面的投资，项目投资总规模达到 3.28 万亿元，有力地推动了社会需求和产业升级。

3. 配合中央银行调节货币流通量

市场货币流通量是否合适，对经济的稳定和发展有着重要的影响，国家可以通过中央银行的公开市场业务，调节货币流通量。公开市场业务是指中央银行在证券市场上通过买进或卖出有价证券，控制和影响市场货币量和利率的一种业务，主要是买卖公债。当社会总需求大于社会总供给，出现通货膨胀的时候，中央银行可以抛售公债，回笼货币，减少市场货币量，抑制总需求的增加。当社会总需求小于社会总供给，出现生产过剩的经济危机时，中央银行则可以买进公债，投放货币，增加市场货币量，刺激总需求的增长。通过调节可以减少经济波动对于国民经济的消极影响。

4. 调节社会总供求，促进社会总供给和社会总需求的平衡

当社会总需求大于社会总供给时，国家可以抛售公债并配合增加税收、削减开支等措施，抑制总需求膨胀；当社会总需求小于社会总供给时，国家可以通过偿还或购买公债以及减少税收、增加支出等措施，来增加流通中的货币量或拉动总需求，从而调节社会总供给与社会总需求的平衡。

第二节　公债的发行和偿还

一、公债的发行

公债发行是指公债售出或被投资者认购的过程，是公债运行的起点和基础环节。公债发行主要涉及两个问题：发行方式和发行条件。发行条件包括发行价格、发行利率、发行期限等，其中主要的是发行价格和发行利率。

（一）公债发行方式

1. 固定收益出售方式

这是一种在金融市场上按预先确定的发行条件发行公债的方式。其特点有：①认购期限较短。从公债开盘发售到出售，一般必须在几天（最长为两周）内完成。②发行条件固定。公债的

利率与票面价格相联系固定不变,按既定的发行条件出售。这一既定的发行条件,往往是由财政部门通过事先与有关包销财团谈判或按照金融市场行情确定的。③发行机构不限。金融机构、邮政储蓄机构、中央银行、财政部门等都可以按此方式发行或代理发行公债,但通常以前两种机构为主。④主要适用于可转让的中长期债券的发行。在金融市场利率稳定的条件下,采用这种方式是比较有利的,政府既可据此预测市场容量,确定公债的收益条件和发行数量,也可灵活选择有利的推销时间。

2. 公募拍卖方式

公募拍卖方式也称竞价投标方式,是一种在金融市场上通过公开招标发行公债的方式。其主要特点是:①发行条件通过投标决定,即认购者对准备发行的公债的收益和价格进行投标,推销机构根据预定发行量决定中标者名单,被动接受投标决定的收益和价格条件。②拍卖过程由财政部门或中央银行负责组织,即以它们为发行机构。③主要适用于中短期政府债券,特别是国库券的发行。

公募拍卖方式的优点在于可避免因市场利率不稳,公债发行条件可能与市场行情脱钩,从而预定发行任务不能顺利完成的情况。但政府在发行条件上处于被动地位,尤其是投标利率或投标价格可能过高或过低,因此,在采用这种发行方式的同时,常常要附加某些限制性条件。其中主要的是规定最低标价(出售价格)和最高标价(公债利率),低于最低标价或高于最高标价的投标,发行机构不予接受。

3. 连续经销方式

连续经销方式也称出卖发行法,是由发行机构(包括经纪人)受托在金融市场上设专门柜台经销,是一种较为灵活的发行方式。其特点如下:①经销期限不定。发行机构可无限期地连续经销,直到预定发行任务完成。②发行条件不定,即不预先规定债券的出售价格,而由财政部或其代销机构根据推销中的市场行情相机确定,且可随时进行调整。③主要通过金融机构和中央银行以及证券经纪人经销。认购者直接或通过证券交易所向经销机构递交申请,后者直接或通过证券交易所予以出售。④主要适用于不可转让债券,特别是对居民家庭发行的储蓄债券。

与前两种方式相比,它的主要优点是可灵活确定公债的发行条件及发行时间,从而确保完成公债发行任务。这是因为,金融市场行情往往瞬息万变,公债发行条件与其不适应的情况是经常发生的。只有随时进行相应调整,并灵活选择有利的发行时机,才能提高政府债券的吸引力,吸引社会资金投资,连续经销方式较能适应这样的条件。然而,连续经销方式的优点也正是其缺点产生的根源,这就是它会与民间部门争投资,排挤民间部门的筹资活动,产生所谓“挤出效应”。实际上其他方式也同样存在这个问题,只不过在连续经销方式上表现得更为突出。

4. 直接推销方式

直接推销方式也称承受发行法,是一种由财政部门直接与认购者举行一对一谈判出售公债的发行方式。其主要特点在于:①发行机构只限于政府财政部门,即由它们直接与认购者进行交易,而不通过任何中介或代理机构。②认购者主要限于机构投资者,其中主要是商业银行、储蓄银行、保险公司、各种养老基金和政府信托基金等。个人投资者不能以此种方式认购公债。③发行条件通过直接谈判确定,由财政部所属公债司局召集各个机构投资者分别就预备发行公债的利息率、出售价格、偿还办法、期限等条件进行一对一谈判,协商确定。④主要适用于某些特殊类型的政府债券的推销。

此方式优点突出，就是可充分挖掘各方面的社会资金。因为公债的发行条件通过与各个投资者直接谈判确定，这就为财政部门提供了了解、掌握认购者投资意向的机会，财政部门可据此为各类认购者设计发行条件不同的债券，显然有利于调动、挖掘尽可能多的公债资金来源，而且灵活性较大，可随时根据财政状况确定公债发行量和发行时间。不过，这种方式只能在有限的范围内采用，只适用于发行少数特定类型的债券，只适用于机构投资者。

5. 组合方式

这是一种综合上述各种方式的特点而加以结合使用的公债发行方式。

在某些国家的公债发行过程中，有时可不单纯适用上述任何一种方式，而是将这些方式的其中一些特点综合起来，取其所长，结合运用。例如，英国的公债发行综合了公募拍卖和连续经销两种方式的特点，取其长处，并弥补了各自的不足，且具有了相当的灵活性。

（二）公债发行条件

1. 公债发行价格

公债发行价格，就是政府债券的出售价格或购买价格。在证券市场上，由于受债券供求关系的影响，公债的发行价格往往与公债的票面金额不等。一般情况下，公债的发行价格与公债票面利率成正比，与市场利率成反比。依发行价格与票面金额的对比关系，公债的发行价格可分为三种情况：

（1）平价发行。即公债的发行价格与公债的票面金额相等。平价发行的前提是公债利率与市场利率相等。公债按照面值发行，须具备两个条件：一是公债利率要与市场利率相当。二是政府的信用良好。我国公债基本采用平价发行方式。

（2）折价发行。即公债以低于公债票面金额的形式发行，但到期仍按票面金额还本付息。这种方式一般在公债利率低于市场利率或者通货膨胀严重时采用。折价发行的本质在于提高市场利率，增加投资者发行欲望。

（3）溢价发行。公债的发行价格高于公债票面金额。这种发行价格只有在政府债务信誉极高或者公债利率高于市场利率的情况下才能使用。公债按高于票面值的价格发行，只有在下述两种情况下才能办到：一是公债利率高，高于市场利率以至于认购者认为有利可图；二是公债利率原来大致相当于市场利率，但当债券出售时，市场利率出现下降，以致政府有可能提高债券出售价格。

比较以上三种发行价格，平价发行对政府来说最为有利。首先，采用平价发行，政府可按事先设计的票面值取得预期收入，又按此偿还本金，除按正常的利息率支付一定的利息外，不会给政府带来额外负担，有利于财政收入的管理和预算顺利进行。其次，按照票面值出售债券，不会对市场利率带来上涨或下降的压力，抛开政府经济政策的因素不论，这是有利于经济稳定的，而且债券面额与发行价格一致，还有助于避免债券的投机之弊。溢价发行虽可为政府带来价差收入，但政府将为此承受高利支出，而且其收入不规律，不利于财政收支的计划管理。折价发行实质上是为解决财政困难而尽快筹集经费的一种方法。它使政府所负担的偿还本金的数额大于实收数，政府负担过重，对国家财政是不利的，而且还可能影响市场利率的稳定。

2. 公债发行利率

所谓公债利息率，即政府因举债所应支付的利息额与借入本金之间的比例。影响公债发行利率的因素，一般有以下几种：

(1) 金融市场的利率水平。公债利率原则上必须依据金融市场的利率来决定,要与金融市场上的利率水平相一致。如果公债利率过低,则难以发行;但反过来如果过高,则增加国家负担,而且还可能引起市场利率上升,妨碍工商业的发展。

(2) 政府信用状况。公债利率也应按照政府信用的状况决定。具体地说,政府信用良好,公债利率可相应较低。政府信用不佳,公债利率只能较高。否则,不是会加重政府债息负担,就是会阻滞公债顺利发行。

(3) 社会资金的供给量。公债利率的高低与市场资金供给量有密切的关系。一般来说,社会资金供给量充足,公债可相应下调。社会资金供给量匮乏,公债利率便需相应上调。否则,有可能使国库承受不必要的利息支出或使公债发行不畅。

(4) 国家的宏观调节政策。为了充分发挥公债调节经济的作用,必须根据经济的需要,相应地调整公债利率。当社会总需求大于总供给,货币供应量过多,物价上涨时,国家执行紧缩的货币政策和财政政策。与此适应,应该提高公债利率,扩大债券发行,以实现减少流通中的货币量,控制需求的目的。反之,则应降低公债利率。

(5) 物价指数。当存在比较严重的通货膨胀时,现有公债的利率如低于通货膨胀率,则会使公债不断贬值,使债权人蒙受经济损失,从而影响公债的信誉。为了维护公债信誉和债权人的利益,有利于债券特别是中长期债券的发行,应该采取公债保值措施,实行公债利率与物价指数挂钩的浮动利率办法。

二、影响公债发行规模的因素

公债的发行规模,也就是每年发行的数额,是由多种因素决定的,其中较为重要的有:宏观经济环境、预算收支差额、公债还本付息、政府承受能力及社会应债能力。

(一) 宏观经济环境

现代经济的财政预算不再是仅仅满足政府开支的要求,更重要的是作为宏观经济的调控手段而存在。当国民经济不景气的时候,政府就会实行扩张性的财政政策和货币政策,以刺激有效需求。此时,公债可以充当财政政策和货币政策的工具,发挥其应有的作用。作为财政政策的工具,发行公债后,使社会闲置不用的资金转化为投资和消费,从而达到扩大内需的作用。作为货币政策的工具,政府利用公债的吞吐,调节货币的供应量,当社会需求不足的时候,政府可以购入公债,放出货币,扩大货币供应,从而刺激经济复苏。

(二) 预算收支差额

恩格斯曾经说过:“随着文明时代的向前进展,甚至捐税也不够了;国家就发行期票,借债,即发行公债。”[①]税收是根据税收立法征收的,具有相对稳定性,不能因为满足财政支出需要而对税法朝令夕改,所以,当收不抵支时,公债就可以用来抵补支大于收的差额。

当然,解决收不抵支的方法不只是发行公债一种,还有其他方法。比如,动用历年财政结余;增产节约,增收节支;国外借款。动用历年财政结余的前提是要有财政结余,我国1950—1998年的49年中,财政形成结余的年份有20年,累计的赤字额大大超过结余额,因此,动用财

① 马克思恩格斯选集.4卷.人民出版社,1995:171.

政结余无从谈起。增产节约,增收节支当然是一种办法,但它有两个缺陷:一是增收节支的潜力可能有限;二是可能与宏观调控的意图相反,因为在经济疲软时,为刺激经济可能要强调减收增支。国外借款也不是轻而易举的事。看来,发行公债是比较切实可行的。

(三) 公债还本付息

随着我国公债规模的日益扩大,其还本付息数额也在逐渐增加,如表 13-1、表 13-2 所示。从表中可以看出:1990 年公债发行额是 375.45 亿元。2003 年公债发行额是 6 153.53 亿元,约是 1990 年的 16.39 倍。1990 年的还本付息额是 190.07 亿元,2003 年还本付息额是 2 952.24 亿元,约是 1990 年还本付息额的 15.53 倍。目前每年公债发行额是由预算赤字加上公债还本付息额来确定的。

表 13-1 我国财政债务发行情况

单位:亿元

年 份	合 计	国内债务	国外借款	国内其他债务
1990	375.45	93.46	178.21	103.78
1991	461.40	199.30	180.13	81.97
1992	669.68	395.64	208.91	65.13
1993	739.22	314.78	357.90	66.54
1994	1 175.25	1 028.57	146.68	
1995	1 549.76	1 510.86	38.90	
1996	1 967.28	1 847.77	119.51	
1997	2 476.82	2 412.03	64.79	
1998	3 310.93	3 228.77	82.16	
1999	3 715.03	3 702.13		12.90
2000	4 180.10	4 153.59	23.10	3.41
2001	4 604.00	4 483.53	120.47	
2002	5 679.00	5 660.00		19.00
2003	6 153.53	6 029.24	120.68	3.61
2004	6 879.34	6 726.28	145.07	7.99
2005	32 614.21	31 848.59	765.52	
2006	35 015.28	34 380.24	635.02	
2007	52 074.65	51 467.39	607.26	
2008	53 271.54	52 799.32	472.22	
2009	60 237.68	59 736.95	500.73	
2010	67 548.11	66 987.97	560.14	
2011	72 044.51	71 410.80	633.71	
2012	77 565.70	76 747.91	817.79	
2013	86 746.91	85 836.05	910.86	
2014	95 655.45	94 676.31	979.14	
2015	106 599.59	105 467.48	1 132.11	

注:从 1999 年开始,国内其他债务项目为债务收入大于支出部分增列的偿债基金。

资料来源:国家统计局网站 2016 年统计数据。

表 13-2　1990—2005 年我国财政债务还本付息支出　　单位:亿元

年　份	合　计	国内债务还本付息	国外债务还本付息	归还向中国人民银行借款的利息	债务收入大于支出部分增列偿债基金
1990	190.07	113.42	68.21	8.44	
1991	246.80	156.69	80.22	9.89	
1992	438.57	342.42	80.26	15.89	
1993	336.22	224.30	89.22	22.70	
1994	499.36	364.96	107.17	27.23	
1995	882.96	784.06	71.69	27.21	
1996	1 355.03	1 266.29	60.76	27.98	
1997	1 918.37	1 820.40	70.76	27.21	
1998	2 352.92	2 245.79	76.60	30.53	
1999	1 910.53	1 792.33	90.99	27.21	12.90
2000	1 579.82	1 552.21	27.61		3.41
2001	2 007.73	1 923.42	84.31		
2002	2 563.13	2 467.71	95.42		19.00
2003	2 952.24	2 876.58	75.66		3.61
2004	3 671.59	3 542.42	129.17		7.99
2005	3 923.37	3 878.51	44.86		

注:从 2000 年起,本表中均为债务还本支出,从 2006 年起实行国债余额管理。

资料来源:国家统计局网站 1991—2006 年统计数据。

(四) 政府承受能力及社会应债能力

公债既然是一种债务,债务的数量就涉及债权与债务两方面的能力。从政府的角度看,主要是对债务的承受能力,负担过重,势必加重纳税人的负担;从债权人的角度看,主要是看是否有购买政府发行的公债的能力。因此,公债发行的数量界限,应该是发行一方与承购一方各种因素综合制约的结果。

有两个指标可以从某个侧面反映公债发行规模的适当程度。一是公债的负担率。即公债余额占 GDP 的比率。它表示国民负担公债的情况,也表示公债的增长和国民生产总值增长的关系。目前,OECD 国家主要使用这个指标。这个指标的设计主要是从宏观经济的整体来考察政府对赤字和债务的承受能力。发达国家的公债负担率一般以不超过 45% 为宜。二是公债依存度,即债务发行额占当年财政支出或中央财政支出的比重。它主要说明政府的承受能力。表 13-3 显示了高收入国家 1991—1995 年公债依存度的情况,表 13-4 显示了发展中国家在这 5 年公债依存度的情况。表 13-5 显示了我国 1990—2004 年的公债依存度。从表 13-3 和表 13-4 中可以看出,高收入国家的公债依存度较低,一般在 12% 左右,而发展中国家的公债依存度相对较高,一般超过 20%。与之相比,我国近年来的公债依存度明显偏高。由于公债是由中央政府支配的,更为确切反映政府负债状况的是中央财政公债依存度。自 1992 年以来,中国中央财政依存度超过了 50%,也就是说,在中央财政支出总额中,大约一半以上需要靠债务收入筹资,不能不说中国政府负债程度已经很高了。

表 13-3 1991—1995 年高收入国家公债依存度 单位:%

国别	1991	1992	1993	1994	1995
法国	2.2	9.1	12.6	10.9	11.1
德国	3.6	0.2	–	5.1	–
英国	5.1	10.7	15.2	15.4	12.7
意大利	25.2	25.0	25.9	25.5	19.8
澳大利亚	12.5	10.4	9.5	8.1	6.4
挪威	3.6	7.5	6.7	5.5	–
奥地利	9.8	5.8	9.4	9.7	8.6
瑞士	16.7	25.6	42.1	20.1	17.3
高收入国家平均水平	9.7	11.9	15.2	12.4	12.7
世界平均水平	15.2	16.3	18.9	17.4	17.9

资料来源:IMF. International Financial Statistics 1998.

表 13-4 1991—1995 年发展中国家公债依存度 单位:%

国别	1991	1992	1993	1994	1995
印度	25.2	25.1	35.7	27.9	29.1
巴基斯坦	25.8	25.8	26.2	19.3	18.4
南非	20.7	18.8	25.5	23.4	16.3
斯里兰卡	15.8	13.6	17.8	23.9	17.3
希腊	39.4	46.8	43.9	57.3	49.3
匈牙利	8.2	13.4	10.9	8.5	7.3
土耳其	23.9	19.3	23.0	25.3	23.0
马达加斯加	6.3	17.4	9.2	12.0	–
阿根廷	9.7	6.9	10.2	5.1	–
发展中国家平均水平	18.7	20.6	22.4	22.4	23.0

资料来源:IMF. International Financial Statistics 1998.

表 13-5 1990—2004 年中国公债依存度 单位:%

年份	财政总支出(亿元)	公债发行额(亿元)	国家财政公债依存度(%)	中央财政公债依存度(%)
1990	3 083.59	375.45	12.18	37.38
1991	3 386.62	461.40	13.62	42.30
1992	3 742.20	669.68	17.90	57.22
1993	4 642.30	739.22	15.92	56.34
1994	5 792.62	1 175.25	20.29	66.99
1995	6 823.72	1 549.76	22.71	77.67
1996	7 937.55	1 967.28	24.78	91.45
1997	9 233.56	2 476.82	26.82	97.80
1998	10 798.18	3 310.93	30.66	105.93
1999	13 187.67	3 715.03	28.17	89.47
2000	15 866.50	4 180.10	26.35	75.73
2001	18 502.58	4 604.00	24.88	79.82
2002	22 053.15	5 679.00	25.75	83.86
2003	24 649.95	6 153.53	24.96	39.29
2004	28 486.89	6 879.34	24.15	37.64

注:从 2006 年起实行国债余额管理。

资料来源:根据《中国统计年鉴(2005 年)》有关数据计算。

三、公债的偿还

既然是债务,当然是要偿还的。而且,公债是以国家的信用作为担保的,所以,只要国家(不是政府)存在,公债的偿还是不成问题的。公债虽然偿还的本金和利息都是固定的,但作为政府来讲,何时偿还、采用何种方式偿还是有选择余地的。公债的偿还方式主要有以下几种:

(一)一次偿还法

一次偿还法,是指政府对发行的公债实行到期后按票面额一次全部兑付本息的方法。

这是一种传统的偿还方式,其优点是公债偿还管理工作简单易行。缺点是在缺乏保值措施的情况下,债券持有人容易受到通货膨胀的影响,而且集中一次还本付息,有可能造成财政支出的急剧上升,给预算平衡造成压力。

中国自1985年以后向个人发行的国库券及政府的其他债券(如国家重点建设债券、保值公债、特种公债等)大部分都是采用这种方式办理还本付息的。

(二)市场购销法

市场购销法,是指政府根据公债市场行情,适时购进某种公债券,定期或不定期在该债券到期之前逐步清偿的一种偿付方式。这种方式的优点是给投资者提供了中途变现的可能性,并有利于维护公债市场的价格。其缺点是政府需要为市场购销进行大量繁杂的工作,业务成本较高。这是西方国家公债偿还的重要方式,在中国尚未尝试。这种方法只适用于各项期限的上市公债,并以短期公债为主。

(三)分次偿还法

分次偿还法,是指政府对所发行的公债,采取分期分批的方式偿还本息。

依据对偿还时间的决定方式不同,分次偿还法可分为以下两种:①分期偿还法。即对一种公债分几期偿还,每期偿还一定比例,直到债券到期时本息全部偿清。这种偿还方式可分散公债偿还对财政的压力,但手续繁杂、工作量大,债务管理费用过高。②抽签偿还法。即在公债偿还期内,采取定期专门抽签的方法确定应偿还债券的号码,如约偿还的一种方法。抽签又可分为一次性抽签和分次抽签两种。我国1981—1984年发行的四期国库券,就采用了一次抽签法,而1954—1958年发行的国家经济建设公债,则采用了分次抽签法。

(四)以新替旧法

以新替旧法,是指政府通过发行新债券来兑付到期的旧债券,以达到偿还公债目的的一种方法。

这种方法既延长了投资人持有公债的时间,又使到期的政府债务后延。其优点从财政的角度看,增加了筹措还债资金的灵活性,因为未来到期公债既可用一般预算资金来偿还,又可通过发行新债来偿还。从债券持有者的角度看,只要其认为有利,便可拥有继续持有政府债券的优先权。缺点是如果经常使用这种偿还方式,很可能会损坏政府的信誉。

以上公债的偿还方式各有利弊,应当运用哪种,要看理财者的理财水平和运用是否得当。如果能因时制宜地灵活运用,便可获得较好的结果;如果仅拘泥于某一种方式,结果可能就很差。

第三节　公债的负担

一、公债负担的内涵

公债负担有广义和狭义之分。广义的公债负担是指公债造成的经济负担，即公债造成社会生产总量的损失。狭义的公债负担是指公债对政府形成的债务负担，即公债必须承担的本息偿还。公债负担可以从以下五个方面来具体分析。

（一）公债认购者的负担

公债作为认购者使用权的让渡，虽是暂时的，但由于在公债偿还之前，认购者不再拥有资金的使用权，因而对其经济行为会产生一定的影响，所以，公债的发行必须考虑认购者的负担能力。

（二）政府的债务负担

公债最终是要还本付息的。尽管政府利用借债获得了财政收入，但偿还公债属于一种财政支出，政府借债的过程也就是政府公债负担的形成过程。所以，政府借债必须考虑自身偿还能力，量力而行。如果债务过大，就有可能产生债务危机。

（三）纳税人的负担

不论公债资金的流向和效益如何，公债的偿还最终还得依靠税收，这必然会形成纳税人的负担。马克思就是从这个角度得出公债是一种延期税收的结论。纳税人的公债负担包括两个层次：一是因政府的偿债需要而造成的课税数额增加；二是由于政府增加课税，给经济活动带来的超额负担。这都会影响纳税人的实际福利水平，并产生再分配效应。①

（四）社会负担

由于政府支出的公共性，决定了社会生产流通中的一部分资金会通过公债机制转作非生产用途。长期的政府债务必将对该国的资本积累带来实质性损害。第二次世界大战后，西方国家盛行凯恩斯主义，奉行财政赤字和巨额举债的财政政策，其结果是大大削弱了西方国家的经济实力。这表明公债负担也是一个政府是否为了确保目前社会福利，而牺牲长期经济发展利益的政策性问题。

（五）公债的代际负担

由于有些公债的偿还期较长，使用效益又低，政府会通过借新债还旧债和举借长期债务的方式，把偿债时间向后推移，让下一代人来承担还债的责任，这样就会产生公债负担的代际转移问题。如果转移债务负担的同时利用公债为后人创造了更多的财富或奠定了创造财富的基础，这种债务负担的转移就是正常的；如果留给后人的只是净债，而公债收入已经消费掉了，这种债务负担的转移就是不正常的，形成真正意义上的代际负担。

---

① 李友元，姜竹，马乃云．财政学．北京：机械工业出版社，2006.

二、公债负担的数量界限

公债既然是“自己向自己借债”，是否债务多少就无所谓呢？债务负担是否应当有一个数量界限呢？

公债是由于国家入不敷出引起的，是用以弥补预算赤字而采取的一项措施。尤其是当一个国家发生战争时，开支剧增，国家就会被迫发行公债。这时，公债常常被人们认为是一种应急措施和权宜之计。由此来看，似乎没有公债比有公债好，少比多好，发行公债是不得已的。这种看法是一种传统的观点。后来，有许多经济学家认为公债的作用是多方面的，有时候有公债比没有公债好，公债多比公债少好。两种观点针锋相对。

人们往往是以公债的绝对发行数额来看问题的。一谈到公债就会说今年发行了多少亿元的公债，累计已有多少亿元的公债等。我们认为，以一个绝对的数额来衡量公债的负担情况是不正确的，如果以一个相等的绝对数额作为每年发行公债的依据，那更是错误的。

我们在前面已经说明了我国公债逐年递增的情况，为使分析简便起见，我们举一个简化的例子。比如，我国每年发行公债 40 亿元，为期 5 年，第 6 年还本（暂假定不计利息），那么第 6 年开始在国家的债务收支账上会出现如表 13-6 所示的情况。

表 13-6　公债净发行情况　　单位：亿元

年　次	第一年	第二年	第三年	第四年	第五年	第六年	第七年	第八年	第九年	第十年
发　行	40	40	40	40	40	40	40	40	40	40
偿　还						40	40	40	40	40
净发行	40	40	40	40	40	0	0	0	0	0

从表 13-6 来看，我国每年发行 40 亿元的公债，在前 5 年的确起到了通过发行公债聚集财政资金的作用。但是，从第 6 年起，由于要偿还债务，每年也是 40 亿元，发行额与偿还数相抵，净发行数为零。如果我们再考虑到利息因素，国家债务收支表还会出现负数。当然，这样的一收一支（如同财政的一收一支）有其调节经济的作用，可是，从国家聚集资金的角度看问题，等于没有新的公债发行。由此可见，国家想要每年从发行公债中筹措到财政资金，每年公债发行的绝对额应当是呈递增趋势的，只有这样，才能做到发行额大于偿还额，债务收入大于债务支出，净发行额为正数。由此来看，债务递增是正常的。

公债的负担可以从购买公债、使用公债和偿还公债的具体环节来考察。从购买公债的环节来看，只要认购公债者不是被迫认购的，对购买公债者就不会造成负担。虽然公债与储蓄、公司债券是有明显区别的，但从投资的角度，都是可供选择的投资工具。公债也是一种生息的投资工具（在我国，现行发行的公债的利率通常要比相同期限的定期储蓄高），所以，投资者购买公债是其在衡量了收益与风险后的理性选择，不会成为其负担。

从使用公债的环节来看，政府利用公债筹措到了一笔资金，这就要看筹措这笔资金的必要性及使用这笔资金的具体效果。如果政府利用公债的效果很差，基本上是用于既无经济效益又无社会效益的消耗性的政府开支上，这就既有“挤出效应”，又会给社会造成负担，即本来这笔钱可以用于产生较好社会效益和经济效益的项目上。可见，所谓公债负担，要看公债产生的社会经济效益是否小于其机会成本，倘若是肯定的，那就存在公债负担，反之就不存在。

从偿还公债的环节来看,政府虽然是偿还公债的主体,但政府本身不产生收入,政府的收入来源于税收,也就是从单位和个人那里征集得来的税收。从政府的角度看,政府无所谓负担问题,因为它一方面向单位和个人借钱,另一方面又向单位和个人征税,用征收到的钱还债。显然,如果没有公债的话,纳税人本来不会缴纳这么多的税。从这个角度看,对纳税人产生了负担。

对纳税人是否真的造成了负担,就要对使用公债所产生的效益与其成本(公债的还本付息额)进行比较。诚然,政府使用公债,主要是用于提供公共产品,不用于私人商品的生产,这给公债使用效果的评价带来很大的困难,因为它缺乏货币计量的手段。但是,从理论上进行这种比较,仍然是必要的。从总体上看,如果公债产生的社会经济效益大于其成本(从纳税人那里征收到的还本付息的税收额),公债的净效益是正数,不存在公债的总体负担问题。反之,就存在公债的负担问题。但不存在总体负担问题不等于每个纳税人都不存在负担问题。只有在每个纳税人为还本付息所缴纳的税款与其从公债所产生的效益相对称的情况下,纳税人才不存在公债负担问题。要做到这一点,政府就必须根据公债使用受益原则征税。但这在实际中是不太可能实现的事。因为公债在实际中往往是作为弥补预算收入不足的一种手段,不是一种定向使用的资金。税收往往是根据能力原则征收的。所以,公债的受益者与公债的负担者(缴纳还本付息的纳税人)是不对称的。承认公债的受益者与公债的负担者的不对称,既是实际的,又是有益的。

第一,政府应当慎用公债。按受益原则征税的好处是纳税人比较关心税收的使用效果,征税的多少比较容易受到纳税人的制约,避免过度征税。按能力原则征税,就会使政府征税脱离实际的需要,实行多收入多征税,容易造成资金使用的浪费。公债因脱离受益原则,也会发生同样的问题。政府可能因一味满足预算需要而增发公债,当还债时,根据能力原则增加税收,不易对公债规模控制。从此角度对公债的认识对执政者慎用权力是有好处的。

第二,利用公债实行收入再分配。公债尽可能地要做到专款专用,用于具有明显社会效益和经济效益的公共工程上去。如果公共工程主要使贫困地区的人口受益,则为低收入的人们提供了较高水准的公共产品,超过了其对国家所尽的义务(纳税),有利于缩小贫富地区的收入差距,实现公平的目标。与按能力原则征税相配合,收入再分配效应更为明显。

第三,尽可能使公债项目的使用者与公债的偿还者挂钩。如果公债用于具有排斥性和竞争性的私人商品的生产(因私人不愿冒风险,或投资数目过大无力承担),或者用于准公共产品,实行收费原则又不影响效率,则可以用价格和收费手段,用使用者支付的价格和费用来偿还公债,其效果类似于公司债券,这是不产生公债负担的最佳办法。

第四,要考虑公债代际负担问题。短期公债一般不会发生公债代际负担问题,比如,三年期或五年期公债,人们可能既是公债的认购者,同时又是公债的偿还者。一个人三年前购买了三年期的公债,现在到了还本付息的时候,他向政府缴纳了税收,政府把一部分钱用于偿还公债,所以,这个人具有公债认购者和偿还者的双重身份,不存在公债代际负担的问题。长期公债就可能会发生公债代际负担问题。

从具体偿还公债的归宿来看,可能存在公债代际负担问题。真正是否存在公债代际负担问题要看公债的实际使用效果。如果公债用于公共工程,并取得了很大的社会经济效益,使前人发行的公债给后人提供了更多的物质基础[①],"前人栽树,后人乘凉",这种公债代际负担只是形式上的,而不是实质性的。反过来,政府把用公债筹集的资金用到消耗性的项目,使后代本来应当得到更多的物质基础因公债的消耗性行为而没有得到,前人不栽树(甚至还砍树),后人怎能乘凉?这是真正的公债代际负担。

存在这样的一种可能性,就是公债的资金来源是人们本来要用于消费的钱,由于购买了公债就减少了人们的消费,而政府的消费行为是对人们消费行为的替代。从这个逻辑看,似乎不存在公债代际负担的问题。但是,人们购买公债一般是一种投资行为,来源于储蓄基金,而不是来源于消费基金。除非是政府强迫人们"购买"公债。即使存在这种情况,一般来说,人们消费所得到的效用要比政府消费的效用大得多。

下面我们从公债的资金来源是储蓄基金的角度进一步讨论公债代际负担问题。假定整个社会的总供给与总需求是平衡的,储蓄基金都转化为投资基金。公债是否造成公债代际负担,就要将公债的资金成本与公债的使用效果进行比较。公债的资金成本就是它本来可以用在私人商品生产上的收益率,也就是它的机会成本,公债的使用效果就是看它的收益率。诚然,公债如果用于提供纯公共产品的话,可能没有货币收益率,如果用于提供准公共产品的话,可能货币收益率很低。公债的成本与效益的比较,从理论上需要把私人商品生产的货币收益率和公共产品生产的实际效果折算成统一的可比较的社会收益率。也就是把两种生产的外部性(有利的和不利的)都考虑在内。私人商品生产需要更多考虑它对社会造成的不利外部性,因此,它的社会收益率往往是它的货币收益率减去它对社会造成的不利影响(成本)。公共产品生产需要更多考虑它对社会的有利外部性(不然就不成为公共产品了),它的社会收益率是它的货币收益率(如果有的话)加上它对社会的有利外部性。有了统一的可比较的社会收益率,两者就可以比较了。如果公债的社会收益率大于私人商品的社会收益率,那就不存在公债代际负担的问题;如果公债的社会收益率小于私人商品的社会收益率,那就存在公债代际负担的问题。两者之间的比较,也可以从理论上量化公债代际负担的大小。

讨论公债的代际负担问题的现实意义就是要谨慎发行和使用公债。政府的投资行为不会像私人那样受到两方面的制约:一是可用资金(预算)的制约;二是收益率的制约。政府可以利用其权力发行公债筹集所需的资金。如果人们缺乏购买公债的热情,政府可以提高公债利率作为手段,以吸引公债的购买者。当还本付息时,政府无须研究公债使用的实际效果,只要向人们征税即可,这容易造成公债使用的浪费。

三、对公债宜做相对数的控制

债务递增,势必造成债台高筑。私债可能因债台高筑而倾家荡产,公债递增虽有客观的原因,但如果没有一个恰当的额度控制,也会"出格"。发行公债的绝对额究竟多少合适,要看人们的负担能力。人们的负担能力大,发行公债的绝对额可以大一些;人们的负担能力小,发行公债的绝对额则要小一些。例如,一个人每月工资 100 元,每月向他借 5 元,他尚可支配 95 元用于即

① 恐怕还要包括非物质基础,比如,在人口众多的中国,把公债用于环境保护的教育、计划生育的宣传等,使后代具有良好的环境保护意识和较轻的人口膨胀压力,这虽然"看不见、摸不着",却是造福后代的大好事。

期消费,对他的生活影响不大;如果每月向他借 15 元,他就只有 85 元可用于即期的消费,也许会使他的生活受到影响。从债务人的角度来看,分析的结论应当是一样的,债务占其总收入的比重小,负担就显得轻松一些;债务占其总收入的比重大,负担就显得重一些。公债的负担能力也必须看公债占国民收入的比重。表 13-7 是 1990—2015 年我国公债负担率的基本情况。

表 13-7　1990—2015 年我国公债负担率情况

年　份	公债余额(亿元)	国内生产总值(亿元)	公债负担率(%)
1990	890.34	18 547.9	4.80
1991	1 337.71	21 617.8	6.19
1992	1 545.44	26 638.1	5.80
1993	1 844.70	34 634.4	5.33
1994	2 832.85	46 759.4	6.06
1995	3 829.46	58 478.1	6.55
1996	4 945.72	67 884.6	7.29
1997	6 074.51	74 462.6	8.16
1998	7 862.33	78 345.2	10.04
1999	10 410.60	82 067.5	12.69
2000	13 010.00	89 442.2	14.55
2001	17 268.00	95 933.3	18.00
2005	32 614.21	183 867.9	17.74
2006	35 015.28	210 871.0	16.61
2007	52 074.65	266 422.00	19.55
2008	53 271.54	316 030.34	16.86
2009	60 237.68	340 319.95	17.70
2010	67 548.11	399 759.54	16.90
2011	72 044.51	468 562.38	15.38
2012	77 565.70	540 367.4	14.35
2013	86 746.91	595 244.4	14.57
2014	95 655.45	643 974.0	14.85
2015	106 599.59	685 505.8	15.55

资料来源:根据相关年份《中国统计年鉴》《中国财政年鉴》数据计算,2002—2004 年数据缺失。

从表 13-7 可以看出,我国公债余额占国民收入的比重,或称公债负担率逐年有所提高,从 1990 年的 4.8% 上升到 2001 年的 18%。这个数字与其他国家相比较,负担是不算重的。世界上许多国家都在 20%—40%。国际公认的警戒线是 20%。不过究竟发行多少,首先要考虑公债发行的目的和预期效果,负担率大小可作为一种经验数据,以此作为制约条件。只要公债有利于国民经济增长,或者至少不影响国民经济增长,那么,随着国民收入增长比例大于公债绝对额增长比例,公债的负担率会趋于下降,不必对公债发行额的绝对额增长忧心忡忡。

在研究公债负担方面,值得注意的一个问题是,不仅需要从总量上进行负担分析,即公债占国民收入的比重和平均每人占有的公债量,而且还需要研究不同收入水平的人们所占有的不同公债量。很明显,一个年收入 1 000 元的人和一个年收入 500 元的人都有 10 元公债,两个人的负担率是不同的,一个是 1%,另一个是 2%,这说明公债宜采用自由认购的方式。在正常的情况下,收入水平较高的人会多认购一些,收入水平低的人会少认购一些。假如水平低的人多认购一些公债,只要是自愿的,他也不会自感负担很重;反之,用强制性摊派的办法,即使收入水平高的人,也会感到公债负担较重。负担不仅是指实际的货币比例,还有心理因素。

第四节　公债的社会经济效果

一、公债的是非曲直

公债,以往总是遭到古典经济学家反对。亚当・斯密就曾力陈举债的弊端,认为举债会使本来可以用于生产的钱转而用于消费者开支,结果使国家衰弱。这种说法是有一定的道理的。在亚当・斯密时代,资本主义正处于自由竞争时期,生产过剩情况并不严重,突出的问题是资本主义生产要求得到迅速发展,而政府举债筹措来的钱基本上用于维持国家机器的开支,结果会使积累减少,使社会生产的物质基础受到影响。

现代的理财家并不一味反对举债,有的还极力主张举债。赞成举债的理由有两个:一是举债得来的钱并不一定用于非生产性开支,也可以用于生产性开支;二是可以刺激消费,间接地促进生产。这两方面都会有利于充分就业。主张举债的西方经济学者主要是根据资本主义社会存在储蓄过多、生产过剩的情况提出来的,当代资本主义国家的经济情况与亚当・斯密时代有明显的不同。

我国在实行市场经济后,究竟应该不应该举债呢?公债的是非标准在哪里?

公债有利有弊。我们需要弄清楚:在什么情况下,公债对国民经济是有利的;在什么情况下,对国民经济是不利的。我们需要从公债的经济效果来考察。

公债最主要的作用是扩大财政开支。财政收不抵支,为使支出预算不致收缩,办法之一就是发行公债。这样,本来不能够开支的公共支出项目,因为有了公债而能够开支。现在的问题是要研究扩大公共支出的实际效果对社会总需求的影响程度以及公共开支的具体经济效益。公债的来源主要有两方面:一是个人基金;二是企业基金。公债的用途也有两个方面:政府的经常性支出和政府的资本性支出。公债起到了个人基金、企业基金向政府的经常性支出和资本性支出转换的作用。

个人基金基本上用于消费,企业基金主要用于投资,个人基金也可以理解为消费基金,而企业基金可以理解为投资基金。公债在一定程度上摆脱了"以收定支"或"以支定收"的制约。在经济不景气的时候,如果能把个人和企业存而不用的钱转作公共开支,则对于经济扩张有刺激作用,能缓和社会总供给大于总需求的矛盾,起到振兴经济的作用;反之,当经济处于扩张时期,如果再把个人和企业一部分存而不用的钱转作公共开支,则会使经济发展过猛,导致通货膨胀。所以,公债要对国民经济起积极的作用,要满足两个条件:一是从来源上看,个人和企业有真正存而不用的钱;二是国民经济呈萎缩趋势。这部分内容在本书分析宏观财政政策时,再进行具体介绍。

在许多情况下,公债的来源并不是个人和企业存而不用的钱,个人和企业如果不购买公债,这部分钱或许不久就用于消费,或者由银行转换为投资。一笔钱,对于企业和个人来说不能两用,由于购买了公债,就不能再用于个人和企业的消费和投资了。这就是所谓的"挤出效应"。那么,这种公债对国民经济的萎缩或扩张就起不了多大的作用。这里就产生一个问题:公债往往是多此一举的行为吗?这需要进一步分析。我们假定有这样三种情况:

第一种情况:公债均来自于个人消费基金,而公债的用途均用于政府的资本性支出。这显然反映了消费基金向积累基金的转换。这种公债是“生产性”的，社会可以用这笔钱来扩大再生产，使社会物质生产基础得以扩大，有利于国民经济快速增长。但是否绝对好呢？不一定。这要具体研究当时国民经济积累与消费的比例是否协调。如果生产资料市场供应充沛，呈现买方市场，那么举债扩大政府的资本性支出就会一举两得，既有利于社会物质基础扩大，又有利于消费品市场供应紧张状况缓和；反之，如果生产资料市场供应已趋于紧张，那么举债扩大政府的资本性支出就会使基本建设战线拉得过长。

第二种情况：公债均来自于企业的投资基金，而公债的用途均用于政府的经常性支出。这种情况与第一种情况相反，反映了从生产基金向消费基金的转换过程。很显然，在一般场合，这是需要避免的，因为不利于社会物质基础扩大，会影响国民经济长期增长。不过，如果投资市场供应压力过重，那么适当转移一部分资金到消费市场去，会有利于社会物资的总体平衡。

第三种情况：公债来源的两个部分与公债开支的两个部分正好相对应。这对于整个社会积累与消费的比例关系不会发生什么影响，因为整个社会的消费基金总量、积累基金总量都不因公债而改变，所影响的是两类不同基金内部的比例调整。从消费基金来看，涉及个人与国家的关系问题。究竟如何处理个人与国家、企业与国家的关系，涉及面很广，要进行社会效益的综合分析才能得出结论。

上述三种情况的分析告诉我们：在一般情况下，第一种情况发行的公债是比较有利的；第二种情况发行公债是要注意避免的；第三种情况有点“中性”，要研究发行公债的原委以及社会效益的得与失。对于公债的用途来说，无论是这三种情况中的哪一种情况，都要求做到节约而有效地使用资金，追求最大的经济效益。

二、公债的财政效果

政府如果不向社会公众发行公债，政府的支出必须通过政府的税收（或收费）来筹措。政府的支出如前所述可分为购买性支出和转移性支出。这两种支出虽然都是支出在当期，但受益的时期是不一样的。政府的购买性支出是用于政府的日常经费开支，比如行政经费和国防经费，行政管理和国防都可以列入公共产品的范围，但受益的时期是当期，并不会对后代造成什么影响。政府的转移性支出则是形成物质基础的支出，受益的时期可能是跨期的，甚至当期不能受益，后代却受益匪浅。

从政府筹集资金来源看，税收是无偿的，纳税人缴纳的税收为的是保证政府的各项开支。纳税人缴纳的税收与其从公共产品中得到的益处并不一一对应，原因是税收的主要部分是根据能力原则征收的。各级政府征集得来的税收，既可用于政府的购买性支出，又可用于政府的转移性支出。公债是有偿的，政府把公债筹措得来的钱进行支出安排，同样既可用于政府的购买性支出，又可用于政府的转移性支出。在实际工作中，公债往往是一种弥补财政收入不足的手段。两种筹资的来源不同，但用途是不分的，合二为一，统筹安排使用。从纳税人的立场看，把税收看作一种义务，虽然希望纳税越少越好，但一般不把缴纳的税收与使用这些数量的税收得到的益处相对照。所以，政府正是利用这一点，可以调高或调低税收水平。显然，公债的有偿性是以政府在偿还公债时能筹集到足够的税收为前提的。从这个意义上分析，公债是一种延期的税收，就是将跨期的收入用于当期的预算支出。

于是就提出这样一个命题，就是政府的购买性支出不宜由公债来筹措。从代际的角度看，为不使税收负担跨期，税收应实行同代受益原则，也就是不要造成公债代际负担，既不要后代人替当代人负担，也不要当代人为后代人负担。政府的经常性开支原则上应用税收来筹措，这意味着当代人缴纳的税收用于使当代人受益的公共产品(政府的购买性支出)。如果政府的税收被用于政府的转移性支出,这说明当代人为后代人负担;如果政府的公债被用于政府的购买性支出,这说明后代人为当代人负担。可见,根据同代受益原则,税收原则上应用于政府的购买性支出,而公债原则上应用于政府的转移性支出。

我们前面已说过,在实际的财政实践中,发行公债往往是作为弥补财政赤字的一种手段,公债筹集到之后很难分得清楚究竟是用于购买性支出,还是转移性支出。因此,这引起了一些理财家的注意。公债能否专款专用,单独设立公债收支账,使公债的来源和用途都得到控制,使公债更加具有"建设性"(主要用于转移性支出)?我们认为这是应该的,而且是可行的。公债的收支账与国家经常性预算账脱钩的好处是:第一,国家预算支出仍然受到国家税收收入(收费)的制约。第二,不至于以有偿性的公债收入来弥补无偿性的、经常性的预算支出。第三,公债基本上用于扩大物质基础的、能使后代受益的资本性的公共开支项目,不至于加重后代人的税收负担。此外,债务收支单独列账还有利于人们对债务的监督。

三、公债的货币供应效果

为弄清楚公债的货币供应效果,我们需要分几种情况讨论。

第一种情况:财政部发行的公债由中央银行承购,财政部把所得款项存入商业银行。这实质上是向银行透支。中央银行开动印钞机以支付向财政部购买的债券,财政部把借到的钱存入商业银行逐步支用,从而使商业银行增加了存款余额,据此可以贷出更多的钱给企业,结果货币供应量因此而扩大。如图 13-1 所示。

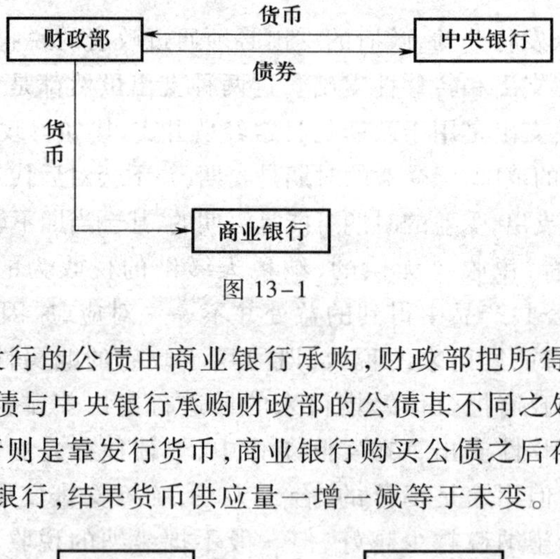

图 13-1

第二种情况:财政部发行的公债由商业银行承购,财政部把所得的款项复存入商业银行。商业银行承购财政部的公债与中央银行承购财政部的公债其不同之处在于:商业银行必须用存款余额来购买,而中央银行则是靠发行货币,商业银行购买公债之后存款余额减少,但由于财政部把所得款项复存入商业银行,结果货币供应量一增一减等于未变。如图 13-2 所示。

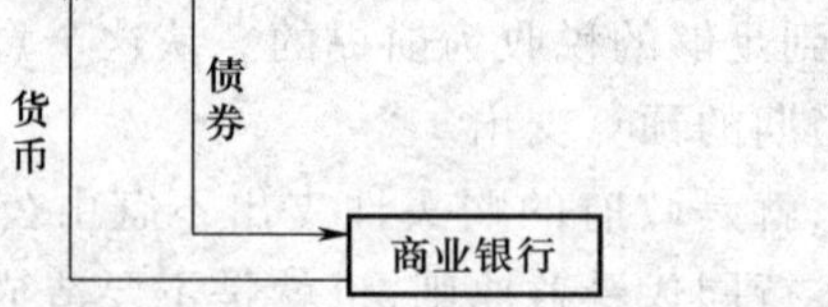

图 13-2

第三种情况:财政部发行的公债由商业银行承购,财政部把所得款项存入中央银行。债券发行与第二种情况相同,即商业银行承购财政部的公债,银行存款余额因之减少,财政部可能因为所得款项暂不支用或出于其他政策性考虑,将所得款项转存中央银行,由于中央银行不直接从事存贷业务,所以货币供应量减少。如图 13-3 所示。

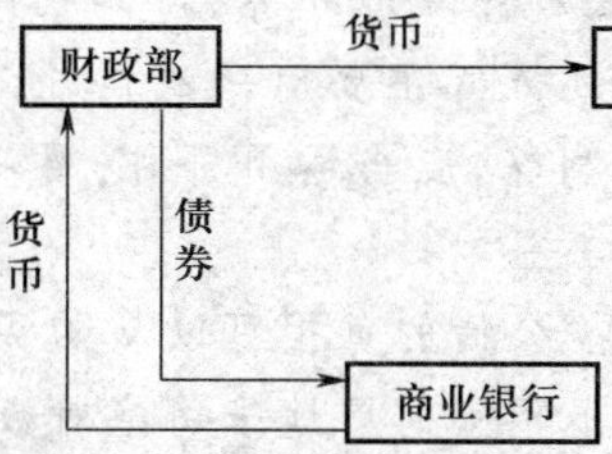

图 13-3

第四种情况:财政部发行的公债由中央银行承购,所得款项财政部存入商业银行,但中央银行与商业银行发生债券业务往来。这种情况是第一种情况的发展。第一种情况会使货币的供应量扩大,而第四种情况由于中央银行与商业银行之间有债券往来,如果中央银行向商业银行出售债券,商业银行的存款余额会因之缩小;如果中央银行向商业银行购进债券,商业银行的存款余额会因之扩大。据此,中央银行可以根据国民经济形势需要来调节货币的供应。如图 13-4 所示。

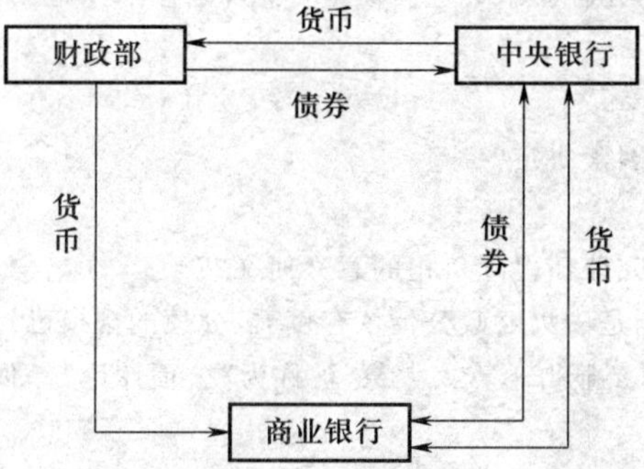

图 13-4

据上述分析,公债的作用已不仅仅在于政府聚集资金方面,它对于货币供应的调节也起着重要的作用。财政部、中央银行和商业银行三者之间的进与出会对银行存款余额(银行据以贷款的资金)的伸缩产生影响。

银行对债券实行交易,也会对银行的利率和债券的价格发生作用。中央银行大量收购债券,结果会使债券价格提高,货币供应增加,银行利率下降,而中央银行大量销售债券,结果会使债券价格下跌,货币供应减少,银行利率上升。有时,银行为了稳定金融市场,不使银行利率波动,就以债券吞吐为手段使利率相对稳定在一定的水平上。

本章小结

公债是以国家为信用,与国内个人和法人以及外国发生的债务债权关系。公债的形式多种多样。公债的种类可从发行时间长短、公债发行办法、公债用途、公债的来源、公债转让的性质、公债发行的主体、公债的利率形式等几个角度来划分。公债是“自己向自己借钱”“左手向右手借钱”,因而公债具有独特的性质。公债具有弥补财政赤字和调节经济的功能。

公债发行主要涉及发行方式、发行条件、发行规模等方面的问题。发行条件包括发行价格、发行利率、发行期限等。发行规模主要由宏观经济环境、预算收支差额、公债还本付息、政府承受能力及社会应债能力等因素决定。偿还方式主要有一次偿还法、市场购销法、分次偿还法和以新替旧法四种。公债的偿还方式各有利弊,应当运用哪种,要看理财者的理财水平和运用是否得当。

公债的负担是公债理论的重要问题。公债的负担可以从购买公债、使用公债和偿还公债的具体环节来考察。对公债负担的数量界限不宜简单地采用绝对数加以衡量,而宜做相对数的控制。公债是否造成代际负担,不仅取决于公债资金的用途,而且取决于投资的效率。公债具有财政效果和货币供应效果。

复习思考题

一、名词解释

公债　公债发行价格　公债依存度　公债负担　公债代际负担　公债负担率　公债利息率　连续经销方式　市场购销法

二、问答题

1. 从时间上划分,公债可分为几种?永久性公债是否意味着政府永远不偿还债务?
2. 公债与私债有什么区别?
3. 解释“左手向右手借钱”的含义。
4. 公债发行规模主要由哪些因素决定?
5. 公债偿还的方法有哪几种?
6. 什么是公债代际负担?研究公债代际负担的意义何在?
7. 从我国的公债依存度,特别是中央财政公债依存度看,公债的规模已过大,而从公债占国民收入的比重,也就是公债负担率看,公债的规模又显得不算太大,这被称为“公债悖论”。你对此问题如何看?
8. 简述公债的功能。
9. 影响公债发行利率高低的因素有哪些。
10. “公债无论采取何种发行方式,它都是造成通货膨胀的原因之一。”试评论这种观点。

即测即评

第四篇

政府预算与财政政策

第十四章 政府预算与执行(上)

政府预算是最早产生的财政范畴之一,目前已成为国家财政体系中不可缺少的组成部分。在发达的市场经济体制国家,政府收支一般都在政府预算中得到反映。我国从中华人民共和国成立起就开始编制政府预算。政府预算是国家的重要立法文件,是政府调节经济的重要手段。政府可以通过预算收支的不同规模和结构来实现不同的宏观调控目标。本章主要讲授政府预算的含义、原则、编制与执行及政府决算。

第一节 政府预算概述

一、政府预算及其分类

(一) 政府预算的含义

政府预算作为一种分配和管理财政资金的工具,无论是在资本主义国家,还是在社会主义国家,都表现为经法定程序批准的国家年度财政收支计划。从形式上看,政府预算是一个具有法律地位和技术性的文件,它是所在财政年度的预期收入和支出的一览表,反映政府在预算年度内进行财政收支指标和收支总额之间的平衡关系,从而使人们清楚地了解政府的财政活动。从内容上看,政府预算反映了可供政府集中支配的财政资金的数量大小。从本质上看,政府预算要经过国家权力机构的审查和批准才能生效,是国家重要立法文件,预算批准后做出调整也要按法定程序经由立法机关审查批准,体现了政府集中性的财政分配关系。从作用上看,政府预算决定了政府的活动范围和方向。

综上所述,政府预算是政府的基本财政收支计划,是经过法定程序编制、审查、批准的,以收支一览表的形式表现的、具有法律效力的文件,是政府财政实施计划管理和经济政策的工具。

(二) 政府预算的分类

政府预算作为财政收支计划,在技术操作上要解决的主要问题是:计划表格的安排,计划指标(数字)的确定。前者通常称为政府预算的形式,后者则是政府预算的内容。以预算的形式和内容为依据进行分类,是政府预算最为主要的两种分类方法。

1. 按预算的编制形式分类

从预算的编制形式看,政府预算可分为单式预算和复式预算。单式预算,指政府公共收支计划汇集编入一个总预算内,通过一个统一的计划表格来反映。这种编制形式简便易行,可以从整体上反映预算年度内政府的财政收支情况。复式预算,指政府公共收支计划按其经济性质汇集编入两个或两个以上的预算,通过两个或两个以上的计划表格来反映。通常可以将政府预算分为经常预算和资本预算两个部分,其中经常预算主要以税收为收入来源,以行政事业项目为支出对象;资本预算则主要以国债为收入来源,以经济建设项目为支出对象。

2. 按预算的依据内容分类

按预算的依据内容不同,政府预算可分为增量预算和零基预算。增量预算也称为基数法,是一种传统的预算编制方法,指的是预算年度的财政收支计划指标是在以前预算年度的基础上,按新的预算年度的经济发展情况加以调整之后确定的。增量预算最大特点是保持了各项财政收支指标的连续性。

零基预算,指新预算年度财政收支计划指标的确定,不考虑以前年度的财政收支执行情况,而只以新的预算年度的经济社会发展情况为依据,从根本上重新评估各项收支的必要性及其所需金额的一种预算形式。因预算方案一切从零开始,故称零基预算。但须注意,从零开始并不是一切都要重新开始,而是对已有的项目需要重新审定和安排,起点为零。零基预算的优点是从零开始,有利于克服增量预算下政府财政收支指标刚性增长的弊端,使预算支出效率得到提高。

3. 按预算的层级分类

政府预算按预算的层级可分为中央预算和地方预算。中央预算是指中央政府预算,由中央各部门的预算及地方向中央的上解收入、中央对地方返还或补助数额组成。中央预算是中央政府的年度财政收支计划。地方政府预算是指由地方各级政府预算组成的预算,包括本级各部门的预算及下级政府向上级政府上解收入、上级对下级政府的返还或给予补助的数额。

在单一制国家中,预算可以分为中央预算和各级地方政府预算;在联邦制国家中,预算可以分为联邦政府预算、州政府预算和地方政府预算。在财政集权制国家中,国家的中央(联邦)综合预算包括地方预算,每级综合预算都是本级预算与下级预算的汇总,典型的如中国;而在财政联邦制国家中,中央(联邦)综合预算与地方预算则是各自独立的,中央(联邦)预算不包括地方预算,如美国、英国等西方国家及日本。在我国,中央预算在政府预算中处于主导地位。地方政府预算在政府预算体系中处于基础地位,为协调本地区社会经济发展和政府职能的正常实现提供财力保证。

4. 按预算的财政收支项目分类

政府预算按列支的财政收支项目不同,可以分为普通预算和特别预算。普通预算又称为经费预算,是政府编制的一般财政经常性收支项目(科目)的预算。特别预算又称为投资预算,是指政府对某些具有特别意义的项目(特别事业、特殊用途的收支)另行安排的预算,如国有企业投资预算、公共工程投资预算、社会保障预算及各类特种基金预算。

5. 按预算的管理范围分类

从预算管理范围来看,政府预算分为总预算、部门预算和单位预算。总预算就是政府财政收支的综合计划,即指由各级政府汇总本级政府预算、财政部门直接掌握的收支计划和下级政府的预算编制而成的预算。部门预算是指政府各部门编制的、由本部门所属各单位预算组成的预算。单位预算是指列入部门预算的国家机关、社会团体和其他单位的收支预算,它以资金形式反映预算单位的各项活动。从单位预算的组成系统看,分为主管单位预算、二级单位预算和三级单位预算。

6. 按预算的口径分类

从预算口径分,预算包括一般公共预算、政府性基金预算、国有资本经营预算、社会保险基金预算。

一般公共预算是把以税收为主体的财政收入,安排用于保障和改善民生、推动经济社会发展、维护国家安全、维持国家机构正常运转等方面的收支预算。政府性基金预算是把依照法律、行政法规的规定在一定期限内向特定对象征收、收取或者以其他方式筹集的资金,专项用于特定公共事业发展的收支预算。国有资本经营预算是对国有资本收益做出支出安排的收支预算。社会保险基金预算是把社会保险缴款、一般公共预算安排和其他方式筹集的资金,专项用于社会保险的收支预算。

二、政府预算的原则①

政府预算的原则是指国家选择预算形式和体系应遵循的指导思想,也就是制订政府财政收支计划的方针。在财政经济理论界影响较大并为世界上大多数国家所接受的预算原则主要有如下五项原则:

(一) 公开性

政府预算反映了政府的活动范围、方向和政策,与全体公民的切身利益息息相关。政府实际上是代表公众来履行这一职能。因此,政府预算及其执行情况必须经过立法机关审议,而且要采取一定形式公布于众,让民众了解财政收支的情况,并置于民众的监督之下。这不仅是对政府廉明清正的要求,也有利于提高预算效率。

(二) 可靠性

可靠性即要求政府预算的每一收支项目的数字指标,必须运用科学的方法,依据充分、切实的资料进行计算,并总结出规律性。不得假定、估算,更不能任意编造。各种收支的性质必须明确地区分,不得掺杂混同。

(三) 完整性

完整性即要求该列入政府预算的一切财政收支都要反映在预算中,不允许有预算外另列的预算,不允许有在预算管辖范围之外的政府活动。按照国家有关法律规定,由政府财政管理但不属于财政收支范围的资金运动情况也应在政府预算中有所反映。

(四) 统一性

统一性即要求各级政府预算都要按照统一的程序、统一的预算科目、统一的计算方法和统

① 陈工. 政府预算与管理. 北京:清华大学出版社,2004:235.

一的口径来编制。各级政府都设有同级财政部门,也有相应的预算,但这些预算都是政府预算的组成部分,所有地方政府预算连同中央预算一起共同组成统一的政府预算。这就要求设立统一的预算科目,并且每个科目都要严格按照统一的口径、程序计算和填列。

(五)年度性

政府预算的编制和实现具有时效性。年度性即要求各级政府预算按年度来编制,将规定的起止期间内的政府财政收支列入政府预算。具体讲,就是任何一项政府预算的编制和实现,都要有时间上的界定,预算要按预算年度编制,列出全年的财政收支,并对不同预算年度财政收支进行比较,不允许将不属于本年度财政收支的内容列入本年度的政府预算中。

所谓预算年度,是指预算收支起止的有效期限,通常为一年。目前世界各国普遍采用的预算年度有两种:一是历年制预算年度,即从每年1月1日起至同年12月31日止,如法国、德国、意大利等,我国采用的也是历年制预算年度。二是跨年制预算年度,即从每年某月某日开始至次年某月某日止,中间历经12个月,但跨越了两个年度。例如,美国的预算年度是从每年的10月1日开始,到次年的9月30日止;而日本的预算年度则从每年的4月1日开始,到次年的3月31日止。一般来说,决定预算年度起止日期的因素有两个:一是每年财政收入的旺季;二是每年立法机关召开会议的日期。

第二节　政府预算的体系与形式

一、政府预算的体系

政府预算也就是政府收支预算。一般来说,有一级政府即有一级财政收支活动主体,也就应有一级预算。在现代社会,大多数国家都实行多级预算,从而也就产生了政府预算的体系问题。

我国政府预算组成体系是按照一级政权设立一级预算的原则建立的。我国《宪法》规定,国家机构由全国人民代表大会、国务院、地方各级人民代表大会和各级人民政府组成。与政权结构相适应,并同时结合我国行政区域的划分,《中华人民共和国预算法》(以下简称《预算法》)明确规定,国家实行一级政府一级预算,相应设立了中央,省、自治区、直辖市,设区的市、自治州,县、自治县、不设区的市、市辖区,乡、民族乡、镇五级预算。不具备设立预算条件的乡、民族乡、镇,经省、自治区、直辖市政府确定,可以暂不设立预算。县级以上地方政府的派出机关,根据本级政府的授权进行预算管理活动,但是不作为一级预算。

政府预算一般由中央预算和地方预算构成。与中央预算和地方预算有联系的一个概念是总预算。一般说来,一级政府在一般性财政收支外,往往还有一些特别项目的收支预算,如政府所有企业的财务收支、特别工程的收支等。在相当长时期内,这类收支与政府的一般财政收支是分别核算的,这种做法有损于预算的统一性和完整性,因而现代国家都是合并在一起并统一列表核算的,于是形成总预算。同时一级政府的总预算不仅包括本级一般财政收支和特别预算,也包括下级政府的总预算,从而形成完整的政府预算体系。

中央预算由中央各部门(含直属单位)的预算组成,地方预算由各省、自治区、直辖市总预算组成;地方各级总预算由本级政府预算和汇总的下一级政府总预算构成;地方各级政府预算由本级各部门(含直属单位)的预算构成。各部门预算由本部门所属各单位预算组成。单位预算是指列入部门预算的国家机关、社会团体和其他单位的收支预算。

中央预算在政府预算体系中占主导地位,这是因为:①中央预算集中了政府预算资金的50%~70%,对国家的宏观调控发挥着重要作用。②中央预算担负着重点建设、国防、外事等支出,关系国民经济全局的基础工业与基础设施的建设也主要由中央预算投资,这对我国社会经济的发展起着极其重要的作用。③中央预算还担负着调剂各个地方预算余缺,促使其实现预算收支平衡的任务,并担负着支援少数民族地区和经济不发达地区迅速发展经济和文化事业的任务。

地方预算在政府预算体系中占有重要地位,这是因为:①政府预算收入中大部分依靠地方预算负责组织,政府预算支出中一半以上支出通过地方预算拨付,地方预算任务完成得如何,对整个国家预算有着重要影响。②地方预算担负着地方各项经济、文化建设以及城市建设资金的拨付和管理的任务,对城乡及少数民族地区的建设负有直接的责任。③地方预算的各项收支与广大群众的利益有更直接的联系,对贯彻党的各项方针、政策,不断提高人民群众的物质文化生活水平有重大作用。

二、政府预算的形式

政府预算的基本组织形式有单式预算和复式预算两种。

(一)单式预算

单式预算是指在预算年度内,将政府的全部财政收支计划统一编入单一的总预算计划表格,而不去区分各项或各种财政收支经济性质的一种预算组织形式。在现代政府预算制度中,单式预算是一种最古老的、传统的预算组织形式。

单式预算起源于英国。20世纪30年代以前,世界各国均采取单式预算制,这是因为当时西方各国普遍奉行古典经济学派的预算平衡论。这种理论的经济基础是自由经济,反对政府干预经济。其思想表现在财政理论上,就是强调限制政府活动的范围,注重对政府财政支出的控制,坚持预算必须平衡的原则。将政府财政收支纳入单一预算进行管理和控制的单式预算组织形式,在当时的历史条件下,也基本上起到了监督与控制政府财政收支的作用。

1. 单式预算的优点

(1) 符合预算的完整性原则。单式预算制是将政府的全部财政收支汇编在一个统一的预算表格中,因而能从整体上反映年度内政府财政收支的情况,便于反映政府财政的全貌,完整性强,体现国库统一和会计统一的原则要求。

(2) 能简洁明了地反映年度内财政收支状况。只要是收入项目,就一概列入"收入"栏内,只要是支出项目就一概列入"支出"栏内,简便易行,有利于政府对收支水平予以适当限制,促进实现预算收支平衡。

(3) 便于立法机关审查批准政府预算和社会公众了解政府预算。

2. 单式预算的缺点

(1) 没有把全部的财政收支按经济性质分列和分别汇集平衡,不利于宏观经济调控和对预算进行经济分析。尤其是现今政府的经济功能日益扩大,对经济的调节作用日渐重要,对政府财政收支进行经济分析和有选择的宏观调控就显得十分必要。

(2) 由于在现代政府活动中,财政资金分配渠道和分配方式日益多样化,加之政府财政信用规模扩大,单式预算难以准确地反映政府财政活动的真实情况,易产生虚假现象,不利于提高财政资金的使用效果。

(二) 复式预算

复式预算是在单式预算的基础上产生和发展而来的。复式预算是指在预算年度内,将全部财政收支按照经济性质或其他标准分别编制两个或两个以上的预算,并使每个预算收入和预算支出之间具有相对稳定关系的一种预算组织形式。

最早实行复式预算制度的是丹麦。1927 年丹麦编制了世界上第一个复式预算,它将财政收支按经济性质分别编为两种收支表,将政府经济性收支与债务性收支分列。1938 年瑞典也开始采用复式预算制度。由于复式预算与单式预算相比在实践中显露出很多的优越性,并适应了第二次世界大战以后资本主义世界普遍出现的政府职能扩大的历史趋势,所以复式预算成为很多资本主义国家普遍采用的预算组织形式。在资本主义的发展过程中,复式预算逐渐发展,其组织结构从最初的二元结构发展为多元与二元并存的结构,其预算形式也因适应政府职能发展的需要而变得更加灵活和具有针对性、适应性。同时,很多发展中国家也逐渐采用复式预算。在当今世界,复式预算已成为一种普遍采用的预算组织形式。这种组织形式的典型做法是把政府预算分成经常预算和资本预算两部分。其中经常预算主要以税收为收入来源,以行政事业项目为支出对象;资本预算主要以国债为收入来源,用于营利性的经济建设支出。

1. 复式预算的优点

(1) 便于考核预算资金的来源和用途。由于把政府在一般行政上的经常收支列为经常预算,而把政府的资本投资支出列为资本预算,这样就区分了各项收入和支出的经济性质和用途,便于政府权衡支出性质,使资金的使用达到有序性,比较合理地安排使用各类资金,便于经济分析和科学的宏观决策与控制。

(2) 复式预算使政府预算不再受传统的收支平衡观念的束缚,有利于政府按照经济周期来安排政府资本性支出,便于对经济进行有选择的宏观调控。

(3) 在复式预算结构下,公债是资本预算的主要资金来源,公债与政府投资政策有机结合,促进了资源有效配置和经济稳定,有利于预算和中长期经济发展计划相衔接。

2. 复式预算的缺点

(1) 在收支性质划分上的交叉,为预算编制带来了技术上的困难。把预算分为经常预算和资本预算两个部分,使其科目的划分标准很难统一,预算收支之间对应关系的稳定性受到干扰。

(2) 复式预算制度对财政赤字的反映比较模糊。复式预算中经常性收支的赤字会因向资本预算转移而被缩小或掩盖,这是因为在复式预算中,不同预算之间在平衡问题上有不同的原则要求。经常性预算遵循收支平衡、略有结余的原则,不能编制赤字预算;资本预算则遵循量力而行、尽力而为的原则,可以出现适量赤字,并通过借债来弥补。

(3) 复式预算易产生政府资本支出过度膨胀的现象。这一方面影响国民经济持续稳定发展;另一方面靠庞大的债务规模提供资本支出,会产生财政负担过度转移,与财政分配公平原则相违背。

我国从中华人民共和国成立开始的很多年里编制政府预算,一直采用单式预算的编制形式。我国试行编制复式预算,基本上采取了一种循序渐进的方式。1986 年年底,一些全国人大代表就提出了实行复式预算的建议。1989 年全国人民代表大会常务委员会正式提出了实行复式预算的意见。1991 年 10 月,国务院颁布的《国家预算管理条例》规定:从 1992 年起国家预算按复式预算编制。同年在中央和省级预算中开始试编复式预算。从 1995 年 1 月 1 日起,我国《预算法》规定,各级政府预算均采用复式预算形式进行编制,并进一步明确规定各级政府复式预算分为政府公共预算、国有资产经营预算、社会保障预算和其他预算。

第三节　政府预算的编制与执行

一、政府预算的编制

(一) 编制政府预算的准备工作

各级政府预算在各级政府的领导下,由各级财政部门负责组织编制。中央预算和国家预算由财政部具体负责编制,各级政府的财政部门负责本级预算和总预算的编制。政府预算的编制一般包括准备阶段、编制阶段和审核批准阶段。

编制政府预算是一项复杂而又细致的工作,既要安排好各种比例关系,又要进行大量的数据计算,因此在正式编制政府预算之前,需要做好一系列准备工作,其具体内容主要有:①对本年度的预算执行情况进行预计和分析;②拟定计划年度的预算控制指标;③颁发编制政府预算草案的指示和具体规定;④修订预算科目和预算表格。

各级政府编制预算草案的依据有:①预算的编制必须遵守《预算法》的有关规定。《预算法》是编制政府预算的基本依据,在政府预算编制过程中,凡是《预算法》中涉及的内容,比如预算编制职权的划分、预算形式、预算编制程序等都必须按照《预算法》的要求执行。②预算的编制与国民经济和社会发展计划相一致。国民经济和社会发展计划是国家在一定时期对社会经济发展所做的规划,是政府组织和调节社会经济活动的重要行动指南,反映了国家在宏观上对社会经济发展的总体设计和要求。编制政府预算时,各项预算指标要体现国民经济和社会发展计划的要求,并与其保持协调一致。③预算的编制要参考上一年度预算的执行情况。上一年度预算的执行情况反映了上一年度财政施政的基本规模和方向,也在一定程度上说明了政府职能的正常实现对公共财力的实际需要量。因为各年度的公共收支有一定的连续性和可参考性,所以上一年度政府预算的执行情况是编制下一年度政府预算的重要参考因素。在政府预算编制中应当充分分析上一年度政府预算各收支指标的适宜状况,并在政府预算编制中结合计划年度的实际情况加以适当调整,以保证预算的科学性和合理性。

(二) 政府预算编制的方法

在我国,政府预算草案的编制一般采用自上而下、自下而上、上下结合的“两上两下”的编制方法。其基本程序如下:

(1) 国务院财政部门做出编制预算草案的指示。

(2) 各省(市、自治区)和中央各部门提出预算建议数,报送财政部。

(3) 财政部拟定预算收支指标,经国务院批准后下达。

(4) 各级政府编制预算草案。

(5) 汇编成国家预算草案,报送国务院审查通过后,提请全国人民代表大会审查批准。

(三) 部门预算编制

我国以往的预算编制只重视收入按类别、支出按功能的方法编制预算,是一种汇总预算,部门自身没有一个完整的预算。因此,为适应市场经济的发展,财政部于1999年9月20日下发了《关于改进2000年中央预算编制的通知》,提出从2000年起,试编部门预算。部门预算是市场经济国家普遍采用的预算编制方法,是以政府部门为单位进行编制,经财政部门审核后报人民代表大会审议通过,反映部门所有收入和支出的预算,即部门所有的收支都通过部门预算的形式反映出来。① 部门预算可以看作政府和立法机构对预算进行管理和控制的基本框架。

通过编制部门预算,一是可以缩短预算的批复时间,解决预算批复不及时问题。多年以来财政部门报审的预算草案一直是按收入类别和支出功能分类编报的,没有细化到部门,只是在批准后才将预算再分配给各有关部门,使财政部门不能在法定的期限内批复预算。二是进一步细化预算编制,可以提高预算编制的透明度,有利于预算编制公开、公平、公正,防止预算分配和执行中的不规范行为,从而有利于对财政预算的审查和监督。三是可以使预算编制更加科学化、制度化、规范化,从而避免由于预算编制较粗带来的频繁的追加追减预算的情况,有利于强化预算观念,提高预算管理水平。四是可以将各部门规费收入等都纳入部门预算收入,实行统一的收支预算,便于集中财力,统筹安排,也有利于进一步推行综合财政预算管理。

部门预算由传统预算发展而来,与传统预算一样,仍然实行"两上两下"的编制方法,即由部门编制预算建议数上报财政部门;财政部门与有预算分配权的部门审核部门预算建议数后下达预算控制数;部门根据预算控制数编制本部门预算报送财政部门;财政部门根据人民代表大会批准的预算批复部门预算。但部门预算与传统预算相比,还有许多不同点:①预算编制的时间提前。下达编制预算的时间、下达预算控制数的时间、批复预算的时间均提前。②预算编制的方式不同。原来编制预算的方式是由部门替下属单位按资金性质不同进行代编,而部门预算则要求从基层单位逐级编制、逐级汇总,克服了代编制预算的盲目性。③扩大了预算编制的范围。部门预算的编制不仅包括预算内收支,还包括预算外收支以及政府性基金,增强了政府对各项财政资金全方位的调控能力。④实行一个部门一本预算。以前,各部门的预算按功能由财政部门内的不同处和有预算分配权的部门归口管理,部门内部的预算则由不同的职能处管理,不能形成一本完整的预算。编制部门预算要求各部门的财务部门一个口对财政部门,将部门的所有收支编在一本预算中,预算情况一目了然。⑤预算批复的方式不同。原来由财政部门各分处及有预算分配权的部门各自独立地向各部门批复预算,现在改由财政部门的预算部门统一批复预算。

部门预算是完整地反映政府财政整体职能的预算,主要由一般预算和基金预算构成。一般

① 贾康,苏明. 部门预算编制问题研究. 北京:经济科学出版社,2004:29-31.

预算由一般预算收入和一般预算支出组成。一般预算收入主要是指部门及所属事业单位取得的财政预算拨款、预算外收入、事业收入、事业单位经营收入、其他收入等。一般预算支出主要是指部门及所属事业单位的基本建设支出、挖潜改造支出、科技三项费用、各项事业费、社会保障支出及其他支出等。基金预算包括政府性基金收入和指定范围的支出。

各部门要根据历年收入情况和下一年度增减变动因素测算部门预算收入。收入因素要按收入类别逐项核对。行政性收费、预算外收入以及部门其他收入要核定到单位和具体项目。各部门要根据国家现有的经费开支政策和规定，测算部门预算支出。要按照预算年度所有因素和事项，分轻重缓急测算每一级科目的支出需要。个人工资性支出，要按编制内的实有人数核定；公用经费，要按部门分档按定额和项目编制预算；基本建设支出、企业挖潜改造支出、科技三项费用以及支持农村生产性支出等建设性专款和教育、科技、卫生、文体广播及其他部门的事业性专项支出，要进行项目论证，测定支出核算；要结合国务院确定的国民经济和社会发展计划，对行政事业单位经费中的专项支出进行分类排队，制订滚动项目计划，年度预算要编制到具体项目。

（四）政府预算的审查批准

政府预算草案编成以后，由政府提请人民代表大会审查批准。人民代表大会对政府预算草案的审查批准又分为两个步骤。第一步由人民代表大会的专门机构对政府预算草案进行初步审查。在我国，根据《预算法》规定，各级政府财政部门每年必须在本级人民代表大会会议举行的一个月前将政府预算草案的主要内容提交给指定的审查机关。其中，中央预算草案的主要内容由全国人民代表大会财政经济委员会进行初步审查。第二步是审核批准阶段，各级政府预算草案由各级人民代表大会进行审查批准。依据法律规定，本级人民代表大会只有权批准同级人民政府预算，而对总预算草案中包括的下一级政府预算则没有批准权。各级政府预算草案经本级人民代表大会批准后，就成为各级政府的正式预算，各级政府必须遵照执行。各级政府财政部门应当及时向本级各部门批复预算，各部门应当及时向所属各单位批复预算以便执行。

二、政府预算的执行

政府预算经过人民代表大会审查批准后，即进入预算执行阶段。预算执行是预算工作中最重要的环节，是经法定程序批准的预算进入具体实施阶段。政府预算的执行，就是各级政府依照立法部门批准的预算方案，组织预算收入、安排和使用预算支出、进行预算调整和监督的活动过程。它涉及每一笔收支活动，贯穿于整个预算年度的始终。它是一项艰巨、复杂、细微的日常性工作，是预算管理的关键。政府预算执行的最终目的是促使预算收支任务圆满完成。

（一）政府预算执行的主要任务

在政府预算执行中，各级财政部门、税务部门、海关以及国家金库担负着以下共同的任务：

1. 积极组织预算收入

根据国家的政策、财政制度法规以及税法，把各地区、各部门、各单位应缴纳的收入，及时足额地收缴入库，这是预算执行的首要任务。其具体要求包括：征收机关必须应收尽收，不收过头税费；缴款单位应缴尽缴，及时、足额上缴入库，不能直接作为单位收入；取得的各项收入要及时入账,不得坐支;主管部门和财政部门对单位应缴未缴资金要督促催缴;正确处理各种分配关系,充分调动各方面的积极性,为更多地组织预算收入创造条件。其中财政部门是预算收入执行的统一负责部门,其担负的任务有:根据国家预算收入执行工作的需要,制定组织收入的各种制度和方法;根据国家预算收入任务和核定的季度收支计划,监督各预算收入征收部门、各预算缴款单位努力完成预算收入计划;经常检查预算收入执行情况;分析国家相关政策、法规以及政治经济发展情况的变化对预算收入的影响;及时发现和解决执行工作中出现的问题,改进工作措施和方法。

2. 合理拨付预算资金

按照政府预算支出计划,及时地拨付预算资金,保证各项建设事业的资金供给。在拨付预算资金中,应坚持以下原则:一是按预算计划拨付,即按照批准的年度预算和用款计划拨付,不办理无计划拨款;二是按规定用途拨付,保证各单位有效地使用资金,不得随意改变资金的用途;三是按规定的预算级次拨款,不向没有经费领报关系的单位拨付,不得越级办理预算拨款;四是按用款单位的实际进度和国库库款情况拨付,不得擅自扩大支出范围,提高支出标准。

3. 保证预算收支平衡

政府预算的执行,是经过从平衡到不平衡再达到新的平衡的过程。由于国民经济的发展变化、预算收支的变化、自然灾害以及季节性因素等影响,必然会出现预算收入超收或短收、预算支出增加或减少的情况,引起预算收支的变化。这就要求我们应根据新的情况,及时采取措施,不断地组织新的预算收支平衡。实行"双增双节"是平衡预算的根本途径。"双增"即增产增收,是在促进经济发展的基础上实现财政收入的快速增长。"双节"即节约节支,是在增产的同时尽力降低物质消耗,压缩不必要的预算支出,优化预算支出结构。而编制预算收支季度计划和及时、正确地调整预算是预算执行过程中组织平衡的主要手段。

4. 加强预算执行监督

在预算执行工作中,要按照有关政策、规章制度进行检查监督。对预算资金集中、分配、使用过程中的各项活动加以控制,防止预算执行中的各种偏差。正确处理预算监督同服务生产的关系,使监督成为加强预算执行的有效措施。财政部门负责指导和监督国家各所属预算单位具体执行收支预算。对预算执行的监督主要包括两个方面:一是由国家行政首脑领导的预算管理机构进行监督,即财政监督;二是由立法机构或对立法机构负责的专门监督机构对预算执行的监督,即审计监督,其目的是监督行政机构是否依法执行预算。

(二) 政府预算调整

政府预算的调整是由于经过立法机构批准的中央预算和地方本级预算,在执行中因特殊情况需要增加支出或者减少收入,使原批准的收支平衡的预算总支出超过总收入,或者使原批准的预算中举借债务的数额增加的部分变更。在预算调整过程中,一般可采用两种方式:一种是全面调整;另一种是局部调整。

1. 全面调整

政府预算在执行过程中,如遇特大自然灾害、战争等特殊情况,或遇国民经济发展过分高涨或过分低落,以及对原有国民经济和社会发展计划进行较大调整时,就有必要对政府预算进行全面调整。但这种全面调整并非是经常发生的,只有在出现上述情况时才进行。由于政府预算的全面调整涉及面广,工作量大,实际上等于要重新编制一次政府预算,在预算执行过程中应慎重考虑。政府预算的全面调整,一般是在第三季度或第四季度初进行。

2. 局部调整

局部调整是政府预算在执行中经常采用的一种方法,具体包括以下几种方式:

(1) 动用预备费。各级政府的预备费,是为了解决某些临时性急需和事先难以预料到的开支而设置的后备资金。在预算执行过程中,如果发生较大的自然灾害和经济上的重大变革,以及政府预算没有列入而当前又必须解决的临时性开支等情况,可以动用预备费。

(2) 预算的追加或追减。所谓预算的追加,就是在原核定预算的基础上增加收入或增加支出数额的过程;减少收入或减少支出数额的过程称为预算的追减。由于这会引起预算收支总额调整和平衡,在正常情况下,追加支出必须有相应的资金来源,追减收入必须相应地追减支出。

(3) 经费流用。经费流用,也称“科目流用”,指在不变动预算支出总额的条件下,局部地改变资金的用途,通过预算支出科目之间经费的相互调剂来进行。

(4) 预算划转。预算划转是指由于行政区划或企业、事业单位隶属关系改变,必须相应改变其预算的隶属关系,及时地将其全部预算划归新的主管部门或接管单位。

第四节　政府决算

一、政府决算概述

(一) 政府决算的定义和组成

政府决算是经法定程序批准的年度预算执行结果的报告,是政府预算执行结果的总结和终结,也是政府经济活动在财政上的集中反映,是预算管理过程中一个必不可少的、十分重要的阶段。

中央政府决算由中央各主管部门及其所属行政事业单位、企业财务决算、基本建设财务决算和金库年报、税收年报等汇总组成,并包括地方向中央上解的收入数额和中央对地方返还或者给予补助的数额。

(二) 政府决算的意义

由于各个方面的原因,政府预算执行的结果与预算不可能完全一致。政府预算执行情况如何,是否完成收支任务,收支是否平衡,只有通过决算才能准确地反映出来。可见,政府决算具有十分重要的意义。

(1) 政府决算是国家政治经济活动在财政上的集中反映,体现了年度内政府活动的范围和方向。同时,决算最终由全国人民代表大会审批,表现了社会主义的民主,便于民众了解预算和决算。

(2) 政府决算反映政府预算执行的结果,体现国家经济建设和社会事业发展的规模与速度;决算中的有关基本数字,体现着各项事业发展的速度和取得的成果。

(3) 政府决算是制定国家财经政策的基本依据。通过决算的编制和分析,可以从资金积累和资金分配的角度总结一年来各项经济活动在贯彻执行党和国家的方针、政策方面的情况,为国家决策机关研究经济问题、决定经济政策提供依据。

(4) 政府决算是系统整理和积累财政统计资料的主要来源,为提高下一年度的预算管理水平创造条件,并为制定下一年度预算收支控制指标提供数字基础。

二、政府决算的编制与审批

(一) 政府决算草案的编制

《预算法》第75条第1款规定:"编制决算草案,必须符合法律、行政法规,做到收支真实、数额准确、内容完整、报送及时。"这是编制决算草案应遵守的原则。其具体编制步骤包括编制决算的准备工作和草案的编制。

1. 编制政府决算的准备工作

(1) 拟定和下达政府决算的编审办法。为了保证全国决算数字口径统一,提高决算的质量,制定颁发本年度决算编审办法,并提出编制本年度决算的基本要求和具体方法。决算编审办法一般包括以下内容:指明决算编审重点和原则;提出完成预算的措施和审查决算的要求;明确决算编报方法和处理原则。

(2) 进行年终清理。为了正确体现预算执行的结果,保证决算数字准确、完整,必须进行年终清理。年终清理的主要内容有:核实年度预算收支数字;清理本年度预算应收应支款项;结清预算拨借款;清理往来款项;清理财产物资;核对结算收支数。

(3) 制定和颁发决算表格。决算表格是编制决算的工具。决算表格按照预算财务系统可划分为财政总决算表格、事业行政单位决算表格、企业财务决算表格和基本建设财务决算表格;按照适用范围可分为各级财政决算表格和中央级单位决算表格。

2. 政府决算草案的编制方法

政府决算草案的编制,通常采用自下而上、逐级汇编的方法。政府决算草案的汇编程序大致包括以下几步:首先,财政部在收到中央主管部门报送的汇总单位决算和各省(市、自治区)报送的总决算后,进行全面审查;其次,根据中央各主管部门报来的汇总单位决算,汇编成中央总决算;再次,根据各省(市、自治区)报来的总决算,汇总为地方总决算;最后,根据中央总决算和地方总决算汇编成政府决算。

(二) 政府决算的审查和批准

1. 政府决算审查的内容

政府决算审查的内容主要包括收入审查、支出审查、结余审查、资金运用审查、数字关系审查以及决算完整性和及时性审查。上述内容的前四个方面基本上是政策性审查,后两个方面是技术性审查。

2. 政府决算的审批

《预算法》规定:各部门对所属各单位的决算草案,应当审核并汇总编制本部门的决算草案,在规定的期限内报本级政府财政部门审核。然后提请本级人民代表大会常务委员会审查和批准。

本章小结

政府预算作为一种分配和管理财政资金的工具,无论是在资本主义国家,还是在社会主义国家,都表现为经法定程序批准的国家年度财政收支计划。以预算的形式和内容为依据进行分类,是政府预算最为主要的两种分类方法。政府预算应坚持公开性、可靠性、完整性、统一性、年度性五大原则。

我国政府预算体系是按照一级政权设立一级预算的原则建立的。我国《预算法》明确规定,国家实行一级政府一级预算,相应设立了中央,省、自治区、直辖市,设区的市、自治州,县、自治县、不设区的市、市辖区,乡、民族乡、镇五级预算。政府预算一般由中央预算和地方预算构成。中央预算在政府预算体系中占主导地位,而地方预算在政府预算体系中占有重要地位。政府预算的基本组织形式有单式预算和复式预算两种。

在我国,政府预算草案的编制一般采用自上而下、自下而上、上下结合的"两上两下"的编制方法。政府预算的编制一般包括准备阶段、编制阶段和审核批准阶段。为细化预算的编制,我国从 2000 年起试编部门预算。部门预算是完整地反映政府财政整体职能的预算,主要由一般预算和基金预算构成。政府预算的执行是预算管理的关键,在预算执行过程中可以采用全面调整和局部调整两种方式,按照法定程序,对政府预算进行适当的调整。

政府决算是整个预算工作程序的总结和终结。决算草案由各级政府、各部门、各单位,在每一预算年度终了后按国务院规定的时间编制,具体事项由国务院财政部门部署。各级政府决算批准后,财政部门要向本级各部门批复决算草案,地方各级政府还应将经批准的决算,报上级政府备案。

复习思考题

一、名词解释

政府预算　增量预算　零基预算　单式预算　复式预算　部门预算　政府决算　经费流用　预算划转

二、问答题

1. 政府预算的原则有哪些?
2. 简述政府预算体系。
3. 简述复式预算的优缺点。
4. 简述政府预算编制的程序。
5. 简述部门预算的主要内容。
6. 预算调整的方式有哪几种?
7. 简述政府预算执行的主要任务。
8. 政府决算草案编制的准备工作有哪些?

即测即评

第十五章 政府预算与执行(下)

政府采购制度与国库集中支付制度是公共财政体系的两大核心。从政府预算执行的角度来看,政府采购活动是政府预算的具体实施途径之一,而国库集中支付制度则是政府预算资金及时、足额、高效拨付的保障。

本章在上一章的基础上,进一步分析政府预算执行中的政府采购制度与国库集中支付制度。其主要内容包括:政府采购的内涵,政府采购的原则,政府采购的当事人和范围,政府采购的模式及方式,我国政府采购的实践及取得的主要成效;国库制度的含义,我国国库集中支付制度改革的内容、意义及存在的主要问题。

第一节 政府采购制度

一、政府采购的内涵

(一) 政府采购的概念

政府采购制度是市场经济条件下加强财政支出管理、规范政府机构采购行为、发挥对国民经济宏观调控作用的一项制度。政府采购是当今世界各国普遍采用和推崇的一种政府采购公共物品和劳务的交易方式。它不仅是国家加强财政资金管理,提高资金使用效益的重要措施,由于其采购规模巨大,因而也是国家干预和调控经济发展的重要杠杆。政府采购制度产生于最早完成资产阶级革命的英国。1782 年,英国政府设立了文具公用局,作为负责政府部门所需办公用品采购的机构,该局以后发展为物资供应部,专门采购政府各部门所需物资。

所谓政府采购,是指各级国家机关、实行预算管理的事业单位和团体组织,使用财政性资金采购货物、工程和服务的行为,以及与此相关的采购政策与管理、采购程序和采购过程。政府采购的内涵包括三个方面的内容:第一,采购主体是各级国家机关、实行预算管理的事业单位和团体组织;第二,资金来源是财政性资金,既包括预算内资金,也包括预算外资金;第三,政府采购不仅是指具体的采购活动,而是包括采购活动在内,以及与此相关的采购政策与管理、采购程序和采购过程。

(二) 政府采购的特征①

政府采购不仅是指具体的采购过程,而且是对采购政策、采购程序、采购过程、采购管理的总称,是一种公共采购管理制度。其特征主要有:

1. 采购主体的特定性

政府采购主体,指依靠国家财政资金运作的国家机关、事业单位和社会团体等。在政府采购中,采购人是特定的,并不是任何民事主体都可以成为政府采购的采购人。政府采购的采购人包括集中采购机构和分散采购人。

2. 资金来源的公共性

政府采购的资金来源于政府的财政拨款,主要是由纳税人缴纳的税收形成的财政资金,包括预算内资金和预算外资金,因此具有公共性。

3. 采购对象的广泛性

政府采购对象从汽车、家具、办公用品到武器、航天飞机等无所不包,涉及货物、工程和服务等各个领域。

4. 采购方式的法定性

政府按照依法制定的集中采购目录和采购限额标准进行采购,同时,按照法定的方式和程序进行采购。

5. 采购活动的非营利性

政府采购为非商业性采购,它不是以营利为目的,也不是为卖而买,而是通过购买为政府部门提供消费品或向社会提供公共利益。

6. 采购过程的规范性

政府采购不是简单的一手交钱、一手交货,而是要按有关采购的法规,根据不同的采购规模、采购对象及采购时间要求,采用不同的采购方式和采购程序,使每项采购活动都要规范运作,体现政府采购的原则,并接受社会监督。

7. 影响力大

政府采购不同于个人采购、家庭采购、企业采购或团体采购,它是指一个整体,这个整体是一个国家内最大的单一消费者,其购买力非常巨大。在很多国家,政府采购金额占一个国家国内生产总值(GDP)的10%以上。因此,政府采购对社会经济有着非常大的影响力,采购规模的扩大或缩小、采购结构的变化,都会对社会经济发展状况、产业结构以及公众的生活环境产生十分明显的影响。正是由于政府采购对社会经济有着其他采购主体不可替代的影响,它已成为各国政府广泛使用的一种宏观经济调控手段。

(三) 政府采购的目标②

政府采购对单个采购实体而言,是一种微观经济行为,但将政府作为整体而言,政府采购就成为一种宏观经济手段,通过政府采购,政府可以将宏观调控和微观经济行为结合起来,以实现政府的重大政策目标。

---

① 杨灿明,李景友. 政府采购问题研究. 北京:经济科学出版社,2004:21.

② 楼继伟. 政府采购. 北京:经济科学出版社,2000:7-9.

1. 加强支出管理,提高资金使用效率

政府采购支出数额巨大,如果不进行有效管理,会造成公共支出的严重浪费。通过建立政府采购制度,将政府采购资金的使用商业化,即通过公开竞争,降低采购成本,获得价廉物美的商品。国际经验表明,通过竞争采购,采购资金的节约率通常在10%以上,有助于实现少花钱多办事的目标。

2. 配合宏观调控

政府通过调整采购总规模,可以调节国民经济的运行状况。为了刺激经济发展,政府可以扩大采购规模,增加内需;为了抑制经济过热,政府可以缩减采购规模,降低消费需求。政府还可以通过调整采购结构,达到调整产业结构的目的,即对政府鼓励的产业,政府可以提高采购量,为该产业的发展开辟市场;对政府控制的产业,政府可以减少对该产业产品的采购量。

3. 保护民族产业

许多国家通过立法,强制要求政府采购本国产品,以实现保护民族产业的目标。如美国在1933年颁布了《购买美国产品法》,该法所称"美国产品"是指最终产品中美国零部件含量不少于50%的产品。该法的宗旨是"扶持和保护美国工业、美国工人和美国投资资本",要求美国政府购买本国的货物和服务。当然,政府采购对国内产业的保护,并不是对每家企业都实行同等水平的保护,而是保护先进企业,不保护落后企业。政府采购本国产品,是以竞争为基础的,实行优胜劣汰,从整体上提高国内企业的竞争力,重点培育一批有实力的企业和产品。

4. 保护环境

在现代社会,环境问题引起了各个国家的高度重视,并制定了大量的相关法规,以保护人类赖以生存的环境。保护环境的法规落实情况与多种因素有关,但在公众意识尤其是法人意识不强的情况下,还需要采取必要的手段促使他们执行国家的环境法规和政策,政府采购就是必要手段之一。政府对所采购的产品或拟建的工程,提出有利于环境保护的指标和要求,不符合规定指标和要求的产品不得采购。例如,规定政府购车的排气量、明确不能购买在生产过程中产生污染的厂家的产品等。

政府采购除了上述目标以外,还具有稳定物价、协调区域经济与国际贸易摩擦等目标。

二、政府采购的原则

政府采购的基本原则是物有所值,即以最有利的价格条件购买到质量合乎要求的商品和服务。各国的采购原则是与其采购实践相联系的,也是随着政府采购的发展、成熟而逐步确立的。各国规定的政府采购原则不尽相同,但是主要的、基本的原则是大致相同的。通用的原则主要有:公开竞争原则、公平交易原则、物有所值原则、透明度原则、效益原则、诚实原则、责任原则、维护公共利益原则、国民待遇和非歧视性原则等。国际上所称物有所值原则主要是针对政府采购的政策取向,包括购买国产商品、扶持中小企业、支持不发达地区等。

我国《政府采购法》第3条规定,政府采购应当遵循公开透明原则、公平竞争原则、公正原则和诚实信用原则。

(一)公开透明原则

公开透明是政府采购必须遵循的基本原则之一,政府采购被誉为"阳光下的交易",即源于此。政府采购的资金来源于纳税人缴纳的各种税金,只有坚持公开透明,才能为供应商参加政府采购提供公平竞争的环境,为公众对政府采购资金的使用情况进行有效的监督创造条件。公开透明要求政府采购的信息和行为不仅要全面公开,而且要完全透明;公开透明要求做到政府采购的法规和规章制度要公开,招标信息及中标或成交结果要公开,开标活动要公开,投诉处理结果或司法裁减决定等都要公开,使政府采购活动在完全透明的状态下运作,全面、广泛地接受监督。

在政府采购中,公开透明原则要贯穿于整个采购过程中,包括:有关采购的法律和程序要公之于众,使公众能够及时获得,采购项目和合同的条件要公开刊登广告;资格预审和评价招标的标准要事先公布并严格按照所定标准执行;公开开标;采购活动要有真实、详细的记录,以备公众和监督机构审查和监督等。公开透明的采购具有可预测性,使招标者可以计算出其参加采购活动的代价和风险,从而提出最适当的价格;公开透明还可防止采购机构的任意性和随意性,使采购活动具有稳定性。

(二)公平竞争原则

公平竞争要求在竞争的前提下公平地开展政府采购活动。首先,要将竞争机制引入政府采购活动中,实行优胜劣汰,让采购人通过优中选优的方式,获得价廉物美的货物、工程或者服务,提高财政性资金的使用效益。其次,竞争必须公平,不能设置妨碍充分竞争的不正当条件。公平竞争是指政府采购的竞争是有序竞争,要公平地对待每一个供应商,不能有歧视某些潜在的符合条件的供应商参与政府采购活动的现象,而且采购信息要在政府采购监督管理部门指定的媒体上公平地披露。公平竞争可以促使投标人提供更好的商品和技术,并设法降低产品和投标报价,从而使采购方可以较低价格采购到良好的商品,实现政府采购目标。

(三)公正原则

政府采购要按照事先约定的条件和程序进行,对参加采购活动的任何供应商、承包商或者服务提供者一视同仁,不得有歧视条件和行为,任何单位和个人无权干预采购活动。公正原则是建立在公开和公平的基础之上的,只有公开和公平,才有可能达到公正的结果。公正原则主要靠政府采购方(包括采购管理机关、采购机关和中介机构)实现。政府采购方除制定政策、法规和制度外,还必须坚持对这些政策、法规、规则执行的不偏不倚,具体体现在:对各供应商提出相同的供货标准和采购信息,对物品的验收要实事求是、客观公正,严格执行合同标准,不得对供应商提出合同以外的条件;开标、评标、定标要客观、科学,接受公众的监督,政府的采购记录也可以公开进行审议。

(四)诚实信用原则

市场经济既是法制经济也是信用经济,需要以当事人的诚实信用作为市场有序运行的基础。诚实信用原则约束的是采购活动中的各方当事人,采购机关在项目公布、信息传达、评标、定标过程中要真实,不得散布虚假信息,不得有欺诈、串通、隐瞒等行为;供应商所提供的采购物品、服务要达到投标时所做出的承诺,参加政府采购的当事人都应诚实守信,遵守已承诺合同的约定,不得弄虚作假与实施欺骗行为,不得伪造、变造、隐匿、销毁需要依法保存的文件,不得规避法律法规,不得损害第三人利益。

三、政府采购的当事人和采购范围

(一)政府采购的当事人

我国《政府采购法》第14条规定,政府采购当事人是在政府采购活动中享有权利和承担义务的各类主体,包括采购人、供应商和采购代理机构等。采购人是指依法进行政府采购的国家机关、事业单位、团体组织。供应商是指向采购人提供货物、工程或服务的法人、其他组织或自然人。供应商参加政府采购活动应当具备的条件包括:具有独立承担民事责任的能力、良好的商业信誉、健全的财务会计制度、履行合同所必需的设备和专业技术能力,有依法缴纳税金和社会保障基金的良好记录,参加政府采购活动前三年内在经营活动中没有重大违法记录,法律行政法规规定的其他条件等。采购代理机构是指依法取得资格认定、接受采购委托,在委托的范围内办理政府采购事宜的机构。我国《政府采购法》规定了两类采购代理机构:一类是集中采购机构。集中采购机构由设区的市、自治州以上人民政府根据本级政府采购项目组织集中采购的需要设立。集中采购机构为非营利事业法人。另一类是经国务院有关部门或者省级人民政府有关部门认定资格的其他采购代理机构。

(二)政府采购的范围

按照世界贸易组织《政府采购协议》和世界其他国家以及我国政府对政府采购所做出的规定,一般政府采购的范围大体包括货物、工程和服务三大类。

1. 货物采购

货物采购是指政府购买的公共消费物品的总称。如办公设备、交通工具、医疗卫生设备、教育科研设备、广播通信设备、图书资料、家用电器、文化用品、军事装备等商品。

2. 工程采购

工程采购是指政府投资建设大型公共工程,购买工程物资与设备、雇用施工队伍和采购与工程建设有关的中介服务行为的总称。工程又分基础设施工程,包括城乡水、电、路、油、气、站、场等;产业工程,包括钢铁、煤炭、化工、机械、电子、家电、建材等;公益工程,包括教育、卫生、科研、体育、文化、广播电视、国防、环保等。

3. 服务采购

服务采购是指政府为了履行公共服务职能,购买某种服务的行为。服务采购的主要内容,包括国防安全服务、劳务、设计、维修、印刷、金融保险、城市保洁绿化、科研项目开发、会议接待、广播影视、通信、文化、教育、卫生、体育等。

四、政府采购的模式及方式

(一)政府采购的模式

根据采购权的集中程度不同,政府采购的模式可分为三种,即集中采购模式、分散采购模式、集中采购与分散采购相结合的混合模式。

集中采购模式是指由一个专门的机构负责本级的所有采购事项。世界许多国家如英、美、新加坡等在确立政府采购制度的相当长时期内,采用的都是集中采购模式。到了20世纪八九十年代,适应国际国内形势变化需要,这些国家将采购权有所下放,在严格限制和监控下,增加了分散采购的比重。集中采购模式的优点有:其一,有利于降低成本、规范程序、专家把关、争取价格优势和优质服务、调剂余缺,减少重复采购和过量采购等浪费现象,从而确保公共资金的合理有效利用。其二,便于政府规范化管理和严密监控,防止采购中的腐败行为。其三,实现诸如宏观经济调控、推行产业政策、增加社会就业、支持民族工业或残疾人事业、扶持中小企业和贫困地区、保护特种行业等特定的社会经济目标。

分散采购模式是指由政府各消费或使用单位以货币形式直接采购所需货物、工程及服务的管理形式。其特点是采购者与使用者、采购权与使用权合一。与集中模式相比,其采购主体众多,采购权相对分散到各单位。实行分散采购模式的国家,在具体操作上不尽相同。我国自中华人民共和国成立以来一直采取财政以货币形式向各预算单位供给经费,再由各预算单位分散采购所需物品及劳务,完成自我服务和供给的采购形式。这是一种较为典型的分散采购模式。这种采购模式固然有灵活性与自主性强、手续简便、采购成本较低等优点,但它与我国当前的市场体制和社会形势极不适应,弊端越来越明显:一是对公共资金重分配、轻使用,采购中监督管理不利,各环节漏洞多,因而极易滋生腐败现象;二是分散的采购权不利于国家宏观政策的协调统一,难以与市场机制接轨,做到真正公开、公平、公正竞争;三是造成各部门盲目采购、重复采购、过量采购,而封闭式管理又使部门之间不能相互调剂余缺,互通有无,导致资产闲置、浪费;四是无法实现集中采购的价格优势及规模效益。同时,各部门的非专业化采购还使采购效率低下,成本提高。

集中采购与分散采购相结合的混合模式是指将集中采购与分散采购相结合、采购权适当集中与适当分散相结合的管理形式。该模式强调货物、劳务的采购权与使用权的适度分离,既有政府集中统一采购,也允许使用单位在一定范围内自主采购,两种形式互为补充。该模式兼采前两种模式之长,避免了两者之短,灵活性较强。如国家一方面通过集中采购来达成节约资金、调控社会等目标;另一方面又保留适当的分散采购,以满足各使用单位的特别需求、紧急需求或零星需求,灵活地兼顾各方利益,处理特殊问题。

我国《政府采购法》规定,我国的政府采购实行集中采购与分散采购相结合模式。采购人采购纳入集中采购目录的政府采购项目,必须委托集中采购机构代理采购。采购未纳入集中采购目录的政府采购项目,可以自行采购,也可以委托集中采购机构在委托的范围内代理采购。纳入集中采购目录属于通用的政府采购项目的,应当委托集中采购机构代理采购;属于本部门、本系统有特殊要求的,应当实行部门集中采购;属于本单位有特殊要求的,经省级以上人民政府批准,可以自行采购。

(二) 政府采购的方式

政府采购的方式是指政府使用财政性资金采购货物、工程和服务时根据不同情况应当采用的法定形式。按照各国政府采购的经验,国际上通用的政府采购方式主要有招标采购、谈判采购、单一来源采购和询价采购等方式。一般来讲,各国对政府采购所采用的方式及适用条件都有明确的法律规定,具体采用何种方式来进行某一项政府采购,主要应遵照有助于推动公开、公平和有效竞争等目标实现的原则。

我国《政府采购法》规定,政府采购采用以下方式:①公开招标;②邀请招标;③竞争性谈判;④单一来源采购;⑤询价;⑥国务院政府采购监督管理部门认定的其他采购方式。公开招标应作为政府采购的主要采购方式。本条规定包含了两方面内容:一是列举了我国政府采购的法定形式;二是明确了公开招标应作为政府采购的主要采购方式。

公开招标,是指采购人按照法定程序,通过发布招标公告的方式,邀请所有潜在的不特定供应商参加投标,采购人通过事先确定的标准从所有投票中择优评选出中标供应商,并与之签订政府采购合同的一种采购方式。

邀请招标,是指采购人根据供应商的资信和业绩,选择若干供应商向其发出投标邀请书,由被邀请的供应商投标竞争,采购人依据事先确定的标准或条件,从中选定中标者并与之签订合同的招标采购方式。公开招标由于费用相对较高,对于采购标的较小的项目往往得不偿失,而且对于有些专业性较强的项目,具备资格的潜在供应商较少,这类项目不宜采用公开招标的方式。邀请招标在一定程度上弥补了这种缺陷。

竞争性谈判,是指采购人通过与多家供应商进行谈判,最后从中确定最优供应商的一种采购方式。这种采购方式,主要是对于通过招标没有供应商投标或者没有合格标的、技术复杂或性质特殊不能确定详细规格等情形而采用的采购方式。

单一来源采购,是指采购人拟采购数量虽达到招标采购数额,但由于项目的来源渠道单一,或者发生了不可预见的紧急情况,或不能从其他供应商处采购等特殊情况,只能由一家供应商提供的采购方式。因为这种采购方式没有竞争,所以也叫直接采购。

询价采购,是指采购人向有关供应商发出询价单要求其报价,然后在对方报价的基础上进行比较,确定最优供应商的采购方式。这种采购方式也就是我们通常所说的货比三家,其特点:一是邀请报价的供应商至少应有三家;二是只允许供应商提供一个不得更改的报价。

五、我国政府采购的实践及主要成效①

我国政府采购制度建设遵循的是"先试点、积累经验再推广"的模式。根据这种模式的特点,并以我国《政府采购法》的颁布实施为界,可以将至今为止的我国政府采购制度建设分为两个阶段:从 1995 年到 2002 年是试点阶段;2003 年以后是规范与发展阶段。

(一)我国政府采购的试点阶段

1995 年,上海市财政局和卫生局联合下发了《关于市级卫生医疗单位加强财政专项修购经费管理的若干规定》,要求对预算价格在 500 万元以上的采购项目,实行公开招标采购;500 万元以下的项目可实行非招标采购形式。这标志着我国政府采购工作试点的开始。随后,河北省、深圳市和重庆市也先后进行了政府采购工作的尝试。在各先行试点城市和地区取得良好社会经济效益的影响下,全国各省、市、自治区也不同程度地开展了政府采购试点工作。以 1998 年为例,全国有 29 个省、自治区、直辖市和计划单列市共签订采购合同近 2 000 份,采购规模约 31.6 亿元,共节约资金 4.16 亿元,平均资金节约率为 13.38%。1999 年初,中央国家机关通过向社会公开招标的方式采购计算机及其辅助设备,标志着中央国家机关政府采购的试点工作开始启动。从此,政府采购工作在全国各地轰轰烈烈地展开。

随着政府采购工作实践深入开展,一些地方政府也对我国政府采购制度建设进行了有益的探索。1998 年,深圳市率先制定了我国政府采购的第一个地方性法规《深圳经济特区政府采购

① 章辉. 我国政府采购制度建设述评. 北京市财贸管理干部学院学报,2006(4).

条例》。之后,河北、上海、江苏、辽宁等省、市也先后制定了政府采购管理办法。1998年,国务院明确财政部为政府采购的主管部门,从而在我国初步建立起了政府采购管理机构及执行机构。1999年,财政部颁布了我国政府第一部关于政府采购方面的行政规章——《政府采购管理暂行办法》。之后,财政部又陆续颁布了《政府采购招标投标管理暂行办法》《政府采购合同监督暂行办法》《政府采购资金直接拨付管理办法》等一系列规章制度。与此同时,地方各级人民政府也相继在财政部门设立或明确了政府采购管理机构,监督管理政府采购活动,并根据有关规定,制定了本地政府采购有关规定、办法。各项规章制度颁布和管理机构的明确,极大地促进了各地政府采购工作的开展,使政府采购规模迅速得到提高、政府采购范围逐步扩大。如1998年我国政府采购规模为31亿元,1999年为131亿元,2000年为328亿元,2001年为653亿元,2002年为1 009.6亿元。五年间,政府采购规模增加了近32倍。同时,政府采购范围也由最初单纯的货物类扩大到工程类和服务类,而且为我国《政府采购法》的起草与制定提供了宝贵的经验。

(二)我国政府采购制度的规范与发展阶段

2003年1月1日我国《政府采购法》正式实施,标志着我国政府采购制度建设由试点阶段进入了规范与发展阶段,政府采购活动也开始步入法制化管理的轨道。从此,依法行政、依法采购、规范管理对我国政府采购工作提出了更高的标准和新的要求,也使我国政府采购制度的建设与完善站在一个更高的起点上。

《政府采购法》的正式实施,极大地推动了我国政府采购工作向广度和深度发展。以《政府采购法》实施的第一年为例,全国政府采购规模达到1 659.4亿元,比2002年增加了650亿元,节约预算资金196.6亿元,资金节约率为10.6%,采购规模比上年同期增长64.4%,分别占当年财政支出和GDP的6.73%和1.4%,比上年同期分别增长2个百分点和0.4个百分点。然而,政府采购涉及众多的采购主体和诸多的经济关系,远远不是一部《政府采购法》所能涵盖的。为了进一步健全和完善我国政府采购制度,财政部又先后出台了一系列行政规章,如《中央单位政府采购管理实施办法》《政府采购货物和服务招标投标管理办法》《政府采购供应商投诉处理办法》《政府采购信息公告管理办法》《政府采购代理机构资格认定办法》等。财政部会同监察部联合制定并颁布了《政府采购评审专家管理办法》《集中采购机构监督考核管理办法》。与此同时,各地区也对政府采购制度的建设给予了高度的重视。大部分地区都根据《政府采购法》的规定制定了本地区政府采购管理实施办法,有些地区还制定了一些专项内容的管理办法。集中采购机构也都按照法律要求制定了内部操作规程和工作人员守则等内部管理制度。所有这些工作,都极大地促进了我国政府采购制度的规范化发展,为我国政府采购制度建设的进一步健全与完善奠定了基础。

(三)我国政府采购实践的主要成效

1. 政府采购制度的框架已基本形成

政府采购制度是为规范政府采购行为而制定的一系列法律、规章和办法的总称。因此,我国的政府采购制度建设也就体现在如何通过制定一系列法律、法规和办法来实现对政府采购行为的规范。经过十几年的探索与发展,我国政府采购制度已基本形成以《政府采购法》为基础,以其他的法律、规章和办法为补充的框架体系,它们分别从不同的层面或角度对政府采购的范围、管理机构、采购模式、采购预算编制、采购方式、招投标、采购合同签订、采购资金拨付及监督、采购信息管理、采购运行程序等有关问题做出了明确的规定,使我国政府采购活动能够做到有法可依、有章可循。

我国政府采购制度框架已基本形成，在实践中表现为政府采购的管理体制日趋完善，明确了政府采购活动中的各自职责范围，保证了政府采购活动顺利开展。全国省级单位和计划单列市已完成了集中采购机构与政府采购管理机构的分离工作，初步形成了既相互制约又相互协调的监管机制。省以下地、县两级分离工作也在陆续进行，许多地区的市、县两级已实现了管采分离。管理机构与采购人以及集中采购机构三者之间的工作职责日趋合理，初步实现了职能划分清楚、运转协调的工作目标。在理顺职能和机构的过程中，政府采购队伍继续得到加强，从事政府采购的人员进一步充实，专业素质和知识结构等有所改善和调整，业务水平不断提高。

2. 政府采购规模与范围不断扩大

如表 15-1 所示，我国政府采购规模由 2002 年的 1 009.7 亿元增长到 2015 年的 21 070.5 亿元。政府采购规模占我国财政支出的比重由 2002 年的 4.58% 上升到 2015 年 12%，增加了 7.42 个百分点。政府采购支出占 GDP 的比重，同样也在逐步提高。

表 15-1　我国分年度政府采购规模及其占财政支出的比重

年　份	采购金额（亿元）	占财政支出比重（%）	占 GDP 比重（%）
2002	1 009.7	4.58	0.84
2003	1 659.4	6.73	1.22
2004	2 135.7	7.53	1.34
2005	2 927.6	8.69	1.58
2006	3 681.6	14.9	1.70
2007	4 660.9	9.36	1.75
2008	5 990.9	9.6	1.91
2009	7 413.2	9.8	2.17
2010	8 421.97	9.4	2.10
2011	11 332.5	10.4	2.40
2012	13 977.7	11.7	2.69
2013	16 381.1	11.72	2.88
2014	17 305.34	11.4	2.7
2015	21 070.5	12	3.1

资料来源：根据各年份《中国政府采购年鉴》整理。

随着政府采购规模的扩张，政府采购范围也随之扩大。以 2006 年为例，全国工程类采购 1 763.9 亿元，比上年同期增长 33.3%，占采购总规模的 47.9%；服务类采购达 270.3 亿元，比上年同期增长 38.1%。[①] 除汽车定点加油、定点维修、统一购置保险、会议定点等已实行了协议供货采购形式外，许多地区将公务机票购买、信息网络开发和咨询、银行代理、法律咨询、施工监控、物业管理、交通车租赁、卫生保洁、企业职工素质培训、公共场所绿化养护等服务类采购项目也都纳入了政府采购。如果将 2006 年的货物类采购与 2001 年对比，可以发现，货物类采购已由 2001 年的主要集中于计算机、小汽车、复印机等一些大宗通用产品拓宽到 2006 年的一般设备、专用设备、交通工具、建筑和装饰材料、系统集成和网络设备等领域。

① 《中国政府采购年鉴》（2007 版）。

3. 政府采购功能进一步得到拓展

我国政府采购功能已由建设之初的强调提高政府采购资金使用效益和促进廉政建设发展到一个具有多重目标的综合的功能体系。这一功能体系包括调控功能、效率功能、协调功能和规范功能,且每一功能又有着不同的实现形式。

具体而言,调控功能的实现形式包括增加就业、维护社会公共利益、扶持中小企业、稳定物价、促进民族经济发展、激励自主创新等;效率功能的实现形式则体现在提高采购资金的使用效益;协调功能的实现形式主要有:协调经济发展与环境保护、协调区域与产业的发展、协调贸易摩擦等;规范功能的实现形式则表现为规范政府行为与促进廉政建设、规范市场体系等。①

4. 采购方式多样化,集中采购和公开招标采购已成为政府采购的主要形式

在我国政府采购试点阶段,由于缺乏经验,各地采取的采购方式大多比较简单。随着我国政府采购规模的扩大以及各项规章制度尤其是《政府采购法》的颁布,公开招标、邀请招标、竞争性谈判、单一来源采购和询价采购等方式被广泛使用(见表 15-2),特别是集中性的公开招标采购日益成为主要的采购方式(见表 15-3)。

表 15-2 各类采购方式采购金额占总采购规模的比重 单位:%

年 份	公开招标	邀请招标	竞争性谈判	询 价	单一来源
2003	57.23	13.44	9.28	14.40	5.65
2004	59.55	10.97	12.02	13.17	5.75
2005	65.47	7.76	10.61	11.12	4.79
2006	67.62	6.56	11.46	9.96	4.40
2007	70.14	6.31	9.91	8.97	4.66
2008	71.59	4.82	9.39	8.71	5.48
2009	75.22	4.28	8.60	7.42	4.47
2010	76.97	3.48	7.56	7.04	4.95
2011	80.72	2.91	6.35	5.94	4.08
2012	83.80	2.80	5.20	4.90	3.50
2013	83.30	4.20	4.40	4.60	3.40

资料来源:根据各年份《中国政府采购年鉴》整理。

表 15-3 集中采购与公开招标采购金额占总采购规模的比重 单位:%

年份	集中采购比重	公开招标比重
2002	73	48.04
2003	78.8	57.23
2004	80.89	59.55
2005	80.59	65.47
2006	81.1	67.62
2007	85.03	70.14
2008	85.9	71.59
2009	86.97	75.22

① 章辉. 政策功能体系如何达到平衡. 中国财经报,2008-10-22.

续表

年份	集中采购比重	公开招标比重
2010	86.50	77
2011	86.36	80.7
2012	65.20	83.8
2013	65.60	83.3
2014	84.80	84.5
2015	79.30	77.9

资料来源:根据各年份《中国政府采购年鉴》整理。

从表15-2可知,虽然我国政府采购方式以公开招标为主,但是,我国政府采购并不拘泥于某一种方式,而是体现出灵活多样性。因为公开招标采购尽管在公开、公正、公平和竞争性方面有其优势,但由于其自身的缺陷(如周期长、招标文件烦琐、缺乏弹性等),所以在实际工作中坚持以公开招标为主并权衡使用其他采购方式,正是政府采购制度优越性的体现。

第二节 国库制度

一、国库制度的含义

国库即国家金库的简称,是国家进行预算收支活动的出纳机关。各国为统一财政收支和加强预算资金管理,都设立了负责办理国家预算资金的收纳、退付和支拨的专门机构——国家金库,规定国家一切财政收支的收纳、退付和支拨均由国库统一办理。

国库制度是指国家财政预算收支的出纳制度。归纳起来,世界各国财政预算收支的出纳制度可以分为国库制和银行制两种。国库制是指国家设立一定的专门机关从事国家财政预算收支的出纳业务;银行制则是指国家不设专门的国库机构,而是由财政在银行中开户,由银行按照存款办法管理的一种制度。在现实中,国库制又可分为独立国库制和委托国库制两种。所谓独立国库制是指国家在财政部门系统内设立专门机构,专职办理财政预算收支的出纳业务;委托国库制是指国家不在财政部门系统之内单独设立专门机构,而是委托银行办理国库业务。

我国1994年3月22日第八届全国人民代表大会第二次会议通过的《中华人民共和国预算法》专门规定了国库制度,其主要内容是:①我国的国库分为中央国库和地方国库。②县级以上各级预算必须设立国库;具备条件的乡、民族乡、镇也应该设立国库。③中央国库业务由中国人民银行经理,地方国库业务依照国务院的有关规定办理。1995年颁布的《中华人民共和国中国人民银行法》明确规定,经理国库是中国人民银行的基本职责。由此可见,我国的国库制度属于委托国库制模式。我国国库的基本职责是:办理国家预算收入的收纳、划分和报解,办理国家预算支出的拨付;反映预算收支执行情况,协助财政、税务机关督促有关单位及时向国家缴纳应缴款项,对于屡催不缴的,协助扣收入库。

二、国库集中支付制度

(一)什么是国库集中支付制度

国库集中支付制度是市场经济国家普遍实行的现代国库管理制度,是国库集中收付制度的核心。所谓国库集中支付制度,是指由政府财政部门对所有政府性收支实行集中收缴和支付的管理制度,通过国库单一账户对财政性资金进行集中管理,因此也称为国库单一账户制度。在这种制度下,政府所有的财政性资金集中在国库或国库指定的代理行开设账户,所有的财政支出均通过这一单一账户进行拨付。同时,财政部门在单一账户下按支出部门、资金性质等设立国库分类账户。当支出发生时,财政资金由国库单一账户直接拨付给商品供应商和劳务提供者,不会出现非单一账户下的多个转账环节。

国库集中支付制度的含义可以从以下三个方面理解:

第一,国库集中支付制度是相对于财政国库资金分散支付而言。财政国库资金分散支付,是由单位按照预算级次层层上报用款计划,再由财政按下达的预算,将资金从国库拨付到一级单位,一级单位按照预算级次层层下拨到基层单位,基层单位再根据有关规定及业务需要,购买商品或支付劳务款项,形成财政资金实际支出。国库集中支付方式就是改变财政资金层层拨付程序,由国库集中支付机构在指定银行开设国库集中支付专户,单位在需要购买商品或支付劳务款项时提出申请,经国库集中支付机构审核后,将资金直接从集中支付专户支付给收款人。

第二,国库集中支付制度是以计算机技术的发展和广泛应用为基础的,是历史发展和社会进步的必然产物。实行国库集中支付制度的主要控制目标和依据是财政预算指标,没有功能强大、快速的财政预算管理和信息反馈系统是无法实现的。另外,还要求有一个准确、及时的银行结算系统作保障。

第三,国库集中支付的基本程序。国库集中支付的基本运作程序是:预算单位按照批准的用款计划向财政支付机构提出申请,经支付机构审核同意后在预算单位的零余额账户中向收款人支付款项,然后通过银行清算系统由零余额账户与财政集中支付专户进行清算,再由集中支付专户与国库单一账户进行清算。在国库集中支付方式下,由于银行间的清算是通过计算机网络实时进行的,因而财政支付专户和预算单位的账户在每天清算结束后都应当是零余额账户,财政资金的日常结余都保留在国库单一账户中。

(二)国库集中支付制度改革的必要性

我国传统的财政性资金缴库和拨付方式,是通过征收机关和预算单位设立多重账户分散进行的。这种在传统体制下形成的运作方式,越来越不适应社会主义市场经济体制下公共财政的发展要求。其主要弊端表现为以下几个方面:

一是重复和分散设置账户。财政性资金由各部门和预算单位分散掌握和安排,财政资金活动透明度不高,造成在支出活动没有实际发生之前大量资金长时间滞留在部门和单位,一方面大量资金闲置,降低了财政资金的使用效率;另一方面政府难以集中财力办大事,该办的事情不能集中财力予以支持。同时也增大了管理难度,容易造成挤占、挪用,甚至产生腐败现象。

二是财政收支活动信息反馈迟缓,财务会计信息失真现象较为普遍,难以及时为预算编制、执行和宏观经济调控提供准确依据,严重地影响政府对财政经济运行的把握和调控。

三是财政资金使用缺乏事前监督,截留、挤占、挪用等问题时有发生,甚至出现腐败现象。在传统收付制度下,财政部门资金使用状况的监督主要采取事后监督的方式,难以实现事前有效的监控,从而容易产生截留、挤占、挪用资金甚至产生私设“小金库”等违法、违纪、违规行为。

因此,必须对传统财政国库管理制度进行改革,逐步建立和完善以国库单一账户体系为基础、以国库集中收付为主要形式的财政国库管理制度。

（三）国库集中支付制度的主要内容[①]

按照财政国库管理制度的基本发展要求，建立国库单一账户体系，所有财政性资金都纳入国库单一账户体系管理，收入直接缴入国库或财政专户，支出通过国库单一账户体系支付到商品和劳务供应者或用款单位。

1. 建立国库单一账户体系

国库单一账户体系由国库单一账户、零余额账户、预算外资金财政专户、小额现金账户、特殊过渡性专户五种构成。建立国库单一账户体系后，相应取消各类收入过渡性账户，预算单位的财政性资金逐步全部纳入国库单一账户管理。

国库单一账户体系中各类账户的功能分别是：

（1）国库单一账户。由财政部门在中国人民银行开设，是国库存款账户，按收入和支出设置分类账户，收入账按预算科目进行明细核算，支出账按资金使用性质设立分账册。国库单一账户用于记录、核算和反映纳入预算管理的财政收入和支出活动，并用于与财政部门在商业银行开设的零余额账户进行清算，实现支付。

（2）财政部门的零余额账户。一是财政部门按资金使用性质在商业银行开设零余额账户，用于财政直接支付和与国库单一账户支出清算；二是财政部门在商业银行为预算单位开设零余额账户，用于财政授权支付和清算。

（3）预算外资金财政专户。财政部门在商业银行开设，按收入和支出设置分类账，用于记录、核算和反映预算外资金的收入和支出活动，并用于预算外资金日常收支清算。

（4）小额现金账户。用于记录、核算和反映预算单位的零星支出活动，并用于与国库单一账户清算。

（5）特设专户。其是经国务院和省级人民政府批准或授权财政部门开设的特殊过渡性专户，用于记录、核算和反映预算单位的特殊专项支出活动，并用于与国库单一账户清算。

上述账户和专户要与财政部门及其支付执行机构、中国人民银行国库部门和预算单位的会计核算保持一致性，相互核对有关账务记录。在建立健全现代化银行支付系统和财政管理信息系统基础上，逐步实现由国库单一账户核算所有财政性资金的收入和支出，并通过各部门在商业银行的零余额账户处理日常支付和清算业务。

2. 规范收入收缴程序

（1）合理划分收入类型。按照新的政府收入分类原则，考虑有利于实现对财政资金的统一管理，并与新的政府收支分类相适应，可将财政性收入分为三大类：税收收入、非税收入（包括行政事业性收费收入、政府性基金、国有资源有偿使用收入、国有资产有偿使用收入、国有资本经营收益、彩票公益金、罚没收入、以政府名义接受的捐赠收入、主管部门集中收入以及政府财政资金产生的利息收入等）和债务收入。

（2）规范收缴方式。适应建立现代国库管理制度的要求，取消设立收入过渡性账户缴款的方式，将现行预算收入的缴款由就地缴库、集中缴库和自收汇缴三种方式并为直接缴库和集中

---

① 马海涛．国库集中收付制度问题研究．北京：经济科学出版社，2004：106-114.

汇缴两种方式。直接缴库由缴款单位或缴款人按有关法律法规规定,直接将应缴收入缴入国库单一账户或预算外资金财政专户;集中汇缴由征收机关按有关法律法规规定,将所收的应缴收入汇总缴入国库单一账户或预算外资金财政专户。

(3) 确定收缴程序。①直接缴库程序。直接缴库的税收收入,由纳税人或税务代理人提出纳税申报,经征收机关审核无误后,由纳税人通过开户银行将税款缴入国库单一账户。非税收入比照上述程序缴入国库单一账户或预算外资金财政专户。②集中汇缴程序。小额零散税收和法律另有规定的应缴收入,由征收机关于收缴收入的当日汇总缴入国库单一账户,非税收入中的现金缴款,比照本程序缴入国库单一账户或预算外资金财政专户。此外,还要进一步规范收入退库管理,涉及从国库中退库的,必须依照法律、行政法规有关国库管理的规定执行。

3. 规范支出拨付程序

(1) 支出类型。财政支出总体上分为购买性支出和转移性支出。根据支付管理需要,具体分为:工资支出,即预算单位的工资性支出;购买支出,即预算单位除工资支出、零星支出之外购买服务、货物、工程项目等支出;零星支出,即预算单位购买支出中的日常小额部分,除《政府采购品目分类表》所列品目以外的支出,或列入《政府采购品目分类表》所列品目但未达到规定数额的支出;转移支出,即拨付给预算单位或下级财政部门,未指明具体用途的支出,包括拨付企业补贴和未指明具体用途的资金、中央对地方的一般性转移支付等。

(2) 支付方式。按照不同的支付主体,对不同类型的支出分别实行财政直接支付和财政授权支付。

① 财政直接支付。由财政部门开具支付令,通过国库单一账户体系,直接将财政资金支付到收款人(即商品和劳务供应者,下同)或用款单位账户。实行财政直接支付的支出包括:工资支出、购买支出以及中央对地方的专项转移支付,拨付企业大型工程项目或大型设备采购的资金等,直接支付到收款人;转移支出(中央对地方专项转移支出除外),包括中央对地方的一般性转移支付中的税收返还、原体制补助、过渡期转移支付、结算补助等支出,对企业的补贴和未指明购买内容的某些专项支出等,支付到用款单位(包括下级财政部门和预算单位)。

② 财政授权支付。预算单位根据财政授权,自行开具支付令,通过国库单一账户体系将资金支付到收款人账户。实行财政授权支付的支出包括未实行财政直接支付的购买支出和零星支出。

财政直接支付和财政授权支付的具体支出项目,由财政部门在确定部门预算或制定改革试点的具体实施办法中列出。

(3) 支付程序。

① 财政直接支付程序。预算单位按照批复的部门预算和资金使用计划,向财政国库支付执行机构提出支付申请,财政国库支付执行机构根据批复的部门预算和资金使用计划及相关要求对支付申请审核无误后,向代理银行发出支付令,并通知中国人民银行国库部门,通过代理银行进入全国银行清算系统实时清算,财政资金从国库单一账户划拨到收款人的银行账户。

工资性支付涉及的各预算单位人员编制、工资标准、开支数额等,分别由编制部门、人事部门和财政部门核定。

② 财政授权支付程序。预算单位按照批复的部门预算和资金使用计划,向财政国库支付执行机构申请授权支付的月度用款限额,财政国库支付执行机构将批准后的限额通知代理银行和

预算单位,并通知中国人民银行国库部门。

上述财政直接支付和财政授权支付流程,以现代化银行支付系统和财政信息管理系统的国库管理操作系统为基础。

(四) 国库集中支付制度改革的意义

(1) 有利于财力统一运作,资金统一调度,降低财政资金运行成本,提高财政资金使用效率,增强政府宏观调控力度。实行国库集中支付后,可以有效解决过去财政资金多环节拨付和多户头存放问题,使预算单位的资金全部集中在国库中。预算支出所需资金由财政账户直接拨付,减少了中间环节,使预算资金到位及时,从而有效降低资金划拨支付成本,提高预算资金使用效率。预算单位结余的财政资金都保存在国库单一账户和财政预算外资金专户,有利于政府加强资金的统一调度和管理,充分发挥财政资金的最大效益,集中财力办大事。

(2) 实行国库集中支付,可以强化财政预算执行,规范预算单位的财政收支行为,有效预防单位挤占、挪用和截留财政资金。实行国库集中支付制度后,把对支出预算总额的控制变为对每笔支出的控制,使各项支出能严格按预算执行,从而减少预算执行的随意性,强化预算的严肃性。同时,由于实际资金不到单位账户,使单位想挤占、挪用和截留财政资金无可乘之机。

(3) 实行国库集中支付制度,有利于健全财政监督机制,将事后监督改为全程实时监督。实行国库集中支付后,财政预算部门、支出单位、财政国库支付部门三者形成相互制约、相互监督的有机体,有利于加强对财政支出全过程的监督和管理,杜绝不合理支出,提高财政资金的使用效益。财政部门可以依托现代化的技术手段,通过代理银行每天反馈的支付信息,实现对每笔财政资金流向和流量的全过程监控,将传统的事后监督转变为对预算单位支出全过程进行实时监督,有效地防止利用财政资金谋取私利等腐败现象。

(4) 能够规范预算资金的管理,强化预算执行和监督。通过建立起统一、高效、规范的预算资金申请与拨付关系,进一步对预算资金的管理、使用进行监督约束;在预算的执行和监督方面,树立依法执行预算的观念。国库集中支付额度必须严格按部门预算执行,因为部门预算是经人大审议批准的,所以任何机构和个人必须严格按此执行。对于预算支出中需要调整的项目、内容都必须按程序报经原批准单位进行调整批准后方可执行。

本章小结

政府采购制度与国库集中支付制度是公共财政体系的两大核心。从政府预算执行的角度来看,政府采购活动表现为政府预算的具体实施途径之一,而国库集中支付制度则是政府预算资金及时、足额、高效拨付的保障。

政府采购是指各级国家机关、实行预算管理的事业单位和团体组织,使用财政性资金采购货物、工程和服务的行为,以及与此相关的采购政策与管理、采购程序和采购过程。政府采购对单个采购实体而言,是一种微观经济行为,但将政府作为整体而言,政府采购就成为一种宏观经济手段,通过政府采购,政府可以将宏观调控和微观经济行为结合起来,以实现政府的重大政策目标。我国《政府采购法》规定,政府采购应当遵循公开透明原则、公平竞争原则、公正原则和诚实信用原则。政府采购当事人是在政府采购活动中享有权利和承担义务的各类主体,包括采购人、供应商和采购代理机构等。政府采购的范围大体包括货物、工程和服务三大类。政府采购模式主要有集中采购模式、分散采购模式、集中采购与分散采购相结合的混合模式。政府采购方式是指政府使用财政性资金采购货物、工程和服务时根据不同情况应当采用的法定形式，国际上通用的政府采购方式主要有招标采购、谈判采购、单一来源采购和询价采购等方式。我国政府采购制度建设遵循的是“先试点、积累经验再推广”的模式。我国政府采购制度建设的主要成效体现在：政府采购制度的框架已基本形成；政府采购规模与范围不断扩大；政府采购功能进一步拓展；采购方式多样化，集中采购和公开招标采购已成为政府采购的主要形式。

国库制度是国家财政预算收支的出纳制度，可以分为国库制和银行制两种。国库制是指国家设立一定的专门机关从事国家财政预算收支的出纳业务；银行制则是指国家不设专门的国库机构，而是由财政在银行中开户，由银行按照存款办法管理的一种制度。国库集中支付制度是市场经济国家普遍实行的现代国库管理制度，是国库集中收付制度的核心。国库集中支付制度的主要内容包括建立国库单一账户体系，所有财政性资金都纳入国库单一账户体系管理，收入直接缴入国库或财政专户，支出通过国库单一账户体系支付到商品和劳务供应者或用款单位。建立国库集中支付制度的意义体现在：有利于财力统一运作，资金统一调度，降低财政资金运行成本，提高财政资金使用效率，增强政府宏观调控力度；有利于财政预算执行，规范预算单位的财政收支行为，预防单位挤占、挪用和截留财政资金；有利于健全财政监督机制，将事后监督改为全程实时监督；有利于规范预算资金的管理，强化预算执行和监督。

复习思考题

一、名词解释

政府采购　政府采购当事人　集中采购模式　分散采购模式　公开招标　国库制度　国库集中支付制度　财政直接支付　财政授权支付

二、问答题

1. 简述政府采购的特征。
2. 简述政府采购的目标。
3. 政府采购应遵循的原则是什么？
4. 政府采购的范围包括哪些？
5. 如何理解国库集中支付制度的含义。
6. 简述国库集中支付制度的主要内容。
7. 简述国库集中支付制度改革的意义。

即测即评

第十六章 财政政策分析(上)

财政政策是财政理论与财政实践之间的纽带与桥梁,是现代市场经济中社会公共政策体系的重要组成部分,也是政府运用经济手段干预经济运行与社会发展的主要途径与工具。本章主要讲授财政政策的内涵及分类、财政政策目标及其工具、财政政策的作用原理与传导机制以及财政政策的效应。

第一节 财政政策的内涵及分类

一、财政政策的含义

在传统经济学中,财政政策(fiscal policy;financial policy;finance policy)是指政府根据宏观经济规律的要求为达到一定目的而制定的指导财政工作的基本方针、准则和措施。具体而言,财政政策就是政府通过对财政收入和支出总量的调节来影响总需求,使之与总供给相适应的经济政策,其目的是控制失业和通货膨胀并实现经济稳定增长和国际收支平衡。

20 世纪世界各国经济事务中的一个普遍特点是政府作为一种经济制度对于市场制度的大范围替代,在此过程中,财政学逐渐发展成为包含了更为丰富内容的公共经济学,于是传统的财政政策概念的外延与内涵便得到了相应的扩张。今天当人们谈论财政政策时,所指的已不再是仅限于财政预算收支之内或财政部门(包括中央与地方各级财政部门)的其他相关收支活动所体现出来的财政政策,而是包含了政府经济活动的全部方面,或者更准确地讲,是政府活动的经济侧面。于是前一种传统的对于财政政策的理解可称为狭义财政政策,而后者可称为广义财政政策。

广义财政政策所涉及的范围除财政当局权力所及的预算内外收支外,还包括货币政策、公共管制政策等。在这里值得强调的有两点:其一,在经济学的概念中,政府的概念是作为一种经济制度被理解的,而不能等同于政治学中的政府概念。比如,由于各国的不同情况,货币当局在具体的行政构架中有可能被设置为向行政当局负责,也有可能被设置为向立法机构负责,但在经济学的意义上,此两种情况中货币当局同样都将被纳入政府制度中加以考察。其二,公共管制政策可能是由行政与立法、司法部门中的各具体事务部门分别实施的,如对证券市场的监管在各国不同的情况中可能采用财政部主管、货币当局主管以及独立证券管理机构主管等各种模式,但这些差别均不会影响前述对广义财政政策所做的界定。

虽然今天人们谈到财政政策时,已经不再局限于传统的范畴,但为方便起见,本书中所言财政政策依然按照传统,指狭义上的财政收支政策。这并不意味着我们将放弃对广义财政政策的学习,本书将在第十七章中就财政政策与货币政策的配合以及财政政策的内部协调配合分别予以论述。

二、财政政策的分类

财政政策可以从多个角度进行分类。

(一) 宏观财政政策与微观财政政策

我们通常所说的货币政策与财政政策、与货币政策配套的财政政策等,所指的实则是狭义的宏观财政政策,即财政部门的经济活动据以依据的政策,其着眼点在于对宏观经济变量——总供给、总需求与经济增长速度等造成某种预定的影响。另一类财政政策的着眼点则在于对经济中的微观因素——经济人动机、经济制度、经济决策、经济结果和目标等给予影响,我们称之为微观财政政策。

上述两类财政政策,总体上来看应是统一的,但不可避免地,它们在某一些时候又可能是矛盾的,如当实行扩张性的财政政策时,就有可能因为改变了现存的公私物品配置结构而引发微观的非效率。为解决二者之间的矛盾,现代财政学越来越关注宏观财政政策的微观基础。因为宏观均衡模型——无论是简单模型还是复杂模型——通常都包含着一个隐含的假设,即微观是均衡的,或者说市场是出清的(在充分就业状况下),但现实情况并非总是如此。举一极端的例子,当增加的财政投资全部用于生产某一种毫无市场销路的私人产品时,不仅会造成资源浪费,产生大量的机会成本,而且尽管上述投资与生产行为可以缓解一时的失业等总需求问题(生产产品需要劳动力投入),但在一个长时期中并无助于问题的解决(产品卖不出去后,工人仍将失业)。因此,我们可以有这样的结论:针对宏观经济变量的财政政策,如果在微观配置的角度考虑不周,就有可能导致总政策效应从长期来看是得少于失(比如在上例中),因此,对于狭义宏观财政政策的微观效应必须予以现实的充分考虑。

其实,对于宏观经济政策的局限性,经济学界与财政学界在 20 世纪七八十年代已基本达成共识,即"从长期来看,着眼于宏观的经济政策是无效的",无论货币主义、理性预期学派,还是修正后的新古典综合学派在对此点的认识上几乎是一致的。这是否意味着我们不再需要宏观经济政策了呢?事实并非如此。打一个比方,宏观经济中出现的诸如失业率增加、通货膨胀等宏观不均衡症状,就好比一个人出现了发热、脸色潮红等不健康的症候,这时治本的办法是仔细诊断找出引起上述症候的病灶,并对症下药、消除病灶,使病人康复,也就是说克服宏观不良征兆的根本在于改变引发宏观表象的微观原因。但与此同时,我们并不否认治标的方法在一定情况下有其应用的合理性和必要性。比如,当一个病人高烧 40 度以上时,采取紧急措施先予以退烧可能是首先要考虑的事情,否则器官被烧坏,再来治本已无济于事了。这个例子中,我们还需要注意的是并非任何条件下都需要采取紧急性的治标措施,否则一方面可能会带来某种药物的副作用(在区分情形对待的情况下,这种副作用完全是可避免的);另一方面还可能掩盖根本性病灶的严重性,使人们误以为病情已经消除,从而影响治疗。据此,我们对于宏观经济政策的看法也就明朗了,即宏观经济的失衡是经济中深层次(中观的,特别是微观的)矛盾引发的一种表象,宏观经济政策的运用必须在适当的时机即宏观经济处于极为明显的严重失衡状态(如西方世界20世纪二三十年代经济大危机)下进行,才是有理由的。一般情况下,即便要对宏观总量加以干预,也应采取审慎的"微调"政策,须慎用"逆对经济风向"的政策。

其实,对比于其他宏观政策工具如货币政策,狭义财政政策的特征在于不仅能对总量起调控作用,更能通过针对性的支出收入政策对中观的结构问题以及微观的制度、配置和分配问题起作用。因此,我们在讨论财政政策时,必须把宏观和微观融合起来看,而不能失之片面。

(二) 自动稳定的财政政策和相机抉择的财政政策

按照财政政策调节经济周期的方式,其可分为自动稳定的财政政策和相机抉择的财政政策。

1. 自动稳定的财政政策

自动稳定的财政政策是指现代财政体制中那些能够根据经济波动情况自动发挥稳定作用的财政政策,它无须借助外力就可直接对经济产生调控效果,如财政的若干收支形式:个人所得税、失业救济金、失业保险金、福利计划和济贫支出等。具有自动稳定功能的财政政策工具通常被称为"自动稳定器",它们都是遵照法律规定的税收和支出制度而自动执行,财政收支的升降自动地由经济周期的波动所决定,在没有改变有关法律之前,一旦某些经济现象出现,这些财政收支就必须发生,政府不能凭借自身的权力去左右和变更这类财政收支。

自动稳定的财政政策的作用主要表现在财政收入和支出两个方面:

(1) 从财政收入来看,个人所得税等收入形式采用的是超额累进税率,这就使得这类税收的收入在经济上升时将以比个人收入更快的速度增长,从而抑制了私人消费和投资需求增长速度,并且减缓价格和工资的螺旋式上升速度,自动地起着抑制经济发展速度的作用;反之,当经济衰退时,超额累进税率将使得这类税收自动产生更快减税的结果,从而增加私人消费和投资需求,起着自动促进经济回升的作用。这种税收的自动变更是一种稳定经济和缓和商业周期性波动的有利因素。

(2) 从财政支出方面看,政府的支出具有自动稳定性。在政府支出中,转移支付制度的建立,是为了补充收入不足和缓解经济困境。失业救济金和济贫支出等,都有着因经济状况好坏而大幅度增减的特点。在国民经济处于复苏、繁荣阶段,失业率下降,失业救济金的发放数额也就减少,同时人们的收入上升,处于贫困线下的家庭及其补助数额就相应减少;在国民经济处于萧条、衰退阶段,失业率上升,具备申请失业救济金资格的人数增加,失业救济金发放的数额也将上升,同时人们的收入下降,处于贫困线上的家庭及其补助数额也就增加,济贫支出数额上升。这些都使得经济繁荣时财政减支而经济衰退时增支,从而改变社会需求量的减增,进而抑制或促进经济的发展。因此,从财政支出来看,政府的转移支付是以一种反周期和维持经济稳定的方式将资金注入或抽出经济的。

值得注意的是,自动稳定的财政政策其作用具有明显的局限性,它只能部分地减轻经济周期的波动,而不能百分之百地扫除这种波动的影响。一般来说,自动稳定的财政政策是保证经济正常运转的第一道防线,仅靠它本身并不足以维持经济的充分的稳定。

2. 相机抉择的财政政策

相机抉择的财政政策是政府根据当时的经济形势,主动采用不同的财政手段以消除通货膨胀缺口或通货紧缩缺口,是政府利用国家财力有意识干预经济运行的行为。相机抉择的财政政策包括汲水政策(pomp priming policy)和补偿性政策(compensatory policy)。

(1) 汲水政策。汲水政策是在经济萧条时靠付出一定数额的公共投资使经济自动恢复其活力的政策。汲水政策有四个特点:第一,汲水政策是一种诱导经济复苏的政策,是以经济本身所具有的自发恢复能力为前提的治理萧条政策;第二,汲水政策的载体是公共投资,以扩大公共投资规模作为促使民间投资活跃的手段;第三,财政支出规模有限,无须进行超额支出,只要使私人投资恢复活力即可;第四,汲水政策是一种短期的财政政策,随着经济萧条的消失而不复存在。在20世纪30年代的世界性经济危机中,美国实施的罗斯福—霍普金斯计划(1929—1933年)、日本实施的时局匡救政策(1932年)以及纳粹德国实施的劳动振兴计划,都属于汲水政策。

(2) 补偿性政策。补偿性政策是指政府根据对经济情况的判断而主动地调整财政收支以改变社会总需求达到稳定经济目的的财政政策。之所以称为“补偿性”,是因为这一政策的基本立足点是:在经济繁荣时期,为了减少通货膨胀因素,政府通过增收减支等政策抑制和减少社会总需求;在经济萧条时期,为了减少通货紧缩因素,政府通过增支减收等政策来增加消费需求和投资需求,以刺激社会总需求的增长。因此,它以“逆风向行事”的办法,对总需求过旺或不足予以补偿。

(三) 积极的财政政策和稳健的财政政策

根据财政收支活动对社会经济活动的作用,财政政策可分为积极的财政政策和稳健的财政政策。

1. 积极的财政政策

积极的财政政策是政府根据国民经济的状况,利用财政收支活动主动干预经济活动的一种经济政策。积极的财政政策是一种非均衡的财政政策,它通过财政赤字的增减和财政盈余的增减等形式表现出来。积极的财政政策又可分为扩张性财政政策和紧缩性财政政策。

(1) 扩张性财政政策,简称松的财政政策,是指通过降低财政收入或增加财政支出的政策手段以刺激社会总需求增长的政策,在IS-LM模型①中往往表现为IS曲线的右移。扩张性财政政策的主要手段是减税、提高政府的购买水平和转移支付水平,它们分别通过乘数效应来进一步刺激总需求增长,以消除通货紧缩缺口,达到供求平衡。由于减收增支的结果集中表现为财政赤字,所以扩张性财政政策也称赤字财政政策。

(2) 紧缩性财政政策,简称紧的财政政策,是指通过增加财政收入或减少财政支出的政策手段来抑制社会总需求增长的政策,在IS-LM模型中往往表现为IS曲线的左移。紧缩性财政政策手段与扩张性财政政策手段相反,主要是通过增税、降低政府的购买水平和转移支付水平来抑制过旺的社会总需求增长,以消除通货膨胀缺口,达到供求平衡。由于增收减支的结果集

---

① 可参阅宏观经济学相关教材。

中表现为财政盈余,所以紧缩性财政政策也称盈余性财政政策。

2. 稳健的财政政策

稳健的财政政策并不是政府消极对待社会经济生活,不干预国民经济活动,而是指它以财政收支平衡为原则,通过税收和政府购买同增同减的收支动态平衡方式干预社会总供求的经济政策。所以稳健的财政政策是一种均衡的财政政策,其主要目的是避免由于预算赤字或预算盈余可能造成的通货膨胀或通货紧缩等不良的经济后果。这种均衡的财政政策仍具有扩张或抑制社会总需求的作用,这种作用是通过平衡预算乘数来实现的。

第二节　财政政策的目标和工具

一、财政政策的目标

财政政策的目标,是利用政府税收和支出水平的变化,来影响和改变社会总需求水平,以达到充分就业、适度通货稳定、国际收支平衡等宏观经济目标,最终实现宏观经济持续、稳定增长的总目标。

具体到财政政策所要实现的目标有以下几个方面:

(一) 充分就业

财政政策的首要目标,就是调节失业率、解决就业问题。充分就业几乎在任何时期都是财政政策最重要的目标之一。那么,怎样才算充分就业?充分就业并不意味着百分之百就业,因为即使有足够的职位空缺,失业率也不会等于零,也仍然会存在摩擦性失业和结构性失业。对于充分就业,凯恩斯在其名著《就业利息和货币通论》中认为,如果“非自愿失业”已经消除,失业仅限于摩擦失业和自愿失业,就是实现了充分就业。另外一些经济学家认为,如果空缺职位总额,恰好等于寻业人员的总额,即需求不足型失业等于零,就是实现了充分就业。也有些经济学家认为,如果再提高就业率必须以通货膨胀为代价,就是实现了充分就业。

西方经济学家通常以失业情况作为是否达到充分就业的尺度标准,衡量失业的指标是失业率。失业率是指未被雇佣的人数与劳动力总数的比率,其中劳动力总数是指就业人数与失业人数之和。失业率的大小表示与充分就业的差距,失业率越大,距离充分就业越远;失业率越小,距离充分就业越近。一般而言,经济衰退期间失业率高,经济繁荣期间失业率低。具体到数量指标上,保守的观点认为失业率在2%～3%以下才算是充分就业,激进的观点认为只要失业率低于5%就算是充分就业。

(二) 适度通货稳定即价格稳定

价格稳定一般指价格总水平稳定。财政政策的扩张和收缩,直接影响社会总需求的增加和减少,从而引起价格的上升和下降。价格总水平持续不断上升的现象,叫作通货膨胀;反之,价格总水平不断下降的现象,叫作通货紧缩。通货膨胀表示货币价值或实际购买力降低,通货紧缩表示货币价值或实际购买力增加。由于通货的剧烈波动,价格水平大起大落,成为经济发展的主要障碍之一,所以财政政策的实施必须考虑如何保持适当的通货稳定。

纵观西方国家的通货膨胀历史,通货膨胀使得各种商品和劳务、各种生产要素及各种债务的价格并非按同一比例变动。通货膨胀的不均衡性,给经济生活带来严重的不良影响:通货膨胀引起收入和财富的再分配,损害某些集团的利益;由于价格上升的不均衡性,使得资源配置失调。因此抑制通货膨胀、稳定价格水平成为财政政策的主要目标之一。当然抑制通货膨胀并非一定就是通货膨胀率控制在零。一定程度上的通货膨胀可以刺激投资,温和的通货膨胀是加速经济增长的润滑剂,但是,持续的通货膨胀将带来严重的经济后果,乃至社会生活动荡、政权更替等政治后果。

值得注意的是,上述两个目标(充分就业与适当通货稳定)之间往往存在矛盾。西方经济学中的菲利普斯曲线说明失业率与通货膨胀率之间有此消彼长、互相替代的关系。当财政实行扩张政策、追求低失业率、实现提高经济增长率的目标时,往往伴随着通货膨胀。反之,当通货膨胀过高,政府试图加以抑制而实行财政紧缩政策时,则又要付出经济增长速度减缓、失业率增大的代价。因此,采用何种财政政策往往面临两难选择。

20 世纪 70 年代,在充分就业和通货膨胀之间矛盾尚无法解决时,西方社会在“石油危机”的冲击下,又出现了滞胀状态。当时在采用扩张性的财政政策而引起通货膨胀的同时,却无法启动经济和减少失业,所以如何兼顾充分就业和适当通货稳定两大目标,仍是财政政策需要进一步研究的问题。

(三) 国际收支平衡

国际收支是一国与世界其他各国之间在一定时期(通常是一年)内全部经济往来的系统记录。通俗地讲:“每个国家都有自己的主权货币,一个国家与其他国家发生货币往来,可称为国际收支。”①在国际收支平衡表中,从国外收入的款项称为“贷方项目”;对国外支付款项,称为“借方项目”。如果贷方大于借方,其差额称为顺差;如果借方大于贷方,其差额称为逆差。

国际收支平衡表一般分为四个部分:①经常项目;②资本项目;③统计误差;④官方结算。通常我们把前三部分的收支差额是否等于零作为衡量国际收支是否均衡的标准。

一个国家顺差过多,意味着外汇资金积压,未能被及时、充分地利用。如果把大量的外汇存放在外国银行里,资金只能让外国利用,我们虽可坐收利息,但要承担通货膨胀的风险。顺差过多,也会扩大国内货币的投入。一个国家逆差过多要比顺差过多更难以解决。逆差过多,也许是引进外资过多,使用不当,发生了债务危机;也许是进口过多,出口能力有限,久而久之,进口少不了,出口上不去,国民经济陷入恶性循环。无论何种情况都可能引起国内的政治经济危机,因此过多的逆差是国际收入恶化的同义词。

随着国际经济交往日益密切,各国经济发展的相互依赖性提高,世界经济趋于一体化。各国都不可能闭关锁国搞建设,国际收支反映出国家的经济状况。由于财政的扩张和收缩会引起价格、利率和汇率的升降变化,引起商品和劳务进出口量的变化,从而将引起外汇收支平衡状态的变化,进而影响国家经济均衡发展,所以财政政策不仅要把国际收支均衡作为一个战略目标,而且各国在实现国际收支均衡时要进行财政政策措施的相互协调,否则世界经济就不会顺利发展。

---

① 杨君昌. 微观宏观经济学. 上海:立信会计出版社,1998:516.

（四）经济稳定增长

这是财政政策的最终目标,也是现代经济社会的必然要求。物质丰裕、政治民主、社会进步都有赖于国家财富的积累,其根本的办法就是要保持经济的稳定增长。

经济增长的源泉是劳动供给增长率、资本存量增长率以及这些要素的生产率,这些主要依赖于技术进步的速度。从历史上看,在任何时期,劳动量和资本量增加越快,以及技术进步越快,那么该时期的经济增长率就越高。然而,经济周期的存在将影响上述生产要素均衡增长,进而影响经济稳定增长。经济周期的波动对经济稳定发展有着严重的阻碍作用:在经济衰退期间,企业投资急剧下降,对劳动力需求减少,失业率上升,企业利润迅速下降,生产停滞,破产倒闭企业增多;在经济繁荣期间,与上述情况相反,引起利率、利润及敏感商品价格上涨,造成通货膨胀。因此,熨平经济周期从而保持经济稳定增长成为财政政策的主要内容和最终目标。

二、财政政策的工具

为实现财政政策目标,必须有相应的政策工具或手段。财政政策的运作,表现为通过财政收支的具体操作来实现自己的政策目标。西方经济学家一般把财政政策工具分为三大类,即预算、财政收入和财政支出。财政支出包括政府购买和转移支付。财政收入包括税收、公债和规费收入,但西方一般不将规费收入作为财政政策的工具。因此,财政政策工具主要包括预算、税收、政府购买、转移支付和公债五种。

（一）预算

预算是一国政府编制的每一财政年度内财政收入与财政支出的安排和使用计划,它是国家的基本财政计划。从范围上讲预算分为中央预算和地方预算。作为国家财政政策工具的预算一般是指中央预算或联邦预算,它主要通过年度预算的预先制定和在执行过程中的收支平衡变动,实现其调节国民经济的功能。

预算调节经济的作用主要反映在财政收支的规模和收支差额上。赤字预算体现的是一种扩张性财政政策,在有效需求不足时,可以对总需求的增长起到刺激作用。盈余预算体现的是紧缩性财政政策,在总需求过旺时,可以对总需求膨胀起到有效的抑制作用。平衡预算体现的是一种均衡财政政策,在总需求和总供给相适应时,可以保持总需求稳定增长。预算工具主要在于提高充分就业水平、稳定价格、促进经济增长以及约束政府的不必要开支。

（二）税收

税收是政府强制地、无偿地取得收入的一种方式。税收作为收入手段,把民间的一部分资源转移到政府部门,以实现资源的重新配置。由于“市场失灵”决定了资源在私人部门不可能完全保证得到有效配置,政府仍需要用税收手段强制改变资源配置,以弥补市场机制的缺陷。

税收作为调节手段的作用有两个方面:一是调节社会总需求和总供给的关系。这是通过把税收作为自动稳定的财政政策工具和相机抉择的财政政策工具的运用来实现对总供求的调节。在经济繁荣时期国民收入增加,税收收入也会随之增加,相对减少了个人可支配收入,在一定程度减轻了总需求过旺的压力。由于自动稳定器的作用有限,此时,如果总需求仍然大于总供给,政府则要采取相机抉择的税收政策,或扩大税基,或提高税率,或减少税收优惠等。在经济衰退时期,税收收入会自动减少,相对地增加个人可支配收入,可以在一定程度上缓解有效需求不足的矛盾,有利于经济复苏;如果经济依然不景气,政府可进一步采取税收措施,或缩小税基,或降低税率,或增加税收优惠措施等。二是调节收入分配关系。这主要是通过累进所得税制和财产税制来实现。收入再分配的最直接办法是推行高额累进税和高比例财产税,这样,一方面可减少高收入者和富有者的收入和财富,另一方面还可以为低收入家庭提供补助。

由此可见,税收政策作为财政政策的一个有力工具主要用来实现经济稳定、资源合理配置和收入公平分配等经济目标。

(三)政府购买

政府购买是政府利用国家资金购买商品和劳务。从最终用途来分,政府购买可分为公共投资和公共消费。公共投资是中央政府和地方当局用于固定资产方面的支出。公共投资的特点是:第一,投资规模大;第二,投资方向集中在基础设施、公共事业等项目上;第三,投资目标非营利性;第四,资金来源于税收和公债。政府通过投资政策可以扩大或缩小社会总需求、调整国民经济结构、改善社会投资环境,以刺激私人投资。公共消费是中央政府和地方当局按市场价格用于产品和劳务的经常支出,由国防、文教卫生及其他政府活动等支出内容构成。政府通过消费政策可以直接增加或减少社会的总需求,从而引导私人生产发展方向、调节经济周期波动。

根据现代公共支出理论,政府购买支出的增减,将直接影响个人收入的增减和社会总消费的增减,进而影响国民收入的增减,其影响程度取决于政府购买乘数的大小。因此,政府购买作为财政政策的工具是实现反经济周期、合理配置资源、稳定物价的措施之一。

(四)转移支付

转移支付是政府把以税收形式筹集上来的一部分财政资金用于社会福利保障和财政补贴等费用方面的支付。按用途不同转移支付可分为社会保障与社会福利费用支付和政府补贴费用支付两类。前者所占财政支出比例远大于后者。

社会福利支付是将高收入阶层的一部分收入转移到低收入阶层,以促进公平分配。社会保障支付是为了保障人们的基本生活需要。社会福利和社会保障的转移支付政策是实现收入公平分配的主要工具。

财政补贴分为两大类:一类是生产性补贴;一类是消费性补贴。两者调节的效果有所不同。消费性补贴是对人们日常生活用品的价格补贴,其作用在于直接增加消费者的可支配收入,鼓励消费者增加消费需求。生产性补贴主要是对生产者的特定生产投资活动的补贴,如生产资料价格补贴、利息补贴等,其作用等同于对生产者实施减税政策,可直接增加生产者的收入,从而提高生产者的投资和供给能力。因此,在有效需求不足时主要增加消费性补贴,在总供给不足时主要增加生产性补贴,可以在一定程度上缓和供求矛盾。

(五)公债

在现代市场经济中,公债是政府实施宏观调控的重要政策工具。一方面,通过调整公债的流动性,改变社会经济资源的流动状况,可以对经济运行产生扩张性或者紧缩性的影响。公债期限不同,流动性相差较大,期限越短,流动性越高,变现能力越强;期限越长,流动性越低,变现能力越弱。因此,在公债发行中通过期限种类的不同设计和调换公债长短期限等办法,可以对经济运行产生扩张或者紧缩的影响。另一方面,通过调整国债发行利率水平影响金融市场利率的变化,可以对经济运行产生扩张性或者紧缩性的影响。

第三节　财政政策的作用原理与传导机制

一、财政政策的作用原理

我们知道,财政政策是政府利用财政收支等手段来影响总需求,从而调节国民经济的均衡。那么,政府的财政收支是如何影响总需求的?也就是说财政政策的作用原理如何?财政政策的作用原理,就是我们经常说的财政政策乘数问题。财政政策乘数用来研究财政收支变化对国民收入的影响。乘数理论是英国经济学家卡恩(Kahn,1931)首先提出的,后来通过凯恩斯(Keynes,1936)而得到推广。财政政策乘数是从国民收入决定模型推导而来的。我们考虑四部门经济中的国民收入的决定。下列四式组成了四部门经济中国民收入的决定模型:

$$Y = C + I + G + (X - M) \tag{16-1}$$

$$C = C_0 + c[(1 - t)Y + TR] \tag{16-2}$$

$$I = I_0 + i[(1 - t)Y + TR] \tag{16-3}$$

$$M = M_0 + m[(1 - t)Y + TR] \tag{16-4}$$

模型中各字母或公式所代表的含义在表 16-1 中罗列。

表 16-1　国民收入的决定模型中各字母所代表的含义

字母或公式	含义	备注
Y	国民收入	
C	民间消费支出	
I	民间投资支出	
G	政府的购买性支出	外生变量,由政府预算政策决定
X	出口	
M	进口	
$X-M$	净出口	
TR	政府的转移支付	
t	税率	假定经济中采取的是比例税,不存在定量税
$(1-t)Y+TR$	可支配收入	
C_0	维持正常生活必需的最低消费	常数,且 $C_0>0$
c	可支配收入的边际消费倾向	$0<c<1$
I_0	外部因素决定的投资部分	
i	可支配收入的边际投资倾向	$0<i<1$
M_0	进口中的自发部分	
m	可支配收入的边际进口倾向	$0<m<1$

将式(16-2)、式(16-3)、式(16-4)分别带入式(16-1),整理后得到国民收入的表达式如下:

$$Y = \frac{C_0 + I_0 + G + X - M_0 + (c + i - m)TR}{1 - (1 - t)(c + i - m)} \tag{16-5}$$

我们可从式(16-5)得到开放经济中的财政政策乘数,包括政府购买乘数、转移支付乘数、税收乘数、平衡预算乘数等。

（一）政府购买乘数

政府购买乘数是指政府购买性支出的变动对收入变动的倍增作用。利用式(16-5)，通过国民收入对政府购买支出求偏导数，可以得到财政支出变化对国民收入产生的影响，即政府购买乘数 K_G，如下式所示：

$$K_G=\frac{\partial Y}{\partial G}=\frac{1}{1-(1-t)(c+i-m)} \tag{16-6}$$

由于 $0<c,i,m<1$，$0\leqslant t\leqslant 1$，而 $c+i-m$ 表示国民收入的边际支出倾向，其值域范围为 $0<c+i-m\leqslant 1$，而通常情况下边际消费倾向是大于边际进口倾向的，即 $c>m$，因此，通常情况下有 $K_G>1$。说明国民收入的变动与政府购买支出的变动方向相同，即政府购买支出增加，将使得国民收入也增加，且增加倍速大于1。

现假设增加政府购买性支出15亿元，$c=0.7$，$i=0.2$，$m=0.1$，$t=0.5$，则政府的购买乘数为 $K_G=\frac{5}{3}$，此时产出的增加为25亿元。反之，如若政府购买性支出减少15亿元，将使产出减少25亿元。

（二）转移支付乘数

转移支付乘数是指政府转移支付的变动对收入变动的倍增作用。利用式(16-5)，通过国民收入对转移支付求偏导数，可以得到转移支付变化对国民收入产生的影响，即政府转移支付乘数 K_{TR}，如下所示：

$$K_{TR}=\frac{\partial Y}{\partial TR}=\frac{c+i-m}{1-(1-t)(c+i-m)} \tag{16-7}$$

同式(16-6)，$0<c,i,m<1$，$0\leqslant t\leqslant 1$，$0<c+i-m\leqslant 1$，而一个正常的经济体系必定满足 $c+i>m$，即 $0<c+i-m<1$。因此，一个正常的经济体系中 $K_{TR}>0$，表明当政府增加转移支付时对国民收入的贡献是使国民收入向增加的方向变动。

现假设增加转移支付15亿元，$c=0.7$，$i=0.2$，$m=0.1$，$t=0.5$，则政府的转移支付乘数为 $K_{TR}=\frac{4}{3}$，此时产出的增加为20亿元。反之，如若政府购买性支出减少15亿元，将使产出减少20亿元。

（三）税收乘数

税收乘数是指税收的变动对收入变动的倍增作用，用 K_T 表示。由于式(16-5)给出的是国民收入 Y 和税率 t 的关系，并未直接给出国民收入 Y 和税收 T 的关系，那么国民收入 Y 对税收 T 的偏倒数如何求得呢？我们知道税率表达式为：

$$t=\frac{T}{Y} \tag{16-8}$$

将式(16-8)移项，转换可得：

$$Y=\frac{T}{t} \tag{16-9}$$

于是税收乘数可转换为：

$$K_T = \frac{\partial Y}{\partial T} = \frac{\partial Y}{\partial t} \cdot \frac{\partial t}{\partial T} \tag{16-10}$$

而 $\frac{\partial Y}{\partial t}$ 可由式(16-5)求得,结果如下:

$$\frac{\partial Y}{\partial t} = -\frac{[C_0 + I_0 + G + X - M_0 + (c+i-m)TR](c+i-m)}{[1-(1-t)(c+i-m)]^2} = -Y\frac{c+i-m}{1-(1-t)(c+i-m)} \tag{16-11}$$

而 $\frac{\partial t}{\partial T}$ 可由式(16-8)求得,结果如下:

$$\frac{\partial t}{\partial T} = \frac{1}{Y} \tag{16-12}$$

将式(16-11)和式(16-12)带入式(16-10),就可得到税收乘数的表达式:

$$K_T = \frac{\partial Y}{\partial T} = \frac{\partial Y}{\partial t} \cdot \frac{\partial t}{\partial T} = -\frac{c+i-m}{1-(1-t)(c+i-m)} \tag{16-13}$$

$K_T < 0$ 表明:税收的增加对国民收入将产生负面的影响,它使国民收入向减少的方向变动。

由式(16-7)和式(16-13)可知 $K_T = -K_{TR}$,即 $|K_T| = |K_{TR}|$,意味着转移支付乘数和税收乘数的大小相等,但两种乘数对均衡国民收入的贡献方向相反。

(四)平衡预算乘数

前述三个乘数,都是假定政府购买性支出、转移支出或税收支出中,有一个变量发生变化,而其他变量则保持不变时的财政政策效应。但现实世界中,经常是几个变量同时在变化并影响着国民收入。若政府的购买性支出增加,同时税收也等量增加,从政府的收支状况来看,收支增量相抵,政府的收支并未发生变化,即政府采取的是维持预算平衡的政策。那么,平衡预算的条件下,政府一收一支(收支相等)对国民收入变动的影响又如何呢?我们可以用平衡预算乘数来解释。平衡预算乘数是指政府在增加购买性支出的同时,等量增加税收,引起的国民收入变化的倍数。用 K_B 表示平衡预算乘数,其值等于政府购买乘数和税收乘数的和,即:

$$K_B = K_G + K_T = \frac{\partial Y}{\partial G} + \frac{\partial Y}{\partial T} = \frac{1}{1-(1-t)(c+i-m)} - \frac{c+i-m}{1-(1-t)(c+i-m)} = 1 \tag{16-14}$$

$K_B = 1$ 表明:在政府购买性支出与税收相等时,即当政府在平衡预算的条件下,政府购买性支出的增加仍会对国民收入的增加有贡献,这时,政府购买性支出增加多少,国民收入将增加多少。

理解了财政乘数,也就掌握了财政政策的作用原理。即政府的收支增减通过财政乘数的放大作用而改变总需求,以调节总需求与总供给实现均衡。现在我们从乘数角度来比较政府购买性支出、转移性支出以及税收对国民经济影响的作用大小。由于一个正常的经济体系必定满足 $c + i > m$,即 $0 < c + i - m < 1$,比较式(16-6)和式(16-7),我们可以得到 $K_G > K_{TR} = |K_T|$,即改变政府购买水平对国民收入调节的效果大于改变转移支付水平和改变税率的效果,因此改变政府购买水平是财政政策中最有效的手段。

二、财政政策的传导机制

虽然财政支出与税收的变动对产出的影响极其类似,都是通过乘数影响到总需求的变化,但二者的传导机制却不同。二者的传导机制分别见图 16-1 和图 16-2。

财政支出↑↓ → 公共产品的提供↑↓ → 总需求↑↓

图 16-1 财政支出的传导机制

图 16-1 描绘出了财政支出政策的传导机制:增加财政支出,资源将更多地被用在公共产品的提供上,直接带动总需求的增加;减少财政支出,公共产品提供将减少,总需求下降。

图 16-2 描绘出了税收政策的传导机制:增税使得个人可支配收入减少,从而个人消费支出减少,最终使得总需求减少;减税可以增加个人可支配收入,从而提高个人消费支出,最终使得总需求增加。

税收↑↓ → 个人可支配收入↓↑ → 个人消费支出↓↑ → 总需求↓↑

图 16-2 税收的传导机制

根据现代公共支出理论,政府支出的改变对经济的影响是肯定而直接的,而税收的变动却需要通过其对个人消费支出的影响才能影响到产出和就业。减税后,人们的可支配收入增加了,但据李嘉图—巴罗等价理论,人们不增加消费的可能是存在的,因而,对产出和就业可能不产生影响。所以政府在选择财政政策工具时必须考虑政府支出和税收的不同经济作用机制及其可能产生的经济效果。

第四节 财政政策的效应

一、财政政策效应的收入—支出模型分析

财政政策效应也称为调控力度,收入—支出模型(也称 45°线模型)从产品市场的角度,假定投资不变的情况下,分析财政政策的变化对国民收入均衡的影响。

在开放经济的条件下,总需求中的消费需求、投资需求、政府购买和净出口,从收入支出的角度,是一种支出,所以这里的总支出相当于总需求,即 $AE=C+I+G+(X-M)$,而产出相当于收入,即总收入 $Y=C+S+T$。我们知道,当总供给等于总需求时国民经济达到均衡(未必是充分就业时的均衡水平),也就是总支出等于总收入,因此,从收入支出的角度,当总支出等于总收入即 $AE=Y$ 时,国民收入达到均衡,这时,国民收入就取决于总支出水平。收入—支出模型如图 16-3 所示。

下面,我们利用收入—支出模型来分析不同的财政政策对国民经济均衡的影响。首先我们需要明确,为什么政府需要通过财政政策来调控宏观经济。毫无疑问,是由于经济中收支不均衡了,即经济中出现了通货缺口。通货缺口有两种:一种叫通货膨胀缺口,另一种叫通货紧缩缺口。利用 45°线我们可以很容易地认识通货缺口,见图 16-4。

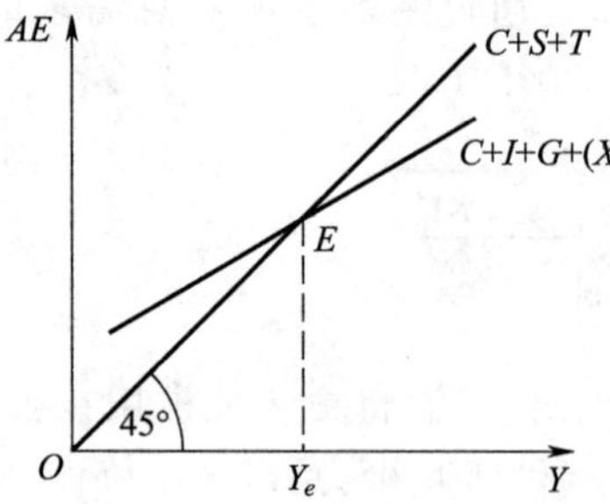

图 16-3　收入—支出模型

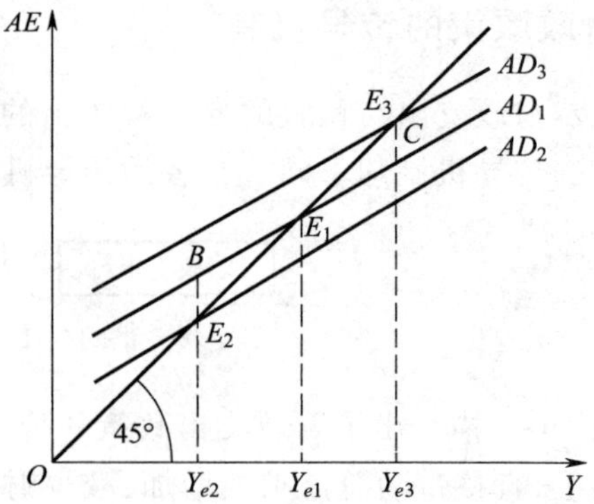

图 16-4　通货膨胀缺口和通货紧缩缺口

图 16-4 中,假若总需求或总支出水平为 AD_1 时,国民收入 Y_{e1} 为充分就业时的收入水平,此时经济中的均衡点为 E_1。如果现实中的总需求或总支出水平为 AD_2,经济中的均衡点为 E_2,此时收入小于充分就业时的收入水平,即 $Y_{e2} < Y_{e1}$,表明经济中存在通货膨胀缺口,其大小为 BE_2;如果现实中的总需求或总支出水平为 AD_3,经济中的均衡点为 E_3,此时收入大于充分就业时的收入水平,即 $Y_{e3} > Y_{e1}$,表明经济中存在通货紧缩缺口,其大小为 CE_3。

财政收支在解决两种缺口中都可能发挥其应有的作用。如果经济中存在紧缩缺口,政府可以采取扩张性财政政策,增加支出或减少收入;如果存在通货膨胀缺口,政府可以采取紧缩性财政政策,减少支出或增加收入。财政收支政策解决通货缺口的效应可以用 45°线来表示。假如经济中存在大小为 BE_2 的通货膨胀缺口,此时政府可以采取扩张性财政政策,如增加某项财政支出(可能是购买性支出、可能是转移支付等),其大小等于通货膨胀缺口,政府支出的增加会引起总支出的等量增加,从而使得总需求曲线由 AD_2 外移到 AD_1,此时,国民收入由 Y_{e2} 增加到 Y_{e1},即正好达到国民收入等于充分就业时的水平,如图 16-5 所示。

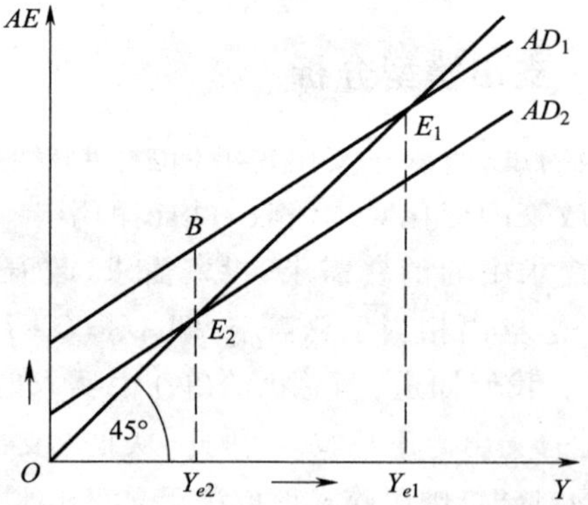

图 16-5　消除通货膨胀缺口的财政政策效应

根据前述乘数的定义,当某种财政支出增加时,会通过乘数效应影响到总产出。从图 16-5 可以发现,当财政支出增加 BE_2 时,国民收入增加量为 $Y_{e1}Y_{e2}$,而 $Y_{e1}Y_{e2} > BE_2$,也就是说,为了使得国民收入达到充分就业时的水平,财政支出增加的量要低于 $Y_{e1}Y_{e2}$,这就是财政支出的乘数效应。我们知道,支出曲线 AD 的斜率与乘数效应的大小有关,斜率越大,AD 曲线越陡峭,乘数效应就越显著。从式(16-5)可知,支出曲线的斜率为 $\frac{c+i-m}{1-(1-t)(c+i-m)}$,因此乘数效应的大小由边际支出倾向、边际投资倾向、边际进口倾向以及税率共同决定。

二、财政政策效应的 *IS-LM* 模型分析

现实世界中,产品市场是与货币市场紧密联系在一起的,当政府支出增加或税收减少时,货币需求会增加,在货币供给既定情况下,利率就会上升,私人部门的投资会受到抑制,产生政府支出挤出私人投资的现象,即所谓"挤出效应"。挤出效应的大小关系财政政策效果的大小,这可以通过 *IS-LM* 模型来分析。*IS-LM* 模型说明的是产品市场与货币市场共同均衡时的均衡收入和均衡利率的决定,但假定价格水平不变,或者说未考虑价格水平的变动。*IS-LM* 模型的曲线表示如图 16-6 所示。

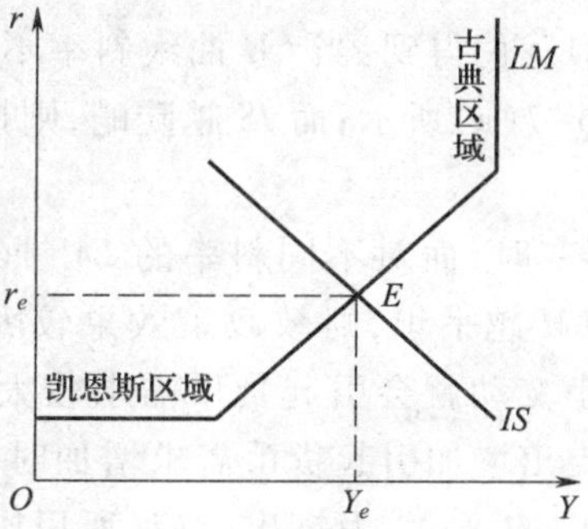

图 16-6　*IS-LM* 模型

其中,*IS* 曲线表示投资等于储蓄条件下的国民收入与利率的各种组合。而 *LM* 曲线表示货币供给等于货币需求条件下的收入与利率的各种组合。*LM* 曲线分三段:水平段代表凯恩斯区域,表示利率极低时人们的货币投机需求无穷大;向右上倾斜的区域代表利率在正常范围时的情况;垂直段代表古典区域,表示利率极高时人们的货币投机需求为零。水平段和垂直段都属于特殊区域,代表的是极端情况,现实中,我们在讨论 *IS-LM* 模型时,一般对此两种极端情况不予考虑。

财政政策与货币政策的政策力度,或者说政策的有效程度取决于两个因素:①投资的利率弹性;②货币需求的利率弹性。就财政政策而言,如果投资的利率弹性大,即 *IS* 曲线的斜率小,曲线平缓,财政支出的增加所推动的利率上升就会大量降低投资水平,产生较大的挤出效应,财政政策的效果就小;反之则挤出效应较小,财政政策效果就大。如果货币需求的利率弹性小,即 *LM* 曲线的斜率的绝对值大,曲线陡直,则财政政策支出的增加而引起的货币需求将使利率猛增,从而抑制投资产生较大的挤出效应,财政政策的效果小;反之,则挤出效果较小,财政政策的效果大。这些关系可用图 16-7 和图 16-8 来表示。

图 16-7 表示 *LM* 曲线斜率不变时,面对不同斜率的 *IS* 曲线财政政策效应的大小。我们知道,政府支出、税率、货币数量等因素的变化会导致 *IS* 曲线的移动,此外以政府支出的增加为例来说明财政政策的效应。在图 16-7 中,由于政府支出增加,IS_1 移到 IS_2,如果利率不变,国民收入将会从 Y_{e1} 增加到 Y_{e3},但是由于货币市场 *LM* 曲线维持原状,利率从 r_{e1} 上升到 r_{e2},因而收入在图(a)

中只增加 $Y_{e1}Y_{e2}$，$Y_{e2}Y_{e3}$ 为挤出效应。在图(b)则增加 $Y_{e1}Y'_{e2}$，$Y'_{e2}Y_{e3}$ 为挤出效应，$Y_{e1}Y'_{e2}>Y_{e1}Y_{e2}$。

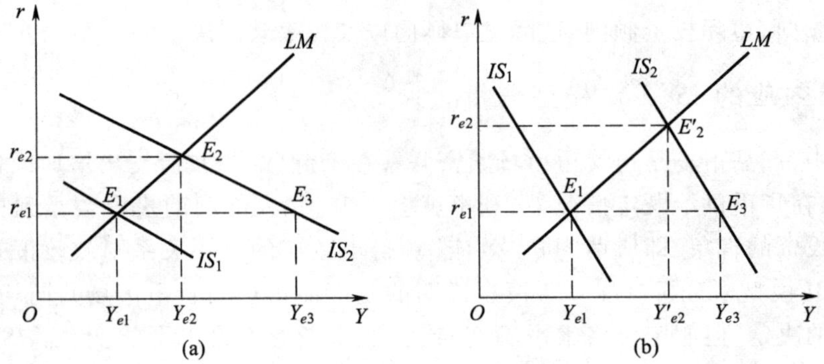

图 16-7 财政政策效果与 IS 曲线斜率

对比图 16-7(a)、图 16-7(b)我们得到：当 LM 曲线斜率不变时，IS 曲线越平坦，则挤出效应越大，财政政策效果越小，如图 16-7(a)所示；而 IS 越陡峭，则挤出效应越小，财政政策效果就越大，如图 16-7(b)所示。

图 16-8 表示 IS 曲线斜率不变时，面对不同斜率的 LM 曲线，财政政策效应的大小。在图 16-8 中，当 IS 曲线斜率不变时，LM 越平坦，财政政策效果较大，是因为 LM 较平坦说明货币需求对利率变动较敏感，即利率较小变动就会引起货币需求较大变动，或者说货币需求较大变动才引起利率较小变动，因而政府支出增加引起货币需求增加时，只引起利率较小幅度上升，私人投资被排挤较少，如图 16-8(a)中的 $Y_{e2}Y_{e3}$ 为挤出效应，所以国民收入会增加较多，即政策效果较大；反之，LM 较陡时，财政政策效果较小，图 16-8(b)中 $Y'_{e2}Y_{e3}$ 为挤出效应。

对比图 16-8(a)、图 16-8(b)我们得到：当 IS 曲线斜率不变时，LM 曲线越平坦，则挤出效应越小，财政政策效果就越大，如图 16-8(a)所示；而 LM 曲线陡峭，则挤出效应就越大，则财政政策效果就越小，如图 16-8(b)所示。

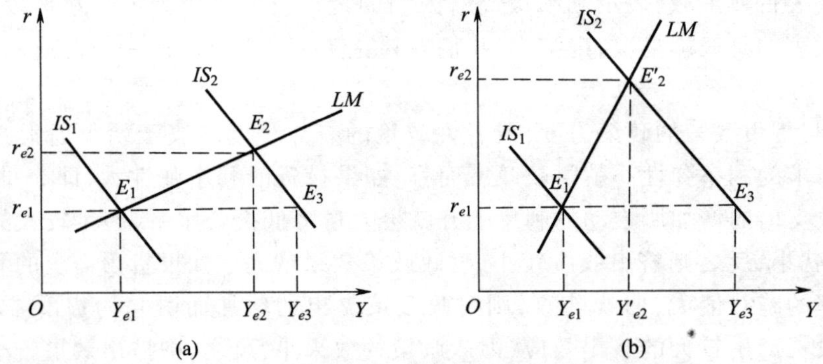

图 16-8 财政政策效果与 LM 曲线斜率

以上分析说明，政府财政收支的增减对国民收入效应的大小固然受 IS 曲线本身斜率的约束，同时，政府财政收支政策对国民收入的效应还受 LM 曲线斜率的制约。因此，只有通过财政政策和货币政策的配合减小挤出效应，才能充分发挥财政政策的作用。

三、财政政策效应的 *AD-AS* 模型分析

AD-AS 模型说明的是均衡收入和价格水平的决定,它取消了价格水平不变这一假定,寻求价格水平与均衡收入之间的联系机制。图 16-9 给出了经济处于长期均衡状态下的 *AD-AS* 模型。图中,向下倾斜的 *AD* 代表总需求曲线。*LAS* 曲线代表长期中的总供给曲线,在长期中,供给量取决于经济的资本、劳动量以及技术,并不取决于价格,因此长期总供给曲线是条垂线。*SAS* 曲线代表短期中的总供给曲线,在短期中,物价水平下降会引起供给量的减少,二者之间是正相关关系,这种正相关关系可能是由于错觉、工资黏性或价格黏性引起的。随着时间的推移,错觉、工资和价格可得到调整,因此,物价与供给量之间的正相关关系是暂时的、短期存在的。图中的 *E* 点是总需求曲线与长期总供给曲线的交点,表示长期中经济处于均衡状态。当经济达到这种长期均衡时,错觉、工资和价格将调整到短期总供给曲线,也相交于均衡点 *E*。

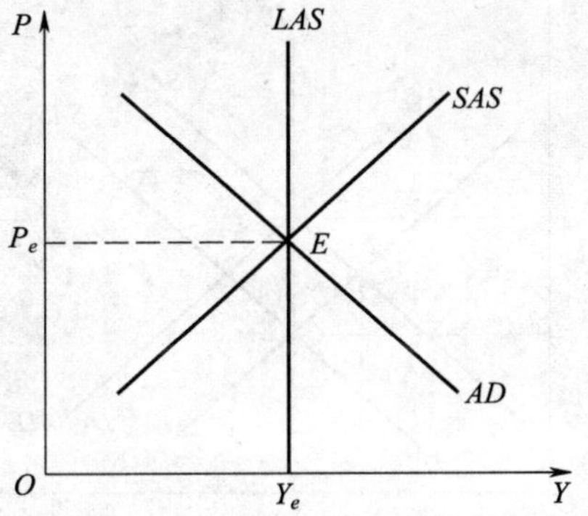

图 16-9 *AD-AS* 模型中的长期均衡

在 *AD-AS* 模型中,财政政策的效应是通过财政收支使得 *AD* 曲线移动而发生作用的。假如一个经济长期处于均衡状态的社会中,突然发生了自然灾害、战争等问题,一些企业的生产成本会增加,而短期中价格水平是既定的,那么这些企业的供给量会减少,如图 16-10 所示,短期供给曲线从 SAS_1 平行移动到 SAS_2(为简单起见,我们假定长期总供给曲线不变)。此时,经济中原来的长期均衡状态 $E_1(Y_{e1},P_{e1})$ 被破坏,新的短期均衡点在 $E_2(Y_{e2},P_{e2})$,经济的产量由 Y_{e1} 减少到 Y_{e2},价格却由 P_{e1} 上升到 P_{e2},表明经济中发生了滞胀,即经济停滞(产量下降)和通货膨胀同时发生了。

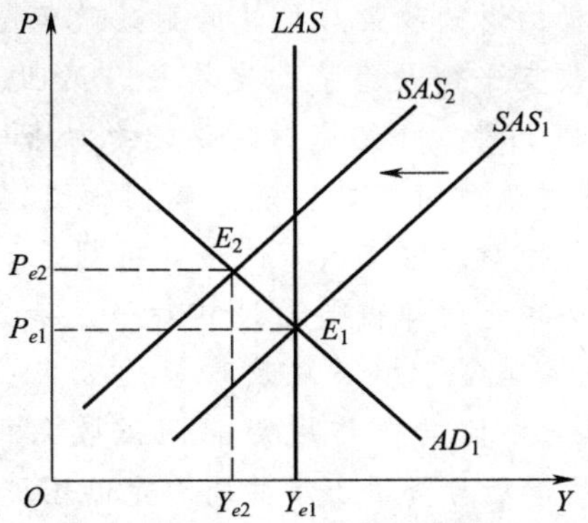

图 16-10 *AD-AS* 模型中的滞胀

面对经济中发生的滞胀现象,政府该采取何种策略呢?我们在宏观经济学中已经知道,即使政府不采取任何行动,经过很长时间的调整,经济也会再度处于长期均衡状态,即我们所熟悉的“看不见的手”会自发引导经济再次实现均衡。但是这种调整所费周期太长,会长时间影响经济的增长速度,使经济长期处于衰退、低迷状态,并且社会上会长时间地存在很多失业者,这往往是政府最不愿意看到的现象。因此,滞胀现象发生时,政府往往会通过手中控制的财政政策和货币政策来影响总需求,比如通过增加财政支出来使得总需求曲线外移,在图16-11中表现为总需求曲线由AD_1平行移动到AD_2。我们会发现,财政支出政策使得经济再度处于长期均衡状态$E_3(P_{e3},Y_{e1})$,虽然产出水平恢复到了衰退前的水平Y_{e1},但是,价格却上升到了P_{e3},而且$P_{e3}>P_{e2}>P_{e1}$,这是政府主动干预经济、违背“看不见的手”而付出的代价。在实践中,政府也会仔细衡量财政政策的实施力度,只要政府的财政政策运用适当,价格上升给经济带来的影响小于由经济自发调整给经济带来的负面影响,财政政策就是值得的。

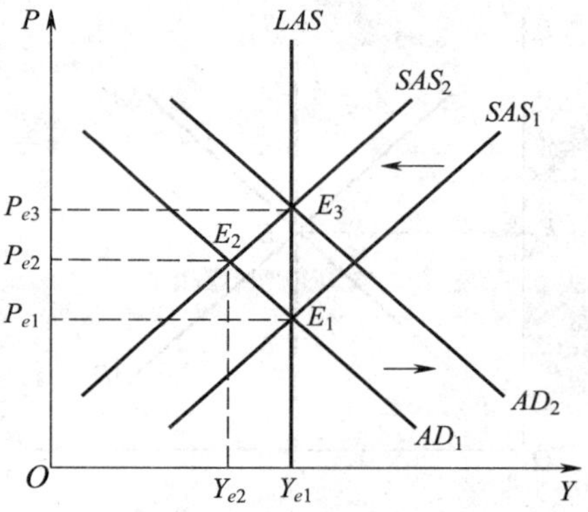

图16-11 财政政策效应的AD-AS分析

本章小结

本章主要介绍财政政策的基本原理。第一,本教材所言财政政策指狭义上的财政收支政策,具体而言就是政府通过对财政收入和支出总量的调节来影响总需求,使之与总供给相适应的经济政策,其目的是控制失业和通货膨胀并实现经济稳定增长和国际收支平衡。第二,财政政策可以从多个角度进行分类,即可分为宏观财政政策与微观财政政策、自动稳定的财政政策与相机抉择的财政政策以及积极的财政政策与稳健的财政政策。第三,财政政策的具体目标有充分就业、适度通货稳定、国际收支平衡及经济稳定增长。第四,财政政策工具主要包括预算、税收、政府购买、转移支付和公债五种。介绍完财政政策的内涵与分类后,我们学习了财政政策的作用原理,就是我们经常说的财政政策乘数问题。我们知道,财政政策乘数是用来研究财政收支变化对国民收入的影响的。而财政收支政策的传导机制是不同的,政府支出的改变对经济的影响是肯定而直接的,而税收的变动却需要通过其对个人消费支出的影响才能影响到产出和就业。本章第三节结合经济学模型介绍了财政政策的效应:首先,利用收入—支出模型分析在产品市场上财政收支政策是如何发挥作用影响国民收入的(以化解通货膨胀为例);其次,利用*IS-LM*模型分析由产品市场与货币市场共同决定的国民经济中财政政策是如何与货币政策配合来影响国民收入的(以减少挤出效应为例);最后,放松了价格不变的假定,且同时考察了经济体系的需求和供给面,利用 *AD-AS* 模型分析财政政策是如何发挥作用使得失衡的经济再度处于长期均衡状态中(以消除滞胀为例)。

复习思考题

一、名词解释

财政政策　自动稳定的财政政策　相机抉择的财政政策　汲水政策　补偿政策　积极的财政政策　稳健的财政政策　乘数　政府购买乘数　转移支出乘数　税收乘数　平衡预算乘数　通货膨胀缺口　通货紧缩缺口　挤出效应

二、问答题

1. 积极的财政政策与稳健的财政政策的关系是怎样的?

2. 实施财政政策的主要目标有哪些?

3. 你认为为了达到宏观财政政策目的,有哪些手段可以使用?

4. 制定与实施财政政策应考虑哪些制约因素?

5. 从预算的收和支两方面说明自动稳定器的作用。

6. 如果经济中存在通货紧缩,政府应该采取何种财政政策对应?试在收入—支出模型中分析政府所选择的财政政策的效应。

7. 影响政府财政收支对国民收入效应大小的因素有哪些?在 IS-LM 模型中予以分析。

8. 何谓滞胀?如果经济中发生滞胀,政府该采取何种策略?试在 AD-AS 模型中分析政府财政政策的效应。

即测即评

第十七章 财政政策分析(下)

市场是一个整体,各个部分都是有机地相连在一起的,所谓牵一发而动全局。比如,在实行扩张性财政政策的同时,政府购买支出的增长将使 *IS* 曲线向右上方移动,在产出既定的情况下,增加政府支出,而消费不变将直接导致国民储蓄减少,这时,如果货币市场的均衡维持不变,会使得市场利率上升而影响投资。因此,财政政策的使用还要与货币政策相配合,同时财政政策内部各工具之间也需配套使用。本章主要介绍财政政策同货币政策以及财政政策内部的配合与协调问题,并且介绍我国财政货币政策以及财政政策内部配合的实践。

第一节 财政政策和货币政策的配合

一、货币政策简介

货币政策是指政府或中央银行为实现既定的经济目标,运用各种工具调节货币供给量,进而影响宏观经济的各项措施的总和。依据其适用领域,货币政策可分为扩张性货币政策和紧缩性货币政策。扩张性货币政策是通过增加货币供应量来刺激总需求,在这种政策下,取得信贷更为容易,利息率会降低。紧缩性货币政策就是通过减少货币供应量来降低总需求水平,在这种政策下,取得信贷较为困难,利息率也随之提高。一般而言,当总需求与经济的生产能力相比很低时,使用扩张性的货币政策最合适;而在通货膨胀较严重时,采用紧缩性的货币政策较合适。

货币政策工具,指中央银行为实现货币政策目标所运用的策略手段。当我们谈到货币政策工具时,通常指公开市场业务、再贴现率和法定准备金率三大项。在许多发达国家,利率早已实现市场化,中央银行是通过调节货币供给量来间接地影响利率,以实现基准利率目标的。而在我国,利率还未真正市场化,更多的是实行利率管制,所以,利率政策是我国货币政策的重要组成部分,也是货币政策实施的主要手段之一。因此,中国的货币政策工具通常包括四种。

(一)公开市场业务

公开市场业务(open market operation),也称公开市场操作,是指中央银行在金融市场上公开买卖有价证券来控制货币供应量和利率[①]的政策行为,是目前多数发达国家中央银行控制货币供给量的重要和常用的工具。当经济处于过热状态时,中央银行卖出政府债券回笼货币,使货币流通量减少,导致利率提高,促使投资减少,达到压缩社会总需求的目的。当经济处于增长萧条状态时,中央银行买进政府债券,意味着央行在投放基础货币,货币流通量会增加,促使市场的均衡利率下降,从而间接地刺激消费和投资的扩张,使总需求扩大。

(二)再贴现率

中央银行作为"银行的银行",充当着最后贷款人的角色。也就是说,当商业银行囊中羞涩时,可以向中央银行借款。我们知道,企业向商业银行借款时,经常将未到期的商业票据转让给银行,取得贷款,这称为贴现。当商业银行向央行借款时,如法炮制,将手中的商业票据转让给央行,以取得贷款,这称为再贴现。再贴现率(discount rate)就是商业银行向中央借款所需支付的利率。显然,央行改变再贴现率,相当于改变商业银行的贷款成本,会相应地改变银行的可贷放资金,导致货币供应量也相应地收缩或膨胀。

(三)法定准备金率

各国的金融法都明确规定,商业银行必须吸纳存款的一部分到央行,这部分资金与存款总额的比率,就是法定准备金率(required reserve rate)。提高法定准备金率,流通中的货币会成倍缩减。商业银行往中央银行缴的准备金多了,自身可支配的资金便减少,于是银行对企业的贷款减少,企业在银行的存款相应地会更少,"存款—贷款"级级递减,整个社会的货币总量大大降低;反之,如果央行调低法定准备金率,流通中的货币量会成倍增加。

(四)利率

利率(interest rates)又称利息率,是一定时期内利息量与本金的比率。利率通常由国家的中央银行控制(在美国由联邦储备委员会管理)。在我国,中国人民银行根据货币政策实施的需要,适时地运用利率工具,对利率水平和利率结构进行调整,进而影响社会资金供求状况,实现货币政策的既定目标。当经济过热、通货膨胀上升时,便提高利率、收紧信贷;当过热的经济和通货膨胀得到控制时,便会把利率适当地调低。

二、财政政策和货币政策配合的必要性

现实世界中,产品市场是与货币市场紧密联系在一起的,政府的财政政策会对货币市场产生影响,因此现代政府在制定宏观调控政策时,都十分注重财政政策与货币政策配合。除此之外,财政政策和货币政策配合的必要性主要是由二者的特点所决定的,体现在如下几个方面。

(一)采取的措施不同,所起作用的猛烈程度不一样

从前述学习中我们已经知道,财政政策工具包括预算、税收、政府购买和转移支付,而货币政策工具则包括公开市场业务、再贴现率、法定准备金率以及利率。显然,这些政策工具在调节宏观经济中所起作用大小是不一致的,根据世界各国的实践,财政政策在治理通货紧缩时作用

① 注意公开市场业务的债券只是债券市场上较小的一部分,因而中央银行不能就此改变利率。

更突出,而货币政策在治理通货膨胀时作用更突出。比如,政府支出的增加和中央银行法定准备率的调整作用都比较激烈,而税收政策及公开市场业务的调整作用则比较缓和。

(二)政策效应的时滞不一样

每一项政策从其制定到发布实施,直到收效都要经历一段时间,即政策具有时滞性。财政政策与货币政策效应的时滞存在较大差异。例如,货币政策的实施由中央银行决定,内在时滞较短,起作用快一些;而财政政策的变动需要通过立法机构,从议案提出到议会讨论通过要经过相当长的时间,所以内在时滞较长。但财政政策措施,特别是改变政府支出将直接影响消费量 C 和投资量 I,对总需求进而对国民收入的影响直接、有力,所以其外在时滞较短;而货币政策措施却需有一系列的传导过程,如扩大货币供应量是 $M\uparrow \rightarrow r\downarrow \rightarrow I\uparrow \rightarrow Y\uparrow$(凯恩斯主义货币政策传导机制)。在这一过程中有许多环节,如果某个环节短路,如利率因货币的流动性陷阱存在而不能随货币供应量的扩大下降到足以使投资回升的水平等,将导致其外在时滞较长。

(三)在实施过程中所遇到的阻力不一样

一般情况是,货币政策遇到的阻力要小一些,而财政政策遇到的阻力要大一些,特别是增税和削减福利开支等措施将会遇到各方面的反对。

正是由于这些不同的特点,在许多情况下,财政政策与货币政策是不能相互完全替代的,只有经过慎重选择,将它们配合起来运用,才能产生较好的政策效果。

三、财政政策和货币政策配合的效果及配合方式的选择

(一)财政政策和货币政策配合的方式及其效果

1. 财政政策与货币政策的配合方式

政府要根据经济的具体情况和各项调节措施的具体特点,机动地选择不同的政策配合方式。政策配合的方式是多种多样的,大致有以下几种。

(1)扩张性财政政策与扩张性货币政策配合,即所谓“双松配合”。这可以有力地刺激总需求,但容易引起通货膨胀,留下后遗症,所以一般情况下不宜采用。

(2)紧缩性财政政策与紧缩性货币政策配合,即所谓“双紧配合”。这可以有力地抑制总需求,但容易导致较长时期的经济衰退,所以一般情况下也不轻易采用。

(3)扩张性财政政策与紧缩性货币政策相配合或者紧缩性财政政策与扩张性货币政策相配合,即所谓“松紧配合”。这样可以发挥两种政策的互补性,使总需求扩大但又不致引起通货膨胀,或者使总需求缩减但又不至于导致经济衰退。

2. 财政政策与货币政策配合的效果

这里的分析仅着眼于运用 *IS-LM* 模型讨论财政政策与货币政策的不同配合方式所带来的对利率和收入的影响。

(1)松的财政政策与松的货币政策。如图 17-1 所示,松的财政政策使 *IS* 曲线右移,松的货币政策使 *LM* 曲线右移。松的财政政策导致支出增加,从而货币需求增加,利率提高,还使收入提高;而松的货币政策导致利率下降和收入提高。也就是说,这种配合方式肯定使收入提高,利率是升是降则取决于两种政策各自的力度。由于这种情况下的收入提高有可能起因于价格上涨,经济社会将面临通货膨胀的压力。

为简便起见,用 $\Delta G\uparrow$ 、$\Delta G\downarrow$ 分别代表松的财政政策和紧的财政政策,用 $\Delta M\uparrow$ 、$\Delta M\downarrow$ 分别代表松的货币政策和紧的货币政策。则上述关系可简明地表示为:

$\Delta G\uparrow\rightarrow IS$ 曲线右移,$\Delta M\uparrow\rightarrow LM$ 曲线右移;

$\Delta G\uparrow\rightarrow r\uparrow$ 和 $Y\uparrow$;

$\Delta M\uparrow\rightarrow r\downarrow$ 和 $Y\uparrow$ 。

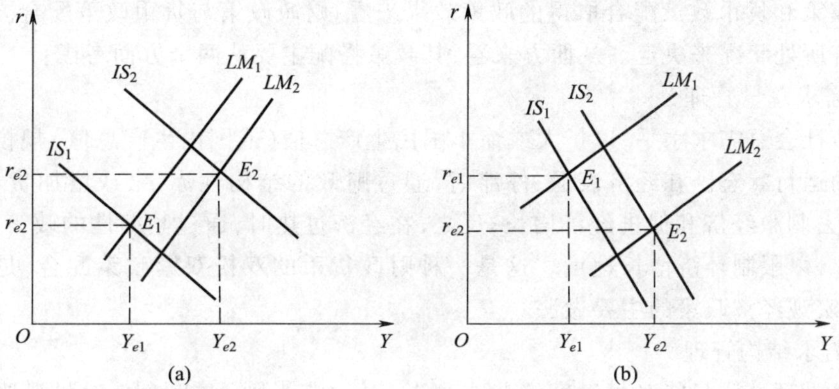

图 17-1 "双松配合"的政策效果

图 17-1(a)表示收入、利率提高的情况,图 17-1(b)表示收入提高、利率下降的情况。

这种政策配合方式还可以用来说明如何用扩张性货币政策来减少或抵消扩张性财政政策所带来的挤出效应。如图 17-2 所示,最初产品市场与货币市场的均衡点为 E_0,产出为 Y_{e0},利率为 r_{e0} 。政府增加支出后,使 IS 曲线由最初的 IS_1 上移至 IS_2,新的均衡点为 E_1,产出为 Y_{e1} ,利率为 r_{e1} 。显然政府的扩张性财政政策在增加产出的同时,也使利率从 r_{e0} 上升为 r_{e1} 。高利率对非政府部门的投资产生了挤出效应,使财政支出乘数的扩张力度受到影响。为了克服这一问题,政府决定采用扩张性货币政策,通过扩大货币供应量促使利率下降。于是 LM 曲线由 LM_1 外移至 LM_2。在产出未变时,利率先下降至 r'_{e1} ,然后随产出扩大至 Y_{e2} ,利率再上升为 r_{e0} 。

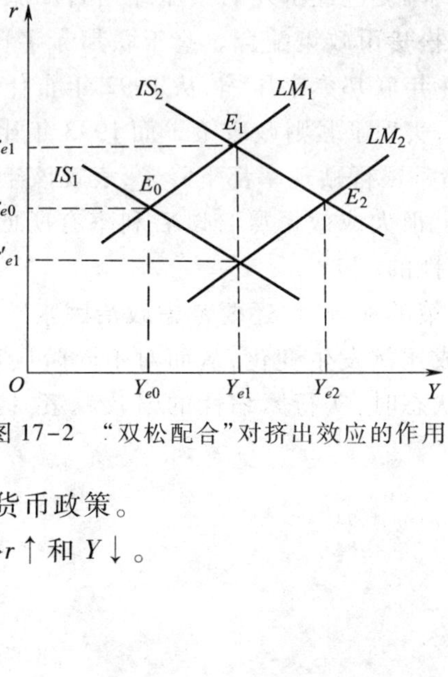

图 17-2 "双松配合"对挤出效应的作用

(2) 紧的财政政策与紧的货币政策。

$\Delta G\downarrow\rightarrow r\downarrow$ 和 $Y\downarrow$;$\Delta M\downarrow\rightarrow r\uparrow$ 和 $Y\downarrow$ 。

(3) 松的财政政策与紧的货币政策。

$\Delta G\uparrow\rightarrow r\uparrow$ 和 $Y\uparrow$;$\Delta M\downarrow\rightarrow r\uparrow$ 和 $Y\downarrow$。

(4) 紧的财政政策与松的货币政策

$\Delta G\downarrow\rightarrow r\downarrow$ 和 $Y\downarrow$;$\Delta M\uparrow\rightarrow r\downarrow$ 和 $Y\uparrow$。

(二) 财政政策与货币政策配合方式的选择

从财政政策和货币政策配合取得的政策效果来看,财政政策与货币政策配合方式的选择要根据具体经济所处状况来决定。从西方来看,其政策搭配主要从两个方面考虑:

1. 考虑需求总量管理

考虑调节社会总需求水平,以扩大或缩小国民生产总值(或国内生产总值)规模而使经济处于相对稳定的运行状态。在经济衰退、停滞时,通过财政的结构性赤字,或增加货币供应量,或者两者兼用,去刺激经济和促进经济增长;反之,在经济过热时,通过紧缩性的政策,来管理和压缩社会总需求,以限制经济增长速度。这是一种财政货币的双松双紧政策配合,是滞胀现象出现前,西方的宏观经济政策的主要做法。

2. 考虑需求结构管理

需求总量管理办法只能对付过度繁荣或衰退,对付滞胀则无能为力,对付滞胀只能依靠需求结构管理的办法。所谓需求结构管理,是通过改变国民生产总值(或国内生产总值)的结构,来达到既克服经济停滞状态又压缩通货膨胀程度的目的。为此,将通过运用不同的税收、政府支出和货币等政策手段的混合,来改变企业投资、消费、净出口及政府购买性支出等各自在 GDP 中所占比重。如里根当政期间,美国增加了防务支出,减低了税收,同时紧缩了货币供应,升高了利率,使私人投资和净出口被压缩,为政府增加支出腾出了空间,增大了政府的结构性赤字。这种政策搭配,通过松财政促进经济达到景气状态,而通过紧货币克服通货膨胀。在里根当政的头几年,这种松财政紧货币的政策配合,取得了较好的政策效果。反过来,如果宏观经济政策首要任务是增加私人投资,以增强经济长期发展能力时,就需要采用扩张性货币政策去降低利率,以增大私人投资,同时财政增税减支以压缩赤字。其做法是相对压缩公共部门的规模,来为私人投资扩张腾出资源,以达到既促进经济发展又压缩通货膨胀的目的。克林顿政府上台后最初时期实行的就是这类紧财政松货币政策配合。鉴于联邦赤字日趋膨胀可能带来的危险,克林顿政府通过努力,实现了连续 4 年联邦赤字压缩,从 1992 年布什政府的 2 904 亿元赤字①,逐年压缩到 1996 年的 1 070 亿元②,实现了紧财政政策。而 1993 年比上年,两个有代表性的利率,即 10 年期政府债券利率和联邦储备银行贴现率都下降了,表现该年实行的是松货币政策。这种紧财政松货币的政策配合,取得了很大成效。尽管以后利率有所回升,但毕竟已在实践中证明这种政策搭配的运作是有其可行性的。

在考虑财政政策和货币政策的配合时,还要考虑政治因素。因为财政政策和货币政策作用的结果,会使国民生产总值组成比例发生变化,从而对不同阶层和不同集团的利益产生不同的影响。比如,政府在经济过热状态时,实行紧缩性的财政政策,提高税率,这对中产阶级以上的

① Budget of the United Sates Government,1994.

② 中国财经报,1997-03-12(4).

那部分人来说,他们收入中的较多部分上缴国家财政,国家利用税收进行公共投资,如用来改善公共交通,这时不论穷人还是富人都可共同享受这些公共产品。这在一定的经济社会中,国民收入的分配会发生变化。因此,政府在做出混合使用财政政策和货币政策的决策时,必须统筹兼顾,充分考虑各方面的利益。

四、我国财政政策与货币政策配合的实践

改革开放之前,我国实行计划经济体制,当时的财政政策也附属于计划机制。改革开放后,我国引入了市场经济机制,西方的各派经济思想也流入我国,我国政府在宏观调控中开始注重运用财政政策来应对经济中出现的问题。同时,改革开放之初,我国政府的宏观调控政策中财政政策居于主导地位,货币政策的作用微乎其微。随着市场化进程不断推进、金融体系逐步建立,货币政策的地位逐步加强,到如今财政货币政策已经成为市场经济条件下我国政府进行宏观经济调控的主要手段。我国改革开放以来,财政政策从强走弱、货币政策由弱趋强,二者逐渐迈向协调,在宏观调控中共同发挥着重要作用。二者配合的轨迹大致可分为六个阶段,如表 17-1 所示。

表 17-1　改革开放以来我国财政政策与货币政策配合的轨迹

所属阶段	时　间	财政政策	货币政策	配合方式
第一阶段	1979—1980 年	松	松	双松
	1981 年	紧	松	紧松
	1982—1984 年	松	松	双松
第二阶段	1985 年	紧	紧	双紧
	1986—1988 年	松	松	双松
	1989—1991 年	紧	紧	双紧
第三阶段	1992—1993 年中	松	松	双松
	1993 年下—1997 年	紧	紧	双紧
第四阶段	1998—2002 年	松(积极)	松(稳健)	双松
第五阶段	2003—2004 年	积极淡出	稳中适度从紧	偏松和趋紧
	2005—2007 年	稳健	稳中适度从紧	稳健和趋紧
	2008 年上半年	稳健	从紧	稳健和从紧
第六阶段	2008 年下半年以来	扩张	宽松	双松

纵观改革开放四十年来的财政货币政策配合方式,可发现,其一直处于变动中,这与我国改革开放以来市场经济飞速推进的背景是分不开的。下面我们分六个阶段来阐述四十年来的财政货币配合方式变迁过程。

(一) 第一阶段:1979—1984 年

1978 年我国开始计划经济体制改革,党的工作重心从“以阶级斗争为纲”转到以经济建设为中心上来。1979 年中央提出对国民经济进行“调整、改革、整顿、提高”的八字方针。为此,1979—1980 年财政货币政策实行“双松”配合,财政方面采取了一系列改革措施,使得财政支出连续大幅度增长,造成了高额财政赤字,1979 年和 1980 年的财政赤字分别为 98.07 亿元和 86.9 亿元;银行方面则是大幅度增加现金和贷款投放,使全国零售物价总指数大幅上涨,1980 年从长期稳定的 2% 上升到 6%。

鉴于物价上涨的压力,国家将1981年定为经济调整年,财政货币政策采取"紧松"配合,财政上压缩了当年财政基建投资,财政赤字有所降低;银行方面则实行紧中有松的政策,有选择地增加货币供应量。通过这一系列调整,我国的经济结构有所改善,基本实现了财政平衡、信贷平衡和物价稳定的目标,但却引起了市场疲软和经济萧条。

因此,1982—1984年的财政货币政策实行"双松"配合,财政方面继续深化财政体制改革,对企业实行利改税,调动企业和地方的生产积极性,增加有效供给,缩小总供给与总需求之间的差距。银行方面实行了"拨改贷"和企业流动资金由银行信贷供应的体制,增发货币、增发贷款。改革取得了满意的成绩,国内生产总值增长速度逐步回升,1982年增长9.1%,增幅较上年提高3.9个百分点,1983年进一步加快到10.9%。

总之,1979—1984年我国经济体制改革尚处于起步阶段,政策协调的外部环境尚不完善,国有企业占主导地位,政府缺乏市场经济调控机制应用的经验,加之中央银行体制于1984年才建立,因此这一阶段财政政策在经济运行中的主导地位十分明显,货币政策是作为财政政策配套服务工具而存在的。因此,两种政策的配合中"同松同紧"情况居多,这也造成了政策协调的效果不佳,"一放就乱,一抓就死"成为常态。但无论如何财政货币政策的配合为医治十年文化大革命创伤、支持国民经济发展特别是经济结构调整、促进农村经济体制改革(提高农副产品收购价格)、扩大职工就业、改善人民生活发挥了积极作用。

(二)第二阶段:1985—1991年

1982—1984年的"双松"配合带来了经济的强劲增长,1984年后期国民经济过热的迹象逐步显现,社会总需求与总供给的差额不断扩大,投资消费高速增长,价格总水平大幅攀升。针对这一现象,1985年又转向实行"双紧"配合,财政方面采取措施增加收入控制支出;银行方面严格控制贷款规模和货币投放。经过财政货币政策的"双紧"配合,投资和消费过热的势头得到了初步遏制,经济增长速度也慢下来。但是,社会上加速经济增长和投资扩张的需求仍然十分强烈,为此,国家的宏观调控政策又开始松动,1986—1988年实行了"双松"配合,财政政策实施的结果表现为财政收入占国民收入的比重下降;货币政策方面提出"稳中求松""紧中有活",银行信贷和货币投放再度失控,到1988年通货膨胀率已达18.5%。

针对1988年出现的经济过热和严重的通货膨胀状况,1988年9月,中共十三届三中全会提出"治理经济环境、整顿经济秩序、全面深化改革"的方针,财政货币政策实行了"双紧"搭配方式,表现为大力压缩固定资产投资规模、控制社会消费需求、紧缩中央财政开支、进行税利分流试点和税制改革。"双紧"的财政货币政策实施后,经济过快增长得到了控制,物价回落到了正常水平,需求膨胀得到化解,固定资产投资的结构有所调整,产业结构不合理状态有所改变。但是,这次"双紧"的财政货币政策,使企业在流动资金严重短缺的情况下,生产难以正常运转,经济效益明显下降,造成经济增长速度在短期内下降过多,市场不同程度地出现了疲软。因此,在1990年我国开始调整紧缩力度,实行的是"双紧"基调下的"双松"配合,财政方面增加了基础设施和支农支出;银行方面增加了货币供给,并三次下调存贷款利率。经过一系列的调整,经济增长速度逐渐回升,市场疲软现象得以改善。

总之,1985—1991年我国市场经济体制改革仍处于起步阶段,政策协调的外部环境仍不完善,政策作用的微观主体仍然以国有企业为主,政府调控市场经济机制的经验仍不丰富,两大政策协调中一直以直接调控为主,很少用财政和金融中间变量来间接影响经济主体,财政货币政策基本是“同松同紧”情况,没有更多的多元化政策搭配,加上受当时比较流行的凯恩斯主义思潮影响,基本上采取的是“相机抉择”政策,政策变化过快、调整过于频繁,缺乏连续性和稳定性,因此政策协调的效果不太理想。但是,我们必须看到,这一阶段我国中央银行体制已建立,银行在现代经济中的核心地位开始得到确立,信贷资金成为社会资金来源的主渠道,通过控制信贷规模而影响货币供应量,成为货币政策的核心模式,货币政策在宏观经济政策中的地位已大大加强。

(三) 第三阶段:1992—1997 年

1992 年,在邓小平南方谈话和党的十四大精神鼓舞下,全国排除干扰,解放思想,又掀起了新一轮的经济建设高潮。1992 年到 1993 年上半年,财政货币政策再次实行“双松”配合,导致经济运行的各项指标持续攀升,投资增长过猛,基础产业和基础设施的“瓶颈”制约进一步加剧,市场物价水平迅速上升,经济形势十分严峻。为了保持国民经济平稳发展,党中央果断做出深化改革、加强和改善宏观调控的重大决策,1993 年下半年开始宏观调控,实行适度从紧的财政货币政策配合,其中财政政策发挥了重要作用。1993 年下半年到 1997 年这段时间,财政政策方面表现为严格控制投资规模,控制社会集团购买力过快增长,把预算会议费压缩 20%,控制出国活动和各种招商办展活动;同时,结合分税制改革,强化了增值税、消费税的调控作用,并且强化税收征管,清理越权审批减免税。货币政策方面,严格控制信贷规模,大幅提高存贷款利率,要求银行定期收回乱拆借的资金。实践证明,适度从紧的财政货币政策取得了良好的效果。国民经济在 1996 年平稳地回落到适度增长的区间,基本实现了经济“软着陆”。既有效地抑制了通货膨胀,又保持了经济的较高速度增长,形成了“高增长、低通胀”的良好局面。

总之,1992—1997 年中国经济的市场化程度迅速提高,经济总量不断扩大,微观经济主体的活跃程度日益提高,与此同时,在有效供给不足的背景下,经济过热也导致了通货膨胀等现象。而 1993 年下半年到 1997 年,财政货币政策的“双紧”配合成功治理了经济中存在的弊端,成为我国宏观调控的成功典范。同时,这一阶段两大政策配合也逐渐获得了制度改革方面的基础,其中 1994 年的税制和分税制改革逐渐奠定了公共财政的基础,而 1995 年通过的《中国人民银行法》也使得货币政策制定进一步得以独立。应该说这期间两大政策的协调出现了一些新的变化,包括调控手段多样化配合、调控技巧改善、驾驭宏观经济能力有所提高,这对于实现经济“软着陆”起到了较大作用。需要指出的是,始于 1994 年的外汇体制改革,不仅使得货币政策开始考虑开放经济条件下的新问题,而且引发了未来两大政策配合的新层面。

(四) 第四阶段:1998—2002 年

从 1997 年开始我国的经济增长基础发生了根本性变化,从资源约束过渡到需求约束,有效需求不足问题凸显。1997 年 7 月 2 日,亚洲金融风暴在泰国爆发,随后迅速席卷东南亚诸国,我国对外贸易受到了严重冲击。亚洲金融危机的爆发,进一步促使中国经济结构存在的问题被放大,物价走低、投资低迷、失业增加等通货紧缩迹象令人担忧。面对国内外经济和市场形势,我国财政货币政策由适度从紧快速转为“双松”配合,即积极的财政政策和稳健的货币政策。1998 年 7 月开始的积极财政政策,表现为加快“费改税”进度,对某些产品提高出口退税率并加快出口退税进度,同时加大政府投资力度尤其是扩大社会基础设施建设支出;而在稳健的货币政策方面则是通过一系列措施不断增加货币供应量,表现为取消贷款限额控制,降低法定存款准备率,连续五次下调存贷款利率,扩大对中小企业贷款利率的浮动幅度等。

总之,1998—2002 年两大政策采取"双松"配合方式,二者之间是以财政政策为主、货币政策为辅的关系,二者协调的重点集中在共同为建设项目和企业提供流动性和信用支持方面,试图通过刺激微观主体的活力,来带动有效需求的提高。此次反经济周期波动的"双松"配合政策在扩大投资、刺激消费、鼓励出口、拉动经济增长、优化经济结构等方面取得了显著的成效,成功地抵御了亚洲金融危机的冲击和影响,宏观经济运行得到根本性的改善,通货紧缩的趋势得到了有效遏制,社会需求全面回升,经济结构调整稳步推进,经济持续快速增长。这一阶段,我国政府首次面临现代意义上的经济周期低谷,并且处于有效需求不足与结构性供给不足的两难境地,因此不仅给财政货币政策协调提供了创新的背景,也带来了众多新的难题。

(五)第五阶段:2003—2008 年上半年

2003 年,积极的财政政策与稳健的货币政策出现了一定程度的副作用,国民经济中出现了经济的局部过热现象,投资需求进一步膨胀,贷款规模偏大,通货膨胀压力加大,个别地区、个别产业的发展严重失调,一些能源消耗性的产业非正常发展,使国民经济的发展态势出现了不均衡。为此,中央政府提出进一步加强宏观调控,从 2004 年逐步调整财政政策的作用方向和力度,积极的财政政策开始淡出,并且我国在 2005 年宣布财政政策实施以"控制赤字、调整结构、推进改革、增收节支"为特征的稳健的财政政策。与之相对应,稳健货币政策的内涵也发生了变化,主要是适当回收流动性,最终确定"稳中适度从紧"的政策思路。进入 2007 年,经济过热和通货膨胀成为中国经济面临的最大问题,而中央政府也把 2008 年的宏观调控思路,定为"从紧货币政策"与"稳健财政政策的协调",这也体现了政府对较大通胀压力的担忧。2007 年以来央行多次上调存款准备金率,同时提高利率,这些都是紧缩银根的措施,旨在控制货币供应量。

2008 年年初我国南方地区遭遇了特大雪灾。当年 5 月,我国四川省发生了特大地震灾害,将本已处于历史高点的物价进一步推高,物价飞速上涨。在整个上半年,为控制通货膨胀蔓延,中央采取了从紧货币政策、稳健财政政策以及价格管制等多种手段。如多次加息、上调存款准备金率、对与百姓生活关系密切的商品实施临时价格干预措施、提高低收入群体和种粮农民的补贴等,使物价上涨的势头得到了遏制。

总体而言,在此阶段财政货币政策协调开始出现向"双紧"过渡的趋势。两大政策协调的一个新特点,是除了共同作用于传统的经济总量目标外,在更多的领域有了配合的实践,如以应对流动性问题、推进外汇储备管理改革为目的而发行特别国债的行为,以及调低利息税以引导储蓄资金流向等政策。

(六)第六阶段:2008 年下半年以来

美国的次贷危机终于在 2008 年发展为金融危机,并蔓延到实体经济,且波及全球。我国是一个出口依赖度较大的国家,由于金融危机出口贸易严重缩水,出口下降导致许多沿海企业特别是民营中小企业倒闭,并出现大量的失业工人。我国经济下滑的苗头初步显现时,中央审时度势,及时转变调控方式,采取积极的财政政策与宽松的货币政策。财政方面,2008 年 11 月通过了 4 万亿元的投资方案和振兴十大产业计划。货币政策方面,双率(贷款基准利率和存款准备金率)同时下调,2008 年 10 月 9 日起一年期人民币存贷款基准利率下调 0.27%,10 月 30 日又下调 0.27%,11 月 27 日再大幅下调 1.08%,12 月 23 日进一步下调 0.27%;从 2008 年 10 月 15 日起下调存款类金融机构人民币存款准备金率 0.5%;同时银行放宽中小企业贷款条件,放宽购房贷款条件。

2008 年四季度我国经济增幅大幅下滑,为了保持经济的稳定增长,在 2009 年我国继续实行了积极的财政政策和适度宽松的货币政策,体现在信贷方面,大量地发放贷款。2009 年 3 月末各项贷款余额就达到 34.96 万亿元,新增贷款达到 4.58 万亿元,全年计划新增贷款 5 万亿元,实际上 2009 年全年贷款达到 10 万亿元。但是由于忽略贷款结构,过量贷款流入资本市场,特别是房地产市场,推动了资产价格特别是房价上涨。在“双松”政策的刺激下,我国经济快速回升,但由于较高的货币发行量也带来通货膨胀。为引导经济转入稳定增长阶段,2011 年我国积极的财政政策重在调结构和稳增长,货币政策转向稳健或中性,货币信贷回归常态。

从上述对我国改革开放四十年来财政货币政策协调回顾可以看出,2008 年以前,政府主要通过关注总需求管理,致力于实现经济总量稳定。我们知道,在凯恩斯主义政策理念影响下,财政与金融的协作问题,主要研究在封闭体系的自由利率条件下,财政政策与货币政策是如何通过有效配合来促进总需求水平的稳定。对于健全的市场经济国家来说,这样的政策选择是相对有效的。然而对中国这样面临发展与转轨双重任务的经济体来说,则显得过于单一,必须关注结构调整性的供给管理、开放条件下的金融制度优化等层面,这点在我国政府在 2008 年以来的宏观调控中得到体现。

第二节　财政政策工具的配套运用

一、财政政策工具间的配合

预算、税收、财政支出、公债等财政政策工具均具有调节经济的功能,然而单独一种政策工具的使用效果往往有限,应注重财政政策的内部协调配合。财政政策的运作不外乎三种结果,即财政平衡、财政盈余和财政赤字。从西方国家来看,一旦出现赤字,其基本的弥补手段只有公债。因此,财政政策的运作,就直接对公债提出要求,直接决定着各年度公债的发行规模和偿还规模。如果财政实行的是赤字政策,则往往要求年度公债的发行规模必须大于偿还规模,实现公债的年度净收入。而如果财政实行的是盈余政策,则该年度财政政策对公债政策提出的直接要求,就不是公债的年度净发行,而是公债的年度净偿还,是公债发行规模小于偿还的规模。而当财政年度平衡时,影响公债政策的,可能是当年公债发行规模和偿还规模持平的结果。

相反,公债也制约着其他财政政策,这可以从以下三个方面来看:①公债取得净收入的能力大小,直接决定着财政赤字的可能规模,在一定程度上制约着财政扩大支出的能力,也就直接制约着财政政策的确定。而年度公债净收入的大小,又是由年度公债发行政策和公债偿还政策共同决定的。这样当政府依据财政政策弥补赤字的要求来确定公债发行政策时,就还要结合公债偿还政策来考虑,而不能仅考虑取得收入问题。②公债的利息支付,本身就是财政支出的一个组成部分。这就使得公债政策的某一部分与财政支出政策相交叉,也影响着财政政策。③公债的有偿形式,决定了各个年度存在公债的累积余额问题。因而公债政策还要考虑公债累积余额的规模及其对社会方方面面的影响问题。过大的累积余额,将严重地限制公债的年度发行规模。如西方国家就存在议会规定国债累积余额的最高限额,以限制政府扩张支出能力的现象。这样在综合考虑偿还政策和累积余额之后的公债发行政策,就很难说一定能够满足弥补预算赤字的要求了。一旦公债确实难以满足弥补当年预算赤字的要求,修改预算以压缩预算赤字就在所难免了,所以公债政策反过来影响乃至决定着财政政策。

值得注意的是,公债成本一旦形成,就是财政所必须承受的一种负担,不管在预算账户上是否成为财政支出项目,结果都一样。因为这些都不属于对债务人本金的偿还范围,而是由于政府举债形成的新增支出,并不存在公债收入与之相抵消的问题。从现代公债来看,如果仅是借新债还旧债本金,则公债累积余额只是算术级数增加。但是如果借新债偿付旧债本息,则由于利息以复利方式滚动,公债累积余额将呈几何级数增加,很快将会陷公债累积规模于过大的状态。所以公债成本,其中尤其是利息支出,应列入预算总支出中,而不应从公债收入中扣抵。否则一方面将会低估财政赤字的规模,不利于财政政策的正确运作;另一方面会陷公债政策于被动,将使公债因累积规模过大而无法配合财政政策开展宏观经济运作。

公债成本的形成有其被动性,公债利率是由市场利率或当时的某一特定标准所决定的。这些都不像公债发行规模具有较大的弹性,从而有着较大的主动性。这就使得制定财政政策和公债政策时,必须被动地满足这些支出的需要。在市场经济条件下,由于政府债券的风险小而信誉高于一般的企业债券,因而其利率通常低于市场利率。

随着公债累积余额增大,其年度利息支出数也急剧膨胀,占财政总支出的比重急剧上升,从而对财政支出形成很大的压力。例如,美国联邦政府 1993 年净利息支出为 1 988 亿元,占其总支出 14 082 亿元的 14.1%;1994 年净利息支出为 2 030 亿元,占其总支出 14 609 亿元的 13.9%[①],利息支出成为美国联邦政府财政支出的最大支出项目之一。

从上面的分析可知,在市场经济条件下,各项财政政策工具是相互影响的,财政政策内部需协调配合,尤其财政收支政策与公债政策的配合,不仅体现在公债弥补财政赤字上,而且体现在公债成本对财政支出的负担上。公债成本主要由公债的发行费用、公债利息支出和公债管理费用等组成。严格地讲,这些都应该属于财政支出。因此,在公债政策与财政收支政策相配合时,与公债发行收入比,应更注意公债成本对于财政收支政策的影响。

二、我国财政政策工具配套运用的实践

西方国家的积极财政政策往往是同时采取扩张、减税、公债等政策工具,我国应对 1997 年亚洲金融危机时实施的积极财政政策只采取扩张一种政策工具。2008 年次贷危机以来,我国首次使用了扩张、减税、公债同时进行的积极财政政策。2008 年 12 月的中央经济工作会议定调了积极财政政策最权威的风向标,会议提出了 2009 年经济工作要"较大幅度增加公共支出,实行结构性减税"。一方面,扩大政府公共投资,在 2008 年年末增加安排保障性住房、灾后恢复重建等中央政府公共投资 1 040 亿元的基础上,2009 年中央政府公共投资安排 9 080 亿元,增加 4 875 亿元。另一方面,结合改革和优化税制,实行结构性减税,减轻企业和居民税收负担,扩大企业投资,增强居民消费能力。

---

① Budget of the United States Government,1996.

2010 年的扩张表现在如下三方面：第一，大力促进农村改革与发展。完善支农补贴政策并加大投入力度，进一步完善配套措施，大力支持发展现代农业，支持农村教育、社会保障、医疗卫生、文化等社会事业发展。第二，着力保障和改善民生。安排好各项就业扶助经费，加大医疗卫生投入，加大社会保障投入。第三，更加注重结构调整和发展方式转变。加大科技投入力度，加大对生态建设和环境保护的投入。同时，2010 年度继续实施结构性减税政策。

2011 年的扩张注重于在多个重要领域增加支出，在着力解决人民群众最关心、最直接、最现实的利益问题方面，主要有五个方面：①提高城乡居民收入，扩大居民消费需求；②合理把握财政赤字和政府公共投资规模，着力优化投资结构；③进一步优化财政支出结构，保障和改善民生；④大力支持经济结构调整和区域协调发展，推动经济发展方式转变；⑤加大财政科技投入，推动自主创新，促进产业结构优化升级。同时，继续推进结构性减税，体现在如下几个方面：①继续对部分小型微利企业实施所得税优惠政策，支持中小企业发展；②落实好各项税费减免政策，促进产业结构升级和服务业发展；③实施有利于节能减排、环境保护和增加就业的税收优惠政策；④继续清理规范行政事业性收费和政府性基金项目。

2012 年中央提出宏观调控要稳中求进，积极财政政策要在稳增长、控物价、调结构、惠民生与促和谐等方面取得新突破。在政策手段运用方面，与前几年主要依赖扩大投资支出不同，2012 年度的积极财政政策更加突出结构性减税的作用，让积极财政政策惠及更多行业和更多企业。结构性减税政策主要包括：降低部分进口商品关税，落实提高增值税、营业税起征点等减轻小微企业税费负担的各项政策，实施对小微企业的所得税优惠政策，在上海的交通运输业和部分现代服务业开展营业税改征增值税试点。

2013 年的政府工作报告指出，要更好地发挥积极财政政策在稳增长、调结构、促改革、惠民生中的作用，明确提出同时使用公债、减税、扩张三大政策工具。其具体内容为：①适当增加财政赤字和国债规模。2013 年拟安排财政赤字 1.2 万亿元，比 2012 年预算增加 4 000 亿元，其中中央财政赤字 8 500 亿元，代地方发债 3 500 亿元。这主要是考虑到结构性减税的滞后效应，2012 年财政收入增长不会太快，但财政刚性支出增加，特别是要增加保障改善民生支出，保持对经济增长和结构调整的支持力度，适当扩大财政赤字和国债规模是必要的。同时，2013 年我国债务负担率相对较低，增加赤字后，赤字率在 2% 左右，总体处于安全水平。②结合税制改革完善结构性减税政策。重点是加快推进营业税改征增值税试点工作，完善试点办法，适时扩大试点地区和行业范围。③着力优化财政支出结构。继续向教育、医药卫生、社会保障等民生领域和薄弱环节倾斜，严格控制行政经费等一般性支出，勤俭办一切事业。中央预算内投资主要投向保障性安居工程，农业、水利、城市管网等基础设施，社会事业等民生工程，节能减排和生态环境等领域。④继续加强地方政府性债务管理。妥善处理债务偿还和在建项目后续融资问题，积极推进地方政府性债务管理制度建设，合理控制地方政府性债务水平。

本章小结

本章分两节介绍财政政策与货币政策的配合以及财政政策内部的协调配合。第一节首先介绍了货币政策的概念，即货币政策是指政府或中央银行为实现既定的经济目标，运用各种工具调节货币供给量，进而影响宏观经济的各项措施的总和。依据货币政策的适用领域，将其分为两类，即扩张性货币政策和紧缩性货币政策。关于货币政策工具，值得注意的是在中国除了公开市场业务、再贴现率和法定准备金率三大项外,还包括利率政策。在简单介绍了货币政策之后,本章介绍了货币政策与财政政策配合的必要性,不仅仅因为“挤出效应”的存在,还由财政货币政策的特点所决定。接着本章介绍了财政货币政策配合的方式(包括双松配合、双紧配合和松紧配合)、各种配合方式的效果以及配合方式的选择。随后,本章将改革开放四十年来中国财政货币政策配合的轨迹分为六个阶段,并对每个阶段两项政策配合的特点进行了总结,从中可发现我国改革开放四十年来财政政策从强走弱、货币政策由弱趋强,二者逐渐迈向协调,在宏观调控中共同发挥着重要作用。本章第二节介绍财政政策内部的协调配合。首先介绍了财政政策工具间的配合,指出预算、税收、财政支出、公债等财政政策工具均具有调节经济的功能,然而单独一种政策工具的使用效果往往有限,应注重财政政策的内部协调配合。接着介绍了我国自2008 年以来扩张、减税、公债共同使用的实践。

复习思考题

一、名词解释

货币政策　扩张性货币政策　紧缩性货币政策　货币政策工具　公开市场业务　再贴现率　法定准备金率　利率政策　双松配合　双紧配合　松紧配合

二、问答题

1. 财政政策与货币政策配合的必要性体现在哪些方面?
2. 利率弹性与财政政策有什么关系?
3. 利率弹性与货币政策有什么关系?
4. 在什么条件下财政政策最有效?
5. 在什么条件下货币政策最有效?
6. 在什么条件下宜实行双松配合政策?
7. 在什么条件下宜实行双紧配合政策?
8. 改革开放以来,我国财政货币政策配合可分为几个阶段?每个阶段的特点是什么?
9. 简述财政支出扩张政策、减税政策及公债政策要同时使用的理由。

即测即评

第五篇

财 政 关 系

第十八章 政府间财政关系[①]

无论是联邦制还是单一制政体，世界上绝大多数国家都是多级政府体制。联邦制下通常是三级政府，单一制是两级或准三级。在这个金字塔型的结构中，多级次的政府及同一级次不同地区的多个政府的存在，使得政府的各种权力和责任错综复杂地交织在一起。因此，政府间关系是十分复杂的，包括涉及纵向平衡的不同级次政府间的纵向架构（其中最主要的是中央政府与地方政府之间的关系），以及涉及横向平衡的同级政府间的关系。此外，还有政府的各部门之间的关系。在各种各样的政府间关系中，财政关系居于最重要的地位。本书前面各章都是将政府作为一个统一体与外界发生收支关系，本章将分析不同级次政府之间的财政关系与相同级次政府之间的财政关系，并将前者作为重点。

第一节 财政的集权与分权

集权，是指有关公共职能的权威和责任从地方政府[②]或准独立的政府组织和/或私人部门向中央政府转移；分权，作为集权的对立面，则指有关公共职能的权威和责任从中央政府向地方政府或准独立的政府组织和/或私人部门转移。集权与分权是两个复杂的具有多重含义的概念，包括政治集权与分权、行政集权与分权、财政集权与分权和市场集权与分权。不同形式的集权与分权都涉及不同的主题，具有不同的特征、政策含义，其成功实施的条件也不一样。[③]

一、财政集权与分权的基本问题

财政集权与分权讨论的是多级政府体系中中央与地方政府在财政收支与管理上责任、权力划分及相互间的协调、制衡关系。在世界各国，除了少量的城市型国家，绝大多数国家的政府都

① 本章参考了以下著作的相关内容：刘京焕，陈志勇，李景友．财政学原理．北京：中国财政经济出版社，2005；高培勇．财政学．北京：中国财政经济出版社，2004；吴俊培．财政学．北京：中国财政经济出版社，2003；张馨．财政学．北京：科学出版社，2006；蔡红英．地方政府间财政关系．北京：中国财政经济出版社，2007.

② 本章中的"地方政府"概念，除非特指，一律为中央（联邦）以下各级政府。

③ 中国社会科学院财政与贸易经济研究所．走向"共赢"的中国多级财政．北京：中国财政经济出版社，2005：26-27.

实行了多级政府框架下的分级管理制度,从而需要将财政的职责、权力在各级政府之间进行合理的划分,以使各级政府能够协调运转,实现各项社会经济职能。

财政集权与分权所要解决的基本问题是:合理界定中央政府与地方政府的财政职权范围,正确处理中央与地方的财政关系,达到集权与分权的最优组合。财政职权在中央与地方政府之间不同的配置状况,体现不同的财政集权与分权关系。通常,预算管理体制是体现这一关系的载体,而财政集中度和财政分权度可以作为反映财政集权与分权程度的指标。所谓财政集中度是指中央财政收支占政府财政收支总量的比重。中央财政在政府财政收支总量中的比重较高,一般反映财政的集权程度较高;反之亦然。财政分权度目前主要采取以下三种方式进行衡量:①产出取向的衡量方式,即通过计算各个级次政府立法、司法和其他非约束性法规(政策法规)的数量来衡量财政分权度;②投入取向的衡量方式,即通过计算在实现某项目标的过程中,各级政府的投入量(比如人员成本)来衡量财政分权度;③一般的衡量方式,即分别计算在每个不同的政策领域,地方政府收支占全部政府收支的比重。上述指标中,第三个指标最为常用,特别是地方政府支出占全部政府支出的比重作为表现分权度的最佳指标,在经验研究中几乎已经达成共识。

一般来说,财政集权与分权的程度受制于以下四大基本因素:其一,政治因素。单一制国家政体是由若干个行政区域单位或自制单位组成的单一主权国家,或者说国家是中央政权统一控制的整体,地方政权受中央政权领导、委托与管理。联邦制则是一种区域政治组织形式。它通过受宪法保障的中央政府与地方政府之间的分权而将统一性与地区多样性同等地纳入一个单一的政治体制中。联邦制被看成划分权力的方式,以便使全国性的政府与地方性的政府各自在一定的范围内是对等与独立的。根据通常的标准,单一制国家与财政集权体制相联系,联邦制国家与财政分权体制相联系。另外,一国立法制度是否健全和成熟,对财政集权与分权的程度都有着直接的影响。因为,分权式财政体制要求立法制度健全和成熟,如果立法制度不成熟就不能恰当地运用或行使对州(省)级以下级次的立法或中央赋予的立法权。

其二,经济因素。从经济体制看,主要体现为市场经济体制和计划经济体制。一般而言,计划经济体制与集权式财政体制相对应,市场经济体制与分权式财政体制相对应。从社会经济发展的进程看,由自然经济到市场经济,而市场经济又由建立培育阶段到发展成熟阶段。一国经济发展处于不同的阶段,对财政集权与分权自然就有不同的选择。

其三,社会因素。社会人口不断增加,使政府的管理级次要相应地扩大或增加,同时也使政府的管理职能不断地扩展和增加,也就是政府提供的服务范围扩大和受益范围要求更加明确。这都在一定程度上影响财政体制向分权式类型方面发展,反之亦然。另外,民族、宗教等因素都会影响财政的集权与分权选择。

其四,历史因素。凡在历史上完全沦为殖民地的国家,其财政集权与分权的确立在一定程度上不能不受宗主国的制约和影响,甚至往往与宗主国一致。在独立成为主权国家后,或多或少地存在着历史的痕迹。另外,一个移民因素成分比较大的国家,其分权和民主的因素就比较大,财政的分权倾向也较为明显。

总之,财政集权与分权是一对矛盾,在既定的财政职能范围内,它们存在此消彼长的关系,集权多了分权就少,反之亦然。但无论如何,只要存在着多级政府体系,就有一定程度的分权,特别是在现代市场经济国家,财政的分级管理、各级财政相对独立是普遍的现象,从这一意义来说，“财政联邦主义”(fiscal federalism)为各国所普遍奉行。

二、财政分权理论

财政分权理论经由几十年的发展，有传统和新一代之分。传统的财政分权理论(the theory of fiscal decentralization)，又叫财政联邦主义理论(the theory of fiscal federalism)，或联邦主义的经济理论(the economic theory of federalism)。鉴于蒂布特(Tiebout，1956)、奥茨(Oates，1972)和马斯格雷夫(Musgrave，1959)等人在这一理论上的先驱性贡献，传统的财政理论也被称为 TOM 模型。新一代财政分权理论，在分权框架上引入了激励相容与机制设计学说，是当代微观经济学的最新进展在财政学中的运用。这种新的分权理论是以钱颖一和罗兰(Qian and Roland)、温格斯特(B. Weingast)与怀尔德森(D. E. Wildasin)近年来所发表的论文为代表，他们在财政分权问题上更关注的是如何设计出一套机制以实现对公共政策制定者的激励。

(一) 传统的财政分权理论

传统的财政分权理论主要是从经济学的视角，以新古典经济学的规范理论作为分析框架，对财政分权的合理性、必要性给出了一定的解释和说明，其研究的一个基本问题是如何将各项财政职能及相应的财政工具在各级政府之间进行适当的分配。其核心观点认为：如果将资源配置的权力更多地向地方政府倾斜，那么通过地方政府间的竞争，能够使地方政府更好地反映纳税人的偏好，从而加强对政府行为的预算约束，相当程度上改变中央政府在财政政策中存在的不倾听地方公民意见的状态。

1. 蒂布特的“用脚投票”理论

蒂布特(1956)首先从公共产品入手，假定居民可以自由流动，具有相同偏好和收入水平的居民会自动聚集到某一地方政府周围，居民的流动性会带来政府间的竞争，一旦政府不能满足其要求，那么居民可以“用脚投票”迁移到令自己满意的地区，结果地方政府要吸引选民，就必须按选民的要求供给公共产品。蒂布特总结到，分权的最终结果将有助于对不同人口群体的公共产品或服务偏好做出判断。地方政府提供某些公共产品或服务，这些群体可以按照其从该公共产品或服务中获益多少来支付一定的代价(即税收)。而且，个人还可以通过向最能反映其消费偏好的辖区流动来表示他们对原辖区的不满。这就可能出现一个边际点，即消费公共产品或服务所获得的收益等于以受益税方式支付的成本，也就是接近于帕累托最优的解决方案。

2. 马斯格雷夫的分权思想

马斯格雷夫(1959)从考察财政的三大职能出发，分析了中央和地方政府存在的合理性和必要性。他认为：宏观经济稳定与收入再分配职能应由中央负责，因为地方政府对宏观经济稳定实施控制缺乏充足的财力，另外经济主体的流动性也严重束缚了地方政府进行收入再分配的尝试；而资源配置政策则应根据各地居民的不同偏好而有所差别，在这方面地方政府比中央政府更适合，更有利于经济效率的提高和社会福利水平的改进。他还指出，在公共产品供给效率和分配的公正性实现方面，中央政府和地方政府间必要的分权是可行的，这种分权可以通过税种在各级政府间的分配固定下来，从而赋予地方政府相对独立的权力。

3. 奥茨的分权定理

奥茨在《财政联邦主义》(1972)一书中，通过一系列假定提出了分散化地提供公共产品的比较优势，即奥茨“分权定理”：对某种公共产品来说，如果对其消费涉及全部地域的所有人口的子集，并且关于该公共产品的单位供给成本对中央政府和地方政府都相同，那么让地方政府将一个帕累托有效的产出量提供给他们各自的选民则总是要比中央政府向全体选民提供的任何特定的且一致的产出量有效率得多。因为与中央政府相比，地方政府更接近自己的公众，更了解其所管辖区选民的效用与需求。也就是说，如果下级政府能够和上级政府提供同样的公共产品，那么由下级政府提供则效率会更高。

4. 布坎南（Buchanan）的俱乐部理论

俱乐部理论以地方政府作为地方公共产品的提供者为前提，在既定的公共产品供给水平上，从人口角度分析地方政府的最优管辖规模。该理论把一个地方或地区比作一个俱乐部，俱乐部成员的增加一方面会带来分摊成本的下降，使每个成员的收益上升；另一方面会造成拥挤成本的上升，减少每个成员的收益。一个俱乐部的最优规模应确立在增加的边际拥挤成本等于减少的边际分摊成本这个均衡点上。地方政府的最优管辖规模也应据此原理确定。

有关传统财政分权理论的解释，除以上理论外，还有斯蒂格勒（Stigler）的“菜单”理论、特里西（Treacy）的偏好误差理论等。

（二）新一代财政分权理论

传统的财政联邦主义理论和传统的企业理论有一个相似的地方，它们分别将政府过程和企业过程视作一个“黑箱”，好像只要投入所需的资源，仁慈的专制者就会如同公众所愿，有效率地提供所需的公共产品和服务。而钱颖一等人（1997）借助新厂商理论打开了政府这个“黑箱”，主张“市场维护型的财政联邦主义”（market preserving federalism），从而构建了第二代财政分权理论。他们认为，传统分权理论只从地方政府的信息优势说明了分权的好处，但没有充分说明分权的机制，特别是对政府官员忠于职守的假设存在问题。事实上，政府和政府官员都有自己的物质利益，和企业经理人相类似，政府官员只要缺乏约束就会有寻租行为，所以一个有效的政府结构应该实现官员和地方居民福利之间的激励相容。

市场维护型的财政联邦主义理论的立足点（马珺，2005）是，好的市场效率来自好的市场结构，它要求政府行为既是有效果的，又是受限制的。法治、水平分权及民主通常被认为是达到这一目标的机制，而市场维护型的财政联邦主义，通过为市场的效率提供支持性的政治系统，在构造政府治理结构时考虑相应的激励机制即“正的”和“负的”激励，前者用来防止政府的掠夺性行为，后者用来惩罚预算软约束，使中央和地方政府都各司其职，相互拥有权利和负有义务。在这个行动框架内，市场机制受到维护和推进，从而市场交易的各方都从市场的增进中获益。市场维护型的财政联邦主义，具有下述五大特征（钱颖一，2003）：①存在一个政府内的层级体系；②在中央政府与地方政府之间存在一种权力划分，从而任何一级政府都不拥有绝对的制定政策法规的垄断权，同时又在自己的权力范围内享有充分的自主权；③制度化的地方自主权对中央政府的任意权力造成强有力的制约，使得中央与地方的权力分配具有可信的持久性；④地方政府在其地域范围内对地方经济负有主要责任，同时一个统一的全国市场使得商品和要素可以跨地区自由流动；⑤各级政府都面对着硬预算约束。

新一代财政分权理论还对财政联邦主义的可持续性问题做出了进一步研究，并成为其理论的重要组成部分。钱颖一等人指出，财政分权有助于政府可靠地维护市场，但要达到这种效果，联邦主义政策的实行必须是可持续的,这种可持续性的产生需要政府具有自我强制机制予以保证,政府官员必须要遵守联邦主义规则的激励。他还指出,若要使财政联邦主义持续、稳定地发挥作用,必须具备两点:必须给中央监督下级政府逃避责任的充分资源,同时地方政府必须具有通过一致反对中央政府滥用权力的监督手段。

从世界范围来看,分权已成为了一种大趋势,当然对分权理论的研究也已超出了财政领域,人们越来越关注其对社会、经济的影响,主要表现在实验联邦主义与制度创新、财政分权与官员腐败、财政分权对环境质量的影响等方面。

三、财政分权的优劣

(一)财政分权的优点

1. 使公共产品和服务适合当地的偏好

在一个人口众多和民族多样化的国家里,不同群体有不同的消费偏好,对公共产品有不同的需求选择。集权化的政府倾向于在全国范围内提供相同水平的公共产品和服务,而不顾人们的需求偏好是否相同。在分权体制下,对公共产品和服务具有相同偏好的人会聚集在一起,这样地区就可能为居民提供符合他们需求的公共产品类型和数量。

2. 发挥地方政府的信息优势

地方政府在了解和掌握当地居民的需求偏好及其动态上具有信息优势,能够及时对地方公共需求的变化做出反应,从而分权管理有利于缩短信息传送链条,降低决策成本,提高决策效率。而在中央政府集权管理的条件下,获取和处理每个人偏好的信息成本是巨大的,或者可能出现信息缺失或失真,从而造成社会福利损失。

3. 鼓励政府间竞争

在分权体制下,为了吸引更多的经济资源,增强地方经济实力,地方政府之间会进行一定的竞争,包括税源竞争、公共服务数量和质量竞争等。这种竞争有利于控制地方政府规模,抑制官僚主义行为,降低公共供给成本,提高供给质量和效率。有证据表明,一个国家的财政制度越分权,政府的腐败行为就越少(Fisher and Gatti,2002)。

4. 促进对公共事务的民主管理

由于地方政府直接面对当地居民,其供给活动与当地居民的切身利益密切相关,而居民的税收负担与地方公共供给具有直接的对应性,他们会有更大的热情和主动性参与到地方的公共决策上,并对地方政府的各种行为进行有效的监督,从而使地方公共政策更充分体现民意,并加强地方当局的责任感。

5. 有利于公共管理制度的实验与创新

公共管理制度是整个社会经济管理制度的重要组成部分,其制度安排的优化,能使众多的社会成员受益。在集权体制下,各地方依附、听从于中央,既无自主的空间,也无创新的动力,而中央政府对制度变革的安排要受信息、各地情况的差异等因素的制约,从而导致制度僵化。实行分权管理,各地方政府有机会和动力根据当地的情况进行制度创新和政策实验,这不仅有利于不断改进当地的公共管理和资源配置,而且在各地区相互竞争的局面下,有效的制度会迅速传播、扩散,使整个社会受益。

(二) 财政分权的缺点

财政分权的缺点可以从效率和公平两个视角说明。一方面,财政分权可能导致资源配置的无效率;另一方面,公平议题在分权体制下无法得到很好的解决。

1. 效率问题

以下三个理由可以说明,分权政府体制为什么可能导致资源配置无效率。

(1) 难以解决外部性问题。分权体制具有效率的前提条件之一是所提供的公共产品的成本和收益可以在辖区范围内内部化,这样地方政府和居民才有可能对有关公共供给的边际成本和边际收益进行准确的估量,做出正确的选择和决策。但是这实际上很难实现。因为不同的公共产品有不同的受益范围,而政府的层级和地方的行政区划范围总是有限的,因而总是存在地方公共产品的收益外溢,如教育;同时地区之间还有成本的外溢,如污染的存在。如果每个地区只关心自己辖区内的居民,这些外部性就不被重视,从而导致资源配置无效率。

(2) 难以实现公共产品供给的规模效应。公共产品供给的规模效应是这样一种情形:一方面,总存在一定的区间,随着供给规模扩大,平均供给成本会下降;另一方面,一旦特定的公共产品被提供出来,只要增加消费者带来的平均分摊成本的下降大于拥挤成本的上升,则消费者越多,收益越大。因此,对于规模收益较大的公共产品而言,由较低层级的地方政府分散供给是不利的。

(3) 难以满足税收的效率要求。如前所述,税收的效率包括经济效率和行政效率。如果完全由地方政府根据各自的需要自主课税,一方面,由于地方市场的开放性,要素和商品可以在地区间自由流动,难免产生地区间为争夺经济资源而开展恶性税收竞争及通过对销往外地商品课税将地方税收负担转嫁给其他地区居民的现象;另一方面,由各地方政府分别课征自己的税收,不利用税收集中的规模经济优势,将提高征税成本。上述情况均违背了税收的效率原则。

2. 公平问题

社会福利最大化的目标可能要求对贫困群体转移收入。假定某个地区,税种和支出的格局都有利于低收入成员。如果地区间的流动性没有障碍,可以预期,本国其他地区的低收入群体会迁入。随着低收入成员的增加,再分配性质的财政政策的成本也会增加。同时,本地区的高收入成员可能决定搬到财政制度对其更有利的地区,因为他们不愿意为低收入成员缴纳高额的税收。因此,在该地区的税基规模缩小的同时,对税收收入的需求却在增加,再分配计划最终不得不放弃。那么,对社会公平的追求也就成为空谈。所以,分权体制下,地方政府行使再分配职能存在很大的局限性。

第二节　政府间的财政关系

政府间的财政关系,有两层含义。一层是指中央与中央以下或统称为地方政府之间的财政关系;另一层是指地方政府之间,包括省(州)与省以下政府之间的关系。长期以来,人们对于第一层关系给予了更多的关注,但对第二层关系却有所忽略。实际上,中央以下地方政府之间也存在政府间财政关系问题(Bahl,1999)。这一问题在大国尤其重要。例如,中国和印度这两个国家各有 4 个省(或州),按人口数量来说能进入全世界人口最多的 20 个城市之列。这么大的省份在实行财力分配时，足以和中央政府的政策产生抵触，或者过度扩大中央政府政策的影响，因此，对于地方政府之间的财政关系也应给予足够的重视。

具体来说，政府间的财政关系，涉及事权和财权的划分。所谓政府间的事权、财权划分是指中央财政和地方财政都有各自的事权和支出范围，并享有与其政府事权相称的财权，中央财政和地方财政相互独立。这实际上是财政体制的核心内容。所谓财政体制，就是为了处理政府间财政关系，规定各级次政府的经济职责及其相应财权财力所形成的制度安排。

一、政府间的事权划分

政府间的事权划分，是政府职能在各级政府间进行分工的具体体现，也是财政体制的基本内容和制度保障。事权明晰，也就意味着各级财政支出范围的确定。

（一）政府间事权划分的原则

1. 受益范围原则

受益范围原则是指将各项事权项目受益的对象和范围大小作为各级政府履行职责的依据。凡具有以国家整体为服务对象、全体公民都能从中受益的公共性质的项目，往往也被称为全国性公共物品，如国防、外交等由中央（联邦）政府负责；凡具有以省（州）或地方为服务对象、受益范围仅限于某一区域的公共性质的项目，也被称为地方性公共物品，如省（州）或地方的基层设施，则由省或地方政府[①]负责。

2. 事权与财权相对称原则

一级事权必须有一级财权作保证。事权与财权相对称原则就是要求先明确中央与地方的事权，然后依据各自的权责确定相应的财权，不应有大于财权的事权，也不应有小于财权的事权。[②]

3. 效率原则

效率原则主要是指应该考虑某项事务交由哪级政府办理成本最低、效率最高。对于全国性的公共产品或服务，地方政府往往是心有余而力不足，应该交由中央（联邦）政府去做；而对于地方性的公共产品或服务，往往是中央（联邦）政府对其需求的了解不及地方政府，所以这样的事务应该纳入地方政府的职责范围。

4. 法律规范原则

法律规范原则是指中央（联邦）政府与地方政府的事权划分，应该通过严格的法律程序加以规范，并用法律手段解决各级政府之间的利益冲突，从而使各级政府间的事权划分科学化、规范化。

（二）政府间事权划分的具体做法

在政府间事权的划分上，世界各国所采用的方法不尽相同，对具体项目的处理也不完全一致，但所形成的基本格局是：国防事务、外交事务、公安事务、内政事务、司法事务、经济事务和文化教育事务。

---

① 此处的地方政府，同于西方的传统理念，即省或州以下的政府。

② 这里的事权与财权相比较，已经考虑了政府间转移支付的因素。

1. 国防事务

对国防事务的立法权为中央专有,对国防事务的行政权则以中央直接管辖为主,地方所享有的国防行政权主要限于组织地方武装力量,协助征集兵员,负责所管辖地域的国防。①

2. 外交事务

绝大部分国家将外交事务划归中央专门管理,只有部分联邦制(或邦联制)国家允许成员国保留部分外交权。但这类外交权不仅以非政治性的外交活动为主,而且在国家外交活动中所占比例也不大,同时还附有严格的限制条件。

3. 公安事务

中央对事关国家主权的公安事务,如国籍管理、出入境管理等实行专门管理;而对于维护国家安全与秩序的主要工具——警察,则由中央与地方共同管辖。

4. 内政事务

中央机构的建制由中央决定,中央与地方分别建立;地方机构的建制,由地方决定并建立。

5. 司法事务

当代世界各国的司法体制分为高度集权、集权为主和分权三类。在高度集权的司法体制下,所有司法制度都由中央立法并实施,所有司法机关都由中央建制并管理,地方不得插手。在集权为主、分权为辅的司法体制下,所有关于司法方面的立法权全部集中于中央,所有司法制度、司法机关的建制均由中央立法并主要由中央实施,地方只是在一定范围内享有司法行政管理权。在分权的司法体制下,国家实行二元的司法制度,或者同时并存两套司法系统,或者同时并存两套法律制度,或者兼而有之。

6. 经济事务

全国范围的产业事项由中央政府管理,局部范围的产业事项由地方依照法律规定管理。全国范围内的基层设施项目由中央管辖,局部范围内独立的基层设施项目则由地方管辖。全国范围内事关国际关系和国家主权的产业部门、行业制度由中央专门管辖。在财政金融方面,世界各国都实行以中央集中管理为主、地方协助管理为辅的财政金融管理体制,由国家统一管理信用、货币和银行体系。

7. 文化教育事务

文化教育事务,在有的国家是由中央来负责执行的,在有的国家则纳入地方政府的职责范围,还有的国家由中央和地方共同负责。针对具体的项目来说,发展文化事业的方针、政策以及措施一般都是由中央进行决策的;对于文化遗产的保护,既有由中央立法并执行的,也有完全交由地方执行的;对于图书馆、文化馆、博物馆等馆藏事业既有由中央立法并执行或交由地方执行的体制,也有由中央与地方共同立法并执行的体制;传播媒介以中央立法并实施或交由地方执行为原则;文化娱乐设施由中央与地方共同立法并实施。在教育立法方面,有中央与地方共同立法的,有中央立有专法的,也有地方立有专法的。在教育行政方面,有以地方管理为主的,也有以中央管理为主的。

---

① 地方政府拥有国防行政权这种情况多见于联邦制国家,在中央集权体制国家则比较少见。

二、政府间的财政支出划分

（一）财政支出划分的原则

财政支出划分是指财政支出在中央财政与地方各级财政之间的划分。国家在划分中央财政与地方财政支出时,应遵循受益原则、行动原则和技术原则。

1. 受益原则

凡政府所提供物品和服务的受益对象是全国民众的,则支出应属于中央（联邦）政府;凡其受益对象是地方居民的,则支出应属于地方政府。

2. 行动原则

凡政府活动的实施是在行动上必须统一规划的领域,其支出应属于中央政府;凡政府活动在实施过程中必须因地制宜的领域,其支出则应属于地方政府。

3. 技术原则

凡政府活动或公共工程,其规模庞大,需要较高技术才能完成的项目,其支出应归中央政府;否则,应属于地方政府。

（二）财政支出划分的具体做法

无论是发达国家还是发展中国家,中央与地方财政关系中诸多问题的焦点都集中在支出的划分上。因为支出划分所反映和体现的是各级政府间的责权划分问题。所以,政府间财政支出的划分应该与其事权划分的口径一致,并且同样应该按照经济效率的要求,由中央和地方政府根据居民的偏好以尽可能低的资源耗费分别提供不同层次的公共产品或服务。当然,由于各个国家之间在历史、立法以及社会发展状况等方面存在差异,因此,在支出划分上存在共性的同时,也必然会有一定的不同之处。世界各国对事权和财政支出划分的具体做法详见表18-1。

表18-1 事权与财政支出责任划分的一般模式

支出种类	事权（支出责任方）	资金来源（支出供应方）	备注
国防、外交、货币政策	F	F	全国性公共产品
国际贸易、国内贸易	F	F	全国性公共产品
移民	F	F	全国性公共产品
失业保险	F	F	全国性公共产品
航空/铁路运输	F	F	全国性公共产品
工业农业	F,S,L	S,L	区域性外溢效应
环境保护	F,S,L	S,L	存在受益转移
教育	F,S,L	S,L	存在受益转移
保健卫生	F,S,L	S,L	存在受益转移
社会福利	F,S,L	S,L	存在受益转移
治安	S,L	S,L	地方性公共产品
高速公路	F,S,L	S,L	部分属地方公共产品、部分具有区域性外溢效应
自然资源	F,S,L	S,L	促进统一市场

资料来源:Anwar Shah,*Perspectives on the Design of Inter-governmental Fiscal Relations*,P6-7. 其中:F代表中央（联邦）政府;S代表州（省）政府;L代表地方（基层）政府。

对于其中某些共享事权和支出,世界银行《1997 年世界发展报告》提出了按政府级次解决事权和支出责任共享问题的参考性意见,见表 18-2。

表 18-2 按政府级次划分的共享事权与支出责任

中央政府	州(省)政府	地方政府
三级医疗保健(控制传染病、研究等)	二级医疗保健	初级医疗保健
大学教育	大学和中等教育	初等和中等教育
道路和高速公路(城市间)	道路和高速公路(城市间)	道路和高速公路(城市间)
	空气和水污染	空气和水污染
自然资源管理	自然资源管理	土地使用管理
防务	警察保安	警察保安
		固体废物处理、供水、排污、消防、文化政策、促进旅游等

资料来源:世界银行.1997 年世界发展报告.北京:中国财经出版社,1997:128.

如前所述,各级政府事权和支出除了应在中央和地方政府之间进行划分外,地方各级政府之间也存在事权与支出责任的划分问题。在公共事务中,除完全应由中央政府承担的外,对于中央与各级地方政府共享的事务及地方各级政府应承担的事务,都必须明确地划分地方各级政府的支出责任。表 18-3 列出了发展中国家地方各级政府间事权划分的一般依据。

表 18-3 发展中国家地方各级政府间事权划分依据

公共服务	规模经济	受益与成本	公共消费偏好	监督管理权	综合考虑归属
消防	L	L	L	M	L
治安	L	L	L	M	L
垃圾处理	L	L	L	M	L
社区公园	L	L	L	M	L
街道维护	L	L	L	M	L
交通管理	L	L	L	M	L
初等教育	L	M	L	M	M
公共交通	M	M	M	M	M
公共保健	M	M	M	M	M
医院	M	M	M	M	M
电力	M	M	M	M	M

资料来源:Anwar Shah.发展中国家和新兴国家的政府间财政关系改革//世界银行政策研究报告.1994(23).其中:L 指地方(基层)政府,M 指州(省)或大都会府。

表 18-4 则列出部分发达国家地方各级政府间关于事权与支出责任划分的情况。理论上讲,消防、治安、垃圾处理、社区公园、街道维护等受益范围比较清晰的公共事务,应明确由地方政府承担事权及支出责任。从表 18-4 中可以看出,各国的实际做法也基本如此。对于教育、卫生、环保、社会福利、社会保障等公共事务的划分,各国由于受经济发展、历史、文化等因素的制约,在州(省)政府和地方政府之间也表现出不同的划分模式。

表 18-4　部分发达国家地方政府间事权与支出责任的划分

	奥地利	比利时	丹麦	法国	德国	意大利	卢森堡	芬兰	挪威	瑞典	瑞士	土耳其	英国
学前教育	R,L	L	L	L	L							L	
初等教育	R,L	R,L	R,L	L	R,L	R,L	L	L	L	L	R,L		L
职业教育与技校	R	R,L		R,L		R,L	L	L	R,L	L	R,L	R	L
高等教育		R,L			R	R,L					R	L	
成教	L	L	L	L	R,L	R		L	R,L	R,L	R,L		L
医院	R,L	R,L	R	L,D	R,L	R,P,L	L	R,L	R,L	R	R,L	R,L	
保健	R,L	L	R,L	L	R,L	R,P,L	L	L	L	R	R	R	
家庭福利服务	R,L	R,L	L	L,D	R,L	R,L		L	L	L	R,L	L	L
福利院	R,L	L	L	L	L	R,L	L	L	L	L	R,L	R,L	L
住 房	R,L	L		L	R,L	R,L	L	R,L	L	L	L	L	L
垃圾清理	L	L	L	L	L	L	L	L	L	L	R,L	L	L
供 热	L	L	L	L	L	L		L		L	R,L	R,L	L
供 水	L	L	L	L	L	R,P,L		L	R,L	L	R,L	R,L	L

资料来源：乔治·马丁·瓦克斯的《财政支出职能划分》讲稿。其中：R 代表州或地区政府；P 代表意大利的省；L 代表地方(基层)政府；D 代表法国的郡。

三、政府间的财权划分

所谓政府间的财权划分，实际上就是指财政收入在各级政府间的划分。由于世界上绝大多数国家的税收收入占财政收入的比重都在 90% 以上，所以划分中央财政与地方财政收入就主要体现在税收收入的划分上。

(一) 税收收入划分的原则

总的来说，政府间税收收入的划分应当遵循效率原则、适应原则、恰当原则和经济利益原则来进行。

1. 效率原则

该原则以征税效率的高低作为标准来划分中央和地方收入。宜中央集中征收的归入中央收入；相反，则划为地方收入。例如，所得税的征收对象为各类所得，但所得的所在地点会随着纳税人的流动而难以固定。并且，人在一地，所得可能在另一地或在几地甚至遍及全国各地。这样，若把所得税归于地方政府，征收起来就比较麻烦且缺乏效率。如果把所得税归于中央政府，征收起来就较为方便和有效率。又如，土地税或财产税，由于地方税务人员比较了解当地情况，由地方政府征收这些税就比较方便且有效率，因此，土地税或财产税一般划为地方税。

2. 适应原则

适应原则是以税基的宽窄为标准来划分中央与地方收入。税基宽的税种归中央政府，税基狭窄的税种归地方政府。例如，印花税税基广泛，就应属于中央税；房产税因为其税基存在于房屋所在区域，较为狭窄，所以应为地方税。

3. 恰当原则

该原则以税收负担的分配是否公平作为标准来划分中央与地方政府收入。税种归哪一级政府,要看哪一级政府更能保证税收负担的公平分配。例如,所得税是为了使全国居民公平负担税收而设立的,这种税如由地方政府来征收,就难以达到上述目标,所以,所得税划归中央政府才符合恰当原则。

4. 经济利益原则

该原则以增进经济利益为标准来划分中央与地方收入。税收究竟归属哪级政府,应以便利经济发展,不减少经济利益为标准。如增值税、消费税划归中央,可以使货物在全国范围内畅通无阻,有利于组织生产;反之,如果将其归于地方政府,则同一货物每到一地,均要征一次税,致使成本增加,对经济发展极为不利。

(二)税收收入划分的方式

在中央与地方之间进行税收收入划分,也被称为“税收分割”,它有多种方式,具体地说,主要包括分割税额、分割税率、分割税种、分割税制和混合型五种类型。①

1. 分割税额

分割税额是指先统一征税,然后再将税收收入的总额按照一定比例在中央与地方政府之间加以分割。这种方式又可称为收入分享。我国经济体制改革以前曾经实行的“总额分成”,就做法而言实际上就属于这种方式。但需要指出的是,西方财政理论与实践中的所谓收入分享与我们所说“总额分成”相比,无论在内涵还是在外延上都有着很大的差异。在许多情况下,西方国家财政中的收入分享是指中央与地方政府之间的一种转移支付关系。

2. 分割税率

分割税率是一种按税源实行分率计征的方式,即由各级财政对同一课税对象按照不同的税率征收。此类方式又可进一步划分为两种:一是上级政府对某一税基按照既定比率征税并将税款留归本级财政之后,再由下级政府采用自己的税率,对相同的税基课征税收且自行支配该税收款项(下级政府亦可在上级政府征税的同时或之前按自己的税率对同一税基征税);二是上级政府在对某一税基采用自己的税率课征的同时,代替下级政府并按照下级政府的税率对同一税基课税,然后将这笔税款拨给下级政府,在税收术语中,这种方式称为“税收寄征”。

3. 分割税种

分割税种是在税收立法权、税目增减权和税率调整权等税收权限主要集中于中央的条件下,针对各级政府行使职能的需要,综合考虑主体税和辅助税中各个税种的特征以及收入量等因素,把不同税种的收入分割给各个级次的政府财政,即按税种划分收入范围,确定哪些税种归中央,哪些税种归地方,哪些税种由中央与地方共享。但在这种方式下,地方政府不享有等同于中央的税收立法权。

4. 分割税制

分割税制是指分别设立中央税和地方税两个相互独立的税收制度和税收管理体系,中央与地方均享有相应的税收立法权、税种的开征和停征权、税目的增减权和调整权,并且有权管理和运用本级财政收入。当然,尽管两级税收体系相对独立,但它们之间又是相互衔接和相互补充

---

① 尽管税收划分的方式有多种类型,但目前国际上比较通用的当属分割税种这种方式。所以,本书在对税收划分的原则及世界各国的具体做法进行介绍的时候,主要是以分割税种为主线展开的。

的，而不可能截然分开。

5. 混合型

混合型是指在税收分割中综合运用上述四种方式中两种以上的做法而形成的一种中央与地方税收体系。例如，在以分割税制为主的情况下，辅之以对某一个或某些税种的收入实行共享的方式；或者以分割税制为主，同时中央和地方政府也对某一个或某些税源实行分率计征。在现代经济社会条件下，一个国家分割税收时所采取的方式往往不是纯而又纯的前四种方式，而是通常采取混合型的税收分割方式。

需要补充的是，某些看起来与税收并无关联的税收优惠措施，如税收扣除、税收抵免和税收免征等，有时也可以成为事实上的税收分割方式。例如，如果在计算纳税人的中央税应税收入时，允许从已调整的总收入中扣除大部分已对地方政府缴纳的税额，那么这种税收扣除就可以被看作是对税收的一种分割。与此相类似，税收抵免措施允许纳税人用对地方政府的纳税额抵付对中央政府的纳税额，税收免征措施允许对购买地方政府债券所得的利息收入部分免征中央所得税，这些方式无疑都会客观地产生分割税收的功效。

（三）税收收入划分的具体做法

税收收入是政府财政支出的前提和保证。只有税收收入充裕，财政支出项目才有保障，政府才能更好地行使其事权，履行其职能，因此，世界各国都非常重视政府间税收收入的划分。归纳起来，政府间税收收入划分中比较有代表性的具体做法有以下几种。

(1) 将那些与稳定国民经济有关的税种以及与收入再分配有关的税种，划归中央政府，如个人所得税和公司所得税。

从所得课税天然具有的稳定经济功能来看，所得课税一般来说是累进税，当国家经济快速增长时，个人和公司的收入增加，平均税率便随之上涨。税率的上升会抑制投资供给过快增长，从而防止出现经济过热现象。当国家经济衰退时，个人和公司的收入下降，平均税率也随之下降，这将直接刺激投资供给的增长，从而促进经济复苏。个人所得税和公司所得税的这种功能被称为“宏观稳定器”的功能。由于稳定宏观经济属于中央政府的职责，那么用于稳定经济的税种也应归于中央政府。

从所得课税调节收入分配的功能来分析，由于所得税一般是累进税，收入较高的个人和地区所适用的平均税率较高，收入较低的个人和地区所适用的平均税率较低，因而所得税可以达到对收入进行再分配的效果。由于收入再分配在很大程度上是中央政府的职责，因而具有收入再分配功能的税种也应归于中央政府。

从世界各国的税收实践来考察，在个人所得税占税收主要部分、税收征管手段发达的西方国家，将个人所得税划归中央政府是适宜的。但是在很多发展中国家，个人所得税占税收收入的很小部分，而且虽然名义上是累进税，但由于普遍逃税，事实上个人所得税起不到稳定经济和调节收入分配的作用。另外，在这样一些国家地方政府在相当程度上可能会承担收入再分配的职能，因而将个人所得税的一部分划归地方政府可能是更好的选择。同时，在几乎所有的国家，公司所得税均划归中央政府，无论从保证财源角度来说，还是出于稳定经济与调节收入分配的考虑，这种划分都是合理的。但地方政府往往需要一些重要的税种来满足其支出的需求，因而在划归中央的公司所得税的同一税基上征收地方的公司所得税是一种常见的做法。

(2) 将那些税基流动性大的税种划归中央政府,如个人所得税、公司所得税、增值税、销售税和遗产赠与税等。这些税种如果划归地方政府,各地税率不一,便会引起税基的非正常流动,居民会流向个人所得税、销售税和遗产税较低的地区,公司会迁移到公司所得税较低的地方。这种税基的非正常流动并不能够反映资源配置的优化,而是地区间税率差异的人为结果。另外,如果公司所得税完全划归地方,会形成各地税率不一的格局,一些企业则通过转让定价将利润转移到税率低的地区。

(3) 对于那些与自然资源有关的税种(如矿产税),如果在地区间分布不均匀,则应该划归中央政府,以免导致地区间税源不平衡。但如果某些自然资源在地区间分布均匀,由于税基不可流动,则更适合于划归地方政府。

(4) 将进出口关税和其他收费全部划归中央政府。

(5) 将那些税基流动性较小的、税源分布较广(不易统一征收)的税种,如房产税、土地税等划归地方政府。

当然,如同事权划分一样,税收收入同样存在地方政府各层级之间划分的问题。表 18-5 就列示了各税种在三级政府之间的划分情况。

表 18-5 政府间税权划分的基本依据

税　种	税基确定权	税率确定权	税收征管	评　价
关税	F	F	F	对外贸易税
公司所得税	F	F	F	税基可流动、稳定性工具
资源税	F	F	F	税基分配不均匀
生产经营房产税	S,L	S,L	S,L	州、地方受益税
环境保护税	S,L	S,L	S,L	保护地方环境
个人所得税	F	F,S,L	F	再分配性,税基可流动、稳定性
财富税	F	F,S	F	再分配性
流转税	F	F	F	调节跨地区流转收入,潜在稳定
烟酒不良行为税	F	F	F	与保健支出事权相匹配
道路拥挤收费	F,S,L	F,S,L	F,S,L	分别与各自道路事权相对应
使用者收费	F,S,L	F,S,L	F,S,L	公共服务供给费
财产税	S	L	L	完全不可流动税基,受益税
土地税	S	L	L	完全不可流动税基,受益税

资料来源:世界银行。其中:F 代表中央(联邦)政府;S 代表地区(州)政府;L 代表地方(基层)政府。

四、政府间的财政职能划分

如前章所述,财政职能包括了资源配置职能、收入分配职能和经济稳定职能。这三项职能在各级政府之间同样存在分配问题。

(一) 资源配置职能的划分

根据公共产品的受益面来划分各级政府的资源配置权是效率的基本要求。全国性公共产品应由中央政府提供,全省地方公共产品应由省级政府提供,以此类推,直至乡级地方公共产品由乡级政府提供为止。这里,地方提供的地方公共产品是以差别性为前提的,如果地方公共产品没有差别,那么没必要由地方政府来提供。因为由更大范围的上级政府来提供反而节约了决策成本,也提高了规模经济的能力。对于开放性地方公共商品来说,因为受益者基本在地方,因此基本上由地方政府负责提供。但收益外溢问题则由上级政府的转移支付来解决,这将在下节专门讨论。

(二)收入分配职能的划分

收入分配职能以中央政府为主的解释是以地方之间的流动性为前提的。假定一个地方(比如甲地)实行的收入分配政策优于另一个地方(比如乙地),那么就意味着甲地的穷人可以比乙地的穷人获得更多的政府资助和社会福利,甲地富人的税收负担就要重于乙地的富人。如果是那样,则甲地的富人就要退出甲地,其他地方的穷人就要涌入甲地。结果可想而知,甲地的收入分配政策最终因没有资金来源而无法实施。

政府在社会公平方面主要解决三个问题:保证居民的基本生存权、公共服务均等化以及对不发达地区的扶持。应该说,中央政府在收入分配职能方面负有主要责任是没有疑问的。在保证基本生存权方面,尤其是保障重大自然灾害地区居民的基本生活问题,主要靠中央政府解决。公共服务均等化是个相对的概念,保证全国最低水平的公共服务应该是中央政府的职责。对经济不发达地区的扶持关系国民经济平衡发展的问题,因此也主要由中央政府承担。

地方之间的流动性受各种因素影响,因此流动性是有限度的。尤其是我国,仍处在二元经济结构时期,差别性大、流动性较弱是其主要特征。因此地方政府,尤其是省级政府、中心市级政府在社会公平方面可以有较大的作为。只要税收负担和地方公共服务差异没有成为流动性的主要原因,那么都在地方政府收入分配的权力范围之内。

(三)经济稳定职能的划分

经济稳定职能以中央政府为主的解释,主要是以统一性和流动性来说明的。

首先,宏观调控的政策手段由中央政府控制,比如货币供给、市场利率、市场价格、进出口总水平等政策手段。这些手段是不为地方政府所具备的。其次,流动性会使地方政府的宏观政策失败。假定一个地方实行刺激经济增长的政策,那么该地必须采取增加财政支出或降低税收收入等措施来提高总需求。这样必然出现大量的预算赤字,但债务还本付息资金的来源是得不到保证的。地方的扩张性经济活动不可能全部转化为本地的收入增加和储蓄增加,因此不可能从本地的收入增量和储蓄增量中取得足够的预算收入来偿还债务。对于统一的市场经济国家来说,地方属于"纯开放性"地区。因此如果某地发动刺激经济的行为无异于鼓励其他地区向其进口,这等于刺激了其他地区的经济增长而非本地。所以,地方的稳定政策往往是无效的,而且难以为继。当然,这并不是说地方政府在经济稳定职能上毫无作为。我们知道,政府支出是社会总需求的重要组成部分,从而也是宏观调控的重要手段,所以地方政府支出的比重越大,在宏观调控中的作用也越大。而且一旦地方政府在总体上经常出现盈余,将成为中央政府弥补预算赤字的来源。

第三节　政府间转移支付制度

政府间转移支付是当今世界各国普遍采用的,用来规范中央政府与地方政府之间财政关系,执行收入分配政策,调控经济运行,促进地区经济协调发展的重要手段,是保证国家稳定和统一的重要法宝。从国际经验来看,任何国家客观上都需要维护中央政府的权威,这就要求中央政府集中相对较多的财权、财力,在经济上通过政府间转移支付制度,使地方政府的行政财力有赖于中央政府的支持,以保证政令畅通,经济协调、稳定发展。从这个意义上说,政府间转移支付是与政府间财政关系问题密不可分的,中央与地方政府实行真正的分级管理是建立转移支付制度的前提,而规范的转移支付制度是实施分税制财政管理体制的保障。

一、政府间转移支付概述

分税制财政管理体制在按照统一规定划分收入和支出后,由于各地情况不同,通常会产生中央与地方政府之间以及各地方政府之间财政的横向不平衡和纵向不平衡,必须通过各种形式的政府间转移支付来解决。政府间转移支付是分税制财政管理体制的一项重要内容。

(一)政府间转移支付的含义与特点

最早提出转移支付概念的是著名经济学家庇古。他在1928年出版的《财政学研究》中,第一次使用了这一概念。庇古之后,转移支付的概念逐渐为人们所接受,并逐渐完善。凯恩斯主义出现后,随着国家干预的加强,转移支付在政府财政支出中所占比例越来越大,其作用也日益为社会所承认。

庇古所定义的转移支付形成了转移支付制度的最基本内涵,但随着转移支付制度不断完善和发展,转移支付从范围到作用日渐扩大,世界各国对转移支付的理解也产生了一定的差别。我国的财政理论界和实际部门一般把转移支付理解为政府单方面的无偿支出,主要包括补助支出、捐赠支出和债务利息支出,并按支付对象不同,将其划分为政府向居民的转移支付、企业的转移支付和政府与政府之间的转移支付,而且讨论的对象多以政府间的转移支付为主。

政府间的转移支付是指一个国家的各级政府彼此之间在既定的职责范围、支出责任和税收划分框架下所进行的财政资金的相互转移。它包括上级政府对下级政府的各项补助、下级政府向上级政府的上解收入、共享税的分配以及发达地区对不发达地区的补助等。因此,可以将政府间的转移支付归纳为纵向转移支付和横向转移支付两种形式。

政府间转移支付有以下三个特点:

(1)政府间转移支付的范围只限于政府之间。政府间转移支付是各级政府间的财政资金转移,活动范围只限于各级政府之间,将政府对企业、个人的支出暂时排除在外。具体来说,它只在财政纵向各级次之间或横向财政的各区域之间进行财政分配活动,其方向是由富向穷转移。无论是横向转移还是纵向转移,都必须按照这个方向进行。

(2)政府间转移支付是无偿的支出。政府间转移支付的一般特征是其支出没有与商品或劳务相交换,政府间财政转移支付是一种不以取得商品或劳务作为补偿的支出。这部分资金的分配原则不是等价交换,而是按均等化原则来分配,是一种无代价的支出。

(3) 政府间转移支付并非政府的终极支出。政府间转移支付中的财政资金是在不同政府间的转移,不是一种直接的支出,而是资金使用权从一个实体转向另一个实体,在转移支付过程中,并不创造新的价值,也不增加资金供给量,不影响市场的供需关系。总之,政府间转移支付并不改变社会财力总量,改变的是资金使用权。所以,政府间转移支付并非终极支出,只有接受转移支付的主体将资金使用,才形成终极支出。

(二) 实行政府间转移支付的理论依据

各国政府为什么要实行政府间的转移支付制度?这恐怕应该从地方性公共产品或服务的外溢性、纵向和横向的财政失衡以及税收分割的不足等方面来寻找原因。[①]

1. 地方性公共产品或服务的外溢性与政府间转移支付

政府间转移支付是矫正在地方政府提供公共产品或服务过程中可能出现的行为扭曲现象的一种手段。

地方性公共产品或服务的外溢性,是一个与辖区规模有密切联系的范畴,而辖区规模究竟多大才有效,主要取决于辖区所提供的公共产品或服务的特点,尤其是提供公共产品或服务时所产生的外溢性的程度,同时还取决于辖区规模的效益。举例来说,如果辖区甲内公共产品或服务的效益(或成本)溢出到辖区乙内,而与此同时,辖区乙内的居民却未曾对溢进的这种公共产品或服务进行过任何公共选择,也未曾因这种公共产品或服务的提供而缴纳任何税收(或得到任何补贴),于是,便会出现各个辖区间的所谓公共产品或服务外溢性作用的问题。

严格地讲,地方政府提供地方性公共产品或服务的受益范围几乎不可能恰好被限定在地方政府的辖区之内。实际上,其中包括两种情况:一是地方性公共产品或服务的受益(或者受侵害)范围很可能会超出地方政府辖区的界限,使其他地区在受益或受侵害的同时并不承担任何成本或者没有得到任何补偿;二是地方性公共产品或服务的受益范围也许尚未达到地方政府辖区的界限,从而显现出公共产品或服务数量不足和“质量”不佳的问题。第二种情况应该由地方政府通过调整公共产品或服务的提供方式和提供数量来解决,而第一种情况才是我们在研究政府间转移支付问题时所应该着重考察的。

在第一种情形中,地方性公共产品或服务的外溢性问题似乎是不可避免的,而且,具有外部效应的公共产品或服务的成本往往是由该公共产品或服务的提供者承担的。那么,对于地方政府来说,在外部效应存在和成本自担两种因素的共同作用下,其提供公共产品或服务时所采取的策略便容易产生某种程度的扭曲和偏差。其具体表现为:当存在正的外部效应时,从本地利益出发,地方政府有可能高估提供公共产品或服务的成本,而低估其整体效益,并有可能以无法完全负担成本为理由,减少此类外部效应比较理想的公共产品或服务的提供;与此相反,当公共产品或服务附带着负的外部效应时,地方政府则容易高估该公共产品或服务的正效应,低估或者忽视提供该公共产品或服务的成本,从而使这种附带着的负外部效应继续存在乃至有所增加。这种扭曲性政策的实施,不仅影响地方性公共产品或服务的提供和本地区及相关地区居民的利益,而且不利于地区间经济关系的协调。这时只有中央政府才能够采取和运用相应的干预措施来矫正地方政府决策中的扭曲现象,由中央政府给予地方政府补助金,对具有外部效应的

① 寇铁军. 财政学. 大连:东北财经大学出版社,2001.

公共产品或服务的提供进行适当调节。应该说,这是一种较为理想并且有效的方式,它实际上就是政府间的转移支付。

2. 纵向和横向的财政失衡与政府间转移支付

所谓纵向财政失衡,是针对多级财政体制中上下级政府间财政收支差异的状况而言的。当某一级政府面临财政赤字,而其他级次政府却出现财政盈余时,就意味着纵向财政失衡问题的存在。不论是中央财力相对过多、地方财力相对不足,还是地方财力相对过多、中央财力相对不足,也不论是从公平的角度还是效率的角度来看,对整个国家的社会经济发展都是不利的。纵向失衡问题需要切实加以解决,其主要方法就是通过纵向转移支付来进行财力的再分配,从而实现纵向的财政均衡。

从另一个角度来考察财政失衡问题,就会发现,一个国家内部不同地区之间的经济发展程度差异也会在财政上体现,即发达地区财政收入充裕,落后地区财源狭小、财政状况拮据,与此同时,落后地区却可能比发达地区需要更大量的基础性设施等方面的投资,这便是横向财政失衡问题。在更多的情况下,富裕地区能够为其居民提供较高水准的公共产品或服务,而贫困地区却难以提供最基本的公共产品或服务,这也应该被看作横向财政失衡的一种表现。显而易见,横向财政失衡状况的存在和加剧是不利于各地区均衡发展和社会共同进步的。

首先,地区间的这些差异会导致人口的大规模流动,即贫困地区的人口向经济发达、社会福利条件好的地区流动,这在一定程度上会导致人口流入地区的人均福利水平下降。其次,地区间的差别还会导致市场的分割和封锁,各地区为了本地的利益,避免本地资源外流,便会设置各种障碍,形成地区间的市场封锁和经济割据,不利于全国统一市场的形成和发展。同时,地区封锁还会导致地区产业结构趋同化,不利于产业结构的优化和稀缺资源的合理有效配置。这里,更深刻的矛盾在于,在经济落后和税源有限的条件下,增税和发行公债等加重企业和居民负担的方式,并不是地方政府筹资的理想和可行渠道。而与落后地区相比较,发达地区财政资金的边际效应是递减的。因此,应该通过政府间的横向转移支付,由发达地区扶持落后地区的发展,增加财政资金的边际效用。通常,在发达和落后地区之间是很难自动形成这种财政资金转移的,因为各地方财政的收支活动都会以本地利益为出发点和归宿点。这就需要中央政府以国家整体利益代表者的身份,通过立法手段,强制性地要求发达地区向落后地区适当转移财力,实现均衡发展,并使这项制度规范化、制度化、科学化。

3. 税收分割不足与政府间转移支付

税收分割不足也同样决定了政府间转移支付存在的合理性和必要性。首先,税收分割本身只是在中央与地方之间划分税收的归属,仅仅构成了政府间财政关系的一部分,而不是全部,尚有支出划分、收支关系协调等一系列复杂问题有待于在财政体制框架中加以处理。所以,尽管财权划分是分级分税财政管理体制中的重要一环,但简单地依靠税收分割手段并不能实现政府间关系的最佳协调。其次,无论是从理论层面还是从技术手段上讲,单纯的税收分割方式都难以使税收在各级政府之间的划分达到恰当和合理的地步,难以实现效率和公平的完美结合。所以,当今世界绝大部分国家,不论其税收分割方法和体系多么健全、多么先进,在分税的同时也会实行补助金制度,也就是政府间转移支付制度,以此来弥补分税方式所存在的固有缺陷。

二、政府间转移支付的种类

从不同的角度,按照不同的方法,可以将政府间转移支付划分为不同的种类:以上级政府对下级政府的转移支付是否定向为标准,可以将政府间转移支付分为有条件补助和一般性补助;以是否要求下级政府提供配套资金为标准,可以将政府间转移支付划分为配套补助和非配套补助。

(一) 有条件补助

有条件补助(categorical grants),也称为选择性补助(selective grants)或专项补助,是指一种具有明确的资金用途规定,即附有关于资金使用的附加条件的政府间转移支付形式。它体现着上级政府对下级政府定向支援或者委托下级政府办理某项公共服务供给的意图。

作为一种指定了用途的补助,有条件补助显然是不得挪作他用的。有条件补助的主要功能在于,保证各个地区的居民享有与整个国民经济发展水平相适应的教育、医疗、文化生活、生态环境条件,协助下级政府改善交通、通信、能源等经济发展的基础设施条件。根据不同时期经济社会发展状况,有条件补助的项目范围及其补助比例也需要做相应的调整。同时,补助范围的大小和比例的高低,还应该视上级政府的财力状况而定。从下级政府角度来看,有条件补助的确使之增加了财政收入,但在财力增加的同时,却并未能够获得较高的财权上的自由度,因为下级财政得到的是一笔规定了特定用途的拨款,它的使用需要以上级财政的意志为转移,下级政府只是具体负责落实补助的用途,并且承诺达到既定的使用效果,还必须接受上级政府的检查和监督。

(二) 一般性补助

一般性补助(general grants),也称为无条件拨款或非专项拨款,是一种不带使用条件或没有指定资金用途的政府间转移支付形式,其作用是重点解决下级政府的财政收入与责任不对称的问题。

与有条件补助相反,一般性补助并不规定所拨财政资金的具体用途或大致投向,它赋予下级政府以较大的自由权,使下级政府可以依照本地情况灵活地安排资金投向,上级政府对此一般不过多地限制和干预。

(三) 配套补助

配套补助(matching grants),也称为对称补助,是因在上级政府对下级政府实施转移支付时,同时也要求下级政府拿出相应的配套资金而得名的。这里所谓的"配套",既可以是某一固定数额的资金,也可以是相当于上级财政拨款的一定比例的资金,意在由上级和下级政府共同承担提供公共产品或服务的职责。它可能会限定资金的大致投向或具体使用范围,也可能不予严格的限定。配套数额或比例也是依照具体情况不同而变化的,在下级财政较为拮据的情况下,补助金的配套数额或比例会低一些;对于富裕地区来说,即使配套数额或比例高一些,也是合情合理的。

(四) 非配套补助

非配套补助(nonmatching grants),也称为非对称补助,是指在上级政府对下级政府实施转移支付时,并不要求下级政府拿出配套资金的政府间转移支付形式。

与配套补助相反,非配套补助不要求下级财政拿出一定数额或比例的资金作为相应的配套资金,从而减轻了下级政府在使用上级政府转移支付资金时的财力负担,尤其对那些本来财政就不宽裕的下级政府来说,更具有特殊的意义。

这里需要注意的是,无论是一般性补助和有条件补助,还是配套补助和非配套补助,它们之间并不是完全割裂开来的,它们是相互联系、互有交叉的。换句话说,一笔有条件的政府间转移支付资金,既有可能是配套性的,也有可能是非配套性的;一般性补助也是如此。同样,一笔配套性的政府间转移支付资金,既有可能是有条件的,也有可能是一般性的;非配套补助亦然。各类补助的效用在体现中央政府的意图等诸多方面也有所不同,见表 18-6。

表 18-6　不同补助形式的效用

上级政府目的	一般性补助	非配套补助	配套补助
体现中央政府的意图	弱	中	强
弥补财政缺口	强	弱	弱
财政均等化	强	中	弱
最低服务水平	中	强	弱
外部效应	弱	中	强
对地方政府决策的影响	弱	中	强
地方政府运用资金的自由度	强	中	弱

资料来源:李齐云. 分级财政体制研究. 北京:经济科学出版社,2003:164.

三、补助对地方政府经济行为的影响

分析补助对地方政府经济行为的影响需要一系列严格的限制条件。例如,要以某种财政体制为背景、地方公共产品的生产函数、地方公共产品与地方预算收入之间的关系、决定地方公共需求的方式等。在此,我们以地方公共产品的决定由地方居民投票为前提,对有条件补助和一般性补助做简要的分析。

(一) 一般性补助

假定被补助的地方公共产品和其他所有产品都是正常产品,即消费随收入增长而增长的产品。我们对一般性补助的影响用图 18-1 来表示。

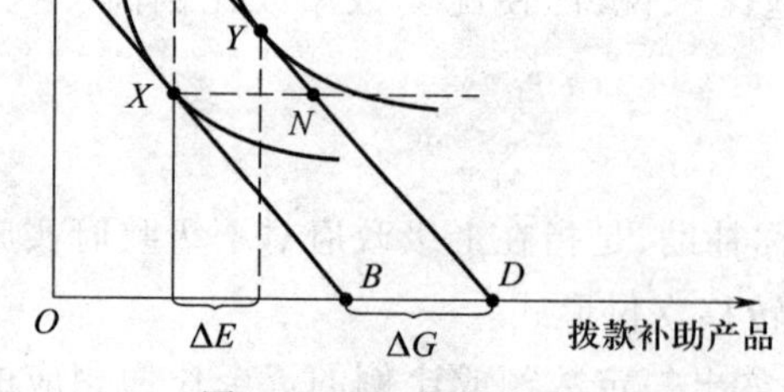

图 18-1　一般性补助

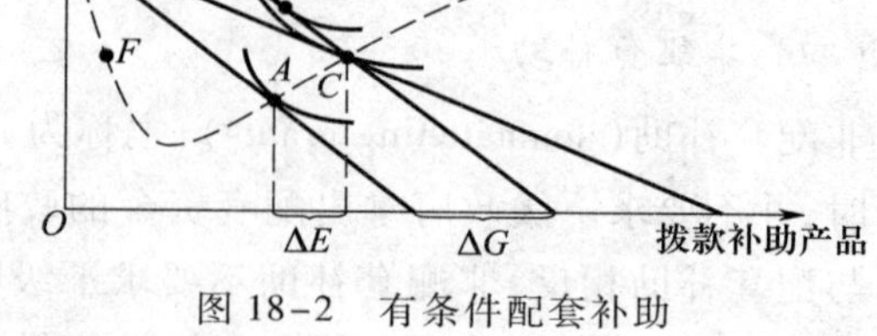

图 18-2　有条件配套补助

图 18-1 中横轴表示被补助的地方公共产品,纵轴表示其他产品(私人产品)。*AB* 表示地方政府的预算限制线,即在收入约束下,公共产品消费和私人产品消费的组合。*X* 是无差异曲线,因此无差异曲线 *X* 和预算限制线 *AB* 的切点 *X* 就是公共产品和私人产品消费的最佳组合。

如果中央政府对地方政府的一般性补助增加 ΔG,那么预算限制线 *AB* 向外移到 *CD*。新的均衡就是更高位置的无差异曲线和 *CD* 的切点 *Y*。这表明地方公共产品及其消费增加了 ΔE,也表示地方支出增加。图示表明,$\Delta E<\Delta G$,因为 *Y* 位于 *MN* 之间。结论是:一般性补助将增加地方公共支出,但小于补助的数量,即 $0<\Delta E/\Delta G<1$。一般性补助将有利于地方减少收入,也有利于地方居民对私人产品消费的增加。补助的这种替代效应,取决于 *Y* 的位置靠近 *M* 的程度。

(二) 有条件补助

有条件补助的影响见图 18-2。正如图中那样,补助按照下降的被补助地方公共产品的相对价格来改变地方预算限制线的斜率。这样,无差异曲线将沿着地方公共产品的价格消费曲线由 *A* 移到 *C*。地方公共产品的价格消费曲线是指地方居民对地方公共产品的需求和其相应承担费用之间的关系。由于是专项补助,地方居民可以扩大地方公共产品的消费,但不能相应增加私人产品的消费数量。如果是一般性补助,新的均衡点将是 *B*。比较 *B* 和 *C*,可以看出,*C* 在被补助的地方公共产品的支出上有更大的增长,但 *C* 所处无差异曲线的位置比 *B* 低。但无论是 *B* 还是 *C*,$\Delta E/\Delta G<1$,即地方公共支出增加,但小于补助数量。图中表示,*A* 和 *C* 是按照地方公共产品的需求无弹性画出来的。如果处在价格消费曲线的弹性位置上,并且从 *D* 到 *F* 的价格比率是下降的,那么 $\Delta E/\Delta G>1$。这种情况说明,当一个地方的公共产品水平太低,获得补助并启动后会激励地方公共支出更大的增长。

第四节　中国的政府间财政关系

一、中国财政体制的变迁

从中华人民共和国成立到 1993 年的 44 年间,中国的政府间财政体制变迁大体可以分为 1950—1979 年的"统收统支"和 1980—1993 年的"分级包干"两大阶段,其中又经历了 10 次较大的体制调整与改革。

1. 1950 年实行高度集中、"统收统支"的财政体制

财力集中在中央,各项财政收支,除地方附加外,全部纳入统一的国家预算。一切财政收支项目、收支程序、税收制度、供给标准、行政人员编制等,均由中央统一制定。

2. 1951—1957 年实行"划分收支、分级管理"的财政体制

财政实行分级管理。国家财政分为中央级、大行政区级和省(市)级三级财政。国家财政收入分为中央财政收入、地方财政收入及中央和地方的比例解留收入。国家财政支出按照企业、事业和行政单位的隶属关系和业务范围,划分为中央财政支出和地方财政支出。

3. 1958 年下放财权,实行"以收定支、五年不变"的财政体制

财政收入采用分类分成办法。地方财政支出分为两类:一类是地方的正常支出,由地方根据中央划给的收入自行安排;另一类是由中央专款解决的支出,包括基本建设拨款和重大灾害

救济等特殊开支。地方的收入项目和分成比例,以省(市)为单位,分别确定。收入项目和分成比例确定后,原则上5年不变,地方多收可以多支。

4. 1959—1970年实行"收支下放,计划包干,地区调剂,总额分成,一年一变"的财政体制

收支下放指除了少数仍由中央直接管理的企业收入和不便按地区划分的收入外,包括各项税收和企业收入在内的所有其他收入,全部划给所在省(市)管理。计划包干指根据国民经济计划和其他相关指标计算地方的财政收支,收支相抵后,收大于支的地方,按比例上解中央;支大于收的地方,由中央给予补助。在此基础上,归省(市)包干使用。地区调剂指地方上解中央的收入,除少数用于中央开支以外,主要用于补助经济落后地区、少数民族地区和收入少、建设多的地区的资金不足。总额分成指地方负责组织的总收入和地方财政总支出挂钩,以省为单位确定地方财政总支出占地方财政总收入的比例,作为总额分成比例。一年一变指地方当年的财政收支指标、分成比例和补助数额,由中央每年核定一次。

5. 1971—1973年实行财政收支包干的财政体制

全称为"定收定支,收支包干,保证上缴(或差额补贴),结余留用,一年一定"。与1959年"总额分成,一年一变"的财政体制相比,新体制在收支划分和收支指标确定的原则方面大体相同,但是,对于地方上缴和中央补助的方法,则由过去的比例分成改为按绝对数包干,规定地方超收部分全部留归自己。这样,地方的机动财力就可以随着超收节支而大大增加,进一步调动地方增收节支的积极性。

6. 1974—1975年实行"收入按固定比例留成,超收另定分成比例,支出按指标包干"的财政体制

其主要内容包括:地方负责组织的收入按固定比例给地方留成,作为地方较为稳定的机动财力;地方财政的超收部分,另定地方分成比例,但一般不超过30%;地方财政支出按照中央核定的指标包干,年终结余留归地方使用。

7. 1976—1979年实行"收支挂钩,总额分成①(和超收分成)"和试行"收支挂钩,增收分成②"

这种体制与1959—1970年实行"总额分成,一年一变"的财政体制大同小异,但有以下几个不同点:一是扩大了地方财政的收支范围,增大了地方财政管理权限;二是保留了地方固定比例留成的既得利益,使地方能够可靠地取得一项固定的机动财力;三是在总额分成的框架内,对超收部分规定了两档超收分成比例。

8. 1980年起实行"划分收支,分级包干"的财政体制

按照体制隶属关系,明确划分中央和地方的财政收支范围。地方财政收支的包干基数,以1979年预算执行数为基础计算确定。地方上缴比例、调剂收入分成比例和定额补助数确定后,原则上5年不变。地方在划定的收支范围内,多收可以多支,少收就要少支,自求收支平衡。

9. 1985年起实行"划分税种、核定收支、分级包干"的财政体制

这种体制主要按照第二步利改税以后的税种设置和企业、事业单位的行政隶属关系,划分

---

① 总额分成:按照总支出占总收入的百分比确定分成比例的办法,其分成收入数量取决于核定的当年总支出和总收入的规模。

② 增收分成:对当年收入比上年实际收入增加的部分实行的分成办法,其分成收入数量主要取决于上年实际收入的基数大小。

中央和地方各级政府的财政收入，分为中央固定收入、地方固定收入和中央地方共享收入三大类。按照中央和地方各级政府的职责及行政隶属关系，划分各级政府的财政支出。区别不同情况实行上解、分成、补助。

10. 1988年起实行地方财政包干体制

1988年7月，国务院发布了《关于地方实行包干办法的决定》，开始对全国37个地方分别实行不同形式的财政包干办法。主要包干形式有：收入递增包干、总额分成、总额分成加增长分成、上缴额递增包干、定额上缴、定额补助等。

上述体制变迁的回顾说明，财政体制总是与一定的经济体制相适应的。财政体制的变迁历程，实际上也反映了我国从计划经济体制逐渐走向市场化改革的进程。

二、目前的政府间财政关系

中国当前的政府间财政关系，基本上维持了1994年财政体制大改革所形成的格局，即分税制财政体制。这是当时建立市场经济体制全面大改革的一个重要内容和组成部分。

（一）分税制的含义

分税制主要包括分事、分税、分管三层含义。所谓“分事”，就是按照一定社会管理和经济体制的要求，在各级政府间划分社会管理权和经济管理权，并以此为依据确定各级政府的预算支出范围；所谓“分税”，是在划分事权和支出范围的基础上，按照财权与事权相统一的原则，在中央与地方之间划分税种，即将税种划分为中央税、地方税和中央地方共享税，以划定中央和地方的收入来源；所谓“分管”，是在分事和分税的基础上实行分级财政管理，建立中央与地方两级税收征管体系，设置中央和地方两套税收征管机构，分别负责中央税和地方税的征收管理工作。实行分税制必须配合以中央对地方、上级政府对下级政府的转移支付制度，以此来调节不同地区间预算财力的差距，实现公平分配的原则要求和财权与事权的最后统一。

（二）分税制的基本内容

1. 中央与地方政府的事权和支出划分

根据分税制对中央政府与地方政府事权的划分，中央财政主要承担国家安全、外交和国家机关运转所需经费，调整国民经济结构、协调地区发展、实施宏观调控所必需的支出以及由中央直接管理的社会事业发展支出。其具体包括：国防费、武警经费、外交和援外支出、中央级行政管理费、中央统管的基本建设投资、中央直属企业的技术改造和新产品试制费、地质勘探费、由中央财政安排的支农支出、由中央负担的国内外债务还本付息支出及由中央本级负担的公检法支出和文化、教育、卫生、科学等各项事业费支出。

地方财政主要承担本地区政权机关运转所需费用支出以及本地区经济、社会事业发展所需支出。其具体包括：地方行政管理费、公检法支出、地方统筹的基本建设投资、地方企业的技术改造和新产品试制费、支农支出、城市维护和建设经费、价格补贴支出以及地方文化、教育、卫生等各项事业费等。

2. 中央与地方政府的收入划分

根据事权与财权相结合的原则，按税种划分中央与地方的收入。将维护国家权益、实施宏观调控所必需的税种划分为中央税；将同经济发展直接相关的主要税种划分为中央与地方共享税;将适合地方征管的税种划分为地方税,以充实地方税种,增加地方税收。分设中央与地方两套税务机构,中央税务机构征收中央税和中央与地方共享税,地方税务机构征收地方税。目前具体税种划分如下:

中央税包括:关税,海关代征的消费税和增值税,国内消费税,中央企业所得税,非银行金融企业所得税,铁道、各银行总行、各保险总公司等部门集中缴纳的营业税(2016 年改征增值税)、企业所得税和城市维护建设税。

地方税包括:营业税(不包括铁道、各银行总行、各保险总公司等部门集中缴纳的营业税),城市维护建设税(不包括铁道、各银行总行、各保险总公司等部门集中缴纳的部分),地方国有企业、集体企业、私营企业缴纳的企业所得税(不包括上述地方银行和外资银行及非银行金融企业所得税),个人所得税,城镇土地使用税,耕地占用税,固定资产投资方向调节税(2000 年暂停征收),房产税,车船使用税,印花税,屠宰税(2006 年取消),农业税(2006 年取消),牧业税(2006 年取消)和契税等。

中央与地方共享税包括:国内增值税、资源税、(证券交易)印花税。其中,增值税:中央分享75%,地方分享 25%(基数部分);资源税:按不同的资源品种划分,海洋石油企业缴纳的部分归中央,其余部分归地方;(证券交易)印花税:中央与地方各分享50%。

以上是 1994 年实行分税制财政管理体制时对收入的划分。近年来,根据分税制运行情况和宏观调控的需要,对收入划分又做了一些调整(参见专栏 18-1)。

按统一规定划分收入和支出后,由于各地情况不同,通常会产生中央与地方以及地方之间财政的横向和纵向不平衡,必须通过各种形式的政府间财政转移支付来解决。1994 年实行的分税制改革,除保留原体制中央财政对地方定额补助、专项补助和地方上解外,着重建立了中央财政对地方财政的税收返还制度,而且从 1995 年起开始实行过渡期财政转移支付办法,并于 1996 年对这一办法进行了改进,其目的就是保证地方既得利益,实现新体制的平稳过渡。

(三)转移支付制度

我国的政府间转移支付制度在 1994 年分税制改革以前主要包括定额补助、专项补助和地方上解等项内容;1994 年的分税制改革,着重建立了中央对地方的税收返还制度;从 1995 年起,我国又开始实行过渡期的转移支付办法,并于 1996 年对其进行修订。但是,且不说这其中的权宜色彩,就是“办法”本身也包含有诸多不科学、不规范的成分。由此可见,我国在政府间转移支付制度的完善方面还有很多工作要做。

1. 分税制改革中的政府间转移支付制度

1994 年实行的分税制改革,在重新划分中央财政与地方财政收入的基础上,相应地调整了政府间转移支付数量和形式,除保留原体制中中央财政对地方定额补助、专项补助和地方上解外,根据中央财政固定收入范围扩大、数量增加的新情况,着重建立了中央财政对地方财政的税收返还制度,其目的是保证地方既得利益,实现新体制平稳过渡。

税收返还的具体办法是:税收返还以 1993 年为基数,以后逐年递增,即 1993 年中央将净上划中央的收入全额返还地方;1994 年以后,税收返还额在 1993 年基数上逐年递增,递增率按各地增值税和消费税平均增长率的 1∶0.3 系数确定,即上述两税每增长 1%,中央财政对地方的税收返还增长 0.3%,用公式可以表示为:

某年某地区应得中央税收返还额 = 上年中央对该地区的税收返还额 ×(1 + 该地区本年“两税”递增率×0.3)

2. 过渡期政府间转移支付办法

鉴于规范的政府间转移支付制度尚未完全建立起来,自1995年起,我国暂实行过渡期政府间转移支付办法,并于1996年对这一办法进行了改进。过渡期转移支付是指在现行预算体制框架下,除原体制补助、专项补助和税收返还等之外按规范的公式化办法计算所给予的补助。

规范化的政府间转移支付制度以各级政府基本公共服务能力均等化为目标,在合理划分政府间事权和收入的基础上,采用科学的方法,核定各地方政府的“标准收入能力”和“标准支出需求”,据以确定均衡拨款,同时辅之以必要的专项拨款。其具有公正、公开和规范的特征。

各地过渡期转移支付额主要由客观因素转移支付和政策性转移支付构成。为了调动地方增加收入的积极性,自1998年起,建立了相应激励机制。各地区政府间转移支付额的计算公式是:

某地区政府间转移支付额 =(该地区客观因素政府间转移支付额 + 该地区政策性政府间转移支付额)×(1 + 该地区激励机制系数)

(1) 客观因素政府间转移支付。客观因素政府间转移支付额由财政标准收入、财政标准支出和客观因素政府间转移支付系数计算确定,计算公式如下:

某地区客观因素转移支付额 =(该地区标准财政支出 - 该地区标准财政收入)× 客观因素转移支付系数

其中,财政标准支出的确定,可以在现有数据和技术条件下,将财政支出分为人员经费(不包括卫生和城建等部门)、公用经费(不包括卫生和城建等部门)、卫生事业支出、城市维护建设支出、社会保障支出、抚恤和社会救济支出、支援农业生产支出和农业综合开发支出等类,加总计算;财政标准收入主要由地方本级财政标准收入、中央对地方税收返还收入和原体制补助收入构成;客观因素转移支付系数 =(中央预算安排的本年度过渡期财政转移支付总额 - 本年度政策性转移支付额)÷ 标准财政支出大于标准财政收入的地区标准收支差额之和。

(2) 政策性政府间转移支付。政策性政府间转移支付主要是中央财政给予少数民族地区的补助。少数民族地区财源基础薄弱,人均财政收入水平低,加之少数民族地区主要分布在西部边远地带,自然条件较为艰苦,人口过疏,不仅财政支出成本高,而且财政收入自给率低。按照全国统一办法,难以体现与其他地区政策方面的区别。为贯彻《少数民族区域自治法》,帮助少数民族地区解决财政困难,过渡期转移支付办法对少数民族省区、非少数民族省区的少数民族自治州增加了政策性政府间转移支付。

3. 激励机制

为了鼓励各地区组织收入的积极性,1998年,国家在政府间转移支付制度中引入激励机制。激励机制系数根据该地区收入增长率与各地收入平均增长率之差的25%确定,高于平均增长率的地区按此系数增加转移支付数额,低于平均增长率的地区按此系数减少转移支付数额。收入增长率的计算范围包括地方级收入和缴入中央金库的增值税、消费税收入。

2002年开始,原来的过渡期转移支付概念不再沿用,但转移支付的基本格局并未发生重大的改变。现实中出现的调整,往往是中央将因制度调整的新增收入用于补助中西部地区和财政困难地区的结果。

(四)地方税体系①

1994年的分税制改革,确立了现行中央和地方的税制框架及经济利益关系,但省以下分税制没有推进和完善,导致基层财政困难、过分依赖土地收入等诸多问题。在目前的地方税体系中,起主导作用的主要有营业税、企业所得税和个人所得税三个税种。营业税逐步被增值税替代,其他两个税种也将逐步纳入改革轨道,地方税主体税种面临流失,并且仍缺乏清晰的长远规划,这无疑会进一步削弱地方财力。中共十八大报告中,将"构建地方税体系,形成有利于结构优化、社会公平的税收制度"作为了重要改革内容。如此,在新一轮财政体制改革进程中,地方税体系的构建尤为重要。

在地方税体系构建过程中,实现事权与财权匹配是前提。分税制在省以下层级之所以不能贯彻实行,原因在于层级过多,20多个税种在中央到地方的五个层级之间无法实现准确分级,造成共享税增多。因此,构建科学的地方税体系,重点是实现政府有合理的事权和合理的财权匹配。结合中国的国情,宜实现中央、省、市县三级架构,将财政层级扁平化为省直管县、乡财县管。这样,不仅可以降低信息不对称的损失与扭曲,进一步明晰与合理化政府事权,实质性推进政府职能转化,降低行政成本,还有助于解决省以下的分税制问题。

在分税制问题得到解决的前提下,还应建设新的主体税源和收入支柱,尽快打造成型的地方税体系。目前来看,需要依托以下两大支柱财源进行建设。

1. 房产税改革

上海、重庆房产税改革试点,引入了两个实质性的新机制:一是把房产税覆盖面扩大到一部分消费住房;二是在保有环节评估税基之后年复一年地实施房产税征收。这两大机制使房产税未来将承担起提高"直接税"比重第一位的改革任务,同时房产税也将成为地方税体系中的主力、支柱型财源。通过设置这个税种,将进一步推动地方政府优化本地投资环境、提升本地公共服务水平,对辖区内不动产升值幅度控制将更为科学。且每隔一段时间重评一次税基,可以准确把握财源建设实际套现的具体机会,利于解决财源建设与发展当地经济社会诸事项的战略目标基本配套问题。

2. 资源税改革

在西部等尚不能通过房产税等提供支撑收入来源的地区,应该着重实现资源税改革,因为这些地区恰恰是资源富集区域。比如,自2010年6月率先进行原油、天然气资源税改革,新疆维吾尔自治区3年来共增税收115.65亿元,2012年自治区资源税收入为68.99亿元,占地税总收入的10.52%。就全国而言,截至2011年下半年,资源税改革的区域覆盖面已逐步扩大,每年可使地方财政增收约600亿元。随着今后资源税改革步伐加速、品种覆盖面扩大,其对地方财政的支撑力将更为明显。

重新界定地方具有支柱性作用的财源,是构建地方税体系的关键。但由于改革的难度较大、不能一蹴而就,更不能立竿见影地起到补充地方财力的作用,因此,完善地方税体系过程中为了保障新旧税制的更替顺利进行,还需配套改革来补充"能量",即重新划分共享税的比率,提

① 本部分参考了贾康. 加快重构地方税体系. 新华网,2013-05-14;杨志勇. 中国地方税系的构建与完善问题探讨. 涉外税务,2013(4).

高地方财政的财力调配能力,这不失为过渡时期的重要手段之一。此外,进一步完善地方税体系,还需要根据税收法定的原则,建立有法律制度体系保障的市场税收环境,理顺地方税体系与税收征管关系,提高税收征管水平,加速信息化手段的推行和人员执法水平的提升。

除了上述地方税格局的完善,更为现实的考虑还需要在中央税和共享税上做文章。第一,提高增值税收入地方分成比例。当前增值税分享比例需要调整。应取消税收返还,取消税收收入增长部分中央和地方不对称分成比例的做法,取消"营改增"试点行业税收收入归地方的规定,规范中央和地方共享制度,提高地方分成比例。地方分成比例提高应能充分体现制度规范后地方减收需补偿的因素,还要考虑地方可支配财力不足需增加财力的因素。第二,将消费税改造成中央和地方共享税。现行制度中,消费税是中央税。但实际上,消费税收入与税收返还有关,一开始就不是纯粹的中央税。再加上成品油税费改革之后,养路费转换而来的消费税绝大部分需要返还给地方,消费税的共享税属性已经较为明显。对此可以有两种设计思路:一是按消费税税目设计分税方案;二是按总收入确定分税方案。前者可以更好地适应不同地方税目不同的实际情况;后者则易与财权财力总体分配格局的调整对应起来。此外,当前消费税主要在生产和批发环节征收,如能进一步将部分消费品的征税环节前移至零售环节,并将零售环节的消费税收入作为地方税收入,其他消费税收入继续作为中央与地方共享税,则也可作为一个选择项。消费税在零售环节征税,并将税收收入留在地方,可以鼓励地方政府刺激地方消费。如采用这种方案,那么相应地,增值税收入的地方分成比例就可以适当下调。

(五) 分税制的评价

分税制的主要优点在于保证了中央政府预算收入的相对份额(即占全国预算收入的比重)有所增长,中央政府和地方政府的财政关系在形式上比较统一和规范,因此为今后的税制改进打下了较好的基础。

但是,分税制保留了包干体制的基本特征,改变的只是中央政府在收入增量分配中占了较大份额。这表明中央政府和地方政府之间事权和收支责任的划分并不完全符合市场经济体制的要求。

从事权的划分来说,1994 年的分税制改革方案中,对中央政府和地方政府的事权划分基本上是按原有模式进行的,并没有合理地分权。科学的分税制必须以合理地划分政府的事权为依据,同时根据支出与事权相对应的原则,中央政府支出和地方政府支出也应合理地划分。从财权的划分来说,1994 年的改革主要从如何提高中央财政收入的目的着手,它将可以提供大量税收收入的税种,主要划归中央或作为中央占大头的共享税;将具有收入分配职能,但当时规模甚小的个人所得税划归地方,这些都是需要进一步改革的。

与此相适应,转移支付制度对于各级政府的资源配置效率和各地的公共服务均等化的要求来说,还有相当的距离。另外,中央政府和地方政府在收入划分方面以"分税"为基础,因此税制不合理就不可能保证预算体制合理。所有这些问题,都需要认真研究,逐步解决。

专栏 18-1　中央和地方政府的收入划分

我国自 1994 年起实行分税制的财政管理体制,根据事权与财权结合的原则,按税种划分中央与地方收入,分为中央税、地方税和共享税。近年来,根据分税制运行情况和宏观调控以及税制改革的需要,我国对中央和地方共享税的划分比例不断地进行调整。

(1)国内增值税:1994年起中央分享75%,地方分享25%。2016年5月1日全面推开营改增试点并同步实施中央与地方增值税收入划分的过渡方案:所有行业企业缴纳的增值税均纳入中央和地方共享范围,中央分享50%,地方按税收缴纳地分享增值税的50%。过渡期暂定2~3年,届时根据中央与地方事权和支出责任划分、地方税体系建设等改革进展情况,研究是否适当调整。

(2)营业税:1994年起铁道部、各银行总行、各保险总公司集中缴纳的部分和金融、保险企业按照提高3%税率缴纳的部分归中央政府,其余部分归地方政府。2016年5月1日全面营改增后该税种取消。

(3)企业所得税:铁道部、各银行总行及海洋石油企业缴纳的部分,归中央政府,其余部分中央与地方政府共享。2002年中央与地方各分享50%;2003年及以后中央分享60%,地方分享40%。

(4)个人所得税:分享比例与企业所得税相同,即2002年中央与地方各分享50%;2003年及以后中央分享60%,地方分享40%。

(5)资源税:海洋石油企业缴纳的部分归中央政府,其余部分归地方政府。

(6)城市维护建设税:铁道部、各银行总行、各保险总公司集中缴纳的部分归中央政府,其余部分归地方政府。

(7)印花税:证券交易印花税收入的94%归中央政府,其余6%和其他印花税收入归地方政府。

为了保证地方既得利益,实现新体制平稳过渡,我国1994年的分税制着重建立了中央财政对地方财政的税收返还制度。税收返还的具体办法是:以1993年为基数,以后逐年递增,即1993年中央将净上划中央的收入全额返还地方。这里的净上划收入是指地方上划收入和中央下划收入相抵后的余额。按分税制办法规定,地方上划中央的收入项目主要有消费税、增值税(75%)、证券交易税(50%)、外资银行及地方非银行金融企业所得税。中央下划地方的收入项目主要有城镇土地使用税(50%)、耕地占用税(30%)、国有土地有偿出让收入等。因此,税收返还基数的计算公式为:

税收返还基数 = 地方净上划收入 = 地方上划收入-中央下划收入

资料来源:根据国家税务总局网站相关资料整理。

本章小结

世界上除少数城市国家外,大部分国家存在多级财政。市场经济国家多实行财政联邦制。财政体制规定了不同级次政府之间的财政关系,确保了整个政府收支活动能够形成一个有机统一体。

政府间财政关系涉及事权、财权和财政职能的划分,划分原则和依据各有不同。市场经济下,资源配置职能由中央政府和地方政府共同承担。前者主要提供全国性公共产品,后者主要提供地方性公共产品。而收入分配职能和稳定职能主要归中央政府。

转移支付是分税制财政体制的重要内容。中央政府和上级政府,可以促进各地公共服务的均等化、具有外溢性的地方公共产品的提供和国家统一的功能。转移支付按照不同的方法,可以划分为有条件补助、一般性补助、配套补助和非配套补助等。每类补助的经济效应有所不同。

中国的政府间财政关系从中华人民共和国成立以来历经了多次变革。当前的财政关系基础是1994年建立的分税制财政体制。这种体制也已经过了多次增量变革,但无论在事权的确定、收入的划分、转移支付的调整上,都有进一步改革的必要。

复习思考题

一、名词解释

财政分权　财政体制　转移支付　财政纵向平衡　财政横向平衡　一般性补助　有条件补助　配套补助　非配套补助　分税制

二、问答题

1. 政府间为什么需要分权?分权有哪些优势和劣势?
2. 政府间的事权划分依据什么原则?如何划分?
3. 政府间的财权划分依据什么原则?如何划分?
4. 试从实现财政职能的角度划分中央政府与地方政府的职能。
5. 个人所得税作为中央税还是作为地方税比较适宜?
6. 一般性补助与有条件补助对接受补助的地方政府行为是否会产生相同的影响?
7. 简述我国财政体制变迁的主要过程。
8. 简述我国分税制的主要内容。
9. 中央政府运用转移支付手段干预地方政府行为,应该受到哪些限制?
10. 中国财政应该实行行政性分权,还是经济性分权?当前中国财政体制距离规范化的分税制体制还存在哪些问题?你认为应该如何进一步改革?

即测即评

第十九章 开放经济下的国际财政关系

一般的财政学教科书中往往仅涉及国家财政的内容,有关财政学的著作也都是以国家财政作为基本研究内容来建立理论框架的。对于国际财政的研究,在早期虽然也有部分学者从各自的视角有所探讨,但并未形成完善的理论体系。随着世界经济一体化的发展以及全球环境保护、可持续发展、缩小贫富国家差距及协调和解决各国的经济、政治利益等国际问题的日渐突出,国际财政研究也逐渐受到众多学者的重视。本章就将从国际财政概念入手,探讨开放经济下的国际财政关系。

第一节 国际财政概念

对于国际财政,目前并没有统一的概念,但在一些基本议题上,已经达成了某些共识。

一、国内外学者对于国际财政的观点

美国财政经济学家穆斯格雷夫教授及其夫人在他们合著的财政学教科书《美国财政理论与实践》中曾指出:"财政问题最新也是最有趣的方面之一与其在国际背景中的作用有关。许多传统上仅在国家财政范围内涉及的问题在它们应用于国际贸易、资本流动(诸如联合国之类的国际组织)和贫富国家间关系上正在变得日益重要。"①他们还进一步写道,国际财政涉及"通过国际资本和贸易的流动而相互联系在一起的不同财政制度的并存所产生的相互影响"。显然,在穆斯格雷夫看来,国际财政是国家财政在国际经济中的延伸,是财政与国际经济相互结合的产物。所以,国际财政同国家财政一样,都属于财政经济活动,不同点在于,这种国际财政经济活动跟国际经济有着千丝万缕的联系。

另一位美国著名财政经济学家哈维·S. 罗森,在其所著《财政学》中写道,国际财政"是从

---

① R A Musgrave, P B Musgrave. *Public Finance in Theory and Practice. Fifth Edition*. New York: McGrawHill, 1987: 567.

世界角度来看的"财政。[1] 显然,他也是把财政放在世界背景下来考察,因而与穆斯格雷夫的结论大体一致。

美国当代财政经济学家伯纳德·P. 赫伯从现代财政概念出发,在其《现代财政学》中谈道,国际财政是"国家之间的公共部门经济活动""公共部门经济活动在国家间相互影响"。这种"经济活动超越了政治疆界,因而也超越了单个国家的管辖主权,如今的民族国家在其管辖范围上正变动得越来越小,以致无法处理国际经济问题"。随着这些问题的频繁出现,国际财政便成为解决这些问题的有效手段,充当着国际干预的重要杠杆。

可以看出,西方学者基本把国际财政看成财政与国际经济相互结合的产物,即财政在国际经济中的延伸或者国际经济中公共部门的经济活动,但缺乏对国际财政本质上仍作为一种分配关系的研究。

国内学者对国际财政的研究虽然起步较晚,但相对弥补了西方学者在国际财政研究方面的缺陷,并对国际财政研究框架体系进行了完善。他们以马克思主义的"国家分配论"为出发点,提出国际财政是建立在各国现代开放型财政——涉外财政基础上的以两个或两个以上的国家为主体的国际财政分配关系,是一个国家的财政活动通过国际经济交往与其他国家中的财政活动相互影响并相互协调的财政联系。

二、国际财政存在的形式与内容

在现代经济中,财政作为国家干预的工具是相对于市场失灵而言的。有了市场失灵,才会有国家财政。在国际经济领域,也正是由于国际市场失灵,才产生了国际财政活动。国际财政作为一种特殊的国家干预而存在,它与国家财政所面临的问题虽有颇多类似,但它的范围不再局限于单个国家的主权管辖范围内,而是涉及多个国家的财政收入与支出。显然国际财政和国家财政是有区别的,表现在涉及的范围之广与所需的国际合作的性质上,它需要各国间的相互谅解与合作。

从国际财政运行的情况来看,国际财政存在的形式主要包括采取多国财政合作和依靠超国家的财政干预两种。第二次世界大战结束以来,谋求实现世界政治经济一体化的思想有所传播,这就是希望通过建立一个超国家的有效的全球性权力机构,对国际事务进行全面的管理,其中包括对国际经济的干预。但是碍于各国强调主权利益,不肯放弃独立自主的方针政策,这种理想根本无法实现。虽然第二次世界大战后出现联合国等一系列国际组织(包括国际货币基金组织、国际复兴与开发银行、关税与贸易总协定等国际经济组织),但这些国际机构充其量不过是对各项国际事务(包括国际经济事务)在各国间进行一定程度的协调,其权力和能力远不足于干预众多国际事务。它们不可能制定、颁布和执行国际课税和支出方案的"国际财政政策",一个有效的世界范围的全球财政制度更是无法形成。

这样,国际财政只能采取多国财政合作的存在形式。国际上多国财政的合作若按其合作程度由低到高加以排列,则大致为财政协调、财政同盟与财政一体化。[2]这三种合作既有联系又有区别。财政协调强调财政合作的自愿性,是国际上多国财政合作的最一般形式,现有的各种国际税收协定就属于财政协调这种形式;财政同盟则强调财政合作的强制性,是区域性经济组织

---

① 哈维·S. 罗森. 财政学. 北京:中国财政经济出版社,1992:712.

② 董勤发. 国际财政研究. 上海:上海财经大学出版社,1999:7.

中所采取的财政合作形式,如欧洲经济共同体内部废除关税、统一增值税就是这种形式;财政一体化是最高级的财政合作形式,在这种财政合作形式下,各国财政政策目标的制定和手段的管理都是共同体当局的事务,并要求各成员国统一财政制度,这当然是一种理想的财政合作形式,实际上就是前面所指的那种超国家财政干预。

国际财政的存在形式反映出其内容,任何财政合作形式都贯穿着具体的国际财政活动。如前所述,国际财政是指以两个或两个以上的国家为主体的国际财政分配关系,因此国际财政的内容应主要包含两个要素:①财政分配关系的主体至少有两个国家;②财政分配关系是国际性的。第一个要素既规定了国际财政与国家财政的内在联系,即都是以国家为主体的分配关系,又指出了它们之间的根本区别,即前者至少有两个主体而后者只有一个主体;第二个要素则指出了国际财政与涉外财政的固有联系,它们都离不开国际经济活动,都跟国际经济关系有着千丝万缕的联系。从这些要素来看,正是两个或两个以上不同国家的财政通过国际经济活动的联系而发生的相互影响及其相互协调所构成的国际财政关系,才成为国际财政的内容。所以国际财政的内容集中表现在两个方面:①因涉外财政收入(主要包括涉外所得税、涉外商品流通税、对外官方债务收入、国际官方援助收入等)而形成的国际财政关系;②因涉外财政支出(主要包括对外采购支出和对外转移支出)而形成的国际财政关系。

三、国际财政存在的基础

市场经济的市场性,是现代经济中财政存在的客观基础,它集中表现在市场失灵上;而市场经济的开放性,是其市场性的国际延伸,它集中表现在国际市场失灵上,因而,它是财政国际化或国际财政存在的特殊之处。现代财政理论表明,在现代经济中,国家财政存在的客观前提在于国民经济中的市场失灵。同样,国际财政存在的客观必然性体现在国际市场失灵上。这种国际市场失灵主要表现在下列几个方面:

(一)国际公共产品的提供

在现代财政理论中已经论证,公共产品是指在消费中具有非竞争性和非排斥性的产品或服务,市场机制对公共产品的提供不能发挥有效作用,因而财政预算就成为公共产品提供的必要措施。然而,公共产品的受益空间有大有小:有地方受益的地方公共产品,有全国受益的国家公共产品,也有国际受益的国际公共产品。根据现代政府间财政关系理论,前两类公共产品是由国家财政,包括中央财政与地方财政来提供的(地方公共产品原则上由地方财政提供,国家公共产品则由中央财政提供),而国际公共产品唯由国际财政才能提供。

(二)国际垄断的存在

某个国家或国家集团在拥有强大的市场力量前提下,可能把某些商品的价格人为地进行哄抬或压低。最显著的事例就是20世纪70年代以来的石油输出国组织(欧佩克)对石油价格的控制。这种国际垄断的存在,破坏了国际市场机制的有效调节,只能求助于外部力量,以弥补国际市场的缺陷。显然,这种外部力量只能来自于国际性干预。

(三)国际外部效应的存在

国际外部效应,是指一国的活动可通过国际市场以外的渠道影响到另一国的福利。跨国污染问题便是最重要的国际外部效应的例子。国际外部效应的存在会使得某个国家的一项活动所产生的一部分成本或效益转归另一个国家，这种外部成本或外部效益的存在，使得按照等价原则交换的市场机制无法解决资源的有效配置，客观上要求有关国家进行合作，以解决这种市场失灵问题。

（四）国际收入再分配

世界范围的收入分配是极端不平等的，为了加快贫穷国家的发展，缩小贫富国家间的收入差距，促进国际收入的平等再分配，国际援助尤其是国际发展援助势在必行，而其中起决定性作用的官方援助，无论是双边的还是多边的，都是以国家财政为后盾的，援助国和受援国政府必须互相合作，切实保证国际援助有效进行，以促进国际收入的平等再分配。

（五）国际经济的相互依赖

在国际经济相互依赖的条件下，各国中央政府的宏观稳定政策已不可能如同在封闭经济中那样——其政策的成本和效益可完全内部化。相反，在一个相互依存的世界中，一国政策行动的部分效益和成本将扩散到其他国家中去，因此，一国的宏观稳定政策有待其他国家的合作。

正是由于上述几个方面的原因，致使国际经济运行面临市场失灵，这些国际市场失灵为国际财政的存在奠定了客观的经济基础。

四、国际财政的职能

国家财政理论中，财政具有资源配置、收入分配与经济稳定职能。在国际经济领域，我们循着从国家财政到国际财政的研究思路，也可同样认识国际财政的类似职能。

（一）资源配置职能

在国际经济领域，可能存在双边或多边受益的国际公共产品，对于这些国际公共产品来说，任何一个国家及其内部的私人部门都不可能有效地提供，这是由国际公共产品的受益性质及其特征决定的。国际公共产品唯有通过国际双边或多边联合提供。另外，外部效应也可能波及双边或多边范围，这种无论是正的或负的国际外部效应的存在，都如同国际公共产品一样，可能使任何一个国家及其内部的私人部门充当“免费乘车者”的角色，因而它同样需要有关国家双边或多边协调解决。此外，在国际经济交往中，买方或卖方垄断的存在，也会使市场机制失去其应有的功能，它也需要有关国家的政府出面进行双边或多边方式的政府干预。

（二）收入分配职能

在国际经济领域，财政的收入分配职能已超越国界，国家间的转移支付也势必成为改善国民收入分配状况的一个重要手段。从作为发展中国家的中国来看，通过国际经济交往以促进本国的经济发展而间接地改善本国的国民收入分配状况，或设法取得国外的双边或多边无偿援助与优惠贷款以直接改善本国的收入状况，都将成为财政的收入分配职能在国际经济交往中的存在形态。然而，由于援助国对自身利益的考虑以及这种援助的自愿性，援助国不可避免地会受到“免费乘车者”行为的约束而使得这种建立在自愿基础上的援助远远满足不了国民收入再分配对这种国际再分配的要求，它至多只能扮演一个“慈善救济者”的角色。显然，这种慈善救济对国民收入再分配的贡献是微乎其微的。于是，“要贸易不要援助”的呼声很可能是发自发展中国家“内心”的一个比较切实可行的要求。其表现在财政政策上，就是政府要尽一切可能充分而有效地利用国外资源以促进本国经济的发展,最终实现本国国民收入分配状况的根本改善。

(三) 经济稳定职能

市场经济是一个以市场机制来配置资源的经济体制,也是一个可与国际经济接轨的经济系统。国际经济是发达的市场经济,它本身就是由各国的市场经济组成的国际市场发展的产物。因此,市场经济从根本上来说是一种开放经济。在这种开放经济条件下,本国中央政府的宏观稳定政策很可能因国际商品贸易和资本流动而使其成本与效益扩散到其他国家中,于是,上述双边或多边协调意义上的稳定职能便应运而生。根据目前本国对外经济交往的情况,本国中央政府稳定政策的成本与效益的扩散情况,既可能是双向的也可能是多向的,相应地,财政的稳定职能的行使就需要有双边或多边的合作。从双边合作情况来看,由于财政的稳定职能的行使完全取决于双方国家的合作情况,其问题是很清楚的,双方的协商一般是可以解决问题的。但从多边合作情况来看,作为发展中国家的中国实际上处在十分不利的形势下,因为在当今世界上,最有效的多边协调机制(如世界贸易组织、国际货币基金组织和世界银行)都操纵在发达国家集团手中,它们的运作都受发达国家而非发展中国家的观点和利益驱使,而且这种格局在短时期内是无法改变的。因此,对付经济不稳定的国际多边协调机制受到发达国家控制的情况,中国作为发展中的大国理应在建立国际经济新秩序、广泛开展南南合作并有效地进行南北对话等方面发挥其应有的作用,努力使国际多边协调机制逐渐朝着有利于发展中国家的方向发展。

第二节　国际公共支出关系及其处理

一、国际公共产品的联合提供及费用负担

国际受益的国际公共产品唯有国际财政才能提供。但由于国际上不存在一个“国际性的中央政府”,所以它只能通过各受益国家采取联合的方式来提供。例如,世界和平和不发达国家的经济开发以及共同消除国际公害——如世界大战与贫困的努力等。这些双边或多边合作项目,都涉及双边或多边国际财政支出的协调问题,也就是通常所说的国际费用分担的问题。

现今国际费用分担的方法大致可分为下列三种:

1. 按支付能力原则的费用分担

参与国应缴款项的多少,可根据其国民生产总值或国民收入按相同的比例(比例分担)来决定;也可根据累进分担的方法来决定,在这种情况下,主要的问题在于累进分担率应与各国的国民生产总值(国家本身被当作缴款者)相联系,还是应与各国居民的人均收入(单个居民被当作缴款者)相联系。例如,联合国在原则上是以参与国的国民生产总值作为缴款的基础。曾经规定,凡人均产值在 1 000 美元以下者,按同一比率缴纳;超过此数者按累进比率递增其缴纳款。同时规定,每一参与国的缴款最少不低于联合国预算支出的 0.04%,最多不超过 25%(原为 33%)。

2. 按受益原则的费用分担

参与国的应缴款项以其被允许享受的利益为标准。例如,国际货币基金组织(IMF)规定,参与国缴款的金额原则上以参与国所享有的在国际收支有逆差时可向该组织借款的特别提款权份额为标准。世界银行类似于此。

3. 按照各参与国达成的协议的费用分担

这是不规定固定的缴纳标准,而是由各参与国共同协商,确定各国应分别负担的费用,因情势的变更可在适当时候进行调整。例如,美国负担了"北约组织"(北大西洋公约组织的简称)费用的最大份额,而且已远远超过了按其 CNP 水平计算所应负担的份额。

上述国际支出协调问题也存在于国际外在效应的矫正方面。某个国家的活动所产生的效益或成本可通过市场机制以外的方式外溢到另一个国家,致使市场机制在资源配置上的正常运行所要求的效益和成本的对应关系遭到破坏,国际资源的有效配置因而遭到扭曲。为了使国际资源得到有效的配置,就必须使外溢的效益或成本内在化,这就提出了国际财政合作的问题,它需要协调有关国家的支出。外溢的效益需要得到对方国家的补偿,而外溢的成本则要向对方国家赔偿,这些"补偿"或"赔偿"都涉及费用的安排问题,并且要在各国之间加以分摊。

更为有效的国际合作能增加机会和帮助各个国家面对新的全球挑战。所有国家都必须衡量每一个拟议中的合作努力的好处,并逐一做出是否参加的决定。各个国家可能参与国际合作以提供国际公共产品的领域和范围包括如下几方面。①

(1) 扩大和维系开放的世界市场,包括减少与不稳定的资本运动有关的风险。许多发展中国家对更为开放的资本市场深表关切,因为突发性资本外逃会影响经济管理的稳定。

(2) 使基础研究面向发展中国家。国际农业研究磋商小组的支持使绿色革命成为可能。这一革命表明,对研究和发展的投资能为援助国和受援国带来可观的回报。

(3) 保护环境。国际集体行动能改善协调、增强公众的意识、转让技术以及为制定并实施适当的国内环境保护政策提供激励措施,从而减缓全球性的和区域性的环境问题。

(4) 维持和平和避免武装冲突。战争(以及与此相连的解救和重建等努力)对生命和经济带来的巨大损失是众所周知的,但现有的机制未能成功地避免冲突或在冲突演变为大规模的人类悲剧以前加以解决。

二、国际援助与收入再分配

贫富国家间悬殊的收入差距已为人们所认识,如何解决国际收入再分配问题也在当今国际政治和经济舞台上占据了一个重要地位。然而,由于不存在一个"国际性中央政府",所以国际收入再分配政策只有通过国家间转移来执行,这种国际援助的最好形式就是发展援助(development aid),因为发展援助有助于提高低收入国家的经济增长率,从而有利于缩小收入差距。虽然从根本上说,分配问题是一个人际分配的公平问题,但若仅仅从人际分配的方式来实现公平问题,则效果是不会显著的,因此必须求助于别的分配方式。就国际收入再分配而言,我们需要通过国家间分配的方式。国际援助,尤其是发展援助,是国家间分配的重要工具。这种分配方式能直接促进国家间公平,间接促进人际公平,因为大多数穷人实际上都是低收入国家的居民,只要提高了低收入国家的国民收入,这些国家的居民的人均收入就会提高。

发展援助的主要意义在于,它不是就分配而论分配,它在关心既定收入总量如何公平分配的同时还注重收入总量如何增加的问题,也就是说,它在关心分配的同时还注重经济增长。

① 1997 年世界发展报告. 蔡秋生,等,译. 北京:中国财政经济出版社,1997.

的确,世界贫穷人口生活状况的极大改善只有通过提高低收入国家劳动者的劳动生产率才能取得,因而低收入国家的经济发展是实现世界收入分配状况根本改善的关键。在促进低收入国家的经济发展方面,财政可以扮演十分重要的角色。一方面,通过财政手段可以扩大直接的官方援助或官方贷款;另一方面,通过旨在改善投资环境的财政支出与税收优惠可以鼓励私人资本流动。这样,财政就促使这些官方或私人资本从高收入国家流向低收入国家。随着资本的流动,世界产量将会增加,从而可供再分配的收入总量也会增加,这是因为在资本劳动比率至今还相当低的国家中,资本的生产率会更高。由于投资于低收入国家将会产生较高的收益,所以高收入国家的资本供给者将相应得益,但这也会使收入从高收入国家的劳动者再分配给低收入国家的劳动者。

促进低收入国家经济发展的另一个重要途径就是发达国家向低收入国家的出口产品更大地开放市场。这就要求发达国家对低收入国家放弃贸易限制并扩大优惠待遇。

(一)援助的提供及其他机制

发展援助可以解释为从发达国家向欠发达国家的资源转移,常伴随着发达国家把大量官方资金提供给不发达国家。官方发展援助包括无偿赠款与优惠贷款两个部分。对于贷款来讲,现在人们经常计算所谓"赠与"成分来体现援助的特征。无偿赠款,既不需要受援国偿还,也不收取任何利息,因而它是名副其实的援助。但这种无偿赠款在外国资源的流入总额中所占比重极少,而优惠贷款主要由国际金融机构(如世界银行)以低于金融市场的利率提供。在这种贷款方式中,官方发展援助是以"软贷款"的条件提供的,在对欠发达国家提供长期(如长达 40 ~ 50 年)优惠贷款的情况下,这种外国资源的流入几乎等价于无偿赠款。

1. 官方发展援助通常是由于政治原因而提供的

一般情况下,官方发展援助不会提供给与提供国敌对的国家。例如,美国对欠发达国家的大部分援助就是以尽可能地保持美国的政治利益不受损害为前提来提供的。这种官方发展援助经常采取对"友好"国家进行提供的形式,而这种"友好"的标准是以确保美国的利益为理由。同样,苏联大部分官方发展援助也是以政治因素为动机的。广而言之,恐怕任何双边形式的官方发展援助都不可避免地带有政治的动机。

2. 官方发展援助的提供通常附带一定的经济条件

这些附带条件可能是援助国在提供官方发展援助的同时要求进口援助国的商品或物资;或者,官方发展援助的使用已被援助国限制了条件或规定了最终用途;等等。这些附带条件的设置,使得官方发展援助偏离了人道主义的要求,也背离了国际收入再分配的目标,不利于欠发达国家借助于官方发展援助以寻求发展、摆脱贫困。

官方发展援助提供过程中所涉及的这两个原则,从官方发展援助的合理目标来看,援助国的行为限制着受援国目标的实现,因此,从受援国角度来看,援助的提供客观上要求官方发展援助双边流动的多边化,以多边提供方式取代双边方式。

然而,官方发展援助双边流动的多边化趋势,给官方发展援助的提供机制带来了一个新的问题。我们知道,在双边援助方式下,援助国出于对自身利益的考虑,在援助的提供上多少还有较自愿因素,但是,在多边援助方式下,援助提供上的自愿因素,已排除了援助国从自身利益方面的考虑,而且完全是它们基于人道主义的考虑或其他方面的想法。可是,真正基于人道主义自愿地提供官方发展援助的机制是很难支撑起官方发展援助的。为此,官方发展援助的提供机制改革必将成为国际社会所关心的一个重要问题。

（二）援助的接受及其使用

从发展援助的接受及其使用角度来看，一个最关键问题就是欠发达国家对官方发展援助的利用要能促进国家的经济发展。我们知道，官方发展援助最初是作为一种国际再分配的方式而提出的。然而，再分配政策不应该仅仅看成为对某个既定的“馅饼”进行再分配的事情，对于“馅饼”的大小，尤其对于经济增长率的影响，也应该加以研究。如果这一观点对于国内再分配来讲能够成立的话，那么对于国际再分配就更有道理了，因为在国际范围内，再分配的潜在规模要大得多。如果通过官方发展援助的国际再分配会干扰援助国提供官方发展援助的能力，或者无助于受援国即主要是欠发达国家的经济发展，那么这样的官方发展援助并不可取。

的确，只有通过提高低收入国家劳动者的劳动生产率，世界贫穷人口生活状况的极大改善才能得以实现。官方发展援助促使资本从高收入国家流向低收入国家，故能对此做出重大的贡献。我们知道，国际资本流动将增加世界产出，因为在资本—劳动比率迄今还相当低的国家中，资本会变得更加有效。资本投资于低收入国家中会取得较大的收益，高收入国家的资本供给者也将从中得益。但是，这会导致收入从高收入国家劳动者（随着资本的外流，劳动力将会与较少的资本结合）向低收入国家劳动者的再分配，因为低收入国家的劳动者随着资本的流入将会与更多的资本结合而使资本—劳动比率得到提高。相反，若官方发展援助成为低收入国家的经济依赖，则对改善国际收入分配无所裨益。

值得注意的是，官方发展援助的有效使用还要求发达国家对欠发达国家开放市场。欠发达国家“要贸易，不要援助”的口号清楚地表明，欠发达国家在经济发展方面得到发达国家官方发展援助的同时，它们一些较有竞争力的产品进入发达国家市场的大门却被关上了。这孕育着这样一种危险：对欠发达国家的官方发展援助会走进死胡同。因此，从有效地促进欠发达国家的经济发展以缩小国际收入分配差距而提供官方发展援助的政策来看，对欠发达国家开放贸易品市场是这些国家实现经济发展的一个充分条件，而官方发展援助的提供仅仅是一个必要条件。

三、国际要素和商品流动的支出协调

前面我们分析了税收对国际要素和商品流动的影响。同税收负担一样，支出利益也会影响要素和商品的国际流动。而且，这种影响非常类似于税收。

（一）国际要素流动

因支出不同而引起的要素流动对于劳动力流动来说尤其重要。较高的社会保障利益与其他转移支付可能会吸引那些仅仅依靠工资率差异不足以引起的劳动力的流动。诸如住房、卫生和教育之类的消费性财政支出可能会产生类似的影响。国家间的协调可以通过采用统一的支出水平、通过拒绝接纳临时迁来的居民，或通过按受益原则分担费用（收费）等方法来进行。最后一种方法倾向于按住处（residency）原则来课征所得税，但这不过是一种粗略的方法，而且特别不适合社会保障支出的协调。

国际劳动力流动的主要事例是发展中国家的人才外流，这已成为这些国家的政府极为关心的问题，许多专家、学者都献计献策，提供对付人才外流的财政对策。

同样，资本流动也可能会受到支出政策的影响，无论这种政府支出政策是通过政府支出提供的中间产品的供应、抵补成本的财政补贴、优惠信贷还是其他手段。在设计中性化的税收调整措施时,应该考虑这种支出利益。

(二)国际商品流动

政府提供降低私人企业生产成本的那些中间支出相当于抵补成本的财政补贴,因而是一种负的出产地税收。所以,前面有关出产地税收的分析反过来就完全适用于这种支出。哪里可用出口退税来抵消这种税收,哪里就可用出口征税来抵消这种补贴支出。只要税收和补贴支出相当,两方面的调整便正好相互抵消。一般认为,出产地税收对中间支出来说是中性的。

第三节　国际财政政策的协调

在一个日益相互依赖的世界中,任何一个国家的经济命运已与另一个国家的经济活动密切联系在一起,单个国家再也保证不了本国经济的稳定,稳定政策的合作势在必行。这种合作在像欧盟这样的一体化经济中特别有必要,而对开放度不大的国家来说也仍然是需要的。倘若这种相互依赖不仅关系到贸易流动而且涉及资本流动,那么这种稳定政策的协调就更加重要。然而,在发展中国家,这种协调会面临一些特殊的问题。

一、贸易效应

在固定汇率制度的情况下,假设 A、B 两国的经济是相互依赖的,那么随着 A 国收入和就业下降,A 国的进口会下降,从而将 A 国的经济收缩传递给 B 国并使其遭受出口下降。随着 A 国实行扩张性政策,A 国的收入会上升,进口也随之上升,从而把复苏传递给了 B 国并使 B 国的出口上升。稳定政策的效应就这样从一个国家传递到另一个国家。为了适应 A、B 两国的需要,有必要在 A、B 两国之间进行稳定政策的协调。

然而,在浮动汇率制度下,A 国扩张的贸易效应将会受抑制。随着 A 国进口上升,其市值将会下浮,进口成本就会上升,从而制止 A 国的贸易赤字和 B 国的出口。因而,浮动汇率会有减轻相互依赖的倾向。

即使在通货膨胀情况下也同样如此。在固定汇率制度下,A 国的通货膨胀政策会有害地影响到 A 国的贸易收支,从而将需求压力传递给 B 国;在浮动汇率制度下,这种传递会因 A 国货币贬值而得到制止,浮动汇率又一次减轻了这种贸易影响。然而,现实经济生活并非如此简单。汇率并不是马上会得到自动调整,而且汇率的相机变动会成为一种干扰性因素,因此,对汇率本身的管理也就成为尚待进一步合作的一项政策手段。

二、资本流动

扩张性或紧缩性政策无论通过财政还是货币手段来执行,其贸易效应都有趋同的倾向。然而,一旦我们考虑到对资本流动的影响,稳定政策的结合就是举足轻重的。资本流动会对各国现有的收益率做出反应。一种松财政与紧货币的政策结合会抬高利率从而吸引金融资本流入,而一种紧财政与松货币的政策结合就不会吸引金融资本流入。20 世纪 80 年代美国的稳定政策是松财政与紧货币的政策结合的典型。它的这种政策造成了美国的高利率并吸引了外国资本流入，大大增加了对美元的需求，引起美元升值，这就鼓励了进口、抑制了出口，从而暂时增加了可供利用的资源量。

当我们考虑稳定政策对经济增长的影响时，资本流入的作用就变得更为重要。这里的主要问题是由此而产生的进口盈余将呈现何种形式。如果它表现为真实投资的增加，那么东道国的资本存量就会增加，从而反映了劳动生产率的提高。然而，这样的资本流入也会导致东道国资本存量为外国人所有，所以未来的资本收入会转移到国外，这就限制了东道国本身从劳动力和其他国内要素所产生的收益中获得的收益。

三、发展中国家稳定政策的协调

上面所论述的稳定政策的协调主要是针对发达国家而言的，虽然也基本上适用于发展中国家，但会面临着一些特殊问题，主要有三个方面：

1. 缺乏资本市场

缺乏发达的货币和资本市场，是发展中国家的一个普遍特征，这就使在发达国家所进行的财政和货币政策的调节在发展中国家中变得难以进行。在一个资本市场和信贷机构都很不完善的国家内，要通过货币紧缩来抵消预算赤字所产生的对国际收支的不利影响也许是很难或几乎是办不到的。赤字的弥补可能多少要从中央银行借款，而资本流动可能会不受利率差异的影响。当要进行财政和货币扩张的协调时，不利的国际收支影响可能需要其他措施来维持对外平衡，而且对这些措施的需要程度取决于产出扩张的构成。如果国内扩张要求增加资本品的进口，那么可能需要限制消费品的进口；如果这种扩张是由出口或进口替代行业引导的，那么国际收支影响不久可能就会变得有利，从而减轻对这些反措施的需要。

2. 对外不稳定

发展中国家常常有庞大的贸易部门并严重依赖比较单一的出口产品。因而，国外需求水平的变动会对国内经济和对外平衡产生不正常的影响。国内供给条件的变动对出口产品来说会起相似的作用。假定这种波动有一定的规律性，那么这个问题是可以对付的，只要通过适当的外汇储备的积累和支付，就可以维持稳定的进口需要。因此，需要通过货币和财政政策来缓冲这种波动对国内需求的影响，如果没有规律性，那就比较难办了。

3. 平衡增长

我们必须把对外平衡和经济增长结合起来考虑。这是因为随着经济的增长，会产生新的进口需求，这就要求增加外汇的供给。同时，为了经济增长，需要增加资本品的进口，这些资本品在发展中国家通常不能在国内得到供应。因此，发展中国家在考虑增长计划时，对外平衡是一个重要的制约因素。

四、财政一体化

财政一体化理论类似于现代财政学中的"财政联邦制理论"，但跟后者又有根本的区别。在财政联邦制理论中，中央政府是一个独立的主权国家政府，各地方政府虽有一定程度的财政自治，但这种自治受到很多限制。而在财政一体化理论中，情况正好相反：中央政府根本算不上一个拥有独立的主权政治实体的政府，而各成员国却是一个个独立的主权国家，它们的财政主权是相当大的。因此，虽然这两种理论都主要涉及财政职能在各级政府之间的适当分工，但这种分工在这两种理论中的论述显然是不一样的。财政联邦制理论既然是以现存的联邦制国家的财政关系为其研究对象,各级政府之间财政职能的分工基本上是明确的,那么这样的理论是定型的;但就财政一体化理论而言,由于它是以区域性共同体的财政关系为其研究对象,而且共同体与成员国之间财政职能的分工也不够明确,财政一体化本身又是一个过程,所以它基本上是不定型的,理论本身会随财政一体化而发展。

本章小结

国际财政是国家财政在国际经济中的延伸,是财政与国际经济相互结合的产物。国际财政存在的客观必然性体现在国际市场失灵上。这种国际市场失灵主要表现在以下几个方面:国际公共产品的提供、国际垄断和国际外部效应的存在、国际收入再分配及国际经济活动的相互依赖。国际财政目前只能采取多国财政合作的存在形式。国际上多国财政的合作若按其合作程度由低到高加以排列,则大致为财政协调、财政同盟与财政一体化。

国际受益的国际公共产品唯由国际财政才能提供。但由于国际上不存在一个"国际性的中央政府",所以它只能通过各受益国家采取联合的方式来提供。这就涉及双边或多边国际财政支出的协调问题,也就是通常所说的国际费用分担的问题。目前有三种费用分担方法,即按支付能力原则的费用分担、按受益原则的费用分担、按各参与国达成的协议的费用分担。

另外,在开放经济条件下,还存在一个国际财政政策协调问题。稳定而协调的财政政策不仅有利于一国自身的经济发展,对于全球经济来说,也是有利无害的。

复习思考题

一、名词解释

国际财政　财政合作　财政同盟　财政一体化　国际公共产品　国际外部效应　国际收入再分配　国际费用分担　国际援助　发展援助　官方发展援助

二、问答题

1. 国际财政与国家财政的关系是什么?
2. 国际财政关系表现为哪些主要形式?
3. 国际财政存在的基础是什么?
4. 国际财政与国家财政的职能有何异同?
5. 国际公共产品的范围大致包括哪些?
6. 国际官方发展援助的特点是什么?
7. 怎样理解国际财政一体化?

即测即评

第二十章

国际税收关系及其处理

当今世界是一个开放的世界，国家之间在政治、经济、文化和社会生活等各个领域的交流与合作日益频繁，全球经济一体化的程度日益提高，任何国家或地区都已无法脱离世界经济的大环境而孤立地谋求发展。作为政府筹集财政收入、发挥调控作用的重要手段，税收政策的自主制定与执行一直被认为是国家主权的象征，而经济全球化的蓬勃发展必然会使这一主权受到影响，进而改变主权国家面临的税收环境并影响到国家之间税收关系的基本态势。国际税收学正是在经济全球化背景下产生并发展起来的。它主要研究如何妥善处理国际经济活动中产生的国家间税收分配关系，以及如何实现跨国经济交往过程中的税收效率与税负公平目标。随着我国改革开放脚步进一步加快，深入研究国际税收关系有着重要而深远的理论与现实意义。

第一节　国际税收关系的基本问题

一、国际税收关系的内涵

（一）国际税收关系的概念

众所周知，税收是主权国家凭借政治权力向其管辖范围内的个人和经济组织进行强制性、无偿性征收的行为。在封闭经济中，税收征收的对象只能是本国纳税人在本国境内的活动、收入和财产，因而一国的税收权具有较强的可预见性和明确性。但在开放经济中，跨国交易的存在不仅使各国之间的商品互相流动，而且使各国居民的收入来源不再局限于本国。此时，一国政府可以将其税收范围和对象扩展至本国出口商品和外国进口商品、本国纳税人来源于他国的收入或财产以及外国居民来源于本国的收入或财产。

现在我们可以引入“跨国纳税人”（transnational taxpayer）这一概念：跨国纳税人是指由于存在跨国交易行为而同时在两个或两个以上国家负有纳税义务的个人或经济组织。假定甲国居民A通过跨国交易在乙国取得了收入，那么甲、乙两国都可以行使本国的税收主权而对A征税，此时A就成为跨国纳税人。如果甲、乙两国按不同的税收管辖权原则都对A征税，则必然导致对同一纳税人A的同一种收入来源的重复征税，进而提高A的税收负担，甚至使A不得不放弃该跨国交易,严重干扰经济活动正常进行以及资源有效配置;如果甲、乙两国中有一国政府已经对 A 征税,为了保证经济活动正常进行,另一国政府不得不选择放弃对 A 的征税或减少征税额,这又会导致一国税收权力损害,并引起两国之间的税收纷争。很明显,由于跨国纳税人的存在而在相关国家之间产生矛盾与冲突不仅仅表现为跨国纳税人与各国政府之间的利益矛盾,更表现为有关国家之间税收利益分配的矛盾,而国家之间有关税收利益分配的矛盾不可能由某一个国家自行解决,而必须依靠有关国家协商解决,也就是说,这一问题已不再属于国家税收的内容,而应归属于国际税收的范畴。

由此可见,开放经济中国际经济交往使税收关系不再局限于一个国家内部,而是延伸到跨国纳税人从事跨国交易所涉及的各个国家。在各国政府与跨国纳税人之间的征纳关系基础之上引发的相关国家之间有关税收利益分配的关系,就是国际税收关系。显然,跨国纳税人的存在以及各国政府不同的税收管辖权确定原则是国际税收关系产生的必然前提,由此引发的国家之间有关税收方面的一系列问题和冲突都是国际税收的表现形式,而所有表现形式体现的实际上都是国际税收关系的本质所在——国家之间的税收利益分配关系。由于超国家政治权力的缺失,国家之间的税收分配问题不可能依靠某个国家、某个国际机构而强制性解决,只能依靠各国相互合作、平等协商与协调并逐步形成一系列处理单边或多边税收关系的准则和惯例加以解决。19 世纪后期以来,随着国际经贸活动迅速发展,国际税收协调已经成为处理国际税收关系的一大重要内容。

(二) 国际税收关系的主要内容

国家之间税收关系涉及的内容主要包括以下方面:

1. 国际税收分配关系

由于相关国家按照不同的税收管辖权对同一跨国纳税人的同一来源收入都拥有征税权,为了避免国际双重征税,各国政府之间必然要划分税收权益,以此确定上述跨国收入按何种分配原则、由哪个国家征收以及征多少税。为了合理解决国家之间的税收问题,必须确定处理国家之间税收分配的基本原则。

2. 国际税收竞争关系

出于引进资本、发展本国经济的考虑,无论是发展中国家还是发达国家在税收尤其是所得税领域的竞争日益激烈,各国政府通过实行避税地税制模式、实行税收优惠政策等手段吸引资本流入,必将对其他国家的经济发展带来直接影响。国家之间的税收竞争如果控制在合理范围内可以促进资源在世界范围有效配置,但如果竞争过度,则反而会导致无效的资源配置以及各国经济利益的损失。

3. 国际税收协调关系

为了处理好国家之间的税收分配关系,国与国之间在税收制度和税制政策方面必须加以协调,通过双边或多边的协商或签订税收协定来避免在商品贸易、资本流动等方面的国际双重征税问题,以更好地处理本国与其他国家之间的经济关系。同时,越来越多的国际机构通过致力于推进区域内或全球性的国家税收协调来促进经济一体化进程。此外,跨国企业通过避税地、转让定价等手段进行国际偷漏税的行为只有依靠各国之间加强税务管理、税收征管等方面的合作才能有效避免。

二、税收管辖权

税收管辖权(tax jurisdiction)是一国政府在税收领域内的主权,表现为一国政府可以自主选择对本国最有利的税收制度。它是国家主权在税收领域的具体体现。一般而言,国家行使主权的范围在地域上局限于本国领土,在人员上局限于本国公民或居民,因此国际社会公认的确定国家管辖权行使范围的准则有属人原则和属地原则两种。所谓属人原则,是指以人的国籍和住所为确认标准,对本国的公民或居民行使主权;所谓属地原则,是指以地域为确认标准,在本国区域内的领土疆域上行使主权。不同国家由于政治、经济、社会文化发展的差异,可以选择不同的管辖权确定原则。在税收领域,根据不同的管辖权确定原则,税收管辖权相应地分为居民(公民)税收管辖权和地域税收管辖权。

(一) 居民(公民)税收管辖权

居民(公民)税收管辖权是按照属人原则确立的税收管辖权,此时政府仅对本国居民或公民的所有课税对象征税,而不管这些课税对象产生或存在于哪个国家。由于居民和公民是两个不同的概念,因而这种管辖权可以进一步细分为居民税收管辖权和公民税收管辖权。

居民税收管辖权(residence tax jurisdiction),指征税国基于纳税人与征税国存在居民身份关系的事实而主张行使的征税权。在这里,居民身份关系的法律事实指满足征税国税法上规定的居民条件。对自然人居民来说,规定的居民条件如在征税国拥有住所或停留达到一定时间等;而对法人居民来说,居民身份可以依靠公司注册地标准或者管理地标准来判定。

公民税收管辖权(citizens tax jurisdiction),又称国籍税收管辖权,指一国政府对具有本国国籍者在世界范围内取得的所得和拥有的财产价值行使征税权。在这种税收管辖权下,征税国考虑的只是纳税人是否具有本国国籍,不论其与征税国是否存在实际的经济利益联系,均要就其世界范围内的一切所得和财产价值征税。

(二) 地域税收管辖权

地域税收管辖权(source tax jurisdiction),也称收入来源地管辖权,是按照属地原则确立的税收管辖权,此时政府仅对产生或存在于本国领土范围内的所有课税对象征税。在这种税收管辖权下,征税国只是依据征税对象与本国领域存在经济上的源泉关系这一事实而主张征税权,并不考虑纳税人的居民或国籍身份归属。因此,在一个实行来源地税收管辖权的国家,一个纳税人若有来源于或存在于该国境内的所得或财产价值,这个国家就可以对其征税,即使这个纳税人是一个外国的居民或公民也不例外。相反,一个纳税人如果没有来源或存在于该国领土范围内的所得或财产价值,这个国家就不能对其征税,即使这个纳税人是本国的居民或公民也是同样。[①] 这种"从源课税",既表现出国际经济利益分配的合理性,也有利于税务管理。

从目前世界各国的具体情况来看,大多数国家同时采用两种税收管辖权,即对于本国居民适用居民管辖权,就其来源于本国及外国的所有收益、所得或一般财产价值征税;对于非本国居民则适用地域管辖权,对其来源于本国境内的所有受益、所得或一般财产价值征税。另外一些国家只实行地域管辖权,如乌拉圭、巴拿马、肯尼亚、哥斯达黎加、中国香港等国家和地区,仅作

---

① 王铁军,苑新丽. 国际税收. 北京:经济科学出版社,2002:27.

为收入来源地对产生或存在于本国或本地区境内的收益、所得或财产征税。

三、国际双重征税

根据不同的税收管辖权确定原则,不同国家可以对跨国纳税人的同一笔交易、同一笔收入或财产拥有征税权,这就导致了国际双重征税问题。所谓国际双重征税(international double taxation),是指纳税人的同一课税对象或同一经济来源被两个或两个以上国家征税。按照纳税人是否同一,国际双重征税还有法律性重复征税和经济性重复征税之分,其中法律性重复征税是指同一纳税人的同一课税对象或同一经济来源被两次或多次征税,经济性重复征税则指两个或两个以上政府对不同纳税人的同一课税对象或同一经济来源征税。概括而言,国际双重征税是各国选择不同税收管辖权或者同时采用两种税收管辖权的必然产物,如果各个国家都只选择居民管辖权或地域管辖权,双重征税的问题就不会产生。

(一) 国际双重征税的类型及其产生原因

1. 法律性国际双重征税及其原因

如果相关国家在法律上选择不同的税收管辖权原则,或者虽然采取同一税收管辖权原则但具体标准不一致,就会导致对同一纳税人同一课税对象的重复征税。这主要表现为以下几种:

(1) 各国同时行使居民(公民)税收管辖权与地域税收管辖权。如果各国都同时采用两种税收管辖权,则对于跨国纳税人的跨国课税对象而言,在两个国家都负有纳税义务。由于目前多数国家都同时采用两种税收管辖权,因此这种形式的国际重复征税最为普遍。

(2) 来源国行使地域税收管辖权,居民国行使居民(公民)税收管辖权或同时行使两种税收管辖权。跨国纳税人一方面作为居民或公民根据居民(公民)管辖权原则向其居住国(国籍国)就其来源于世界各地的所得、收益或财产申报纳税,另一方面必须作为非居民按照地域管辖权原则向其收入来源国就其来源于该国境内的所得、受益或财产申报纳税。

(3) 各国选择同一种税收管辖权确定原则,但具体判断标准不一致。如果各国都行使地域管辖权却采用不同的收入来源地判断标准,或者各国都行使居民管辖权却采用不同的居民身份确定标准,则会导致同一课税对象被各个国家都判断为来源于本国,或导致纳税人被各个国家都判断为本国居民,从而发生双重征税。

2. 经济性国际双重征税及其原因

经济性双重征税针对的是由同一经济渊源所联系起来的不同纳税人的同一笔所得、收益或财产。与法律性双重征税不同,它与各国是否行使相同的税收管辖权没有必然的联系,纳税人也各不相同,但这些纳税人却因同一经济活动而相互联系。作为经济活动的交易双方分布于不同国家,由于各个国家的税收制度存在差异,在一个国家已计入应税所得的项目往往并不能在另一个国家作为税前扣除项目,经济性重复征税就会产生。控股公司的跨国股利、跨国利息、跨国分红所得等项目都会在分配方与接受方之间产生重复征税问题。

(二) 国际双重征税的消极影响

判断一项税收制度优劣的基本标准是公平与效率,国际双重征税无论是从税收公平还是税收效率的角度考虑都具有消极影响。首先,就税收公平原则而言,在发生国际双重征税的情况下,跨国纳税人或跨国课税对象承担双重税负,而仅在国内从事相同经济活动的纳税人或未跨越国界的经济活动只需负担国内一重税收，显然违背了税收的横向公平原则。其次，就税收效率原则而言，尽管税收不可避免地会造成效率损失即超额负担，但一项合理的税收制度应尽可能地有利于促进资源有效配置。当跨国纳税人或某一经济活动承担双重税负时，其税后资本边际收益率相应降低，或者说资本在原本使用效率较高的国家或地区的使用成本增加，在资本可以自由流动的开放经济中，资本必将流向其他国家或地区，从而导致国际资本流动偏离有效状态。这既不符合资本输出中性，也不符合资本输入中性。

由此可见，国际双重征税给相关国家经济发展带来的负面效应是显而易见的。为了实现跨国纳税人或跨国经济活动的税负公平、促进国际资本有效配置，必须采取各种方法消除国际双重课税。

（三）国际双重征税的减除方法

在国内税法或税收协定中，一方面制定了约束居民（公民）、地域税收管辖权的国际规范来做到事前防范，另一方面通过免税法、扣除法、抵免法以及其他方法来做到国际双重征税事后减轻或免除。

1. 免税法

免税法又称豁免法，指居住国政府在一定条件下对本国居民（公民）来源于或存在于国外的跨国收益、所得或一般财产价值放弃行使居民管辖权，免予征税，即居住国政府不再根据属人原则对本国居民（公民）已经缴纳过外国税收的境外收入课税。

2. 抵免法

抵免法是指居住国政府允许本国纳税人已经缴纳的部分或全部外国税款在一定条件下从其本国的应纳税额中扣除，以扣除后的税额纳税。抵免法分为全额抵免和限额抵免。全额抵免是指居住国政府对跨国纳税人征税时，允许纳税人将其在外国缴纳的所得税，在应向本国缴纳的税额中全部给予抵免的方法。在限额抵免法下，本国居民在境外缴纳的税款可以抵免，但抵免额不得超过其来源于境外的所得或一般财产收益按照本国税法规定计算的应纳税额，超过抵免限额的部分不予抵扣。

3. 扣除法

扣除法是指居住国政府将本国纳税人在非居住国已经缴纳的所得税或一般财产税税款作为费用项目，允许在本国计算应纳税额时从应税所得中扣除，以扣除后的余额作为国内税收的税基。

4. 减免法

减免法指居住国政府对本国纳税人在非居住国已经纳税的所得或财产，按照在本国较低的特惠税率课税，以缓和或减轻国际重复课税。

5. 缓课法

缓课法指居住国政府对纳税人在国外的所得在一定期限内暂不征税，主要适用于国外子公司向母公司支付的股息处理。

6. 饶让抵免

饶让抵免是指居住国政府对于本国居民享受的非居住国给予其外国投资者的减免税优惠，视同其税款按没有优惠而全额缴纳，不再要求本国居民补缴在非居住国得到减免的税款。

专栏 20-1 国际双重征税的减除方法

假定有一个设在 A 国的居民公司 H，某纳税年度内获得总得 20 万美元，其中 A 国总公司获取所得 12 万美元，B 国分公司获取所得 8 万美元。在 B 国的所得已经按 40% 的税率缴纳公司所得税 3.2 万美元。A 国公司所得税税率为 35%。H 公司的纳税情况如下：

无任何国际双重征税减除方法下 H 公司的应纳税额

H 公司已缴 B 国税额（8×40%）	3.2 万美元
A 国不予扣除条件下应征税额（20×35%）	7 万美元
H 公司共缴纳所得税（3.2+7）	10.2 万美元

全额抵免法下 H 公司的应纳税款

H 公司已缴 B 国税额（8×40%）	3.2 万美元
A 国允许抵免的已缴 B 国税额（8×40%）	3.2 万美元
A 国给予全额抵免条件下应征税额（20×35% -3.2）	3.8 万美元
H 公司共缴纳所得税（3.2+3.8）	7.0 万美元

限额抵免法下 H 公司的应纳税款

H 公司已缴 B 国税额（8×40%）	3.2 万美元
H 公司 B 国所得按 A 国税率计算出的应纳税额（8×35%）	2.8 万美元
A 国允许抵免的已缴 B 国税额（3.2 > 2.8）	2.8 万美元
A 国给予限额抵免条件下应征税额（20×35% -2.8）	4.2 万美元
H 公司共缴纳所得税（3.2+4.2）	7.4 万美元

四、国际避税与反避税

如果说国际双重征税会使跨国纳税人税负过重、违背税收公平与效率原则而应予以避免，那么国际避税行为则由于跨国纳税人税负较轻而应加以防止。避税与偷逃税、节税在概念上有一定联系，它们都以减轻纳税义务为目标，但避税以纳税人不违反税收法规为前提，偷逃税则是纳税人以非法手段进行的恶意违法行为，而节税是政府鼓励并与税收立法意图相符的行为。国际避税是国内避税行为在国际领域的扩展，指跨国纳税人利用各个国家在税收法律制度等方面的差别或缺陷，通过各种公开的合法手段达到减轻或消除总体税收负担目标的经济活动。

（一）国际避税产生的客观原因

（1）各国行使的税收管辖权及其具体操作规则各不相同，纳税人可以通过避免成为某国的居民（公民）或避免被认定有来源于某国的所得或财产，规避相应的无限纳税义务或有限纳税义务。

（2）各国在征税范围、税基及税率设定上存在差异，如有的国家对所得、财富或财富的转让不征税，有的国家对资本利得不征税。又如对于所得税，实行比例税率和超额累进税率的国家都有，且比例税率和累进税的级距、税率高低不同；在税基方面，各国应纳税所得额计算的规定有区别，再加上不同程度的税收优惠措施，一些国家的实际税负远低于名义税率。

（3）各国税收征管水平有差距，有些国家尽管名义税率较高，但由于征收管理水平低下，税法无法得到严格执行，导致名义税负重而实际税负轻的结果。

(4) 各国采用不同的避免双重征税方法，免税法、抵免法、扣除法这三种方法消除双重税负的有效性程度依次递减，纳税人当然希望能够最大限度地避免双重征税。

(二) 国际避税的常用方式

1. 逃避居民税收管辖权

居民(公民)管辖权的行使以当事人符合本国居民(公民)判断原则为基础，一般自然人的判定原则为在本国境内有住所、居所或居住达到一定天数，法人则以登记注册地、实际管理和控制中心所在地等作为居民身份判断标准。因此，自然人可以通过住所转移、不居住、不达到居住期限等方式避免成为高税国居民甚至避免成为任何国家居民，法人也可以通过在避税地或低税国注册登记、变更董事会开会地点等方式避免成为高税国居民。

2. 逃避地域税收管辖权

(1) 滥用国际税收协定。税收协定是缔约国家为了避免双重征税而签订的，一般都有向对方国家的居民提供税收优惠的规定，而且这种税收利益只有缔约国的居民才能享受。所谓滥用国际税收协定，是指第三国居民为了能享受这种税收利益而设法成为缔约国一方的居民，具体的做法一般是在缔约国一方设立一个拥有其居民身份的、完全由第三国居民公司控制的子公司，该子公司可以享受缔约国双方的税收优惠，并将该税收利益通过关联关系传递给第三国居民公司。显然，这是一种对缔约国一方地域管辖权的规避行为。在现实中，这种规避行为主要集中在股息、利息所得和特许权使用费等消极投资所得的预提所得税方面，设立的子公司相应可以采用控股公司、金融公司、专利许可公司等。

(2) 避免成为常设机构。地域管辖权的行使以收入来源地为基础，判断非居民公司是否有来源于本国的经营所得一般看其是否在本国设有“常设机构”。一些跨国公司往往设法避免成为在该国的常设机构而逃避地域管辖权。

3. 应用转让定价或资本弱化

跨国关联企业之间可以采用转让定价手段，通过提高或压低关联企业内部产品销售、固定资产购置的交易价格、劳务费用以及调整成本费用分配比例等办法将利润从高税国流向低税国，从而达到关联企业集团整体税收最小化的目的。

资本弱化是指公司的资本结构中债务融资的比重大大超过股权融资比重。跨国公司可以运用资本弱化手段，以贷款的方式向国外关联企业融资，这样关联企业向跨国公司支付的利息可以直接作为成本，进而降低应税所得。显然，直接的股权资本融资方式无法得到这种好处。

4. 利用避税地进行国际避税

目前一些国家或地区为了吸引外国资本流入和发展本国经济，对境内企业实行免税或低税的税收优惠政策，统称为避税地或避税港，如安道尔、安圭拉岛、巴巴多斯、巴拿马、百慕大、开曼、巴哈马、英属维尔京群岛等。避税地一般有三种形式：一是完全或实际上不征收所得税和一般财产税，或者虽然征税但税率很低；二是完全放弃居民(公民)管辖权，只行使地域管辖权；三是按照各国惯例制定税法的同时对离岸业务或境外税收给予某些特殊税收优惠。避税地的存在使跨国纳税人可以通过在避税地建立“基地公司”，并利用前述转让定价等一系列手段将各类所得和财产从高税国转移并长期积累至基地公司，并利用有关国家延迟课税的规定，逃避居民国的高税收。根据不同的业务性质和避税目标，基地公司可以采取控股公司、投资公司、国际商务公司、离岸金融公司、自保险公司、信托等形式。

(三) 国际避税的经济影响

近年来,跨国纳税人的国际避税活动在地域上越来越广阔,金额上越来越巨大,手段上越来越复杂,不仅使有关国家的财政利益蒙受损失,而且造成了不公平的国际税收负担和不正常的资本流动。具体来说,国际避税活动对国际经济的影响表现在以下几个方面:

(1) 损害有关国家财政利益。纳税人总体税收负担最小化是国际避税活动的根本目的,因而将减少相关国家的税收收入并损害其税收管辖权的正常行使。

(2) 造成有关国家之间的税收分配矛盾。如果跨国纳税人为避免本国较高的税收负担而将相关经济行为转向低税国,那么经济利益将从高税国转向低税国,即低税国由于实行较优惠的税收措施不仅能获得额外的税收利益,还能在一定程度上促进本国经济发展。为了争夺资本,高税国不得不降低税率,减少与低税国的差距,而低税国为了维持其有利地位,只能再次降低税率,由此引发国家之间的恶性税收竞争。

(3) 违背税收公平原则。由于进行了避税活动,该跨国纳税人承担的总体税负显然低于其他从事相同经济活动但没有避税的纳税人,并因而获得更高的税后收益。这种税收负担上的差异不仅违背税收公平原则,而且违背市场经济的公平竞争原则。

(4) 扭曲国际资本流向。如果国际避税活动产生较高的税收利益,那么资本的逐利特性将使其不断流向没有税收或较低税收的避税地,从而使资本没有利用在最需要投资和最具投资效率的地区和项目上,破坏资本在全世界范围的配置效率。

(5) 破坏国家之间的税收协调效果。各国以及国家之间为避免国际双重征税而采取的一些措施及国际税收协定的某些内容也被跨国纳税人用于从事国际避税行为,将严重影响国家之间税收协调的实际效果。

正由于以上种种原因,各个国家普遍采取各种单边、双边和多边措施致力于反国际避税活动,主要包括限制避税性移居的法规和措施、防止滥用税收协定的法规和措施、反避税地避税的法规和措施等。

要正确执行转让定价调整制度,首先必须明确对跨国关联企业的收入和费用分配应采取什么样的分配原则,目前主要有正常交易原则和全球利润分配原则。所谓正常交易原则(arm's length principle),也称为独立核算原则,其含义是跨国关联企业之间的交易,应当按照独立企业之间的交易原则行事,也就是要按照公开公平的市场交易原则进行关联企业之间的交易,其定价应当与非关联企业之间在相同情况下的交易定价一致,不受关联关系影响而导致价格的人为确定。所谓全球利润分配原则(principle of global profits apportionment),也被称为全球公式分配制度(global formulary apportionment system),就是将一定时期(如一个会计年度)的关联企业集团全球利润汇总,然后再按一定指标的比例分摊到各个国家的各关联企业,所以也叫全球汇总分摊法。可作分摊基础的指标包括成本、资产、工资、销售以及它们的混合体。上述两项原则相比较,正常交易原则已经成为指导各国进行转让定价调整的基本原则。

按照正常交易原则来对转让定价进行调整,具体有传统方法和其他合理方法。传统方法包括可比非受控价格法、再销售价格法和成本加成法。这些方法是在美国1968年税法第482条中最先提出。但遗憾的是,在很多重要的情况下,尤其是销售产品中含有高附加价值的无形资产的案例中,传统方法的运用非常困难。其他合理方法包括利润分割法、可比利润法和交易净利润法。利润分割法是在税务当局以非正式的方式通过内部裁决程序解决与纳税人的纠纷时经常使用的方法;交易净利润法则是在美国1994年完成修订的税法第482条中提出来的。不过需注意的是,上述方法都是对转让定价的事后调整。

为了解决事后调整转让定价的困难,美国和经合组织有关转让定价调整规章都规定可以采用事先裁定的办法,也就是在关联企业进行跨国经营前,就内部作价的方法做出安排,并在税务当局和纳税人之间达成协议。这就是所谓预约定价协议(advance pricing agreement),也称预约定价安排(advance pricing arrangements),简称为APA或APAs。

目前各国实施的APA可分为单边APA和双边或多边APA。单边APA是指一国税务当局与本国的企业就其与境外关联企业进行受控交易所使用的转让定价方法所达成的协议。本国企业可以根据自己的经营战略和内部管理要求,向本国的主管税务当局提出本企业的转让定价方法,税务当局则要对企业申报的转让定价方法进行审批,如果征纳双方达成一致,就可以签订一份预约定价协议。此后,如果本国企业与境外关联企业从事业务往来所使用的交易定价方法与预约定价协议一致,税务当局就给予认可;否则,税务当局就要进行转让定价调整。采用单边APA可以使跨国关联企业在转让定价问题上做到胸中有数,只要其制定的转让定价方法符合预约定价协议的要求,就不必担心税务当局的审核调整。同时,税务当局通过与企业签订这种协议,也可以事先了解企业的转让定价策略,并通过协议对企业的转让定价行为进行一定的约束,一旦企业不遵守协议规定,税务当局再对其进行调整也合情合理。

双边APA是指两个或多个国家事先就某一跨国关联企业转让定价的调整方法达成一种协议,它是建立在单边APA基础之上的。如果甲、乙两国签订了双边APA,则甲、乙两国就要相互认可对方国家税务当局与其纳税人签订的单边APA,以及纳税人违反协议时税务部门对其转让定价采用的调整方法。双边或多边APA可以简化有关国家在跨国关联企业转让定价调整过程中所使用的相互同意程序,防止有关国家在调整问题上相互扯皮。从某种角度说,双边或多边的APA更能够协调关联交易各方所在国的主管税务当局的矛盾,减少纳税人的风险,更好地解决双重征税问题。

五、国际税收协定

随着国际经济交往和政府间税收协调活动的深入,在实践中逐渐形成了一系列划分国际税收权益和处理国际税收关系的惯例与准则,并在国家之间通过签订书面的税收协议来指导和约束彼此之间的税收协调行为。为了进一步规范国际税收协定的内容,形成比较完整和系统的国际税收协定范本来指导各个国家之间的税收协调行为,一些国家和国际组织从20世纪20年代就开始研究国际税收协定的范本。但真正在国际上具有广泛影响的国际税收协定范本是20世纪60年代以后制定的《经济合作与发展组织税收协定范本》与《联合国范本》。到目前为止,大多数国家之间的税收协定都是以上述两个范本为基础的。两个范本的主要内容如下:

(一)协定适用范围

国际税收协定的适用范围包括涉及的纳税人范围和税种范围以及空间和时间范围。空间和时间范围的确定比较简单,因此主要是纳税人和税种范围。从纳税人的范围看,两个协定范本都将纳税人限制为缔约国一方居民或同时成为缔约国双方居民的人,其中纳税人包括自然人、法人、社团和基金会等没有法人地位的实体。范本对纳税人进行严格定义主要是为了防止纳税人不当使用税收协定,只有符合纳税人的定义、在缔约国一方负有无限纳税义务的"人"才能享受协定所规定的税收优惠权利。从税种的范围看,两个范本均规定协定仅适用于对所得和财产征收的各种直接税,即所得税类和财产税类,可以仅包括所得税或财产税,也可以两者都包括。由于各国在所得税、财产税的分类和名称方面差异较大,为了避免对适用税收解释上的分歧,应在税收协定上明确列示缔约国各方所有有关税收的名称。对于协定上未列明的险种,缔约国双方无须承担相关税收义务。

(二)协定有关用语定义

与协定适用范围有关的基本用语以及将表述于协定中大部分条款的基本用语通常以特别条款的形式进行定义,如居民、国民、常设机构等;对于只在特定条款中出现的专门用语则采用在特定条款中附带定义的方式,如股息、利息、特许权使用费等。这里我们只简单介绍居民和常设机构的定义。

1. 居民

两个范本对居民共同的定义是:按照该国法律,由于住所、居所、管理场所或其他类似性质的标准而负有纳税义务的人。

2. 常设机构

按照两个范本的定义,常设机构是指企业进行全部或部分经营活动的固定场所。它包括三个要点:第一,有一个营业场所;第二,这个场所必须是固定永久性的;第三,企业通过该场所进行营业活动。

(三)各类所得和财产的征税权划分与征税原则

1. 营业利润

两个范本都遵循属人原则,规定缔约国一方企业的利润应仅在该缔约国征税,但若该企业在缔约国另一方设立常设机构并进行营业,则应实行收入来源地优先征收的原则,但非居住国只能就归属于该常设机构的营业利润按独立企业原则进行征税。

2. 劳务所得

两个范本以较大篇幅划分了缔约国各方对劳务所得的征税权,包括独立个人劳务所得、非独立个人劳务所得、董事费和高级管理人员报酬、艺术家和运动员所得、退休金和社会保险金、政府职员所得、教师和研究人员所得、学生和实习生所得等。

3. 投资所得

两个范本对股息、利息、特许权使用费等投资所得均采用税收分享原则,规定居住国应承认来源国享有优先征税权,来源国则根据税收协定适当降低对投资所得征收的预提所得税税率,以保证居住国也能征收部分税收。

4. 财产所得

根据范本规定,不动产所得以及转让不动产所得由不动产所在国行使征税权。

5. 其他所得

两个范本规定,对于其他所得,在哪个国家取得就由哪个国家征税;若通过设在非居民国的常设机构或固定基地取得，则由非居住国行使征税权。

（四）消除国际双重征税的方法

两个范本采用免税法或抵免法消除国际双重征税，缔约国可以根据实际情况选择其中一种或两种并用。上述方法仅适用于缔约国居民来源于缔约国另一方的课税对象，对缔约国居民来源于非缔约国的课税对象则不适用。

（五）特别规定

1. 无差别待遇

税收无差别待遇是处理国际税收关系的重要原则，税收协定中一般应包括此条款规定缔约国给予缔约国另一方居民以与本国居民相同的税收待遇，具体包括国籍无差别、常设机构无差别、费用扣除无差别以及资本无差别待遇。在两个范本中，上述无差别待遇应适用于所有各税种。

2. 情报交换与行政协作

情报交换条款一般包括情报交换的内容、方法、所需提供的调查帮助、保密措施以及相关限制。行政协作条款要求建立双方税务当局有关协商及争议解决机制。

第二节　国际税收竞争与国际税收协调

一、涉外税收制度

从严格意义上讲，涉外税收制度属于国内税收的范畴，主要解决的是一国政府与跨国纳税人或跨国课税对象之间的税收关系，立足于本国国内现实，是该国对外经济关系的一种表现。同时，涉外税收关系又与国际税收关系密切相连，如果没有各国对其跨国纳税人或跨国课税对象的征税行为，国际税收关系也就无从谈起，因此涉外税收制度是国际税收关系的基础和前提，国际税收关系则是各国涉外税收制度的扩展和延伸及其在国际关系上的具体反映。因此，涉外税收制度构成国际税收关系研究的一项重要内容。

涉外税收制度的核心是涉外税收负担与国内税收负担的比较问题，即确定对于相同的经济行为、税种或课税对象，是否仅仅因为纳税人国籍不同或课税对象发生或存在地不同而使其承担不同的税负。一般而言，各国制定涉外税收制度的基本原则有三种，即平等原则、优惠原则和最大负担原则。其中，相当多的国家采用优惠原则。所谓优惠原则是指涉外税收负担比国内税收负担轻，即政府对跨国纳税人实行轻税政策，给予外国纳税人各种税收优惠，是差别待遇原则的一种表现形式。显然，实行优惠原则是以放弃一定的短期税收收入为代价，达到吸引国外资金和技术以发展经济的目标，并且从长期来看有利于培育税源和增加收入。优惠原则是最为普遍的一种涉外税收原则，大多数发展中国家和一些发达国家都遵循该原则。按照税收优惠的不同范围和类型，优惠原则可以分为全面优惠与特定优惠两种。全面优惠原则是指对本国纳税人和外国纳税人分别制定完全不同的税收制度，使外国纳税人的税负全面低于本国纳税人；特定优惠原则是指在对外国纳税人和本国纳税人适用同一套税法的基础上，对外国纳税人的某些特定项目或在特定地区的经营活动给予不同程度的税收优惠待遇。在实践中，很少有国家实行全面优惠，因为此时政府将损失较多的财政利益，并造成本国资本与外国资本之间不平等竞争，不利于本国产业的发展。大多数国家都是采用特定优惠,采取在有关吸引外资的经济法规中另行规定的方法,按照国家经济发展与产业发展的目标有针对性地给予外资优惠,同时对本国的税收收入和民族产业也不至于造成过大冲击。

二、涉外税收优惠与国际税收竞争

20 世纪 80 年代以来,随着经济一体化进程不断深入,无论是发达国家还是发展中国家都在通过各种手段吸引外国资本和先进技术,进而推动本国经济发展。一种有效的途径是按照涉外税收优惠原则对外国资本实行低税政策,通过降低外国资本的税收成本提高其税后回报率来吸引资本流入本国。当各个国家都通过税收优惠吸引外资时,就构成了国际税收竞争。可以举一个简单的例子说明:假定 A 国希望吸引资本投资于某生产要素,仅考虑税收因素,只要 A 国不奉行最大负担原则,A 国政府可以降低该生产要素的适用税率直至低于其他国家水平,此时不仅 A 国的生产要素选择继续留在本国生产,其他国家的生产要素也会流入 A 国以享受优惠的税收政策。此时,其他国家政府如 B 国政府受到 A 国税收政策的压力,为留住本国并吸引其他国家的生产要素,不得不跟着实施与 A 国相同甚至更为优惠的税收政策。这样,部分生产要素又从 A 国流向 B 国。进一步地,A 国为了实现既定目标并在竞争中获胜,不得不再次给予更加优惠的税收政策。如此循环,各政府之间为了吸引资本而展开激烈的国际税收竞争。近年来,各国在吸引资本方面的竞争日趋白热化,国际税收竞争随之日益激烈。

从概念上看,国际税收竞争是指在世界经济一体化的推动下,各主权国家或地区政府竞相采用降低税率、给予税收优惠、实行避税地税制模式等以“减税”为核心的税式支出手段,通过降低纳税人税收负担,吸引国际流动资本、国际流动贸易等流动性生产要素及流动性经营活动,从而实现扩大税基进而增加政府收入、促进本国或地区经济增长的一种国际经济竞争行为。显然,国际税收竞争对世界以及单个国家或地区的经济发展水平、经济发展速度、经济结构、福利水平以及就业状况等都会产生深远影响。从本质上看,国际税收竞争是国际税收关系的一种表现形式,体现了有关国家之间在税收利益以及经济利益方面的冲突与争夺。从表现形式上看,国际税收竞争与一国的涉外税收制度密切相关,各国一般采用税收优惠制度或避税地税制模式来开展国际税收竞争。

国际税收竞争对参与国经济发展与福利状况会产生各种不同的作用。从积极方面看,国际税收竞争有利于贯彻税收中性原则,减弱税收对经济活动的扭曲作用;有利于资本输入国通过吸引外国的先进生产技术和管理理念带动本国经济发展和就业水平提高,还能因此使税基扩大而增加财政收入;通过促使政府以提高公共资金使用效率、限制政府自利行为等方式来筹集基础设施、社会保障、医疗保健等公共产品的资金,有利于提高政府效率。从消极方面看,过度的税收竞争将扭曲国际资本流向而导致世界资源配置低效或无效,并因资本创造的经济价值减少而侵蚀各国税基,导致潜在的财政风险;同时,对流动性好的资本征收低税会使政府对流动性弱的要素或活动课征重税,造成生产要素之间的税收负担不公平以及不同收入来源纳税人之间的税收负担不公平。正因为国际税收竞争有不同的经济效应,所以在其处理上应注意鼓励与限制相结合,力求最大限度地发挥其积极作用。

三、国际有害税收竞争

在过去的 50 多年,避税地的增加及对其利用的扩大是十分惊人的。国际形势的变化也有助于避税地及其应用的发展，比如：外汇管制的取消和国际贸易与投资的自由化；通信、交通及金融服务的改进；避税地采取的灵活的商务体制和严格的银行保密要求；积极进取的营销行为。一些较早形成的避税地，将它们的税收筹划服务触角伸到了世界每个地域，而"年轻的"避税地也尝试在国际税收竞争中占领一席之地。

一些高税收国家，比如荷兰和瑞士，本身就具有这种迎合避税市场需求的传统。跨国纳税人可以通过设立在荷兰和瑞士的控股公司，受益于两国的参股免税政策、税收管理的灵活性以及广泛的税收协定网络。另外一些高税国家，近些年来也设置了特殊的低税政策借以与避税地竞争。比如，许多国家建立基于总机构、控股公司、外国所得等其他各式各样的税收优惠制度。经合组织将这种因回应避税地的税收竞争而兴起的低税政策称为"向零点的赛跑"。对此项赛跑的担忧导致了经合组织和欧盟采取了针对有害税收竞争的行动。①

有害税收竞争也称恶性税收竞争，最早由西方发达国家的一些组织提出。1998 年由经济合作与发展组织（OECD）财政事务委员会发布的《有害税收竞争：一个正在显现的全球性问题》的报告中正式提出了有害税收竞争的概念，并吹响了 OECD 反对有害税收竞争的号角。根据该份报告的阐述，有害税收竞争的两种类型为避税港和有害税收优惠制度，并提出了判断两种类型的具体标准、有害税收竞争的危害性以及抵制有害税收竞争的具体措施。此外，欧洲行为法典也对国际有害税收竞争做出了类似的专门报告。然而，OECD 的反有害税收竞争的进程并不顺利，尽管一些有开展有害税收竞争嫌疑的国家或地区选择与 OECD 进行建设性对话，另一些国家或地区则持强烈的反对意见，最后连美国都不再支持。2003 年以来，OECD 的反有害税收竞争活动基本处于停滞状态。究其原因，主要是世界各国在有害税收竞争是否存在、如何判断、如何消除等方面都没有达成共识，OECD 以及其他相关国家大多站在自己的立场发表观点，难以取得一致认可，同时在消除有害税收竞争的措施方面缺乏针对性、有效性和可行性。

我们认为，税收管辖权是一国主权的象征，税收政策的制定与执行是一国的内部事务，不应当受到其他任何国家或组织随意干涉。一国政府选择让渡部分税收利益而吸引资本并不必然会对其他国家或地区造成损失，因为其他国家或地区政府也可以通过提高效率、改善投资环境等手段与其进行良性竞争。只有当一国税收政策直接以侵害他国税基为目的，或者说税收竞争的负效应远大于正效应时，才构成有害税收竞争，应予以限制和反对。

四、国际税收协调

国际税收协调是一个被广泛使用的术语。国内税收理论界普遍使用的是"国际税收关系协调"的概念。其定义是指两个或两个以上的主权国家（或地区）对跨国（区）纳税人行使各自税收管辖权所产生的冲突进行协调的行为（邓子基等，1991；王传纶，1992）。此外，有的学者（王雍军，1995）对这一传统定义的外延进行了扩展，并提出了"税制国际协调"一说，以和国际税收协调区别开来。这一观点认为，税制国际协调的内容比国际税收协调的内容更为丰富，前者主要包括三个方面：①国际上通过谈判和协商来解决各自税收制度上差异引起的冲突，这种协调并不要求改变各自税制的差异，而是要求通过谈判缔结双边或多边的国际税收协定协调这些差异

① Brain J Arold，Michael J McIntyre. *International Tax Premier*. New York：ASPEN Publishers，INC.，2003：225.

引起的国际重复征税问题，其范围限于所得税和一般财产税。所以，这实际上就是通常所说的国际税收关系协调。②一国税制对某种参照系税制的趋同。这种参照系税制既可能由某些区域集团成员国通过谈判达成协议加以确立，也可以由某种国际性规则加以确立。③各国税制的一体化。这是税制国际协调的最高级形式，是各国税制趋同在逻辑上的最终结果。

在西方税收理论界，对于国际税收协调这一术语也存在着诸多争论（James 2000）。早期的一些学者认为，国际税收协调是国家间通过建立协商机制来进行合作（cooperation）以解决税收差异的行为，或者是关税同盟和经济同盟成员国为了推动一体化进程而协调（coordination）税收政策的过程。近期一些学者则认为，国际税收协调有两个不同的方向：一是各国税制完全消除差异，实现均等化（equalization）；二是在差异化（differentials）前提下的协调，即允许每个国家可以有不同的税制，但在运用税收政策时必须考虑大家共同的经济和社会目标。此外，一些学者认为，国际税收协调也包括主权国家税收制度的趋同（convergence），这种趋同可能是主动的，也可能是被动的。总之，西方理论界对国际税收协调的定义有很大的不同，主要体现在国际税收协调的范围和程度上。当前，西方税收理论界使用最多的，并得到公认的国际税收协调的表述是“international tax harmonization”。但在具体使用这一术语时，其外延仍有较大的不同。

虽然对国际税收协调的定义，目前还无法达成共识，但对于其作用和目的，大家都比较认可的是：

（1）国际税收协调有助于促进跨国纳税人的人际公平（interindividual equity）。人际公平的国际观点是：应采取“同等收入应征同等税收”的原则，即在开放的背景下，税收应该与收入的国内外来源无关。也就是说，公平要求纳税人的所得无论是源于国内还是源于国外，都应该平等纳税。然而由于各国税收管辖权不同和交错，就产生了国际重复纳税问题。随着经济全球化深入，人员、资本跨国频繁流动，国际重复征税现象更加突出，因此只有借助于国际税收协调，才能解决人际公平问题。

（2）国际税收协调有助于协调国家间税收利益的冲突。在经济全球化下，一国的税收收益除取决于本国的税收制度外，也受其他国家税收制度的影响。国家间公平（international equity）涉及国家间权益受损的问题。就所得税来说，如果设想基本税收义务国为 A 国的人到 B 国投资，而 B 国对其取得的收入征税。那么，这种税收对 A 国来说涉及两种损失：一种是国家损失；另一种是国库损失。因此这需要国家间进行协调，从而达成一致的税基分享原则。

（3）通过国际税收协调防范国际逃避税。经济全球化下，随着人力和资本流动性的增强，个人的逃避税问题和跨国公司通过转移定价逃避税问题正日益突出，因此需要各国采取一致行动，建立长期的税收情报交换机制，加强征管上的合作。同时，还要促进各国在税制结构上的协调，以减少国家间税收体制差异带来的逃避税漏洞。

从以上国际税收协调的目的来看，国际税收协调更多的是从国际效率和国际公平的角度来考察税收，而国际税收竞争则是从主权国家的效率和公平的角度来考察税收。

首先，从协调模式看，按照协调涉及的范围大小采用税收协定模式、区域协调模式或全球协调模式。其中税收协定模式主要是个别国家之间的双边、三边或多边协定，涉及的国家较少；区域协调模式一般以经济区域或地理区域为基础形成，如欧盟、北美、拉美和亚太地区的区域性税收协调机制；全球协调模式则是在经济一体化前提下将世界各国都纳入税收协调范围。目前双边或多边的税收协定模式较为普遍，区域协调模式正在快速发展，尤其受欧盟经济一体化的推动,欧盟成员国之间的税收协调在直接税和间接税方面都取得了一定的成就,另外亚太地区的税收协调近年来发展迅速,东南非和拉美则加快了建立关税同盟的步伐。至于全球性的税收协调,由于涉及国家众多,目前来说尚存在较大困难,只能说是一种未来的协调模式。其次,从协调重点看,鉴于反有害税收竞争的国际协调主要集中于资本所得的直接税领域,税收协调的重点可以集中在避免双重征税的税收管辖权协调、所得税税率协调及税基划分、税收征管合作以及税收情报交换等方面。

目前,国际税收协调包括了所得课税的国际税收协调和商品课税的国际税收协调这两个重要方面。对于所得课税的国际协调来说,最基础的协调是国家间税收管辖权的协调,以避免国际双重征税;其次是税收征管领域的国际合作。由于主权国家双重税收管辖权仍然会继续存在,一个现实的协调原则是:承认主权国家税制的差异甚至冲突,并在此现实基础上进行国家间税收的更广泛的合作,以尽可能地减少税收对经济行为的干扰和国际税收竞争外部性影响。

目前国际上普遍开征的商品课税主要包括:关税(tariff)、增值税(value-added tax,VAT)和消费税(excise)。无论是关税,还是增值税和消费税,都能对国际贸易产生消极的影响。

关税对国际贸易的消极影响主要在于影响贸易量。以进口关税为例,在一般情况下,一国课征进口关税首先由进口商在进口商品到岸后向海关缴纳,然后再相应地提高进口商品的销售价格,把税款转嫁给消费者。这样课征关税的商品价格就要高于不征关税的国内相关商品。消费者将减少进口商品的消费,而增加与进口商品相竞争的国内产品的消费。随着进口商品消费需求减少,进口量必然也会下降。关税的这种对贸易的抑制作用,一般被称为关税的“壁垒”作用。这种关税也被称为关税壁垒。过高的关税壁垒将会对国际贸易产生严重的阻碍作用。

国内商品课税对国际贸易的消极影响主要在两种情况下发生:一种情况是,对国内商品课税的征税范围规定得很窄,以致于它只对或主要对依靠进口的商品课征,或者对国内大量生产的商品规定较低的税率,这时国内商品课税对国际贸易的消极影响与关税基本上是相同的。另外一种情况是,国内商品课税也存在重复征税的问题。如果国际流通的商品在出口国和进口国都被课税,它的税负显然要重于进口国的商品(仅就国内商品课税而言)。这对商品的国际公平竞争以及国际贸易都是不利的。[①]

所以,为促进国际贸易自由化,对商品课税进行国际协调极有必要。在国际税收、国际税法领域,商品课税的国际协调和所得税的国际协调具有各自不可替代的作用。事实上,税收国际协调最早始自属于商品课税的关税,而不是所得税;在关税国际协调的基础上产生了现代国际税收协调实践。

本章小结

国际税收关系包括三个方面,即国际税收分配关系、国际税收协调关系和国际税收竞争关系,其中国际税收分配关系最为核心。

国际税收分配关系以税收管辖权为研究起点,涉及国际双重征税及其免除、国际避税及反避税、国际税收协定等诸多内容。税收管辖权体现了一个国家在征税方面的主权,遵从国际法

① 王传纶. 国际税收. 北京:中国人民大学出版社,1992:225-227.

的属人原则和属地原则,分为公民税收管辖权、居民税收管辖权和地域税收管辖权。国际双重征税是由于税收管辖权的交叉重叠而引发的,通常有扣除法、免税法和抵免法等免除方法。国际避税实质上是国内避税问题在国际领域的拓展,避税手段繁多而复杂。国际税收协定范本的形成,主要是出于对解决国际双重征税和国际逃避税问题的考虑。

国际税收竞争作为一种以税收优惠政策等常规方式或采用避税港等特殊形式来吸引他国税基的一种行为,必须辩证地加以分析和理解。一方面,它可以降低税负,减少扭曲;另一方面,也侵蚀税基,破坏税收中性。OECD 在抵制有害税收竞争的问题上起步最早,也走得最远。

国际税收竞争是经济全球化下国际税收关系的阶段性表现形式,而国际税收的全面协调是未来国际税收发展的最终方向,所以我们要走的道路是"从国际税收竞争到国际税收协调"之路,这样才有利于经济全球化的发展,有利于现代国际税收关系的发展。

复习思考题

一、名词解释

国际税收关系　税收管辖权　国际双重征税　国际避税　国际税收协定　涉外税收制度　国际税收协调　国际税收竞争　有害税收竞争　税收公平　税收效率　关税同盟

二、问答题

1. 国际税收关系协调要解决的基本问题和遵循的基本原则是什么?
2. 什么是税收管辖权?它有哪些类别?
3. 为什么会产生国际双重征税?如何消除?
4. 什么是国际避税?目前有哪些主要的避税方法?
5. 国际税收协定一般包括哪些内容?你认为国际税收协定在处理国家之间税收分配关系方面作用如何?
6. 如何判定有害税收竞争?
7. 什么是国际税收协调?

即测即评

主要参考文献

中文文献

[1] 安体富．关于财政学的学科属性与定位问题．财贸经济,2016(12).

[2] 曹立瀛．西方财政理论与政策．北京:中国财政经济出版社,1995.

[3] 陈共．财政学(第八版)．北京:中国人民大学出版社,2004.

[4] 陈工．政府预算与管理．北京:清华大学出版社,2005.

[5] 陈纪瑜．财政学．北京:中国经济出版社,1996.

[6] 储敏伟．转轨经济中的政府投资研究(2003 中国投资发展报告)．上海:上海财经大学出版社,2003.

[7] 丛树海．财政支出学．北京:中国人民大学出版社,2002.

[8] 崔维．西方财政宏观调控的理论与实践．北京:中国物价出版社,1992.

[9] 邓力平．国际税收学．北京:清华大学出版社,2005.

[10] 邓子基．现代西方财政学．北京:中国财政经济出版社,1994．

[11] 邓子基．财政学．北京:高等教育出版社,2005.

[12] 高培勇．财政学．北京:中国财政经济出版社,2004.

[13] 高培勇．公共经济学．北京:中国人民大学出版社,2004.

[14] 高培勇,杨之刚,夏杰长．中国财政经济理论前沿(5)．北京:社会科学文献出版社,2005.

[15] 葛惟熹．国际税收学．北京:中国财政经济出版社,2007.

[16] 郭庆旺,赵志耘．财政学．北京:中国人民大学出版社,2002.

[17] 郭庆旺,赵志耘,何乘才．积极财政政策及其与货币政策配合研究．北京:中国人民大学出版社,2004.

[18] 胡怡建．税收学．上海:上海财经大学出版社,1998.

[19] 贾康,阎坤．转轨中的财政制度变革．上海:上海远东出版社,1999.

[20] 贾康,苏明．部门预算编制问题研究．北京:经济科学出版社,2004.

[21] 蒋洪,等．财政学教程．上海:上海三联书店,1999.

[22] 梁朋．公共财政学．北京:中共中央党校出版社,2006.

[23] 刘剑文. 国际税法学. 北京:北京大学出版社,2004.
[24] 刘溶沧,杨之刚. 财政学论纲. 北京:经济科学出版社,1998.
[25] 刘心一. 税式支出分析. 北京:中国财政经济出版社,1996.
[26] 刘玉平,温来成. 国有资产管理新论. 北京:清华大学出版社,2004.
[27] 楼继伟. 税式支出理论创新与制度探索. 北京:中国财政经济出版社,2003.
[28] 罗晓林. 外国税收理论与制度. 广州:中山大学出版社,1998.
[29] 马海涛. 国库集中收付制度问题研究. 北京:经济科学出版社,2004.
[30] 毛程连,庄序莹. 西方财政思想史. 北京:经济科学出版社,2003.
[31] 平新乔. 财政原理与比较财政制度. 上海:上海三联书店,1992.
[32] 上海财经大学公共政策研究中心. 中国财政发展报告(各年度). 上海:上海财经大学出版社,1999—2005.
[33] 王传纶,高培勇. 当代西方财政经济理论. 北京:商务印书馆,1995.
[34] 王俊豪. 英国政府管制体制改革研究. 上海:上海三联书店,1998.
[35] 吴俊培. 财政学. 北京:中国财政经济出版社,2003.
[36] 席克正,杨君昌. 财政理论与政策选择. 上海:上海财经大学出版社,1996.
[37] 项怀诚. 中国财政管理. 北京:中国财政经济出版社,2001.
[38] 薛天栋. 现代西方财政学. 上海:上海人民出版社,1982.
[39] 杨斌. 国际税收. 上海:复旦大学出版社,2003.
[40] 杨斌. 税收学. 北京:科学出版社,2004.
[41] 杨君昌. 微观宏观经济学(新一版). 上海:立信会计出版社,1995.
[42] 杨灿明,李景友. 政府采购问题研究. 北京:经济科学出版社,2002.
[43] 杨涛. 改革开放以来的财政货币政策. 北京:华夏时报,2008-05-10.
[44] 张馨. 比较财政学教程. 北京:中国人民大学出版社,1997.
[45] 张馨. 构建公共财政框架问题研究. 北京:经济科学出版社,2004.
[46] 朱德林,杨君昌. 财政金融学. 重庆:重庆出版社,1988.
[47] 朱青. 国际税收. 北京:中国人民大学出版社,2004.

中译本文献

[48] [美]阿图·埃克斯坦. 公共财政学. 北京:中国财政经济出版社,1982.
[49] [英]安东尼·B. 阿特金森,约瑟夫·E. 斯蒂格里茨. 公共经济学. 上海:上海三联书店,1992.
[50] [日]坂入长太郎. 欧美财政思想史. 北京:中国财政经济出版社,1987.
[51] [美]保罗·A. 萨缪尔森,威廉·D. 诺德豪斯. 经济学. 14 版. 北京:北京经济学院出版社,1996.
[52] [美]保罗·R. 格雷戈里,罗伯特·C. 斯图尔特. 比较经济体制学. 上海:上海三联书店,1988.
[53] [美]鲍迪威,威迪逊. 公共部门经济学. 北京:中国人民大学出版社,2000.
[54] [英]布赖恩·摩根. 货币学派与凯恩斯学派. 北京:商务印书馆,1984.
[55] [英]C. V. 布朗,P. M. 杰克逊. 公共部门经济学. 北京:中国人民大学出版社,2000.
[56] [美]哈维·S. 罗森. 财政学. 北京:中国财政经济出版社,2006.

[57] [美]罗伊·罗哈吉. 国际税收基础. 北京:北京大学出版社,2006.

[58] [英]马歇尔. 经济学原理. 北京:商务印书馆,1997.

[59] [美]R. A. 穆斯格雷夫,P. B. 穆斯格雷夫. 美国财政理论与实践. 北京:中国财政经济出版社,1987.

[60] [美]斯蒂格利茨. 公共部门经济学. 北京:中国人民大学出版社,2000.

[61] [英]西蒙·詹姆斯,克里斯托弗·诺布斯. 税收经济学. 北京:中国财政经济出版社,1988.

[62] [美]约翰·伊特韦尔,默里·米尔盖特,彼得·纽曼. 新帕尔格雷夫经济学大辞典. 4卷. 北京:经济科学出版社,1996.

[63] [美] 詹姆斯·M. 布坎南. 民主过程中的财政. 上海:上海三联书店,1992.

[64] [美] 詹姆斯·M. 布坎南. 公共财政. 北京:中国财政经济出版社,1991.

英文文献

[65] Ansel M Sharp, Kent W Olesn. *Public Finance*. Oklahama State University West Publishing Company, 1978.

[66] Coopers, Lybrand. *International Tax Summaries 1990*. John Wiley & Sons, 1990.

[67] David N Hyman. *Public Finance: A Contemporary Application of Theory to Policy*. The Dryden Press, 1990.

[68] Deloitte Haskins, Sell. *Taxation of International Executives*. Kluwer Law and Taxation Publishers, 1985.

[69] Due J F. *Government Finance: Economics of the Public Sector*. Richard D. Irvin Illinois, 1981.

[70] Earl R Rolph, George F Break. *Public Finance*. The Ronald Press Company, 1981.

[71] Edger K Browning, Jacquelene M Browning. *Public Finance and The Price System*. New York: Macmillan Publishing. Inc, 1982.

[72] Hal R Varin. *Intermediate Microeconomics*. W. Norton & Company, 1990.

[73] H J Arrow. *The Economics of Taxation*. The Brookings Institution, 1980.

[74] Holly H Ulbrich. *Public Finance in Theory and Practice*, Qinhua Publishing House, 2004 .

[75] Howard Sutton. *Contemporary Economics*. The Dryden Press, 1976.

[76] James A Maxwell, Richard J Aronson. *Financing State and Local Government*. Brookings Institution Washington D. C. 1977.

[77] Michael J Boskin, Charles E Mclure, Jr. *World Tax Reform: Case Studies of Developed and Developing Countries*. International Center for Economic Growth, 1990.

[78] Richard A Brealey, Stewart C Myer. *Princlples of Corporate Finance*, McGraw-Hill. Inc, 1991.

[79] Richard A Musgrave, Peggy B Musgrave. *Public Finance in Theory and Practice*. McGraw-Hill Book Company, 1984.

[80] R W Boadway. *Public Economics*. Little Browand Company, 1979.

[81] Wayland D Gardner. *Government Finance: Federal, State and Local*. Prentice Hall, Inc, 1978.

